构建双循环
新发展格局的路线图

长江产经院
研究报告选编
（2022）

张月友 陈　柳 编著

中国财经出版传媒集团
中国财政经济出版社

图书在版编目（CIP）数据

构建双循环新发展格局的路线图：长江产经院研究报告选编：2022 / 张月友，陈柳编著. --北京：中国财政经济出版社，2022.9

ISBN 978-7-5223-1664-2

Ⅰ.①构… Ⅱ.①张… ②陈… Ⅲ.①中国经济-经济发展-研究报告-中国-2022 Ⅳ.①F124

中国版本图书馆 CIP 数据核字（2022）第 160008 号

责任编辑：王　芳　　　　责任校对：徐艳丽

封面设计：陈宇琰　　　　责任印制：党　辉

构建双循环新发展格局的路线图

GOUJIAN SHUANGXUNHUAN XINFAZHAN GEJU DE LUXIANTU

中国财政经济出版社 出版

URL：http：//www.cfeph.cn

E-mail：cfeph@cfeph.cn

社址：北京市海淀区阜成路甲 28 号　邮政编码：100142

营销中心电话：010-88191522

天猫网店：中国财政经济出版社旗舰店

网址：https：//zgczjjcbs.tmall.com

北京财经印刷厂印刷　各地新华书店经销

成品尺寸：170mm×240mm　16 开　31 印张　514 000 字

2022 年 9 月第 1 版　2022 年 9 月北京第 1 次印刷

定价：98.00 元

ISBN 978-7-5223-1664-2

（图书出现印装问题，本社负责调换，电话：010-88190548）

本社质量投诉电话：010-88190744

打击盗版举报热线：010-88191661　QQ：2242791300

双循环新发展格局：实施基于内需的经济全球化战略

（代序）

刘志彪

加快形成以国内大循环为主体、国内国际双循环新发展格局，是对过去中国嵌入全球价值链（GVC）进行国际代工所形成的发展格局进行的重大修正和战略调整，其目的不是否定中国参与的产品内国际分工的形态，也不是要与GVC脱钩，而是要把过去那种以出口导向为特征的双循环发展格局，转化为基于内需的双循环发展格局，本质上是为了在新的全球化趋势下稳定产业链供应链，实现中国经济高水平的自立自强。这一战略调整，是中国经济运行的动力机制的重大转换和重塑，必将对中国经济现代化进程和在全球经济中的新崛起产生重大的影响。

双循环新发展格局的内涵，与我在10年前提出的基于内需的经济全球化范畴之间，具有高度的相似性。那个时候我就提出：2008年以来，世界金融危机显示了中国所获得的第一波“全球化红利”已经基本结束，中国需要与世界进行再平衡。在这个过程中，中国经济发展方式转变的重要内容和表现之一，我国最高决策者的最重要抉择之一，就是要进一步利用世界经济危机给中国提供的争先进位的黄金机遇，及时主动地启动第二波经济全球化战略行动，这个战略就是要在扩大内需条件下，进一步实施深度全球化战略，发展“基于内需的全球化经济”。这是中国在新的世界政治经济背景和条件下，全面获取新的第二波全球化红利的最根本战略，是中国为适应全球经济形势和竞争格局的变化而做出的主动的战略调整，也是中国给自己、给世界主动创造的一种战略机遇，对中国政府的战略思维能力而言是一个重要的挑战。主动创造新一轮的经济全球化机遇，确立适应发展新阶段的新开放观，做好战略和政策层面的事先准备，是中国全面提升开放型经济发展水平的最重要含义和最主要内容。

发展“基于内需的全球化经济”并不是一个新现象和新要求。其实，美国就是一个典型的基于内需的全球化经济体系，一个对全球产业分工依赖程度很深的国家。主要表现在：第一，民众的收入水平高、购买力强加上人口众多，使美国的最终需求规模一直处于全球最大的地位，同时也是形成市场驱动型全球价值链治理者的主要条件。第二，强势的国内市场需求加上其他非经济因素（如强大的军事、强势的价值观等），塑造了长期的强势美元地位，诱使全球生产要素向美国流动，导致了全球其他奉行出口导向战略的国家对其进行大量的出口，使美国可以长期获得低成本的要素和产出品。第三，美国因国内市场巨大和吸引力强，成功机会众多，是吸收全球高级新要素力度最大的国家，如美国就是当今发达国家吸收 FDI 最多的国家，也是全球顶尖人才富集度最高的国家。

我们提出在“基于内需的经济全球化”战略中扩大内需，其实这本质上并不反对经济全球化，而是主张新一轮经济全球化的形式要发生根本变化。“扩大内需”是相对于扩张外需和出口导向而言，“扩内需”既可以开放的方式进行，如进口国外要素在国内加工并在国内或国外销售；也可以封闭的方式进行，如在国内完成产业链的整个价值增值过程，不与国际经济分工发生任何联系。基于内需的经济全球化，就是要在进一步嵌入经济全球分工体系的基础上，强调利用全球的优质资源要素尤其是技术人才发展自己。

仔细甄别，出口导向为主的双循环发展格局，与内需主导的双循环发展格局（或基于内需的经济全球化），这两种发展格局在结构和特性上有许多不同。大致是：

第一，拥有的比较优势不同。在过去的发展格局下，中国参与国际经济循环的比较优势是物廉价美的劳动力资源，但是资本尤其是技术资本严重匮缺。按照国际贸易理论，此时发展劳动密集型产业出口是最佳选择。实践中最常见的形式，就是吸引外资企业来本国承接出口代工业务。在新发展格局下，随着持续的经济增长和人民收入的大幅度增加，一方面各种要素的成本正在逐步上升，劳动密集型产业的比较优势逐步丧失；另一方面国内市场规模得到不断成长，强大的国内市场逐步形成。这时在国际经济竞争中，国内强大市场成为替代要素价格低廉的最重要的比较优势甚至是绝对优势。

第二，利用的市场不同。在过去的发展格局下，之所以国家那么强调出口导向，除了早期因为要争取外汇购买国外的机器设备和技术，主要是因为国内市场的现实容量较小、功能狭窄、难以消化国内迅速增长的生产能力，而国外市场可以成为我们参与经济全球化竞争的有效资源。其实，这时出口导向并不一定要依赖统一的国内市场，相反，分割的碎片化的市场可能还是激励企业出口导向的现实因素。在新发展格局下，随着经济全球化趋势的变化以及国内市场的成长，如何最大限度地挖掘和利用本国的市场潜力才是合适的经济政策的要义。一是可用自己的市场支撑本国的经济增长；二是可以在某种程度上拉动全球经济增长；三是可以借用自己的市场虹吸国外的高级生产要素，尤其是利用国外的创新要素加速发展中国的创新经济；四是可以依托国内市场促进中国企业走出去，寻求外部发展资源和技术知识。

第三，实施的经济政策不同。在过去的发展格局下，为了充分利用自己的比较优势进行出口，我们需要做的事情就是要在宏观上形成一套鼓励出口导向的经济政策体系，如降低本国汇率、压低本国劳动力福利待遇、出口免税或退税等。在微观上，我们要做的事情是利用政策优惠吸引外资进入，通过各种形式的出口加工区鼓励各种所有制企业的出口。这时期政策的重点就是怎么通过政策创造条件形成“洼地”，大力吸引外国物资资本。在新发展格局下，充分利用自己的比较优势不是为了鼓励出口，而是以市场的力量向内向外聚集创新资源发展创新经济。在宏观经济政策上，要改进收入分配、实施共同富裕战略，要千方百计扩大内需以强大市场购买力，要创建世界宜居城市吸收全球人才为我服务等。这时期政策的重点，就是怎么创造条件吸引外国人力资本和技术资本。

第四，控制价值链的链主不同。在过去的发展格局下，中国企业只是嵌入全球价值链进行国际代工，处于治理者地位的链主是跨国公司，它们利用研发设计优势和网络品牌优势向中国企业发包，并获取高附加值。在新发展格局下，国内巨型企业或中国跨国公司将处于价值链高端的治理者位置，它们根据市场需求（包括国外市场需求）或自己掌控的技术向国内外企业发包，使全球企业成为自己的供应商，由此形成全球供应链，然后把产品销往全球。显然形成以我为主导的价值链或全球创新链，是塑造新发展格局的主要路径。

对于双循环新发展格局的问题，现在最重要的是要研究如何尽快启动和形成这种发展格局，即如何尽快从出口导向为主的双循环发展格局，全面走向基于内需的双循环新发展格局？这需要观察我国的改革历史以及借鉴发达国家的有效经验。众所周知的是，中国虽然在1988年就已提出要搞出口导向的国际经济大循环，但是真正实现是1994年汇率形成机制的改革之后。在那之后，宏观上进行了一些关键性的改革，形成了一套基于出口导向的政策体系，包括汇率贬值，人民币以外汇占款抵押的形式进行货币供给以稳定币值，财税政策对出口的大规模的免税、退税，产业政策倾向于用优惠地价和各种补贴进行招商引资等。首先是1994年人民币兑美元汇率并轨，汇率从5.8变为8.7，促进了中国国际贸易的快速上升；其次是根据国内剩余劳动力的现状，以压低国内劳动力成本鼓励企业参与出口竞争。还有就是2001年加入WTO，打通了企业实施出口导向战略中遇到的各种国际规则的障碍，推动了我国工业化和现代化进程，使我国在经济全球化浪潮中获得了巨大的发展红利。

从现有资料看，当今世界如美国、日本、德国、英国、法国、意大利、加拿大等G7国家和一些新兴经济体如巴西、俄罗斯、印度等国家，其实基本上都是属于以内需驱动型发展模式。中国作为一个国内市场容量巨大且增长迅速的经济大国，为增强抗击外部冲击的能力，增强产业链供应链的稳定性和现代化水平，完全应该在宏观经济政策体系上扬弃出口导向的倾向，尽快实现国内循环为主的双循环发展格局。现在问题的关键，在于用一套什么样的政策体系去促进新发展格局尽快形成。在这方面，发达国家早期经济转型以及后来在扩大内需中的政策实践，有许多值得借鉴的经验教训。一般认为，促进国内经济循环的基本的政策经验主要是：要运用宏观经济政策的组合搭配，与微观经济政策进行有效结合，即动用包括财政政策、货币政策、产业政策、收入政策等在内的一系列政策组合手段，主动调整外需与内需、投资与消费两个最重要的比例关系，逐步降低经济的对外依存度和投资率，尤其是通过逐步提高居民消费率，来给经济增长置换上来自现代消费的驱动力。为了提高居民消费率，一要提高居民收入在GDP中所占的比重；二要增加财政支出中民生消费、福利性支出的比例；三要根据发展水平不断提高最低工资水平，保障低收入群体收入在居民收入中的比例不断上升，由此提高社会的边际消费倾向；四是在收入结构中，要增加来自财产性收入的比例，财产性收入是收入结构中提升弹性最大的领域，也是决定国家间居民收入差距的主要因素；五是增加公共支出比例，不断完善医疗、教育、养老、基本住宅等社会保障体系，着力改善民生。

必须强调指出，微观经济政策体系在促进新发展格局形成中将起到非常重要的、有时是决定性的作用。微观经济政策的核心，是要在初次分配中，以法律形式调控资本收入与劳动收入的比例，特别用法律实施对劳工的保护，不断提高最低工资的底线，从而不断地提高全体劳动者的工资收入，最终形成现代消费主导的经济成长格局。就此意义上来说，我国已经完全到了以共同富裕目标启动以劳动者为中心的发展阶段，要以劳动者收入和福利提高、劳动保护、劳动者尊严等为主要内容推进发展新格局尽快形成。

也就是说，对中国启动内需主导性发展而言，随着人民币不断升值，我们应该抛弃过去的低劳动力成本优势，全面启动对劳动力的保护和福利制度建设，应该把国民收入中劳动分配的份额提高。显然，在基于出口导向的政策体系如何向基于双循环的新发展格局的政策体系转型方面，还有太多的需要研究的问题和具体的策略。例如，一个直接的问题是：以共同富裕目标启动进入以劳动者为中心的发展阶段，必然会立即增加企业的劳动成本。如果工资收入增加太快，持续地超过生产率上升速度，那就必然导致中国产业国际竞争力的丧失，从而进入因创新不足、生产率滞后而导致的“中等收入陷阱”。再如，发展格局的转换中，我们如何防止必然会出现的经济社会风险？在经济运行以国际循环为主时，我们可以通过吸收外部世界的各种资源、资本和信息，来克服我国国民经济系统内部运行中出现的各种困难和障碍，即与外部进行积极广泛的交流，全力吸收来自外部的负熵，来克服内部的熵增现象，实现系统的均衡发展，但是在转入以国内循环为主之后，如果我们的思维陷入封闭保守，如果不愿意在扩大内需中坚持开放和改革，不能把国内市场与国际市场连接起来进行能量的交换，那么我们极有可能陷入严重的“内卷”，从而使国家经济升级停滞。这些都是必须超前意识到并预先采取有效的措施予以防范的重要问题。

本书作为南京大学长江产业经济研究院的集体著作，对我国进入双循环新发展格局的路线图问题进行了较为全面的刻画和探索，尤其是对其中的一些关键性问题，如构建新发展格局的主攻方向、国内外大循环的着力点、路径等，都发表了具有自己见解的学术观点，值得作为研究参考。

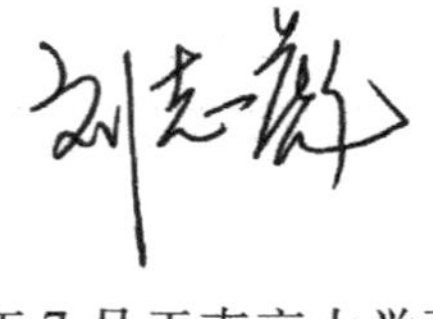

2022 年 7 月于南京大学丙丁楼

目 录

第一篇 构建“双循环”新发展格局的背景和逻辑

第二篇　科学认识“双循环”新发展格局

第三篇　构建“双循环”新发展格局的主攻方向

第五篇　构建国际大循环的重要着力点

第一篇

构建“双循环”新发展格局的背景和逻辑

第一章　建设现代化经济体系：新时代经济建设的总纲领

加快建设现代化经济体系是党的十九大提出的我国经济建设的一个总纲领。建设现代化的经济体系要坚持质量第一、效率优先的方针；以深化供给侧结构性改革为主线，推动质量经济、综合要素生产率和发展新动力的三大变革；要建设实体经济、科技创新、现代金融、人力资源四者协同的现代产业体系；要建设能够支撑现代化经济体系的经济体制和机制，让市场机制有效、微观主体有活力、宏观调控有度。

习近平总书记在党的十九大报告指出，我国仍处于并将长期处于社会主义初级阶段，这个本国情没有变，我国是世界最大发展中国家的国际地位也没有变。因此，全党要牢牢把握这个基本国情，牢牢立足这个最大实际，以经济建设为中心，加快实现“两个一百年”的宏伟奋斗目标，坚定不移把发展作为党执政兴国的第一要务。党的十九大据此提出，在经济发展进入新常态下，我们必须贯彻新发展理念，建设现代化经济体系。

中国特色社会主义进入新时代，我国经济建设的一个总纲领，就是要加快建设现代化经济体系。这是十九大报告中基于建设社会主义现代化强国的目标，创新性地提出来的一个突出的、具有建设性的重要范畴。它的内涵和建设标准是什么？为什么现阶段要提出这样的经济建设总纲领？应该如何去建设现代化经济体系？党的十九大报告指出，建设现代化的经济体系首先坚持质量第一、效率优先的方针；以深化供给侧结构性改革为主线，推动质量、效率和发展动力的三大变革；要建设一个四要素协同的产业体系，即实体经济、科技创新、现代金融、人力资源四者协同的现代产业体系；要建设能够支撑现代化经济体系的经济体制和机制，让市场机制有效、微观主体有活力、宏观调控有度。

第一节　现代化经济体系：内涵和建设标准

过去，我们曾经提出过实现“经济现代化”目标，或建立“现代产业体系”等要求。前一范畴经常与国防现代化、科技现代化等并列或对照使用，主要是指从农业经济向工业经济转变、农业社会向工业社会转换、农业文明向工业文明变革的历史和动态过程。后一范畴则是在产业层面上，特指现代元素比较显著的产业构成。这在经济发达国家，主要指工业技术先进、现代服务业发展比较充分的产业构成；而在发展中国家，则主要是指工业化进程启动或加速成长、第三产业所占比重稳定上升的产业构成。显然，党的十九大报告新提出的“现代化经济体系”这一概念，在一定程度上融合了“经济现代化”和“现代产业体系”这两个概念的内涵。

与上述两个概念不同的地方在于，“现代化经济体系”不是指变革的历史和动态的进程，而是与构成现代化强国的其他要素（如现代化社会体系、现代化生态系统、现代化法治体系等）对应，指一种可以定性或定量描述的经济发展水平的状态、目标和结构；它不仅是针对产业构成、产业结构而言，也不仅是用此来描述产业高度化水平，而是指整个国家的相互联系、相互影响的经济系统，在发展总量和速度、发展水平和质量、发展结构和要素、空间布局的性状、体制机制运行、开放发展程度等诸多方面的现代化水平和状态。相对于全面建成现代化强国的战略目标来说，它是社会主义现代化建设的一个最重要的最基础性的建设子目标和内容。为了实现这个子目标，必须以建设现代产业体系为重要的物质基础。

根据党的十九大报告精神，新时代我国现代化经济体系的基本建设标准和框架，主要应该由以下几个方面构成：

一是经济总量和发展速度。中国已成为全世界第二大经济大国。只要我国的经济增长速度保持在5%，到2050年中国人均收入就能达到世界现代化国家的平均水平，我国的经济总量就会处于世界第一的位置。

二是发展水平和发展质量。我国的人均收入水平与发达国家还有很大的差距。然而，中国可以在衡量发展水平和发展质量的其他指标方面奋起直追，领先世界。如在教育年限、预期寿命等方面，中国的进步都十分迅速。

三是现代化产业体系和结构。在作为发展中大国经济的语境下，现代化产业体系在我国是指要全面地构建比较稳固的现代农业基础，比较发达的制造业尤其是高等级的装备制造业，以及门类齐全、迅速发展的现代服务业。总体要求是技术进步不断提高，产业国际竞争力不断增强。这样的现代化产业体系是现代化经济体系的物质基础。

四是现代化空间布局结构和协调程度。指国土资源利用效率较高、要素密集程度较大、生态容量适度、城市群落连绵、区域发展差距较小的生产力布局结构。

五是现代市场经济的体制机制。并不是西方当代的市场经济体制，才是现代市场经济。新时代中国特色社会主义市场经济，其主要特征是要让市场在资源配置中起决定性作用，同时更好发挥政府的作用。市场和政府的“两只手”起作用，这是中国发展的优势所在。

六是高水平的开放经济体系。高水平的开放型经济是全方位立体开放的经济体系，是深度加入全球分工体系、与世界经济之间有着良性循环关系的经济，不仅可以输出商品和要素，而且也可以吸收商品和要素，但绝不是依赖型的输入型经济（如技术依赖度比较小）；不仅可以引进来，而且可以走出去；不仅可以向东开放，而且可以沿着“一带一路”向西向南开放。

第二节　现代化经济体系：建设方针和战略意义

坚持质量第一、效益优先这一建设现代化经济体系的总方针的提出，是党的十九大对过去中国发展模式进行深刻反思的结果。众所周知，过去的赶超战略取得了令全球瞩目的中国经济奇迹，但同时也留下了一些急需要解决的、突出的、长期困扰中国经济发展的“重大结构性失衡”问题，表现为经济运行中的“不平衡、不协调、不可持续”等现象。

进入新时代后，人民日益增长的美好生活需要和不平衡不充分的发展上升为社会的主要矛盾。为此必须在战略上从追求增长速度转型为追求质量经济体系，实现经济速度与民生幸福的双重追赶。这一战略转变趋势叠加上我国人口提前老龄化的社会环境，意味着中国发展环境和条件将发生巨大的变革，其中，一个最重要的经济现象，就是可能会出现以要素价格不断上扬为基本特征的经济趋势。如果这种成本上升的趋势不能为生产率上升速度所消化，不能从依赖于低成本比较优势转向创新驱动、提高生产率和附加价值的竞争优势，我国未来的经济发展动力将有所衰减，经济运行将可能出现滞涨格局并陷入发展的陷阱。①

为此，我们需要通过全面深化改革，通过建设现代化经济体系，来实现发展方式的转型，全面提升发展的质量和效益。这是跨越由高速增长阶段转向高质量发展阶段关口的迫切要求。

第一，只有努力建设现代化经济体系，坚持质量第一、效益优先，推动经济发展质量变革、效率变革、动力变革，提高全要素生产率，才能改变长期以来在赶超型旧体制下形成的速度、数量偏好的粗放型发展特征，才能使供给结构较好地适应需求结构的快速变化和不断升级的趋势，才能真正地化解过剩产能、降低经济杠杆，加快振兴实体经济。

第二，只有努力建设现代化经济体系，大力推进结构优化和产业结构调整，坚持实体经济、科技创新、现代金融、人力资源协同发展，才能在符合人民群众不断增长的对美好生活需要的领域，培育新的增长动能和新增长点，构建现代产业新体系，同时使传统产业得到更新改造、焕发生机，使落后产业得以淘汰出局。

第三，只有努力建设现代化经济体系，通过推进全面深化改革，处理好政府与市场的关系，鼓励各级政府进行制度创新和高质量的制度供给，着力构建市场机制有效、微观主体有活力、宏观调控有度的经济体制和机制，才能不断地解决发展中遇到的新问题，不断增强我国经济的创新力和竞争力。

第四，只有努力建设现代化经济体系，坚持对外开放的基本国策，坚持打开国门搞建设，才能抓住新一轮经济全球化给我国带来的新的发展机遇，在高水平融入经济全球化的基础上，利用中国庞大的内需虹吸全球先进生产要素，尤其是人力资本和先进技术，发展创新经济，才能促进我国产业迈向全球价值链中高端。

第三节　以供给侧结构性改革为主线加快建设现代化经济体系

新常态下的供给侧结构性改革，是面对国内外经济形势发生重大变化，抓住机遇奋力前进的主动作为。积极进行供给侧结构性改革和结构的战略性调整，是边际投入效率递减背景下，迎接新时代经济变革趋势所提供的战略

① 刘志彪："为实现现代化打下坚实产业基础"，《人民日报》2016 年 8 月 25 日理论版。

机遇的不二法门。[①]因为，在这个背景下，只有努力地向结构调整要速度、向结构变化要质量，向结构转换要效益，才能解决新时代社会的主要矛盾。

深化供给侧结构性改革，可以推动现代化经济体系建设中的质量、效率、动力的三大变革。从供给侧看我国发展不平衡不充分的问题，主要是供给结构、质量体系与不断升级的社会需求结构之间，存在着2017年经济工作会议所说的“重大的结构失衡”，从而导致产能过剩、效率低下和运转不灵。推进供给侧结构性改革，就是要纠正扭曲的供需错配，提高产出的质量和效率，从而缓解新时代我国社会的主要矛盾。

以供给侧结构性改革为主线促进现代化经济体系建设，重点是要解决发展中存在的结构性、体制性和素质性的矛盾和问题，在具体的路径和方略上主要包括以下几个方面：

一是要重点把发展经济的着力点放在实体经济上，抑制以炒房为代表的虚拟经济过火、过旺的不良态势。实体经济振兴要把提高供给体系质量作为主攻方向，避免过度追求数量的倾向，增强我国经济质量的优势。

二是要把握科技进步的基本方向，重点推动互联网、大数据、人工智能和实体经济的深度融合，在中高端消费、创新引领、绿色低碳、共享经济、现代供应链、人力资本服务等领域培育新增长点并形成经济发展新动能。

三是要运用一切手段鼓励传统产业优化升级，鼓励企业在经济周期的底部阶段进行大规模的技术改造，对购进国内外先进技术设备的企业，可以按一定的比例给予税收的优惠和贴息贷款的支持等。

四是要加快发展和迅速提高现代服务业的水平。日益增长的美好生活需要，按照习近平总书记的讲话精神，就是指人民群众“期盼有更好的教育、更稳定的工作、更满意的收入、更可靠的社会保障、更高水平的医疗卫生服务、更舒适的居住条件、更优美的环境、更丰富的精神文化生活”。显然，这些内涵更多与发展现代服务业有关。这就把发展现代服务业提高到了极其重要的政策高度。

五是要重点促进产业集群迈向全球价值链中高端，打造若干世界级先进制造业集群。企业以集群这种组织方式发展，同时产业集群加入全球价值链，是当今中国产业发展的重要特征。过去的问题是我们加入的是全球价值链的低端环节，产业集群的发展整体上组织程度不高。中国未来产业集群升级的

① 杨伟民：“适应引领经济发展新常态，着力加强供给侧结构性改革”，《宏观经济管理》2016年第1期。

方向，就是制造环节的精细化以及向微笑曲线的两端攀升，并且在这个过程中通过竞争和收购兼并，逐步形成世界级先进制造业集群。

六是要重点强化水利、铁路、公路、水运、航空、管道、电网、信息、物流等基础设施网络建设。这除了可以实现稳增长的目标外，更重要的是可以为产业发展提供更多、更持续的“外部经济性”。

七是坚持去产能、去库存、去杠杆、降成本、补短板，优化存量资源配置，扩大优质增量供给，实现供需动态平衡。

八是要激发和保护企业家精神，同时弘扬劳模精神和工匠精神。

第四节　建设四者协同的产业体系：现代化经济体系的物质基础

建设实体经济、科技创新、现代金融、人力资源四个要素协同的产业体系，是党的十九大报告提出的建设现代化经济体系的物质基础。在这四个要素的关系中，实体经济是纲，是目标，是导向，任何脱离发展实体经济轨道、使虚拟经济自我循环的不良倾向，都会伤害国民经济，都需要纠偏；科技创新是实体经济发展的第一驱动力；现代金融则是其健康持续发展的血液系统；人力资源是建设现代化经济体系第一生产力。

建设四要素协同的产业体系的这个愿景，除了吸收了内生增长理论的精华外，还把它和发展实体经济有机地糅合在一起；提倡现代经济增长更多地要发挥高级先进生产要素的协同作用而不是去孤军奋战；鼓励由金融支撑的创新驱动增长；鼓励把过去在全球价值链底部进行国际代工的汗水经济转变为人力资源驱动型的智慧经济。

关键在于如何实现这种协同。我国现实发展中的问题是实体经济不实，虚拟经济太虚，后者发展有脱离前者的不良倾向。同时科技创新对产业发展支撑力度不够，往往呈现为“两张皮”的不良格局。未来实现要素之间的联动发展，一方面要通过金融创新供给更多的优质资产，缓解资产“荒”，平抑资产价格；另一方面要通过技术创新，吸收更多资本流入实体经济，为金融领域供应更多可投资的资产。这些工作都需要第一生产力——人力资源的源源不断的支持。

之所以要实施上述的要素协同方式，是因为我国经济发展的阶段变化了，这一变化对经济政策提出了转型的要求。过去我国是资本不足和商品短缺，国家宏观政策的导向是要千方百计地增加储蓄率，扩大投资规模和增加生产能力，增加市场的有效供给；进入20世纪末后，我国已经完全摆脱了双短缺经济的特征。尤其是最近十多年来，国家的发展任务不再是要努力增加生产能力，而是联动解决资本和商品的双过剩、同时千方百计地增加优质资产的供给。这要比仅增加储蓄、扩大供给问题要复杂得多。

一方面，我们要引导企业在实体经济领域加快技术创新和优化供给结构，努力淘汰落后产能，或者通过培育潜在市场消化过剩产能，或通过深度加入全球化输出过剩资本；另一方面，我们也要在虚拟经济领域强化金融创新，增加优质资产的供给，满足居民在收入提升之后不断增长的投资理财需要，从而解决由资产短缺所带来的资产泡沫问题。

这两个任务其实是紧密结合在一起的。即宏观经济政策可以通过资本市场的发展，引导供给结构的优化调整，从而化解实体经济领域的过剩产能。反过来，对虚拟经济发展中资产价格过高等问题，也可以通过实体经济的发展来平抑和调节，如通过鼓励技术创新和产业创新，为资本市场提供更多的资产配置的选择机会。这些都是我国宏观经济政策所面临的新问题。

第五节 建设现代化经济体系的体制机制支撑

建设现代化经济体系的支撑即“三个有”的经济体制：市场机制要有效、微观主体要有活力、宏观调控要有度。完善社会主义市场经济体制是构建我国现代化经济体系的制度保障。实践证明，我国现代化经济体系建设的每一次重大进步，都主要来自于对旧有的不适合社会生产力发展的体制和机制的大胆改革和创新。改革政府与市场关系是形成现代化经济体系的主要路径。

一是要更好而不是更多地发挥政府作用，要通过负面清单、责任清单的管理，适当地减少干预，把有限的资源集中在做最有效的事情上；“更好”的标准是不缺位、不越位、不错位。

二是要把“放手”当作最大的“抓手”，明确政府的权力边界，对权力清单外的事务要多做“减法”。

三是要“放手”不是“甩手”，为市场活动制定规范，并充当监控者和仲裁者，纠正市场自身的失败，在非营利性活动中发挥主体角色，为市场发展提供充足的外部经济性。

具体的重点任务，主要在三个层次上：（1）深化国有企业改革，发展混合所有制经济，培育具有全球竞争力的世界一流企业；（2）全面实施市场准入负面清单制度，废除妨碍统一市场和公平竞争的各种垄断规定和做法；（3）创新和完善宏观调控，发挥国家发展规划的战略导向作用，健全财政、货币、产业、区域等经济政策协调机制。

第六节　建设现代化经济体系的若干重点问题

新时代我国现代化经济体系构建的基本路径和基本方略，需要我们结合中国国情和客观实际把它们具体化为行动纲领。在这个过程中，需要重点关注的关键问题主要有：

1. 建设创新型国家。这是构建现代化经济体系的第一动力。习近平总书记指出，要“塑造更多依靠创新驱动、更多发挥先发优势的引领性发展”。选择把创新驱动发展作为现代化经济体系的第一动力和战略支撑后，我国在全球经济竞争舞台上的角色、功能和地位都会发生相应的变化：在角色上，会由追赶者变为赶超者，甚至变为领跑者；在功能上，会由技术标准的遵守者和跟踪者，变成游戏规则的制定者；在市场地位上，将由追随者和弱势者，变成主导者或竞争者。这就要求我们必须掌握新技术的源头，必须经历时间更长、花费更多、风险更大的基础研究和产业化过程。为此，必须瞄准世界科技前沿，强化基础教育和基础研究，实现前瞻性基础研究、引领性原创成果的重大突破。同时，要在科技成果的产业化转化方面，充分发挥市场机制、知识产权法和企业家精神的作用。

2. 振兴乡村经济。这是构建现代化经济体系的基础环节。“三农”问题任何时候都是国计民生的根本性问题，农业、农村、农民问题解决不好，基础不牢，地动山摇。加快推进农业和农村现代化，实现城乡融合发展，无疑是达到产业兴旺、生态宜居、乡风文明、治理有效、生活富裕总要求的有效方法和路径。党的十九大报告在“三农”方面的一个重要的政策亮点，就在于提出了要完善承包地“三权”分置制度，保持土地承包关系稳定并长久不变，第二轮土地承包到期后再延长三十年。为确保国家粮食安全，把中国人的饭碗牢牢端在自己手中，必须构建现代农业产业体系、生产体系、经营体系，完善农业支持保护制度，培育新型农业经营主体，健全农业社会化服务体系。

3. 区域协调发展。这是构建现代化经济体系空间支撑结构。中西部地区发展不充分，这既是新时代社会主义建设需要花大力气去纠正的问题，也是进一步发展的潜力所在。区域协调发展应该根据各区域发展的实际情况，分门别类制定差别化的经济政策：对革命老区、民族地区、边疆地区、贫困地区，要用各种扶持政策促进其加快发展；对东北等老工业基地的振兴，需要通过深化改革，重塑激励机制和发展动力，使其焕发青春活力，促进产业转型升级；对东部发达地区，则应要求其尽快进入创新引领发展的轨道，率先实现地区优化发展，率先启动进入基本现代化的第二步战略。未来应根据“时空压缩、增加密度、减少分割”的经济地理重组原则，鼓励以城市群为主体构建大中小城市和小城镇协调发展的城镇格局，加快农业转移人口和边远小城镇人口的市民化进程。

4. 全方位开放。它是构建现代化经济体系的良性循环机制。开放带来了中国的全面进步，过去中国在全球化进程中取得了巨大的红利。当前新一轮基于内需的全球化浪潮正在兴起，中国要利用自己的内需优势，形成发展的自我强化机制和良性循环机制，吸收全球先进的高级生产要素，为我国发展创新经济服务。未来中国开放的大门不是关闭，而是越开越大，主要是：(1) 以“一带一路”建设为重点，引进来和走出去，形成陆海内外联动、东西双向互济的开放格局；(2) 实行高水平的贸易和投资自由化便利化政策，全面实行准入前国民待遇加负面清单管理制度；(3) 赋予自由贸易试验区更大改革自主权，探索建设自由贸易港；(4) 通过建立和完善以我为主的全球价值链，促进国际产能合作，形成面向全球的贸易、投融资、生产、服务网络，培育国际经济合作和竞争新优势。

（作者：刘志彪，南京大学长江产业经济研究院理事长、院长、教育部首批长江学者特聘教授）

第二章　制造业占国民经济比重合理区间研究

传统发展经济学认为，制造业是经济增长的引擎。制造业有着规模报酬的特征，而且在技术创新、出口扩张、知识溢出、带动投资等方面有强大的带动作用，能吸纳多种技能人员就业。许多国家在经济发展规划中将制造业当作锚定目标。现有许多“去工业化”的研究认为，中国的制造业占比下降过快，表面上符合工业化阶段演进的趋势，却内含房地产、金融业过度扩张的隐忧，中国有可能经历了过早、快速的“去工业化”过程。然而也有学者发现，随着经济的发展和要素价格的提高，在高工资的同时维持高比例的制造业产出和就业是困难的。那么，在现阶段，我国经济发展处于什么水平？制造业占比变化趋势如何？制造业占比是否能够维持？怎样的制造业比重才是合理的？这是本章探索回答的问题。本章首先研究了制造业与经济发展的关系，分析了我国制造业发展的现状和问题，并对我国制造业占比指标进行计算。随后，文章将我国放在世界背景下进行比较研究。最后，文章梳理了经济发展相关理论，探讨我国制造业未来比重的合理区间，并参考发达国家的发展经验，研究提出了保持制造业合理比重的政策建议。

第一节　制造业的重要意义

学术界大多认为，制造业具有规模效应、对外贸易和技术创新优势，能够带动固定投资、提高全要素劳动生产率、推动产业升级。对于全球大多数国家而言，制造业仍是经济增长的主要引擎。制造业的高质量发展能有力推动经济高质量发展。从我国以创新驱动发展的战略路径上看，制造业同样不可或缺。制造业为创新活动搭建底层系统，提供创新成果产业化、商业化应用的验证场所，是创新的“母体”。

据世界银行统计，我国制造业增加值占工业增加值的比重长期维持在70%左右，变动极小，这表明制造业在工业中的地位重要且稳定，再加上有关制造业增加值增速数据的缺失，本章采取工业增加值的增速来代替制造业增加值的增速。世界银行当地货币不变价数据显示，我国GDP增速、GNI增速和工业增加值增速三者有着极高的同步性。而且，工业增加值变动幅度往往更大，拉动GDP增速和GNI增速上涨或回落。同时工业增加值占比变动趋势也对应着GDP增速的变化，只不过变动幅度要更小。自2010年来，我国GDP的年增速不断下降，从2010年的10.6%下降到2019年的5.9%，下降了将近5个百分点（因2020年的数值经济受疫情严重影响，有特殊性所以不纳入考虑），此阶段对应的制造业增加值占比和工业增加值占比也不断下降，制造业增加值占比从31.6%下降到26.8%，亦降低了近5个百分点。

根据郭克莎和彭继宗（2021）① 的测算，我国21世纪10年代以来经济减速和GDP增速放缓的现象，大部分可归因于工业增速的下降和制造业增加值占比不断下降。只有制造业的增长才能支撑GDP中高速增长。“十四五”规划和2035年远景目标纲要指出，中国经济结构要不断优化，实现我国经济的高质量发展，人均国内生产总值在2035年时达到中等发达国家水平，这意味着未来15年，中国人均GDP年均增长要达到4.7%以上，这意味着更要稳定制造业比重，防止其持续下降。

第二节　中国制造业比重情况

考虑到中国幅员辽阔、人口稠密，使用经济大国的制造业来和中国对比。参考郑捷②对大国的定义，选取美国、日本、韩国、德国、英国等具有代表性的工业强国，作为比较研究对象。

一、我国制造业发展现状

（一）制造业门类齐全

中国幅员辽阔，劳动力资源和自然资源丰富，国内市场巨大，是世界上

① 郭克莎，彭继宗：“制造业在中国新发展阶段的战略地位和作用”，《中国社会科学》，2021年第5期，第128－149页，第207页。

② 郑捷：“如何定义‘大国’?”《统计研究》，2007年第10期，第61－63页。

唯一一个拥有全部工业门类的国家，拥有包括41个大类、207个中类、666个小类的现代化工业体系，是全球产业链重要的组成部分。

中华人民共和国成立以来，党和政府高度关注工业的发展，在政策和资金上给予了大量的支持。现在，我国制造业的主要优势在于以家电、电子消费品、工程机械等为代表，以民营企业为主要载体的模块化架构产品和以水电装备、核电装备、高铁、通信设备等为代表，以国有企业为主要载体或是市场具有一定垄断性且国有企业占比较高的大型复杂装备领域[①]。在这里，模块化产品指其零部件、组件通用性较强，常批量生产、有着开放架构特性的产品。与之相对应的是一体化架构产品。如美日等国制造业就有着极强的一体化产品设计开发能力，如数控机床、轿车、生物制药等。我国的制造业的优势之所以在这两个领域，对于模块化产品领域而言，一方面是因为改革开放初期我国有廉价且丰富的劳动力资源、与之相适应的逐渐成熟的大规模生产流水线，还有政府导向型的投资政策，另一方面是全球化初期我国积极嵌入全球价值链，国内市场的巨大需求促成了大规模的模块化产品分工体系，推动了改进型的产品创新和部分模块的创新，也形成了相应的产业配套优势和创新优势；而在大型复杂装备领域，国内相关产业往往涉及国家安全、国家军事与国家的政治与经济规划，多坚持自主研发，叠加政府规划性质的大规模固定资产投入和以政府采购为主的市场需求等因素，为其不断升级创新发展提供了广阔的空间与可能性。

（二）制造业大而不强

世界银行数据显示，从2010年到2020年，中国制造业的增加值从1924亿美元增加到3854亿美元，10年间实现倍增，其数值在进入2018年后在3800亿美元左右浮动。增长趋势稍微比较明显的还有美国，从2010年的1789亿美元增长到2342亿美元，增长率达到30%。其余国家在进入2010年后，制造业的增加值比较稳定，几乎停止增长。但从占比来看（见图2－1），中国制造业增加值占比却呈下降趋势，且下降幅度较大，从2010年的31.61%下降到2020年的26.17%，下降了将近5个百分点，其他发达国家的制造业增加值变动范围均不超过3个百分点，其中，只有韩国和德国下降了将近3个百分点，日本、美国和英国的制造业增加值占比都比较稳定，20年间变动

① 黄群慧，贺俊："中国制造业的核心能力、功能定位与发展战略——兼评《中国制造2025》"，《中国工业经济》，2015年第6期。

范围维持在1%。

当前，我国制造业大而不强问题突出。我国优势产业拥有纺织、化工、金属冶炼等产业，但是在高端制造业领域，我国嵌入的大多是处于全球价值链低端的劳动密集型一体化组装部分。我国制造业在电子信息的加工设备、高端自动控制系统、飞机导航仪表等受国外垄断的高端装备领域仍处于真空状态。2019年，我国制造业增加值3.9万亿美元，超过美国和日本的总和。尽管工业体系完善，但关键技术自给率低，高技术含量、高附加值的重大装备和关键材料等仍需大量进口。自主创新能力不强，硬科技存在短板。而要想使得我国制造业“由大变强”，首先必须要保持制造业比重的稳定。

（三）研发与创新差距

人力资本和技术的匮乏制约了核心零部件的发展与基础学科的突破，企业特别是中小企业难以接入前沿科技与创新技术，未形成有效的产学研合作机制。与美日德韩等发达工业大国相比，我国在科研投入明显不足，2018年，我国R&D（研究与开发）投入占GDP的比值仅为2.2%，美国的R&D投入占比为2.8，而日本（3.3%）和韩国（4.8%）自2007年来均突破3%，韩国的R&D投入占比更是呈上升趋势。从每百万人的研发人员数量上看，中国虽然研发经费投入总量较大，但平均而言研发人员数量显著落后于可比国家。2018年，中国每百万人的研发人员数为1307.12人，数值最高的韩国（7980.40人）是中国的5倍，其次是日本、德国、英国、美国和意大利。其中，韩国的每百万人的研发人员数量呈显著上升趋势，且增速领先。美日德均在复杂系统产品开发和制造等一体化领域具有全球竞争显著优势，美国制造业企业的高新技术创新能力依托于研究型大学，学术研究与商业模式深度结合；德国则依靠其实验室研发而在数控机床、汽车等一体化领域培养不可替代的优势；日本制造业的核心竞争力则主要体现在精益生产方式和与科技前沿紧密联系的大企业与大量中小企业①。

当然，我国制造业创新发展不足也还有其他外部环境原因，诸如国际打压、由国内产品质量落后和采购商风险厌恶等带来的国内需求不足、集成厂商“干中学”机会的缺乏、竞争型供应链管理模式导致的产业链上下游各环节割裂、专一化投资与研发受到限制等②。

---

① 黄群慧，贺俊：“中国制造业的核心能力、功能定位与发展战略——兼评《中国制造2025》”，《中国工业经济》，2015年第6期，第5-17页。

② 任继球：“推动装备制造业高质量发展”，《宏观经济管理》，2019年第5期，第24-29页。

二、我国制造业占比现状

（一）制造业占比下降过早

我国制造业占比近十几年连续下滑，从 2006 年的 32.5% 降至 2019 年的 26.8%。与发达国家相比，德国这一比重为 19.4%、日本为 19.5%，中国相比这些发达国家制造业占比仍处于偏高水平。从图 2-1 可见，美日德等发达国家的制造业比重近 20 年来一直呈现不断下行的趋势。

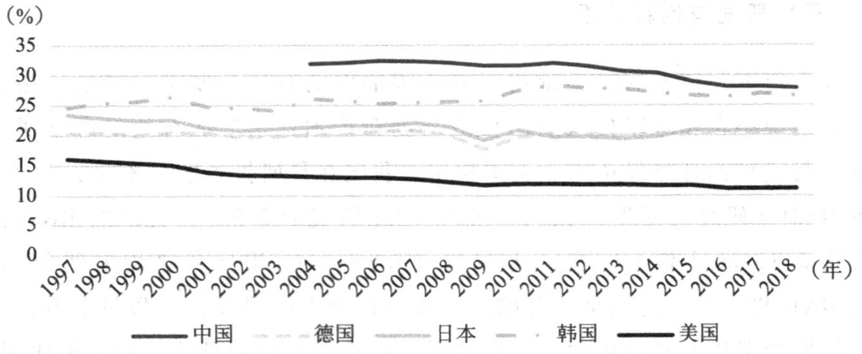

图 2-1 1997—2018 年各国制造业增加值占 GDP 的百分比

资料来源：世界银行。

尽管制造业增加值比重下降是工业化的规律，但在还未实现制造业高端化的现实下，我国制造业占比下降“过早”和“过快”仍需值得我们的注意和警惕。世界主要发达国家成长为世界强国无一不是靠制造业的强大，大规模和高比例的制造业都曾是英国、美国、德国、日本等世界强国的发展支撑。因此，发达国家发展壮大的历史经验表明，发展本土强大的制造业是国家富强的根基。

（二）制造业占比下降过快

进入 21 世纪 10 年代以来，我国制造业占比波动率一直为负，波动均值为 -1.23%，呈现明显下降的趋势，虽然各大国的波动均值也为负，但日本（-0.1%）、韩国（-0.26%）、意大利（-0.36%）和德国（-0.61%）的波动均值均比较小，而且，各大国的年变动率有正有负，制造业占比已经稳定。

考虑到现阶段我国与其他发达国家并非处于同一发展水平，所以本部分将从人均收入的视角，将各国放置于同一发展阶段来进行比较。根据世界银行2020年的标准，发达国家是指那些年人均国民收入高于12695美元的国家和独立行政区，中高收入经济体是指人均收入处于为4096美元到12695美元的国家和独立行政区。2011年，我国人均收入为5050美元，2019年，我国人均国民收入突破10000美元，2020年达到10610美元，据此标准，我国自2011年起进入高收入的发展中国家。今日，我国的人均收入大体相当于各工业大国20世纪80年代的水平（见表2-1）。

表2-1 各可比国对应的可比期

国家	2011年可比期	2020年可比期	进入高收入时期
美国	1969	1978	1980
德国	1974	1979	1987
日本	1975	1980	1986
意大利	1978	1987	1988
韩国	1989	1995	1996
英国	1977	1986	1987

资料来源：世界银行。

在可比期，与我国的制造业增加值占比数值比较相近的是韩国，其制造业增加值占比在1996年为24.7%，之后便在24%到26%的区间上下波动。

从变动范围来看，除韩国外，各大国在进入高收入阶段，即20世纪90年代后，制造业占比都有过一段明显下降的时期——美国制造业增加值占比从1997年的16.1%下降到2010年的11.9%，13年间下降了将近5%；英国2010年的制造业占比则比1990年的低了7.1个百分点，（除韩国外）各国在20年间平均变动5个百分点。而中国从2010年到现在的10年间的下降幅度就已达到5个百分点，这反映我国制造业比重下降过快。制造业作为就业的重要支柱，同时承担维系着产业链和供应链安全的责任，其比重的过快下降会威胁到我国产业体系的完整。

（三）中高端制造业占比过低

中国的工业企业大多处于全球价值链中低端，从事一般零部件制造、产品组装等增加值较低的生产环节，长期存在中高端制造业增加值占比过低的问题。何宁、夏有富和黄海刚①通过测算出口复杂度发现中国在2002—2016年的出口复杂度均值都低于发达国家相同年份，2016年仅为20008美元，而同处于亚洲的日本却为21267美元，中国装备制造业的全球价值链地位与发达国家相比仍然较低。对于中高端制造业的划分，本章参考世界银行的定义②，按照国际产业分类标准，将29类到35类归入中高端制造业，主要包括化学品的制造、装备和运输设备的制造。其中，装备制造业是我国制造业的核心和基础，是发达国家与我国在实体经济上的差距。高端制造业为多数行业提供技术和装备支持，具有产业关联性强、带动作用强、附加价值高、技术密集等特点，占据全球价值链的重要战略环节。但目前我国国内制造业企业主要还是依赖进口的高端设备和零部件。如图2－2显示，中国的中高端制造业增加值占制造业整体比重一直在41%到44%之间波动，2002年达到其峰值43.88%，然后持续回落，近年来维持在41.45%，占比不达一半，与工业大国相比数值还是偏低。占比最高的是韩国，比中国的占比高了20个百分点。同为亚洲国家的日本与韩国，中高端制造业占比都很高，占比均过半，而且两者均呈现上涨趋势。2020年日本中高端制造业占比达到56.57%，韩国中高端制造业占比一直位列第一，2020年达到61.669%。至于与中国国土面积、人口比较相当的美国，其中高端制造业增加值占比比较稳定，在50%上下小幅度波动，比中国多了10个百分点。可见中国的工业企业目前大多为低端制造业，中高端工业产值比重、产品供给能力、企业全要素生产率水平和价值增值能力较低，在全球价值链的位置有下降风险。我国中高端装备制造占比偏低的现象表明，我国在制造业结构优化方面有很大的空间，中国制造业可以通过提升产品价值、附加价值和专业定制等方式向全球价值链高端环节攀升，提升地位，增加中高端制造业占比进而增加制造业增加值的增速，维持制造业增加值占比的稳定。

---

① 何宁，夏友富，黄海刚："中国产业迈向全球价值链中高端科技政策研究——以装备制造业为研究对象"，《科技管理研究》，2018年第7期，第47－56页。

② 国际标准产业分类——24类：化学品及化学制品的制造；29类：未另分类的机械和设备的制造；30类：办公室、会计和计算机械的制造；31类：未另分类的电力机械和装置的制造；32类：无线电、电视和通信设备和装置的制造；33类：医疗器械、精密仪器和光学仪器、钟表的制造；34类：汽车、挂车和半挂车的制造；35类：其他运输设备的制造。

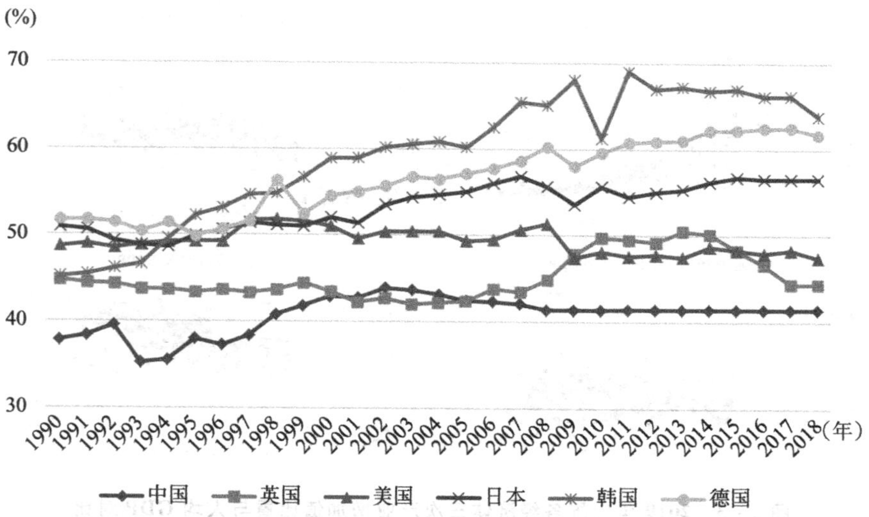

图 2－2　1990—2018 年，各国中高端制造业增加值占制造业比重的发展

资料来源：世界银行。

第三节　制造业与服务业的辩证关系

一、世界的三次产业比重变迁

图 2－3 给出了全球各经济体 2019 年三次产业产出比重和人均 GDP 的对比。比较各国人均 GDP 与农业增加值占比，可见随着国家人均 GDP 水平的提升，经济发展伴随着农业增加值占比的显著减少，经济发达国家农业增加值比重明显低于经济欠发达国家，且鲜有国家例外。比较各国人均 GDP 与服务业增加值占比，可见国家人均 GDP 水平的提升伴随着服务业增加值占比的显著增长，经济更发达的国家多具备更高的服务业发展水平。

关注到就业人口的结构变化与行业流动，比较各国人均 GDP 与就业人口占比的关系（见图 2－4），我们进一步印证了产业结构变化同经济发展水平的关系。比较各国人均 GDP 与农业就业占比，可见伴随一国经济发展水平的提升，农业就业人数占比显著减少，同农业产值占比相比，经济较不发达国家的农业就业人数占比更高，且随着经济发展农业就业人口快速流向工业与服务业。同样地，比较各国人均 GDP 与工业就业人口占比，伴随经济的发展与工业行业的扩张，中低收入国家就业人口快速流入相关工业行业，伴随着

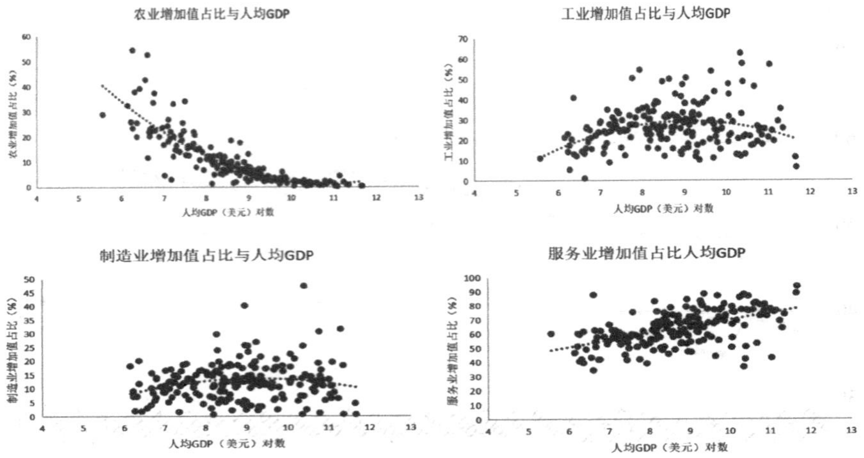

图 2-3　2019 年世界各经济体三次产业增加值比重与人均 GDP 对比

资料来源：世界银行、联合国。

经济发展的转型各国就业人口则出现了顶峰之后的下降。比较各国人均 GDP 与服务业就业人口占比，可见国家人均 GDP 水平的提升伴随着服务业就业人口占比增长，且相较之下服务业就业人口占比的波动比产值占比波动更为显著，伴随经济增长的现实，就业人口快速流入服务行业，不仅表现为农业就业人口的净流出，更表现为发达经济体工业就业人口的净流出。

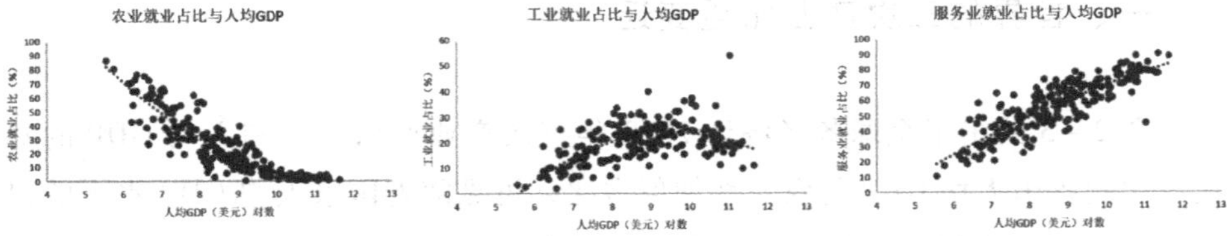

图 2-4　2019 年世界各经济体三次产业就业比重与人均 GDP 对比

资料来源：世界银行、联合国。

考察 2000 年至今各国三次产业增加值占比的变化，世界银行按照收入水平将世界各国划分为高收入国家、中等收入国家、中低收入国家和低收入国家。静态来看，低收入国家农业增加值占比显著高于其他国家，中等收入国家和中低收入国家则呈现了相近的农业增加值占比水平。受禀赋水平和产业特征影响，中等偏下收入国家和南亚的中低收入国家农业增加值占比显著高于其他同类国家。高收入国家的农业增加值占比显著低于其他国家，且远低于世界平均水平。考察工业增加值占比，高收入国家和低收入国家的工业增加值比重均低于世界平均水平，中等收入国家和中低收入国家则具备高于世界平均水平的工业增加值比重。其中中等偏上收入国家的工业增加值比重明显高于中等偏下收入国家，东亚和太平洋以及中东和北非的中低收入国家则具备比同类其他中低收入国家更高的工业发展水平。考察服务业增加值占比，整体而言更高的收入水平伴随着国家更高的服务业增加值比重。高收入国家的服务业增加值占比显著高于其他国家，亦远高于世界平均水平。其他收入水平下拉丁美洲的中低收入国家服务业增加值占比明显高于其他同等收入水平国家，出现了较低发展水平下的“制造业空心化”现象。

继而动态比较世界各国 2000 年至 2019 年的三次产业增加值占比变化（见表 2 - 2）。考察农业增加值占比变化，世界平均农业增加值占比从 2000 年的 4.9% 下降到 2018 年的 4.0%。其中中等收入国家和东亚、南亚的中低收入国家下降尤为明显。考察工业增加值占比变化，世界平均工业增加值占比从 2000 年的 29.0% 下降为 2018 年的 27.8%。其中欧洲和中亚以及南亚的工业增加值占比下降相对较少，盖因劳动力密集型行业的全球转移。低收入国家在过去 20 年实现了一定的工业化进程，但其工业增加值比重变动相对缓慢，产业结构升级转型仍然滞后。考察服务业增加值占比变化，世界平均服务业增加值占比从 2000 年的 60.2% 上升到 2018 年的 61.2%。中等收入国家和中低收入国家服务业增加值比重均大幅增长，其中东亚和太平洋的中低收入国家 20 年来服务业增加值比重增长 13.3 个百分点，产业结构迅速转型。

表 2 - 2　　三次产业增加值占 GDP 比重（按收入水平划分）

国家或地区	农业增加值占国内生产总值比重（%）		工业增加值占国内生产总值比重（%）		服务业增加值占国内生产总值比重（%）	
	2000 年	2019 年	2000 年	2019 年	2000 年	2019 年
世界	4.9	4.0①	29.0	27.8①	60.2	61.2①
高收入国家	1.8	1.3②	26.2	22.7②	65.8	69.8②
中等收入国家	12.0	7.9	36.1	31.5	46.7	54.7
中等偏下收入国家	20.2	15.1	29.8	27.0	43.7	50.6
中等偏上收入国家	10.0	6.1	37.6	32.6	47.4	55.7
中低收入国家	12.3	8.2	35.9	31.4	46.6	54.5
东亚和太平洋	14.8	7.8	44.1	38.3	40.5	53.3
欧洲和中亚	8.8	5.2	31.6	30.3	49.0	54.0
拉丁美洲和加勒比	5.2	4.9	28.4	22.9	57.0	60.6
中东和北非国家	10.4	9.3②	43.0	35.3②	43.4	51.8②

续表

国家或地区	农业增加值占国内生产总值比重（%）		工业增加值占国内生产总值比重（%）		服务业增加值占国内生产总值比重（%）	
	2000 年	2019 年	2000 年	2019 年	2000 年	2019 年
南亚	22.1	16.2	26.0	24.5	44.1	50.7
撒哈拉以南非洲	17.6	15.5	30.8	26.9	46.3	50.7
低收入国家	31.1	23.3①	25.3	26.8①	39.4	37.7①
最不发达地区	28.1	18.1①	27.5	30.9①	40.4	43.4①
重债穷国	28.7	21.8	22.2	27.8	42.7	43.1
中国	14.7	7.1	45.5	39.0	39.8	53.9

注：①2018 年数据。②2017 年数据。

资料来源：世界银行 WDI 数据库。

二、中国的三次产业比重变迁

（一）中国的三次产业比重

改革开放以来，中国产业结构持续变迁，呈现出多数国家普遍发生的库兹涅茨事实：农业比重持续下降，服务业比重不断上升，工业比重相对稳定且近年来也开始下降（见图 2－5）。从增加值比重看，1978 年至 2019 年，我国第一产业增加值占比从 27.7% 减少 7.0%；第二产业增加值占比在期初为 47.7%，在 2008 年达到峰值 47.6%，2010 年以来下降趋势明显，在 2019 年减少到 39.7%；第三产业增加值比重稳步增长，期初占比仅为 27.7%，在 2015 年占比过半达到 50.2%，期末占比增长至 53.5%。从就业人口比重看，1978 年至 2019 年，我国第一产业就业占比从 70.5% 大幅减少到 25.1%，农业就业人口大量向制造业与服务业部门转移；第二产业就业占比在期初为 17.3%，就业占比峰值晚于产值占比峰值四年在 2012 年出现，达 30.3%，近年来下降趋势明显，在 2019 年减少到 27.5%；第三产业就业比重稳步增长，期初占比仅为 12.2%，期末占比增长至 47.4%。现阶段我国经济发展突出表现为服务业比重的持续增长，进入新发展阶段，我国制造业随着工业化阶段的演进进入了高质量发展阶段。

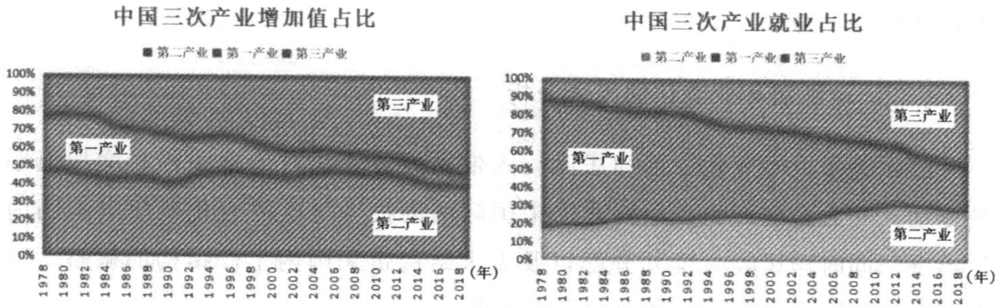

图 2－5　中国三次产业占比变化

资料来源：中国统计年鉴。

中国服务业快速增长的同时，区域间服务业增加值占比也存在显著差异。由图 2－6 可见，2019 年服务业增加值比重最低的 5 个省级地区服务业增加值比重低于 50%，其中福建、陕西的服务业增加值比重仅达 45%，低于同期世界中低收入国家平均水平。考察服务业增加值比重较高的 3 个省级地区，其中天津服务业增加值比重达 63.5%，超过同期世界平均水平，北京和上海均高于 70%，达到同期高收入国家水平，其中北京服务业增加值比重达 83.5%，比最低的 4 个省级地区高 40% 左右。

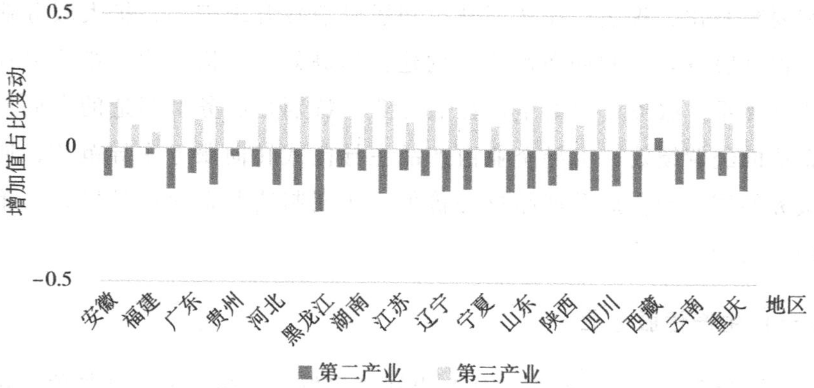

图 2－6　中国 2010—2019 年省级层面第二、三产业增加值占生产总值比重的变动情况

资料来源：中国统计年鉴。

进一步考察中国 2010—2019 年第二、三产业增加值占比的省级层面变动，普遍而言中国绝大多数省级地区在过去十年里呈现出工业增加值占比下降和服务业增加值占比上升的趋势。横向比较可见，在中国省级地区间同样存在库兹涅兹事实，发展水平相对较高的北京和发展水平相对较低的贵州并未发生剧烈的结构转型，而河南、重庆等中西部省份和黑吉辽等东北省份则经历了更为显著的结构转型，第二产业增加值占比大幅下降，第三产业增加值占比显著上升。

（二）中国服务业变化的因素分析

技术进步、专业化分工和居民收入带来服务业相对价格和相对增加值率的变动，开放经济下的产业转移带来国际国内投入比重的变化从而影响国内供给率，同时居民收入及其分配以及需求结构带来国内生产结构的调整，以上因素又共同作用影响服务业的最终需求。

整体而言，生产结构因素对我国服务业比重存在最大的正向贡献，国民经济各行业生产过程里服务投入的增长显著且稳健地带来服务业比重的上升。相对价格因素在不同时期都保持了稳健的正向贡献，国内供给率因素是唯一对我国服务业比重存在负向影响的因素，承接产业转移带来的制造业比重上升在其中发挥了重要作用。

三、服务业与制造业关系

《中华人民共和国国民经济和社会发展第十四个五年规划和2035年远景目标纲要》指出，聚焦产业转型升级和居民消费升级需要，扩大服务业有效供给，提高服务效率和服务品质，构建优质高效、结构优化、竞争力强的服务产业新体系。服务业中的生产性服务业，特别是服务型制造的发展显著改善了企业的经营绩效，引导企业由产品主导范式转向服务主导范式，通过产品和服务的深度融合提升产品核心价值，实现制造业企业产品模式由单一向混合的转变。①

（一）生产性服务业

服务业比重问题，一般来说从产出视角出发，考察服务业增加值占国民经济总体增加值的比重。但与此同时，亦可从支出视角理解，考察生产性服务与消费性服务在总支出中的比重，此时生产性服务便作为中间投入进入产品生产过程。与国际经验值相比，我国的服务业产出用于中间投入的比例更高。现代产业体系的发展带来制造业与服务业边界的融合，伴随信息技术的迅速发展，“互联网+”背景下生产性服务业进一步出现产业内和产业间的融合趋势。

---

① 张峰，战相岑，殷西乐，黄玖立：“进口竞争、服务型制造与企业绩效”，《中国工业经济》，2021年第5期，第133－151页。

关注金融服务和商业服务部门，一方面，生产性能显著取决于这些服务的国内可用性。另一方面，这些行业往往会引发“去工业化”的担忧。运作良好的金融部门在调动资源、刺激投资、同时帮助企业（和家庭）更好地管理其风险方面至关重要。业务服务部门涵盖了各种关键活动，从软件咨询和数据处理到管理咨询、工程和研发服务。密集使用这些现代服务可以帮助制造业企业提高生产力，降低经营成本，在更长的地理距离内扩大其选择，将他们的产品与竞争对手区分开来，加强售后客户服务等。

（二）服务业视角下的制造业比重

服务业与制造业的比重变化并不意味着产业重要性的变革，制造业转型升级、提质增效的内在要求正是服务业发展的内在驱动力。考察全球发达国家产业转移和全球化的历史教训，产业向全球的简单转移，带来了国内经济的金融化、虚拟化，结果导致本国产业空心化和实体经济发展放慢，社会就业问题与收入差距等问题日趋严重。服务业发展也由于自身对劳动市场的就业具有“门槛效应”，未能完全吸收制造业的劳动力转移，带来严重的贫困和失业问题。

从生产效率而言，在目前世界经济的发展历程中，工业的劳动生产率长期领先于农业和服务业。依据人均国民生产总值对国家的收入水平阶段进行划分（见图2－7），可见在生产率水平未高度发展的中高等收入水平及之前的阶段，农业的劳动生产率均处于较低的水平，在高收入水平阶段农业劳动生产率才有了显著的提升。而考察服务业劳动生产率，中国正处于服务业生产率提升的发展阶段。

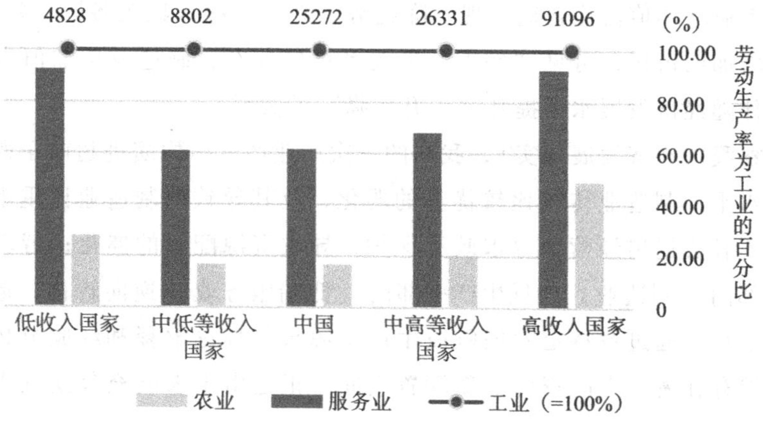

图2－7　不同收入水平国家劳动生产率水平

资料来源：世界银行WDI数据库，以2010年不变价美元计。

第四节　制造业的未来比重

近年来针对普遍存在的服务业扩张现象，国际主流经济学界对此进行了热烈的讨论。Rodrik（2016）代表性地提出"不成熟的去工业化"现象——相比曾经的发达国家，作为后来者的发展中国家在人均收入水平更低时便出现了工业比重的下降。政策层面，近年来"德国工业4.0""美国国家制造业创新网络"等战略规划文件接连问世，"再工业化"的政策思潮在发达国家频繁出现且形成政策指导。对于中国制造业的合理比重，虽然国际经验表明，制造业份额总体上与人均收入呈"倒U"形关系，但在人工智能等供给侧技术和以国内大循环为主体的需求侧市场共同支撑下，我国有望打破定式，维持制造业比重在合理区间。

一、库兹涅兹事实

比较各国人均GDP与工业增加值占比（见图2－3），可见多数国家普遍印证了库兹涅兹事实，人均GDP水平与工业增加值占比呈明显的"倒U"形关系。经济欠发达国家的工业增加值占比较低，中等收入国家则普遍具备更高的工业建设水平，工业增加值占比显著高于欠发达国家。而伴随经济增长普遍出现的"去工业化"进程则体现为伴随人均GDP水平的进一步增长，经济体的工业增加值占比普遍呈现下降趋势。进一步深入比较各国人均GDP与制造业增加值占比，可见"倒U"形关系仍然存在，制造业增加值占比同样保持了伴随经济发展水平提升"先升后降"的关系。

考察我国经济发展现实①，我国的三次产业产值结构演进超前于既有的经济发展水平。制造业传统比较优势的弱化，及其导致的制造业比重下降；低效企业不甘心退出经营而寻求政策保护，导致资源配置的僵化；劳动力从高生产率部门（制造业）向低生产率部门（低端服务业）逆向转移，造成资源配置的退化。通过对特定发展阶段生产率源泉的理论解释和经验分析，中国经济仍然存在着巨大的资源重新配置空间。正是由于未能充分挖掘生产率提

---

① 张辉，闫强明，黄昊："国际视野下中国结构转型的问题、影响与应对"，《中国工业经济》，2019年第6期，第41－59页。

高的既有潜力，才造成中国制造业的减速来得过早、过快，制造业占 GDP 比重早熟型下降。①

二、典型国家的制造业比重变迁

考察典型国家的发展差异。先发国家如美国、英国和拉美国家如墨西哥等国的工业增加值占比下降趋势更为显著，以墨西哥为例，1987—1994 年，其工业增加值占比从 46.80% 下降至 33.80%，在显著的“去工业化”进程中，转型时期的墨西哥并未发生制造业结构的转型，在劳动密集型制造业行业产值快速下降的过程中，未出现新型制造业的发展。后发的东亚国家韩国、日本等则出现了更为平滑的工业增加值波动。20 世纪 70 年代经济降速换挡期的日本保持了工业增加值占比的相对稳定，长期将工业增加值占比维持在 40% 左右。其产业结构也实现了从劳动、资源密集性的纤维、造纸、钢铁等行业向技术密集型的机械制造业、精密仪器制造业的转变。无独有偶，韩国在 1989 年出现经济增速拐点，其工业增加值占比不仅未曾下降，更在 1991 年达到 40.20%。之后十余年韩国制造业行业结构出现了从传统金属制品、纺织业等资本、劳动要素密集性行业主导向电子设备业等技术密集性行业主导的转变。

进而考虑到先发和后发国家的对比，比较后发国家与 20 世纪 40 年代转型时期的美国制造业，可见后发国家转型成功一般需要比先发国家更高的产业结构高度，即其对于高技术附加值的产业占比需求更高（日韩高技术产业的占比基本超过 10%）。这意味着，先发国家在全球产业链上的先发优势会自然形成对后发国家的产业发展的抑制和冲击，后发国家想要度过结构转型的攻坚期，需要更大力地推动自身制造业向价值链高端升级，这也对中国转型过程中新动能的培育和发展提出了更高的标准和要求。

三、中国制造业合理比重

中国幅员辽阔，经济发展水平和制造业发展阶段存在着显著的区域差距。考察中国未来的制造业合理比重，应当基于对各省的制造业比重的合理预测，

---

① 蔡昉：“生产率、新动能与制造业——中国经济如何提高资源重新配置效率”，《中国工业经济》，2021 年第 5 期，第 5 – 18 页。

表2-3给出了2019年中国各省制造业比重现状。与此同时，基于典型国家的历史经验，制造业从业人员比重下降是不可避免的历史趋势，也是劳动力生产率提高和产业结构转型的动态表现，对制造业合理比重的考察并不是保持从业人员的比重不下降，而是主要从制造业增加值角度考察。

表2-3　　　　中国各省2019年制造业比重现状

地区	国内生产总值（亿元）	人均GDP（元）	第二产业增加值比重	第二产业从业人员比重	工业增加值比重	制造业增加值比重	制造业就业人员比重
北京	35371.28	164220.00	16.16%	13.55%	11.99%	10.15%	10.00%
上海	38155.32	157279.00	26.99%	24.39%	25.35%	21.46%	20.88%
江苏	99631.52	123607.00	44.43%	42.40%	37.97%	32.15%	32.15%
浙江	62351.74	107623.61	42.61%	44.37%	36.63%	31.02%	31.88%
福建	42395.00	107139.25	48.55%	33.71%	38.14%	32.30%	21.03%
广东	107671.07	94172.00	40.44%	36.05%	36.59%	30.99%	23.05%
天津	14104.28	90370.63	35.23%	30.40%	31.16%	26.38%	11.99%
湖北	45828.31	77386.54	41.67%	23.70%	35.10%	29.73%	9.70%
重庆	23605.77	75828.00	40.23%	25.46%	28.20%	23.88%	10.83%
山东	71067.53	70652.62	39.84%	35.35%	32.34%	27.39%	14.57%
内蒙古	17212.53	67852.13	39.62%	18.81%	32.04%	27.13%	6.40%
陕西	25793.17	66649.02	46.45%	15.99%	37.26%	31.55%	6.87%
安徽	37113.98	58495.57	41.33%	28.76%	30.86%	26.14%	8.32%
湖南	39752.12	57540.26	37.60%	22.09%	29.26%	24.78%	4.69%
辽宁	24909.45	57191.00	38.26%	—	32.78%	27.76%	—
海南	5308.93	56506.83	20.70%	11.58%	11.09%	9.39%	2.82%
河南	54259.20	56387.84	43.51%	29.25%	33.94%	28.74%	6.99%
四川	46615.82	55774.00	37.25%	27.30%	28.67%	24.28%	4.20%
新疆	13597.11	54280.00	35.27%	14.08%	28.40%	24.05%	5.65%
宁夏	3748.48	54217.00	42.28%	16.48%	33.88%	28.69%	5.27%
江西	24757.50	53164.00	44.19%	32.95%	36.21%	30.67%	10.98%
青海	2965.95	48981.46	39.10%	20.39%	27.56%	23.34%	5.31%
西藏	1697.82	48902.00	37.44%	—	7.76%	6.57%	—
云南	23223.75	47944.00	34.28%	14.27%	22.83%	19.33%	4.83%
贵州	16769.34	46433.00	36.13%	18.35%	27.11%	22.96%	4.18%
河北	35104.52	46347.89	38.73%	33.25%	32.77%	27.75%	8.32%
山西	17026.68	45724.00	43.77%	24.10%	38.58%	32.67%	7.57%
吉林	11726.82	43475.00	35.26%	20.76%	28.91%	24.48%	8.24%

续表

地区	国内生产总值（亿元）	人均 GDP（元）	第二产业增加值比重	第二产业从业人员比重	工业增加值比重	制造业增加值比重	制造业就业人员比重
广西	21237.14	42964.00	33.33%	17.24%	24.85%	21.04%	4.72%
黑龙江	13612.68	36182.77	26.56%	17.27%	24.18%	20.47%	4.07%
甘肃	8718.30	32994.56	32.83%	15.08%	26.61%	22.53%	4.19%
全国	986515.20	70328.23	38.59%	28.14%	31.61%	26.77%	0.00%

资料来源：中国统计年鉴，作者测算，部分数据缺失。

参照世界银行对经济体收入水平的划分，北京、上海和天津等七个地区已达到高收入经济体水平，国内其他区域则仍处于中高收入阶段。考虑中高收入阶段区域的发展差异，本章以四川和新疆为界，将中高收入阶段区域分为两大类型进行讨论。由表 2－4 可见，整体而言，考虑当前我国各省所处的发展阶段，典型国家可比期内均未出现制造业增加值比重显著下降的情况，将国内中高收入区域与典型国家可比期比较，可见在此阶段制造业增加值比重仍有合理上升空间。故而我们预计，“十四五”期间我国高收入水平区域制造业增加值比重应当保持基本稳定，抓住产业链重构机遇，提高中高端制造业的占比，不断发展中高端制造业，合理优化制造业结构。中高收入水平区域应当实现制造业增加值比重稳中有增，立足地区发展优势与禀赋条件，提升资源配置效率，完善制度设计，改善营商环境，合理承接产业转移，实现区域制造业的高质量发展。在全国层面，通过对各区域制造业合理比重目标的加权测算，我们认为“十四五”期间我国的制造业比重应当维持在 25%—27% 的合理区间。

表 2－4　中国各区域制造业合理比重

地区	2019 年制造业增加值比重	可比期典型国家制造业比重	“十四五”制造业合理比重
北京	10.15%	法国（1960—1975 年）：22.70%—19.69% 新加坡（1980—1991 年）：26.53%—25.46% 韩国（1997—2011 年）：24.66%—28.24%	10% 以上
上海	21.46%		20% 以上
江苏	32.15%		30% 左右
浙江	31.02%		30% 左右
福建	32.30%		30% 左右
广东	30.99%		30% 左右
天津	26.38%		25%—30%

续表

地区	2019 年制造业增加值比重	可比期典型国家制造业比重	“十四五”制造业合理比重
湖北	29.73%	新加坡（1972—1979 年）：20.17%—25.25% 韩国（1990—1996 年）：25.02%—24.71%	30%左右
重庆	23.88%		25%以上
山东	27.39%		25%左右
内蒙古	27.13%		25%左右
陕西	31.55%		30%左右
安徽	26.14%		25%左右
湖南	24.78%		25%左右
辽宁	27.76%		25%左右
海南	9.39%		10%—15%
河南	28.74%		25%—30%
四川	24.28%		25%以上
新疆	24.05%	新加坡（1967—1971 年）：14.45%—18.60% 韩国（1983—1989 年）：22.97%—26.60%	25%以上
宁夏	28.69%		30%左右
江西	30.67%		30%左右
青海	23.34%		25%以上
西藏	6.57%		10%左右
云南	19.33%		20%以上
贵州	22.96%		25%左右
河北	27.75%		25%—30%
山西	32.67%		30%左右
吉林	24.48%		25%以上
广西	21.04%		20%—25%
黑龙江	20.47%		20%—25%
甘肃	22.53%		20%—25%
全国	26.77%		25%—27%

资料来源：WIOD 数据库，作者测算。

长期以来，我国制造业企业凭借劳动力规模大、成本低的优势参与全球产业分工，为全球产业分工的深化做出了突出贡献。但伴随中国人口红利的逐渐消失，劳动力优势不再明显，低附加值的经济活动受到其他发展中国家的竞争压力，传统的参与全球产业分工的方式面临巨大挑战。对此，中国一方面应当全力提升外循环，通过进入产业链供应链更高价值的环节以应对制造业流失的问题。另一方面，中国也需要积极提升内循环的层次。中国市场规模较大，内生需求的潜力较大，正不断扩大支撑市场规模扩展的收入基础，提高居民的可支配收入水平。

近年来，人工智能技术和应用发展呈现出新的趋势。人工智能实现了从实验技术向产业化的转变，“深度学习+大数据”成为人工智能发展的主要技术路线，同时人工智能应用从服务业向制造业、农业拓展。这些都使人工智能表现出愈发明显的通用技术和基础技术特征，对制造业的影响日渐突显。立足中国来看，以人工智能为代表的信息技术正大幅提高制造业生产效率。一是人工智能可提高制造业智能化水平，延长工厂开工时间。二是人工智能可促进生产与需求的匹配，提高生产线的柔性。三是人工智能可提升质检水平，提高产品良品率。四是人工智能还可以优化制造业产业结构。最后，人工智能及相关行业本身可以发展为新的支柱产业。中国在以人工智能为代表的信息技术方面位于世界前列。以人工智能为代表的技术进步将从供给侧推动中国制造业全球价值链攀升，保证制造业比重稳定。

综上所述，虽然国际上制造业份额总体与人均收入呈“倒U”形关系，但我国的三次产业产值结构演进业已超前于既有的经济发展水平。与此同时国际经验显示在经济降速换挡期保持了工业增加值占比相对稳定且大力地推动了自身制造业向价值链高端升级的国家才成功地度过了结构转型的攻坚期。因此对中国而言，在需求侧和供给侧的双重作用下，考虑国内各区域的发展现实，参考其他国家的发展经验，应当且有望将制造业比例维持在25%—27%的水平。内部市场和创新能力的双重优势和内外双循环新发展格局的形成，将从需求侧发挥决定性作用，保证制造业合理比重目标的实现。

第五节 政策思路和建议

当前，新冠肺炎疫情尚未结束，国际关系充满不确定性。一方面，发达国家针对中国制造业的各种声音此起彼伏，提出包括“不可过分依赖中国”“重振国内制造业”“经济主权回归”等各种方案，在新的力量平衡构建过程中，我国制造业高度承压。另一方面，越南等东南亚发展中国家体现成本优势，制造业面临向外转移的严峻挑战。中国制造依然拥有产业链完整、配套便捷等比较优势，也为制造业转型升级带来难得的窗口期。因此，在这种情况下提出稳定制造业比重显得非常重要和迫切。

相比于德日韩等国土面积较小的工业国，发展工业时，中国要同时兼顾国内国外两个市场和多产业结构的协调。作为经济大国，在发展到中等收入后期，国际市场占有率不断上升、中高端制造业往产业链头部攀升时，往往会触碰到发达国家的经济利益，面临需求打压、技术合作阻碍、国际负面舆论等着来自霸权主义、国际保护主义的巨大压力。

一、政策思路

综上所述，要维持我国现阶段的制造业增加值占比稳定还是有很大的操作空间，关键是在于抓住产业链重构的际遇，提高中高端制造业的占比，不断发展中高端制造业，合理优化制造业结构。如推动产业支持方式进行合理转变，清理与低效发展和国际规则相悖的产业政策。要更加重视理工科教育和基础学科的资源投入，加大对理工院校或专业的科研经费投入，优化理工科工作环境，适度扩大理工科硕博生比例，还要鼓励各高校、科研院与企业特别是中小企业的产学研合作，完善精英工程师的培养体系与环境，在关注核心技术核心企业的同时也要关注中小企业的发展，打破中小企业与前沿科技之间的厚障壁。

工业重组方式和工业化进程深化，需要结合国内国际经济发展现实。在工业化向城市化转型的过渡期间，需要有一个工业深化的缓冲期，不能盲目推进城市化，更不能依靠高土地价格作为城市化发展积累的核心战略。脱离工业技术－效率升级的“不成熟的去工业化”对中国这样的依赖初级要素驱动的工业化国家而言，将面临效率持续改进的支点放在哪里的问题。从产业动态看，工业化丧失动力，就无法推动生产性服务业的发展，服务业效率提升也失去机会，服务业无法对工业深加工度化提供正向的反馈和促进，因此制造业深化是效率改进的支点。①

与此同时，政府也不应当单一地关注三次产业结构。在当今工业化和信息化高度融合的时代背景下，产业边界日趋模糊使得产业规模占比数值更难以回答经济良性运行的内在机制。如今许多现代企业虽整体被归类为制造业企业，但同时也大量从事研发、管理、会计、金融、影响、培训等服务活动，同时大量制造业企业将原本在企业内部完成的服务活动外包给其他服务业企

① 袁富华，张平，刘霞辉，楠玉：“增长跨越：经济结构服务化、知识过程和效率模式重塑”，《经济研究》，2016年第10期，第12－26页。

业。在制造和服务活动高度融合的今天，统计惯例下将个体企业全部纳入制造业或服务业带来了短期制造业比重数据的准确性下降。传统产业结构理论关注比重“量的转换”，而忽视产业“质的差别”。依循三次产业的结构划分在我国乃至世界其他经济体中均出现了显著的“去工业化”现象，而立足现代产业体系发展，产业比重的变动背后是深刻的行业细分与产业升级，后发国家结构转型特征事实具备明显的共性，即先进制造业产业集群的崛起。从规模考察向“专精特新”“隐形冠军”的演进，产业结构升级和价值链攀升的更应受到关注。当今中国应当顺应现代产业融合发展趋势，大力实施产业融合发展战略，推动制造业服务化和服务业制造化。深入研究产业融合发展的规律，重点发展先进制造业和现代服务业。

二、政策建议

关于保持我国制造业比重的路径建议可以有如下几点。

制造业要守成更要突围。一方面，要在全国范围内进行产业布局提升配置效率，并依托完善的产业体系及庞大的内需市场，守住现有制造业优势。另一方面，更为重要的是要通过创新驱动来实现转型升级，加强核心关键技术的突围，提高制造业附加值。借助大数据、人工智能、互联网等现代信息技术，发展绿色制造、智能制造等一批战略性新兴产业。动员和鼓励科学家、企业家、劳动工人、政府官员等联合攻关，推动全社会“科学精神”“创新精神”“工匠精神”和“法治精神”相互融合、相互渗透，形成创新驱动发展的强大力量。

制造业要补链更要延链、强链。一方面，在关系国家安全的领域和节点构建自主可控、安全可靠的国内生产供应体系，补齐产业发展短板和链条。聚焦增强全产业链优势，提高现代物流、采购分销、生产控制、运营管理等发展水平。另一方面，在优势产业领域，更要锻造一些“杀手锏”技术，增强高铁、电力装备、新能源、通信设备等领域的全产业链优势。

制造业要升级更要与服务业融合互促。一方面，制造业升级体现在生产效率、技术水平和产品质量的全面提升。另一方面，制造业竞争力越来越依赖于企业所提供的服务。在新技术新模式下，产业价值链发展重大变化，制造业和服务业高度融合促进的趋势更为明显。推动制造业和服务业深度融合。以服务制造业高质量发展为导向，推动生产性服务业向专业化和价值链高端延伸。聚焦提高产业创新力，加快发展研发设计、工业设计、商务咨询、检验检测认证等服务。聚焦提高要素配置效率，推动供应链金融、信息数据、人力资源等服务创新发展。推动现代服务业与先进制造业、现代农业深度融合，深化业务关联、链条延伸、技术渗透，培育具有国际竞争力的龙头企业。

制造业要重视数字技术的应用。近年来，以大数据、人工智能为代表的新一代信息技术快速发展，数字经济成为引领全球经济社会变革、推动我国经济高质量发展的重要引擎。党的十九届四中全会首次将数据作为生产要素，十九届五中全会提出“发展数字经济”“推动数字经济和实体经济深度融合”，2021 年《政府工作报告》明确“打造数字经济新优势，协同推进数字产业化和产业数字化转型”，“十四五”规划纲要也对“加快数字化发展，建设数字中国”进行了全面部署。中国要大力发展数字经济、促进数字经济与实体经济融合发展、加快新旧动能的接续转换，以推动经济发展质量变革、效率变革、动力变革。

制造业要营商环境更要多维资本支持。一方面，要改善营商环境，特别是针对中西部及北方区域，以释放后发地区制造业发展潜力。另一方面，需要通过制度设计、政策调节、监管规范等手段，解决我国制造业在企业融资成本、融资便利性、资本市场支撑性等方面存在的突出问题。

除此之外，中国的国际化大都市例如深圳、上海，也可以借鉴其他发达国家城市经验，努力保持一定的制造业比例。虽然制造业随着城市的发展都有一个急剧下降的阶段，但对比全球大都市例如纽约和伦敦的制造业占比数据，该比例近年来不仅逐渐企稳还得到呈现出了一定的回升态势。例如，为给“新制造”创造机会，纽约市设立了 21 个 IBZ（工业商务区），保障工业用地不允许建设普通住宅，形成了以制造业为导向，有就业、有税收，代表科技的区域。北上广深四个一线城市中，尽管深圳面积最小，但制造业比重最高。2019 年制造业占比达 35.6%，而上海和广州在 24% 左右，北京接近 10%。这很大程度上是因为自 2016 年以来，深圳出台了《关于支持企业提升竞争力的若干措施》《深圳市关于印发工业区块线管理办法的通知》等一系列鼓励制造业发展、确保工业用地供给的政策措施，包括推出工业增加值增量奖励，提出确保中长期工业用地总规模和占比、增设 M0 用地类型、调整容积率提高工业用地利用效率等内容。因此，若要使全国制造业比重能够逐渐企稳甚至回升，就需要城市政府制定更多积极有效的政策条例，促进制造业的不断发展。

总的来说，我们应当重视制造业的核心地位，保持制造业比重稳定在合理区间，提升产业链供应链现代化水平。这是增强制造业竞争优势，推动制造业高质量发展，实现制造强国目标，在世界舞台上发出中国声音、迈出中国步伐、走出中国道路的必然要求。

（作者：郑江淮，南京大学长江产业经济研究院研究员、南京大学经济学院教授、院长

张睿，江苏省经济和信息化研究院产业研究二室主任、南京大学经济学院博士

高金涛，南京大学经济学院研究生

林雅琪，南京大学经济学院研究生

刘美君，南京大学经济学院研究生）

第三章　经济全球化转向慢球化[①]

“慢球化”和“新型经济全球化”是经济全球化研究的两大新进展。两者在经济全球化性质、治理模式、遭受挫折程度等方面有认识差异，但内容具有较多一致性和互补性。前者指向较少的“中国特色”全球价值链贡献度，后者指向较多的“中国特色”经济全球化规则贡献度，但都统一于经济全球化的动态演进，互不矛盾。经济全球化的最新理论与实践表明，第三次经济全球化已进入调整期，以中国智慧引领推动“新型经济全球化”，首要任务是加快构建新发展格局，克服和缩短“慢球化”不利影响。

受生产力发展和科技进步驱动、新自由主义经济思想引领以及世界政治格局多极化影响，1990—2008 年的经济全球化程度达到了人类历史上的最高。但此后，世界经济经历金融危机、逆全球化和新冠肺炎疫情三轮冲击，开放贸易体系遭受重创，经济全球化发展势头受到严重削弱。种种迹象表明，本轮经济全球化正面临“旧力已尽”而“新力不足”的困境。那么，经济全球化变局意味着什么？取而代之的新全球化时代又将会是怎样？

第一节　当前经济全球化研究的新进展

“全球化”一词在英语中最早可追溯至 20 世纪 40 年代，目前在内涵上仍有争议。其中，经济全球化被认为是全球化的核心，意指生活在地球上不同地区和国家的人，在经济活动过程中相互往来的一种运动状态。

学者们对经济全球化进行了深入的研究，并取得了丰硕的成果。2012 年以前，当代经济全球化理论大致可分为“新马克思主义流派”“新自由主义流

---

① 原题为“经济全球化理论新进展”，首发于《中国社会科学内部文稿》2021 年第 6 期。

派”“秩序转型派”“质疑派”四大流派。[①] 其中，“新自由主义流派”在全球化论群中具有一定的“话语”霸权，并成为第三次全球化主导性理论。2012 年以后，为顺应经济全球化实践发展和变革需要，“新型经济全球化”和“慢球化”（Slowbalisation）成为大家讨论的主要话题。

“新型经济全球化”也称“全球化 4.0”。中国国家主席习近平在深刻认识经济全球化新形势基础上，屡次在国际舞台上为全球治理体系转型进言献策，提出推进经济全球化进程和引领经济全球化发展方向的重大举措，是“新型经济全球化”的主要贡献者。2019 年，中国发布《新时代的中国与世界》白皮书，提出“推动开放、包容、普惠、平衡、共赢的新型经济全球化”，正式明确了推动新型经济全球化的态度。[②] “新型经济全球化”认为，经济全球化是不可逆转的时代潮流，是社会生产力发展的客观要求和科技进步的必然结果，这一趋势不仅为世界经济提供了强劲的动力，还促进了商品和资本流动、科技创新、文明进步和各国人民的交往。但经济全球化正在进入阶段性调整期。为此，有必要变革全球经济治理体系，为国际社会提供更多公共产品，引导经济全球化释放出更多积极效应。

“慢球化”（Slowbalisation）一词由荷兰趋势观察家埃迪耶德·巴卡斯（AdjiedjBakas）在 2015 年提出，2019 年，英国杂志《经济学人》发表封面文章，明确提出“全球化已经让路给‘慢球化’”。[③] 2020 年，普华永道发布报告指出，“慢球化”是新全球化时代。[④] “慢球化”论继承了“质疑派”部分论点，认为全球化意味着更高水平的国际化、区域化和本地化，但承认这是经济全球化趋势发生变化后的现状。关于经济全球化收益，“慢球化”认为，经济全球化在理论上是“正和游戏”，只是由于存在全球治理欠账，现实并不如人意，从而和“新自由主义流派”又具有一些关键共同点。关于经济全球化是否意味着民族国家终结，“慢球化”研究认同“秩序转型派”的部分观点，肯定了国家存在及其在全球化趋势变迁中能够发挥一定的积极或者消极作用。这一理论还对中国在未来全球化治理中的作用寄予厚望，比如，华盛

---

① 吴志鹏、方伟珠、陈时兴：“经济全球化理论流派回顾与评价”，《世界经济研究》2003 年第 1 期。

② 中华人民共和国国务院新闻办公室：“新时代的中国与世界”，《人民日报》2019 年 9 月 28 日第 11 版。

③ The Economist, “Slowbalisation: A new pattern of world commerce is becoming clearer—as are its costs”, *The Economist*, Jan 26th2019, p. 9.

④ B. Kupelian, “Predictions for 2020: ‘Slowbalisation’ is the new globalization”. PwC analysis, January 2020.

顿彼得森国际经济研究所就专门提出了中美共同治理全球经济的“G2”概念。麦卡锡全球研究院认为，经济全球化的未来在很大程度上取决于中国能否引领全球化踏上普惠性发展之路等。当然，也可以说，“慢球化”呼吁中国承担更多的国际义务，使得这一研究在众多西方经济全球化论群中独树一帜、与众不同。

第二节　“新型经济全球化”的理论表征

“新型经济全球化”区别于旧有全球化，关键在于一个“新”字，是世界进入第四次工业革命时代，有关经济全球化的新路径、新理念、新主轴、新模式的构建进程和结果。

第一，“新型经济全球化”是中国等新兴国家开辟国际经济新秩序的新路径。[①]“新型经济全球化”的实质是对西方化的再平衡。第二次世界大战之后，在西方国家主导下建立起来的是以市场为导向的国际经济秩序下，过度的自由竞争导致贫富国家之间发展差距日益拉大。世界长期盛行排他的零和博弈思维，广大发展中国家和不发达国家利益被长期忽视并不断受到侵害。为此，以金砖国家为代表的新兴市场国家和发展中国家成为再平衡的主要代表力量，主张享有“特殊与差别待遇”。由此促成发达国家建立了以非互惠为主要特点之一的普惠制，以及在《联合国海洋法公约》中规定了国际海底资源的平行开发制。现在，为了推动建立更加公正合理的国际经济新秩序，中国等新兴国家地位和作用将更加凸显，并开始向发达国家提出共享“平等与无差别待遇”。更重要的是，中国被认为已经取代美国等西方国家，成为世界上推动贸易和投资自由化便利化的最大旗手。从而，“新型经济全球化”被视为中国为应对美国弃置“全球领导角色”和“逆全球化”倾向而提出的中国智慧和中国方案。

第二，“新型经济全球化”倡导开放、包容、普惠、平衡、共赢的经济全球化新理念。新自由主义者鼓吹，自由贸易的全球化会使所有人更加富裕。但现实并非如此，自由市场反而加剧了不平等，破坏了总体经济表现。世界银行前首席经济学家布兰科·米拉诺维奇从收入的角度，分析了 1988 年到

① 徐崇利：“新兴国家崛起与构建国际经济新秩序——以中国的路径选择为视角”，《中国社会科学》2012 年 10 期。

2008年这20年间的全球大赢家和大输家。其中，大赢家占全球人口的1%，是全世界的财阀，也包括新兴经济体的中产阶级；而大输家包括发达国家底层和中层的人口以及劳动阶层。[①] 经济全球化并非唯一原因。随着经济全球化问题频出，发达国家大批民众加入了反对全球化的行列，越来越多的人对全球化怀有不满和敌意。实际上，上述问题不在于经济全球化，而在于如何管理经济全球化，重写公平公正的经济全球化规则。正是在这个背景下，"新型经济全球化"顺应世界多极化格局与趋势，以和平与发展为主题，有针对性地提出开放、包容、普惠、平衡、共赢的经济全球化新理念，为如何管理经济全球化进程开出"药方"。

第三，"新型经济全球化"以构建人类命运共同体为新主轴。"新型经济全球化"虽然强调经济全球化是历史大势，但也强调各国政府的全球化立场。近些年，面对中国的强大崛起，美国奉行"本国优先"原则，放弃经济全球化共识，带头走向了保护主义，千方百计遏制别国发展。美国从原先维护经济全球化的中坚力量转为逆全球化的主要推动者。由此使得当前要合作还是要对立，要开放还是要封闭，要互利共赢还是要以邻为壑成为一个重要现实问题，国际社会再次来到何去何从的十字路口。而习近平主席提出的"构建人类命运共同体"，正在引领经济全球化走向。(1) 虽然人类命运共同体的建设是一个长期、复杂和曲折的过程，但如果各国真正从全人类长远利益出发来考虑问题，而不是从短期自身政治需求而制定政策，一个更高程度的、走向共同繁荣的人类命运共同体完全可以建成。(2) 旗帜鲜明地反对单边主义和保护主义，促进贸易和投资自由化便利化。(3) 由世界各国共同参与、共同主导经济全球化，帮助新兴市场国家和发展中国家，特别是非洲国家和最不发达国家有效参与国际产业分工，共享经济全球化红利。(4) 强化国际规范和国际机制，形成一个具有机制约束力和道德规范力、有助于解决全球问题的"全球机制"。

第四，"新型经济全球化"采取以"一带一路"倡议为代表的国际合作新模式。2008年国际金融危机爆发以来，一方面，南北差距日渐缩小，原有"南北循环"的全球化模式对于世界经济的拉动作用逐渐减弱。另一方面，发展中国家的经济发展和结构转型都需要新动力，这在旧的经济全球化框架下难以得到有效解决，急需寻找一种与现实相适应的经济全球化新模式，"一带一路"倡议就是中国为此开出的一剂良方。不同于旧有全球化"南北循环"

---

① H. Hill, *Global Inequality: A New Approach for the Age of Globalization by Branko Milanovic*, Cambridge: Harvard University Press, Cambridge, 2016 pp. 299 + ix. Asian - Pacific Economic Literature, 2017, 31 (2): 162 - 164.

的消费制成品贸易特点，也不同于以往经济全球化依靠海洋运输，使得航线起始点及沿海地区最先受益而发展较快，“一带一路”倡议引领的新型全球化模式以与工业化和城市化等基础设施相关的投资品循环为特征，通过打通陆路梗阻，使在原有经济全球化模式下不能受益的内陆国家和地区成为新一轮经济全球化的积极参与者。截至 2019 年 7 月底，中国政府已与 136 个国家和 30 个国际组织签署了 195 份政府间合作协议，商签范围由亚欧地区延伸至非洲、拉美、南太平洋、西欧等相关地区。2013—2018 年，中国与沿线国家货物贸易额超 6 万亿美元，同期中国企业对沿线国家直接投资额约 900 亿美元。可见，“一带一路”倡议顺应了增强新兴市场国家和发展中国家代表性和话语权的需要，有助于经济全球化释放更多正面效应，为经济全球化健康发展提供有力保障。当然，这一经济全球化新模式也会使原来的中心边缘型经济全球化结构转向多中心、网络化的经济全球化新结构。

第三节　“慢球化”的特点与成因

“慢球化”顾名思义指经济全球化进程开始以较慢的速度发展变化。“慢球化”与“反全球化”“逆全球化”既有联系，更有区别。“反全球化”是一种反对不合理经济全球化的运动和思潮。这种思潮可能会导致“慢球化”的结果。从因果关系看，“慢球化”是“反全球化”的主观结果，而“反全球化”是“慢球化”的次要原因。“逆全球化”是“慢球化”的一种极端结果。在“慢球化”进程下，中国由向距离较远的欧美发达国家开放，侧重转向与邻近地区和国家开放。“慢球化”下的经济全球化重心逐渐由多边主义向区域主义转变。

一、“慢球化”的表现和特点

从衡量经济全球化总水平的经济全球化指数变化看，根据国际流行的《KOF 全球化指数》数据，[①] 1970 年至今，将经济全球化指数可分为三个阶

① KOF 全球化指数包括经济全球化、社会全球化、政治全球化三个维度。其中，经济全球化主要测量的是跨国贸易、资本、服务以及市场交换和流通；社会全球化测量的是国际思想、观念、信息和人员交流的程度；政治全球化测量的是政府政策的跨国扩散和影响程度。参见 S. Gygli，等，“The KOF Globalisation Index - Revisited”，KOF Working Papers，No. 439，February 2018.

段：1970—1990 年段、1991—2007 年段、2008—2018 年段，分别对应经济全球化上涨、加速和减速三个变化（见图 3－1）。1970—1990 年，经济全球化指数从 1970 年的 37.08 增长至 1980 年的 41.70 再到 1990 年的 45.03，20 年里不断上升，总上升幅度达到 21.44%。1991 年以后，经济全球化指数开始加速，2007 年已经达到 58.32，17 年里上涨幅度高达 32.82%。但随后的 2008—2018 年，经济全球化指数明显减速，10 年仅微涨 0.87%。

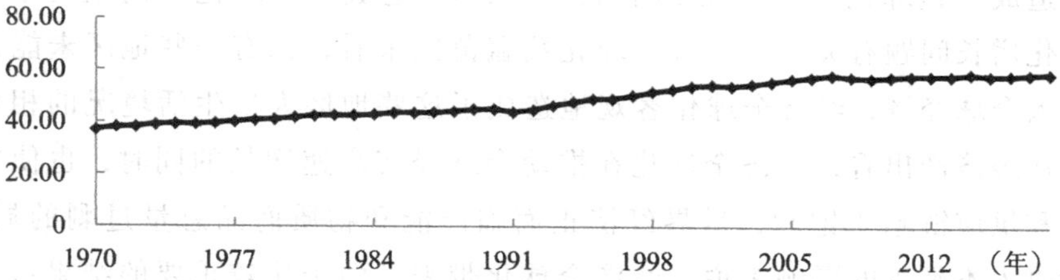

图 3－1　1970—2018 年经济全球化指数变化图

资料来源：KOF 瑞士经济学会。

从《经济学人》对表征经济全球一体化的 12 项分项指标数值变化分析看，自 2008 年左右到 2018 年，12 项中的 8 项指标表现为下降或停滞不前，而这些下降的指标恰恰都是比较重要的指标。[①] 比如，商品和服务贸易占 GDP 比重，供应链上的中间品进口占 GDP 比重，跨国公司利润占全球上市公司利润比重，与美国按购买力平价计算的人均 GDP 相比的追赶型国家比重，外商直接投资占 GDP 比重，总资本流动占 GDP 比重，跨国银行贷款占 GDP 比重，标准普尔 500 指数成份股公司的海外销售额占总销售额比重等。只有国际航班数量、国际包裹数量、向发达国家移民数量、跨境数据流动 4 个指标在此期间还处于经济全球化的发展趋势当中。但 2020 年以来，随着新冠肺炎疫情的全球暴发，许多国家采取了一系列旅行限制或边境管控措施，除跨境数据流动指标还算正常之外，其余 3 项指标也呈断崖式下降。

从区域化和本地化趋势看，2012 年以来，亚洲、欧洲和北美的跨境供应链从本地区内部进口的外国投入（以增加值衡量）占比一直呈上升趋势。显示随着经济全球化影响的日渐消退，新兴的跨境商业模式更具区域性：这符合供应链缩短的趋势，也符合地缘政治的方向。[②]《经济学人》对经济全球化的分析也发现，越来越多的企业通过"近岸采购"收缩供应链，导致世界经

① The Economist, "The Global List : Globalisationhas Faltered and is Now Being Reshaped", *The Economist*, Jan 26th 2019, pp. 19－22.

② The Economist, "The Global List : Globalisationhas Faltered and is Now Being Reshaped", p. 22.

济的连通性逐渐下降。需要注意的是，企业收缩供应链更接近消费者的目的，在于帮助自身实现个性化定制、加速创新并加快交付。这表明，"慢球化"下的供应链不仅要更短，还要更快、更智能、更安全。①

二、"慢球化"成因

造成"慢球化"有主观原因和客观原因。造成"慢球化"的主观原因与全球化增长问题有关。从经济全球化覆盖范围来看，仍有一些地区未能很好地融入全球经济，经济全球化客观地造成了这些地区人口生活境况的相对恶化。从经济产出看，经济全球化在推动全球经济高速增长的同时，也使货物贸易和供应链趋于饱和，世界经济正面临产能和物质商品总量过剩的局面。从对收入不平等的影响来说，经济全球化带来了两个比较重要的结果：一个是好的一面，经济全球化缩小了国家间的经济鸿沟。主要表现为 1978 年以来，中国和发达国家人均收入差距趋于收敛。另一个是不好的一面，经济全球化扩大了国家和地区内的收入不平等。首先，从全球整体情况来看，20 世纪 80 年代以来，全球收入差距不断拉大，两极分化加剧。2016 年，世界基尼系数已经达到 0.7 左右，超过了公认的 0.6 的"危险线"。② 全球收入差距的增加主要源自各国国内收入不平的扩大，在以美国为首的发达国家更是如此。发达国家的高收入阶级往往通过金融市场和资本市场获利，特别是通过全球资本布局，利用发展中国家的廉价劳动力和资源赚取利润。发达国家工人阶级中的高技术工人群体工资较高，经济全球化对其影响不大。但经济全球化使发达国家的低技术工人群体利益受损。这主要是因为一方面，发达国家资本的全球布局导致其国内制造业出现空心化，大量低技术工人面临失业。另一方面，发达国家较发展中国家在低端劳动力竞争方面不具优势。对于经济全球化扩大了收入不平等，有观点认为它是由于精英主义导致的。也有观点认为，与精英主义崛起相伴随的收入不平等，是一个伴生现象。③ 综合考虑经济全球化增长所带来的利弊，如果既想获得经济全球化的好处，又要避免经济全球化不足，理论上要求形成一种既要允许经济全球化，又要阻止精英主义崛起的世界意识形态。这种意识形态催生了世界反精英主义的兴起。因此，近几年以美国为首的国家出现反精英主义和支持民粹主义的人士当选国家领导人。他们倡导经济民

① 经济学人："坎坷新世界"，《经济学人·商论》2019 年 8 月。

② 习近平："构建创新、活力、联动、包容的世界经济"，《人民日报》2016 年 9 月 5 日第 3 版。

③ 菲利普·基弗、邰继红："不平等、集体行动与民主化"，《经济社会体制比较》2010 年第 3 期。

族主义，在国际经济交往中推行贸易保护政策，使经济全球化遭遇逆流。

这是导致全球化让路给“慢球化”的一个主观原因，但属于次要原因。实际上，造成经济全球化让路给“慢球化”更为重要的是客观原因。这与推动第三次世界经济全球化达到高峰的动因朝着反方向变化相关。首先，本轮金融危机以后，以前反映国际贸易成本的关税和运输成本在商品贸易价值中的占比不再下降。其次，2008 年的金融危机对银行造成巨大冲击。此后，多数银行开始谨慎对待贸易融资。再次，随着总体需求的下降，劳动力、土地等生产要素成本上升，跨国投资回报率不断下降，跨境贸易也不再像之前那样有利可图。而且，跨国公司发现本土竞争对手比之前预估的更有实力，再进行高额投资和大型收购往往得不偿失。[①] 最后，服务贸易在全球经济活动中的占比越来越高，但其贸易难度高于实体货物，不利于经济全球化进程。另外，随着中国向全球价值链中高端攀升，绝大多数中国产品已经可以做到自主投入、自主生产，成为真正的“中国制造”。这些都是造成“慢球化”的客观原因，是经济全球化发展到一定阶段必然出现的客观现象。

总之，经济民族主义的兴起、地方本地化生产增加和世界贸易总量减少，共同导致经济全球化向“慢球化”趋势转变。

第四节　结论与展望

随着美国从经济全球化维护者转变为逆全球化推动者，其主导的第三次经济全球化进入了调整期。顺应经济全球化实践发展趋势和变革需要，“慢球化”和“新型经济全球化”两种经济全球化研究应运而生。但与过去经济全球化四大流派间争论激烈，甚至彼此意见相左不同，经济全球化研究新进展虽在全球化性质、治理模式、全球化挫折程度等方面存在认识差异，其内容具有较多的一致性和互补性。

一方面，这些新全球化研究具有认识差异。在经济全球化性质上，“慢球化”研究注重全球化效率，倾向于认为经济全球化是资本主义的，驱动力是“自利”。而“新型经济全球化”认为，经济全球化是中性的，应着力解决公平公正问题，驱动力应该是先“利他”后“自利”。在治理模式上，“新型经济全球化”提出构建人类命运共同体，倡导以“一带一路”倡议为代表的国

① UNCTAD, *Special EconimicZones*, World Investment Report, 2019.

际合作模式，同时认为全球经济治理体系变革不是要推倒重来，而是在原有框架下的改善。因此要继续发挥国际经济组织的作用，加强国际规范和国际机制约束力。而“慢球化”暂时还无法提出全球经济治理体系变革的具体路径。对于经济全球化遭受挫折的程度，“新型经济全球化”认为经济全球化仍在深入发展，而“慢球化”认为一个再领域化、更加国家和民族主义与自给自足的时代正在到来。

另一方面，这些新经济全球化研究具有内容一致性和互补性。第一，关于经济全球化的主体，两者都认为，跨国企业是经济全球化的主体，各国政府的立场和作用虽然对经济全球化有重要影响，但只能顺应经济全球化大势。只是对于这个经济全球化大势走向，“新型经济全球化”较为乐观，指出了经济全球化未来发展的明确方向；而“慢球化”研究较为悲观，认为“慢球化”下的经济全球化问题会更加糟糕和不稳定。第二，关于经济全球化收益和现状，两者都肯定经济全球化是“正和博弈”，但目前的经济全球化速度呈下降趋势，处于调整期。只是在经济全球化调整表现上，“慢球化”研究大多使用定量方法，通过详尽的指标数据，刻画经济全球水平下降或速度放缓的变化。而“新型经济全球化”使用定性方法，强调了英国脱欧、欧盟摇摇欲坠、美国“退群”和盛行单边主义等事件或现象对于经济全球化的重要影响。第三，关于全球治理，两者都强调，现有的全球经济治理体系急需变革、经济全球化规则面临重构，且都认为中国对此应该且能够担当重任。只是在变革结果上，“新型经济全球化”认为，应增强新兴市场国家和发展中国家的代表性和话语权，指向较多的“中国特色”经济全球化规则贡献度。而“慢球化”研究希望中国构筑一条连接发达经济体和发展中经济体的沟通桥梁，更加关注经济全球化进程中发达国家低收入或赤贫人群能否得到改善，指向较少的“中国特色”全球价值链贡献度。

展望经济全球化未来，中国仍是一个发展中国家，引领经济全球化的愿望和能力还需要经历较长时间的提升过程。而中国参与和重构更加公正合理的国际经济新秩序的努力，也会遭遇以美国为首的部分发达国家的强烈抵制和打压。综合而言，中国推进“新型经济全球化”还需要付出更多的艰辛努力。在此之前，中国的首要任务是加快构建“双循环”新发展格局，努力克服和缩短“慢球化”的不利影响。但无论如何，经济全球化可能正走向一个兼具较少和较多“中国特色”的新经济全球化时代。

（作者：张月友，南京大学长江产业经济研究院副研究员）

第二篇

科学认识“双循环”新发展格局

第四章 第二波经济全球化[①]

第一节 概念解读

“第二波经济全球化”也被称为“基于内需的经济全球化”，指中国经济应当借助金融危机所带来的契机进行深度结构调整，在扩大内需的前提下利用国内市场优势充分调动国外高端创新生产要素，实现国内产业结构升级和经济可持续增长，进而加速完成全面小康的宏伟任务。

第二节 概念来源

“第二波经济全球化”一词是由南京大学教授、江苏省社科院院长刘志彪提出。他认为过去三十年中国依靠出口导向型的经济全球化战略创造了经济增长奇迹，获得了第一波经济全球化红利。然而这一利益在后危机时代难以为继，适时启动新一轮基于扩大内需的经济全球化战略是中国经济可持续发展的最优策略，将其称为“第二波经济全球化”。要将扩大内需目标与经济全球化战略有效地结合在一起，全面获取基于内需的第二波经济全球化红利。

第三节 具体特征

“第二波经济全球化”首先以扩大内需为前提，庞大的国内市场容量要能

① 首发于《中国海关》2013 年第 4 期。

支撑起本土企业生产对于规模经济的要求；其次，本国企业要充分利用内需市场与全球市场的关联关系，最大限度地吸收国外优质生产要素，提升生产效率和创新能力，加速发展国内创新型经济，并推进以先进制造业和现代服务业为主的产业体系的形成；最后，国内企业要基于内需开发国内价值链，再逐步创造全球创新链，培育出处于全球价值链高端的跨国公司进行对外投资并购或发包活动，最终形成全球垄断竞争格局。

第四节　政策取向

“第二波经济全球化”的观点实际上是对当前中国经济转型可行途径的深刻总结。新形势下这一战略的实施需要在国家最高决策层形成全新的经济全球化战略思维和配套政策，此外，搭建扩大内需的各类平台以吸引高端人力资本和创新生产要素，鼓励民营企业参与对外投资和跨国并购，这也将是发挥基于内需的第二波经济全球化战略必不可少的力量。

（作者：盛斌，南开大学国际经济研究所教授，经济学院院长）

第五章 中国经济：从客场到主场的全球化发展新格局①

面对日益复杂的国际经济形势，中国亟须从过去那种瞄准国外市场进行出口导向的客场经济全球化，转向基于内需的主场经济全球化，即在扩大内需条件下更好地联通国内市场和国际市场，以国内市场的发展和壮大来促进和带动国内企业参与国内国际市场双循环。中国进行主场经济全球化的关键在于把内需作为战略基点，增加高级生产要素投入，把全球价值链转化为具有促进产业升级功能的全球创新链。这需要以动态比较优势理论为指导、以国内价值链为依托、以现代化产业集群为载体、以“互联网+”数字经济为契机、以“一带一路”建设为纽带等多方面协同推进。其中，最为重要的基础和前提是加快形成统一、开放、竞争、有序的国内统一大市场，其具体政策取向包括坚决激活和维护市场主体活力、搭建扩大内需的经济平台、更加重视和强调对内开放等。

构建以国内大循环为主体、国内国际双循环相互促进的新发展格局命题的提出，标志着中国经济全球化战略出现了重大转变：以前，在经济全球化深入发展的外部环境下，市场和资源“两头在外”对我国快速发展发挥了重要作用；当前，在保护主义上升、世界经济低迷、全球市场萎缩的外部环境下，我国必须充分发挥国内的超大规模市场优势，通过繁荣国内经济、畅通国内大循环为我国经济发展增添动力，带动世界经济复苏。

目前学界对“双循环新发展格局”的内涵提出了一些看法，其中有些认识存在一定的甚至严重的偏差。一种较为典型的误解，是认为中国将要把在国际市场上消化不掉的过剩产能，被迫转移到国内销售，自此开始不依赖国外市场，实行闭关自守政策，重走自我循环的老路。习近平总书记为此多次

---

① 首发于《重庆大学学报（社会科学版）》2020年第9期。

强调，中国开放的大门不会关闭，只会越开越大。以国内大循环为主体，绝不是关起门来封闭运行，而是通过发挥内需潜力，使国内市场和国际市场更好联通，更好利用国际国内两个市场、两种资源，实现更加强劲、可持续的发展。习近平总书记上述的论述，从理论上清晰地阐述了以下问题：一是过去的经济全球化是“两头在外”利用西方国家的市场；二是在逆全球化浪潮和新冠肺炎疫情冲击的背景下，中国要高举经济全球化大旗，就必须开发和利用我们的内需市场；三是以国内大循环为主体，是为了用内需来更好地联通国内市场和国际市场，更好地利用两个市场和两种资源，而绝不是为了关起门来封闭运行；四是中国发挥内需潜力不仅可以为我国经济发展增添动力，而且可以带动世界经济复苏。

综上，我们可以清晰地看到，在当前及未来较长一段时期内，中国经济将沿着从客场经济全球化到主场经济全球化的路径进行深度调整。为此，本章重点分析以下问题：中国经济从客场到主场进行全球化战略调整的背景是什么？主场经济全球化的基本内容和实现机制是什么？中国尽快启动主场经济全球化有何政策取向？对这些问题的科学回答，有助于我们更好地认识和把握“双循环新发展格局”的形成路径，进而加快推动中国经济实现高质量的创新发展。

第一节　从客场到主场：中国全球化战略调整的背景

众所周知，中国过去以瞄准国外市场进行出口导向的经济全球化战略，在改革开放40多年中取得了巨大的成功。这一战略有一个非常重要的特点，就是它利用的是西方国家的市场，技术、设备甚至原材料等也从国外取得，产成品再销售到国外市场。也可以简单地说，这一全球化战略的实施，是在客场进行的。这种客场经济全球化为什么能取得巨大的成功？内在的原因还是因为我国在生产要素方面存在着巨大的比较优势，嵌入全球价值链后进行全球竞争，拥有其他国家难以比拟的巨大的竞争优势。特别是在发达国家跨国公司的主导下，生产环节按照比较优势理论进行全球布局，形成了从研发设计、原材料供应、零配件生产、深度组装最终品到市场销售的纵向价值链分工。这种价值链分工模式为改革开放后的中国经济参与国际经济大循环提供了有利契机，并且将廉价劳动力禀赋等比较优势转化为出口竞争优势，最终在出口的拉动下实现了经济高速增长。

更深入地考察中国企业的全球价值链嵌入方式，可以发现，在改革开放初期，中国企业主要是通过争取跨国公司发包订单的方式直接嵌入全球价值链，而在中国加入世界贸易组织（WTO）之后，中国企业往往先加入地方制造业集群，集群再抱团嵌入全球价值链。在前一种方式下，国内企业主要集中在资源品初级加工和深加工行业、纺织和服装等劳动密集型行业等，重点依赖西方发达国家的国际市场实现一定的工艺升级和产品升级；在后一种方式下，集群内的企业容易形成较为发达的生产和技术网络，且依托公共机构提供的平台式服务和企业集体行动，能够在一定程度上增加本土企业在国家大买家面前的讨价还价能力。

从中可以清楚地看到，在出口导向的经济全球化战略下，中国经济主要是在生产组装等低附加值环节进行国际代工，而研发设计、品牌营销等高附加值环节被发达国家牢牢控制。这种在客场进行的经济全球化虽然毫无疑问地促进了中国本土企业的生产效率提升，但这些本土企业无论是沿着生产者驱动型全球价值链，还是沿着购买者驱动型全球价值链，都难以实现真正的转型升级。换句话说，中国企业被锁定在了全球价值链的中低端环节。特别是在 2008 年世界金融危机之后，越来越发现客场经济全球化，（从大国发展的角度看）是一种不可持续发展的战略。它的主要问题，一是过于依赖西方国家的市场，对自身发展资源利用不足，尤其是不能有效地用好自己逐步成长的市场容量这一重要的竞争优势；二是长期为别人进行国际代工，不仅难以在竞争中培育出自主品牌和技术并取得高附加值，而且容易在复杂多变的国际环境中遭遇某些国家的抵制，或被别人掌握主动而丧失发展的自主性；三是中国自身的比较优势也在发生变化，随着发展水平的提升，廉价要素不再是国家竞争优势，逐步形成的超大规模市场才是真正的优势；四是可以利用中国庞大的内需，作为拉动中国继续成长的内生动力机制，也可以为世界经济成长作出中国该有的贡献。

然而，过去的经济全球化为什么没有在自己的主场进行？这是因为国内市场发育不足或不良，既无法消化日益增长的供给能力，也无法引导或决定资源配置。由于人均收入低、消费能力差，如果企业仅仅瞄准国内市场，就没有办法实现销售以实现扩大再生产。经济转轨中虽然我国居民收入水平有了迅猛的增长，但是由于国内市场分割或市场主体的信用不足，企业发现国内市场往往是看起来较大，而实际可利用的规模和效能并不大，即使能高成本地实现销售，也经常长期被拖欠甚至收不回货款，此时企业就更愿意选择出口销售。换言之，在国内需求和供给“双弱”的情形下，中国本土企业要参与国际生产和贸易，那么进行在客场的经济全球化就是必然选择。

然而，近年来的国内国外经济环境发生了深刻变化，使得国内企业进行主场经济全球化既紧迫必要，也切实可行。一方面，从国外经济环境变化看，由于国际金融危机使西方发达国家提供市场的能力日益衰退，现有逆全球化趋势已经无法容忍中国这种超级产能的提供者，而且这些发达国家特别是美国对于经济服务化和金融化的一些基本立场也正在转变，希望通过制造业回归复兴、制造业出口倍增计划等“再工业化”手段，谋求全球价值链“高端回流”。另一方面，从国内经济环境变化看，作为中国过去主要的比较优势，劳动力及其他要素的偏低价格正在补涨，使一些标准化的、同质性较强的中间品很容易被成本更低的国外中间品供应商所替代，导致全球价值链“中低端分流”。在这种双重压力下，中国“基于本国低端生产要素充分利用别国市场”的经济全球化战略难以为继，必须转到“利用本国的市场用足国外的高级生产要素”的主场经济全球化战略。

第二节　主场全球化：基本内容与实现机制

中国实施主场经济全球化战略的关键，在于利用内需更好地联通国内市场和国际市场，通过增加对产业部门高级生产要素的投入，增加知识资本、人力资本、技术资本密集的高级生产者服务的投入，把全球价值链转化为具有促进产业升级功能的全球创新链。简单来说，主场经济全球化就是要利用内需对全球开放中国市场，让中国市场成为全球开放市场，成为包含在全球市场内的一个有机组成部分。

实际上，世界市场或全球市场不是一个地理学概念，不是用区域来划分的，而是一个开放与否的概念：如果一个市场只对本国开放，就是国内市场，如果对全球各国开放，就是全球市场。这样，当中国市场也成为全球市场之后，一是内需就成为实现全球化战略转型的工具、资源和手段；二是中国新一轮的全球化将在自己国家的主场进行，内需市场开放是更大的对外开放；三是可以利用内需来促外需，即一方面用内需虹吸全球先进生产要素为我所用，发展创新经济和进行产业升级，另一方面依托于庞大的内需，实现规模经济和差异化的优势，鼓励中国企业走出去、走上去和走进去。由此可见，在主场经济全球化中，内需是最重要的战略基点，高级生产要素投入是不可或缺的必要条件，从全球价值链到全球创新链的转化是努力实现的战略目标。

首先，从内需来看，经济新常态以来出现了稳步增长，但内需不足的问题仍然困扰着中国经济的可持续发展。按照需求主体的视角，内需反映了国内市场主体的有效需求，即来自国内的对商品和服务的需求，直接体现为国内市场主体的国内消费、国内投资以及进口需求。在国家统计局的统计口径下，内需就等于消费项加上投资项①，总需求等于消费项、投资项、出口项之和，因而内需率就是内需与总需求之比。按此公式计算，中国的内需率在1978—1991年的均值约为91.4%，在1992—2000年的均值约为84.2%，在2001—2008年的均值约为76.7%，在2009—2018年的均值约为81.6%。显然，在改革开放初期，中国的内需占比是比较高的，在加入WTO前后一段时期内则处在较低水平，2008年国际金融危机后开始出现稳步回升，这反映了中国经济增长的主要驱动力由外转内的变化趋势。不过，进一步详细剖解中国经济的内需结构，就可以看到内需仍然不足的结构性短板。这主要表现为，一是消费需求远小于投资需求，两者之比常年维持在6:4左右，而根据发达国家和中等收入国家的发展经验，消费率一般维持在80%左右，投资率则在15%至20%之间；二是消费需求结构内部的不平衡，包括居民消费水平显著偏低、居民消费中的城乡差异较大、居民消费需求的层次不高等方面。因此，无论从短期还是从中长期来看，扩大内需是中国实施主场经济全球化战略的基本立足点。

其次，从高级生产要素投入来看，主场经济全球化就是要发挥巨大内需的虹吸效应，吸引国内外的创新要素在国内市场形成集聚，发展创新驱动型经济。众所周知，在过去的客场经济全球化格局中，中国经济是以低端要素加入全球价值链，接收处于价值链高端的发达国家跨国公司的发包，在全球价值链底部利润最薄弱的环节进行国际代工。这充分显示了中国过去对低端生产要素拥有的比较优势。然而，随着土地供给日趋紧张、资源环境约束持续加大、企业生产要素成本不断上涨，这种低端产业的比较优势正在逐步丧失。因此，实施主场经济全球化战略其实是为了适应这种前提条件的根本性变化而必须作出的重大调整，从利用低端要素比较优势转向利用大规模的国内市场竞争优势。在这一过程中，需要更多地基于内需来争取国内外高级的创新要素，提高对创新要素的全球配置能力。譬如，利用内需市场的规模效应，培育中国的巨型跨国公司，促使其发展为全球价值链的“链主”，形成以

① 由于国家统计局的指标解释指出，最终消费支出指“常住单位从本国经济领土和国外购买的货物和服务的支出”，因而支出法GDP中的消费需求实际上已包括进口需求。

出口产品差异化和低成本竞争优势为特征的全球性垄断竞争格局。实际上，就主场经济全球化所依据的产业内容而言，中国不仅要依靠创新要素促使制造业崛起，要成为世界先进的制造大国，也要使现代生产性服务业崛起尤其是知识、技术和人力资本密集的高级生产性服务业的崛起，促进先进制造业与生产性服务业形成产业互动，加快建设以先进制造业和服务业为主导的现代产业体系。

再次，从全球价值链到全球创新链的转化来看，主场经济全球化是要在更高水平的对外开放中加速实现中国本土产业的转型升级。全球创新链指企业在全球范围内搜索可利用的知识资源、关注资源使用权并且具备高度开放性的价值网络创新模式。这种创新模式具有典型的市场需求导向，强调价值创造和价值增值；同时，它也拥有多个创新主体，强调对各种各样创新资源的高效整合。更为重要的是，全球创新链体现了“创新环节全球分工、创新资源全球配置、创新能力全球协调、创新核心自主可控”等特征，因而国内企业积极主动地参与全球创新链，就意味着中国本土产业从全球价值链底部向处于两个高端的经济活动进行攀升，即向研发、设计和网络、营销、品牌、市场等“非实体性活动”等实现转型升级。不过，需要指出的是，在从全球价值链转向全球创新链过程中，构建本土企业主导的国内价值链显得尤为关键。从概念来讲，国内价值链是基于国内市场的有效需求发育而成，由本土企业掌握价值链的核心环节，且在国内市场获得自主研发创新能力以及品牌和销售终端渠道的价值链高端竞争力，为进一步在区域或全球市场巩固和优化价值链分工体系奠定了基础。随着国内价值链的发展和成熟，国内本土企业可以实现从供应商角色到发包商角色的转换，以及从价值链中的“被俘获者”到价值链的治理者和控制者的转型，并最终实现从全球价值链到全球创新链的转化。毫无疑问，全球价值链是全球创新链的基础和起点，而后者是前者的战略目标，因而从全球价值链转向全球创新链，也是“中国制造”向“中国创造”的转变。

最后，必须进一步强调指出，基于内需市场进行主场的经济全球化，并不是要鼓吹“闭关锁国”，而是要建立“以国内大循环为主体、国内国际双循环相互促进的新发展格局”。这种双循环的新发展格局，显然不是不要国外市场，更不是要封闭起来搞自我经济循环，而是要让国内市场在资源配置和经济成长中起决定性作用，改变中国参与国际产业竞争的形式、方式和途径，不仅要以国内大市场体系循环代替“两头在外、大进大出”的单循环格局，而且要让国内市场与国际市场链接起来，以国内市场发展和壮大促进和带动国内企业参与国际市场循环。为此，本章将主场经济全球化的实现机制概括为以下几个方面。

第一，以动态比较优势理论为指导，推进本土企业实现市场和技术的双重追赶。中国经济过去以廉价的生产要素参与全球产业分工，是与静态比较优势理论相一致的。然而，静态比较优势无法解释为什么一个国家或地区在某些特定产品上拥有技术优势，因而不适用于指导中国在赶超战略下实现市场和技术的双重追赶目标。相反，动态比较优势理论强调大国经济国内市场对内生创新的引致作用，而大国经济具有规模性、内源性、多元性等特征，这意味着本土企业可以更容易地利用国内市场获得专业化分工、规模经济以及范围经济等创新前提，如果某种特定产品的创新一旦成功，就能在全球产品市场形成竞争优势，从而实现市场和技术的双重追赶。尤其是对于一些作为产业基础的关键部门（如半导体的加工设备、电子产业的高档芯片等），是我国产业链体系中明显的短板，同时也是静态比较优势理论下缺乏竞争力的部门，但这些部门的重要性却是不言而喻的，因而必须以动态比较优势理论为指导进行“扬长补短”。

第二，以国内价值链为依托，培育本土的“链主”企业和“隐形冠军”企业。国内价值链不仅是从全球价值链向全球创新链升级过程中的重要过渡阶段，而且在国内价值链中的地理临近效应（既包括地理空间邻近，也包括文化习俗邻近）也使得本土企业与消费者需求的联系更为紧密，进而更容易获取领先用户、细分市场等需求信息。这样一来，一部分企业就可以通过掌握领先用户获得先行者优势，且最有可能成为该行业规则的制定者，有利于实现从供应商角色到发包商角色的转换，以及从全球价值链中的“被俘获者”到国内价值链的治理者和控制者的转型，同时也有一部分企业可以通过抓住细分市场的商业机会迅速填补市场缝隙，并在这些细分市场上精益求精，最终成为行业中的“隐形冠军”企业。显然，这些“链主”企业和“隐形冠军”企业是实现全球创新链重要的微观主体。

第三，以现代化产业集群为载体，实现产业链与创新链的融合发展。在近期的疫情冲击下，全球产业链的纵向分工或将趋于缩短，进而导致跨国技术溢出减缓、贸易一体化规模收缩，但在横向分工上或将趋于区域化集聚，这反映了原先分布在不同国家、不同企业的生产工序和环节，将回缩到具有一定规模的国家内或若干邻近国家组成的区域内，形成产业集群式发展。这为我国推动在主场进行经济全球化提供了重要机遇，因为在这种内向化的演变趋势下，产业集群与国内市场需求的产业联系大大得到改善。实际上，产业集群是市场经济在一定时空范围内自然演化的结果，但政府可以在产业集群初步成型之后有意加以培育，尤其是发挥我国的新型举国体制优势，围绕重点产业链布局若干产业集群与国家创新体系形成对接，使之成为实现产业链与创新链融合发展的最重要的空间载体。

第四，以“互联网+”数字经济为契机，促进存量优化和增量创新相结合的产业结构调整。“互联网+”数字经济的本质在于互联网与国民经济中各产业部门的嵌套、融合，重塑整个产业链上下游生态。一方面，用数字经济改造传统产业，延长产业生命周期，优化经济存量；另一方面，基于数字经济发展物联网、云计算、社会计算、大数据、人工智能等新兴产业，创新经济增量，从而促进产业结构调整和升级。譬如，自2015年以来，我国先后共有近100个城市设立了跨境电子商务综合试验区，试验区利用“互联网+”搭建了线上“单一窗口”和线下“综合园区”平台，不仅使政府部门间可以实现信息互换、监管互认、执法互助，而且也有利于汇聚物流、金融等配套设施和服务，进而为跨境电子商务打造完整产业链和生态圈。跨境电子商务为推动经济一体化和全球化提供了技术基础，极大地拓宽了本土企业进入国际市场的途径。

第五，以“一带一路”建设为纽带，塑造以中国制造、中国创造为关键技术谱系的国际生产体系。在全球产业链出现一定程度松动的情况下，“一带一路”建设将面临新的任务和重要合作机遇，不仅要继续深化国际产能合作，而且更要在此基础上将其与国内价值链相互衔接，在沿线国家积极引入国内价值链上本土龙头企业的品牌和标准，塑造以中国制造、中国创造为主的国际生产体系。在经济全球化横向分工的区域化集聚趋势中，中国应以更加开放的理念和态度，基于“一带一路”建设加快布局这种“以我为主”的区域产业链体系，这是推动主场经济全球化的一种有效路径选择。譬如，在当前新冠肺炎疫情仍然严峻的形势下，可以把抗击疫情与新基建相结合，为沿线国家提供抗疫经验、必要的医疗服务和物资，在网络信息技术和医疗健康等基础设施领域提供援助和加强合作，这是应对中国主导的全球产业链松动的具体办法之一。

第三节　中国启动主场全球化的政策取向

实施在国内主场展开的经济全球化战略，其基本前提是假设国内形成了强大的内需或超级市场规模优势，且这个市场可以给全球的资源和要素提供更多的发展机会。我国新的战略资源观，也要由过去要素的性价比高的比较优势转向现在的国内强大市场优势。未来国内强大市场甚至可能是我国的绝对优势，是国家产业安全的保障和竞争力的来源。从党的十八大、十八届三中全会到党的十九大报告，都提出要建设统一开放、竞争有序的市场体系，让内需规模名列世界前茅的要求。但一个不能否认的事实是，我国还没有真正建成国内统一大市场，行政区经济、市场信用度不足、行政垄断以及对内开放不足等，是目前中国市场发育中迫切需要解决的重要问题，它们会给双循环的企业造成很高的交易成本，阻碍通过内需支撑形成全球产业链集群。这需要进一步坚持市场取向改革，尤其是要大力推进要素市场化改革。近期，《中共中央国务院关于构建更加完善的要素市场化配置体制机制的意见》提出要重点突破要素市场的改革难题。这就意味着要素市场改革是中国统一市场形成的难题也是突破口和关键环节，从而成为实现中国经济全球化发展战略重大调整的基础。如果无法实现这种由客场市场利用向主场市场利用的转型，那么我国就仍然要把经济转型升级和进一步发展的希望，寄托在西方国家及其市场上，这是根本无法完成的任务。因此，建成统一、开放、竞争、有序的市场体系，就成为形成国内市场为主体、双循环新发展格局的前提和基础。

基于上述分析，我们提出中国启动主场经济全球化的政策取向，主要包括以下几个方面。

一是从供给视角看，要坚决刺激和维护市场主体活力，创造主场经济全球化的内生动力。市场主体是市场经济体制的微观基础，具有决策独立性、地位平等性、目标趋利性、行为灵活性等最重要的特征。这些特征决定了市场经济配置资源的效率，是推动在主场进行经济全球化的基本保障。截至2019年，我国的市场主体数量达1.23亿户，其中企业3858万户，个体工商户8261万户，它们毫无疑问是国家经济活动的主要参与者、就业机会的主要提供者、技术进步的主要推动者。在当前的严峻国际形势和新冠肺炎疫情冲击下，市场主体的信心和活力尤其需要得到维护和激发，否则，不仅主场经济全球化缺乏动力，而且也会对国内经济社会稳定造成不利影响。当然，强调市场主体并不是不要政府，而是要求政府更好地发挥作用：一方面，政府对市场的干预要与其职能和能力相配合，使这种干预减少到最适当的限度；另一方面，适当的政府干预，也必须在法治国家的框架下进行，目的是为市场主体的发展创造有利的外部环境。显然，这是在新时代背景下的新型的政府和市场关系。近年来，浙江、湖南、江西、广西、辽宁等地正在积极探索的链长制，就在一定程度上体现了新型的政府和市场关系。简单来说，所谓链长制，其实就是由政府牵头负责、以市场机制为基础的产业链管理制度。在实施链长制的条件下，处于高层次的链长可以设法搭建交流平台，如创设产业教授、论坛等制度；要求政府投入的大学、研究机构的实验室，要制度化地对产业界开放；以及可以让产业界收购兼并应用型研究所等。

二是从需求视角看，要搭建扩大内需的经济平台，以此虹吸全球创新资源。这些平台主要有：（1）制造业平台。强大的制造业是现代科技的受体和载体，中国在相当长的时期中将需要进一步发挥现代制造业的增长功能。譬如，在专业化分工作用下，现代制造业部门的生产更加迂回化，进而通过产业关联产生规模更大、范围更广的中间需求。中国构建现代制造业平台将毫无疑问地成为扩大内需的主要先锋和主体力量。（2）城镇化平台。根据国际经验，城镇化的前期主要是投资驱动。一旦完成了基础设施的基本投资，城镇化扩大内需的功能将转化为消费拉动。根据国家统计局数据，2019 年全国年末城镇人口比重仅为 60.6%，而户籍人口城镇化率更是只有 44.4%。这意味着中国目前至少存在 2 亿多人没有实现进城落户，再加上大量的农业转移人口需要解决进城落户问题，因而中国仍然有近一半的人口需要城镇化。因此，城镇化进程的加快，特别是新型城镇化的推进，将有利于扩大以消费需求主导的内需市场。（3）生产性服务平台。生产性服务业作为把高级技术、人力资本和智力资本引进商品生产过程的“飞轮”，普遍具有资金、技术要素密集型特征，是决定现代产业国际竞争力的主要投入因素。中国建设金融、商务、物流、设计、技术服务等各类生产性服务业，将直接吸收国内外高级要素。（4）居民消费平台。这是基于最终需求推进主场经济全球化的最重要的平台。通过进一步深化收入分配制度改革来扩大中等收入者比重，将国内需求潜力直接和间接地转化为国内需求优势。因为中等收入者群体是扩大国内有效需求、形成需求与供给相契合的重要力量，而高收入阶层更多地消费奢侈品，低收入阶层以基本需求为主，后两者对扩内需的作用很有限。（5）国内价值链平台。国内价值链本身就是基于国内市场需求发育而成，它是由本国企业掌握产品价值链的核心环节，在本国市场获得品牌和销售终端渠道以及自主研发创新能力的产品链高端竞争力，然后进入区域或全球市场的价值链分工生产体系。这种分工体系重新整合了本土企业赖以生存和发展的产业链关联和循环系统，使国内市场形成较大规模的现代产业集聚，从而虹吸国内外的创新资源。

三是从开放视角看，要更加重视和强调对内开放，加快发展国内统一大市场。诚然，对外开放仍然是我国必须坚持的一项基本国策，2020 年的《政府工作报告》也明确指出，“要坚定不移扩大对外开放，稳定产业链供应链，以开放促改革促发展”，但与对外开放相比，当前对内开放更加凸显出紧迫性和重要性，而且进一步对内开放也是对外开放的前提和基础。一方面，就国民属性来讲，对内开放就是对本国国民开放，强调对本国国民放松、解除管制，将经济选择权公平地赋予居民和企业自身，以激发它们的生产性努力，进而到达提升生产效率和改善收入分配的目标，否则，无论是市场组织、个人还是社会机构都会缺少成长的空间，市场机制将很难在资源配置上逐步替代计划和行政机制，最终也就无法形成现实的可利用的超大规模市场。另一方面，就空间属性而言，对内开放就是推进区域经济一体化发展，并在此基础上相互开放。我国过去对内开放不足的一个典型表现就是地区间行政壁垒严重，各地区呈现出严重的市场非一体化格局，或称为“碎片化经济”，这不仅妨碍了资源配置效率的提升，而且影响了地区间按现代产业链的要求进行分工协作的可能性。譬如，东部沿海的长三角地区，虽然是全国最发达的经济区域之一，但地区间的非一体化导致产业部门难以在市场竞争基础上形成科学合理的协同布局，盲目重复建设情况十分严重。当前大力推进长三角区域一体化高质量发展，其深层次的目的就在于促进地区间市场的相互融合，为全国统一市场的最终形成奠定坚实基础。

第四节　结论与展望

本章的主要研究结论是：第一，中国从过去的客场经济全球化转向主场经济全球化，即基于内需实施深度全球化战略，这是在面对国外逆全球化潮流和国内比较优势动态变化下的主动调整。第二，内需是主场经济全球化最重要的战略基点，高级生产要素投入是不可或缺的必要条件，从全球价值链到全球创新链的转化是主场经济全球化的战略目标。第三，主场经济全球化的最终实现，需要尽快形成以动态比较优势理论为指导、以国内价值链为依托、以现代化产业集群为载体、以“互联网 +”数字经济为契机、以“一带一路”建设为纽带的协同推进机制。第四，中国启动主场经济全球化也需要国家政策保障，包括在供给层面坚决保护市场主体活力，创造主场经济全球化的内生动力；在需求层面搭建扩大内需的经济平台，以此虹吸全球创新资源；在开放层面更加重视和强调对内开放，加快发展国内统一大市场。

推进在主场进行的经济全球化，具有十分重要的战略意义：其一，它有助于促成将我国处于分割状态的“行政区经济”聚合为开放型区域经济，把区域分散狭窄的市场聚变为国内统一强大规模市场；其二，从利用别人市场转变为利用自己市场，从根本上转变了我国经济全球化的发展模式和机制，在发挥比较优势的同时实现产业发展的自主可控要求；其三，国内强大市场的形成，有利于我国虹吸全球先进创新要素。如果我国可以据此塑造一些吸收全球先进生产要素的平台，如全球性宜居城市来广泛吸收先进的高技术人才，那将极大地推动创新经济格局形成，从而有利于实现产业链向中高端攀升和经济高质量发展。因此，主场经济全球化的战略构想理应成为我国“十四五”规划制定中的重要参考依据，必须给予高度的重视和认真的研究。本章所做的工作是从经济学理论视角对中国启动主场经济全球化的背景、基本内容、实现机制以及政策取向进行了重点探讨，具有一定的启发性价值。未来的研究任务可以侧重从实证方面进行深入展开，有助于加深对主场经济全球化的认识和理解。

（作者：刘志彪，南京大学长江产业经济研究院理事长、院长、教育部首批长江学者特聘教授

凌永辉，南京大学长江产业经济研究院助理研究员）

第六章　双循环新发展理论是一种新开放观

“双循环”新发展战略构想的提出，主要是因为，中国进入新阶段，全球化趋势出现重大变化，国际经济大循环动能明显减弱，要化解新经济主要矛盾和运行风险，必须利用和发挥现有优势，寻求全球化战略转型。国际经济大循环战略和双循环新战略虽然同属于我国开放经济发展战略，但两者具有本质差异，体现了不同的对外开放观。

第一节　国际经济大循环

20 世纪 80 年代末，中央提出走国际经济大循环，发展外向型经济路子。其核心是，沿海地区率先利用我国农村劳动力资源丰富优势，抓住经济全球化中发达国家产业调整和转移契机，坚持“两头在外，大进大出”方针，大力发展轻纺、食品饮料、家用电器、轻工杂品等劳动密集型产品出口，集中力量支持外向型轻工业发展，然后通过国际市场转换机制，一举解决国内农业剩余劳动力出路和重工业资金和技术缺口难题，从而畅通我国农轻重产业循环。实践中，这种外向型经济设想演变为“出口导向工业化战略”。

客观地说，参与国际经济大循环的“出口导向工业化战略”曾经造就了中国增长奇迹。但当前国际经济大循环动能已经明显减弱，我国“十四五”外向型经济发展，必须借鉴发达国家的历史经验，对中国全球化战略做出调整，逐步实现从“国际经济大循环”向“国内大循环为主体，国内国际双循环相互促进”的战略转型。

第二节　“双循环”

构建“国内大循环为主体，国内国际双循环相互促进”的新发展格局，是以习近平同志为核心的党中央根据我国发展阶段、环境、条件变化，立足于谋划“十四五”规划布局，面向21世纪中叶建成社会主义现代化强国要求，提出的重大战略构想。分“国内大循环”和“国内国际双循环”两个部分。其中，前一部分“大循环”主张坚持供给侧结构性改革战略方向，把满足国内需求作为发展的出发点和落脚点。后一部分“双循环”，主张推进“一带一路”建设，促进国内循环、国际循环相互促进的全球大循环。合起来就是，通过发挥内需潜力，使国内市场和国际市场更好联通，更好利用国际国内两个市场、两种资源，推动我国经济实现更加强劲可持续的发展。这一战略构想的实质是，在本轮经济全球化遭受重大挫折背景下，通过调整外向型发展战略，以中国智慧引领构建新型经济全球化，建设更高水平开放型经济新体制，维护国内的产业链安全与供应链安全，更好保障我国经济安全，拓展经济发展空间。

第三节　国际经济大循环与“双循环”差异

国际经济大循环理论主要是一种有计划商品经济条件下的对外开放观。与过去我国经济主要矛盾长期是人们日益增长的物质文化需要同落后的社会生产之间的矛盾相适应，这种对外开放观要求能够促进生产力发展。体现在对外贸易上，国际经济大循环理论把对外贸易看成仅仅是完成生产力提高的任务，导致根据市场进行生产，根据市场进行投资，而且是为了出口而生产，为了出口而投资。因此，国际经济大循环关注出口，不关注进口；注重劳动生产率相对较高的工业制成品贸易，不注重劳动生产率相对较低的服务贸易。产业发展的非同步性全球化非常明显。体现在区域发展和对外贸易关系上，国际经济大循环战略把沿海地区作为进入世界市场的主要力量，实施沿海、沿江、沿边和内陆的次序开放格局，强化了“七五”中央既定的东西部不平衡发展政策。注重外引，不注重内联，导致忽视国内大循环，外贸外资优于内贸内资，对外开放优于对内开放，经常出现“肥水只流外人田”的不正常局面。体现在产业结构和国际市场关系上，国际经济大循环理论着眼于发挥人口数量红利优势，重视国际需求对国内经济发展和出口商品结构的导向作用，实际上割裂了国内制造业和服务业间本来具有的天然联系，导致经济的粗放发展和产业结构重化倾向。结果是，一边是我国制造业被锁定在全球价值链低端，一边是国内生产性服务业发展滞后。

“双循环”新理论则是一种中国特色社会主义市场经济条件下，适应经济进入高质量发展新时代需要，构建开放新格局的对内对外全面开放观。与经济主要矛盾转变为人民日益增长的美好生活需要和不平衡不充分的发展之间的矛盾相适应，这种全面开放观要求生产能够满足美好生活的需要。体现在对外贸易上，就是以满足国内居民美好生活的需要为主体开展贸易，不仅关注出口，更关注进口。不仅注重满足生存性消费需要的制造业贸易，更注重满足一定程度享受型消费需要的服务贸易。其生产和投资不再以出口创汇为单一目标，而是一方面，在对内开放上，期望通过挖掘内需潜力，使国内市场和国际市场更好地联通，从而带动世界经济复苏。另一方面，在对外开放上，期望参与全球经济治理体系改革，推动完善更加公平合理的国际经济治理体系，重塑我国国际合作和竞争新优势。体现在区域发展和对外贸易关系上，双循环新战略将贸易看成是各地区/各国各种生产要素在不同区域间/国际流动、重组和配置，通过把国际经济置于服务地区发展的需要，带动整个国民经济高质量均衡发展。其要求以开放促改革，以改革促开放，打破地区和市场壁垒，并取消内外资不公平待遇。体现在产业结构和国际市场关系上，双循环新理论着眼于培养和释放人口素质红利，把世界看成一个整体，注重以国内大循环为主体，以服务业全球化为抓手，大力提升自主创新能力，积极嵌入全球创新链，推动制造业向全球价值链高端攀升，还原我国制造业和生产性服务业的互动关联关系。

总之，国际经济大循环战略和双循环新战略同属于我国开放经济发展战略，但两者具有本质差异，体现了不同的对外开放观。

（作者：张月友，南京大学长江产业经济研究院副研究员）

第七章　中国构建双循环新发展格局的国际比较与未来研判

分别从宏观和中观产业层面，把世界主要经济体的经济循环分解为内循环、外循环和双循环三个部分。研究发现，世界主要发达经济体的经济“双循环”均以内循环为主体；中国开始呈现以内循环为主体的经济“双循环”特征；与美国经济是面向国内市场的“双循环”模式不同，中国经济表现出面向国际市场的“双循环”。“十四五”期间，中国经济内循环份额还会小幅度上升，但双循环格局不大可能形成与美国类似的“国外循环国内消费”态势；中国不同产业的循环格局将出现：中高端制造业内循环加强，高污染高能耗产业产能淘汰，低端产业产能转移的过程；加快构建双循环新发展格局特别要注意解决中国生产性服务业动力重塑难题。

中国经济自步入新常态以来，经济发展结构出现了显著的变化，党的十九届五中全会强调构建以国内大循环为主体、国内国际双循环相互促进的新发展格局，是顺应这种经济结构变化而做出的具有历史意义的重大抉择。

第一节　世界主要经济体经济循环形态

使用计量分析技术，按照双循环的发展思路，将 GDP 在宏观和产业层面分解成三个组成部分。分别是：内循环（指经济中 GDP 流动仅发生在国内的产业之间），双循环（指经济中的 GDP 流动发生在国内和国外的产业之间），外循环（指经济中的 GDP 流动仅发生在国外的产业之间，国内的产业之间没有发生流动）。

一、世界主要发达经济体的经济“双循环”以内循环为主体

从宏观层面看，美国经济以国内循环为主。长期以来，得益于强大的内需动力，美国 GDP 内循环比例维持在 90% 以上。同时也可以发现，美国的国外循环的份额也在增加，由 2000 年不足 4% 增长到最近的 5% 以上（见图 7-1）。

欧盟经济以区域内循环为主。欧盟经济的内循环比例维持在 85% 左右，其外循环以及参与双循环的比例均高于美国。但是，欧盟内部各国家的经济内循环比例显著降低。以德国为例，其内循环比例约在 65%（见图 7-1）。可以说，欧盟经济循环呈现出国内弱循环、区域强循环的特点。

东亚主要经济体中的日本经济循环模式接近于美国，国内循环比例基本在 90% 左右。不过，这种趋势也在悄然发生改变：从 2000 年到 2014 年，日本内循环比例从 90% 下降到 86%，而外循环的比例则从 4% 慢慢上升到了 6%。韩国和中国台湾地区经济则表现出更多依赖外循环的特点，其国内/省内经济循环所占比例相比其他发达经济体明显较低。尤其是台湾地区，由于与大陆紧密的经济联系，其经济的内循环份额一度从 68% 下降到不足 60%，而外循环比例从 2000 年的 18% 上升到 2014 年的约 25%。

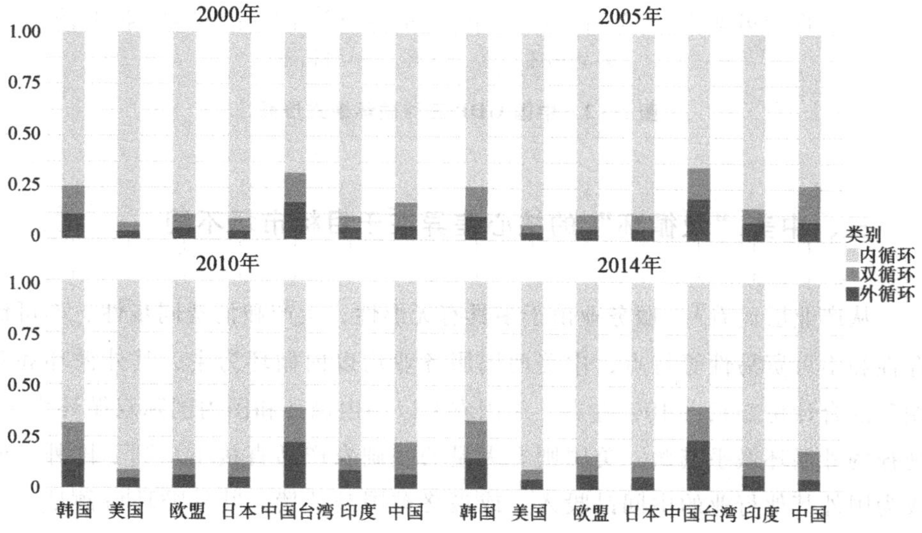

图 7-1 全球主要经济体 GDP 三种循环模式对比

二、中国初步呈现以内循环为主体的经济“双循环”特征

中国入世以来的经济内循环份额经历了两个发展阶段。首先随着中国嵌入全球价值链的程度不断加深，内循环份额持续下降，在 2006 年该份额达到了最低点。在此之后，内循环的份额开始上升，特别是在金融危机时期，全球价值链遭受重大冲击，内循环份额达到一个小的峰值。相对应，参与外循环的 GDP，其所占份额在 2006 年达到了最高。而参与国内国际双循环的份额总体上是上升的，从 2000 年的 11% 增加到 2014 年的 14%，期间仅参与外循环的 GDP 份额总体上下跌（见图 7－2）。中国经济循环内部结构变动表明，中国经济开始呈现出以内循环为主体的经济“双循环”特征。

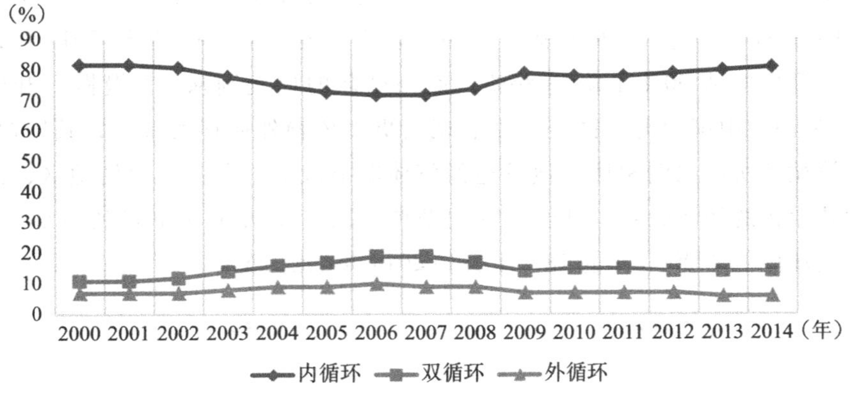

图 7－2　中国 GDP 三种循环模式份额

三、中美“双循环”的核心差异在于目标市场不同

从产业层面看①。服务业由于多具有无形性、生产和消费同步性、不可储存性和不可贸易性等特点，中美两国服务业均以内循环为主，其外循环和双循环的合计份额只占 10% 左右。中国农业以国内循环和国内国际双循环为主，纯粹的外循环微乎其微。美国则有大量的基础农产品直接出口到了国外，或成为国外其他行业的中间品投入，或最终被国外消费，其外循环份额是中国的 10 倍，明显高于中国。制造业中的纺织和电子业，中国的外循环份额明显

① 产业编号与名称对照表见本章附表 1，具体产业分析结果见附表 2 至附表 4。

高于美国。如电子产业，无论是外循环还是参与双循环的比例，中国均高于美国。中国电子产业的“大进大出”的特点，导致其内循环份额仅占35%，是各个产业中最低的。但其他绝大多数制造业行业，美国的外循环份额明显高于中国。比如石油、化工行业，虽然中美两国的内循环份额接近，但美国的外循环比例高达14.8%和18.3%。再比如医药业，中国基本上是以内循环为主，而美国该产业外循环的比例已经高达近20%。可见，这些制造业行业，中美经济循环的差异与农业类似，中国是以中间品的形式投入国内和国际双循环，而美国更多的是直接投入到国外生产部门。

从产业的市场流向看。中美两国双循环和外循环中均有一部分GDP回流至国内。其中，中国两种模式下的回流效应不明显：我国绝大部分行业在双循环模式下回流的份额低于5%，在外循环模式下回流的份额不超过1%。而美国经济循环模式下的回流份额明显高于中国。进一步分析，美国回流比例高的行业基本集中在制造业领域，比较典型的是高污染高能耗的化工行业和橡胶塑料行业。这些行业GDP最终回流的比例在双循环模式下为20%左右，而在外循环模式下也分别达到6%和11%。属于劳动密集型行业的纺织品业在双循环和外循环经济模式下的回流比例分别为15%和9%左右。而属于资本密集型行业的电子行业GDP双循环模式下的回流比例超过了23%。汽车行业是美国回流比例最高的行业，在双循环模式下甚至达到了1/4，即使是外循环情况下回流的比例也超过了13%。

总之，美国作为发达国家，掌握了众多先进科技并占据全球价值链的最高端。就制造业而言，虽然部分制造过程的本身不在美国本土，但是美国通过全球价值链的治理和庞大的国内市场，最后形成经济“国外循环国内消费”的格局。美国自身的国内市场在美国经济的内外循环中起到了巨大的推动作用，也就是面向国内市场的内外循环方式。与之形成对比的是，中国循环的模式则更接近于“国内循环国外消费”的形态，也就是面向国际市场的内外循环方式。

第二节　中国构建双循环新发展格局的未来研判

首先，中国经济的内循环份额会继续上升。随着中国经济未来的发展和各项改革措施的推进，有理由相信，我国未来双循环格局中，内循环的份额会呈现出一个小幅度的上升趋势。主要原因有以下几个方面。第一，“共同富裕”政策会有效增加居民收入从而增加消费，这样首先会推动内循环份额的扩大。第二，在内外合力的推动下，我国开始重视核心技术的自主投入与研发。客观说，也只有如此，方能推动一些关键技术和零部件的国产化替代，从而从容应对和反制美方对我国的技术遏制和讹诈。第三，我国开始重视产业链和供应链的安全问题。国内企业供应链多元化布局将增加，越来越多的国内零部件制造商将进入以前由国外供应商把持的供应链当中。

其次，不同产业会呈现出不同的双循环格局。由于我国的国情与经济体制与美国不同，加上中国仍是发展中国家，还面临跨越中等收入陷阱的任务，“十四五”期间我国双循环格局不大可能形成与美国类似“国外循环国内消费”的总体态势。但是不同的产业还是能表现出不同的双循环格局特点。具体而言，对于中高端制造业，如汽车制造、电子产品设计与制造等产业，随着中国的产业升级和研发投入的增加，我国将进一步强化其内循环的发展态势。同时，短时间内也不会把大量的制造环节放到境外。对于高能耗高污染产业，如水泥、化工、金属冶炼等行业，随着我国碳达峰和碳中和战略的持续推进，产业相关产能会减少或淘汰，其中的某些制造环节会流向境外或者更多的进口最终品。对于劳动密集型产业，如纺织等，随着我国劳动力成本的上升，大量的生产环节会流向境外，类似的产业会形成“国外循环国内消费”的态势。

最后，以内循环为主的要义不是封闭发展，而是要突破我国产业全球化发展的非同步性。在坚定“以开放促转型”理念的同时，将对外开放的重点调整到开放服务业上来。特别应注意改变一些不支持生产性服务业发展的观念和政策。

第一，中国“国内循环国外消费”的双循环形态形成与产业全球化发展的非同步性有关。过去我国实施的是全力以赴扩大出口和不断加强招商引资的国际经济大循环战略。这种战略重视国际需求对国内经济发展和出口商品结构的导向作用，实际上割裂了国内制造业和服务业间本来具有的天然联系，导致经济的粗放发展和产业结构重化倾向。从产业开放发展的角度看，就是“制造业开放度高，服务业开放不足”的非同步全球化。只是在经济全球化全盛时期，本国制造业与国际生产性服务业关联紧密，导致这种经济增长方式问题也不突出。

第二，新时代，产业全球化发展的非同步性成为中国攀升全球价值链高端的重要障碍。产业全球化发展的非同步性使得中国工业化所需的高级生产性服务业投入主要从发达国家获取。这种国内代工制造业生产与发达国家生产性服务业关联形式，一方面对我国生产性服务业产生了进口替代的抑制作用，另一方面，也对我国生产性服务业攀升全球价值链发挥了正向的技术溢出效应。在经济全球化全盛时期，由于发达国家跨国公司在全球投资、布局，从而与以中国为首的发展中国家间的经济生产紧密联系，掩盖了这种发展模式天然具有的重大产业安全隐患。但 2008 年金融危机之后，从产业发展看，全球化由基于价值链的制造业全球化阶段过渡到基于创新链（GIC）的服务业全球化阶段。从国际政治经济形势看，世界经济低迷，以美国为首的发达国家兴起贸易保护主义。过去那种试图通过出口导向工业化战略，在全球价值链中不断学习和模仿，不断累积经验，从而逐步实现从代工贴牌到自主品牌的发展飞跃，最终成为全球价值链中的“链主”的路径变得不可行。必须重新审视传统的基于价值链理论的产业升级路径，对中国生产性服务业发展战略做出适当调整。

第三，新发展阶段加快构建双循环新发展格局并不必然要求牺牲经济增长。一方面，中国经济中的服务业比重与中国工业化进程一致，但服务业比重提升的速度和质量并不高，特别是我国的工业发展和效率提升并不依赖于国内生产性服务业的投入。另一方面，当前经济主要矛盾变化和经济发展进入新阶段以及国内外宏观经济形势变化从“供给端”为经济改革发展提出两大根本性任务：一是将资源要素从产能过剩的、增长空间有限的产业中释放出来；二是为提供中高端消费服务的“朝阳产业”输送更多的劳动力、资金、金融和技术。这种产业结构大变迁，实际上意味着服务业的黄金时代已经悄然到来。这两方面结合起来，给新发展阶段的中国经济增长出了难题：随着服务业继续发展，如果生产性服务业比重不能有效提高，根据结构性减速理论，发展服务业与经济增长负相关，中国在加快构建双循环新发展格局中面临稳增长的任务将异常艰巨，应当如何协调当前宏观调控与服务业发展的关系问题是必须面对的现实问题。

（作者：叶明，南京大学长江产业经济研究院副研究员
张月友，南京大学长江产业经济研究院副研究员）

本章附件：

附表1 产业编号与名称对照表

编号	产业名称
1	作物和牲畜生产、狩猎和相关服务活动
2	林业与伐木业
3	渔业与水产业
4	采矿和采石
5	食品、饮料和烟草制品的制造
6	纺织品、服装和皮革产品的制造
7	木材、木材制品及软木制品（家具除外），草编制品及编织材料物品制造
8	纸和纸制品制造
9	记录媒介物的印制及复制
10	焦炭和精炼石油产品制造
11	化学品及化学制品制造
12	基本医药产品和医药制剂制造
13	橡胶和塑料制品制造
14	其他非金属矿物制品制造
15	初级金属制造
16	金属制品制造，机械设备除外
17	计算机、电子产品和光学产品制造
18	电子设备制造
19	未另分类的机械和设备制造
20	汽车、挂车和半挂车制造
21	其他运输设备制造
22	家具制造，其他制造业
23	机械和设备修理和安装
24	电、燃气、蒸气和空调供应
25	集水、水处理与水供应
26	污水处理，废物的收集、处理和处置活动，材料回收，补救活动和其他废物管理服务
27	建筑业
28	汽车和摩托车的批发零售贸易及维修
29	批发贸易，汽车和摩托车除外
30	零售贸易，汽车和摩托车除外
31	陆路运输与管道运输

续表

编号	产业名称
32	水上运输
33	航空运输
34	运输的仓储和辅助活动
35	邮政和邮递活动
36	住宿和餐饮服务活动
37	出版活动
38	电影、录像和电视节目的制作、录音及音乐作品出版活动，电台和电视广播
39	电信服务
40	计算机程序设计、咨询及相关活动，信息服务活动
41	金融服务活动，保险和养恤金除外
42	保险、再保险和养恤金，强制性社会保障除外
43	金融保险服务及其附属活动
44	房地产活动
45	法律和会计活动，总公司的活动，管理咨询活动
46	建筑和工程活动，技术测试和分析
47	科学研究与发展
48	广告业和市场调研
49	其他专业、科学和技术活动，兽医活动
50	行政和支助服务活动
51	公共管理与国防，强制性社会保障
52	教育
53	人类健康和社会工作活动
54	其他服务活动
55	家庭作为雇主的活动，家庭自用，未加区分的物品生产和服务活动
56	国际组织和机构活动

附表 2　　中美两国产业层面 GDP 三种模式对比（2014 年）（单位：百万美元）

产业编号	中国				美国			
	GDP	内循环	双循环	外循环	GDP	内循环	双循环	外循环
1	841728.3	86.3%	12.8%	0.9%	178344.5	78.2%	10.8%	11.1%
2	43531.51	76.9%	23.0%	0.1%	23800.9	75.0%	16.6%	8.4%
3	96540.22	92.2%	7.1%	0.7%	14535.42	75.3%	13.9%	10.7%
4	569573.9	74.7%	24.3%	1.0%	455949.9	79.5%	14.8%	5.7%

续表

产业编号	中国				美国			
	GDP	内循环	双循环	外循环	GDP	内循环	双循环	外循环
5	414661.1	87.8%	9.2%	3.0%	246968.8	88.5%	3.8%	7.7%
6	256809.1	51.5%	25.2%	23.3%	28574.71	78.5%	8.4%	13.1%
7	93248.71	76.8%	18.8%	4.5%	29065.82	84.0%	9.8%	6.2%
8	48160.44	69.6%	24.9%	5.5%	56263.45	74.9%	13.2%	11.9%
9	34387.04	77.3%	19.6%	3.1%	38568.77	86.9%	7.9%	5.3%
10	124593.1	74.1%	22.8%	3.1%	183261.3	77.3%	7.9%	14.8%
11	227363.8	66.7%	26.5%	6.7%	268493.2	70.8%	10.8%	18.3%
12	81843.81	89.2%	4.1%	6.7%	95960.62	67.0%	13.3%	19.6%
13	102188.8	62.2%	26.8%	11.0%	76339.68	75.5%	12.5%	12.0%
14	229062.8	86.4%	8.5%	5.2%	47020.28	82.3%	8.8%	8.8%
15	291396.6	72.9%	22.5%	4.6%	61644.58	64.2%	26.1%	9.6%
16	124874.2	69.0%	18.0%	12.9%	148045.3	73.8%	15.5%	10.7%
17	280297.3	35.1%	30.9%	34.1%	270129.3	64.5%	7.8%	27.6%
18	170374.2	61.2%	18.3%	20.5%	54521.68	66.0%	10.2%	23.7%
19	265885.7	70.0%	14.4%	15.7%	153862.1	67.1%	7.1%	25.8%
20	229990.6	85.5%	9.7%	4.8%	145059.5	77.0%	6.6%	16.3%
21	82990.03	76.4%	9.9%	13.7%	128836.3	56.7%	7.6%	35.7%
22	71249.72	38.2%	8.9%	52.9%	106534.3	81.3%	3.3%	15.4%
23	0	0	0	0	22551.39	97.5%	2.5%	0
24	214172.4	77.7%	22.0%	0.3%	272826.4	94.8%	4.8%	0.4%
25	12440.38	86.9%	12.6%	0.5%	9321.246	94.8%	4.8%	0.4%
26	14474.81	78.6%	17.5%	3.9%	43283.36	66.4%	13.1%	20.5%
27	708099.6	98.8%	0.8%	0.5%	667672.7	99.1%	0.9%	0
28	0	0	0	0	255256.9	98.0%	1.8%	0.2%
29	832171.1	72.2%	16.9%	10.9%	1045125	80.5%	7.1%	12.5%
30	172155.8	72.2%	16.9%	10.9%	816429.9	99.2%	0.6%	0.2%
31	307275.3	78.7%	16.7%	4.7%	240828.6	82.4%	8.5%	9.1%
32	59608.68	61.0%	18.8%	20.2%	18634.28	68.4%	5.5%	26.2%
33	23628.68	59.3%	14.1%	26.5%	84445	71.0%	4.2%	24.9%
34	64600.64	75.0%	22.7%	2.3%	106247.1	80.6%	12.4%	7.0%
35	17047.49	87.0%	11.2%	1.8%	57495.42	76.6%	13.9%	9.4%
36	200381	88.5%	9.8%	1.7%	488714.6	97.7%	2.1%	0.2%

续表

产业编号	中国				美国			
	GDP	内循环	双循环	外循环	GDP	内循环	双循环	外循环
37	0	0	0	0	210727.9	83.3%	4.6%	12.1%
38	0	0	0	0	200369.5	89.0%	3.8%	7.2%
39	209429.7	92.4%	7.2%	0.5%	327558.2	93.2%	4.1%	2.7%
40	62972.28	86.2%	5.4%	8.4%	338508.9	90.5%	5.7%	3.8%
41	576923.7	81.0%	18.7%	0.3%	488161.4	86.6%	5.7%	7.7%
42	47233.49	85.2%	11.3%	3.6%	490741.3	94.7%	3.5%	1.8%
43	0	0	0	0	244249.3	85.7%	5.1%	9.2%
44	583790.5	93.6%	6.4%	0	2059366	98.2%	1.7%	0.1%
45	207807.7	68.1%	21.6%	10.3%	694103.1	86.1%	11.0%	2.9%
46	0	0	0	0	260864.8	87.0%	6.2%	6.8%
47	37064.47	74.5%	25.0%	0.5%	140551.9	86.9%	6.2%	6.9%
48	0	0	0	0	141523.7	86.9%	6.3%	6.8%
49	134955.8	88.8%	11.2%	0	46191.85	87.0%	6.2%	6.8%
50	43889.92	91.8%	5.3%	2.9%	672580	85.9%	8.6%	5.5%
51	419700.9	98.7%	1.2%	0.1%	2279577	98.5%	1.0%	0.5%
52	339980.5	98.9%	1.0%	0.1%	192991.2	97.7%	1.0%	1.3%
53	187770.7	99.2%	0.7%	0.1%	1228905	99.8%	0.1%	0.1%
54	240394.2	88.7%	9.4%	1.9%	446850.6	97.2%	2.3%	0.4%
55	0	0	0	0	12411.73	97.5%	2.4%	0
56	0	0	0	0	0	0	0	0

附表 3　　中美两国产业层面双循环 GDP 市场流向对比（2014 年）

（单位：百万美元）

产业编号	中国				美国			
	双循环	国外市场		国内市场	双循环	国外市场		国内市场
		中间品	最终品			中间品	最终品	
1	107641.28	34.3%	64.0%	1.7%	19220.60	45.1%	49.7%	5.1%
2	10013.74	52.4%	44.7%	2.9%	3948.12	50.7%	28.4%	20.9%
3	6835.53	40.8%	56.9%	2.3%	2027.54	58.2%	32.6%	9.2%
4	138299.04	55.2%	41.2%	3.6%	67291.09	64.0%	23.0%	13.1%
5	38118.27	42.1%	55.4%	2.5%	9288.64	44.9%	48.4%	6.7%
6	64813.01	27.4%	70.9%	1.7%	2397.38	45.5%	38.9%	15.6%
7	17484.39	46.6%	50.3%	3.1%	2841.80	55.3%	32.4%	12.3%

续表

产业编号	中国				美国			
	双循环	国外市场		国内市场	双循环	国外市场		国内市场
		中间品	最终品			中间品	最终品	
8	12003.77	50.0%	46.7%	3.4%	7437.67	54.5%	30.1%	15.4%
9	6731.50	51.1%	45.6%	3.3%	3029.11	58.2%	33.0%	8.8%
10	28358.02	53.6%	42.5%	3.9%	14535.05	58.0%	27.4%	14.6%
11	60352.53	49.2%	46.4%	4.4%	29104.58	53.1%	25.0%	21.9%
12	3354.99	49.0%	48.1%	2.9%	12773.88	60.5%	27.9%	11.5%
13	27345.86	45.0%	51.0%	4.0%	9531.33	43.9%	37.0%	19.1%
14	19421.97	52.6%	43.2%	4.2%	4148.21	53.3%	32.8%	13.9%
15	65673.22	49.0%	46.9%	4.0%	16097.02	48.9%	35.4%	15.7%
16	22494.16	47.4%	48.2%	4.4%	22996.92	47.3%	39.2%	13.5%
17	86486.88	36.7%	56.4%	6.9%	21138.06	41.4%	34.9%	23.6%
18	31120.41	42.3%	52.8%	4.9%	5585.15	42.1%	34.8%	23.1%
19	38192.54	44.6%	51.1%	4.3%	10867.49	42.6%	35.4%	22.0%
20	22267.38	51.5%	45.4%	3.1%	9631.76	34.2%	40.8%	25.0%
21	8199.88	37.8%	59.2%	3.0%	9791.96	41.0%	43.6%	15.3%
22	6362.36	47.6%	45.9%	6.5%	3544.03	45.8%	39.1%	15.1%
23	0	0	0	0	555.20	59.3%	34.3%	6.5%
24	47185.32	51.1%	45.7%	3.2%	13191.53	59.2%	32.0%	8.8%
25	1571.15	48.6%	48.3%	3.1%	450.05	59.2%	32.0%	8.8%
26	2532.09	48.2%	48.6%	3.2%	5653.04	59.7%	24.1%	16.2%
27	5337.44	48.5%	47.2%	4.2%	5997.68	61.8%	31.2%	7.0%
28	0	0	0	0	4710.95	57.5%	35.8%	6.7%
29	140972.84	42.3%	53.2%	4.5%	73853.00	52.1%	37.6%	10.3%
30	29116.08	42.4%	53.2%	4.4%	4983.77	57.5%	35.2%	7.3%
31	51186.98	47.8%	48.5%	3.7%	20517.21	56.5%	33.3%	10.2%
32	11202.89	46.6%	47.6%	5.8%	1019.27	54.1%	30.4%	15.5%
33	3343.24	47.6%	46.5%	5.9%	3504.71	50.5%	29.9%	19.7%
34	14682.07	48.5%	48.3%	3.2%	13141.25	57.5%	36.2%	6.3%
35	1905.35	48.2%	48.6%	3.2%	8020.02	59.9%	34.2%	5.8%
36	19616.73	49.2%	47.5%	3.3%	10440.33	60.7%	32.7%	6.6%
37	0	0	0	0	9691.97	61.4%	29.1%	9.5%
38	0	0	0	0	7713.43	53.3%	40.6%	6.1%

续表

产业编号	中国				美国			
	双循环	国外市场		国内市场	双循环	国外市场		国内市场
		中间品	最终品			中间品	最终品	
39	14996.83	48.9%	47.9%	3.2%	13313.02	56.9%	36.5%	6.6%
40	3405.76	42.3%	50.7%	7.0%	19129.27	58.7%	33.0%	8.2%
41	108122.31	48.7%	48.1%	3.2%	27901.96	59.0%	32.4%	8.6%
42	5318.80	50.4%	45.8%	3.8%	17418.94	58.3%	34.7%	7.0%
43	0	0	0	0	12505.43	56.4%	29.9%	13.7%
44	37525.11	49.6%	47.3%	3.1%	35323.26	59.7%	34.6%	5.7%
45	44931.12	48.0%	48.0%	3.9%	76662.33	55.6%	36.2%	8.2%
46	0	0	0	0	16168.72	57.0%	33.5%	9.5%
47	9275.73	43.6%	52.8%	3.5%	8715.57	58.4%	34.3%	7.3%
48	0	0	0	0	8896.28	57.7%	33.9%	8.4%
49	15064.04	46.9%	49.9%	3.2%	2857.57	57.7%	33.9%	8.5%
50	2330.50	49.7%	46.3%	4.0%	57535.64	58.8%	33.2%	8.0%
51	4958.78	49.7%	46.9%	3.4%	22456.60	58.6%	33.1%	8.3%
52	3331.28	48.3%	48.5%	3.2%	1882.96	57.3%	34.5%	8.2%
53	1269.02	47.8%	48.9%	3.3%	1039.28	59.9%	32.1%	7.9%
54	22691.04	48.3%	48.6%	3.1%	10456.21	58.5%	35.3%	6.2%
55	0	0	0	0	303.85	59.3%	34.3%	6.5%
56	0	0	0	0	0	0	0	0

附表 4　　中美两国产业层面外循环 GDP 市场流向对比（2014 年）

（单位：百万美元）

产业编号	中国				美国			
	外循环	国外市场		国内市场	外循环	国外市场		国内市场
		中间品	最终品			中间品	最终品	
1	7503.10	38.4%	61.1%	0.5%	19707.20	74.5%	22.8%	2.7%
2	49.44	67.4%	32.2%	0.3%	2008.05	93.9%	2.3%	3.8%
3	687.99	36.2%	63.6%	0.2%	1557.49	25.6%	71.9%	2.6%
4	5628.94	69.5%	29.5%	1.0%	25957.07	90.6%	5.1%	4.3%
5	12400.10	19.3%	80.5%	0.2%	18990.74	29.1%	69.5%	1.5%
6	59810.39	20.5%	79.2%	0.3%	3752.35	45.1%	45.7%	9.2%
7	4180.51	83.9%	15.2%	0.9%	1801.53	93.0%	2.6%	4.4%

续表

产业编号	中国				美国			
	外循环	国外市场		国内市场	外循环	国外市场		国内市场
		中间品	最终品			中间品	最终品	
8	2636. 17	79. 7%	19. 3%	1. 0%	6667. 94	84. 0%	9. 3%	6. 7%
9	1062. 58	89. 2%	10. 1%	0. 7%	2033. 68	81. 3%	13. 6%	5. 1%
10	3897. 49	77. 4%	21. 7%	0. 9%	27080. 46	74. 6%	22. 9%	2. 5%
11	15312. 77	88. 8%	9. 8%	1. 4%	49182. 72	82. 8%	11. 1%	6. 0%
12	5468. 67	54. 1%	45. 5%	0. 4%	18850. 94	48. 5%	49. 3%	2. 2%
13	11249. 43	70. 2%	28. 6%	1. 2%	9142. 71	68. 1%	21. 0%	11. 0%
14	11833. 85	81. 7%	17. 3%	1. 0%	4160. 27	89. 5%	7. 3%	3. 3%
15	13325. 65	88. 4%	9. 7%	1. 8%	5948. 39	87. 6%	1. 5%	10. 9%
16	16160. 98	67. 1%	31. 9%	1. 1%	15854. 93	65. 8%	27. 3%	6. 9%
17	95543. 18	35. 5%	62. 5%	1. 9%	74649. 23	45. 5%	46. 7%	7. 8%
18	34942. 35	45. 8%	53. 1%	1. 1%	12946. 87	58. 4%	32. 6%	9. 0%
19	41682. 61	37. 3%	61. 8%	0. 8%	39697. 42	41. 0%	54. 7%	4. 2%
20	11119. 11	56. 5%	42. 6%	0. 9%	23703. 71	32. 2%	54. 4%	13. 4%
21	11364. 24	21. 9%	77. 7%	0. 3%	45984. 12	44. 3%	53. 5%	2. 2%
22	37663. 44	20. 3%	79. 3%	0. 4%	16420. 97	32. 3%	66. 0%	1. 8%
23	0	0	0	0	8. 88	73. 4%	24. 8%	1. 8%
24	636. 48	58. 3%	40. 8%	0. 9%	999. 78	84. 7%	13. 6%	1. 7%
25	61. 36	49. 6%	49. 7%	0. 7%	34. 17	91. 5%	6. 8%	1. 7%
26	566. 37	41. 6%	57. 9%	0. 5%	8885. 34	97. 6%	0. 3%	2. 1%
27	3242. 08	98. 6%	0. 9%	0. 5%	65. 66	74. 3%	25. 1%	0. 6%
28	0	0	0	0	475. 80	42. 2%	56. 8%	1. 0%
29	90502. 25	61. 8%	37. 2%	1. 0%	130295. 01	45. 2%	53. 6%	1. 2%
30	18770. 43	62. 7%	36. 3%	1. 0%	1533. 77	43. 6%	54. 8%	1. 6%
31	14309. 92	66. 0%	33. 2%	0. 8%	21927. 71	64. 5%	34. 1%	1. 4%
32	12054. 25	51. 4%	47. 9%	0. 7%	4876. 37	61. 8%	36. 8%	1. 4%
33	6267. 77	65. 8%	33. 5%	0. 6%	20990. 15	72. 5%	24. 7%	2. 8%
34	1456. 29	69. 2%	29. 9%	0. 9%	7456. 42	73. 6%	24. 9%	1. 4%
35	310. 92	66. 3%	33. 2%	0. 5%	5423. 85	68. 4%	30. 6%	1. 0%
36	3367. 64	65. 4%	34. 0%	0. 7%	865. 59	59. 6%	39. 3%	1. 1%
37	0	0	0	0	25465. 51	72. 6%	26. 1%	1. 4%
38	0	0	0	0	14348. 38	28. 6%	70. 7%	0. 7%

续表

产业编号	中国				美国			
	外循环	国外市场		国内市场	外循环	国外市场		国内市场
		中间品	最终品			中间品	最终品	
39	1009.59	65.3%	34.1%	0.6%	8840.99	68.1%	30.7%	1.1%
40	5303.10	60.9%	37.7%	1.3%	12864.83	71.4%	26.9%	1.7%
41	1768.40	64.7%	34.6%	0.7%	37382.81	67.1%	31.6%	1.3%
42	1682.17	60.3%	39.0%	0.7%	8654.14	58.8%	39.3%	1.9%
43	0	0	0	0	22532.89	72.7%	24.6%	2.7%
44	0	0	0	0	2177.31	64.9%	34.2%	0.9%
45	21318.66	81.4%	17.5%	1.1%	19812.92	78.7%	19.7%	1.5%
46	0	0	0	0	17681.80	97.4%	0.9%	1.7%
47	176.09	16.7%	82.7%	0.6%	9747.17	30.2%	68.7%	1.1%
48	0	0	0	0	9694.15	96.6%	1.2%	2.2%
49	1.31	85.6%	12.6%	1.7%	3164.03	90.5%	7.9%	1.6%
50	1259.09	85.3%	13.9%	0.8%	37143.12	84.6%	13.0%	2.3%
51	555.59	67.0%	32.1%	0.8%	11011.31	78.0%	20.3%	1.7%
52	398.34	69.4%	30.2%	0.4%	2603.01	71.7%	27.4%	1.0%
53	240.33	68.1%	31.5%	0.4%	1144.85	74.9%	24.1%	1.1%
54	4488.22	37.7%	62.1%	0.2%	1934.64	17.1%	82.5%	0.4%
55	0	0	0	0	4.91	78.4%	20.1%	1.6%
56	0	0	0	0	0	0	0	0

第三篇

构建“双循环”新发展格局的主攻方向

第八章 从分割走向整合：推进国内统一大市场建设的阻力与对策[①]

构建统一开放、竞争有序的全国大市场，是重塑大国竞争优势、构建新发展格局、提升产业链现代化水平、实现区域经济协调发展的基础。当前中国的市场分割主要表现为转轨时期政府的各种干预市场的选择性行为，如地方政府主导型产业政策、产权交易市场壁垒、商品和要素市场分割等。“为增长而竞争”的激励机制、区域倾斜政策和不规范的优惠政策、财政分权体制下的地方互动策略、小国贸易条件下的对外贸易偏好、政府合作机制虚化等因素，是形成“行政区经济”现象的直接原因，而更深层次的原因，则与追赶型战略决定的增长体制有密切的联系。本章据此提出，中国现代化战略目标决定了速度型赶超要让位于效率和质量型赶超，地方政府的经济职能和发展的动力机制还需要充分利用。现阶段可先从改造地方政府的目标偏好函数、改革地方政府主导型产业政策的实施方式入手，未来要逐步实现赶超型政府向服务型政府、建设型财政向公共财政的转变。当前要制定地方政府直接干预市场行为的负面清单；要分区域、分层次推进全国统一大市场建设；按照要素的公共性分类，先易后难地推进要素市场建设；要兼顾中央统一集权与地方发展积极性，实现央地关系的法治化；要鼓励企业跨地区兼并收购，强化市场一体化的微观基础。

第一节 引言

国内市场分割现象一直是政产学各方面普遍关注的重要问题，中国改革从冲破计划经济体制的条块分割伊始，就一直在努力地形成市场体系并发挥

---

① 首发于《中国工业经济》2021 年第 8 期。

市场对资源配置的调节作用。1980年，《国务院关于开展和保护社会主义竞争的暂行规定》就明确提出，开展竞争必须打破地区封锁和部门分割。此后相继制定并实施了《中华人民共和国反不正当竞争法》《中华人民共和国反垄断法》等。2013年党的十八届三中全会指出，“建设统一开放、竞争有序的市场体系，是使市场在资源配置中起决定性作用的基础”。实践中我们发现，计划体制遗留下来的市场分割问题，尤其是要素市场的建设问题，迄今为止并没有得到根本解决。

进入中国特色社会主义新时代，加快构建统一开放、竞争有序的全国统一大市场的重要性，随着国内外形势的迅速变化而日益凸显。2020年9月，中央财经委员会第八次会议明确指出，要“加快完善国内统一大市场，形成供需互促、产销并进的良性循环，塑造市场化、法治化、国际化营商环境，强化竞争政策作用”。显然，加快建设国内统一大市场是完善社会主义市场经济体制的重要内容，对构建以国内大循环为主体、国内国际双循环相互促进的新发展格局具有基础性的战略意义。这就把建设国内统一大市场的任务，放到了政策选择中最重要的地位。

本章将重点考察由横向政府治理方面的原因导致的市场分割问题。这种选择的目的在于篇幅的限制，并不意味着其他问题不重要。本章认为，中国在统一大市场建设的过程中，将遇到许多与国情相关的特殊问题。过去，中国长期存在的市场分割，与实施增长速度追赶的战略以及与此配套的体制机制有深刻的联系。追赶型增长体制需要充分发挥政府的能动作用，有时甚至替代市场的功能。随着开启全面建设社会主义现代化国家新征程，进入新发展阶段后中国仍然要坚持追赶战略来实现既定目标，但是过去的速度型赶超战略，应该及时让位于质量型和效率型赶超战略。这将对未来深化经济体制改革，尤其是推进国内统一大市场的建设提出新的更高的要求。在实现新一轮战略赶超的过程中，需要转换政府的发展目标和行为方式。如在现阶段的政府治理上，需要根据市场分割现状对实现高质量发展的阻碍程度，详细列出地方政府直接干预市场行为的负面清单，坚决限制各种分割市场的行为，在实质上推进基于市场驱动的增长方式转型。

鉴于上述考虑，本章将重点研究与国内统一大市场建设相关问题，主要有：国内统一大市场的实质性内涵、特征与作用是什么？当前市场分割的现象，其表现形式和程度如何评估？影响和阻碍国内统一大市场形成的直接和深层次原因究竟是什么？现阶段和未来推进全国统一大市场建设的根本措施是什么？

第二节 国内统一大市场：概念、特征与作用

国内统一大市场指的是中国国内市场形成了规则统一、竞争充分、高度开放、运行有序的基本格局，具有规模巨大、结构完整、功能强大、机制灵活和环境优化等内在性质，可以依托它顺利地实现国内外经济循环和扩大再生产。

其中，规模巨大指市场容量具有超大规模的优势，可以依托于其实现经济目标。疆域广阔、人口众多等是形成国内统一大市场的必要条件，但这只是形成超大规模市场的必要条件，真正形成超大规模市场，还必须具备人均收入不断增长并达到一定阈值的条件。结构完整指市场的门类齐全，不仅要有完善的商品市场，更重要的是要有要素市场，由此实现资源、商品和要素的最优联动配置。功能强大指市场不仅具有高效率的信号传递功能，还要有引导资源有效配置的激励功能，以及有利于社会稳健发展的收入分配调节功能。机制灵活指市场价格机制和供求机制可以实现双向调节，不仅能准确地反映和灵活地调节供求关系，而且供求关系也可以反过来反映和调节价格关系。环境优化指市场能够最大限度地为企业降低各种制度性和非制度性交易成本，提高企业国际竞争力。

国内统一大市场具有统一性、开放性、竞争性和有序性四大特征。其中，统一性指市场的非分割、整体性特征；开放性指市场的非封闭、与外界可交换能量的特征；竞争性指市场的非垄断性、公平交易的特征；而有序性则指市场在运行中表现出来的稳定性、规则性、重复性和因果关联性。

统一性的反面是分割性。它表现为资源和要素的流动被某种力量或势力阻碍，市场关联性弱，经济效率差。导致市场分割的因素主要包括自然和人为两个方面。前者如气候、地理地貌特征等，后者如行政权力和企业市场势力等垄断因素。前者主要构成市场运行中的物流成本，尤其是运输成本；后者则构成市场运行的交易成本，主要是由制度性摩擦引起的。前者可以通过加大基础设施投入等措施来缓和或解决，后者则需要进行制度性改革，尤其是要通过竞争法来限制各种垄断行为。商品和要素在全国流动的障碍因素和摩擦成本，可以衡量国内市场的统一性程度和水平。其中，“一价定律”的衡量方法最为简单。在商品和要素可以自由流动的区域内，各地区间通常不可能存在除必要流通成本差异之外的价格差异；反过来，商品或要素在国内各行业、各地区间自由地、无障碍地流通和流动，必将降低地区间的价格差异。

因此，同一种商品或要素的地区间价格差异，可以被用来衡量市场的统一性程度，同类商品和要素的地区间价格差异越小，说明该类市场的摩擦程度越小，市场的统一性或一体化的程度越高。

开放性的反面是封闭性。封闭性指系统与作为环境的其他系统不进行物质、能量、信息的交换。只有与其他系统不断地进行物质、能量、信息交换，从外部获得的能量大于系统内部消耗散失的能量，系统才能不断发展壮大，才能从低级向高级、从简单到复杂、从无序向有序地不断优化和动态发展。因此，市场体系的对外开放，是系统的生命活力所在。尽快形成新发展格局，不是以利用内需为由反对市场开放，而是要以国内统一大市场的建设进一步推动对外循环，以国内市场潜力、吸引力为全球经济创造新机遇、新动力和新市场。总的来说，现在的中国市场不是对外开放不足，而是对内开放不足，尤其是对民营经济和公民开放不足。形成国内统一大市场，意味着中国不仅要进一步对外开放国内市场，而且要进一步实行高水平的对内开放。

竞争性的反面是垄断性。垄断性指买卖双方在一种市场势力不对等的状态下进行交易，只有一家或者少数买方或者卖方。它有三种表现形态：自然垄断、经济垄断和行政垄断。其中，自然垄断出现在具有网络性经营特点的行业，如电网、自来水、煤气管道等。这些行业由一个厂商来生产全行业产品，其总成本比由多个厂商生产的总成本低，因此独家生产比多家竞争更有效率。经济垄断指企业依靠技术、专利以及经营策略等取得垄断地位。这种垄断地位在绝大多数情况下不仅不需要反对，而是需要鼓励，因为它往往是自由竞争、技术进步和经济效率的产物。经济垄断只有当它对市场公平性构成威胁时，才需要用竞争法管制。行政垄断指采用或借助于行政力量实现的市场垄断，包括地区封锁、地方保护、设立行政性垄断公司、政府限定交易等。中国市场现在的状况是行政垄断与企业经济垄断叠加，而且行政垄断的痼疾难除。

有序性的反面是无序性。无序性指具有无法重复实验，或重复试验后无法得出相同结果，或无法运用科学手段找到规律性原理的现象或特征，表现为不稳定性、不规则性、随机性和彼此间的无关性。人类对市场经济的理性认知，在于认为市场运行有其内在的必然规律性，由此构成市场经济的本质。人们通过学习和实践，掌握了有关市场经济运行的规律性，如价值规律、供求规律、周期规律等，就可以在尊重市场规律的基础上进行有力的政府干预，从而实现市场的有序运行。目前中国市场运行的现实问题，不是呈现为无序性和混乱性，而是管制过多、政府职能错位等导致的低水准的有序性。

目前，中国建设具有统一性、开放性、竞争性和有序性特征的国内统一大市场，其作用主要体现为：

（1）重塑大国竞争优势。大国优势的形成，主要在于因其“大”而导致的规模经济与分工优势。著名的斯密定理认为，市场的规模与分工的发展相互决定、互为因果（亚当·斯密，1776）。以国内统一大市场重塑地区分工格局，能够促进规模经济效应的实现，提升全球竞争优势。然而，由于存在市场分割效应，长期以来中国虽然是超大规模国家但一直没有形成一个超大规模的统一市场，无法享受到超大规模国家所具有的独特竞争优势。因此，促成将中国地区分散狭窄的市场聚合为国内统一大市场，有利于释放大国发展的潜力和规模红利，获取大国内部的知识溢出和知识创新效应，进而对世界经济成长产生巨大的拉动作用，甚至在一定程度上可以左右全球经济贸易关系以及经济运行趋势。

（2）构建新发展格局。过去，中国的经济增长主要依赖于政府投资和出口拉动。表 8-1 显示，中国的资本形成率偏高，远远高于各类国家平均水平，超出高收入国家平均水平的 1 倍以上。以政府财政作为保证的大规模投资是难以持续的。2008 年全球金融危机后，中国的外部需求明显回落，外贸依存度已低于各类国家的平均水平。进一步地，从消费率看，中国的家庭消费率偏低，远远低于低收入国家、下中等收入国家和高收入国家的平均水平，仅略高于上中等收入国家的平均水平。由此可见，形成内需经济的稳增长，仍有巨大的发展空间。

表 8-1　2010—2019 年中国与各类国家的资本形成率、家庭消费率和外贸依存度

（单位:%）

国家收入水平	资本形成率	家庭消费率	外贸依存度
低收入国家	24.13	73.00	55.56
下中等收入国家	28.36	64.17	56.82
上中等收入国家	31.80	50.75	49.40
高收入国家	21.59	59.30	62.52
中国	44.56	53.39	41.99

资料来源：根据世界银行统计数据计算。

现在看来，构建新发展格局的前提和基础条件，就是要建立统一的国内大市场，充分发掘内、外两个大市场规模经济效益的潜力，推动以利用他国市场为特征的“客场”经济全球化模式，转变为利用内需为主的“主场”经济全球化模式，使生产、分配、流通、消费各环节更多依托国内市场，实现高水平自立自强，成为经济长期增长的重要动力。

（3）提升产业链现代化水平。过去中国依托于“客场”经济全球化模式下的出口国际代工，迅速发展成为“两头在外”的“世界工厂”，但难以避免地被锁定在全球价值链的低端环节。近年来的中美贸易摩擦中，美国越来越倾向加大对中国实施封锁、围堵、打压和遏制的力度，使中国部分核心技术缺失的产业领域面临诸多“卡脖子”问题。新冠肺炎疫情的全球蔓延，进一步加剧了全球产业链的重组趋势，各国纷纷采取措施鼓励企业内向化发展，致使全球产业链有可能会出现严重的脱钩与断裂。

实施基于内需的“主场”经济全球化战略，是未来参与全球产业竞争的重要战略选择。2019 年 8 月，中央财经委员会第五次会议指出，要充分发挥集中力量办大事的制度优势和超大规模的市场优势，打好产业基础高级化、产业链现代化的攻坚战。如果说过去低价优质的生产要素是比较优势，那么国内统一大市场将成为新的动态比较优势。国内统一大市场的形成，可以据此虹吸全球先进生产要素，促进基础产业的创新发展，建立门类齐全、竞争力较强的产业体系，培育本土企业的自主技术和自主品牌，实现上下游、产供销有效衔接、高效运转，进而促进产业链现代化水平的提升。

（4）实现区域经济协调发展。当前中国经济发展的失衡，不仅表现为收入不平等，还体现为区域经济发展不平衡。区域经济发展不平衡严重影响资源要素空间配置效率、人民福利以及经济长期增长。2018 年 11 月发布的《中共中央　国务院关于建立更加有效的区域协调发展新机制的意见》明确提出，要“立足发挥各地区比较优势和缩小区域发展差距，围绕努力实现基本公共服务均等化、基础设施通达程度比较均衡、人民基本生活保障水平大体相当的目标，深化改革开放，坚决破除地区之间利益藩篱和政策壁垒，加快形成统筹有力、竞争有序、绿色协调、共享共赢的区域协调发展新机制，促进区域协调发展。”

推动区域经济协调发展，促使区域经济发展在效率与公平的权衡中由分化转向一元化，是新时代中国拓展经济增长新空间、推动国内统一大市场建设的重要主题。发达国家的实践经验证明，市场整合程度的提高，有助于缩小地区间的收入差距，增进国民福利，实现社会和谐。当存在规模报酬递增和贸易成本的前提下，具有较大市场规模的区域将获得生产和出口的优势，呈现出不同程度的本地市场效应或本地市场放大效应，在累积因果效应的作用下，这一优势得以持续强化，其结果就会表现为地区间差距的扩大。从这一角度讲，摒弃本地思维，通过中央和地方政府共同努力来构建全国统一大市场，有助于发挥市场整合的地区经济趋同效应。

第三节　国内市场分割的现象依然突出

现阶段中国国内市场分割现象是比较突出的，各种分割的形式掺杂在一起出现。不同时期国内市场分割有其特定的形成原因和存在形式。现阶段中国市场分割表现为哪些典型事实？过去呈现的市场分割现象是否消失？还是更隐蔽化？

一、选择性的地方主导型产业政策

随着分权改革的推进和地区间竞争的白热化，政府管理经济方式变化显现出一个重要的特征，即中央主导型产业政策的弱化和地方主导型产业政策的兴起。这种地方主导型产业政策是选择性的产业政策，对于微观企业的干预更为广泛和直接，体现出很强的以政府选择替代市场机制和限制竞争的特征。

地方主导型产业政策往往更多追求局部的短期利益，是形成中国“行政区经济”的主要决定性因素。它们热衷于一些建设周期短、投资收益大、资金回收快的项目，为争夺相对稀缺的市场和资源而盲目布局和投资，以致重复建设、重复引进、“一哄而上”“一哄而散”的现象相当普遍，未能充分利用自身的比较优势，地区间产业结构趋同化的现象非常突出。地方五年规划对于该地区产业发展一般都有详细的描述，也反映出地方产业政策的重点方向，这里进行了简单梳理（见表8－2）。从第一产业看，发展现代农业成为许多省份的目标，有28个省份提出要实现农业的现代化。从制造业方面看，食品制造加工业、化学原料和化学制品制造业、医药制造业、生物产业、汽车制造业、航空航天产业、人工智能、（高端）装备制造、新材料、新能源、（节能）环保产业等被超过20个省份列为优势产业或优先发展产业。从服务业方面看，几乎每个省份均提到要优先发展或者大力发展“现代服务业”。其中，物流业（现代物流）、新一代信息技术、金融业、商务服务业、健康产业、旅游业、文化艺术业等，都被写进了全国20个以上省份的“十四五”规划中。当前中国由地方政府主导的产业政策，可能是重复建设、产能过剩、债务高筑等现象的主因。

表 8－2　　各省份“十四五”规划中的产业政策梳理

行业	省份数	行业	省份数
现代农业	28	电力能源	3
食品制造加工业	20	新能源	25
酒、饮料和精制茶制造业	8	（节能）环保产业	26
烟草制品业	3	建筑业	7
纺织业	15	物流业（现代物流）	28
煤炭开采和洗选业	15	现代商贸	13
化学原料和化学制品制造业	20	软件和服务外包	8
医药制造业	29	互联网和相关服务	18
生物产业	29	电子信息产业	15
海洋装备	11	新一代信息技术	20
钢铁产业	9	金融业	25
汽车制造业	21	房地产业	2
航天航空产业	21	商务服务业	28
工业互联网	13	家政服务业	16
计算机、通信和其他电子设备制造业	16	电子商务	6
人工智能	25	教育	12
（高端）装备制造	22	健康产业	27
物联网	15	旅游业	23
新材料	27	文化艺术业	24
建材	13	体育	15

资料来源：根据各省份发布的“十四五”规划整理。

二、产权交易的市场壁垒

各级地方政府管理着规模庞大的地方国有企业，本意是为区域内市场的外部性提供纠偏服务。但是在“行政区经济”的竞争格局下，地方政府的本位主义动机可能使其变成分割市场的现实工具和手段，并使其功能强化。一是地方政府利用直接管理国有企业的优势地位，借助于国有企业实施行政垄断，如公共采购招投标时，设置有利于本地国有企业的竞标条件和门槛，对与本地主导产业构成竞争的外来企业设置更高的进入壁垒。二是地方政府有动机重组本地国有资产尤其是公共服务类资产，组建各种投融资平台，利用其进行招商引资，或直接投资那些产值税收高的项目，导致其承担巨额的债务。三是地方国有企业在产权交易中，经常受到严重的行政干预，使得企业通过横向一体化和纵向一体化构造产业内市场结构的微观决策，受到人为因素的干扰，市场竞争被各地区行政权力和垄断势力扭曲。主要体现在：出于增加本地 GDP 和税收的动机，要求优势国有企业只能在当地投资，干预和限制其以跨地区、跨行业的企业兼并形式向外地发展扩张；为了摆脱亏损企业的包袱，以牺牲效率为代价，采取“拉郎配”式兼并或“劫富济贫”式兼并，使得产权流动的市场规则受到破坏，变相保护当地的劣势企业；政府作为改组的主体或国有产权再配置的主体，往往缺乏对并购成本与收益，特别是机会成本、动态收益进行准确计算的能力，甚至还会考虑一些非经济因素，在中介机构进行资产价格评估过程中助长了寻租腐败行为。

三、商品市场分割

经过 40 多年的改革开放，中国已经形成了较为健全的商品市场。从图 8－1 中可以非常直观地看到，1998—2019 年，全国 30 个省份商品相对价格方差的波动幅度呈现明显收窄趋势，商品市场一体化程度显著提升。但是应该承认，目前国内商品市场的分割状态并未完全消除，具体表现为：（1）设法禁止或数量限制对本地有冲击的外地产品进入本地市场，主要发生在地方可以垄断经营的领域。（2）以出台文件的形式，变相要求本地消费者消费本地产品。例如，某些地方政府出台相关文件，要求政府机关、事业单位、国有企业的接待用品和办公用品等原则上使用本地产品。（3）动用价格杠杆，对外地商品设定歧视性收费项目、实行歧视性收费标准，削弱外地产品在本地市场的竞争力；通过规定歧视性价格、实行歧视性补贴政策，提高本地产品的竞争力。（4）用一些超经济手段，如以加强市场管理和质量监督为名，针对同类商品实行不同的技术要求、检验标准，或者对外地商品采取重复检验、重复认证等措施，控制其流入本地市场。

四、要素市场分割

中国要素市场分割程度显然高于商品市场的分割程度，要素市场一体化成为当前更为迫切的问题。从图 8－2 中可以非常直观地看到，1998—2019 年，全国劳动力市场和资本市场相对价格方差的波动幅度尚未出现显著的收

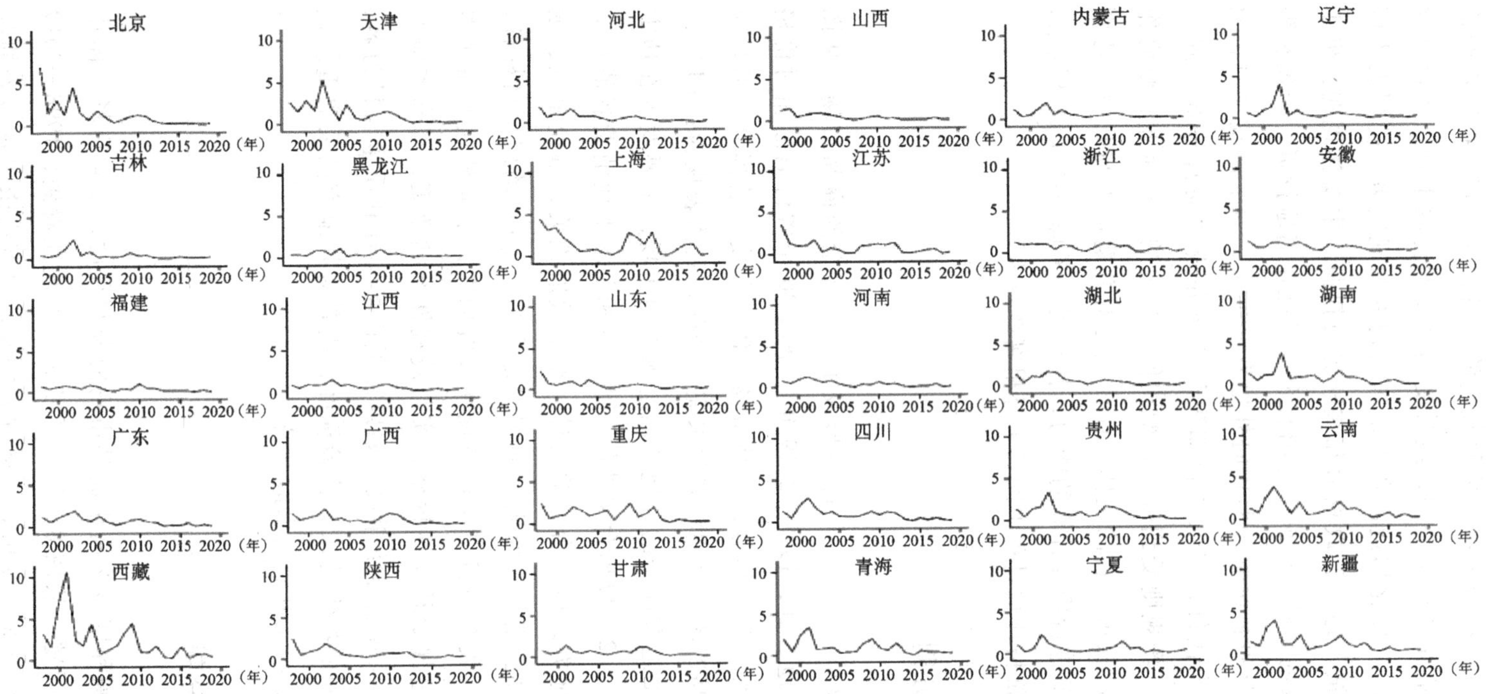

图 8－1　全国 30 个省份商品相对价格方差均值走势

注：使用价格法测算中国省级地区商品市场分割程度，数据来自历年《中国统计年鉴》各省份的环比价格指数数据。出于统计口径一致性和数据连续性的考虑，一共选取了 10 类商品进行研究，分别为：粮食类、食品类、纺织品类、化妆品类、书报杂志类、中西药品类、家用电器及音像器材类、服装鞋帽类、建筑建材类和饮料烟酒类。

敛趋势，近年来甚至出现“翘尾”现象。可见，劳动力市场和资本市场分割状况尚未出现明显的改善。2020年印发的《中共中央　国务院关于构建更加完善的要素市场化配置体制机制的意见》中明确提出，“充分发挥市场配置资源的决定性作用，畅通要素流动渠道，保障不同市场主体平等获取生产要素，推动要素配置依据市场规则、市场价格、市场竞争实现效益最大化和效率最优化。”鉴于此，本章主要从劳动力市场、资本市场、技术市场和数据市场进行简要分析。

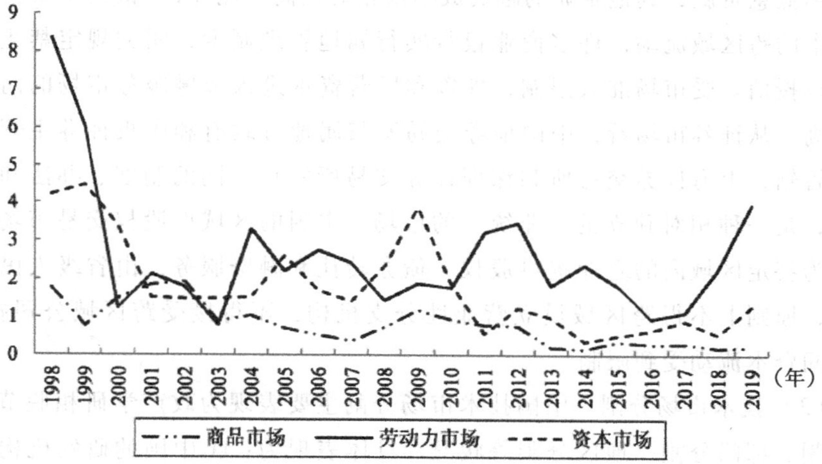

图8－2　1998—2019年中国商品、劳动力、资本市场相对价格方差均值走势

注：（1）使用价格法测算中国省级地区劳动力市场分割程度，以历年《中国统计年鉴》各省份的环比工资指数为基础数据，测算职工平均实际工资指数。其中，职工平均实际工资包括国有单位职工平均工资、城镇集体单位职工平均工资、其他单位职工平均工资三项。（2）使用价格法测算中国省级地区资本市场分割程度。固定资产投资环比价格指数数据来自中经网统计数据库。出于统计口径一致性和数据连续性的考虑，一共选取了三类固定资产进行研究，分别为：建筑安装工程、设备工器具购置，以及其他费用。

（1）劳动力市场分割。改革开放以来，中国劳动力市场的行政分割，以对流动人口的管理为标志而存在。首先，实践中劳动力流动方向以从内地农村向东南沿海城市为主，但仍然受到户籍制度的严重约束，中国的劳动力市场被分割为城镇居民劳动力市场（又分为特大城市、大城市、中小城市劳动力市场）、城镇外来务工劳动力市场、农村劳动力市场等，导致中国劳动力流动呈现出“候鸟型”的短期流动而非举家迁移的特点。其次，普通劳动力市场正在建立和完善，但是技能型和高级劳动力流动被行政关系严重分割，主要表现在科研技术人员、国有企业高级经理人员、政府公务员等流动基本上只受行政命令调动，市场机制基本不起作用。最后，受档案、工资人事关系、组织关系、行政级别、考核体制、户籍等诸多限制，企业和社会组织等“体制外”人员进入党政机关、国有企事业单位的渠道仍然不畅，扭曲了人力资源的合理配置，不利于人才的自由进入与流出。

（2）资本市场分割。金融抑制是发展中国家的普遍特征，其本质是行政力量控制资本的配置。中国银行信贷市场是一种垄断竞争型的市场，进入限制、存贷款数量和利率限制等形式表现的金融抑制，使得本地国有企业更易享受到低息贷款，其他企业的融资成本则相对较高。此外，“银政壁垒”限制了资本的跨区域流动，许多商业银行实行属地管理制度，明文规定禁止对异地客户授信。受市场准入限制，外资和民营资本进入金融服务市场的门槛依然偏高。从证券市场看，中国证券交易所归属地方政府和中央证券主管部门双重管辖，上海证券交易所和深圳证券交易所实行不同的制度、办法和运行规则，是一种相对独立的、非统一的市场。中国的区域性股权交易市场，目前只为特定区域内的企业提供股权、债券转让和融资服务，由省级人民政府监管，原则上不得跨区域设立营业性分支机构，不得接受跨区域公司挂牌，省际间资本流动受到限制。

（3）技术市场分割。中国技术市场分割主要表现为政产学研相脱节，军民分割、部门分割、地区分割等状况。具体表现为：①中国的研发机构大多隶属于政府部门，科研任务与经费几乎全部由政府包揽，经常出现科研项目的选题与市场实际需求相脱节的情况，一些科技成果难以转化为现实生产力，科技成果商品化率低。②民营企业的研发机构较少有机会参与到国家重大科技项目中，致使一些前沿的科研成果长期被束之高阁，科技成果转化网络很不健全。比较典型的是，过去中国在国防工业部分通过投入大量研发经费，产生了一批先进技术，其中，有很大一部分军用技术成果可以向民用部门转移。但是，目前军用技术市场与民用技术市场相互封锁的局面并未完全消除。③研究开发体系基本依附于行政管理体系，容易造成条块分割、相互封锁，难以解决研究与开发机构的分流重组问题，致使研发目标过于分散，无法形成规模性的开发优势，集中人力与物力生产出产业急需的关键性技术成果，难以满足产业结构调整和技术进步的需要。

（4）数据市场分割。数据作为网络经济时代的生产要素之一，是第四次科技革命浪潮的“石油”，是基础性战略性资源。由于数据成为财富的重要来源，近年来地区间、部门间、企业间围绕数据的竞争呈现出愈演愈烈的态势。中国数据要素市场分割主要表现为：①各地区政府和部门之间的数据缺乏整体联系，封闭性、盲目性、分散性与不协调性明显。当前，各级政府、各部门纷纷建立独立数据中心，单位与单位之间，甚至同一个单位内的许多数据相互封锁，存在诸多“数据孤岛”和“数据烟囱”。此外，数据采集还没有实现标准化，重复存在与相互对峙等问题严重，数据资源应用场景不够丰富、价值发挥严重不足与数据资源利用的严重浪费形成明显的矛盾性。②数据垄断问题愈加明显，并催生了“堰塞湖”。例如，数据要素市场存在“杀熟”、平台“二选一”“寡头市场共同支配”等特有的垄断行为，形成了巨大数据集聚隐患。

第四节　国内市场分割的深层次原因

从中国构建统一市场的实践看，造成国内市场分割的深层次原因，既有利益驱动的制度安排方面的原因①，也有更深层次的国家战略方面的原因。

一、“为增长而竞争”的激励机制

如图 8 -3 所示，1978 年以来，除个别年份，中国的经济增长速度显著高于各类国家的年增长率。中国经济高速发展的背后，与中国地方政府承担“企业化政府”的角色密不可分。因此，理解“中国经济高速增长之谜”的关键，在于剖析地方政府发展经济的动力机制，在于理解地方政府官员的动力机制。

中国地方政府官员的升迁考核标准以经济绩效为主。特别是将地方干部的政绩与所辖地区的经济发展成就进行直接挂钩，主要从上了多少项目、交了多少税、经济增长速度多少等指标来进行量化和比较。在这种基于“标尺竞争”原理而设计的“锦标赛”式的晋升模式下，地方政府官员为了提升执政期内工作业绩和个人职业回报的需求，承担了促进当地经济增长的重大责任和巨大压力，这强化了地方市场分割的动机和行为。为了谋求更大的晋升

---

① 导致地区间市场分割的因素有很多，其中，诸如气候、自然资源、地理地貌特征等，构成市场运行中的物流成本，尤其是运输成本，是引起地区间市场分割的一个不容忽视的因素，可以通过加大基础设施投入等措施来解决。在这一方面，中国以高速铁路为代表的基础设施建设战略已经取得重大成就。可以推断的是，中国市场分割并不会因为基础设施建设的完善而根本性消除。因此本章对此不再赘述。

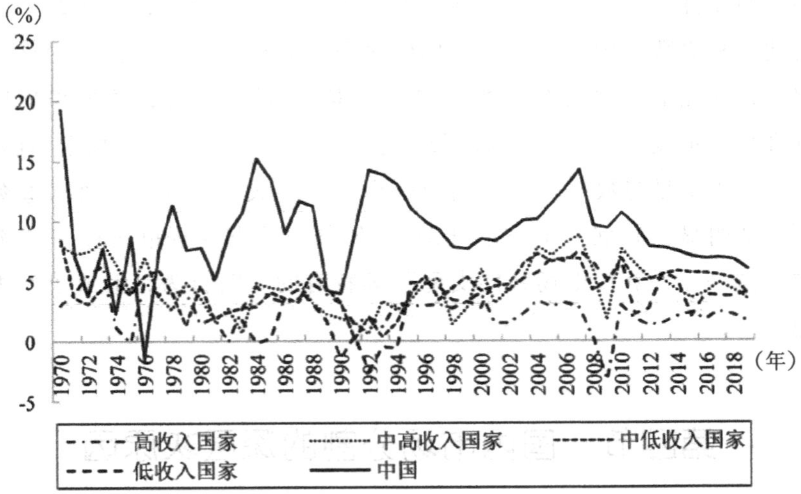

图 8－3　1978—2019 年中国与各类国家的年增长率

资料来源：根据世界银行统计数据计算。

空间或者避免被降级，本着有利于本地经济发展、实现社会就业等目标，官员们有强烈的动机去采取干预企业的投融资活动和日常经营活动等市场分割行为，进而妨碍商品和生产要素的自由流动。

二、区域倾斜政策和不规范的优惠政策

新中国成立 70 年，中国区域经济发展战略经历了由注重均衡发展到不平衡发展，再到协调发展的两次转变。例如，在对外开放方面，为了抓住机遇，按照从沿海到内陆的顺序，先后建立了深圳、珠海、汕头、厦门和海南 5 个经济特区，开放了 14 个沿海城市和一大批内陆省会城市。这种效率优先的由沿海地区先行先试的思路，为全国范围内实行全面的经济体制改革奠定了基础，但由此造成地区间经济差距扩大也是不争的事实。如图 8－4 所示，按照人口加权调整后的 GDP 计算，东部地区占全国经济的比重最大，始终维持在 50% 以上，而中西部地区地域辽阔，但其占全国经济的比重却很小，不及东部地区。

地区间经济发展所处阶段不一，地区差距明显，从全国看，难以为地区间的政府合作提供公平竞争的基础。此外，通过在财政、税收、金融、贸易、引进外资、人事制度等方面实施不同的优惠政策，形成各种区域性的政策洼地，获得政策上的先发优势。但是，与其他无政策优惠或缺少政策优惠的地

区相比，区际之间的制度安排的差异，事实上就是区域的政策歧视，客观上导致了许多隐形的“市场分割 ”，为寻租提供了肥沃的“土壤”。

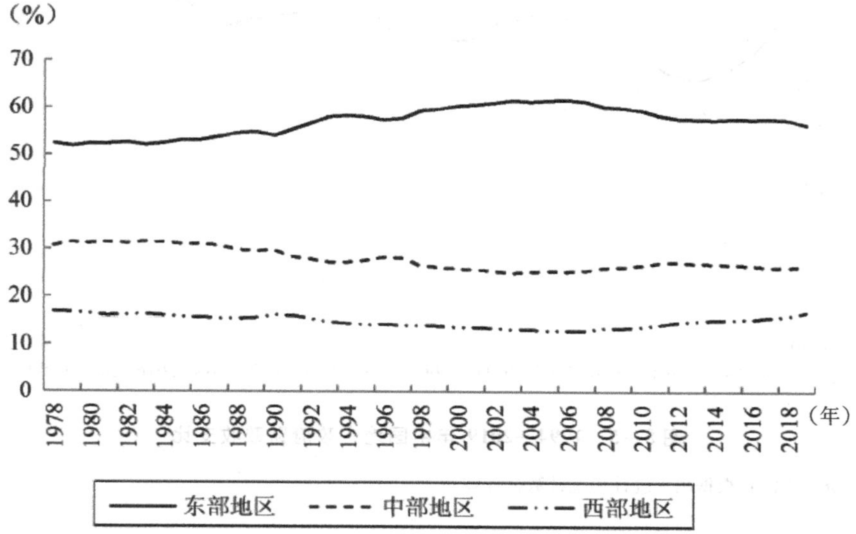

图 8－4　1978—2019 年东中西部地区按人口加权的 GDP 占比

三、财政分权体制下的地方互动策略

20 世纪 80 年代以来，以简政放权为核心的分权改革，有效激发了地方政府的活力。但是这种分权式改革主要是在政府内部进行的，不是与企业进行市场化的经济性分权，因而并没有完全跳出把生产要素及企业禁锢于条块分割的行政隶属关系之中的传统制度格局，这就为地方政府分割国内市场埋下了制度隐患。

中国的分权式改革，因中央与地方在事权、财权、调控权等方面的动态匹配不够完善，使地方政府的财政收支格局出现严重窘境，这是后来“土地财政”现象和地方政府企业化运作现象出现并持续的重要成因。如图 8－5 所示，以地方财政收支比（地方财政支出/地方财政收入）看，这一指标相对较高，说明地方政府财政拮据，分税制改革并不彻底，支出端的改革滞后于收入端改革。在此情形下，为了保护税基和增加本级财政收入，地方政府利用行政权力来干预甚至直接控制当地的经济活动，倾向于多办“自己的企业”，多搞那些投资少、见效快、预期价高利大产品的项目，搞低水平重复建设，“以邻为壑”现象愈演愈烈，成为地方市场分割的催化剂。

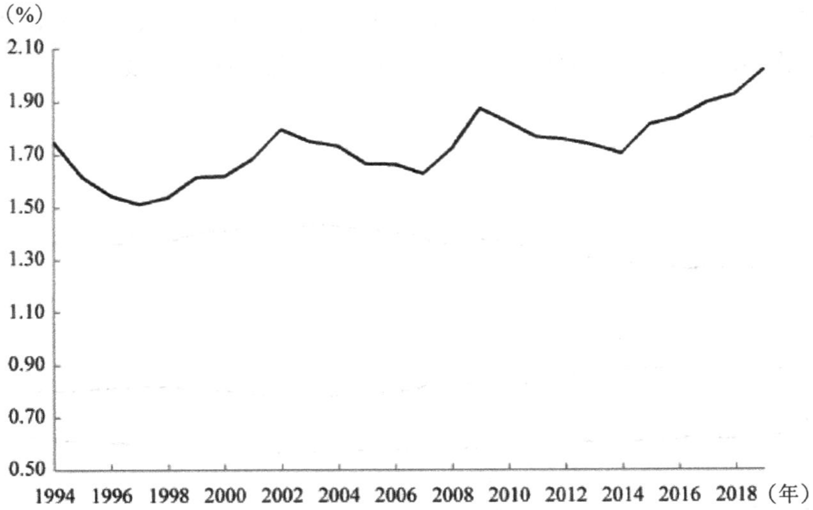

图 8-5　1994—2019 年中国地方政府财政收支比

资料来源：根据国家统计局统计数据计算。

四、小国贸易条件下的对外贸易偏好

改革开放初期，通过“三来一补”（来料加工、来件装配、来样加工、补偿贸易）以及其他形式的对外合作，中国形成了市场和资源“两头在外，大进大出”的“世界工厂”发展模式。随着经济全球化的深入发展，中国的对外贸易越来越呈现出大国规模和“小国贸易条件”的特征。其中，一个重要的原因在于，中国的对外贸易发展很大程度上不是国内市场自然扩张的延伸，而是地区间市场分割导致国内贸易严重滞后的产物。改革开放以来，中国出口额以年均 18% 的速度迅猛增长，而省际贸易额的年均增长率仅为 4.8%。中国区域性的市场分割，意味着无法实现理论上的要素价格均等化的国内资源配置效率，从而使得国际资源配置过程缺乏国内资源配置最优化的支持，致使各区域更多将注意力转向对外贸易，不同程度地形成了“对外贸易偏好”，替代国内贸易，从而加深国内市场的分割程度。

五、政府间合作机制的虚化

针对严重的市场分割问题，地方政府也通过一些合作尝试突破“行政区经济”的藩篱。例如，长三角区域一体化历经 30 多年的努力于 2018 年才上升为国家战略，这一期间经历了上海经济协作区、长江三角洲经济协调会、长三角地区主要领导座谈会、长三角区域合作办公室、长三角一体化合作示范区等，地区间合作机制不断升级。

地方政府的合作共识，是消除国内市场分割的前提，而制度层面的整合，则是消除国内市场分割的关键。但是目前这种合作机制大多比较“虚”，主要体现为：一是缺少一个超脱于地方利益的、跨区域、法律化的统一有效的多元协调机制，难以达成全方位、多层次和有效益的全面合作；二是缺乏成本共担、利益共享的机制，局部利益与整体目标难以深度融合，无法形成各地区主动突破行政壁垒的内在驱动力；三是在跨地区的经济纠纷判决与执行上，往往存在司法上的“主客场”，为地方保护主义存在提供了“法律”基础。

综上所述，在转轨经济中能够阻碍国内统一市场建设的因素或力量，主要来自纵向与横向的政府治理机制。因为，只有政府才天然地拥有强大的超经济强制力，才可以长期大幅度地扭曲和严重地分割市场，而其他主体是不可能具备这种力量的，如企业的市场势力虽然也是阻碍市场一体化的因素，但其往往是暂时的，在严厉的反垄断法制约下，政府破除这种垄断力量相对比较容易。

然而，政府作为改革开放的发动者和推动者，为什么会在经济转轨中妨碍统一市场的形成？一种解释是，政府也是一个利益主体，追求经济利益是其具有经济职能后的必然现象，同时市场取向的改革是政府的自觉变革，当市场取向的改革涉及官员的利益时，就会自觉或不自觉地阻止这一进程（周黎安，2007）。这种说法有一定的道理。很多人据此认为，中国的市场化转轨，必须分拆政府的经济职能，把它们逐步交给市场主体，让政府专司非营利性的社会公共职能。这样，政府就没有阻碍和分割市场的动机和动力。对此，本章认为：首先，政府具有经济职能，并不意味着它一定会产生具有分割市场的现实行为，这主要取决于对地方政府的激励约束机制的设计。如果激励机制是鼓励其从分割市场的行为中受益，同时对这种行为又缺少约束机制，那么地方政府官员理性的反应当然是分割市场的行为，反之则又可能完全不同。其次，反对地方政府分割市场的行为，不能把通过地方政府间的竞争来实现有效率增长的动力机制给丢弃了。从过去几十年的经验看，如果中国学习和照搬西方发达国家的发展模式，完全忽视地方政府在经济发展中的作用，那么就不可能有当代中国经济成长的成就。中国目前进入了发展新阶段，在赶超西方发达国家、实现基本现代化的伟大征程中，还要充分发挥政府与企业各自的不同的作用，发挥中央和地方的两个积极性。如果过早地把地方政府这台马力十足的增长发动机拆除，其结果无疑是自废武功。

目标决定战略，战略决定体制。由于中国把经济转轨与经济赶超压缩在同一个时空中进行，所以中国经济体制的格局在某种程度要服从于增长追赶战略，需要更加注意发挥政府“有形的手”的能动作用。这自然会对统一市场的形成产生一定的阻力作用。首先，赶超型的增长战略要集中有限的资源投入重点部门，实施非均衡战略去突出主导部门的带动作用。这种纵向决策必然要通过“条条”和“块块”系统去实施，因而天然地与市场横向决策方式相对立，必然会从纵向上产生割裂统一的市场的效应。其次，赶超型的增长战略往往担心市场驱动型增长的速度太慢，经常会认为与其让市场自我调节，不如让有形的手直接出击效果更好，因此这种情形下的政府就会在一定程度上替代企业进行市场决策，也会把较多的资源投放于有利于经济增长的领域，而把较少的资源投放在维护市场公平竞争的环境上。此外，赶超型的增长战略往往在资源约束条件下，对地区、产业和企业进行差别对待，试图通过优先发展某类地区和产业，带动其他地区和产业的发展。在这种协调方式下，出现按所有制性质、按企业规模等标准管理企业、按地区倾斜方式管理经济等现象就是必然的，结果可能会造成企业间、地区间的不公平，从而市场竞争可能演变成争夺政策优惠的竞争。在经济活动相对简单的领域，赶超型政府的决策结构确实可以迅速发挥较大的作用。

随着新发展阶段的到来，为了在新发展理念下尽快形成新发展格局，需要对政府的目标和行为方式做出一系列既有利于统一市场形成、又能够更好地发挥政府作用的调整。从全面实现小康社会转向启动实现现代化战略阶段，一方面，赶超战略目标要继续实施，但是赶超的内涵发生了本质的变化，速度型赶超要逐步让位于效率型和质量型赶超；另一方面，随着社会经济活动越来越复杂，统一市场构建已经成为实现经济协调的主要资源、手段和工具，完全有必要也有可能使宏观决策机制转向利用市场进行总量、间接决策为主，让全国统一市场承担起对复杂经济运行的调节任务，以提高经济运行的质量。从动力结构上看，新时代由社会基本矛盾决定的人民对美好生活的向往和追求，将成为党和政府的基本动机和动力，那么这种动力变革决定的效率变革和质量变革的趋势，将弱化政府直接干预市场的决策动机，弱化政府分割市场的动力，更多地利用一体化的统一市场追求高质量发展。从协调结构上看，在以竞争政策为基础的宏观协调方式下，总的趋势是无论属于什么行业、处于什么地区、是哪类性质的企业，只要是“中国企业”，所有的企业将分享同样的经济政策，处于同一种竞争环境。毫无疑问，在这种宏观经济管理协调方式下，竞争的绩效将主要取决于企业效率，取决于由技术能力、管理能力和市场能力决定的企业能力。这是解决经济运行中长期存在的“重大结构性失衡”问题的关键。

第五节　中国国内统一大市场建设的特殊问题与推进策略

在一个发展中的大国经济中，首先需要强调建设国内统一大市场有一些显著的特殊性：

第一，一个大国内部的统一市场的建设，不见得比国家间形成统一市场协议来得更容易。很多人拿欧盟共同体市场建设的历史来比较中国地区间市场一体化的特殊性。普遍认为，超大规模国家内部因为在货币制度、市场监管、税收征缴、社会治理等方面都遵循着统一的法律制度，所以统一市场建设的障碍，通常要比国际市场小得多，尤其是中央集权的国家，更具有这种举国体制的优势。现实是，经济一体化程度较高的欧盟，虽然货币政策只有一个，是高度统一的，但是其财政政策却由各国自己行使，因各有各的利益诉求，故欧盟经济政策至今仍然处于严重的分离状态。从实践看，即使在统一的法律制度、相似的文化背景下实施了统一的财政货币政策，大国内部统一市场的建设，也面临各地方政府相对独立的利益诉求而难以协调、市场一体化难以真正实现的困境。不仅市场经济高度发达的国家在这方面有各种各样的问题①，从计划体制走出来的中国更是如此，如长三角地区一体化发展问题，已经讲了几十年，各种省际协调机制也建设了，国家战略也开始推动了，但是实质性的效果，事实上还需要进一步评估。

第二，中央的集中统一领导与建设并形成国内统一大市场之间，并不存在什么根本的矛盾。有些人认为，统一大市场是独立、分散、自主、横向协调的体制机制，这与以纵向协调为基本特点的中央对全国经济工作的集中统一领导是有冲突的，因此纵向治理特征明显的大国经济，很难顺利地建设并形成国内统一大市场。其实，有效的纵向治理，恰恰是社会主义市场经济体制的特点和优势所在。坚决维护党中央权威和集中统一领导，可以为形成国

---

① 美国的国内市场也不是在所有方面都是一体化的，例如，美国的电力市场，就是公用事业企业垄断加地方政府利益的作用，导致其市场分割，不但缺少像中国这种跨区域、远距离特高压输变电系统，使州际电力市场协调困难，而且还存在电力市场的高度垄断。

内统一大市场创造政治条件和保障体系，可以在这个统一市场的基础上更好地实现宏观间接调控，在市场运行中更好地发挥政府作用。当然，如果纵向的治理是以直接对市场的替代和排斥而存在的，那么可能就不需要统一大市场来协调。因此，这两者之间不是替代关系和独立关系，而是互补关系和依赖关系。

第三，现阶段中国生产力结构的特征，决定了中国必须在多阶段一体化发展中，同时培育和建设各要素市场，不能顾此失彼。农业文明时代土地、劳动力是最重要的生产要素；工业化时代，资本和技术是最重要的要素；后工业化时代，知识、人才、企业家才能、管理等要素地位突出。如今进入了数字经济时代，数据资源是生产力的重要来源，是基础性战略性资源。这些决定了在不同的发展阶段，发展要素市场的重点不同。但是作为发展中的大国，中国生产力结构呈现出多阶段一体化发展的结构特征，农村工业化、后工业化社会、经济服务化、网络信息化等数个发展阶段同时交织混合在一起，各要素市场发育并不均衡。因此，必须强调生产要素市场门类的均衡发展，否则就会使某类要素市场与某个发展阶段不匹配、不协调，从而拖累经济发展阶段的转换。在新发展阶段，为了实现赶超现代化国家的战略目标，可以把某几个发展阶段压缩在一个时间空间中一体化推进，如可以积极有效地利用网络经济和数据资源改造农业和传统产业，加速形成新发展格局，实现高质量发展。

第四，形成国内统一大市场的关键，现阶段可能并不在于急于要去掉地方政府的经济职能，而在于改革地方政府的目标函数、动力结构和行为方式，改变地方政府主导型产业政策的实施方法。中国在过去的增长赶超时期，通过分权改革把地方政府塑造成了一个“准市场主体”。这是中国经济运行中存在“行政区经济”现象的主要原因。“行政区经济”对国内统一大市场建设的弊端如何克服？目前并无来自实践的答案。过去认为，把地方政府的发展功能逐步改造为纯公共服务功能，是可以选择的重要出路之一。但如上所述，这种思路并没有很好解决转轨发展中国家发展动力如何持续的问题。如果在新发展阶段中，仍然需要依靠地区间竞争来解决中国现代化的质量和效率赶超问题，那么地方政府的“准市场主体”地位和职能就无法替代。其实，当前影响国内统一大市场建设的主要障碍，并不完全在于地方政府具有较多的经济职能，而是其目标函数、动力结构和行为方式都是对应过去发展阶段下的速度型赶超战略，具体来说在于其主导的产业政策的行使方式，以及把其作为地区市场分割的工具的做法。

根据以上对国内统一市场建设的特殊问题的分析，本章在以下几方面提出加快推进国内统一大市场建设的策略建议：

一、经济发展阶段与政府转型

新发展阶段的政府转型，要以改变地方政府目标函数、动力结构和行为方式为主。具体来讲，一是要改变地方政府官员政绩的目标函数结构，在现有的对地方政府的考核评价体系中，不断增加偏重经济发展的质量、效率的内涵，从而规范其行为取向，把追求高质量发展作为行为准则。二是要把激励搞对，推进财税体制的纵向改革，着力解决各级政府事权与财权不对称的问题。构建横向财政协调机制和区际利益补偿机制，实现财政资金在地方政府间的再分配，降低地区间为争取流动性税基而进行的无序竞争，从而弱化地方政府的策略性分工行为。三是要根据地方政府行为妨碍统一市场建设的具体表现和后果，制定地方政府直接干预市场行为的负面清单，给地方政府行为定底线和高压线。

中国地区间经济发展不同步，东部沿海地区总体进入高质量发展阶段，中西部部分地区仍然处于追赶阶段，短期内要从全国范围实现统一大市场有着不小的难度。因此，推进全国统一大市场建设，需要分层推进。首先是省内全域一体化；再通过省际间的相互开放竞争，形成区域统一大市场；最后通过全国各主要区域的开放，逐步形成全国统一大市场。此外，推进全国统一大市场，还需要按照要素的公共性分类对待，先易后难。

二、产业政策转型与竞争机制

在建设国内统一大市场的进程中，过去那种“增长主义”导向的地方产业政策，应该让位于追求增长效率和创新发展的功能性产业政策。例如，借力“链长制”培育“链主”企业和各类“隐形冠军”，扭转地方政府实施产业政策的内涵和方式，把努力转向解决产业关键要素供求协调、创新突破、“卡脖子”问题解决等产业发展外部性上来。再如，为加速新发展格局的形成，地方政府主导性产业应该致力于建设开放的国内价值链，实现国内地区间发展协调以及与全球价值链的对接。另外，考虑到当今全球产业链纵向缩短、横向集聚和供应链多元化的重组趋势，未来全球产业的竞争，将由过去发展中国家供应商竞争跨国公司订单的方式，逐步转向产业链之间、产业集群之间以及全球产业链集群之间的竞争，因此，地方政府主导型产业政策应该致力于培育和建设全球产业链集群。

欧盟的实践表明，市场竞争规则的统一是市场一体化发展的关键，有利于在区域市场范围内协调各个地方政府的干预行为，营造公平竞争的市场环境。企业是产业竞争政策实施和产业组织创新的主体，应加快国有企业改革和企业制度及组织创新步伐，放弃政府对市场的事前控制行为，以竞争性垄断代替行政性垄断，为企业展开公平竞争提供均等机会。进一步完善公平竞争审查制度，尝试引入竞争支付报偿机制，通过正向评价和激励，促使行政机构促进竞争的动机更加强烈。进一步形成以产业链为纽带的区域产业协调机制，发挥区域主导产业链的前向推动和后向拉动效应，不断拉伸延长产业链，提升资源利用率，形成主导产业与关联产业之间合理分工协作的关系。

三、央地关系与法制化

如何处理好央地关系，是构建全国统一大市场需要面对的核心难题。中央高度集权严重抑制地方治理的自主性与创造性，走向僵化的“大一统”和“全国一刀切”，但是没有中央的集中统领和主导，就会出现地方主义过度膨胀，形成地方治理碎片化的局面。

长期以来，中国央地关系的调整主要是通过政策手段而非法律手段来实现，导致央地之间、地方上下级政府间的博弈无序化。为此，应当实现央地关系的法治化和制度化，构建中央集权和地方分权的制衡机制。首先，在条件成熟的情况下，在法律制度层面确立央地关系调整的权责对等、公平效率、权力划分的“溢出范围”等标准和措施。其次，对现有法律进行必要的修补和完善，将与央地关系相关的法律法规内容进行必要的清理、统一和整合。最后，考虑设立中央与地方关系仲裁委员会、中央与地方关系司法委员会，构建“仲裁（调解）、司法（裁决）”的双重纠纷解决体制。

四、横向一体化与跨地区并购

企业的兼并和收购强化了区域市场一体化的微观基础。市场一体化的最终目标和标准，应该是生产要素价格的均等化或自由流动。实现这一目标，仅靠体制改革实现市场机制的自发过程是有一定的难度和周期性的，还必须有超越市场机制的组织，这种组织在微观上看就是企业。某种程度上，可以把是否形成一种统一的“跨地区公司”，看成能否真正实现地区一体化的重要标志。从广泛意义上看，“跨地区公司”在国内其他省份建立公司具有和区际贸易与要素流动相同的效应，这也是一种区域市场一体化的行为。因为企业跨地区的兼并收购不仅表现在资本、劳动力、科技资源及无形资产的移动和扩散，促进一体化地区内资源配置效率的改善，扩大市场范围，而且容易形成足以左右市场尤其是国际市场的超级企业。

地方政府层面，应降低对企业跨地区并购的准入门槛，积极鼓励和欢迎外地企业通过并购进入到本地区。同时，将竞争重点放在基础设施建设、社会公共产品和服务等环境“硬实力”方面，为企业跨地区并购的开展塑造良好的外部生存环境。坚持对国有经济和民营经济一视同仁、对大中小企业平等对待，不干预地方国有企业内部具体的投资决策，充分激发民营企业跨地区并购的积极性和开拓性。企业层面，理性使用企业的政治关联，加强企业与政府之间的有效沟通，降低跨地区并购中的政策风险、政府限制等障碍因素的不利影响。综合考量被并购企业资源的异质性，充分发挥本地区和目标地区的资源互补优势，提高并购绩效水平，实现规模效应。

五、区域合作与制度整合

推进区域经济一体化发展，是习近平总书记长期坚持的治国理政的基本主张和战略措施。新时代中国区域协调发展战略不仅强调东中西部以及西北地区经济带间的协调发展，更加注重城市群内部的协同和一体化发展；不仅追求地区间经济发展差距的缩小，也追求在建立区域战略统筹机制、健全市场一体化发展机制、深化区域合作机制、优化区域互助机制、健全区际利益补偿机制、完善基本公共服务均等化机制、创新区域政策调控机制以及健全区域发展保障机制等方面取得新进展。

打破现有体制机制障碍，加快制度创新，积极探索制度化的区域合作机制，构建地方政府间的利益协调和平衡的制度框架。一是废除已经存在的限制地区间要素自由流动的政策及规定，从根本上破除传统的行政垄断型资源配置的束缚，同时建立一系列由地方政府之间共同执行的政府行为准则和市场游戏规则，加强地区间联系，促成区域合作，实现优势互补。二是建立和完善包括决策、执行、监督、仲裁等功能的跨区域协调机构，实现多层次协调互动。重点打造地区经济协作和技术、人才合作的多平台的政府合作载体，为正确处理地区间的竞争关系，建立完善统一的市场体系等创造条件。三是进一步完善区域综合政策体系，保证各层次、各类别政策间的统一性与协调性以及政策实施过程中的权威性、有效性。在分层次、分类别推出各地区相关产业发展政策、人才引进政策、财政与金融支持政策等基础上，科学合理地划分各层次、各类别政策的空间尺度，避免出现因尺度过大导致的政策普惠性偏差或因尺度过小造成的政策碎片化问题。四是推动建立区域一体化战略的实施、监督、评价和考核体系，在一体化意义上实现可操作。如将完成统一规划布局情况、一体化基础设施与平台建设情况、人才流动与引进情况、创新要素开放共享情况等指标，纳入当前政府的行动、激励和考评体系，真正从施政层面促进区域高质量一体化发展。

（作者：刘志彪，南京大学长江产业经济研究院教授、院长
孔令池，南京大学长江产业经济研究院助理研究员）

第九章　长三角区域一体化发展特征、问题及基本策略

在系统归纳长三角区域一体化发展逻辑主线的基础上，量化测度2000—2018年长三角区域一体化发展的进程。研究发现：地区间差距持续缩小，上海的龙头作用未充分发挥；要素市场一体化发展滞后于商品市场；地区间专业化分工水平不高；创新合作能力增强，产学研协同创新潜力较大；铁路交通地区分布差异较大；信息基础设施建设和信息化应用水平不断提升；存在一定程度的地方保护和各自为战；社会保障差距明显扩大，文化基础设施差距趋于缩小；生态环境相对脆弱；区域合作不断走向纵深，但依然存在制度掣肘。加快推进长三角更高质量一体化发展，应着力于：发挥上海的"龙头"带动作用，苏浙皖各展所长；转变政府职能，打造区域统一市场；发挥企业主体作用，构建统一竞争规则；深入实施创新驱动发展战略，形成区域协同创新网络；大力发展智能交通，建立现代化综合交通体系；创新构建工业互联网平台，深化重点领域大数据应用；协调发展国内价值链与全球价值链，构筑区域开放市场；健全公共服务共建共享机制，优化公共服务供给；坚持生态优先，完善区域环保合作机制；加强顶层设计，探索区域协同决策机制。

第一节　引言

区域经济一体化既是全球发展的大势所趋，也是中国发展的内生需要。从全球经济发展态势来看，世界多极化发展格局日趋明显，主要经济体的发展关联和交互影响程度日益加深，形成相互开放、相互依存、合作共赢的命运共同体成为国际地区间合作的主要趋势；从国内宏观形势和国家战略要求来看，加快健全区域合作机制，以整合资源、优势互补、分工协作、共生共享，协同应对发展挑战，培育新的增长动力与竞争优势，实现区域协调、有

序、可持续发展，成为区域经济转型升级的紧迫内生需求。改革开放以来，长三角地区经历了快速的一体化过程，但由于区域外延不断扩展，内部发展的不平衡问题依然比较突出，实现更高质量一体化发展仍面临一些亟待解决的深层次问题。对长三角区域一体化发展进程进行科学评估，厘清更高质量一体化发展的主要特征和短板问题，从而有针对性地提出对策建议，具有重要的现实价值。

本章在系统归纳长三角区域一体化发展逻辑主线的基础上，量化测度了2000—2018年长三角区域一体化发展的进程，并分析其一体化发展的特征及问题，为加快推进长三角更高质量一体化发展提出具有针对性的政策建议。本章可能的创新之处主要体现在：(1) 构建包含空间、市场、产业、创新、交通、信息、贸易、公共服务、生态环境以及制度共10个维度的综合指标体系，对长三角一体化进行系统的客观评价，为后续深入研究拓展了视角；(2) 系统归纳区域一体化发展的逻辑主线，揭示了区域一体化发展的载体、基础、支撑、动力、要求、保障等，为合理选取评估指标提供了理论依据，是对现有文献资料的有益补充。

第二节　长三角区域一体化发展水平测度逻辑、体系与方法

一、测度逻辑

区域一体化发展指在一个尺度较大的区域经济范围中，各个边界清晰的行政单元之间，通过改革和开放，逐步清除各种人为的阻碍资源和要素自由流动的体制障碍，通过相互合作、竞相开放和充分竞争，实现区域高质量发展。推动长三角地区更高质量一体化发展，就是要有效发挥该区域联合体的发展功能，发挥它的“累积效应”和“扩散效应”，构建经济联系紧密、区域市场统一、产业分工合理、创新协同、交通完备、信息资源共享、贸易开放、公共服务便利、生态环境优质、制度协调的发展体系。因此，本章从空间、市场、产业、创新、交通、信息、贸易、公共服务、生态环境以及制度10个维度归纳长三角区域一体化发展的逻辑主线。具体构思如下：

(1) 空间一体化。空间一体化是区域一体化发展的重要载体。根据新经

济地理学的理论，在区域一体化发展中，空间经济过程的变化是非单调的，经济活动遵循“分散—集聚—再扩散”的分布规律，地区差距也随之发生“倒 U”形的变化。从经济发展的角度看，积极调整区域发展的空间格局，平衡区域间的空间相互作用，增强发达地区对落后地区的辐射和带动作用，有助于缩小经济发展的差异。

（2）市场一体化。市场一体化是区域一体化发展的微观基础。市场一体化是消除区域内经济和非经济壁垒，平等区内竞争条件，实现产品互相准入、生产要素自由流动、企业跨区经营的基础机制。为了推进市场一体化，必须打造充满活力、运行有序的市场环境，形成各种商品和要素市场的有机统一体，如一体化的消费品市场、一体化的资本市场、一体化的劳动市场等。

（3）产业一体化。产业一体化是区域一体化发展的强力支撑。产业一体化就是要在地区间形成合理的产业分工体系，最大限度地发挥规模经济和范围经济效应，促使产业按一定比例合理布局，避免产业的盲目扩张和重复建设。

（4）创新一体化。创新一体化是区域一体化发展的内生动力。创新一体化是通过创新系统内部的企业、高校、科研机构、政府等创新主体间的协同互动，组织整合创新资源，促进区内地区间创新成果的交流共享，并逐步发展成为关键共性技术研究、前沿引领技术、现代工程技术和颠覆性创新的源头高地。

（5）交通一体化。交通一体化是区域一体化发展的硬件基础。当前，长三角交通一体化最重要的是要基本建成现代化综合交通运输体系，实现交通基础设施共建共享，形成区内各地区间的互联互通、无缝对接，大力增强区域综合交通服务和管理能力。

（6）信息一体化。信息一体化是区域一体化发展的技术基础。打破信息封锁和阻碍、畅通信息流，构建区域信息交互网，完善信息传输机制，有助于弱化地理空间及物理距离对生产和消费的分割影响，使更多的跨地区合作、资源整合、产业链构建等成为现实，有效降低发展的物质资本投入和市场运行的交易成本。

（7）贸易一体化。贸易一体化是区域一体化发展的内在要求。在国际贸易领域内国与国之间（省际贸易领域内不同地区之间）减少或消除国际（省际）贸易障碍，有助于发挥经济影响的反馈与溢出效应，建立国际（省际）之间直接与间接的技术经济联系，逐步形成统一的世界（国内）市场。

（8）公共服务一体化。公共服务一体化是区域一体化发展的本质要求。

公共服务一体化就是要加强行政协调，让区内人民平等享受教育、医疗卫生、文化服务和社会保障等权利，不断优化公共服务供给，健全公共服务共建共享机制，推动教育资源共享、医疗卫生跨地区服务、文化产业联动发展、社会保障互联互通等，使区内人民群众具有更多的获得感。

（9）生态环境一体化。生态环境一体化是区域一体化发展的必然要求。坚持绿色发展、建设生态文明，有助于社会生产力持续发展和人民生产生活质量不断提高。当前，推动长三角生态环境一体化，关键就在于加强区域环境保护协调，努力促成共同行动纲领和实践措施的落实。

（10）制度一体化。制度一体化是区域一体化发展的基本保障。不同地区行政主体的政策和制度存在很大的差异，如果分散的行政权力没有协调发展的制度机制作支撑，那么必然会发生各种或明或暗的相互冲突或矛盾。从根本上解决区域一体化发展，需要协调区域政策制度以化解行政区划的阻力。

二、测度体系

基于上述逻辑，兼顾指标选取的科学性、可操作、可比性和针对性原则，构建包括空间一体化、市场一体化、产业一体化、创新一体化、交通一体化、信息一体化、贸易一体化、公共服务一体化、生态环境一体化及制度一体化10个子系统36个测度指标的区域一体化发展水平指标体系，具体如表9－1所示。

表9－1　　区域一体化发展水平测度体系

子系统	准则层	具体测度指标
空间一体化	地区经济差距	基尼系数
	经济辐射能力	经济联系强度
市场一体化	商品市场一体化	消费品相对价格方差法
	要素市场一体化	固定资产投资品相对价格方差法
		职工平均实际工资相对价格方差
产业一体化	产业分工	克鲁格曼专业化指数
	产业布局	区位商
创新一体化	产学研协同创新	研究与开发机构和高等学校R&D经费中企业资金的比重
	创新成果合作交流	输出技术、吸纳技术
交通一体化	交通网密度	铁路交通网密度、公路交通网密度

续表

子系统	准则层	具体测度指标
信息一体化	信息化基础设施	每平方公里长途光缆线路长度、每百人互联网宽带接入端口个数
	信息化应用水平	移动电话普及率、互联网普及率、人均电信业务量
贸易一体化	省际贸易	国家铁路行政区域间货物交流
	国际贸易	外贸依存度、外资依存度
公共服务一体化	教育	小学、初中、普通高中生师比
	医疗卫生	每万人拥有卫生技术人员数、每万人医疗机构床位数
	文化	人均拥有公共图书馆藏量
	社会保障	城镇常住人口基本养老保险覆盖率、城镇常住人口基本医疗保险覆盖率
生态环境一体化	节能减排	单位 GDP 用电量、单位 GDP 废水排放量、单位 GDP 固体废物排放量
	环境质量	细颗粒物（PM2.5）、可吸入颗粒物（PM10）、酸雨频率
制度一体化	政策体制协调	规划或协议出台情况、议事协调与争端解决等

三、测度方法与数据来源

上述空间、市场、产业、创新、贸易等指标能较好反映区域一体化发展的进程。但是，对于交通、信息、公共服务和生态环境等尚未有更好反映区域一体化程度的指标。尽管我们知道“一体化”并不等同于“一样化”或者“一起化”。但是，从一定程度上来讲，促进区域内部交通及信息化基础设施、信息化应用水平、教育、医疗卫生、文化、社会保障、环保支出和环境质量差距不断缩小，也是区域一体化发展的一种重要表现。因此，对于部分指标，本章采用变异系数 CV（Coefficient of Variation）分析序列内部差异，即指标内部数据的离散程度。计算公式为：

$$CV = \frac{S}{EQ}$$

其中，标准差 $S = \sqrt{\frac{\sum_{i=1}^{n}(x_{ij} - \bar{x}_j)^2}{Q_n}}$，均值 $EQ = \frac{\sum_{i=1}^{n} x_{ij}}{n}$。

选用指标数据主要来源于国家统计局网站、中国铁路 12306 网站、wind 数据库、中国经济与社会发展统计数据库及《中国统计年鉴（2018）》《中国工业经济统计年鉴（2017）》《中国科技统计年鉴（2017）》《中国交通年鉴（2017）》《2018 年全国技术市场统计年度报告》《中华人民共和国 2018 年国民经济和社会发展统计公报》（上海市、江苏省、浙江省、安徽省）。

第三节 长三角区域一体化发展的特征及问题

一、地区间差距持续缩小，上海的龙头作用尚未充分发挥

长三角是我国综合经济实力最强的地区之一。以 2018 年为例，长三角三省一市以占全国不到 4% 的土地面积，聚集了全国约 16% 的常住人口，产出了占全国约 23.5% 的经济总量。从人均 GDP 来看，长三角地区内部经济规模差距明显。2018 年，上海市人均 GDP 超过 13 万元，江苏省人均 GDP 超过 11 万元，浙江省人均 GDP 接近 10 万元，安徽省人均 GDP 不足 5 万元。但从基尼系数来看，2000—2018 年，长三角地区总体呈现逐年递减的走势，地区经济差距持续缩小，如图 9－1 所示。

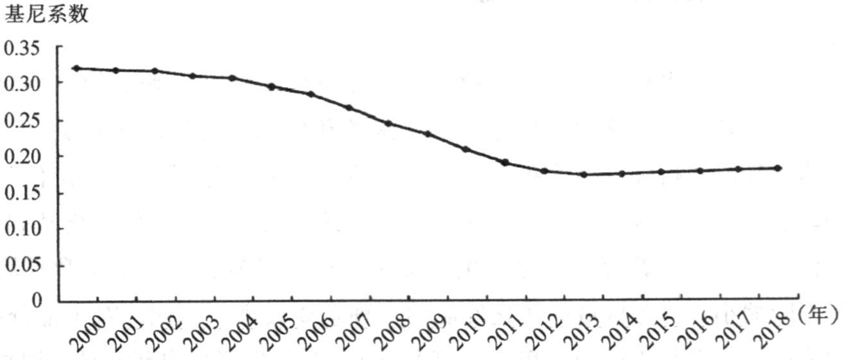

图 9－1 长三角地区基尼系数的演变趋势

从经济联系强度指标来看，江苏、浙江、安徽对上海的经济联系量均不高。可见，目前上海作为"龙头"的扩散效应仍不如极化效应。此外，安徽对上海和浙江的经济联系程度不高，且在高质量一体化发展的各项指标中，绝大多数指标值均落后于沪苏浙（表 9－2）。因此，安徽目前尚未深度融入长三角地区。

表 9-2　　2018 年长三角地区三省一市的经济联系强度

地区	指标	上海	江苏	浙江	安徽
上海	联系量	—	6.9811	4.7506	0.7723
	隶属率	—	55.83%	38.00%	6.18%
江苏	联系量	6.3218	—	12.7537	13.9097
	隶属率	19.17%	—	38.66%	42.17%
浙江	联系量	7.8919	12.7537	—	1.2988
	隶属率	35.96%	58.12%	—	5.92%
安徽	联系量	0.7723	13.9097	1.3178	—
	隶属率	4.83%	86.94%	8.24%	—

二、要素市场一体化发展滞后于商品市场

商品和要素的流动主要取决于价格差或回报率变化，故而衡量市场一体化程度通常采用基于“一价定律”的相对价格方差法，衡量地区间价格或回报率（变化）是否趋于一致。如图 9-2 所示，我们不难发现，消费品和资本品市场分割指数的演变趋势没有显著差异，均呈现出不断震荡波动但波幅逐渐变小的稳定收敛趋势，即长三角地区消费品和资本品的市场一体化程度趋于增强。劳动市场一体化可以通过区域劳动力的集聚和扩散，推动劳动要素的优化与重组，对于促进区域一体化发展具有重要意义。但从图 9-2 中，我们不难发现，劳动力市场的相对价格方差波动幅度较大，表明长三角地区劳动力市场一体化发展趋势不够明显。综合来看，消费品市场的分割指数低于资本品和劳动力市场的分割指数，即商品市场的一体化发展水平优于要素市场。

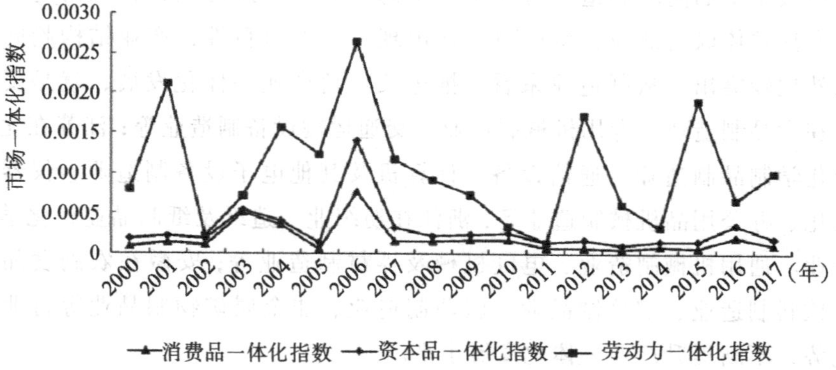

图 9-2　长三角地区市场一体化指数的演变趋势

三、地区间专业化分工水平不高，尚未充分发挥整体联动效应

从克鲁格曼专业化指数来看，2010年以来，长三角地区产业结构逐渐显现差异化的走势，地区间专业化分工协作程度持续提升，产业呈现一体化发展趋势。但进一步观察，可以发现，长三角地区克鲁格曼专业化指数基本保持在0.2左右，数值偏低，地区间专业化分工水平仍然不高（见图9－3）。

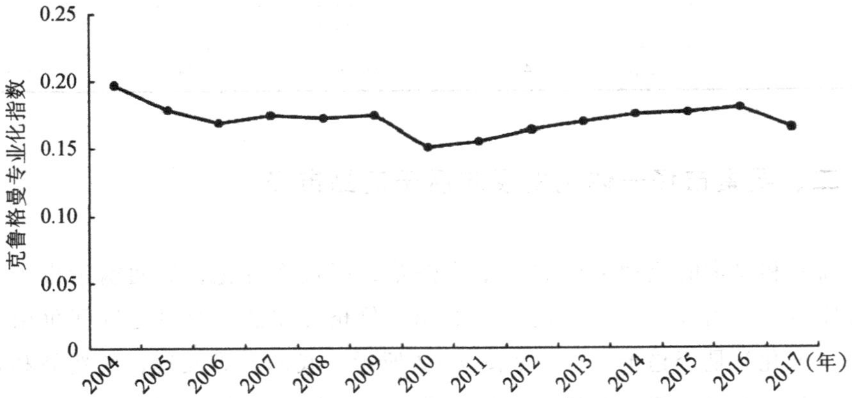

图9－3　长三角地区克鲁格曼专业化指数的演变趋势

结合制造行业区位商指数，由表9－3不难看出，上海、江苏与浙江区位商大于1的行业主要集中于中高端制造业，安徽区位商大于1的行业主要集中于中低端制造业。可见，长三角地区产业布局各有优势，存在着一定的互补性。但进一步观察发现，长三角地区优势产业重合度依然较高。比如，浙江省几乎所有区位商大于1的制造业行业均与江苏省重合，江苏省几乎所有区位商大于1的高端制造业行业均与上海重合。由此可见，长三角地区尚未充分发挥整体联动效应，生产力布局出现重复的盲目性，产业结构趋同化现象依然比较突出。从制造业来看，推进长三角产业一体化发展，就是要强化上海在食品制造业、专用机械制造业、交通运输设备制造业等；江苏在化学原料及化学制品制造业、通信设备、计算机及其他电子设备制造业、仪器仪表及文化、办公用品机械制造业等；浙江在纺织业、造纸及纸制品业、化学纤维制造业、通用机械制造业、电气机械及器材制造业等；安徽在农副食品加工业、饮料制造业、烟草制品业、医药制造业、非金属矿物制品业等行业的比较优势，不断提升产业一体化发展水平。

表 9-3　　2016 年长三角地区区位商大于 1 的制造行业

地区	制造行业
上海	食品制造业、金属制品业、通用设备制造业、专用机械制造业、交通运输设备制造业、电气机械及器材制造业、通信设备、计算机及其他电子设备制造业、仪器仪表及文化、办公用品机械制造业
江苏	纺织业、化学原料及化学制品制造业、化学纤维制造业、金属制品业、通用设备制造业、专用机械制造业、电气机械及器材制造业、通信设备、计算机及其他电子设备制造业、仪器仪表及文化、办公用品机械制造业
浙江	纺织业、造纸及纸制品业、化学纤维制造业、金属制品业、通用设备制造业、交通运输设备制造业、电气机械及器材制造业、仪器仪表及文化、办公用品机械制造业
安徽	农副食品加工业、饮料制造业、烟草制品业、医药制造业、非金属矿物制品业、通用设备制造业、专用机械制造业、交通运输设备制造业、电气机械及器材制造业

四、创新合作能力不断增强，产学研协同创新潜力较大

科技成果的交易是创新成果合作交流的一种重要方式，也是创新一体化的重要内容。输出技术和吸纳技术可以在一定程度上反映区域创新的极化和扩散效应。如表 9-4 所示，上海市和江苏省输出技术和吸纳技术的合同数、成交额均远远高于浙江省和安徽省，创新合作能力强，是长三角地区的重要创新极；浙江省创新合作的活力比较突出，其输出技术和吸纳技术的增长速度较快。

表 9-4　　2017 年长三角地区技术交易情况

地区	输出技术			吸纳技术		
	合同数（项）	成交额（亿元）	增长（%）	合同数（项）	成交额（亿元）	增长（%）
上海	21223	810.62	3.79	22661	712.14	64.85
江苏	37258	773.99	21.77	38911	919.55	1.54
浙江	13704	324.73	63.70	18444	469.87	62.97
安徽	18211	249.57	14.81	17953	270.68	34.22

从资金往来的情况，可以对产学研协同创新的水平进行间接度量。综合来看，长三角地区研究与开发机构和高等学校 R&D 经费中企业资金的比重偏低，产学研协同创新潜力较大（见图 9-4）。

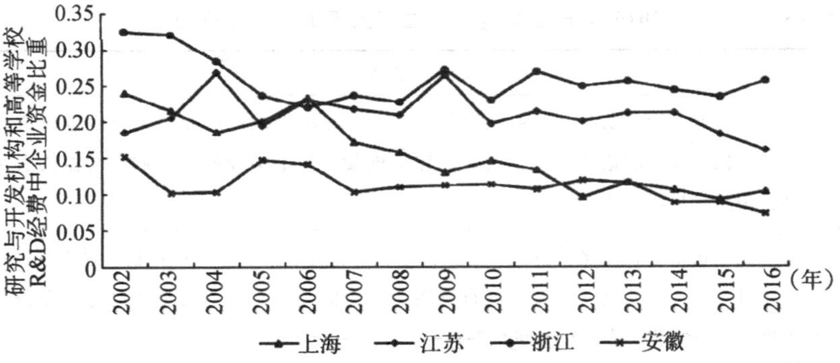

图 9-4　长三角地区研究与开发机构和高等学校 R&D 经费中企业资金比重的演变趋势

五、铁路交通地区分布差异较大，亟须打通省际公路断头路

2000 年以来，长三角地区交通一体化发展已经取得了一定的成果，为促进更高质量一体化发展奠定了优越的交通载体条件。如图 9-5 所示，铁路交通网密度的变异系数总体呈现出下降的趋势，公路交通网密度的变异系数始终维持在较低水平。进一步观察发现，铁路交通网密度的变异系数远远高于公路交通网，长三角地区间铁路交通地区分布差异较大，公路交通网密度的变异系数始终维持在 0.2 左右，进一步打通省际断头路，可能是提升长三角地区省际公路通达力和运输能力的有效途径。

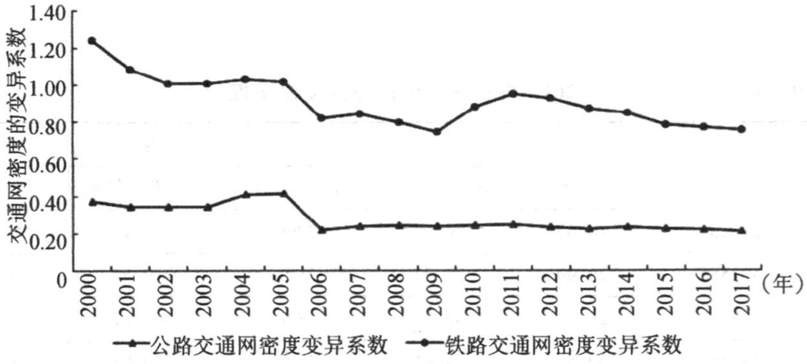

图 9-5　长三角地区交通网密度的变异系数

六、信息基础设施建设和信息化应用水平不断提升

加快推进信息基础设施协同发展和信息资源共同利用，对于长三角地区

更高质量一体化发展具有重大意义。由图9-6不难看出，长三角地区信息基础设施建设和信息化应用的内部差异不断缩小，为信息一体化水平的提升提供了技术支撑和方向引领。

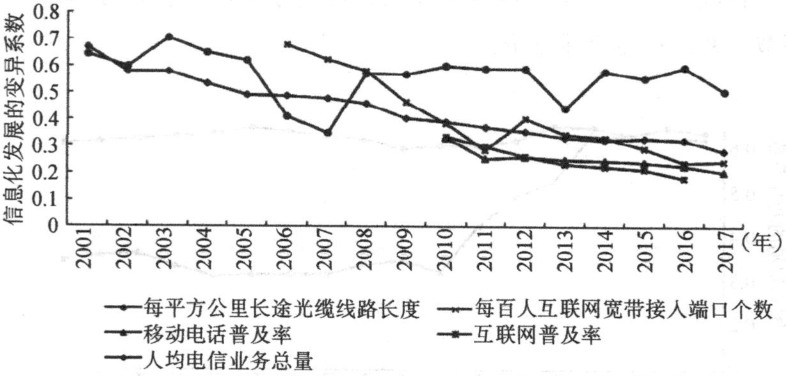

图9-6　长三角地区信息化发展的变异系数

七、存在一定程度的地方保护和各自为战

从国家铁路行政区域间货物交流的数据来看，除上海，江苏、浙江和安徽货物内部发送量占较大比重，一定程度上反映了苏浙皖地方政府在相对封闭的条件下，推行自给自足（见表9-5）。因此，对于苏浙皖而言，鼓励本地同类产业的发展可以理解，但是要注意防止采取保护措施来限制外省产品进入本地市场，或者优先购买本地产品的行为，这将会引起严重的地方保护和市场封锁，不利于长三角地区贸易往来和一体化发展。

表9-5　2016年国家铁路行政区域间货物交流　（单位：万吨）

地区	上海	江苏	浙江	安徽	全国货物发送量合计
上海	3	15	14	12	444
江苏	49	816	34	448	5335
浙江	50	26	1822	20	3219
安徽	36	1686	317	5221	9263
全国货物到达量合计	737	7354	3836	8624	

国际贸易一体化是缓解各个地区之间的经济竞争，共同分享国际大市场的重要手段。从图9-7我们不难看出，长三角地区外贸依存度的区内差异较高，即对外贸易的地区发展水平差距较大。主要原因在于，改革开放以来，

苏浙沪对外贸易的“爆炸式”增长，导致外向化程度高的产业在苏浙沪高度集聚，并加速了这些地区“世界工厂”“国际制造基地”的形成，客观上加大了其与安徽的差异。现阶段推进长三角地区对外贸易一体化发展，应该注重建立“以我为主”的价值链分工体系，促使苏浙沪皖合理分布于价值链的不同环节，共同参与全球竞争。

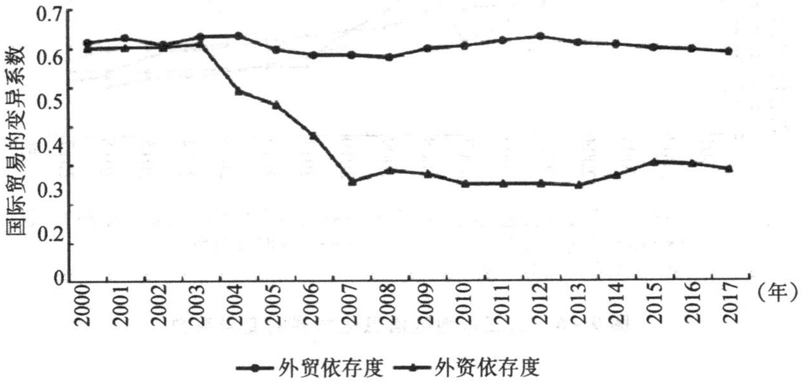

图 9－7　长三角地区国际贸易的变异系数

进一步观察图 9－7，可以发现，长三角地区外资依存度的区内差异较小，即外商直接投资的地区分布相对平衡。这既说明各地投资环境差异趋于缩小，也说明政府在利用税收优惠、土地或产业补贴等政策手段进行招商引资中趋于基本一致。长三角区域经济发展一体化战略的推进，有利于克服过去对一些投资周期短，资金回收快的“短平快”项目“一哄而上”的现象，避免为争夺相对有限的市场和资源各自为战，恶性竞争。

八、社会保障的差距明显扩大，文化基础设施的差距趋于缩小

如图 9－8 所示，长三角地区教育、医疗卫生的内部差异逐渐趋于收敛，即教育和医疗卫生的区内差异正缓慢缩小。城镇常住人口养老保险和基本医疗保险覆盖率的变异系数增长较为明显，表明长三角内部社会保障的差距趋于扩大。此外，人均拥有公共图书馆藏量的变异系数明显高于其他指标，也在一定程度上反映了长三角地区文化基础设施的内部差距较大，但是有不断缩小的趋势。

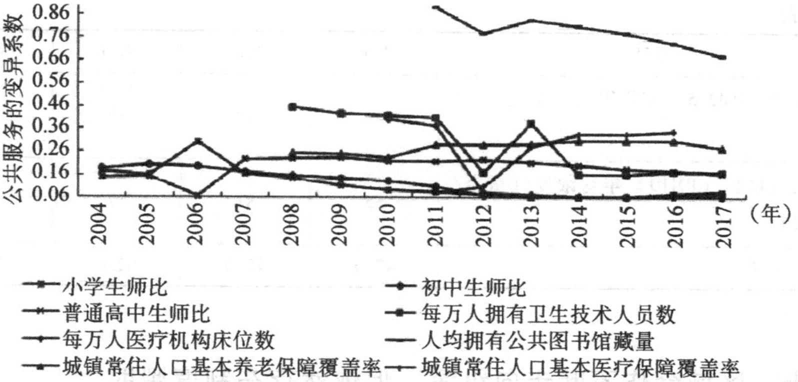

图9-8　长三角地区公共服务的变异系数

九、生态环境相对脆弱

长三角地区工业发达，生态环境相对脆弱，是新发展理念下实施更高质量一体化发展的短板。如表9-6所示，2017年上海市的单位GDP废水排放量相对较高，江苏省的单位GDP耗电量、固体废物排放量相对较高，浙江省的单位GDP耗电量、废水排放量相对较高，安徽省的单位GDP耗电量、废水排放量、固体废物排放量均相对较高。2017年江苏省和安徽省的细颗粒物（PM2.5）、可吸入颗粒物（PM10）年均浓度均远高于《环境空气质量标准》（GB3095—2012）二级评价标准，大气污染较为严重。[①] 上海市和浙江省的空气质量优于江苏省和安徽省，但是上海市和浙江省的细颗粒物（PM2.5）年均浓度也略高于或刚刚达到《环境空气质量标准》（GB3095—2012）二级评价标准。且上海市和浙江省的酸雨发生率均远远高于江苏省和安徽省，空气质量不容乐观。

表9-6　　2017年长三角地区生态环境指标

项目	上海	江苏	浙江	安徽
单位GDP耗电量（千瓦小时/万元）	498.48	676.37	809.96	711.01
单位GDP废水排放量（万吨/亿元）	6.92	6.70	8.77	8.65
单位GDP固体废物排放量（万吨/亿元）	0.05	0.14	0.09	0.44

① 《环境空气质量标准》（GB3095—2012）二级评价标准：PM2.5为35微克/立方米，PM10为70微克/立方米。

续表

项目	上海	江苏	浙江	安徽
细颗粒物（PM2.5）年均浓度（微克/立方米）	39	49	35	56
可吸入颗粒物（PM10）年均浓度（微克/立方米）	55	81	57	88
酸雨发生率（%）	47.6	15.6	62.6	7.4

十、区域合作不断走向纵深，但依然存在制度掣肘

长三角地区经济发达、地域相近、人缘相亲、文化相通，发展一体化的民间呼声和行动由来已久。1982 年，国务院成立的上海经济区，成为长三角经济圈概念的最早雏形。1992 年，长三角地区联合成立城市经济协作办主任联席会议，同年 6 月，国务院召开长江三角洲及沿江地区规划座谈会，明确了长江三角洲的规划范围。1997 年成立了长江三角洲城市经济协调会。2004 年城市经济协调会由原来的每两年召开一次调整为每年召开一次。进入 21 世纪，长三角地区一体化发展机制的建设由最初的城市联谊活动上升为全方位务实合作，上升为沪苏浙战略性协作，区域协作层级不断提升，城市经济协调会制度持续完善。2001 年沪苏浙三省市发起成立了由常务副省（市）长参加的“沪苏浙经济合作与发展座谈会”制度。2004 年沪苏浙三省市主要领导座谈会制度的召开，标志着长三角区域一体化发展机制上升到省级层面。2008 年安徽省出席长三角地区主要领导座谈会，标志着长三角区域合作范围拓展至安徽省。经过多年努力，长三角政府层面的合作形成了“高层领导沟通协商、座谈会明确任务、联络组综合协调、专题组推进落实”的省（市）级政府合作机制。2011 年以来，长三角地区陆续签订《关于开展人事争议仲裁业务协助和工作交流协议》《长三角地区跨界环境污染纠纷处置的应急联动工作方案》《长三角跨界水体生态补偿机制总体框架》《长三角地区司法协作框架》《长三角地区政法综治协作交流框架协议》《泛长三角地区劳动保障监察工作合作协议》等框架协议，议事、协调与争端解决机制不断健全。

为进一步完善常态长效体制机制，2018 年 2 月长三角区域合作办公室正式挂牌成立，并重点研究制定了《长三角一体化发展行动计划（2018—2020）》等，区域合作不断走向纵深。2018 年 4 月，习近平总书记对推动长三角一体化发展做出重要指示，明确了“更高质量一体化发展”的目标追求，“上海

进一步发挥龙头带动作用，苏浙皖各扬所长”的推进路径，“凝心聚力抓好落实”的关键保障，为新时代长三角合作与发展指明了方向。2018 年 11 月，在首届中国国际进口博览会开幕式上，习近平总书记在主旨演讲中宣布支持长三角区域一体化发展上升为国家战略，着力落实新发展理念，构建现代化经济体系，推进更高起点的深化改革和更高层次的对外开放，同“一带一路”建设、京津冀协同发展、长江经济带发展、粤港澳大湾区建设相互配合，完善中国改革开放空间布局。2019 年 3 月，李克强总理在政府工作报告中提出，将长三角区域一体化发展上升为国家战略，编制实施发展规划纲要。长三角地区一体化发展迎来了历史性重大机遇，一体化发展迈入崭新阶段。

真正可能长期地、持续地扭曲一体化进程的主要力量，可以归结为制度方面的阻碍因素。长三角跨地区协调机制的建设，仍然面临政策配套、立法和资金等保障机制不完善、利益协调机制不健全等现实挑战。中国经济转轨过程中，无论中央政府还是地方政府惯常使用的“非均衡战略”，本质上是创造政策差异，形成政策“洼地”，实质上就是一种政策歧视，是时下中国地区间难以一体化发展的主要制度掣肘（刘志彪，2019）。

第四节　推进长三角地区更高质量一体化发展的基本策略

上述分析表明，这些年来长三角地区间经济差距不断缩小，经济联系更加紧密，产业分工趋于合理，市场机制持续完善，科技创新能力显著增强，交通、信息等基础设施明显改善，公共服务均等化稳步推进，体制机制日益健全。但是，更高质量地推动长三角地区一体化发展，还存在一些深层次问题亟待根本性解决。在长三角更高质量一体化发展阶段，应着力于深化供给侧结构性改革，加快推动质量变革、效率变革、动力变革，推动一体化机制朝着更深层次发展迈进，促使长三角地区在创新驱动、经济转型升级、改革开放和区域一体化等方面继续走在全国前列，从而更好地引领长江经济带发展，更好地服务国家发展大局的要求，努力成为全球资源配置的亚太门户，建成具有全球竞争力的世界级城市群。

第一，发挥上海的“龙头带动”作用，苏浙皖各展所长。在更高质量推进长三角地区一体化发展的背景下，上海与长三角其他省市之间的关系，应是合作、平行、协同的关系，注重衔接，整合资源，不断促进功能布局互动，形成分工合理、优势互补、各具特色的空间格局。过去，上海在一体化当中的作用主要体现在对外开放方面，在更高质量一体化发展阶段尚未充分发挥其“龙头作用”。对于上海而言，应加快创建系统性制度化的对内开放体系和平台载体，主动逐步退出一般性的、劳动密集型、能耗高的制造业，集中发展现代服务经济，加快壮大国内民营经济参与国际竞争；对于江苏和浙江而言，应加快建设世界级先进制造业集群，协调发展好制造业集群与服务业集群，以产业集群为载体将行政边界模糊化，形成合理的空间布局和产业链配套，从而将长三角地区打造成为交易成本和制造成本综合较低、具有全球竞争力的世界级城市群。对于安徽而言，应立足实际，加快经济追赶步伐，避免高端要素被虹吸的边缘化风险，同时主动与苏浙沪对接，努力凸显以一体化为突破口，实现区域协调发展的重大战略意义。

第二，转变政府职能，打造区域统一市场。改革形成地区封锁和市场分割的行政权力，促使经济建设型政府转向公共服务型政府，将地方政府职能切实转变到提供公共服务、社会管理、维护社会秩序等方面。注重要素市场化改革，深化市场准入、户籍制度、金融体制、财政体制、投融资体制、价格、上市制度等改革，大幅度减少政府直接配置资源，使市场在要素配置中发挥决定性作用。

第三，发挥企业主体作用，构建统一竞争规则。依靠产权链，建立企业之间的联系；依靠供应链，在更大范围内进行细化和分工基础上的合作，通过企业推动区域一体化发展。建立统一竞争规则，不断放松对经济主体经营活动的种种干预，逐步修正和废除与区域一体化发展有冲突的地区性政策和法规，对所有经济主体实行“国民待遇”，协调好各地产业政策和经济发展战略，加速经济政策扩散的一体化，努力形成一个政策无差异的良好外部环境。

第四，深入实施创新驱动发展战略，形成区域协同创新网络。以构建区域技术转移体系、创新资源共建共享共用为抓手，加快区域协同创新网络建设，依托行业领军企业，建立一批跨地区、跨行业的前沿科技创新研究机构，发挥领军企业在协调政产学研用，各地区制造业创新中心建设中的组织协调作用，努力将长三角建成具有全球影响的科技创新高地和产业高地。

第五，大力发展智能交通，建立现代化综合交通体系。长三角地区交通一体化不能仅仅是停留在表面、量变的阶段，还需要进一步打通省际断头路，提升多式联运的集疏运体系能级。促进各地港口与货物主要生产地、货物主要消费市场的连接，加强重要交通基础设施与主要港口的有效衔接，加强与航空运输的对接，形成运距短、成本低、效率高、现代化的集疏运体系。

第六，创新构建工业互联网平台，深化重点领域大数据应用。系统打造区域一体化发展感知服务网络，促进基于数据的跨区域、分布式生产和运营；大力提升社会领域信息化协同和融合发展，鼓励提供基于物联网、大数据、人工智能的专业化服务，推动区域政务数据开放共享，深化重点领域大数据应用，如加强医疗卫生、社会保障领域信息一体化建设、加强环境治理信息共享、完善交通智能化服务等。

第七，协调发展国内价值链与全球价值链，构筑区域开放市场。重视内需和国内市场，强化区域贸易往来和一体化发展，通过我国本土企业控制的国内价值链，带动关联产业发展，促使苏浙沪皖合理分布于价值链的不同环节，共同参与全球竞争。

第八，健全公共服务共建共享机制，优化公共服务供给。着力于让区域内的人民平等享受教育、医疗卫生、文化服务和社会保障等一系列权利，推动教育资源共享、医疗卫生跨地区服务、文化产业联动发展、社会保障互联互通等，不断优化公共服务供给，拓展合作领域和深度。

第九，坚持生态优先，完善区域环保合作机制。更加注重强化生态系统和生态空间保护，严格保护跨省界重要生态空间，加快形成保护和开发的良性循环，深入推进大气污染协同防治，强化区域环境协同监管，促成优质生态产品供给能力不断提升。建立长三角生态环境基金，对区域性生态保护功能区建设建立补偿机制，促成优质生态产品供给能力不断提升。

第十，加强顶层设计，探索区域协同决策机制。着眼于服务国家发展大局，立足长三角整体发展和长远利益，一盘棋考虑、一条心谋划，努力形成共同行为准则，深入推进各类规划充分对接，充分发挥规划在区域一体化发展中的统筹和引领作用。加快形成共同事务处理机制，促使区域内部各地区利益空间得以向外延伸，缓解地区间的利益矛盾，维护各地区的利益均衡。

（作者：刘志彪，南京大学长江产业经济研究院教授、院长
孔令池，南京大学长江产业经济研究院助理研究员）

第十章　城市群一体化的效应评估：基于长江三角洲的实证研究与启示

基于长江三角洲的实证研究发现，多重主体协同推动的城市群空间扩容、水平深化呈现协同演进态势，且在推动城市发展过程中发挥着重要作用；但这一过程中的差异化效应，不仅可能带来区域发展差距固化，也并未显著提升城市发展质量。

第一节　研究背景与现实意义

作为中国最发达城市群，长江三角洲一体化发展是习近平总书记亲自谋划、亲自部署、亲自推动的重大战略。2018 年 11 月，习近平总书记在首届中国国际进口博览会上宣布，支持长江三角洲区域一体化发展并上升为国家战略。2019 年 5 月，习近平总书记主持召开中央政治局会议，审议了《长江三角洲区域一体化发展规划纲要》。2020 年 8 月，习近平总书记主持召开扎实推进长江三角洲一体化发展座谈会并发表重要讲话，为推动长江三角洲一体化发展指明了方向。面对世界百年未有之大变局，中国全面建设社会主义现代化国家新征程，赋予长江三角洲城市群践行新发展理念、构建新发展格局、推动高质量发展的重大使命和任务。在此背景下，全面把握长江三角洲一体化发展的效应，对于优化城市群发展格局、提升一体化质量等具有重要意义，也是为其他城市群高质量发展提供经验借鉴的重要举措。

改革开放以来，在基于政治考核向经济考核转变过程中，显著提升了地方政府官员的经济发展冲动。在此过程中，在城市发展并非“孤立”的，理论分析与实证研究均表明，城市间发展存在某种紧密、复杂的互动关系。与此同时，在城市差异化区位、禀赋、政策等作用下，区域发展差距伴随着中国经济的快速增长日益显现。如何实现区域均衡发展，长期以来便是学界研究焦点与国家重要战略导向。

“逆全球化”趋势日益显现背景下，以城市群为抓手、加快建立全国统一开放的超大规模市场，不仅是中国经济转轨的重要目标之一，在双循环新发展格局构建背景下，其重要性也日益显现。当前，国家层面城市群规划的导向、区域城市合作范围的扩大等，都体现了这一战略导向，但这一举措能否真正推动区域均衡发展，中国城市群发展是“停下扩张脚步、谋划内部调整”，还是“继续外向扩展、在扩张中寻求发展”，相关问题一直是各界关注的核心议题，科学决策更需要建立在准确研判一体化经济效应的基础上。特别地，在英国“脱欧”与中国城市群加快“扩容”共存背景下，科学评估一体化的经济增长效应值得深入讨论，且对于更好地指导城市群发展也具有重要的现实意义。长江三角洲城市群作为中国唯一的世界级城市群，是国内区域一体化程度最高的城市群之一，也是“一带一路”与长江经济带的重要交汇点和长江经济带的引领发展区，在引领中国经济高质量发展、支撑新发展格局构建中发挥着至关重要作用。以长江三角洲城市群扩容这一典型事实为样本，探讨一体化对城市经济增长的效应，相关结论不仅对优化长江三角洲城市群范围、深化一体化进程、引导区域协调发展等具有指导意义，对探索国内超大规模市场塑造、优化其他城市群发展格局等也具有重要引导作用。

第二节　政府主导下的长江三角洲一体化进程

与跨国区域一体化的空间形态有所不同，国家内部区域一体化主要表现为基于人流、物流、信息流不断强化的城市群，并随着产业分工深化推动一体化程度的加深（陈雯等，2018）。一体化是“过程”与“状态”并存的复杂概念，对于城市群而言表现为纵向深化、横向扩容的协同演变。事实上，随着城市间联系强化、政府主导的一体化加快，越来越多城市期望在一体化深化中实现自身水平提升，扩容也成为通过打破行政分割、促进市场一体化深化，进而推动城市发展重要举措。因此，探讨城市群系统的发展演变，不仅要关注一体化水平深化的影响，更有必要考虑区域扩容这一客观现实。

在我国城市群分步扩容的演变中，长江三角洲是自然浑成的平原地区，概念从最初的自然地理范畴逐渐转变为经济区域，并在政府、学界和企业等多重主体的推动下，城市间多层次、宽领域的合作机制日臻完善，依托坚实的区域一体化合作与发展基础，实现城市的单一发展向一体化的转变及空间范围的扩容。作为最早实践城市群一体化发展的区域，长江三角洲一体化具有较强的典型性，且其未来发展成效对于引领中国经济更高质量发展具有重大意义和较强借鉴意义，对这一区域相关问题的研究也更有实践价值。

一、长江三角洲一体化中的政府行为

如图 10－1，城市群一体化发展，是政府、企业、公众等多重利益相关者博弈的过程。对于我国而言，中央政府的引导与地方政府的博弈下，城市群一体化范围快速扩大、机制逐渐完善，而后随着城市间信息交流的不断深化和市场机制的逐步建立，学术精英、NGO、媒体等非政府组织在一体化过程中也开始发挥积极作用，推动一体化机制的完善和城市群经济更高质量发展。长期以来，政府力量始终发挥着关键作用：一方面，作为宏观政策制定者的中央政府的介入，不仅推动政府与属地利益关系的协调，也肩负一体化监督和管理的重任；另一方面，地方政府作为区域一体化最主要的推动者，也是区域一体化发展的最积极号召者，在成本与收益的权衡中，地方政府关系从竞争转向竞合，特别是通过推动产业分工协作与要素自由流动，建立“区域利益分享和补偿机制”实现共赢，最大可能激发城市群一体化的正外部性和保持经济发展的稳定性。从实践角度看，对于长江三角洲而言，中央政府的

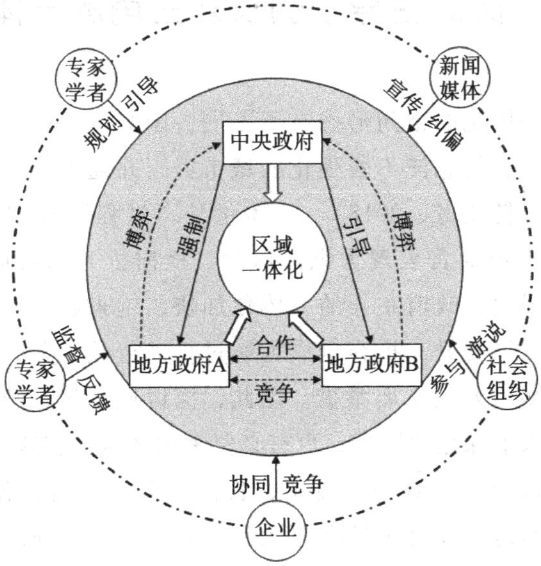

图 10－1　区域一体化中的利益相关者关系

影响主要表现为规划层面的引导与规则的制定，即自上而下的引导；作为对中央宏观政策自下而上的响应，长江三角洲城市经济协调会是对地方政府层面一体化进程最科学的界定；其中，国家发展与改革委员会是长江三角洲发展规划的统领机构，长江三角洲城市经济协调会已成为区域一体化各项事务的“大管家”。

（1）自上而下的引导。全球化竞争中，加快推动城市一体化发展以应对外部冲击和提升国家竞争力，成为越来越多主权国家的重要战略抉择。长江三角洲一体化发展过程中，中央政府（以国家发展与改革委员会为主导）采取投资导向、规划审批等多元化干预举措，支持与引导城市群的发展，这一力量不仅是促成长江三角洲成为国家战略重要载体的关键助推力，也是城市群发展的重要政策导向，其空间范围也逐渐超出自然地理学的意义。

改革开放初期，经济体制改革带来的分权化极大地激发了地方经济发展的积极性，区域竞争加快推动产业的集聚与分工格局的形成，但也带来“以邻为壑”、同质化竞争等诸多弊端。为破解这一难题，在国务院主导下设立以上海为中心的“上海经济区”，这也是国家战略层面推动长江三角洲一体化发展的较早尝试。为进一步优化经济区的区域设置，“上海经济区”成立以来经历了快速的扩容（见表 10 - 1），并通过“规划工作会议”“两省一市‘首脑’会议”“10 市市长联席会议”以及《上海经济区发展战略纲要》《上海经济区章程》等，促进区域产业、交通、能源、外贸、技术改造、环境综合治理等方面的联系和合作，成为长江三角洲一体化早期实践探索的重要内容。然而，由于缺乏行政管理权、难以有效协调发展差距巨大的竞合利益关系①，这一跨越多个省级行政单元的一体化尝试，以 1998 年的被撤销而失败告终。但这一积极的探索，不仅为我国经济体制改革提供了宝贵经验，也为后续的长江三角洲一体化实践奠定了基础。

长江三角洲一体化的历程，并未因“上海经济区”的撤销而长期停滞。20 世纪 90 年代初期，随着“浦东开发开放战略”等一系列国家战略的相继提出，“长三角城市协作部门（经协会）主任联席会议”与“长江三角洲城市经济协调会”相继接力，拉开了城市合作的一体化探索与实践序幕。2007 年，国务院召开的“长江三角洲地区经济社会发展专题座谈会”，标志着长江三角洲一体化发展重新进入国家战略视野，并迎来新的重要发展机遇。2008

① 由于规划办对经济区内各省市不具备行政管理权，只能尽量协调行政区之间、行政区与经济区之间的矛盾，故经济区在运作层面难以维系。参见严爱云：《改革创新：1978—1992》，上海教育出版社 2014 年版，第 141—142 页。

年，国务院颁布了《关于进一步推进长江三角洲地区改革开放和经济社会发展的指导意见》，这一聚焦改革开放与经济社会发展的国家战略，首次明确长江三角洲范围、提出长江三角洲未来发展重点方向和主要举措、鼓励两省一市探索新形势下区域经济管理新模式、推进泛长江三角洲区域合作与带动中西部地区发展[①]。长江三角洲一体化发展正式上升为国家战略决策，对于长江三角洲和中国经济社会发展均具有划时代的意义。

表 10－1　　中央政府主导下的长江三角洲一体化尝试

关键事件	时间	一体化范围
上海经济区	1982 年	国务院设立上海经济区，包括上海、苏州、无锡、常州、南通、杭州、嘉兴、湖州、宁波、绍兴 10 个城市，成为长江三角洲最早雏形
	1983 年	上海经济区规划办公室成立，并召开第一次上海经济区规划工作会议，建立包括上海、江苏、浙江的“首脑会议制度”及 10 市市长联席会议制度
	1986 年	通过《上海经济区章程》，安徽、江西、福建先后加入
	1988 年	国家计划经济委员会撤销上海经济区规划办公室
《关于进一步推进长江三角洲地区改革开放和经济社会发展的指导意见》	2008 年	上海、江苏、浙江
《长江三角洲地区区域规划》	2010 年	上海、江苏、浙江；其中，上海、南京、苏州、无锡、常州、镇江、扬州、泰州、南通、杭州、宁波、湖州、嘉兴、绍兴、舟山、台州 16 个城市为核心区
《关于依托黄金水道推动长江经济带发展的指导意见》	2014 年	上海、江苏、浙江、安徽
《长江三角洲城市群发展规划》	2016 年	上海、南京、无锡、常州、苏州、南通、盐城、扬州、镇江、泰州、杭州、宁波、嘉兴、湖州、绍兴、金华、舟山、台州、合肥、芜湖、马鞍山、铜陵、安庆、滁州、池州、宣城 26 市
《长江三角洲区域一体化发展规划纲要》	2019 年	上海、江苏、浙江、安徽

① 资料来源：《关于进一步推进长江三角洲地区改革开放和经济社会发展的指导意见》（国发［2008］30 号）。

2010 年，为更好地应对国内外发展新形势与推进国家区域总体战略的实施，国家发展与改革委员会印发《长江三角洲地区区域规划》，通过进一步推动长江三角洲转型升级和提升区域综合竞争力，引领我国经济社会更好地发展。这一规划的颁布实施，标志着长江三角洲一体化发展正式成为国家重要的区域发展战略，不仅为区域合作领域提出具体措施和实施方案，也进一步强调要建立统一的要素市场、信用市场和法治环境等，健全泛长三角合作机制，成为指导长江三角洲新时期发展的纲领性文件和编制相关规划的依据①。

2014 年，为进一步优化我国空间开发格局，依托长江经济带建设中国经济发展新支撑带，国务院发布《关于依托黄金水道推动长江经济带发展的指导意见》，明确安徽作为长江三角洲城市群的重要组成部分，充分发挥长江三角洲城市群的引领作用，带动中西部地区发展②。同年，习近平总书记明确提出要求长江三角洲率先、一体化发展，随后沪苏浙皖一市三省提出共建“区域一体化大市场”，并初步实现长江三角洲“海关区域通关一体化”。

2016 年，为进一步优化、提升长江三角洲城市群以更高层次参与国际合作和竞争，发挥对全国经济社会发展的重要支撑和引领作用，国家发展与改革委员会颁布实施《长江三角洲城市群发展规划》，并将其作为长江三角洲城市群一体化发展的指导性、约束性文件。规划明确了长江三角洲城市群范围，提出“城市群一体化发展的体制机制更加健全”等发展目标，明确推动市场体系统一开放、基础设施共建共享、公共服务统筹协调、生态环境联防联治等方面的重点任务和措施，有利于进一步消除阻碍长江三角洲生产要素自由流动的行政壁垒和体制机制障碍，加快健全多元化主体参与、多种治理模式并存的治理机制③。

面临百年未有之大变局和复杂国内外发展环境，2018 年 11 月 5 日，习近平总书记在首届中国国际进口博览会上宣布，支持长江三角洲区域一体化发展并上升为国家战略，引领全国高质量发展、完善我国改革开放空间布局、打造我国发展强劲活跃增长极。为深入贯彻党的十九大精神，全面落实党中央、国务院战略部署，2019 年 12 月 1 日，国务院正式颁布《长江三角洲区域一体化发展规划纲要》，在国家政策层面明确长江三角洲一体化范围包括江浙沪皖

---

① 资料来源：《国家发改委关于印发长江三角洲地区区域发展规划的通知》（发改地区［2010］1243 号）。

② 资料来源：《国务院关于依托黄金水道推动长江经济带发展的指导意见》（国发［2014］39 号）。

③ 资料来源：《关于印发长江三角洲城市群发展规划的通知》（发改规划［2016］1176 号）。

三省一市，深入实施区域协调发展战略，以进一步增强长江三角洲创新能力和竞争能力，提高经济集聚度、区域连接性和政策协同效率，提升长江三角洲地区整体综合实力，积极发挥引领全国高质量发展、加快探索建设现代化经济体系，在全面建设社会主义现代化国家新征程中走在全国前列，引领我国更高水平参与全球合作和竞争①。

（2）自下而上的响应。对于地方政府而言，一体化动力来自于分工增强促进规模经济、提高密度促进范围经济、缩短距离降低流动成本、边界融合降低交易成本、共享发展促进分享经济等带来的收益增加，而结构性与制度性障碍成为一体化的重要成本，成本与收益的博弈决定一体化程度及合作成效。长期以来，长江三角洲具有区域联动发展的历史渊源和坚实基础，市场机制下城市之间自发形成的跨区域合作机制，是长江三角洲城市群一体化发展的本质特征，而最具代表性的是长江三角洲城市经济协调会的成立。作为稳步运行于协调城市群经济社会发展的最重要官方组织之一，长江三角洲城市经济协调会通过政府间定期的协商机制，极大地支持了城市间的经济合作与协同发展，也通过逐步扩容将城市群范围延伸至三省一市，在带动更大区域协调发展中发挥了至关重要的作用。

长江三角洲城市经济协调会的起源，可以追溯至1992年成立的长三角城市协作部门（经协委）。伴随着“上海经济区”的撤销，长江三角洲一体化进程也经历了短暂的停滞；但20世纪90年代“浦东开发开放战略”“长江发展战略”等国家战略的相继提出，促进了以上海为中心的部分城市的快速发展。在此背景下，1992年6月国务院召开“长三角及沿江地区规划座谈会”，提出“以上海浦东开发开放为龙头，进而推动长江三角洲和长江沿江地区开发开放”等战略，明确长江三角洲范围为沪宁杭等14个城市②，战略意义上的长江三角洲由此诞生。同年，由14个城市组成的长三角城市协作部门（经协会）主任联席会议召开，开始了城市合作领域的商讨与初步实践，确立了基于地方政府合作的非正式、非定期城市信息交流机制。虽然联席会议在其后的5年中在经济发展经验交流、经济信息共享等诸多方面加强了城市之间的联系，但是由于会议的非定期性以及层次较低等原因，城市间的合作并没有太多进展。

① 中共中央、国务院印发《长江三角洲区域一体化发展规划纲要》：http：//www.gov.cn/zhengce/2019－12/01/content_ 5457442.htm。

② 14个城市为：上海、无锡、宁波、舟山、苏州、扬州、杭州、绍兴、南京、南通、常州、湖州、嘉兴、镇江。

1996 年，“长江三角洲城市经济协调会”[①] 成立，并首次明确提出“长三角经济圈”概念，长江三角洲一体化的实质性的合作得以常态化开展[②]。1997 年，为了进一步加强城市间的合作，联席会议升格为市长级常设协调会议，并更名为城市经济协调会。会议决议每两年召开一次市长会议、一次工作会议，标志着政府主导、社会民间组织等多主体共同推动的长江三角洲一体化重新迈入正轨。21 世纪以来，伴随着全球化与中国改革开放的深入，长江三角洲市场自由化与城市政府间合作程度有所提升，政府、企业、民间等多层面协商机制日益完善，一体化进入加速阶段。2001 年，上海、江苏、浙江三方共同发起召开首届“沪苏浙经济合作与发展座谈会”[③]，会议中有关城市间协作的决议在很大程度上加快了交通、能源供应等方面的一体化进程。此后，在国家部委重视下，江浙沪党政代表团进行走访交流，高层领导在区域协作与一体化发展等问题上寻求和达成一系列新共识；同时，以长江三角洲城市经济协调会成员为主的各城市间、相关部门间的协调会、研讨会密集召开，有力地推进了城市间经济社会各领域深度合作。作为渐次扩容的一体化过程，协调会吸收城市会员主要根据地方政府自愿提出的“入长”申请，经过集体协商的原则，由协调会对协商通过的城市颁发长江三角洲“户口”，体现了地方政府融入城市群的战略诉求。经过历次扩容（见表 10 - 2），2019 年长江三角洲城市经济协调会成员扩展至江浙沪皖全境的 41 个城市。长江三角洲城市经济协调会作为城市群合作重要协调议事平台，推动城市间协调与合作发展从单纯的经验信息交流、人才技术与产业合作向共同市场建设、要素资源共享和区域协同治理转变，为区域一体化发展做出了巨大贡献。

表 10 - 2　改革开放以来长江三角洲一体化进程重大事件

时间	一体化范围扩容的进程
1992 年	长三角经协委（办）主任联席会成立，含上海、南京、无锡、常州、苏州、南通、扬州、镇江、杭州、宁波、嘉兴、湖州、绍兴、舟山等 14 个城市
1996 年	长江三角洲城市经济协调会成立，增加泰州市
2001 年 4 月	上海、江苏、浙江共同发起召开“沪苏浙经济合作与发展座谈会”

① 在协作部门（经协委）主任联席会议 14 个成员城市基础上，加入新成立的泰州市。

② https://dy.163.com/article/DFEB4NUO0512PT6C.html

③ 依据《沪苏浙经济合作与发展座谈会制度》，“长三角经济社会发展专题座谈会”每年召开一次，按浙江、江苏、上海的顺序轮流承办；会议主要议程包括报告一年来区域合作情况，协商下一年经济合作的工作重点，研究推动区域经济合作的重要措施等。

续表

时间	一体化范围扩容的进程
2003 年 8 月	台州加入长江三角洲城市经济协调会；《关于进一步推进经济合作与发展的协议》《进一步加强经济技术交流与合作的协议》等一揽子协议签订
2004 年 11 月	协调会常设联络处改建为协调会办公室，沪苏浙主要领导会晤机制正式建立，长江三角洲城市经济协调会由每两年召开一次改为一年一次
2010 年 3 月	大会正式更名为“长江三角洲城市经济协调会市长联席会议”，同年合肥、盐城、马鞍山、金华、淮安、衢州 6 个城市成为长江三角洲城市经济协调会成员
2013 年 4 月	徐州、芜湖、滁州、淮南、丽水、温州、宿迁、连云港 8 座城市加入，长江三角洲城市经济协调会成员城市包括上海、江苏省、浙江省全境以及安徽省的合肥市、马鞍山市、芜湖市等 5 地市
2018 年 4 月	铜陵、安庆、池州、宣城加入；2018 年 11 月 5 日，习近平总书记在首届中国国际进口博览会开幕式上发表演讲指出，“将支持长江三角洲区域一体化发展并上升为国家战略”①
2019 年 10 月	蚌埠、黄山、六安、淮北、宿州、亳州、阜阳加入，长江三角洲一体化正式形成了包括江浙沪皖三省一市在内的面积达 35.8 万平方公里的经济区概念

从长江三角洲一体化进程看，随着规模集聚效应的显现、资源利用效率的提升带来的收益增强，地方政府间出现了寻求在“更大的馅饼”中获得自己一份的合作行为，城市间竞争关系转向更加良性的竞合，一体化进程也随之深化。尽管“长江三角洲”概念被政府、企业、媒体等各界广泛采用，但不同视角的政府一体化演进存在差异：在中央政府自上而下的引导中，一体化范围的演变存在一定的错乱，即会受到部分城市退出城市群的影响，如 2010 年的江浙沪与 2016 年的 26 个城市对比；相比而言，在地方政府主导的自下而上的响应中，市场机制推动下形成的长江三角洲城市经济协调会，是城市群一体化中经济社会发展事务的主要负责机构，并通过分步扩容延伸至江浙沪皖三省一市全域（见图 10－2）。总体上，作为市场机制下城市之间自发形成的跨区域合作组织，长江三角洲城市经济协调会能够在较大程度上反映长江三角洲一体化的本质特征，也是对长江三角洲一体化范围的科学界定。

① 引自习近平：“共建创新包容的开放型世界经济——在首届中国国际进口博览会开幕式上的主旨演讲”，《人民日报》，2018 年 11 月 6 日，第 2 版。

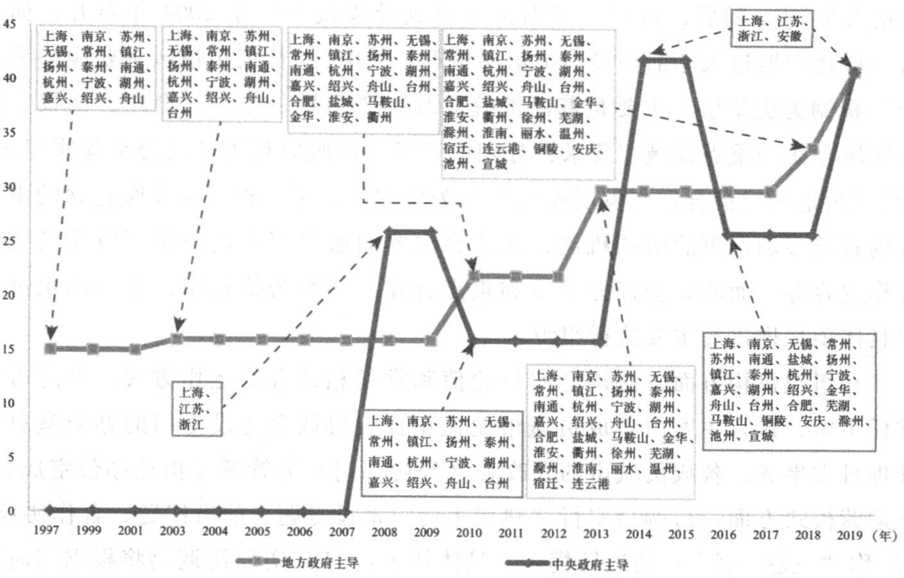

图 10－2　不同视角下的长江三角洲范围演变历程

二、长江三角洲城市经济协调会合作的演进

为健全区域合作平台与交流机制，上海、江苏、浙江三方坚持平等协商、互惠互利、讲求实效、共同发展等原则，以政府为指导、市场为基础、企业为主体，共同发起召开首届“沪苏浙经济合作与发展座谈会”，重点探讨了区域大交通体系、生态环境治理、信息资源共享、旅游合作、天然气管道网络建设等合作领域，并分别成立专题小组。首届座谈会还通过《沪苏浙经济合作与发展座谈会制度》，将这一“三方合作会议”明确为长江三角洲城市间经济社会领域交流合作与协调协商的长效机制。如 2001—2003 年，苏浙沪三方就有关沪宁高速公路的联合收费、衔接路段的改扩建等问题达成共识。这一时期，苏浙沪基本实现天然气管网的互联互通与气源互补，初步开展了太湖水域的水污染防治与生态保护行动，召开了“苏浙沪旅游年”等一系列政府间和民间的交流合作活动。

省级政府的积极参与是城市合作加速的重要动力。2003 年 3 月，在上海市与浙江省主要领导座谈会中，时任浙江省委书记的习近平倡议，“建立沪苏浙三省市主要领导定期会晤机制以及相关的专项议事制度，并从政府、企业、民间等多方着手，加强多方位、经常性的交流与合作，积极推动各类经贸活动的开展”[①]。随后，首届“苏浙沪主要领导座谈会”于2004年召开，标志着一体化发展进入苏浙沪最高决策层视野。其中，“长三角地区主要领导座谈会”机制为决策层，主要是苏浙沪皖党政主要领导每年举行会晤，商议、提出区域合作的重点领域与要求，分别由三省一市政府相关部门分头落实组织；“长三角地区经济合作与发展座谈会”为协调层，是三省一市政府建立的由常务副省长参加议事的协调机制，座谈会主要沟通协商重点协作领域及其主要合作内容等。而联席会议办公室和重点合作专题组为执行层，是一体化过程中具体项目推进的主要执行组织。

在组织机构方面，协调会实行轮值和常任相结合的运作方式，上海市为常任主席，执行主席由各成员城市轮值担任。协调会还设专门的办公室负责处理日常事务，各成员城市的发改委（经协部门）分管领导担任办公室成员。在运营模式方面，协调会实行“热点主题、常设专题、前沿课题、合作协议”（简称“三题一议”）的运转模式，具体如下：（1）历届协调会将根据当时的时事热点以设立会议主题进行深入研讨；（2）协调会通过常设专题以指导区域内各城市的合作；（3）协调会设立前沿课题，为未来的经济合作与共同发展提供形势预判与政策建议；（4）协调会的城市会员共同签署《城市合作协议》，对未来1年的具体合作项目进行安排。

当前，长江三角洲基本形成了“三级运作、统分结合、务实高效”的区域合作机制，由决策层、协调层和执行层组成三级运作机制大大增强了区域合作的针对性、协调性和有效性，尤其是以实行重点合作专题协调推进制度为主要内容的执行层，通过“联席会议办公室”“重点合作专题组”以及“长三角城市经济合作组”等合作形式，基本实现了地方政府间平等磋商、制度合作，也促进了区域内行业协会开展跨地区行业互动与联合等。长江三角洲一体化过程中也形成了政府部门与行业协会间合作机制，主要指三省一市以及所辖城市政府各职能部门、各地行业协会与民间组织等也建立了联席会议、论坛、合作专题等多层级、多形式的合作机制。按照参与者行政层级及空间尺度，可概括为省（市）、城市及部门三个层面（见表10-3）。

为进一步推进城市经济协作、加强合作组织协调能力等，1996年成立的“长江三角洲城市经济协调会”，率先建立了区域城市间协商协调机制，积极组织各城市就规划、旅游、港口等专题开展合作交流（见表10-4）。协调会按照城市笔画每2年（2004年后每1年）在执行主席方所在城市举行一次市

① http://www.shyp.gov.cn/shypq/jswmcj-srxx/20191125/345092.html.

表 10－3　　长江三角洲一体化合作平台

层次	结构	运行机构	主要职责
省（市）层面	决策层	长三角地区主要领导座谈会	由沪苏浙皖党政主要领导人参加的年度会晤制度，主要针对区域发展的重大战略问题进行定期磋商，提出区域合作的方向、原则和目标
	协调层	长三角地区合作与发展联席会议	由沪苏浙皖常务副省（市）长参加，主要负责做好主要领导座谈会筹备工作，落实主要领导座谈会部署，协调推进区域重要合作事项
	执行层	联席会议办公室和重点合作专题组	区域合作中具体项目的主要执行组织。联席会议办公室设在省市发改委，职责主要包括贯彻落实主要领导座谈会和联席会议确定的重大事项和目标任务，协调推进各重大合作专题和研究专题。重点合作专题组则由三省市业务主管部门牵头负责，就年度计划执行过程中遇到的具体问题进行协调，并推进本专题组的各项工作
城市层面		长江三角洲城市经济协调会	由城市政府组成的区域城市间的协商机制。2009 年按照新的区域合作机制框架，以协调会为蓝本，成立城市经济合作组，纳入合作机制中执行层的范畴
部门层面		地区合作与发展联席会议、道路运输一体化联席会议、港口管理部门合作联席会议、人才开发一体化联席会议、区域创新体系建设联席会议、区域大通关建设协作联席会议、区域市场一体化发展会议、信息合作联席会议、金融发展联席会议、旅游合作会议、市场监管部门联席会议、商会组织联席会议等	

表 10－4　　历次长江三角洲城市经济协调会合作领域与专题①

会议	年份	合作领域与专题
（经协委）主任联席会议	1992—1996 年	协作办主任自发建立非正式、非定期的城市信息交流机制，城市间合作进展有限
第一次	1997 年	旅游、商贸等
第二次	1999 年	区域科技合作、国企改革和资产重组、筹建国内合作信息网、旅游商贸等
第三次	2001 年	科技交流与合作、产权交易、信息交流与合作、旅游、商贸 5 个专题
第四次	2003 年	科技市场、物流流通、旅游一体化、国企改革、信息平台建设、交通运输网络、生态环境保护等

① https：//baike. baidu. com/item/长江三角洲城市经济协调会/8434906？fr = aladdin。

续表

会议	年份	合作领域与专题
第五次	2004 年	信息、规划、科技、产权、旅游、协作等
第六次	2005 年	信用体系建设、教育资源整合、交通一卡通、协调会功能建设等
第七次	2006 年	资料信息中心、毕业生异地就业、交通卡互通等
第八次	2007 年	物流信息、交通规划衔接、科技设施共享、产权交易、旅游标志设置、协作信息互换、港口联动、海关“通关”改革、人才规划编制、资料信息中心建设、毕业生异地就业、交通卡互换等
第九次	2009 年	金融合作、医疗保险合作
第十次	2010 年	医疗保险、金融、会展、园区共建、异地养老、现代物流业等
第十一次	2011 年	园区共建、农业合作、高端商务旅游产品开发、互联网终端应用、港口发展、城市生活幸福圈、中心城市交通拥堵治理、进沪客运大巴快捷通行、知识产权协作、产业转移与承接利益分享、区域空间结构塑构等
第十二次	2012 年	专利运用合作、口岸合作、民营中小企业专项发展、城市群社会管理、法制一体化、文化产业合作、高新技术企业合作创新、创新创业人才交流合作、基本公共卫生服务一体化、城乡二元结构破解、城市协同发展管理等
第十三次	2013 年	品牌建设、新型城镇化、城市公共事件应对、战略性新兴产业共性技术合作产业化、传统制造业升级、陆海统筹发展、现代农业合作、生态环境治理等
第十四次	2014 年	城镇化、智能化、产业升级与国际竞争力研究、公共服务均等化、合作共建开发区管理机制、加强江海发展等
第十五次	2015 年	实施国家“一带一路”倡议、生态文明建设、都市圈经济融入城市群、区域合作比较分析、国际旅游产品联动开发与营销、建设科技创新型城市群、家庭农场发展模式与趋势研究等
第十六次	2016 年	海洋经济合作、智慧共享的基础设施、万物互联网络协同的产业生态链、以“互联网＋”推动城市转型和民生事业改善等
第十七次	2017 年	复制推广自由贸易试验区、自主创新示范区等改革经验，推进金融、土地、产权交易等要素市场一体化建设，开展教育、医疗、社保等公共服务和社会事业合作等
第十八次	2018 年	区域协调发展、构建现代化经济体系，持续在创新引领、绿色发展、项目建设、机制完善等方面深化合作。设立城市群核心城市与毗邻区对接发展研究（专题）、创意产业园区创新生态系统指标体系的构建与应用（课题）、互利互补的上海＋浙江自由贸易港体系构建研究（课题）、城市加强创新要素对接流动研究（课题）、基于大数据的城市群经济联系网络研究（课题）、区域污染防治协作机制研究——以大气污染治理为例（课题）等 1 个专题和 5 个课题

续表

会议	年份	合作领域与专题
第十九次	2019 年	基础设施互联互通、协同创新产业体系、生态环境共保共治、公共服务便利共享、跨区域融合发展
第二十次	2020 年	提升服务水平，完善协同机制，促进城市合作，打破行政壁垒、提高政策协同，让要素在更大范围畅通流动，发挥各地区比较优势，实现更合理分工，凝聚强大合力
第二十一次	2021 年	统筹做好疫情防控和经济社会发展，不断完善区域协作的机制和平台，丰富城市合作的内涵和形式，聚焦重点领域、重点区域、重大项目、重大平台，推动城市间更加务实高效合作

长会议（由市长或分管市长参加）以及一次工作会议，每次会议均会结合长江三角洲一体化的重要问题设置特定的合作领域与专题，城市间共商相关事宜及具体政策措施。如长江三角洲城市经济协调会先后以促进“区域发展规划”“区域物流一体化”“公共服务均等化”等为主题，并先后设立信息、规划、科技、产权、旅游、协作等专题，区域协作领域由早期的旅游、交通基础设施等扩展到环保、科技、信息交流、物流、规划协作、信用法制、金融保险、涉外服务、产业转移、城市经济合作等方方面面，城市合作也是一个从信息交流、专题合作、共同市场建设到协同发展的过程。如在旅游方面，三地政府在区域旅游市场管理、旅游形象以及产品促销等领域开展了合作，区域旅游合作协调机制基本建立；在交通方面，开始注重各地区之间交通规划的对接，提升区域交通运输服务质量；在环境方面，区域协作治理的认识开始形成，在联合治海等领域取得了一定的成果等；在区域合作方面，不仅深化城市群内部基础设施、社会民生等领域的合作，加快构建常态化合作机制，并积极探索与更大区域的合作，进一步发挥引领带动作用。但基于协调会的一体化合作，不仅是由浅入深的过程，更不是一帆风顺的。如在早期沪苏浙皖高速公路建设过程中，虽然沪浙的积极性较高，但由于用地指标问题，江苏的积极性并不高，导致工程进度缓慢。而近年来仍存的跨界断头路现象，同样说明了城市之间的合作并非易事；但这一求同存异的渐进式一体化合作方式，也在一定程度上推动了城市合作的展开与深入。

纵观长江三角洲一体化历程，城市间协作交流机制日益完善，区域一体化发展更加制度化、全面化，城市间合作领域涉及经济、政治、文化、社会与生态文明建设各方面，在区域一体化协作机制与平台、合作工具与政策措施等方面特色鲜明。总体上，长江三角洲城市经济协调会凭借高效的组织结构、科学的运营模式，俨然成为城市群经济社会发展各项事务的主要负责机构，推动城市间的协调与合作发展从单纯的经验信息交流、人才技术与产业合作向共同市场建设、要素资源共享和区域协同治理转变。

第三节 城市群一体化效应实证研究：基于创新发展视角

在央地政府、企业与第三方等多主体协同下，长江三角洲的空间扩容、水平深化呈现协同演进态势，并在深化城市合作、推动经济社会发展方面发挥了积极作用。理论层面上的一体化成效，需要实证研究予以支撑，为更好地推动长江三角洲城市群一体化发展提供参考。本研究考虑到创新在经济社会发展中的关键作用，以及长江三角洲在中国建设创新型国家中的重要地位，重点探讨一体化的创新发展效应。借鉴已有研究，本研究将长江三角洲城市经济协调会扩容作为准自然实验，基于双重差分模型多角度评估区域一体化的创新发展效应。在基准计量模型构建中，结合知识生产函数这一创新发展研究常用理论模型、双重差分模型这一效应评估方法（Beck 等，2010），构建如下模型：

$$\ln I_{it} = a + \phi D_{it} + \alpha \ln H_{it} + \beta \ln K_{it} + \varphi \ln X_{it} + \varepsilon_{it} \quad (10-1)$$

式中：I 为被解释变量，用专利授权量进行表征。D_{it}为解释变量，即城市 i 在 t 年是否加入协调会，若是则为 1、否则为 0。控制变量包括：以科学研究、技术服务和地质勘查业从业人员反映创新人才投入状况（H），以科学与教育财政支出反映创新投入强度（K），以城市客运总量表征交通可达性（Tra），以进出口总额表征城市开放水平（Ope）。

鉴于数据可得性、双重差分模型特性等，本研究期限为 1990—2017 年。研究期内，长江三角洲城市尺度行政区划发生较大变化，为保证样本数据连贯性，以 2000 年行政区划为基准[①]。相关数据来源于 1990—2018 年各省、市统计年鉴、统计公报及 CNRDS 等。同时，对相关数据进行如下处理：（1）对涉及区划调整的城市数据，以县级调整数据进行估算；（2）部分缺失或调整数据，参照往期平均增长率进行估算；（3）经济数据以 1990 年为基准，结合 GDP 指数、商品零售价格指数等对原始数据进行调整（缺失的城市指数以省

① 考虑到巢湖市较多区县被并入合肥市、马鞍山市，将巢湖市参与协调会时间设定为 2010 年。

级数据替代）；（4）以当年人民币兑美元汇率中间值，将进出口总额换算成人民币计价，获得当年对外依存度，并据此计算可比价进出口贸易总额。

一、基准模型计量结果

基准模型估计结果如表 10－5 所示。研究发现，解释变量 *D* 系数显著为正，表明一体化能够促进城市创新发展。即一体化扩容中的基础设施联通、合作制度完善、要素流动障碍弱化、产业协同分工深化等，通过发挥发达城市的“传帮带”机制、促进城市创新交流等，带动新加入城市创新发展，即本章实证分析验证了在一体化过程中，城市间合作能够带来创新发展的“1＋1＞2”正效应。

表 10－5　　基准回归结果

变量	模型 1	模型 2	模型 3	模型 4	模型 5
D	0.262*** (5.55)	0.190*** (3.95)	0.167*** (3.51)	－2.814*** (－8.54)	—
$D*K$	—	—	—	0.324*** (9.44)	—
$year_{1-7}$	—	—	—	—	0.221*** (3.12)
$year_{8-14}$	—	—	—	—	0.168* (1.81)
$year_{15-21}$	—	—	—	—	0.949*** (9.32)
控制变量	不控制	部分控制	控制	控制	控制
时空效应	控制	控制	控制	控制	控制
Constant	2.160*** (31.99)	－0.495 (－1.06)	－2.268*** (－4.09)	－7.925*** (－31.40)	－8.457*** (－34.96)
R^2	0.553	0.786	0.909	0.905	0.904

注：括号内为统计量 t 值，*、**、*** 分别表示 0.1、0.05、0.01 显著性水平。

城市间创新禀赋、制度环境等差异带来要素集聚能力不同，并表现为一体化过程中创新效应异质性。考虑到不同规模城市在城市群发育、演变过程中发挥作用存在一定差异，政策、要素等集聚能力也有所不同，特别是政府创新资源的投入能够显著影响区域创新要素流动、推动城市创新水平差异化演变，本章以城市资本投入作为类型划分依据。在模型 4 中，我们将解释变量与城市规模交互项加入基准计量模型中进行估计。交互项系数显著为正，表明城市规模越大、一体化的创新效应也越明显。对此，我们认为主要受以下两方面影响：一方面，规模较大城市往往是上级政府关注焦点，一体化中具有更高主导权，有能力制定更契合自身需求的合作框架；另一方面，创新投入最密集地区也是创新最活跃区域，政府创新投入带来的基础设施、创新环境等的优化，是进一步集聚创新资源的重要基础，且规模较大城市能够为创新要素提供更多选择，通过提高资源匹配度、降低匹配成本等促进创新发展。值得注意的是，尽管解释变量系数显著为负，但这一效应由负转正门槛值，即资本投入规模达到 5914.64 万元，研究期内处理组加入一体化时资本投入规模均超过这一门槛值，表明加入协调会能够显著促进城市创新发展。城市规模越大、一体化中获益越高表明，长江三角洲城市群扩容中的创新效应存在“马太效应”，这也可能带来创新格局的“固化”，不利于城市群创新可持续发展。

作为渐进式一体化过程，协调会推动城市之间合作内容广度、深度呈现深化趋势，一体化呈现“探索—融合—深化”演变态势，城市间关系也逐渐由竞争转向竞合。在此过程中，一体化的创新效应是否呈现某种演变特征？借鉴已有研究，对不同时期的创新效应进行评估：考虑到协调会成立于 1997 年，本章以每 7 年为一个时间窗口，测度第一个、第二个、第三个时期内的平均效应（模型 5）。研究发现，$year_{1-7}$、$year_{8-14}$、$year_{15-21}$ 三个时期内系数均在 1% 水平下显著为正，表明加入协调会能够持续地带动城市创新发展。但更值得引起注意的是，这一效应随时间呈现“U 形”演变趋势：第二个时期比第一个时期有所下降，受制于渐进式一体化过程中，城市间合作成本上升带来效应弱化，以及从单纯接受原有城市创新要素溢出转向加强创新合作难度的提升；第三个时期比前两个时期出现了明显增强，印证了一体化由浅入深的特征。

二、异质性检验

（一）不同批次效应的异质性分析

协调会在 1990—2017 年共经历四次扩容，不同批次的一体化创新效应是否存在差异？下面将进一步测度第一、二、三、四批次城市融入一体化的创新效应，具体结果见表 10 - 6 中模型 1 至模型 4。

表 10 - 6　　异质性检验回归结果

变量	不同批次				不同区域		
	模型 1	模型 2	模型 3	模型 4	模型 5	模型 6	模型 7
D	0.0796 (1.47)	0.364 * (1.76)	0.431 *** (3.62)	0.166 *** (5.56)	0.316 *** (4.44)	-0.0465 (-0.54)	0.334 *** (3.13)
控制变量	控制	控制	控制	控制	控制	控制	控制
时空效应	控制	控制	控制	控制	控制	控制	控制
Constant	-9.235 *** (-38.90)	-9.144 *** (-39.90)	-9.072 *** (-39.56)	-9.005 *** (-39.50)	-0.352 (-0.40)	-0.886 (-0.48)	-2.153 ** (-2.09)
R^2	0.897	0.897	0.898	0.899	0.897	0.941	0.782

注：括号内为统计量 t 值，*、**、*** 分别表示 0.1、0.05、0.01 显著性水平。

结果表明，对于不同批次城市而言，一体化创新效应呈现倒“U”形演变态势。深入分析发现，主要原因有以下方面：（1）作为渐进式一体化合作过程，协调会成员之间合作并非完全排斥其他城市享受一体化效益，新加入城市的创新效应更多地来自于“增量”合作；（2）基于权利交换的政府合作同样需要支付合作成本，伴随着城市数量增加，产业同质化带来的负面效应也明显提升，导致地方保护主义抬头、要素流动僵化及边界壁垒提升等，造成资源效率损失、城市群整合难度加大；（3）一体化中的创新扩散呈现技术、空间两个维度上的近邻效应、等级效应等特征，特别是与上海这一“龙头”城市联系状况，差异化作用于创新要素集散进而影响创新发展。具体来看：对第一批次而言，长期以来 15 个城市之间的合作深化、城市间创新差距相对较小带来竞争激烈等，是正效应不显著的重要因素。但对第二、第三批次城市而言，城市间合作的由浅入深、区域融合度的相对较高，与原有城市创新水平梯度差距明显等，是创新效应增强的核心机制。对第四批次而言，尽管相对较大的创新梯度差距为承接创新要素溢出提供了基础，但与传统“16 市核心区”距离较远、城市增多带来合作成本加大、增量制度改革难度攀升、高端创新要素被虹吸等，是导致一体化创新效应下降的重要因素。

（二）不同区域效应的异质性分析

在以上海为核心的渐进式扩散过程中，不同区域城市在一体化中获得的创新效应是否存在明显差异？本节重点对比江浙皖三省城市的一体化创新效应，具体结果如表 10－6 中模型 5 至模型 7。

研究发现，不同区域城市加入协调会的创新发展效应存在明显差异，可能原因如下：（1）安徽城市效应最大，与城市创新水平普遍较低、与江浙沪发达城市创新梯度明显有关，2010 年以来皖江城市带承接产业转移示范区的加快建设等，为承接产业转移、接受创新溢出等提供了基础。（2）城市间创新溢出效应取决于网络邻近性、非简单地理邻近性，这是导致江苏显著高于浙江的重要因素。江苏城市受益于紧密对接上海的一体化交通设施、与上海城市较强的互补性等，如沪宁沿线始终是长江三角洲铁路交通核心轴线，且城市始终将对接上海、服务上海作为城市发展的重要战略，在产业合作上与上海存在较强的互补性，如表现明显的“创新在上海、制造在江苏”的良好合作态势。对于浙江而言，城市发展更多地受益于外向型经济驱动，且与上海的产业关联度低于江苏，交通网络特别是高速铁路网络的连通也稍晚于江苏，是创新发展效应不显著的重要因素。此外，相关研究发现，一方面在区域创新网络中，江苏省城市如南京、苏州、无锡等具有较强的中心度，而浙江省城市仅依赖杭州、宁波，前者有更多城市承担创新溢出“二传手”的功能；另一方面，在省域创新子群中，南京的创新辐射带动作用显著强于杭州，这些也是导致不同区域一体化创新效应差异的原因之一。

三、基于创新质量的计量结果

尽管创新数量是创新质量的基础，但长期以来“重数量、轻质量”的创新导向，不仅带来严重资源浪费，而且通过“低端锁定”制约产业竞争力提升、经济增长新旧动能转换。因此，如何有效推动高质量创新，破解创新“大而不强”窘境、助力中国跨越中等收入陷阱，成为高质量发展阶段政府、学者关注的核心话题。在此背景下，进一步探讨一体化能否推动城市创新质量的提高，同样具有重要的现实意义。本章借鉴已有研究，将发明专利视为高质量创新成果，并以发明专利授权量占专利授权量比重表征创新质量。此外，选择科学研究、技术服务和地质勘查业从业人员比重反映的创新人才投入状况（*Tal*）、科学与教育财政支出占 GDP 比重反映的城市创新投入资金强度（*Fund*）、采用第二产业、第三产业增加值占 GDP 比重表征的产业结构（*Str*）、进出口总额占当年 GDP 比重表征的开放水平（*Ope*）、客运量对数进行表征的交通可达性（*Tra*）为控制变量。

基准模型估计结果表明（表 10－7），解释变量 *D* 系数显著为负，即加入协调会显著抑制了城市创新质量提升。一体化带来的市场规模效应、要素集聚效应等，能够为城市创新发展提供良好的基础；但在创新水平不高、“为创新而创新”的宏观政策导向下，城市创新产出以低技术含量专利为主，导致专利质量的增加与创新质量的下降并存。即，长江三角洲一体化并未促进城市创新质量的提升，也表明城市群创新合作仍然处于初级阶段。

表 10-7　　基准模型回归结果

变量	模型 1	模型 2	模型 3	模型 4	模型 5
D	-1.160** (-2.12)	-1.142** (-2.07)	-1.307** (-2.32)	-4.053*** (-4.87)	—
*D * Tal*	—	—	—	2.155*** (4.44)	—
$year_{1-7}$	—	—	—	—	-1.229** (-2.14)
$year_{8-14}$	—	—	—	—	-0.705 (-0.87)
$year_{15-21}$	—	—	—	—	1.416 (1.39)
控制变量	不控制	部分控制	控制	控制	控制
时空效应	控制	控制	控制	控制	控制
Constant	4.26e-14 (0.00)	-0.954 (-1.10)	5.689 (1.26)	3.069 (0.68)	0.634 (0.13)
R^2	0.001	0.433	0.466	0.476	0.472

注：括号内为统计量 t 值，*、**、*** 分别表示 0.1、0.05、0.01 显著性水平。

对于创新水平、资源禀赋、制度环境等存在差异城市，加入协调会的效应是否存在异质性？鉴于在要素驱动的城市创新发展过程中，创新人才是影响城市创新发展的重要因素；本章借鉴已有研究方法，将人才强度作为城市划分依据，进一步探讨一体化对不同城市创新质量的效应。在模型 4 中将解释变量与人才强度交互项加入基准计量模型。估计发现交互项系数显著为正，表明创新人才投入强度越大、创新质量提升效应越明显。我们认为主要受以下因素驱动：一方面，创新发展特别是高技术的产出，需要大规模创新人才的持续投入，城市创新人才比重越高、高技术专利产生的概率越大；另一方面，在创新资源存在较强空间集聚、规模报酬显著格局下，创新人才的集聚能够更好地激发前沿技术产生，也是一体化过程中集聚高端创新要素的重要基础。特别地，尽管解释变量系数显著为负，但效应由负转的正门槛值约为创新人才投入强度达到1.88%，而绝大多数处理组受政策冲击时均未超过这一门槛值，进一步表明融入协调会抑制了城市创新质量提升。未来，进一步增强创新人才投入强度，如通过自主培育、集聚创新人才等，是提升城市创新质量的重要举措之一。

城市加入一体化时间效应的演变发现（模型5），随着城市加入协调会时间的增长，一体化创新质量效应呈现由显著为负向不显著正效应转变的态势：$year_{1-7}$显著的负效应，表明在城市加入协调会初期，要素集聚质量不高、与发达城市创新联系网络并不完善，一体化的创新促进以低质量创新为主；但$year_{8-14}$不显著的负效应、$year_{15-21}$不显著正效应，表明随着一体化深化带来的创新要素集散、创新网络强化等，以及城市对高质量创新发展重视度的提升等，以发明专利为表征的高质量创新日益显现，但并未从根本上扭转这一负效应。不同时期创新质量效应的演变表明，城市推动创新发展不应过度寄托于一体化的“一纸文书”，而应将重点转向推动城市创新要素集聚、强化与发达城市创新联系等，借势一体化推动高质量创新发展。

第四节　一体化驱动城市创新发展的机制检验

为进一步揭示一体化创新发展效应及其异质性的机制，本章首先采用中介模型，定量探讨加入协调会能否通过扩大市场规模、促进要素集聚等，进而推动城市创新发展。而后，从空间溢出效应、创新联系网络演变等角度，揭示一体化过程中城市创新互动总体格局，揭示一体化创新发展效应多重异质性的机制。

一、城市群一体化中的市场一体化

本质上看，一体化的核心在于市场一体化的逐渐深化。因此，本章将市场一体化水平作为市场规模的替代变量，采用“一价法”构造市场分割指数对市场一体化水平进行测度，并基于中介模型分析城市群一体化能否通过加快市场一体化、激发市场规模优势，进而推动城市创新发展。在具体研究中，选择食品、烟酒、衣着、家庭设备用品及维修服务、医疗保健和个人用品、交通和通讯用品及服务、娱乐教育文化用品及服务和居住等8类价格指数作为测度指标①。

表10－8中模型1、模型2的结果表明，加入协调会能够显著促进市场一体化，且两者与创新水平显著相关，表明在城市群一体化过程中，市场一体化及其带来的市场规模扩大是促进城市创新发展的重要机制。事实上，基于协调会的一体化合作是一个由浅入深、由事项到制度的过程，伴随着城市间合作制度完善、边界壁垒弱化，在一体化的市场、便捷的要素流动和竞争市场需求等综合作用下，加入协调会带来城市创新水平明显提升。此外，城市创新水平与市场分割指数的显著负相关，表明市场一体化能够促进城市创新发展，即一体化推动更大范围城市合作，通过市场整合等机制为城市创新发展奠定了基础。

表10－8　　　　中介效应模型的回归结果

变量	市场一体化		要素集聚	
	模型1	模型2	模型3	模型4
D	－0.0016*** (－3.66)	0.169** (2.37)	16.978*** (6.19)	0.128*** (3.22)
Med	—	－70.568*** (－4.14)	—	0.00231** (2.32)
控制变量	不控制	部分控制	控制	控制
时空效应	固定	固定	固定	固定
Constant	－0.0032*** (－3.61)	－7.500*** (－3.10)	－38.612*** (－2.79)	－8.758*** (－25.90)
R^2	0.166	0.780	0.566	0.820

注：括号内为统计量t值，*、**、*** 分别表示0.1、0.05、0.01显著性水平。

二、城市群一体化中的要素集聚

提高创新要素集聚水平，是城市加快创新发展的重要举措之一。其中，作为先进技术、管理经验等重要载体之一，外资是中国经济增长、技术进步等的关键动力。对此，本章选择外资作为中介变量，基于中介模型检验一体化区域扩容能否通过增强城市要素集聚力，进而推动城市创新发展。其中，采用城市实际利用外资流量（亿元）对要素集聚水平进行测度。

① 数据期限为2000—2017年，由于六安、池州数据缺失较多，将两者舍弃。

表10－8中模型3、模型4的结果表明，加入协调会能够显著提升城市要素集聚水平，且两者都与创新水平显著相关，表明要素集聚是促进城市创新发展的重要机制。即，城市加入协调会后受益于市场规模扩大、基础设施对接、创新环境优化等带来的要素回报增加，驱动城市创新发展要素集聚能力的显著提升，并成为推动城市创新发展的重要动力。

三、一体化中的空间溢出效应演变特征

地理学第一定律强调，区域发展过程中空间自相关性的普遍性。一体化核心在于城市之间联系深化，由此带来的创新发展空间溢出效应，也是影响创新发展格局演变的重要因素。但在要素流动的“距离衰减”规制下，在特定的地理空间范围内，随着城市间距离变化，驱动要素流动的机制也将随之发生改变。在溢出效应“距离衰减”、大城市主导格局等驱动下，不同城市接受溢出效应的差异，可能是导致这一效应异质性的重要机制之一。本章采用地理距离负指数衰减形式构造空间权重矩阵，借鉴已有研究、基于SDM模型，以25公里为单元对距离阈值进行递增，进而探讨不同距离阈值下空间溢出效应演变规律（见图10－3）。

图10－3 随地理距离变动的创新发展空间溢出效应

总体上，不同范围内创新溢出效应均显著为正。但随着地理距离增加，创新发展空间溢出效应呈先增强后下降的倒“U”形特征；表明在市场体制逐渐完善、距离增加带来流动成本上升、要素“本地偏好”属性及城市边界壁垒等综合作用下，创新发展的空间溢出效应存在显著“局部性”，这也是导

致创新区域空间集聚、显著差距的重要因素之一。进一步分析发现：一方面，400公里处的溢出效应最强，这不仅与行政边界特别是省域边界制约有关，也是城市要素竞合作用结果。已有研究发现，中心城市及其发展状况是影响空间溢出效应的重要因素；舍弃中心城市（沪宁杭合）的创新发展空间溢出效应为0.596，这一显著下降在一定程度上验证了这一结论。但与已有研究中相关空间溢出效应明显下降不同，这一状况可能表明当前在要素驱动的创新发展过程中，支撑高质量创新发展的要素、政策等呈现更强的空间集聚态势，这也是核心城市高端创新要素较强虹吸效应的结果。另一方面，距离阈值超过400公里后空间溢出效应并未出现明显下降，与中心城市相对均匀分布、总体格局相对规则等有一定关系，即区域非单中心的空间结构带来创新发展空间溢出效应随着距离增加，呈现一定的波动状态。借鉴已有研究，安徽省创新发展呈现显著的单中心特征，进一步测度发现在125公里处空间溢出效应最大，此后随着距离增加呈现较为显著的下降趋势，综合对比在一定程度上验证了多中心相对较强的空间溢出效应。

总体上，不同距离阈值下的空间溢出效应“倒U”形演变趋势，一定程度上契合了效应差异结论。空间溢出效应不仅与城市数量、经济发展水平有关，还受距离阈值范围、中心城市分布等影响；如新经济地理学等认为，交通设施提升了城市关联度，这成为带动城市发展的关键引擎。总体上，第一批次城市空间溢出效应较弱，与城市数量较少有关；但随着边缘欠发达城市依托协调会扩容的加入，接受中心城市辐射带动效应明显弱化，带来创新发展效应的降低。此外，协调会合作机制在相邻城市间效应较为明显、非邻近城市空间溢出效应相对较小，空间距离增加通过阻碍交流等抑制一体化水平，这也是不同批次创新发展空间溢出效应存在差异的重要因素之一。

四、城市群一体化与创新网络演变

创新始终是城市合作重要内容，专利转移是创新合作重要形式，这一“技术流”表征了城市间技术流动、知识共享等。本章从专利转移角度考察城市群创新网络格局演变，揭示一体化创新发展效应异质性的机制。首先，采用“八爪鱼”程序，在国家知识产权局数据库中依据“法律状态”，检索“转移”这一关键词，获取1995年、2000年、2010年、2017年的城市群专利转移数据，跨市转移占比的明显增加，表明一体化深化带来城市创新联系增强。其次，基于 GIS10.1 的可视化处理，将转移总数（转出+转入）作为城市间创新联系强度表征值，绘制不同年份城市群创新联系网络图（见图 10-4）。

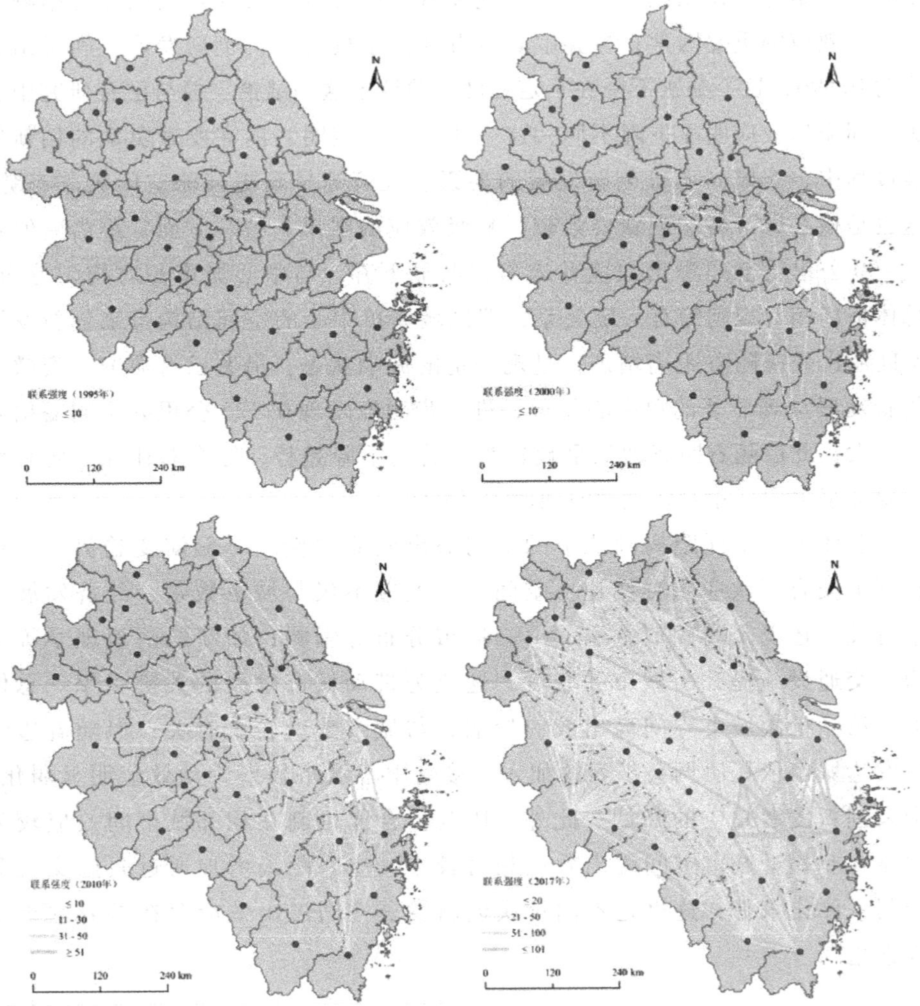

图 10-4 1995—2017 年长江三角洲城市创新联系时空演变

综合分析发现，发达城市间创新联系相对紧密，且大规模专利转移主要集中在沪苏宁杭甬等城市之间，一体化推进也带来边缘城市创新网络融入强化。具体来看：（1）跨城市专利转移规模明显增大，表征了一体化进程中城市创新联系的增强。如 1995 年专利转移仅发生在少数发达城市间，此后随着一体化的扩容、深化，专利转移规模、范围都出现了明显变化；（2）创新联系网络逐渐加密，且以发达城市辐射能力提升为主。城市群创新联系始终呈现明显“核心—边缘”格局，但随着一体化加快，创新强关联不再以上海单一主导。宁杭甬苏锡绍等次级节点城市在快速崛起同时，通过协调会加入一体化区域的城市与发达城市创新联系也得到明显强化。即，不同层级城市间专利转移的明显增加，体现了一体化过程中创新联系网络的强化；（3）创新联系路径增强呈现地理临近特性，且创新强联系的路径创造与路径依赖并存。核心发达城市节点地位的强化，是创新联系路径依赖的重要体现。此外，一体化区域渐次扩容与创新联系网络拓展呈现较高契合度，即在核心区城市创新联系日渐强化同时，创新联系路径的拓展、强化呈现明显地理邻近性，如2010—2017年通过协调会扩容加入一体化区域的城市，在协调会创新合作推动下，新旧协调会城市间创新联系路径加快创造，城市融入创新联系网络水平得到明显提升。但是，创新联系增长路径稳定停留在核心城市与其周边城市之间，协调会发达城市、欠发达城市间及非协调会城市间创新联系相对有限，表明一体化创新联系依然存在提升空间。

总体上，城市群一体化中的创新联系网络，呈现显著的“距离衰减式”强化特征。一体化区域扩容与创新联系网络的协同演变，是协调会始终强化创新合作的反映，但创新联系“核心—边缘”格局及其演变态势，一定程度上揭示了一体化创新发展效应的异质性：一方面，创新联系网络“核心—边缘”稳态，特别是以第一批次—第三批次城市间相对较强的创新联系，是不同批次创新发展效应差异的重要机制之一。另一方面，沪宁合沿线创新联系强度明显强于沪杭甬沿线，特别是上海、苏南之间创新联系相对紧密，且浙江专利转移中省内明显较多，都是江苏城市加入协调会创新效应强于浙江的重要原因之一。

第五节 国外城市群高质量一体化发展的经验借鉴

当今世界，城市群已成为发展要素集聚地、参与全球竞争的重要载体。其中，以美国东北部城市群、北美五大湖城市群、日本太平洋沿岸城市群、英伦城市群等为代表的城市群，在推动一体化发展过程中的相关成功经验，对于更好地优化长江三角洲城市群及中国其他城市群发展格局，都具有重要借鉴意义。

一、多主体协同的整体规划是城市群高质量发展的基础保障

城市群一体化发展核心内涵，在于城市之间高度协同的发展水平。但在要素驱动的经济社会发展过程中，由于城市均具有较强的内在冲动以推动本地经济增长，这势必会强化不同城市之间的恶性竞争，导致基础设施重复建设、资源利用效率低下等负面效应，呈现一体化进程缓慢、城市群竞争力不高等现象。为破解这一难题，相关城市群均积极发挥政府“有形的手”的宏观调控、引导作用，通过制定一体化发展规划，对城市群空间扩展与一体化进程等进行干预，以协调城市之间可能面临的恶性竞争等问题。当然，这一规划不是一成不变的，而是随着城市群空间拓展、一体化水平深化与外部环境转变等进行科学调整。典型的如纽约都市圈规划的三次重大调整、东京都市圈规划的多次调整等，均体现了城市群发展规划的“与时俱进”性。

尽管推动城市群高质量一体化规划是政府职责，但国外同样重视非政府团体的重要作用，通过广泛吸收社会智慧推动城市群高质量发展。典型如纽约大都市圈、英伦城市群的规划建设，便是官方、半官方与民间组织等多元主体合力推动的结果。对于前者而言，区域规划协会（Regional Plan Association）这一旨在推动经济、社会整合的非营利性组织，自 1921 年成立以来开展了三次大范围的区域规划，影响范围也从经济、公共事务逐渐扩展到一体化全方位，通过广泛结合政府、公众力量，实现区域范围内资源配置的优化。对于后者而言，大伦敦规划在秉承霍华德提出的“以小城镇群代替大城市并努力保持小城镇就业平衡”等理念基础上，也离不开民间规划组织“伦敦规划咨询委员会”的大伦敦发展战略规划。

二、多核心协调的空间格局是城市群高质量发展的重要机制

城市群空间结构是影响一体化效应的重要因素之一，但这一状况随着城市群经济社会发展水平提高而处于动态演变。伴随着中心城市发展水平提高、功能定位转变等，相关功能与要素逐渐向外围城市转移，即为了满足更高水平城市转型与功能平衡等，对城市群空间结构产生新要求，且主要表现为单一中心向多中心的空间结构转变。因此，城市群规划建设成功与否，关键在于能否与时俱进地推动空间结构的合理演变：发展初期，在做大做强核心城市过程中，应避免中心城市过度膨胀与外溢；发展后期应重点提高周边城市

发展水平，通过疏解核心城市要素实现多中心协同发展。从现实发展看，国外城市群以“多核心”空间结构为主，即由两个以上核心城市及围绕核心城市的多个中小城市组成，形成空间合理、分工有序的结构。

世界主要城市群虽各具特色、发展路径不一，但均经历了“核心城市发展壮大”“单核心都市圈建成”“多核心都市圈共同发展”“大都市圈协调发展”等阶段，呈现单中心向多中心转变的态势。东京大都市圈在多次规划过程中，依托强化“区域多中心城市复合体”功能，致力于实现城市发展多核心化：不仅注重核心城市经济实力增强，以发挥带动辐射作用，同时注重依据周边城市特点，加快推动形成规模不同、类型不一、功能协调互补的空间结构。在此过程中，东京在开发城市中心区和副中心区时，不仅不再局限于经济、商务功能，而且强调居住和综合产业功能相结合，形成功能完善、互相协调的多核心都市圈的城市结构（见表10－9）。

表10－9　东京大都市圈内部圈层结构划分

	业务核心城市	职能	次核心城市
东京中心部	区部	政治、行政、金融、信息、经济、文化	—
多摩自立都市圈	八王子市、立川市	商业、大学集聚	青梅市
神奈川自立都市圈	横滨市、川崎市	国际港湾、工业集聚	厚木市
琦玉自立都市圈	大宫市、浦和市	居住、政府集聚	熊谷市
千叶自立都市圈	千叶市	国际空港、港湾，工业集聚	成田、木更津市
茨城南部自立都市圈	土浦市、筑波地区	大学、研究机构集聚	—

资料来源：胡娜．东京大都市圈形成过程地理分析［D］．长春：东北师范大学，2006。

三、网络化对接的基础设施是城市群高质量发展的关键基础

全球具有较强竞争力的城市群，均以综合、快速、网络化的交通设施作为发展基础。作为推动城市间合作、要素流动的关键基础之一，完善的交通网络推动了城市群的人流、物流、资金流和信息流，通过构建紧密关联协作、降低流动成本，进一步加速了资源整合、提升整体运营效率。从美国、日本、英国、法国等国典型城市群的形成、演变看，均以大型城市为中心，建立的高速公路、高速铁路、大型航港、运输管道等构成了综合、立体化交通网络，为城市群产业布局创造了基本的框架，强化了中心城市的辐射带动作用，推

动了功能互补、协调发展的产业布局形成。

世界城市群的城市发展格局、产业空间布局等，普遍具有沿交通轴线集聚与扩散的规律。从纽约都市圈发展历程来看，其交通规划的发展是与城市化进程同步进行的，纽约都市圈内各城市是由这些网络化的交通串联起来的。此外，日本东京都市圈完善的立体化交通基础设施网络，也是支撑区域竞争力提高的关键基础：东京城市地下轨道交通有 14 条之多，再加上国铁 JR 的山手线（包括过境铁路，如京滨东北线、中央线、总武线等）、私铁等各类轨道交通，东京的城市轨道形成了一个十分便捷的交通网络。

四、差别化协调的产业发展是城市群高质量发展的核心动力

在各城市分工协作、优势互补的基础上，中心城市与周边城市形成产业层次明晰分工体系，实现城市间错位协同状况，从而使得整个城市群的综合功能远远大于单个城市功能的简单叠加。通过产业布局不断调整，拓展了城市群的经济腹地，通过产业链有效衔接，使得城市群内各城市间的产业布局构成了有机的整体。相对于一、二、三次产业的结构次序，世界先进城市群的产业布局呈现圈层化逆序分布形态：核心城市主要布局第三产业，中间环状地带主要布局第二产业，外圈层则主要布局第一产业。其中，中心城市实现由工业中心向服务中心的转变，以知识为核心的服务功能不断强化，并依循要素“集聚—扩散”规律带动城市群产业空间布局的调整与升级。

科学合理城市间分工协作格局，是纽约都市圈发展的主要经验之一（见表 10 - 10）。许多全球性金融机构总部均位于此。纽约率先创新金融制度，于 1863 年成为名至实归的金融中心；此外，纽约集中了许多美国大集团的总部和金融机构，也是服装、印刷、化妆品、机器制造、军火生产、石油加工和食品加工等工业中心之一。被誉为“美国雅典”的波士顿凭借高等学府的众多优势和历史人文条件，大力发展“大学产业”，使其成为一个智力、技术与文化的中心。费城和巴尔的摩的现代化工业依托于密集的高效铁路线和公路线。费城的重工业和巴尔的摩的冶炼工业，如火力发电厂、化工厂、冶炼厂、造船、军火、机械等工业也都非常发达。五大核心城市各具特色优势，差异化发展，相互支撑，形成了合理的区域分工格局和产业链，成为纽约都市圈发展壮大的基础和保障。

表 10－10 纽约都市圈五大城市产业状况

五大城市	主要产业	核心职能	美誉
华盛顿	信息、金融、商业服务、健康和教育服务、休闲旅游业、生物科技、国际商务	全美政治中心	—
纽约	金融、商贸、生产服务业	全美的金融中心、商贸中心	银行之都
波士顿	高科技产业、金融、商业、教育、医疗服务、建筑、运输服务	都市圈的科技中心	美国东海岸硅谷 美国雅典
费城	清洁能源、制药业、制造业、教育服务、交通运输	都市圈的交通枢纽和全国重要制造业中心	美国的鲁尔
巴尔的摩	工业制造业、商贸、服务业	制造业和进出口贸易中心	—

资料来源：冯怡康，马树强，金浩．国际都市圈建设对京津冀协同发展的启示［J］．天津师范大学学报（社会科学版），2014（6）：7－12.

五、统一化完善的法律体系是城市群高质量发展的制度保障

尽管一体化能够带来整体利益的增加，但不同地区很难实现效益均等化，导致不同利益主体之间出现利益博弈，甚至抵制有利于区域一体化政策的实施，此时有必要通过具有权威性和执行力的制度机构来进行协调，否则将影响区域整体效益的提高。因此，城市群的一体化协调机制建设，必须要有法律护航，即确保权威性的立法规定。法国的市镇联合体的协调模式、美国的城市政府协会及城市政府协议的协调模式、英国的大伦敦行政机构协调模式等，都有法律保障——有的是直接依靠专项的法律，有的则是以普通的法律为基础，使城市群之间的社会经济协调机制能够得到法律的支撑和保障。这一举措能够避免由多方行政法人组成的城市群协调机制，从而规避行政短期性和某些人为性因素。

为促进城市群的和谐发展，中央政府作为经济、政治整合的推手，直接参与关于经济发展、污染治理、交通建设、信息平台共建等方面的区域政策的制定：一方面减少政策贯彻过程中的阻力，另一方面能够平衡各行政主体的利益，达到“中心城市极”与“周围城市圈”的协调发展。如英国 1964 年创建“大伦敦议会”，专门负责大伦敦都市圈的管理和发展问题。为了促进首都圈的建设，1956 年日本国会制定了《首都整备法》，为首都圈的规划与建

设提供了法律依据。随后又相继颁布了《首都圈市街地开发区域整备法》（1958 年）、《首都圈建成区限制工业等的相关法律》（1959 年）、《首都圈近郊绿地保护法》（1966 年）、《多极分散型国土形成促进法》（1986 年）等多部法律法规，并在首都圈建设的不同阶段，对相应的法律法规进行修改完善。

第六节　研究启示与政策建议

在中国城市发展从“建城”向“联城”转变的过程中，伴随着全球竞争的加剧、中国经济从高速增长向高质量发展阶段转变，以城市群为载体推动经济社会高质量发展具有重要的现实意义。近年来，深化城市群一体化发展成为央地政府共识。基于长江三角洲的实证研究发现，多重主体协同推动的城市群空间扩容、水平深化呈现协同演进态势，且在推动城市发展过程中发挥着重要作用。但这一过程中的差异化效应，不仅可能带来区域发展差距固化，也并未显著提升城市发展质量的研究。因此，未来如何科学提升城市群一体化发展质量的研究，对于中国实现高质量发展具有现实迫切性。在相关研究基础上，本研究得到如下启示与政策建议。

（1）依托一体化推动高质量发展。研究表明，在城市依托要素集聚推动自身发展同时，也要重视通过强化城市间相互合作实现发展的重要价值，特别是强化与区域核心城市的互动。对此，各级政府要积极破除“地方本位”的发展思维，全面消除制约城市协调发展的体制机制障碍，协同构建支撑区域协调发展的政策。一方面，充分发挥区域规划的协调、引导作用，重点强化区域发展整体规划，率先在一体化交通设施共建、要素跨区域流动共推、协同发展体系共商等方面发力，积极营造更优越的一体化创新氛围。另一方面，充分认识到不同城市在创新网络中的差异地位，相关政策制度要坚持“因地制宜”“与时俱进”等原则，如以强化区域内产业链、创新链的协同为抓手，推动不同城市主导不同的环节，构建梯次联动、良性竞合的产业创新发展合力；如中心城市进一步提升关键节点地位，抢占前沿创新发展的发展高地，并推动创新成果溢出、异地转化；其他城市在强化创新要素投入的同时，构建跨界外部通道以强化与发达城市的创新合作，并通过将创新要素向部分城市集聚培育区域次中心、强化区域创新多层级网络，弱化空间溢出的“距离衰减”以实现更大区域的高质量创新协调发展。

（2）城市群一体化重点在于一体化水平的深化。近年来，随着政府引导与城市发展现实需求的综合推动，越来越多城市期望通过加入一体化区域，借势一体化的创新空间溢出效应等，实现自身经济社会发展水平的提高，而这也突出表现为城市群一体化区域空间扩容的加快。尽管融入区域创新发展系统是推动城市创新发展的可行举措；但是，区域创新发展空间溢出效应的多角度对比，特别是一体化深化的溢出效应增强、距离阈值变动的倒“U”形演变特征等，说明城市创新发展不应过度寄托于一体化“一纸文书”。对此，无论是“自上而下”规划引导，抑或“自下而上”城市主导的区域合作，一体化的重点在于强化制度改革、设施完善与产业合作等，以更好地提升一体化创新发展溢出效应，而非单纯地推动一体化区域的无序扩容。

（3）构建合理制度引导更高质量发展。随着经济从高速增长转向高质量发展阶段，越来越多学者意识到不同专利的经济社会发展效应，并开始注重对创新质量的关注。制度经济学等理论认为，制度决定了区域知识、技术获取能力、方向等，并对本地创新结构、区域创新格局等产生影响。政府在推动中国创新发展中发挥着重要的作用，但在中国制度仍不完善、创新水平依然不高的现实背景下，旨在促进创新发展的政策也可能导致创新活动短期化、创新行为“逆向选择”等负面效应；如《高新技术企业认定管理办法》将专利拥有量作为获得优惠税率，由于政府难以掌握专利的真实质量，加之政企专利质量信息不对称、政策短期化等，政策多将确定性较强的专利数量作为政府补贴、政策扶植等的依据，导致创新主体为“寻扶持”而创新、引发创新资源配置的扭曲。为破解这一难题，随着经济社会发展及其需求的演变等，政府宏观政策同样需要差异化考核、动态调整机制：从制度层面推动政绩考核改革，从注重短期绩效转向长期绩效、从增长速度转向发展质量，倒逼地方政府提高创新发展质量。与此同时，地方政府应充分考虑发展禀赋，制定符合自身长远发展的目标与举措，避免地方创新行为的短期化、低效化。通过优化中央政府政绩考核体系，加快建立专利质量评价机制、激励高质量专利产业化，倒逼地方政府由“为增长而竞争”转向“为和谐和竞争”，实现创新政策根本性转变。

（4）城市群扩容是否存在最优空间边界。熊彼特创新理论指出，市场规模扩大有利于企业在分散创新风险、提高创新效益等方面获得先发优势，进而促进创新水平提升，一体化是市场规模扩大的关键基础。尽管一体化能够显著促进城市发展，但随着新加入城市与中心城市距离的加大，一体化创新发展效应、空间溢出效应的明显下降等，均表明城市群扩容并非无限的。事实上，相关问题也引起学者讨论，如经济发展在需要强有力中心城市引导背景下，不顾发展实际盲目扩大城市群空间范围，不仅破坏区域要素集散均衡态势，导致城市加入一体化“成本—收益”的极大不均衡，甚至重蹈“上海经济区”失败告终的覆辙，不利于城市群良性发展。此外，相关测算发现，最佳城市群边界为距离中心城市高铁 2 小时范围内。因此，从现实发展与理论研究结合角度，科学测度城市群空间扩容的最优边界，进而推动城市群一体化广度、深度的协调发展，是支撑城市群更高质量发展的重要基础。

（5）加大对一体化负面效应的关注。一体化效应评估研究发现，不同类型城市获益存在明显差异，如城市规模越大、创新效应越强。这也提醒我们，一体化在促进城市发展同时，也会通过对不同城市产生差异化效应，给区域高质量发展带来负面效应。如在区域创新发展梯度明显、资源集散“马太效应”机制下，高端创新要素向发达城市集聚、低技术含量创新资源逐渐扩散，特别是高铁塑造的一体化交通网络带来的发达城市可达性提升、要素集散能力增强，都可能带来区域创新发展“核心—边缘”差距的固化，降低欠发达城市合作动力。因此，在借助一体化推动城市群经济增长、区域协调发展中，除发挥市场“无形的手”的效率最大化引导机制，也要积极发挥政府“有形的手”的公平调节机制。如何更好地权衡市场、政府力量的均衡，即采取多样化举措实现精准施策、推动城市群高质量发展，值得深入探究。

（作者：闫东升，南京大学长江产业经济研究院助理研究员）

第四篇

构建国内大循环的重要着力点

第十一章　共同富裕的理论和政策研究

全面小康社会建设解决了绝对贫困问题，社会主义现代化建设则要通过推进共同富裕解决相对贫困问题。现阶段存在的相对贫困问题不全在分配及分配制度。城乡差距、地区差距主要是发展问题。推进共同富裕需要效率与公平包容。推进共同富裕有多条途径。总的来说，第一，发展提供共同富裕的物质基础，也是缩小城乡、区域差距的基本路径。第二，收入分配制度改革和完善是实现共同富裕的基本制度安排，其中初次分配是基础性制度安排，再分配是导向，第三次分配是补充。第三，共同富裕突出劳动者能力提升基础上的人的全面发展意义上的现代化。

前言：共同富裕是中国共产党的初心和使命

中国共产党的初心和使命是“为中国人民谋幸福，为中华民族谋复兴”。中华人民共和国成立初期，毛泽东同志就提出：“现在我们实行这么一种制度，是可以一年一年走向更富更强的。这个富，是共同的富，这个强，是共同的强，大家都有份。”共同的富和共同的强就是共同富裕。

在不同的发展阶段，共同富裕水平有阶段性目标。主要原因是共同富裕需要生产力基础。

进入富起来的时代，邓小平同志明确指出，“贫穷不是社会主义，社会主义的本质是解放生产力，发展生产力，消灭剥削，消除两极分化，最终达到共同富裕”。当时，首要的任务是解放和发展生产力，允许一部分地区、一部分人通过诚实劳动和合法经营先富起来。在此基础上，人民的富裕水平取得了明显进展，但贫富差距逐渐扩大。

进入强起来的时代，面对着富起来的同时出现的贫富差距扩大问题，习近平同志对社会主义的本质作了更加明确的表述：“消除贫困，改善民生，逐步实现共同富裕，是社会主义的本质要求，是我们党的重要使命。”明确把消除贫困作为实现共同富裕的前提，同时把共同富裕提到了新的高度和议事日程。2021 年我国解决了绝对贫困问题。以此为起点的社会主义现代化解决的共同富裕问题有两个阶段性目标：2035 年基本实现现代化时，全体人民共同富裕取得更为明显的实质性的进展；2050 年全面实现现代化时，全体人民共同富裕基本实现。

2021 年 8 月，习近平总书记在主持召开的中央财经委员会第十次会议上强调共同富裕是社会主义的本质要求，是中国式现代化的重要特征，要坚持以人民为中心的发展思想，在高质量发展中促进共同富裕。

本章重点研究基本实现现代化阶段所要推进的共同富裕问题。

第一节　共同富裕着力解决相对贫困问题

中国共产党成立 100 周年的庆祝大会上习近平总书记庄严宣告：我们实现了第一个百年奋斗目标，在中华大地上全面建成了小康社会，历史性地解决了绝对贫困问题，正向着全面建成社会主义现代化强国的第二个百年奋斗目标迈进。

进入新发展阶段，实现共同富裕成为社会主义现代化的着力点。推进共同富裕的关键是准确判断收入差距扩大的原因。

第一，不同地区因自然原因及发展水平产生的差距。不同地区气候、资源、地理、交通等原因本来就存在自然差距。改革开放以后这种差距进一步放大为发展水平的差距。主要体现在两个方面，一是城乡二元结构，城乡居民收入差距从 1990 年 2.21∶1，扩大到 2020 年的 2.56∶1。二是先发展地区和后发展地区的二元结构，据统计，我国东、中、西部的人均收入比，2000 年为 2.42∶1.2∶1，2019 年差距缩小为 1.39∶1.02∶1，差距仍然偏大。如果将东部地区的城市收入与西部地区的农民收入比较，差距将会更大。

第二，由体制和政策原因产生的不同阶层的贫富差距。改革中实行效率优先政策和要素参与收入分配的体制。在这种分配体制中，储蓄能力强、技术水平高、经营能力强的个人，致富能力也更强，收入会更高。反之，致富能力则很弱。由此产生收入的分化。资本收益和投机暴富，又加剧了贫富两极分化的风险。

第三，不同行业的职工收入差距。据 2020 年数据，年平均工资最高的行业信息传输、软件和信息技术服务业是年平均工资最低的行业农、林、牧、渔业收入的3.66倍。如果按细分行业，最高和最低收入之比达十几倍。行业间的收入差距原因是多方面的。首先，是市场决定的资源配置及其调节的结果，不属于收入分配问题。其次，是不同行业的人力资本水平差异，在这里，缩小收入差距主要靠人力资本投资，增强劳动者技能和素质。最后，行业垄断和非合理收入造成的收入差距。

收入差距的扩大对共同富裕提出的挑战是绝对贫困问题解决了，但相对贫困问题突出了，主要表现是：

首先是居民收入差距处于高位。绝对贫困问题的解决，提高了低收入者的收入，但是高收入群体的收入增长更快。我国的基尼系数在0.47上下，明显高于0.40的警戒线。欧美发达国家的基尼系数在0.4上下时，人均GDP已经过了5万美元，而我国基尼系数在0.47水平时人均GDP才达到1.04万美元。意味着我国低收入人群体相对贫困问题更为突出。

其次是财富差距扩大。收入不平等正在向财富占有不平等转化。一部分人的金融资产收益和房地产收益显著增加，进一步拉动了财富基尼系数的增大。2017年我国居民人均净财富差距的基尼系数达0.61。财富基尼系数明显高于收入基尼系数。

再次是阶层分化和固化现象逐渐明显。阶层分化与阶层固化导致社会成员占有社会资源不平衡，财产占有不平等。现实中，社会阶层正呈现出代际传递性加强，同代交流性衰减的趋势。占有优势资源的社会阶层的父辈为了强化和保持自身的资源优势，会努力使其资源（资产，教育投资，人脉）在子辈中传承。资产、教育等资源的代际传递影响到就业机会、职业选择机会不公平，再加上劳动力市场不完善，存在阶层流动的壁垒，难以缩小同代人行业收入差距。基本公共服务在区域城乡的不平等配置也会造成阶层固化，阻断底层民众向上流动的空间和机会。

当前存在的相对贫困的人群主要是四大类：（1）务农的农民，尤其是后发展地区的务农的农民；（2）城市的失业者；（3）因病因灾的困难家庭；（4）低效益企业中无其他要素报酬收入的一线直接劳动者。共同富裕必须关注相对贫困人群和低收入群体。

推进共同富裕的底线是解决相对贫困问题。共同富裕的基本要求是绝不能出现习近平总书记所指的“富者累巨万而贫者食糟糠”两极分化现象。主要涉及两个方面：一是不同区域（包括城乡）在发展中实现共同富裕。二是不同阶层在改革中实现共同富裕。对缩小行业、群体收入差距的一般思路是

"提低，扩中，调高"。共同富裕的着力点和切入点是"提低"，扩大中等收入者比重。而对高收入不是简单的"调低"。要保护合法合规的高收入，保护高效率高贡献获取的高收入。需要调节的高收入是：以法治、反腐败来杜绝违法获取的高收入；通过反垄断和规范分配秩序来克服垄断高收入，包括通过规制改革将行政性垄断收入归国家；以有效的反垄断措施克服市场垄断行为获取的高收入。

第二节　社会主义现代化的共同富裕要求和测度

中国推进社会主义现代化明确以人民为中心的定位。人民群众在现代化进程中共享现代化成果就能体现共同富裕的要求。

人民群众对现代化的切身感受固然有纵向评价，即现在比过去富裕，但更为关注横向比较。生活水平、环境质量、公共服务这三个标准的相对水平的比较直接影响人民对现代化的评价。这三大指标的相对水平大体反映共同富裕水平。

共同富裕的前提是发展，不仅要做大"蛋糕"，还要做好"蛋糕"。进一步的要求是共享发展成果，"分好蛋糕"。如习近平总书记强调的，发展是解决我国一切问题的基础和关键，实现更加公平、更可持续、更加包容的高质量发展。

共同富裕有阶段性目标，基本实现现代化阶段要求全体人民共同富裕取得更为明显的实质性的进展：第一，城乡区域发展差距和居民生活水平差距显著缩小；第二，基本公共服务实现均等化；第三，中等收入群体显著扩大。具体可从以下四个方面测度。

1. 家庭收入和财富占有的差距明显缩小。共同富裕不可能完全消除富裕程度的差别。不仅允许对发展贡献大的更富裕一些，同时考虑到个人消费习惯、储蓄投资习惯、个人偏好，允许存在住房的面积、汽车的质量、衣食的质量等家庭财产的差异。但是这种差别必须处于"合理区间"。"合理区间"如何衡量？可以用平均数和大多数的关系来衡量。目前只是用"平均数"来反映各个地区的收入水平不能反映大多数人的收入是否达到平均数。只有大多数人的收入和财富达到平均数，才意味着共同富裕水平的提高。

2. 中等收入群体显著扩大。我国目前中等收入群体有4亿人，在世界上人数最多，但目前我国还是低收入群体占大多数的金字塔形结构。共同富裕就是要转向中等收入群体占大多数的橄榄型收入结构。中等收入群体比重的显著提升并达到大多数是我国实现共同富裕的重要标志。中等收入群体占人口大多数是缩小收入差距的结构性措施。中等收入群体扩大的基本路径是更多的低收入者通过收入增加进入中等收入群体行列，而不是高收入者降为中等收入者。

3. 公共品的享用水平均等化。习近平总书记说："我们的人民热爱生活，期盼有更好的教育、更稳定的工作、更满意的收入、更可靠的社会保障、更高水平的医疗卫生服务……"① 这些美好生活的需要大都是公共产品提供的。基本实现现代化对共同富裕可以提出无差别提供公共品的要求。纯公共产品的无差别提供应该是没有问题的。关键是解决需要享用者付费享用的非纯公共产品（准公共产品）的无差别提供问题。非纯公共产品主要涉及医疗、教育、公共卫生、公共交通、社会保障等。共同富裕有横向公平和纵向公平的要求。横向公平强调谁享用谁付费，纵向公平则强调根据支付能力付费享用公共产品。给全体人民无差别提供公共产品，反映公共产品享用的共同富裕。

4. 人的知识和技能共同富裕。这就是通常说的"富脑袋"。相对贫困说到底是能力的贫困。知识和技能的缺失是相对贫困的重要原因。根子在不同区域、城乡居民获取的教育资源尤其是优质教育资源不均衡。皮凯蒂在《21世纪资本论》中提出"教育与技术赛跑"的理论。共同富裕要求高等教育和职业教育与技术发展的步伐保持同步，居民享有平等接受教育的权利，增强共同富裕的能力。

富裕和贫困是相对的。富裕实现的过程也会伴随相对贫困的发生，但共同富裕进程会使相对贫困的标准发生变化，贫困的底线会不断被提高，相对贫困的底线标准提高到一定的水平后，共同富裕就得到实现。

克服相对贫困实现共同富裕的路径需要三个包容：第一，相对贫困不完全是收入分配问题，很大程度上与发展水平相关，因此实现共同富裕需要发展与改革包容。第二，共同富裕强调公平和共享，富裕水平的提高离不开效率，实现共同富裕需要效率与公平包容。第三，促进共同富裕需要有效市场和有为政府的包容。以有效市场促进效率提高，以有为政府促进共同富裕。

① 《习近平谈治国理政》第4页，外文出版社2014年版。

第三节　后发展地区在现代化跨越中实现共同富裕

针对城乡和区域二元结构，实现共同富裕主要涉及三大发展问题：区域二元结构现代化，城乡二元结构现代化和乡村振兴。从共同富裕的要求推进现代化，不能只关注城市和先发展地区现代化的先行，更要关注农村和后发展地区现代化的跨越，体现以高质量发展实现共同富裕的要求。

一、后发展地区“四化同步”的现代化

先发展地区大都是工业化带动其他“三化”。而在新发展阶段，后发展地区要实现现代化则需要“四化同步”。

一是新型工业化。就全国而言，新型工业化是要在制造业比重多年下降的基础上稳定制造业比重，包括工业基础高级化，以碳达峰和碳中和为目标的绿色化。对后发展地区来说，不仅要有此新型工业化的目标，还需要补工业化课，提高现代工业的比重，为实现现代化跨越积累发展能力。

二是城镇化。在全国范围，原来的农民进城意义的城镇化已经完成，农业劳动力转移达到“刘易斯转折点”。在此基础上推进的城镇化是人的城镇化，不仅要求城镇转移人口实现市民化，还要求留在农村的农民市民化，享受平等的市民权利。但在广大的后发展地区，城镇化率还不到50%，甚至更低。而且其城镇化的方向大都不在本地，而是进入发达地区城镇。这意味着后发展地区传统意义的城镇化并没有完成。当地城市少，城市小，城市功能弱，集聚不了发展要素。这是后发展地区经济落后的重要原因。后发展地区需要补城镇化课，在当地建设和发展城镇，推进城镇城市化，使其具有城市功能，起到集聚发展要素的作用。

三是农业现代化。后发展地区都是农业比重大的地区，农业现代化需要改变农业发展范式。由目前提供剩余农产品和剩余劳动力的剩余范式，转向品质和附加值范式，从根本上改变农业的弱势地位，增加务农农民的收入。后发展地区转向新的农业发展范式的短板和瓶颈是农业科技落后和经营农业的人力资本缺乏。既要引入科技要素，又要解决好谁来种田的问题，关键是吸引和培育新型农业经营主体，促使农业经营者以其包括人力资本在内的资本收益增加农业收入。加快乡村振兴是推进农业现代化的基础。

四是信息化。不仅要求信息产业本身达到国际前沿，还要为各个产业提供高级化的信息化基础，即信息化为其他“三化”赋能。信息化没有先发地区和后发地区之分。后发展地区要实现现代化的跨越，关键是在信息化上实现跨越，直接瞄准前沿信息化技术，发展现代信息产业，并且推进各个产业的信息化。

概括起来，后发展地区实现现代化的跨越需要四化同步：工业化引领，信息化赋能，城镇化和农业现代化补短。

二、先发展地区支持后发展地区的现代化，与后发展地区共同富裕

后发地区是现代化的“洼地”，其现代化缺乏内生的资源和动力：缺乏创新要素，缺企业家；人才不足，人才外流、创新人才进不来；基础设施落后，交通边缘化，难以吸引和集聚发展的要素。

习近平总书记提出建立彰显优势协调联动的现代化区域体系。彰显优势，指彰显先发展地区的先发优势，协调联动要求先发展地区与后发展地区在现代化上协调联动实现共同富裕，其路径是先发展地区为后发展地区提供现代化要素。主要包括：一是产业一体化，先发展地区把制造业等新项目落到后发展地区，以产业链布局形成产业一体化；二是创新一体化，先发展地区创新的成果到后发展地区产业化，形成科创到产业化的一体化链条；三是交通信息设施的一体化，重点规划和建设后发展地区连接先发展地区的现代交通信息设施；四是建双向的“飞地经济”，先发展地区到后发展地区建各类工业园区，后发展地区到先发展地区建研发机构。

先发展地区要素流向后发展地区不仅与市场调节方向相悖，而且遇到行政区域的阻碍。推进共同富裕的区域协调，需要调整区域发展政策。

第一，改革和发展政策更多向后发展地区倾斜。过去先行先试的政策都是面向先发展地区。需要调整思路，将改革发展政策更多向后发展地区倾斜。涉及现代化的示范区、试验区可考虑布局在后发展地区，并给予必要的政策支持，增强其获取先发展地区发展要素的能力和自我发展能力。

第二，适当放松对后发展地区的发展性限制。目前在碳排放指标、土地开发限制类政策，后发展地区面临与先发地区相同的约束。考虑到后发展地区实现现代化跨越的需求，应从实际出发，根据后发展地区所处发展阶段的特征，适当放松限制，为其提供一定的发展机会和条件。

第三，系统评价考核各地政绩。需要对各地政府的GDP统计、税收分享、

人才政策等方面作出一体化制度安排。制度不仅要打破行政壁垒，还应具有激励导向作用。

三、多方支持乡村振兴，与乡村共同富裕

我国的相对贫困人口主要集中在乡村，尤其是贫困地区的乡村。乡村振兴成为克服相对贫困的着力点。乡村振兴需要乡村之外各方的支持。其基本路径是乡村以外的发展要素进入乡村，实现同乡村共同富裕。主要涉及三个方面：

首先，乡村振兴离不开农业现代化。农业现代化的关键是引入现代生产要素，包括现代农业科技和知识型新农民。实现乡村振兴与农业现代化互动。农业现代化为乡村振兴提供产业支撑，乡村振兴则为农业现代化吸引现代生产要素。

其次，乡村要吸引外界发展要素，最为迫切的是改善乡村的居住和卫生条件。改善农村人居环境，改善农房质量，农村改厕，生活垃圾处理和污水治理。完善乡村水、电、路、气、通信、广播电视、物流等基础设施。所有这些基础设施建设，现有的乡村尤其是后发展地区的乡村是无力承担的，需要政府和社会来承担。这是推进共同富裕的必要投入。

最后，乡村振兴需要城镇化的支持。先发展地区是在城镇化达到较高水平后实施乡村振兴战略的，其乡村振兴有城镇的支撑。而后发展地区城镇化相对滞后，其乡村振兴得不到城镇的支撑。因此，而在后发展地区，城镇化滞后，乡村振兴得不到城镇的支持，难以通过城镇获取发展的要素。乡村振兴的目标就难以实现。因此，在后发展地区先要有城镇振兴，才会有乡村振兴。要在乡村所处的城镇进行城市化设施的建设。使乡村振兴有城镇化的依托，实现城乡一体化发展。所有这些对乡村振兴的支持，是城乡共同富裕的必要途径。

第四节　完善要素报酬机制实现效率与公平的包容

以共同富裕的思路处理效率和公平的关系，就是要实现效率与公平的包容：一方面改革开放以来形成的促进效率的分配体制不能轻易放弃，另一方面加大力度在分配机制上共享发展成果。

在现行的分配体制中，无论是要素报酬还是按劳分配实际上都包容公平和效率。推进共同富裕意味着这两种分配机制在坚持效率要求的同时，放大其中的公平要求。

要素报酬的体制优势在充分动员私人所有的要素并提高要素效率，要素按贡献参与分配的原则不但需要继续坚持，还有进一步完善的空间。主要是完善要素贡献的评价机制。各种要素参与收入分配的份额不仅取决于投入，更要取决于各自对经济增长的贡献。由市场评价各种要素的贡献，按贡献大小来决定要素报酬，促进知识、技术和数据等贡献大的优质要素的供给。这是与效率一致的公平。

由于不同个人所拥有的要素存在很大的差别，要素报酬也成为收入差距扩大的原因。根据共同富裕要求，需要以起点和过程的公平来弥补分配结果的不公平，可从以下三方面入手。

首先，以机会均等缩小结果的不公平，机会均等即过程公平，包括：发展机会的均等，投资机会、就业机会均等，竞争机会均等，公平竞争，获取市场资源和信息的公平。其共同富裕的意义在于使所有社会成员都有平等的依靠奋斗实现富裕的机会。

其次，以起点公平缩小结果的不公平。缩小收入差距的路径不是否认生产要素参与收入分配，而是要在分配中增加直接劳动者的非直接劳动要素供给，使直接劳动者的收入随着他拥有更多的非直接劳动的生产要素的投入而提高。正如生产资料所有权可能混合一样，生产要素的所有权也可能混合，劳动者应该成为多种生产要素的所有者。其路径是加大对劳动者的人力资本投资，教育公平、高等教育的大众化可能使劳动者能够获取知识和技术要素，在其提供劳动要素的同时也能提供技术和管理等要素，从而增强富裕的能力。

最后，缩小财产性收入差距。在社会主义市场经济条件下的共同富裕不能走剥夺私人财产的老路，但要实现公平，就要多渠道增加城乡居民的家庭财产，创造条件让更多群众拥有财产性收入，就是使直接劳动者也成为有产者。其路径包括：以企业员工持股，知识产权股权等方式形成资本所有者和劳动者的利益共同体；探索通过土地、资本等要素的所有权、收益权来提高中低收入群体的收入；鼓励创新创业，使劳动者也能够获取知识产权收入和资本收入；推进土地“三权分置”改革，使农民得到土地财产权收益。

因此，劳动收入和劳动者收入不是同一概念。虽然各种生产要素参与收入分配后，劳动报酬在收入中的比重会下降，但劳动者在获得劳动收入同时也能获得更多的其他要素的收入，这是劳动者在要素报酬机制中的富裕途径。

第五节 坚持按劳分配为主体，鼓励勤劳致富

要坚持社会主义，扎实推进共同富裕，就必须坚持按劳分配为主体。自生产要素参与收入分配以后，各种数据都表明劳动报酬占 GDP 的比重呈下降趋势。这能否说明目前按劳分配不再成为主体了呢？关键是科学判断按劳分配收入的内涵和外延。

目前参与收入分配的要素包括资本、劳动、知识、技术、管理和数据。这里的劳动只指生产一线的劳动者的劳动，其参与分配的收入即直接劳动收入。千万不能认为按劳分配收入只是指这部分直接劳动收入。参与收入分配的要素中知识、技术、管理和数据要素在马克思的理论中均属于总体的生产劳动，从事这些劳动的是“总体工人”。而且这类劳动是复杂劳动，得到的收入也是劳动报酬，而且是复杂劳动的报酬。基于这种认识，按劳分配为主体就不能只是指直接劳动的收入，还应该包括技术、管理和数据的收入。即使是在要素参与收入分配的结构中，按劳分配仍然居主体地位。

但是直接劳动者所占比重下降的问题仍要重视，必须关注直接劳动者同其他要素所有者的共同富裕。这就要求在初次分配领域处理好公平和效率的关系。核心是提高“两个比重”，即提高居民收入在国民收入分配中的比重，提高劳动报酬在初次分配中的比重，尤其是后一个比重。对此强调三点：

第一，准确评价直接劳动在企业效率提高中的贡献，使劳动报酬和劳动生产率的提高真正同步增长。应该承认，效率的提高很大程度上归功于技术和管理要素的作用，经济结构的变革，特别是机器人和人工智能的应用。但归根结底还是劳动过程的组织和技术的巨大成就，归结为劳动效率的提高。生产一线人数减少后的劳动者也应公平合理地分享到增长的成果。社会主义的分配原则是资本和劳动共享效率提高的成果，在初次分配领域保障劳动者的权益，保护劳动所得，尤其是保护各尽所能的效率提高中的劳动所得。

第二，准确认识劳动者的必要劳动范围。根据马克思的理论，社会主义社会劳动还是谋生的手段。谋生内容即马克思说的必要劳动。在生产一线的劳动者的劳动报酬的增长不只是限于其劳动贡献，还应该包含体现谋生要求（即必要劳动）的内容。且谋生的内容随着社会进步而增长，例如以前手机、彩电对劳动者而言是奢侈品，现今成为必需品。因此劳动报酬也必须相应增长，除此以外，作为谋生手段的工资水平还要考虑通货膨胀率。所有这些决

定企业职工最低工资水平和工资正常增长的程度。

第三，非公有制经济也有按劳分配的要求。混合所有制成为基本经济制度的实现形式后，按劳分配理应成为其分配的主体方式。而对完全的民营企业来说，处于社会主义社会的环境之中，企业主也有同职工共同富裕的企业责任，因此其分配也需要在一定程度上反映按劳分配要求，需要完善企业工资集体协商制度，保护劳动所得，在制度上保证职工的基本权益。

以上分析的是已就业的劳动者的勤劳致富问题。现实中相对贫困的人口主要是失业人口。就业是民生之本，充分就业是“共同富裕”的基石。推进共同富裕需要实施就业优先战略和更加积极的就业政策，促进创业，创造平等就业环境，实现更高质量的就业。

特别关注机器人和人工智能等新技术应用后的就业问题。人工智能是推动科技跨越发展、产业优化升级、生产力整体跃升的驱动力量。现阶段人工智能的研发和应用有两种偏向：一是偏向科技进步，二是偏向劳动节约。这就有个技术进步的偏向选择问题。

偏向节约劳动型的人工智能应用促使大量原本由人从事的工作转移到由机器人负责，目前集中于物料搬运、组装等价值链低端岗位，生活性服务业中的低端岗位。这就挤出了众多的劳动力就业。被挤出的劳动者在短期内难以重新匹配到技能要求高的岗位，其结果是，一方面造成低技能劳动力大批就业岗位丧失，加大共同富裕的压力；另一方面在创新资源有限情况下，偏向科技进步的创新要素严重不足。使依靠智能技术研发的高端芯片、精密机器等关键设备为代表的新科技和新产业发展滞后，自主创新能力不足。中国是人口众多、就业压力大的国家。从实施就业优先战略和自立自强的科技战略考虑，人工智能的应用方向不是急于在价值链低端环节上替代现存的数量较大的低技能劳动力，而是更多地应用于科技进步，突破“卡脖子”技术。

当然，适应科技进步的方向，需要“教育与技术赛跑”，加强对低技能劳动力的教育和培训，使其技能适应全球价值链中高端环节的技能需求，从而使其技能提高与低技能岗位被替代同步，以提高就业能力实现充分就业。

总的来说，坚持按劳分配为主体和完善要素报酬实际上是在初次分配领域就处理好公平与效率的关系，也就是在初次分配领域打好共同富裕的基础。

第六节　政府在再分配环节对共同富裕的主导作用

在社会主义现代化进程中实现共同富裕，关键在政府主导的再分配环节。

政府主导的再分配主要涉及税收和公共产品的供给。这两个方面正是政府主导推进共同富裕的基本路径。

一、享用基本公共服务的公平权利

在社会主义现代化国家，不同家庭享用公共产品和基本公共服务的权利应该是充分的、无差别、公平的。

对教育、医疗卫生、公共交通等公共品居民会通过不同程度的付费的形式享用。谁消费谁付费，多消费多付费，体现受益原则和公平原则，也是解决公共产品供给充分性的必要途径。政府的公共性职能一般致力于两个方面的作为。一是规范收费。通过有效的价格监管制度和机制，防止以垄断性价格行为侵害消费者的利益。二是增加供给，减轻拥挤程度。增加拥挤性公共产品公共性投资。从共同富裕考虑，对准公共产品的供给需要突出解决两大问题。

第一，促进优质公共服务资源如优质教育资源和医疗资源在城乡、区域配置均等化。其途径是基本公共服务的供给能力与当地的GDP和财政收入脱钩，中央财政的转移支付重视提高后发展地区的基本公共服务的能力。

第二，付费享用基本公共服务不能只是限于谁消费谁付费的横向公平，还需要纵向公平，付费享用非纯公共产品看起来是公平的。但支付能力差别导致公共产品享用的不公平。公共产品的费用按支付能力负担，支付能力强的多负担，支付能力弱的少负担。将这两种公平原则结合起来定义教育和医疗公平，就有两方面含义。一方面，接受教育和医疗就要付费，接受优质的教育和医疗就要付更高的费。这是横向公平。另一方面，每个人都有接受教育和医疗的公平权利。低收入家庭不能因贫困而丧失这个权利。政府既要增加优质教育和医疗资源的供给，减轻此类事业单位以收抵支的压力，平抑公共性教育和医疗的价格，更要加大对接受教育和医疗的低收入家庭公共财政的救助，保证中低收入人民能够公平享受到基本的公共服务。这是纵向公平。

二、社会保障制度建设

针对相对贫困群体的社会保障是实现共同富裕的重要途径。脱贫攻坚的重要目标是义务教育、基本医疗、住房安全三保障。共同富裕是要在此基础上进一步提升，一方面是这三保障水平要进一步提高，另一方面社会保障的范围要进一步扩大，特别是需要增加基本养老保险的内容。应对人口老龄化，建立多种方式的社会养老服务体系。

必须承认，我国现行的社会保障水平与北欧福利国家还存在着明显的差距。但它们是在实现现代化以后的福利水平，我们是在推进现代化的进程中就要提供社会保障，特别需要强调我国的社会保障不是养懒人的福利制度。根据共同富裕的要求，建立社会保障制度，第一坚持公平原则，社会保障必须全国、城乡全覆盖。第二体现可持续原则，社会统筹和个人账户相结合，完善个人账户制度，特别要健全社会保障财政投入制度，要逐步增大国家支付的比重；同时推进保障基金市场化、多元化投资运营，促使保障基金保值增值。第三，构建包含企业年金、职业年金、商业保险的多层次社会保障体系。尤其是商业性保险需要有大的发展。

三、增强政府的再分配能力

共同富裕所要求的基本公共服务的供给不仅要无差别，还要充分。这就涉及公共财政能力的提升及相应的再分配能力问题。其路径主要有以下几方面。

第一是完善税收制度。从一定意义上说税收是享用公共品的代价。累进的所得税制度和累进的财富税制度，实际上是从高收入者那里获取的税收收入用于增加低收入人群的公共产品供给。这种转移支付是推进共同富裕的再分配方式。

第二是调整公共品供给结构。随着经济发展，居民对教育、医疗、卫生健康等方面需求会产生结构性变化。教育、医疗、公共交通、保安等需求中可以分离出适合高收入阶层的高端需求，转为市场需求，这部分高端需求可以由市场来供给。政府可以集中财力用于满足并提升居民在义务教育、社会治安、公共卫生、基本医疗等方面的公共需求。

第三是利用市场经济。现实中无法满足的公共产品需求主要是结构性的。要提高公共产品的供给能力，除了政府加大投入外，需要允许私人和企业进入公共产品的供给领域，弥补公共产品供给的不足。但是私人或企业进入会产生公共服务的市场性与公平性的矛盾。克服此矛盾的途径，一是提供基本公共服务的部门坚持以公有制为主体，其从事公共卫生医疗服务需要得到公共财政支持。二是，在私人资本作为补充进入基本公共服务领域后，政府及其公共财政要坚守公平原则，并能保持导向性，防止公共性行为被私人“俘获”。

推进共同富裕不能忽视第三次分配，但不能理解为“劫富济贫”，也不能寄予过大希望。第三次分配是在自愿基础上，以募集、捐赠和资助等慈善公益方式对社会资源和社会财富进行分配。尤其是在救灾、济贫、助学等方面第三次分配发挥着重要的作用。发挥第三次分配对共同富裕的作用，重要的是社会道德水准的提高，慈善文化的弘扬，特别需要有相应的税收等方面的政策激励。从总体上说，现阶段第三次分配的作用是有限的，需要培育。相信其作用随着社会进步会逐渐增大。

第七节　结论

我国全面建成小康社会解决了绝对贫困问题，社会主义现代化建设则要通过推进共同富裕解决相对贫困问题。现阶段存在的相对贫困问题不全在分配及分配制度。城乡差距、地区差距主要是发展问题。推进共同富裕需要效率与公平包容，一方面要以相对贫困人群富裕为目标，另一方面要着力于提升其发展能力。因此推进共同富裕有多条途径。一是城乡、区域的共同富裕靠高质量发展；二是不同阶层的收入差距则要靠分配制度的改革。其中包括完善要素报酬制度，坚持按劳分配为主体，放大这两个制度安排中的公平功能。政府主导的再分配主要涉及税收和公共产品的供给。完善累进的所得税和财富税，基本公共服务充分而无差别供给是政府主导推进共同富裕的基本路径。三次分配中，初次分配中处理好公平与效率的关系是基础，政府主导的再分配对共同富裕起导向作用，第三次分配则是有益补充。

总的来说，对推进共同富裕来说，第一，发展提供共同富裕的物质基础，也是缩小城乡、区域差距的基本路径。第二，收入分配制度改革和完善是实现共同富裕的基本制度安排，其中初次分配是基础性制度安排，再分配是导向，第三次分配是补充。第三，共同富裕突出劳动。

（作者：洪银兴，南京大学长江产业经济研究院名誉理事长、学术委员会主任、中国经济转型研究方向首席专家，南京大学原党委书记

杨玉珍、夏明、刘敵仁，均为南京大学长江产业经济研究院特约研究员、南京大学博士后）

第十二章 新发展格局下产业政策转型创新研究

本章旨在基于产业政策主体视角对中国产业政策的制度背景、发展模式及发展特点进行探讨。中国产业政策主体有中央政府和地方政府两个层面。从行为主体来区分，中国的产业政策也可以分为两类模式：第一种模式是“纵向行政指令”模式，即中央政府制定产业政策，地方政府根据中央政府指令制定相应的配套措施落实中央政策；第二种模式是“横向竞争割据”模式，即地方政府为促进本地区产业发展，在竞争中立于不败之地而独立出台产业政策或对中央产业政策层层加码以制造“政策洼地”。中国产业政策“纵向行政指令”模式和“横向竞争割据”模式具有“中央地方非一致性”以及“地方竞争割据性”这两大典型特征。

第一节 引言

20世纪80年代以来，中国学习日本经验开始推行产业政策。从整体上看，产业政策的实施在很大程度上释放了微观经济活力，促进了产业发展和转型，但依然存在对微观经济主体的大量干预，不良政策效应也不断显现，甚至还出现了较为严重的寻租问题。新格局发展视角下，传统的产业政策体系严重阻碍了中国产业链重塑和现代体系构建，因而需要推动产业政策体系转型创新，重构更加基于市场、更有效的产业政策体系。

现有中国的产业政策体系主要包括了产业结构政策、产业组织政策、产业技术政策、产业布局政策和对外开放政策，系统性的产业政策创新转型理应包括以上各个层面。中国也在上述各层面进行了探讨性的转型创新。以产业组织政策为例，传统产业组织政策是以做大企业规模、提高市场集中度为主要政策目标，例如，“十三五”规划明确提出“鼓励企业兼并，形成以大企业集团为核心、集中度高、分工细化、协作高效的产业组织形态”，这主要是基于“避免过度竞争”“规模经济”“打造本土大型企业增强国际竞争力”和“提高集中度避免产能过剩”，但这种“扶大限小”的政策导向限制了市场公平竞争，一定程度上导致了大量低效重组，并且有规模经济绝对化倾向，将市场结构和市场绩效简单等同起来。因此，“十四五”规划则对产业组织政策目标进行了调整和转型，指出“实施领航企业培育工程，培育一批具有生态主导力和核心竞争力的龙头企业”。推动中小企业提升专业化优势，培育专精特新‘小巨人’企业和制造业单项冠军企业”。这也意味中国已经把“提高集中度和扶持大企业”的目标转为扶持“龙头企业”和“专精特新”小企业，促进不同规模、不同所有制企业公平竞争，以市场竞争及优胜劣汰来推动产业组织结构自发的优化。

不同于现有的相关研究，本研究立足点是产业政策主体，基于产业政策主体视角分析中国产业政策的模式问题。本研究旨在基于产业政策主体视角对中国产业政策的制度背景、发展模式及发展特点进行探讨，并对日本和美国的产业政策进行了比较分析。

第二节　中国产业政策的制度背景及发展模式

一、中国产业政策制度背景

改革开放以来，我国从传统的计划经济体制向社会主义市场经济体制转型。为激励地方官员致力于辖区内的经济发展，中央对政府之间的权力和利益分配进行了重要调整，在遵循中央统一领导的原则下，通过分权来调动地方政府进行经济建设的积极性和主动性。横向层面，采取从沿海向内陆渐次放权的战略；纵向层面，采取逐级下放的方式将经济管理权力和部分行政管理权力授予地方政府，财政体制也从“统收统支”“财政承包制”到最后形成“分税制”。在这一过程中，地方政府的利益逐渐形成。地方官员由于同处于一个竞争“赛道”，会动用地方一切资源来追求政绩最大化，形成了地方政府之间的“恶性竞争”。此外，财政包干体制的传统强化了地方的财政和经济激励，在推动产业发展的过程中各地方常常各自为政，保护所辖区域的资源、市场和税基。

产业政策模式在很大程度上受政策制定行为主体及其行为特征的影响。中央政府是政治人的角色，重点关注整体利益和社会福利最大化；而地方政府则兼有政治人和经济人双重角色，追求地方利益最大化和官员个人利益最大化。从行为特征来看，中央政府追求整体利益和长远利益，地方政府通常会在政策制定时有机会主义行为，追求的更多是短期利益。因此，在最终制定产业政策方向时，中央政府的重点是工业化及工业强国战略，追求本国产业优化升级和国际竞争力的提升，地方政府关注的大多是本地区产业结构优化升级、区域产业竞争力提升及地区经济增长。

二、中国产业政策模式：纵向行政指令和横向竞争割据

中国的产业政策是分层、分级治理，除中央政府外，地方政府（主要是省级政府）也有制定、实施产业政策权限，因此带来了产业政策多层次性：第一层主要包括党代会报告、五年规划纲要等；第二层是国务院颁布的产业政策、产业发展和结构调整目录以及国务院各部委颁布的各项政策措施；第三层是各级地方政府及部门所颁布的地区性产业政策。产业政策形式通常是规划、报告以及各种决定、建议、行动方案、指导目录、通知、意见、公告、办法等。

因此，产业政策的制定主体有中央政府和地方政府两个层面。从行为主体来区分，中国的产业政策也可以分为两类模式：第一种模式是“纵向行政指令”模式，即中央政府制定产业政策，地方政府根据中央政府指令制定相应的配套措施落实中央政策；第二种模式是“横向竞争割据”模式，即地方政府为促进本地区产业发展，在竞争中立于不败之地而独立出台产业政策或对中央产业政策层层加码制定相应的措施。

（一）产业政策的“纵向行政指令”模式

“纵向行政指令”模式的产业政策由中央和地方两个层级配合实施。在组织形式上，通常由中央政府推出严密详尽的总体规划，负责制定产业政策的大政方针，围绕总体纲领，各部门根据分工层层贯彻细化落实来开展工作，与总体规划形成配套。具体实施则是中央政府下达行政指令，各级地方政府接受指令负责具体实施和落实。

因此，这种采用行政指令制度实施的产业政策在行政权分配、财政支出和考核控制方面具有自身独特性。

第一，在行政权分配方面，中央政府直接给地方政府下达指令。产业政策的实施过程可以分为两个较为独立的阶段：中央政府制定阶段和地方政府执行阶段。从中央层面产业政策制定过程看，国务院部委主要组织和起草重要和全局性的产业政策，跨部门的产业政策则由“牵头部门”和“辅助部门”共同制定。中央政府从社会最优角度出发，制定了具有全局指导意义的产业政策，地方政府必须按照上级指示来落实产业政策。所以地方政府在具体实施产业政策时，要面临多个指令方，承担多重任务。地方政府会基于自身利益得失来因地制宜地执行政策目标，在产业政策的实施过程中拥有自主裁量权和任意处置权，因此会优先落实国务院所制定的重要产业政策，对处于同一级别部委所制定的产业政策可能会消极应付和走形式。例如调研表明，某地级市副市长反映，2017 年签转了 17 个信息化方面的文件，但没有一个文件在当地落地。

第二，在财政支出方面，产业政策实施过程高度依赖于地方政府的财政能力。虽然有些中央产业政策会设立专项资金，但是大部分中央政府制定的产业政策的任务和目标需要地方政府依靠自己的财力和资源来解决财源问题。对于上级所制定的产业政策目标，地方政府需要全力调动自身的财政和其他资源来完成相应任务。由于来自中央的转移支付相对有限，区域发展主要依靠的是地方财力。当地方政府的财力和资源不足以支持产业政策落实时，会出现地方产业政策实施与中央产业政策的分歧。此外，中央政府制定的产业政策往往具有前瞻性。如果中央产业政策与地方产业发展比较优势一致，可以通过实施此类产业政策来增加地方政府的财政收入，则地方政府会认真贯彻中央政策；反之，地方政府就会弱化中央产业政策在地区的实施力度。

第三，在考核控制方面，产业政策效果评估是一种结果导向型。中国长期沿用的“属地管理”原则强调“谁主管，谁负责”，产业政策的实施过程也不例外。中国各地经济发展水平和地区优势差异性较大，中央政府制定的产业政策难以与各个地方的经济发展条件进行相应匹配，对产业政策的执行过程也无法进行有效的监督，只能依赖最终产业发展状况来进行考核和控制。负责产业政策具体落实的辖区行政官员，会运用手中的自由裁量权和实际控制权来优先达成容易量化的政策目标，对于难以达成的政策目标会采取拖延的方式应付。

（二）产业政策的“横向竞争割据”模式

长期以来，地方政府对于 GDP 的锦标赛竞争被认为是中国经济增长奇迹的动力之一。有学者认为，区域经济发展最终取决于辖区内的政企合作，因此，地方政府的 GDP 竞争最终表现为地方政府为了辖区内产业发展而采取的政策竞争。

第一，地方官员有强烈的动机利用产业政策推动辖区内企业和产业发展。虽然中共中央组织部对地方官员考核体系进行过多次结构性调整，但是经济发展绩效依然是地方官员为之努力的目标，因为该“硬性”指标在任期有限的情况下相较于其他指标时间成本更低且成效明显。市场经济体制中，地方官员无法直接干预辖区内企业所参与的市场竞争，只能通过使用产业政策的手段来提高所辖企业的市场竞争力。

第二，零和博弈的政治晋升压力导致地方政府的产业政策实施具有割据性。“下管一级”的人事任命制度意味着同一行政级别的属地官员同处于一个竞争单元，在晋升岗位有限的情况下，一个官员的晋升意味着另一个官员晋升机会的丧失。所以地方官员之间的合作空间非常狭小，并且官员的这种行为会传导到产业政策。地方产业政策会通过创造“政策洼地”来为辖区内的企业创造良好的发展条件，通过对外地企业实施“歧视性”政策来变相提高本底企业的竞争力，从而推动本地区经济发展。在官场竞争的压力下，地方官员没有动力推动地区之间经济合作和一体化发展，最终导致了地方割据型产业政策。

第三，地方政府竞争割据的产业政策实施并非直接干预，而是采取市场化手段。地区产业发展离不开其所在地的制度环境。地方政府是所辖区域的经济枢纽，掌管着地区的经济资源并负责制定相应的行政法规，在某种程度上决定着企业的发展轨迹。此外，地方政府在选择性产业政策以外，尽可能发挥功能性产业政策的作用，为企业成长和产业发展提供良好的环境，如改善基础设施、通过教育培训提升人力资本、完善营商环境等。

第三节　中国产业政策的特征事实：中央地方非一致性和地方竞争割据性

一般而言，中央政府从全社会经济发展的角度来制定产业政策，往往具有全局性和指导性；地方政府作为产业政策具体实施主体，在制定产业政策时会结合本地现实情况，往往具有特殊性和针对性。在经济资源有限的情况下，追求政绩最大化的地方政府会面临激烈的竞争，从而将产业政策的跨区域合作和整合功能维持在最低水平。因此，中国产业政策“纵向行政指令”模式和“横向竞争割据”模式使中国产业政策具有“中央地方非一致性”以及“地方竞争割据性”这两大典型特征。

一、中央和地方产业政策的非一致性

理论而言，中央和地方应该合作推动产业政策的顺利实施，但由于利益取向不同，中央政府追求整个国家利益的最大化，希望地方政府能按照其政策初衷来贯彻落实产业政策；地方政府追求本地利益最大化，会根据所辖区域的资源禀赋以及经济发展状况来具体实施产业政策，产业政策在实施过程中存在中央和地方的非一致性。

（一）中央政府和地方政府产业政策实施时间的非一致性

通常而言，产业政策由中央政府先制定颁布，地方政府据此出台配套政策具体实施，但地方政府更熟知本地产业发展状况和发展潜力，会早于中央出台相关政策来支持某些产业和某些区域的发展，形成“自下而上”的产业政策路径。例如昆山开发区，1984 年在未被上级和中央政府授权和接受的情况下率先由昆山县政府兴办，走出了一条“自下而上”的政策道路，此后到 1991 年被江苏省批准为省级经济技术开发区，1992 年成为国家级经济技术开发区。以大数据产业为例，贵州省也走在了国家前列，2015 年设立了全国第一个大数据交易所，2016 年在全国率先出台《贵州省大数据发展应用促进条例》，该条例是国内利用地方性法规推动大数据发展应用的创举，国家虽然在 2015 年 8 月印发了促进大数据发展行动纲要的通知，但到 2016 年颁布的“十三五”规划纲要中才提出要实施国家大数据战略。此外还有半导体产业，广东通过一些领先举措奠定了其在半导体产业中的重要位置，2007 年启动绿色照明工程，2008 年实施了“千里十万”大功率 LED 路灯示范工程，这两项工程均早于中央政府 2009 年的“十城万盏”工程。2009 年广东省还在国家 LED 技术标准滞后的情况下，出台了中国首个 LED 路灯地方行业标准《广东省 LED 路灯地方标准》。

（二）各地方政府对中央产业政策落实力度的非一致性

中央政府是基于全国产业发展状况来制定产业政策的，但各地区的具体情况存在差异。地方政府在政策执行过程中会出现策略性行为，利用自身的信息优势来对产业政策的实施情况进行适应性调整。当中央产业政策支持领域与地区产业发展特色不符时，地方政府通常只会出台形式上的政策而无实质性落实；而大多数情况下，地方政府为了在产业发展中抢占先机，会实施强度更大的优惠政策，层层加码加大对本地特色产业的支持力度，促进该产业发展，但也可能带来产能过剩问题，而最终又需要中央政府再次出台相关政策来对地方政府的产业政策予以一定限制，防止恶性竞争。

例如，在虚拟现实（Virtual Reality，VR）产业方面，工信部发布的《关于加快推进虚拟现实产业发展的指导意见》明确指出要发挥地方政府的作用，“加强对地方工作的指导协调，引导地方结合实际出台配套政策和具体落实措施”。但是在地方政府的产业政策中，除了江西省明确针对虚拟现实产业发布了政策文件，其他省份都是在相关产业中间接提到了大力发展该产业，并且产业政策大多是宏观性的规划、计划、方案等方向性指导意见，缺乏全面、直接、具体、可操作和落实的地方专项产业政策。在光伏产业方面，中央政府一直高度关注该产业的发展并积极出台政策引导，而地方政府的态度则从消极转变为积极响应。在最初发展阶段，无锡尚德和保定英利都获得各地政府的有限支持，而随着光伏市场的蓬勃发展，地方政府又过度出台政策推动产业发展，最终导致光伏产业产能过剩。在新能源汽车消费方面，地方政府积极采用各种补贴手段来提高新能源汽车需求，最终导致中央政府于2016年发布《关于调整新能源汽车推广应用财政补贴政策的通知》，要求地方补贴（地方各级补贴总和）不得超过中央财政单车补贴额的50%。

地方产业政策的“加码”行为不仅出现在促进消费方面，也出现在鼓励研发方面。例如《广东省人民政府办公厅关于印发广东省加快半导体及集成电路产业发展若干意见的通知》指出，“激励半导体及集成电路企业加大研发投入，对于研发费用占销售收入不低于5%的企业，在全面执行国家研发费用税前加计扣除75%政策的基础上，鼓励有条件的市对其增按不超过25%研发费用税前加计扣除标准给予奖补，省科技创新战略专项资金可在市奖补的基础上按1:1给予事后再奖励”。

（三）各地方政府与中央政府在产业政策内容关注点层面的非一致性

从中央层面看，中央政府在制定产业政策时会统筹全局，政策制定通常具有前瞻性，除考虑经济因素外，还需要考虑安全因素，在推动产业快速发展的同时考虑发展可持续性等问题。地方政府官员则由于任期的影响而相对短视，通常希望在有限任期内推动相关产业快速发展，会把产业政策实施的重点放在能够产生更多即时收益的“短平快”项目上，进而导致两者在政策制定和实施时出现分歧。

例如，人工智能产业发展，中央政府不仅注重该产业的经济效益，也重视产业发展所面临的安全性问题，国务院发布的《新一代人工智能发展规划》中，有具体政策条目涉及人工智能的安全性和伦理性，但是在各省的实施计划、行动或意见中，对人工智能的伦理问题几乎没有涉及，对安全性方面的设计也存在很大程度上的不足。其他相关产业也有类似情况。如为促进规范光伏产业的有序发展，国家相继发布了《多晶硅行业准入条件》《光伏制造行业规范条件》《光伏制造行业规范条件（2015 年本）》等文件来提高光伏产业的准入标准，但地方政府在落实中央政府有关环保、技术、能耗等方面的规制政策时都有所保留或者突破，影响光伏产业长期健康发展。

二、地方政府产业政策的竞争割据性

为在 GDP 竞争中立于不败之地，各区域之间的产业政策也倾向于“重竞争、轻合作”。面对中央政府的考核，各地方政府在产业政策的具体执行过程中会竭尽全力帮助本地企业在有限的经济资源中争取更大的利益，最终形成竞争割据性的地方产业政策。

（一）在落实中央产业政策时，地方政策目标、手段和重点内容严重趋同

在央地关系中，中央通常采用单一维度的评价指标来对地方产业政策效果进行评估，这意味产业政策的效果能否被准确识别在地方政府的产业政策执行中占有重要位置，因此针对中央的产业政策，地方政府在落实时会产生目标趋同。例如区块链产业，由于北京和浙江都有区块链硬件生产龙头企业如比特大陆（北京）、嘉楠耘智（浙江）和亿邦科技（浙江），北京和浙江在打造区块链发展“高地”的目标有所重合，《北京市区块链创新发展行动计划（2020—2022 年）》的主要目标是要把北京建设成为“具有影响力的区块链科技创新高地、应用示范高地、产业发展高地、创新人才高地”。《浙江省区块链技术和产业发展“十四五”规划》的发展目标也是将浙江省“打造成国内领先、国际一流的区块链技术创新高地、应用高地、人才高地”。

各地方政府对电子商务行业的产业政策手段也大致相同。例如，《广东省大力发展电子商务加快培育经济新动力的实施方案》和《浙江省人民政府关于大力发展电子商务加快培育经济新动力的实施意见》均强调要降低市场准

入门槛、加大财税政策支持、维护市场公平竞争等来优化电子商务发展环境，同时两省都强调提升电子商务对外合作水平和大力发展农村电子商务。

5G 产业作为一种新兴产业，贸然单独推动该产业独自发展风险巨大，因此地方产业政策都侧重于垂直行业领域的5G 融合应用，在行业应用领域会出现重合。表 12 -1 选取部分省份的5G 产业政策文件，并将其中的融合应用领域列出，可以发现地方政府所涉及的领域大致相似。

表 12 -1　　部分 5G 产业的地方政府产业政策

文件名	应用融合内容
《浙江省人民政府关于加快推进 5G 产业发展的实施意见》	重点推动5G 在制造、农业、交通运输、物流、医疗、教育、电子商务、文化娱乐等行业的智慧应用
《广东省加快5G 产业发展行动计划（2019—2022 年）》	5G 应用试点示范领域：5G + 智能制造、5G + 智慧农业、5G + 4K/8K 超高清视频、5G + 智慧教育、5G + 智慧医疗、5G + 智能交通、5G + 智慧政务、5G + 智慧城市
《湖南省5G 应用创新发展三年行动计划（2019—2021 年）》	工业互联网、自动驾驶、超高清视频、网络安全、医疗健康、智慧城市、数字乡村、生态环保等重点领域，打造 100 个以上示范应用场景
《湖北省 5G 产业发展行动计划（2019—2021 年）》	重点推进工业互联网、智能网联汽车、超高清视频和 VR（虚拟现实）/AR（增强型虚拟现实）/MR（混合现实）、远程健康医疗、智慧教育、智慧旅游、智慧农业、智慧物流商贸和北斗位置服务、数字政府、智慧园区等十大领域的 5G 应用
《河南省加快5G 产业发展三年行动计划（2020—2022 年）》	深入拓展5G 应用场景："5G + 智能制造""5G + 现代农业""5G + 现代服务业""5G + 智慧城市"、其他领域场景应用以及开展应用场景试点示范
《广西加快 5G 产业发展行动计划（2019—2021 年）》	加快5G 应用推广：5G + 中国—东盟信息港、5G + 智能制造、5G + 智慧旅游、5G + 智慧农业、5G + 智慧教育、5G + 智慧医疗、5G + 智能出行、5G + 智慧物流、5G + 精准扶贫、5G + 智慧港务、5G + 智慧政务、5G + 智慧园区/社区、5G + 智慧城市、5G + 边海防、5G + 超高清视听
安徽省《支持5G 发展若干政策》	支持"5G + 工业互联网""5G + 智能制造""5G + 车联网""5G + 能源互联网"等重点产业应用

资料来源：作者整理收集。

（二）地方政府通过实施地区性政策纵向争取国家支持，横向引发周边地区的局部竞争

地方企业如果获得国家认定，不仅可以获得国家专项资金支持，还可以提升本地企业的知名度，从而加速本地产业发展。因此，地方政府往往通过产业政策来积极鼓励本地企业获得国家认定。例如，新能源汽车，《陕西省人民政府关于贯彻落实国务院节能与新能源汽车产业发展规划的实施意见》在保障措施方面明确指出，“积极争取国家推广新能源汽车发展试点”和“积极争取国家财税政策支持”。河南省和重庆市则采取补贴的方式鼓励企业争取国家认定。《河南省人民政府办公厅关于印发河南省加快新能源汽车推广应用若干政策的通知》指出，“省内汽车生产企业新开发的新能源车乘用车车型自进入国家推荐目录起，1 年内按照销售额的 2% 给予新产品研发推广奖励”。《重庆市加快新能源和智能网联汽车产业发展若干政策措施（2018—2022 年）》提出，“给予国家级制造业创新中心，自获得认定当年起至 2022 年每年不高于 3000 万元的配套研发支持”，“支持企业建设国内领先的智能网联汽车测试场，给予相应测试设备投入金额 20% 的补助，对单个企业的补助金额不超过 2000 万元”。

此外，地方政府为了使本地产业在发展过程中获得更多机会，会制定相关产业政策来抢夺资源，尤其会引发与周边地区的局部竞争。例如，天津、河北、内蒙古在数据应用产业的竞争。工信部印发的《全国数据中心应用发展指引》旨在引导全国各区域数据中心供需对接。为了承接北京的部分应用需求，周边的天津、河北和内蒙古都在筹划数据中心建设。天津市《促进数字经济发展行动方案（2019—2023 年）》，指出将优化数据中心布局，打造区域数据信息枢纽；河北省《关于加强重大项目谋划储备的指导意见》，指出将加速谋划一批数据中心项目，为新技术、新产业发展提供保障；内蒙古自治区发布《内蒙古自治区人民政府关于推进数字经济发展的意见》，指出继续支持大型企业数据中心建设，鼓励开展云计算、边缘计算应用，建设绿色数据中心，降低能耗。在承接热点地区外溢需求时，三个地区各自为政，缺乏协同合作，形成了一定的竞争关系。

福建和江西在承接中国台湾产业转移方面的竞争。《福建省“十二五”建设海峡两岸产业合作基地专项规划》指出要与台湾建立长效的产业合作机制和分工体系，加快承接台湾产业转移，全力打造两岸合作基地。《福建省“十四五”制造业高质量发展专项规划》提出主要任务之一就是：实施闽台产业

合作行动，积极探索海峡两岸融合发展新思路。然而江西省在出台了《海峡两岸产业合作区（江西）建设总体方案》和《江西省人民政府办公厅关于加快推进海峡两岸产业合作区（江西）建设的实施意见》等文件，也提出要加强海峡两岸合作，承接台湾产业转移，与福建省形成了直接的竞争。

（三）地方政府制定差异化政策保护本地企业，减少外部竞争

为了保证本地的税收基础和就业率稳定，各地政府会通过地方保护主义政策避免本地企业受到外部竞争，保护本地企业壮大和产业发展。

以新能源汽车为例，地方政府在推动生产发展和消费推广方面，都会有意识地“照顾”本地企业。《河南省人民政府办公厅关于加快新能源汽车推广应用及产业化发展的实施意见》在提及推进整车制造快速发展时，指出要推动河南本地企业取得新能源汽车生产资质，形成产能；在做大做强新能源汽车关键零部件产业方面，重点推进省内公司项目发展。湖北省《稳定和扩大汽车消费若干措施》在实施乘用车购置补贴时，指出“购买省内企业生产并在省内销售、省内上牌落户的乘用车，按销售价格（机动车销售统一发票价格）的3%给予补贴”。无独有偶，在其他产业方面也存在此类情况。广东省出台的《2016年工业与信息化发展专项资金企业专项升级方向（机器人发展专题）项目计划》提出：支持省内制造业企业应用省内自主品牌工业机器人进行智能化改造，并按照机器人购置额的10%予以事后补贴。

（四）地方政府利用产业政策形成“政策洼地”，相互割据影响国内统一市场形成

中央产业政策的制定大多数是根据发达地区的产业情况进行制定的，一些偏远地区其实并不具备发展该产业的基础。迫于地方政府之间的竞争，各地方政府仍然会积极推动中央鼓励但不符合本地要素禀赋的产业，以获得中央政府的优惠政策。贵州省的大数据产业就是典型案例。

贵州在人才和技术缺乏的情况下，却成为全国大数据产业中的佼佼者，主要是通过政策优惠来吸引外部资源。其中《贵州省大数据产业发展应用规划纲要（2014—2020年）》的发展路径就包括吸引国内外知名大数据企业和科研机构入驻贵州，例如“大力引进国家级数据资源库、存储与服务中心、数据灾备中心、超级计算中心”，“加速吸引以大数据服务为核心的电子信息企业入驻和大数据人才汇集”，“大力引进国内外数据存储、分析和应用服务的高端企业”，“吸引更多信息技术产业领域相关软硬件产品企业和服务企

业”。表 12－2 是贵州省《关于加快大数据产业发展应用若干政策的意见》具体实施政策。

表 12－2 贵州省《关于加快大数据产业发展应用若干政策的意见》相关措施

工具名称	相关内容
公共服务	对投资超过 1000 万元的专业化公共研发技术服务平台，由所在市级政府认定后给予投资额 10% 的一次性奖励，最高不超过 1000 万元
核心技术	企业符合税法规定的新技术、新产品、新工艺研究开发费用，未形成无形资产计入当期损益的，在按规定据实扣除的基础上，再按研究开发费用的 50% 加计扣除；形成无形资产的，按照无形资产成本的 150% 摊销
资金投入	整合省、市两级财政资金设立大数据产业发展专项资金，省和贵阳市、贵安新区自 2014 年起连续 3 年，每年各安排不少于 1 亿元用于支持大数据产业发展
人才培养	对大数据企业员工，在我省工作时间超过 1 年、年缴纳个人所得税在 3 万元及以上的，按其个人所得税地方留存部分，第 1 至 5 年给予 90% 的奖励，第 6 至 10 年给予 60% 的奖励
税收优惠	投资 1000 万元及以上的大数据企业，从企业投产运营之日起 3 年内，企业所交纳的省级以下税收地方财政留存增量部分，由企业所在地市、县政府全额补助给企业，用于支持企业发展
策略性服务	数据企业自用宽带租赁费由所在市、县政府给予 50% 的补贴，每户企业每年补贴不超过 50 万元，补贴期可为 3 年
法规伦理	在地方立法权限范围内，探索制定面向政府信息采集和管控、敏感数据管理、数据交换标准和规则、个人隐私等方面的大数据地方性法规和政府规章
示范企业	对新认定的国家级、省级企业技术中心、检测中心和技术创新示范企业，分别给予一次性 100 万元、50 万元补助
土地供应	大数据项目用地优先列入城市近期建设规划、土地利用总体规划和年度计划，优先保障土地供应。对数据中心项目实行土地“点供”政策
特殊政策	经认定的大数据龙头企业，可采取“一企一策”“一事一议”的方式加大支持力度

资料来源：作者整理收集。

（五）“构建全产业链”的发展理念导致地方政府产业政策实施缺乏分工合作

地方政府面临上级考核和经济发展双重压力，在产业发展层面更强调“构建全产业链”的理念，制定产业政策时更强调本区域产业发展“大而全”，试图通过“谋利益”来“显政绩”，进而直接导致区域之间“联而不通”“纵强横弱”现象，即在区域内产业之间的发展可以互通有无，但区域之间则缺少产业联系，难以形成稳定的国内产业链。

表12－3列出了江西省虚拟产业发展布局、湖北省光谷科技创新大走廊发展布局以及安徽省人工智能产业发展布局。虽然三份政策文件涉及不同的产业，但是均强调在本省内布局全产业链以提高本省的产业竞争力，并未涉及与其他区域进行相关产业合作的内容。

表12－3　部分省份的产业布局

文件	产业布局	具体内容
《江西省虚拟现实产业发展规划（2019—2023年）》	一核心、两体系	以中国（南昌）VR产业基地为核心，在吉安、赣州、九江、上饶、新余、萍乡、赣江新区等地构建VR硬件配套基地体系，在鹰潭、上饶、九江、宜春、抚州、赣州等地发展软件服务平台体系
湖北省的《光谷科技创新大走廊发展战略规划（2021—2035年）》	一主引领、两翼驱动、全域协同	以武汉市东湖高新区为核心承载区，联动武汉市武昌区、洪山区、江夏区，辐射带动鄂州市、黄石市、黄冈市、咸宁市
《安徽省新一代人工智能产业发展规划（2018—2030年）》	一核、两地、多点	以中国（合肥）智能语音及人工智能产业基地（中国声谷）为产业发展核心区，在芜湖和马鞍山打造机器人产业集聚区，宿州、淮南、蚌埠等地推广人工智能技术大范围应用落地

资料来源：作者整理收集。

第四节　中央政府和地方政府的协调演进：日本、美国产业政策模式分析

一、日本产业政策模式和特点

研究表明，日本的多轮产业政策对产业成功转型、经济高速发展起到重要作用，产业政策对经济发展的引导调整作用如此之大，不仅与政策本身的内容有关，而且与制定、推广和贯彻产业政策的组织方式和体制机制有较大关系。

总体来看，日本的产业政策是以中央政府为核心的集中发展模式：政策

由中央政府统一制定、中央与地方协调推进；注重“政企学”协调和多方参与；政策执行过程灵活调整特事特办；政策期限以中长期规划为主、具有相对稳定性；空间上注重地区均衡发展。

（一）产业政策由中央政府统一制定，中央与地方协调推进

日本的产业政策制定和实施始终保持通商产业省（简称通产省，后更名为经济产业省）的主导地位，其他政府部门和地方政府均处于配合地位，无权制定产业政策，因此整个制定过程高度集中，行动迅速高效。中央与地方协调一致行动有效促进了政策的落地实施。

1956 年日本政府通产省提交众、参两院审定的《日本机械工业振兴临时措施法》（以下简称“振兴法”）公布实行。“振兴法”简明扼要地规定了：日本通产省有权要求机械工业企业制订和实行“合理化计划”，按政府要求采取“共同行动”，执行政府制订的“企业技术标准”。在实践中曾明确要求汽车工业把使用的螺丝品种由 500 种降至 250 种，其他行业如自行车、内燃机、缝纫机、照相机等也各约减少一半，有效地扶植了专业化生产企业。从 20 世纪 80 年代日本提出并实施“科技立国”战略以来，无论是中央政府还是地方政府以及民间企业都予以高度重视，都将“科技立国”战略视为立国之本。在中央政府政策的积极推动下，日本各地纷纷提出了“科技立县”的口号。20 世纪 80 年代后半期以来，在企业界又提出了“科技立社”的口号，从而使日本形成了从中央到地方、从宏观到微观、多主体、多层次推进的“科技立国战略”体制。1993 年，中央政府为了防患于未然，减少地区环境污染，制定了环境基本法。与此同时，各地方自治体也在以往的公害对策基础之上，进一步出台了生活废水排放对策、生活噪音对策、加强绿化等一系列环保举措，诸如由民间企业率先抑制能源使用量、引进低公害车、促进太阳能发电、落实氟利昂的回收、促进建筑物屋顶及墙面的绿化。

（二）产业政策制定和执行过程中的“政企学”协调和多方参与机制

日本产业政策的制定和执行采取“政企学”协调和多方参与机制，通产省、产业审议会、行业组织（协会）和地方政府等在政策制定和执行中都深度参与，强化反馈，对政策执行过程中出现的问题能进行及时处理和调整，确保产业政策的有效性和协同性。

在产业政策制定过程中起组织作用的是通产省，通产大臣将政策意图提交产业审议会，审议会委员多数是行业领袖、财界人士与退职官员，还有少数学者、新闻界人士及其他人士。政策咨询案必须经过审议会通过后才能呈送通产省大臣进而提交国会。产业审议会除了在产业政策的制定过程中发挥作用外，在政策执行方面也拥有调查审议和监督的权力，并且可以根据需要在审议会中成立专门委员会以对出现的专门事项作调查。行业组织（协会）在产业政策制定过程中所起作用也相当大。日本现有5万多个行业组织（协会），吸收了绝大部分企业参加，行业组织通过审议会同政府保持联系，反映本行业的要求，提供本行业的信息，协同政府制定出合理的产业政策。地方政府依照中央政府的政策计划制定相应的执行条款，并敦促当地企业在制定生产经营发展计划时接受产业政策的导向性。政府也由有关法规赋予了一系列的权力，如生产调整权、设备调整权、审批权、配额权等，并且规定了企业向政府汇报的义务，对于抑制、违反有关政令或者弄虚作假的企业有相应的处罚权。

（三）产业政策执行过程中特事特办及灵活调整

产业政策在国会通过后，日本各都道府县知事则依此组织地方政府部门及各种审议会、公听会进行磋商，制定执行政策，各大企业则根据政策的导向性制定企业计划。日本产业政策在执行过程中能灵活调整、特事特办，通过设立新机构、颁布新法律等方式，突破现有政策制度和法律环境的限制，为政策的执行落地提供有力保障。

为切实推动“国际战略综合特区”的建设和发展，日本政府利用法规制度的“特例”条款，允许各个特区设立“国家与地方协议会”，对特区提出的期望适用“特例”的政策清单或政策制度改革方案，采取个性化定制方式，针对每个项目如何适用或落实进行协商。该协议会的组成人员包括内阁总理大臣及其所指定的相关的国务大臣、地方政府的正职负责人、其他执行机构、地方协议会代表、拟实施的事业项目负责人及其他与所实施项目密切相关的人士。这使协议会的级别被提得很高，项目负责人与高层决策者直接见面并就政策问题进行协商。这种制度和政策的改革模式以往在日本是很少见的，可谓是制度性的突破创新。

1980年日本中央政府依据《产地振兴法》拟定《地方产业综合振兴对策》作为促进地方产业发展的对策。《地方产业综合振兴对策》开始推动以后，中央政府要求地方政府赞助设立属于财团法人的地方产业振兴中心，作为对策实施的核心组织。地方产业振兴中心自1981年相继设立，目前已超过40个。地方产业振兴中心从事各种活动来开拓需求、培育人才、指导技术升级、协助创新发展。例如购置一般中小企业无力购置的尖端机器，让中小企业的员工有机会了解该机器性能。在开拓需求方面，举办全国性地方产业展览会；在人才培育方面，举办各种讲习会；在促进地区人与人之间的沟通方面，举办地区产品的展售或出借民众活动中心作为会议场所。

在处理区域经济发展问题时，日本还采用了建立国家层面的区域协调管理机构的方式，以促进政策的实施。设立了北海道开发厅作为中央政府机构之一，并制定了《北海道开发法》，其内容包括开发计划的制定、计划推动的行政组织、预算编制程序和优惠政策措施等，根据这一法案，日本先后制定并实施了六期“北海道综合开发计划”，每一期计划都有明确重点和预期目标。在冲绳地区的振兴和开发方面，日本设立了冲绳开发厅，并制定了《冲绳振兴开发特别措施法》，还实施了三期冲绳振兴开发计划，每期10年。充分利用冲绳的地理特征和文化底蕴振兴产业和文化，缩小冲绳与日本本土的收入差距，达到帮助冲绳地区自立发展的目的。

（四）产业政策以中长期规划为主，具有相对稳定性

政府的行政指导、宏观调控是日本产业政策的一个重要组成部分。在经济发展的不同时期，日本中央政府都制订了中长期经济计划，使各地区、各产业部门都能以协调的速度获得理想发展。

从日本历年制定的经济计划来看（如表12-4所示），其计划期多为5—10年。中央层面中长期的计划制定，使得政策保持了一定的稳定性和连续性，为地方的政策落实提供了有利的基础，也有利于在实施周期内及时根据发展进度做出适当调整。

表12-4　　历年日本经济计划

计划名称	计划期
国民所得倍增计划	1961—1970年（10年）
中期经济计划	1964—1968年（5年）
经济社会发展计划	1967—1971年（5年）
新经济社会发展计划	1970—1975年（6年）
经济社会基本计划	1973—1977年（5年）
昭和50年代前期经济计划	1976—1980年（5年）
新经济社会七年计划	1979—1985年（7年）
80年代经济社会的展望与指南	1983—1990年（8年）
与世界共生存的日本	1988—1992年（5年）

资料来源：作者搜集整理。

21世纪以来，日本实施的产业集群政策也充分体现了其长效发展机制。早在21世纪初，日本就发布了三个产业集群相关的计划，即2001年的产业集群计划、2002年的知识集群计划和2002年的城市区计划，在建立集群计划的精准长效机制、推动跨部门协同、构建区域性政产学研合作创新系统等方面积累了丰富的经验。日本政府高度重视集群计划的延续性与演变性，通过集群政策和机制的不断完善来解决发展中面临的问题。在借鉴各国产业集群形成经验的基础上，日本经济产业省将产业集群计划的规划期选择为20年，并分为三个阶段实施：2001—2005年为其启动期，重点建设产学官合作网络；2006—2010年为其成长期，重点推进新产品研发与产业化；2011—2020年为其发展期，逐步减少财政扶持，过渡到自主发展为主。目前，计划共推动形成了超过18个产业集群，总计超过10700家企业参与，涉及产品制造、生化、环保等多个新兴领域。

（五）产业政策注重地区的均衡发展

作为国土面积狭小和资源匮乏的岛国，日本历来非常重视制定和实施国土规划和地区发展计划，由中央对地方的经济发展进行全局规划，并取得了巨大的成功。早在20世纪50年代，日本就制定了区域经济发展政策，体现在其颁布的《国土综合开发法》中。20世纪60年代起，日本为解决工业布局“过密”“过疏”的不协调问题，先后制定了5个全国综合开发计划，分阶段采取了一系列促进区域经济协调政策，通过立法，实现区域经济政策的法律化，并规划特色经济发展区域、创建特色城镇、成立区域经济发展专门机构、创建产学研机制、振兴落后地区的科教事业等，以缓解经济集聚问题，实现落后地区的赶超发展。

基于缩小地区间收入差距以促进国民经济均衡发展和维护社会稳定的考虑，日本在1962年颁布了第一部综合国土开发规划，这一时期日本国土开发的最大特征是“缩小区域间差距”，即从资源开发、产业基础开发为主要内容的“经济开发”转向以缩小区域差距为主要内容的“社会开发”，采取“据点开发模式（增长极）”，在东京、大阪、名古屋及其周围以外的地区选择若干据点进行以点带面的开发。在《第五次全国综合开发规划》制定后，日本从全球化角度、亚太地区经济定位、长远观点出发，调整发展战略，使日本经济表现出东北国土轴、日本海沿岸国土轴、太平洋沿岸新国土轴和西日本国土轴的“轴线性”经济格局。

从第二次世界大战后日本所制定的几次全国综合开发计划来看，都是先制定全国性的开发计划，再制定特定地区的开发战略，不仅研究经济发展战略，而且考虑各地区特别是落后地区的社会基础设施、生活和文化设施建设，以及自然环境的保护等问题。这种全国性的综合计划规定了全国国土整治与地区发展的总体方向和大政方针，不仅是各级地方编制中长期计划的重要依据和指南，而且是国民了解政府关于区域发展政策或施政方略的一条重要途径，有利于引导地方和企业的投资方向，避免盲目建设。

二、美国产业政策的模式和特点

已有不同于中国清晰的产业政策导向，美国政府一直标榜“自由市场”和“有限政府”，但在其自由市场的框架内，美国政府对经济进行了积极干预，不论是从农业经济时代到工业经济时代的转型还是第二次世界大战后美国经济的快速崛起，其背后都有“事实上产业政策”的影子，其实施的产业政策具有隐蔽性和多样性特征。美国联邦政府的产业政策主要根据国内外环境变化明确阶段性经济的发展目标，从国家安全、基础研究、科技成果商业化、人才培养到再工业化时期推行先进制造，在各个领域实施政策引领，但产业政策具有多样化实施形式，通常分散在各个联邦法案、发展战略中，如政策立法、设立专职机构、发布创新战略或专项计划等。此外，联邦政府也会给出一些核心目标，具体内容由各部门、各州协同合作，通过一系列分散的法案、计划、措施，组合形成这一时期的美国产业政策。

大量分析表明，美国的产业政策体系主要有四个特点：第一是美国联邦政府在产业政策实施和演进中发挥着相当积极的作用，如政府构建国家创新体系并促进产业技术的扩散；第二是现代产业政策体系以创新政策为核心，着力于支持新技术的研发和扩散；第三是高度重视公共服务体系建设，为科技产业发展提供良好的创新基础设施，如国家实验室、共性技术研究平台等；第四是注重创新人才的培养和对高技术人才的吸收，对内完善高技术产业人才培养，对外吸收更多高素质人才为美国服务。本研究重点基于产业政策主体来分析其模式。由于美国联邦政府在产业政策实施和演进过程中的重要作用，本研究将美国产业政策模式归结为联邦政府主导型产业政策模式，由美国联邦政府主导，州政府有一定自主选择权，配合联邦政府进行相关产业政策的落实。

（一）联邦政府主导产业政策，注重长期目标和阶段性目标相结合

美国的产业政策发展随着时代演变有着不同的内涵，其政策重点也在不

断调整，但对技术创新的政策支持始终贯穿其中。美国联邦政府长期对创新和科技产业进行扶持，出台一系列法案来支持科学基础研究和成果转化，并对美国创新发展进行战略性部署。例如，第二次世界大战结束后，《科学——没有止境的前沿》这份报告指出，联邦政府应该将基础研究放在产业发展核心位置。此后，国防部、国家安全委员会、中央情报局和国家安全资源局等机构以及美国国会都向专职机构注入大量资金以支持科研活动。20 世纪 80 年代日德崛起后，联邦政府的产业政策重点则开始关注科学研究成果商业化，促进政府、企业和高校的三方合作成了科技竞争的核心方向，《斯蒂文森 - 怀德勒技术创新法》《拜杜法案》等授权国家实验室可以向私营部门转移技术成果，允许高校与企业保留政府资助研发成果的知识产权，并进行专利申请和转让。而《小企业创新发展法案》《国家合作研究法案》《联邦技术转移法》和《小企业研究开发促进法》等，则积极扶持中小企业科技创新，促进技术转移和“产官学研”的合作。此外，美国联邦政府在 2009 年、2011 年和 2015 年分别颁布《美国创新战略——推动可持续增长和高质量就业》《美国创新战略——确保美国的经济增长和繁荣》和《美国创新战略》，对金融危机后美国科技创新产业的支撑框架和发展方向作出战略性部署。

阶段性产业政策主要是美国面临严重危机时采取行动，或者根据国内外环境变化明确阶段性经济的发展目标、进而阶段性实施相关产业政策。20 世纪 30 年代为了缓解大萧条带来的政治、经济多领域矛盾，罗斯福政府一反胡佛政府的“自由放任”，围绕“复兴、救济、改革”推行了一系列政策措施。进入 21 世纪，面临国际安全挑战及国内经济衰退的双重威胁，联邦政府开始注重战略性新兴产业的培育支持，如 2000 年克林顿政府提出“国家纳米技术倡议”（NNI）以及 2004 年《创新美国》、2006 年《美国竞争力计划》和 2007 年《美国竞争法》的颁布。2008 年经济危机后，又提出“再工业化”战略，推动美国创新体系建设的同时推进先进制造发展，如 2009 年《重振美国制造业框架》、2012 年“国家制造业创新网络计划”（NNMI）、2014 年《振兴美国制造业和创新法案》（RAMI 法案）和 2018 年《美国先进制造业领导战略》等。当前美国的重心是如何采取行动应对包括中国在内的全球技术竞争，确保美国产业安全和发展问题。2021 年 7 月 29 日新美国安全中心（CNAS）发布《从计划到行动——实施美国国家技术战略》报告，建议美国政府更多参与技术政策制定，其产业政策主要集中在如下领域：支持美国替代能源行业以应对气候变化、支持基础设施项目以解决日益加剧的收入不平等问题以及为促进国内半导体生产提供资金等。

（二）产业政策实施中联邦政府与州政府的协同性

在产业政策具体实施时，联邦政府与州政府具有更高的协同性。以宾夕法尼亚州为例，20世纪五六十年代，宾夕法尼亚州逐步实施政策推动本地产业结构升级。从1956年的贷款基金会和产业开发署到1965年的技术资助项目和州立企业区项目等，都是宾夕法尼亚州对联邦政府产业政策的配合措施。1984年“本·富兰克林伙伴关系计划”正式出台，实现企业与高校的研究结合，鼓励支持研发，实现高新技术的市场化转变。1988年设立的产业资源中心延续了本·富兰克林伙伴计划中的企业与非营利组织的合作模式，但在实施中更具针对性和全面性。再如北卡罗来纳州，1959年围绕北卡罗来纳大学、杜克大学、北卡罗来纳州立大学这三所高校成立研究三角区（RTP），是美国大学创新体系与高科技产业结合的典范，是“产学研”深度合作的先驱。80年代后，州政府以生物工程和微电子为核心产业，推动了产业集群不断发展。在“去工业化”的大背景下，各州政府也配合协同实施，取得了较好的政策效果。21世纪以来美国联邦政府提出“重振制造业”并出台相关政策支持先进制造业发展时，各州也纷纷贯彻落实。马萨诸塞州通过马萨诸塞技术协作机构（MassTech）促进多个科技创新产业集群的发展，重点培育网络安全、数字健康、机器人、先进制造、STEM（科学、技术、工程、数学）人才等五大战略领域，通过与领先私营科技公司和麻州科研机构建立公私伙伴关系来共同资助科研基础设施与前沿技术研发。

此外，联邦政府出台相关产业政策后，各部门也会制定专项行动计划，配合实施相关产业政策。以美国创新战略为例，当联邦政府通过《小企业创新发展法案》后，美国国防部、生命科学与健康部、能源部、航空航天局等11个部门联合参与，各部门拿出研发预算的1.25%来促进中小企业的技术开发。1988年美国国家标准技术研究院（NIST）组织实施“制造业扩展伙伴计划”（MEP），通过州政府、高校、企业的合作构建全国的制造业创新服务网络，截至2016年MEP已在全美50个州及波多黎各成立了60个地方服务中心，其中宾夕法尼亚州、伊利诺伊州等有多个地方中心。

（作者：江静，南京大学长江产业经济研究院秘书长、南京大学商学院教授
张冰瑶，南京大学商学院博士生
周薛喆，南京大学商学院硕士生
胡叶雨，南京大学商学院硕士生）

第十三章　深化要素市场化配置改革以扩大内需的关键思路和对策

我国内需不足的问题俨然成为制约新发展格局构建和经济高质量发展的主要瓶颈。无论从总量角度还是从结构角度来考察内需不足问题，其背后都有要素市场扭曲的影子，也就是说，要素市场化配置改革的滞后造成了我国内需长期不振。这里面的主要逻辑是：改革开放以来，转轨经济中政府有形之手主导了经济赶超战略下的快速工业化和增长，使得在商品市场基本实现市场化的同时，要素市场的扭曲格局日益严重，进而导致国民收入分配格局失衡，极大地抑制了内需特别是居民消费需求的增长。对改革开放以来我国要素市场化配置改革的历史进程进行梳理后发现，要素市场化配置改革的实质是产权制度改革，如家庭承包责任制、乡镇企业兴起、国有企业改革、知识产权保护等，无一不体现了建立和完善现代产权制度对劳动力、土地、资本、技术、数据等要素资源市场化配置的强大作用。由于要素市场化配置不仅包括了某种要素按照价格机制在不同部门间自由有序流动，而且也包括劳动力、土地、资本、技术和数据等不同要素某一部门中重新组合，因此，在产权的有效激励下，国内投资、消费等需求将通过要素流向市场化决定和要素组合市场化决定实现存量释放效应和增量扩张效应。根据研究结论，本报告提出的主要政策建议是加快建立全国统一的要素产权竞争市场，当前需要从严格保护要素产权、保障要素产权流转、完善要素产权结构、实施法律配套措施、做好相应试点工作、成立专门管理机构等重要方面进行布局。

“十四五”规划和2035年远景目标纲要提出，“十四五”时期推动高质量发展，必须立足新发展阶段、贯彻新发展理念、构建新发展格局。这就需要“深入实施扩大内需战略，增强消费对经济发展的基础性作用和投资对优化供给结构的关键性作用，建设消费和投资需求旺盛的强大国内市场”。但长期以来，我国内需不振、国内市场大而不强的问题始终未能得到根本解决，究其原因在于国内要素市场发育程度低，并通过要素价格扭曲、要素资源错配、要素市场运行不畅等对扩大内需形成了制约。2020 年 4 月 9 日，中共中央、国务院印发了《关于构建更加完善的要素市场化配置体制机制的意见》，就深化要素市场化配置改革、促进要素自主有序流动、提高要素配置效率、扩大要素市场化配置范围、加快要素价格市场化改革等方面进行部署，这在本质上是要扭转过去自上而下的行政手段占主导的资源配置方式，使市场在资源配置中起决定性作用，对于我国建设高标准市场体系、提高资源配置效率、实施扩大内需战略和推动高质量发展具有十分重大的意义。为此，本章对改革开放以来中国内需不足的表现及成因、要素市场化配置改革的历史进程、要素市场化配置改革对扩大内需的影响机制和效应等基本问题进行了较系统地分析，以期为政府有关部门和决策人士制定更有针对性和可操作的具体政策提供参考。

第一节　中国内需不足的表现及成因

一、改革开放以来内需不足的表现

从广义上说，扩大内需应包括国内消费和国内投资两部分。然而，中国的投资率似乎不仅不存在不足，反而存在过高的情况。根据国家统计局的数据，自 1978 年以来的中国投资率长期维持在 30%—50% 之间，但从国际经验来看，主要发达国家和发展中国家在正常情况下的投资率分别保持在 15%—20% 和 20%—30% 的范围①。如果按照传统的 GDP 支出法核算原则来测度中国的内需率（即消费与投资两项加总后与 GDP 之比），不难发现，1978 年至 2018 年的内需占总需求的比重始终在 90% 以上。因此，从总量角度来看，内需不足似乎是个伪命题。在这种背景下，国内学界有种观点认为，在中国语境下的扩大内需主要指扩大消费需求，而非扩大投资需求。这显然是对中国的内需不足问题的一种狭义理解。实际上，对于中国这样的一个市场经济大国而言，消费需求和投资需求都是支撑构建新发展格局的不可或缺的重要内容。

① 资料来源：根据 Wind 数据库相关资料计算。

实际上，对内需概念的具体理解，至少可以从两个方面切入：一方面是指“对国内商品和服务的需求”，它涉及的是国内产出品与国外产出品的竞争替代问题；另一方面则是指“来自国内的对商品和服务的需求”，涉及的是有效需求来源于国内还是国外的问题。具体而言：首先，“对国内商品和服务的需求”，这是从需求客体的角度来看的，即国内需求的商品和劳务，要么是由国内生产并供给，要么是由国外生产并供给。显然，它反映了国内产出品与国外产出品之间的竞争替代关系。由于这种从需求客体角度进行的解读，侧重于国民经济的供给面分析①，且国内产出品与国外产出品之间的竞争替代关系也不是本章主要关心的问题，因而不再进一步展开。其次，“来自国内的对商品和服务的需求”，这是从需求主体的角度来看的。因为对商品和劳务的需求，要么来自国内市场主体，要么来自国外市场主体，它反映了有效需求主体的国内外差异。在这种经济需求面分析之下，内需直接体现为国内市场主体的国内消费、国内投资以及进口需求，外需则直接体现为出口。由于国家统计局的指标解释指出，最终消费支出指“常住单位从本国经济领土和国外购买的货物和服务的支出”，因而支出法 GDP 中的消费需求已包括进口需求。这样，内需就等于消费与投资之和，总需求就等于消费、投资和出口三项的总和②。

图 13－1 是按照这一公式测度的中国改革开放以来内需率的变化情况。从图 13－1 中可以直观地看出，按照传统的 GDP 支出法核算原则对中国内需率的测度结果明显存在高估，这对于当前实施扩大内需战略是十分不利的。鉴于此，本研究从需求主体视角对内需概念进行界定，将其定义为：一国或地区的国内市场主体的有效需求。根据测度结果，中国的内需率在 1978—1991 年间的平均值约为 91.4%，在 1992—2000 年间的平均值约为 84.2%，在 2001—2012 年间约为 77.7%，2013—2020 年间约为 83.39%。从纵向时序来看，改革开放以来的 40 余年里，中国内需率总体上是下降的，降幅大约为 10 个百分点。进一步缩小时间窗口，可以看到内需率在 2006 年达到最低的 72.5%，特别是在加入世界贸易组织（WTO）后至国际金融危机爆发的这段时期，内需率处在较长的历史低位阶段，而且也呈现出较大的波动幅度。这说明，在过去的出口导向战略下，快速增长的外需对内需形成了一定程度的

① 在需求客体的概念意义中，需求仅与产品生产自国内或国外有关，与产品被国内居民使用或国外居民使用无关，这实际上就是国内生产总值的概念。

② 消费与投资项的数据可以从国家统计局国民经济核算的支出法 GDP 统计中直接获得，但出口项的数据只能用国家统计局对外经济贸易统计中的货物出口总额近似替代。

挤占效应，这一时期的中国经济增长具有很明显的出口依赖特征。但是，随着国际金融危机爆发，特别是经济新常态以来，外需呈现长期的疲弱态势，内需越来越支撑起中国经济的高质量发展。

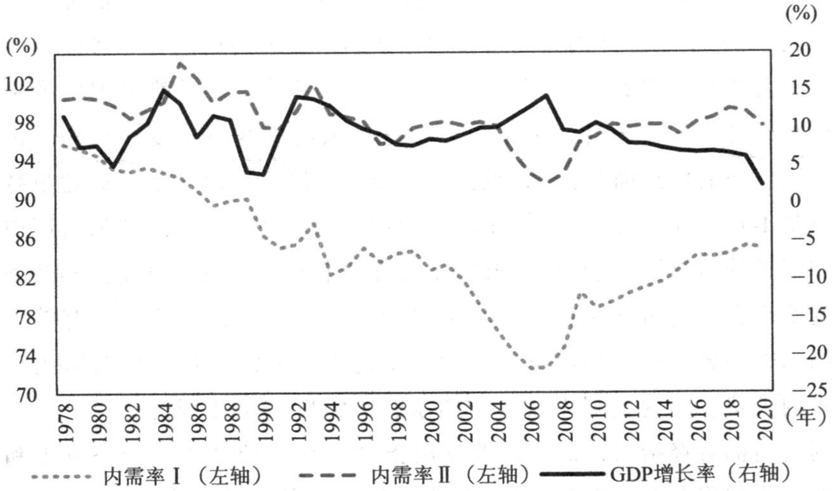

图 13－1　中国内需率在不同视角下的测度结果对比

注：内需率Ⅰ表示“来自国内的对商品和劳务的需求”视角下的内需率，内需Ⅱ则是传统 GDP 支出法核算视角下的内需率，GDP 增长率是以上年为基期按不变价计算的实际增长率。

资料来源：作者根据国家统计局相关数据测算并绘制。

上面基于内需率变化趋势来分析内需不足问题显然是一种总量分析的维度。如果我们从结构分析的维度来观察，就可以发现在内需总量不足的情况下，消费需求不足的问题更加不容忽视。这可以从需求属性、需求主体、需求空间和需求内容 4 个角度进行考察。

1. 从属性角度看，消费需求的比重偏小，投资需求的比重偏大。根据发达国家和中等收入国家的发展经验，消费率一般维持在 80% 左右，投资率则在 15%—20%。然而，从表 13－1 中的数据可以看到，中国国内需求中的消费需求和投资需求之间的比例关系，呈现长期失衡的态势。改革开放之初，消费需求与投资需求之间的比例大致维持在 6:4 的水平上，而自加入 WTO 以来，消费需求进一步缩减，而投资需求则明显增加，两者结构比例的合理化程度远低于发达国家。2008 年国际金融危机爆发后，发达国家提供市场的能力长期不振，这使得中国的最终消费有所回升，但仍然显现出严重不足，而且资本形成率也在同步上升。从表 13－1 中还可以看出，中国经济过去 40 多年经济发展的成就主要来自生产端，体现了中国作为世界供给中心的地位。

但是，投资效果系数的持续下降趋势表明，生产投资的效能出现了明显的边际递减，中国经济发展的约束条件已经从供给端转向了需求端。

表 13－1　改革开放以来主要年份的消费、投资和净出口占 GDP 比重

年份	最终消费（亿元）	最终消费率（%）	资本形成总额（亿元）	资本形成率（%）	货物和服务净出口（亿元）	货物和服务净出口比重（%）	投资效果系数
1978	2233.6	61.9	1383.3	38.4	－11.4	－0.3	5.12
1988	9429.4	62.0	5932.2	39.0	－151.2	－1.0	3.20
1998	51501.8	60.7	29659.7	35.0	3629.3	4.3	2.98
2008	158899.2	50.0	134941.6	42.4	24226.8	7.6	1.84
2018	506134.9	55.3	402585.1	44.0	7054.2	0.8	1.42

注：由于数据缺失，1978 年的投资效果系数实际以 1981 年数据计算代替。

资料来源：根据 Wind 数据库相关数据计算。

2. 从主体角度看，中国的居民消费水平与发达国家相比是偏低的。对任何国家而言，居民消费需求和政府消费需求是典型的此消彼长关系。这是因为，政府消费需求的增加客观上要求政府财政收入增加，这就需要通过提高税收或发行国债来把居民部门的资金聚拢到政府部门，从而必然抑制居民消费需求。图 13－2 描绘了中国、美国和世界平均水平上居民消费支出与政府消费支出的比值变化情况。从中可以看到，自 20 世纪 90 年代以来，中国的这一比值不仅远低于美国和世界平均水平，而且在时间序列上也呈现出长期下降的趋势；反观美国的居民消费支出与政府消费支出之比，却呈现了总体上升的显著趋势。为什么会出现这种情况？一方面，就居民消费支出而言，由于居民的工资性收入和财产性收入在国民收入中的比重持续下降，因而在边际消费倾向固定的前提下，居民消费支出必然受到严重制约；另一方面，就政府消费支出而言，中国过去的发展模式下政府处于明显的强势地位，维持过长的“有形之手”必然要有高额收入作为支撑，因而包括行政管理费用在内的公共消费支出规模不可谓不大①。

3. 从空间角度看，乡村居民和城镇居民之间的消费需求差距较大。众所周知，中国经济发展具有典型的城乡二元结构特征，这种二元性也体现在居民消费层面。图 13－3 是中国改革开放以来的城镇和农村居民人均消费支出、

① 根据国家统计局数据，中国过去几十年中的财政收入和支出的增长幅度一直快于同期的 GDP 增长率，这就意味着当年的 GDP 增加值中更多份额是政府财政所有。

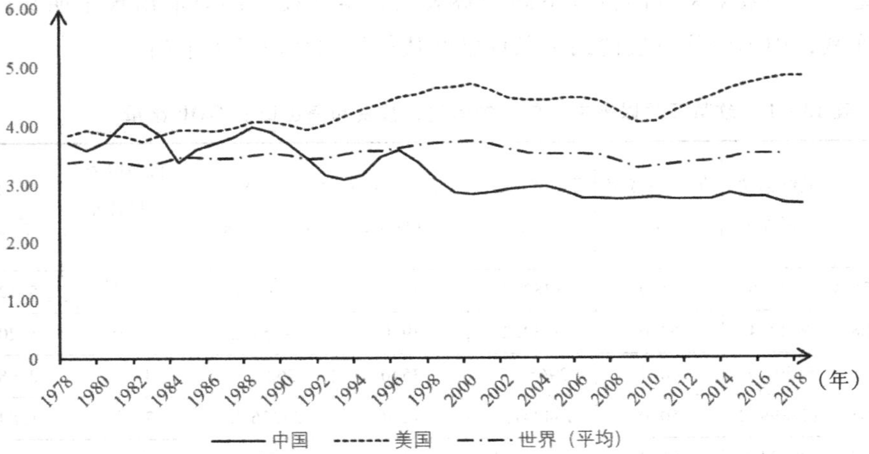

图 13－2　居民消费支出与政府消费支出比值的变化情况

资料来源：根据 Wind 数据库相应数据绘制。

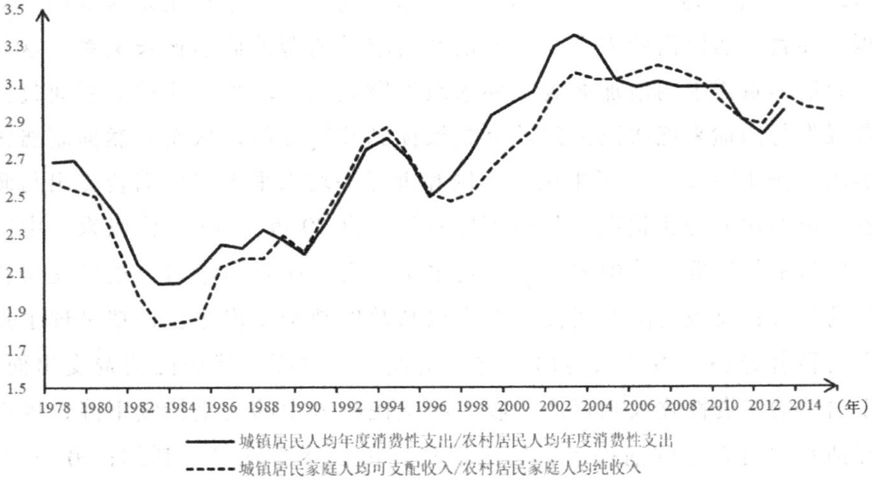

图 13－3　城镇和农村居民人均消费支出与人均收入比值的变化情况

资料来源：根据 Wind 数据库相应数据绘制。

人均收入比值的变化情况。从图中可以看到，1978 年以来，城镇居民人均消费与农村居民人均消费的比值呈现波动性上升趋势，而且人均收入的比值具有基本一致的变动轨迹，这说明城乡居民收入差距是导致城乡居民消费支出差距的重要原因。这种城乡二元结构不仅会制约国内统一市场的最终形成，而且也不利于加快构建双循环的新发展格局。中国目前仍有超过一半的农村户籍人口[①]，农村消费市场显然是启动潜在内需的关键着力点，如果不想方设法提振这一群体的消费，那么中国经济实现供给中心转向需求中心的过程无疑会遭受严重阻碍。

4. 从内容角度看，中国居民消费需求中的服务性消费比重偏低。表 13 - 2 是中国城镇居民各类消费支出的占比情况。从表中可以看到，中国居民消费仍以食品支出为主，占比高达 30% 以上，医疗保健、交通通信、教育文化娱乐服务等各类服务消费支出总和占比也不足 45%。相比之下，美国同时期的居民个人消费中食品支出占比稳定维持在 7%—8%，各类服务消费支出总和占比约为 65%[②]。这说明，一方面在建设全面小康社会过程中，中国居民的消费结构随着收入增长取得了一定程度的升级，但另一方面与发达国家相比，中国居民消费结构的这种变化仍是初步的，大幅提升居民消费需求层次尚需要付出极大努力，特别是目前国内中等收入者比重亟须进一步扩大[③]。根据已有研究，智利在 1994 年和中国台湾在 1981 年的人均收入水平，与中国 2013 年基本相当，但前两者的中等收入群体规模分别达到 46.0% 和 66.66%，而中国仅为 23.4%。可见，中国的中等收入群体规模是偏小的，显然不利于启动潜在内需。

表 13 - 2　　中国城镇居民各类消费支出的占比情况　　（单位：%）

年份	食品	衣着	家庭设备用品及服务	医疗保健	交通通信	教育文化娱乐服务	居住	杂项商品与服务
1993	50.1	14.2	8.8	2.7	3.8	9.2	6.6	4.5
1994	49.9	13.7	8.8	2.9	4.7	8.8	6.8	4.5
1995	50.1	13.5	7.4	3.1	5.2	9.4	8.0	3.2
1996	48.6	13.5	7.6	3.7	5.1	9.6	7.7	4.3
1997	46.4	12.4	7.6	4.3	5.6	10.7	8.6	4.4
1998	44.5	11.1	8.2	4.7	5.9	11.5	9.4	4.5
1999	41.9	10.5	8.6	5.3	6.7	12.3	9.8	5.0
2000	39.4	10.0	7.5	6.4	8.5	13.4	11.3	3.4
2001	38.2	10.1	7.1	6.5	9.3	13.9	11.5	3.5
2002	37.7	9.8	6.4	7.1	10.4	15.0	10.4	3.2

① 国家统计局数据显示，2019 年中国的户籍人口城镇化率只有 44.4%。

② 资料来源：Wind 数据库。

③ 因为高收入阶层更多地消费奢侈品，低收入阶层以基本需求为主，两者对扩内需的作用很有限，只有中等收入阶层是扩大国内有效需求、形成需求与供给相契合的主体。

续表

年份	食品	衣着	家庭设备用品及服务	医疗保健	交通通信	教育文化娱乐服务	居住	杂项商品与服务
2003	37.1	9.8	6.3	7.3	11.1	14.4	10.7	3.3
2004	37.7	9.6	5.7	7.4	11.7	14.4	10.2	3.3
2005	36.7	10.1	5.6	7.6	12.5	13.8	10.2	3.5
2006	35.8	10.4	5.7	7.1	13.2	13.8	10.4	3.6
2007	36.3	10.4	6.0	7.0	13.6	13.3	9.8	3.6
2008	37.9	10.4	6.2	7.0	12.6	12.1	10.2	3.7
2009	36.5	10.5	6.4	7.0	13.7	12.0	10.0	3.9
2010	35.7	10.7	6.7	6.5	14.7	12.1	9.9	3.7
2011	36.3	11.0	6.7	6.4	14.2	12.2	9.3	3.8
2012	36.2	10.9	6.7	6.4	14.7	12.2	8.9	3.9
2013	35.0	10.6	6.7	6.2	15.2	12.7	9.7	3.9

资料来源：根据 Wind 数据库相关数据计算。

二、造成内需不足的原因在于要素市场化配置改革滞后

中国内需不足的问题俨然已成为制约经济高质量发展的主要瓶颈。在探讨如何解决这一问题之前，先分析产生该问题的成因是很有必要的。只有这样，才能做到有的放矢。实际上，无论是总量角度还是结构角度，内需不足问题的背后都有要素市场扭曲的影子。换句话说，要素市场化配置改革的滞后造成了中国内需不足。这里面的主要逻辑是：改革开放以来，转轨经济中政府有形之手主导了经济赶超战略下的快速工业化和增长，使得在商品市场基本实现市场化的同时，要素市场的扭曲格局日益严重，进而导致国民收入分配格局失衡，极大地抑制了内需特别是居民消费需求的增长。

第一，在转轨经济中政府运用产业政策对要素价格的直接或间接干预，导致要素价格扭曲现象较为严重，劳动、土地、资本、技术和数据等生产要素不能按照边际贡献决定报酬。目前我国产业政策几乎涵盖所有行业，其具体的实施手段包括目录指导、市场准入、项目审批与核准、供地审批、贷款的行政核准、强制性清理（淘汰落后产能）等行政性措施，反映出强烈的政府干预市场、限制市场竞争和以政府选择代替市场机制的管制性特征。在这种情况下，要素市场比商品市场更容易受到产业政策的直接影响。譬如，当前户籍制度仍制约劳动力要素的自由流动，政府全面控制着农村土地征用权和城市土地分配权，资本要素的配置存在明显的所有制歧视，其目的均是用

于实施产业政策，扶持特定产业发展。这也导致了要素价格无法真实地反映其稀缺性，使得价格机制不能正常发挥市场“指挥棒”的作用，反而造成了所谓的市场失灵。过去长期以来，各种显性或隐性的要素市场分割现象就是典型例子，它们往往是地方政府主导型产业政策带来的必然结果，容易造成诸多地方性的市场壁垒，最终致使要素市场机制运行不畅。

第二，由于要素价格是扭曲的，因而要素市场中凌乱、滞后和失真的价格信息进一步导致要素资源形成错配，特别是要素的供给和需求存在严重的不匹配。从劳动力市场看，招工难和求职难共存的情况日益严峻，这实际上是因为成为具备“工匠精神”的技术工人需要付出极大的学习成本，而当前的劳动力市场价格却无法提供足够激励，导致专业化的技术工人严重短缺。从土地市场看，现有土地管理的功能不完善和制度僵硬，往往造成土地供给和需求的矛盾，极大地限制了土地作为基本生产要素的利用效率。比如，征地过程中支付给原使用者的补偿金是按照其损失制定，而非按照土地的市场价格制定，这就造成了土地征用成本和出让价格之间的巨大价差。从资本市场看，资本市场中多种市场主体的融资需求是复杂多样的，但我国长期以来形成了几大国有商业银行系统控制下的以间接融资为主的单一供给方式，显然无法有效地匹配多样化的市场融资需求。从技术市场看，科研人员职务科技成果所有权或长期使用权与处置权、收益权的制度分割，使科研人员对职务发明的科技成果推广使用缺少激励的动力，导致技术市场供给与需求不匹配。从数据市场看，针对数据产权界定、数据开放共享、数据信息保护、数据安全和跨境流动等方面，目前各方尚未达成统一的共识，仍较多地采用传统的治理思维和方式，显然不利于数据要素的市场化配置。

第三，在要素市场扭曲的情况下，国民收入分配格局严重失衡，进而导致内需特别是居民消费需求长期不振。这是因为，生产要素价格的管制直接导致了国民财富从要素所有者向其使用者的转移，其所造就的既得利益集团和所形成的社会分配不公局面将构成中国宏观经济稳定与增长的重大风险来源。具体而言，要素价格扭曲下的国民财富转移效应存在国内和国际两种情况：从国内来说，要素价格低估会导致国民财富会从一般部门向行政性垄断部门、从居民部门向政府部门、从劳动者向资产所有者进行转移；从国际来说，人为压低要素价格会使得国民财富通过国际贸易和投资从国内向欧美发达国家进行转移，这也是为什么我国 GNP 与 GDP 的差额（即国外净要素收入）长期表现为负值的原因所在。这样一来，一方面国内财富分配的基尼系数将会偏高，由于高收入者的消费边际倾向往往很低，低收入者的财富基数又比较小，那么即使社会平均财富快速增加，也很难有效地扩大内需；另一方面国内居民的工资收入和财产性收入占总收入的比重偏低，因而在边际消费倾向固定的前提下，居民消费支出必然受到严重制约，显然也不利于提振内需。由此可见，从要素市场扭曲到收入分配失衡，再到内需增长遭受抑制，就构成了完整的因果链条。

第二节　改革开放以来要素市场化配置改革的历史回顾

20 世纪 70 年代末，随着我国开始实行改革开放，经济体制也开始由计划经济向市场经济发生转型，从而不仅产品市场中绝大多数商品和服务的价格都由市场决定，而且资本、土地、劳动力、技术、数据等要素市场也逐渐发育起来。不过，国内各界对于我国要素市场发育的普遍看法是，土地、劳动力、资本、技术等生产要素的市场化配置改革是很不充分的，远滞后于商品和服务市场，诸如信息不对称不透明、各种或明或暗的市场分割、要素供需结构不匹配等共性问题仍广泛存在，不可避免地导致要素资源错配和经济效率低下。实际上，中国经济的粗放型增长方式长期存在而无法真正地向集约型增长方式实现转型的最主要原因，在一定程度上可以认为是要素市场化配置改革严重滞后。那么一个自然而然的问题就是，过去几十年中制约我国要素市场化配置改革进程的原因是什么呢？本章接下来对改革开放以来要素市场化配置改革的四个发展阶段进行简要回顾。

一、第一阶段（1978—1991 年）：要素市场化配置改革的初步探索

新中国成立至改革开放前夕的 30 年间，中国是不存在生产要素市场的，像劳动力、资本、土地等都由政府部门统一计划配置，其低下效率是制约国民经济现代化的关键因素。1978 年 12 月，中国共产党十一届三中全会召开，提出“应该坚决实行按经济规律办事，重视价值规律的作用”，由此正式揭开了中国改革开放的序幕。

改革开放伊始，“姓资姓社”的思维方式仍然困扰着理论界和实际工作部门，导致人们对于土地、劳动等生产要素是否算作商品这一问题存在较大争议。最典型的就是，中国共产党十二届三中全会通过的《中共中央关于经济体制改革的决定》中提出，“在我国社会主义条件下，劳动力不是商品，土

地、矿山、银行、铁路等等一切国有的企业和资源也都不是商品。”① 因此，在这一历史时期，“要素不是商品”的认识对要素市场化配置改革无疑产生了较大的掣肘影响。但是在另一方面，产品市场中市场机制的引入极大地推动了产品价格市场化和市场主体多元化，也在一定程度上对要素市场的计划配置体制形成了较大冲击。譬如，在商品零售环节，1978 年政府定价所占的比重高达 97.0%，而到 1991 年，该比重降至 20.9%；在农副产品收购环节，1978 年政府定价的比重为 92.2%，而 1991 年降至 22.2%；在生产资料出厂环节，1978 年的政府定价比重更是达到了 100%，至 1991 年降低为 36.6%②。与此同时，国民经济中单一的所有制结构被打破，乡镇企业、个体私营企业、“三资”企业也逐渐发展壮大起来，它们对要素资源的市场化配置产生了积极的促进作用。

因此，从 1978—1991 年，中国对要素市场化配置改革进行了艰难的探索，特别是在产品市场机制的冲击下，初步形成了金融市场、劳动力市场、土地市场等。首先从金融市场看，1978 年后开始改革大一统的金融格局，一些金融机构也逐步得到恢复和新设，到 1991 年已基本形成了金融主体多元化格局③，如债券市场、股票市场④、货币市场等出现萌芽并开始发育。但不得不指出的是，这些金融市场中政府有形之手的直接干预仍然是相当明显的。其次从劳动力市场看，初步打破了统管一生、统包统配的城镇用工制度，并且逐步解除了农村劳动力流动的限制，尽管仍存在发展不均衡、运行不规范等诸多问题，但城乡二元格局开始松动，劳动力作为要素已经客观上呈现商品化的特征。最后从土地市场看，经过底层创造、顶层支持的上下互动的农地改革，形成了农地集体所有、家庭承包制度，并不断朝着财产权方向演进，而针对城镇土地使用权转让、出租和抵押等作出相关规定的一系列法律法规也得以确立和实施⑤，从而为土地市场的发育和发展奠定了重要基础。

① 参见《十二大以来重要文献选编（中）》。

② 资料来源：《中国物价年鉴 2007》。

③ 根据《中国金融年鉴 1992》的数据，截至 1991 年底，我国共有专业银行及其分支机构 12.3 万家，信托投资机构 375 家，保险公司及其分支结构 3300 余家，证券公司及证券营业部 350 余家，城市信用社、农村信用社分别为 3500 余家和 5.8 万家，邮政储蓄网点 1.9 万个。

④ 资料显示：我国分别于 1990 年和 1991 年成立上海证券交易所和深圳证券交易所。

⑤ 譬如，1980 年 7 月国务院颁布的《关于中外合营企业建设用地的暂行规定》指出，“中外合营企业用地，不论利用原有企业的场地，还是新征用土地，都应计收场地使用费”；1988 年 4 月通过的《中华人民共和国宪法修正案》中规定，“土地的使用权可以依照法律的规定转让”；1990 年 5 月国务院发布的《中华人民共和国城镇土地使用权出让和转让暂行条例》明确提出，城镇国有土地使用权的出让可以采取协议、招标和拍卖三种方式等。

二、第二阶段（1992—2000 年）：要素市场化配置改革的稳步推进

改革开放后经过十余年的艰难探索，中国经济踏上了双重转型之路，即一方面从计划经济体制向市场经济体制转型，另一方面也从传统的农业社会向现代工业社会转型，两者之间往往是相互结合或者重叠的。但由于传统“姓资姓社”的思维方式仍然左右着人们的认识和实践，导致改革在 20 世纪 80 年代末 90 年代初陷入了停滞。在此背景下，邓小平同志在 1992 年初的“南方谈话”中提出了“计划经济不等于社会主义，资本主义也有计划；市场经济也不等于资本主义，社会主义也有市场”的著名论断[①]，使得中国经济改革得以稳步推进。由此，1992 年中国十四大明确提出，“我们要建立的社会主义市场经济体制，就是要使市场在社会主义国家宏观调控下对资源配置起基础性作用”，因而要“继续大力发展商品特别是生产资料市场，积极培育包括债券、股票等有价证券的金融市场，发展技术、劳务、信息和房地产等市场，尽快形成全国统一开放的市场体系。”[②] 进一步地，1993 年 11 月召开的中国共产党十四届三中全会通过了《关于建立社会主义市场经济体制若干问题的决定》，明确肯定了土地、劳动力、资本等生产要素的商品属性，提出“当前培育市场体系的重点是，发展金融市场、劳动力市场、房地产市场、技术市场和信息市场等”，要“完善和发展以银行融资为主的金融市场。”[③]

从上述梳理可以看出，无论是在 1978 年至 1991 年的第一阶段还是在 1992 年至 2000 年的第二阶段，要素市场化配置改革更多的是由政策推动的。这一方面反映了要素市场化配置改革的困难程度之大，另一方面也说明这一时期的要素市场化配置改革始终伴随着政府的有形之手。市场经济规律对要素市场化配置改革的决定作用，还有待进一步挖掘和利用。有学者曾估算，1993 年我国劳动力、土地和资本市场化程度分别约为 45.7%、10.0% 和 10.8%，要素总体的市场化程度约为 22.2%；到 1997 年，劳动力、土地、资本以及要素总体的市场化程度依次提升至 70.0%、22.5%、17.2% 和 36.6%。尽管由于计算方法和数据统计口径等原因导致上述数字可能有偏差[④]，但总体上应该不难得到如下的基本判断，即我国这一时期的要素市场化配置改革的

---

① 参见《邓小平文选（第三卷）》。

② 参见《中国共产党第十四次全国代表大会文件汇编》。

③ 参见《十四大以来重要文献选编（上）》。

④ 对这一时期的要素市场化程度的几种不同判断，可参见李忠（1996）。

整体进展并不是很大，特别是土地市场和资本市场[①]。譬如，在农地转为非农使用中，征地往往是主要工具，尤其在1992年国家对集体建设用地的政策发生转变之后，征地转用更是逐渐成为唯一的合法土地转用方式。但是，随着工业化城市化进程加快，征地转用产生的问题也越来越严重，其根本原因就在于土地要素市场化配置效率较低。

三、第三阶段（2001—2012年）：要素市场化配置改革的进一步调整

2001年，中国成功加入世界贸易组织（WTO），对于国民经济发展的方方面面都产生了深远影响，自然也包括要素市场化配置改革进程。这是因为，我国国内要素禀赋结构与经济全球化的生产体系自此开始产生更加深刻而广泛的嵌入式互动，由外向内倒逼了要素市场化配置改革。事实上，从1978年起，对外开放就已经通过积极试点等方式探索推进了，但直到90年代末，参与国际分工的程度仍然有限。自加入WTO后，中国开启了多层次、宽领域、有重点推进对外开放的进程，出口导向的发展模式进一步升级，特别是发达国家的跨国公司大规模进入使要素配置的市场化和国际化程度不断提高，同时也造就了一批熟悉国际贸易规则、追赶国际技术前沿的企业主体，其相互之间的竞争有利于为中国市场注入活力，有利于为要素流动和配置的市场化提供强有力的微观基础。

由开放促改革、由开放促发展的经济模式，其逻辑起点实际上是农村改革和劳动力流动所潜藏的劳动力、土地要素优势与从国外流入的资本、技术等高级要素相结合所形成的“要素合作”，并在此基础上实现国内资金、外汇、技术积累，从而突破经济发展的瓶颈。根据第六次全国人口普查公报的数据，2010年我国流动人口为22143万，相比于2000年的10175万增长了1.17倍；流动人口占总人口的百分比，从2000年的8.2%上升到2010年的16.5%。在这当中，农村劳动力的“钟摆式”迁徙占据了很大的比重，甚至形成了一个被称为“农民工”的特殊社会群体。这种大规模迁移的总体特征是，在地理空间上呈现从中西部地区流向东部沿海地区，在产业结构上呈现从农业流向工业和服务业，而且基本上是在市场价格信号的引导下自发流动

① 如有研究对生产要素市场化指数进行测算分析表明，劳动与工资得分较高，而土地与资本得分较低。参见林永生等（2019）。

的。这其实与东部沿海地区率先嵌入全球价值链、承接发达国家产业转移是分不开的。在经济全球化的背景下，东部沿海地区率先实行对外开放，利用天然的地理优势和政策试点的机遇，大量和持续地吸纳以加工贸易为主的外商直接投资（FDI），吸引外商在中国投资办厂或者将生产基地从母国转移到中国。再加上土地制度改革的持续推进，如确立“招拍挂”为主的市场化土地出让方式等，客观上加速了东南沿海参与经济全球化的进程。这样一来，中国国内规模庞大的农村劳动力、西方发达国家的先进技术和资本在中国东南沿海这片土地上形成集聚，有力地推动了中国的工业化和城镇化。但与此同时，一些深层次的棘手问题和潜在矛盾也被暂时掩盖了。譬如，伴随土地转变用途，政府替代农民集体成为土地的所有者和城市土地的经营者，形成了“以地谋发展模式”的主要制度安排。

四、第四阶段（2013 年至今）：要素市场化配置改革的全面深化

中国共产党十八届三中全会通过的《中共中央关于全面深化改革若干重大问题的决定》首次提出了“使市场在资源配置中起决定性作用和更好发挥政府作用”的重大论断，并紧紧围绕使市场在资源配置中起决定性作用对要素市场化改革进行了顶层设计，强调现代市场体系必须包括要素自由流动、平等交换。习近平总书记在关于《中共中央关于全面深化改革若干重大问题的决定》的说明进一步指出，“理论和实践都证明，市场配置资源是最有效率的形式。市场决定资源配置是市场经济的一般规律，市场经济本质上就是市场决定资源配置的经济。健全社会主义市场经济体制必须遵循这条规律，着力解决市场体系不完善、政府干预过多和监管不到位问题。”① 2015 年 12 月召开的中央经济工作会议，中央提出了“稳定经济增长，要更加注重供给侧结构性改革”的战略构想，将“矫正要素配置扭曲”纳入供给侧结构性改革任务体系中。党的十九大报告和《中共中央国务院关于新时代加快完善社会主义市场经济体制的意见》都进一步强调，“经济体制改革必须以完善产权制度和要素市场化配置为重点，实现产权有效激励、要素自由流动、价格反应灵活、竞争公平有序、企业优胜劣汰”。2020 年 4 月，中共中央、国务院印发《关于构建更加完善的要素市场化配置体制机制的意见》，明确了要素市场制度建设的方向及重点改革任务，并就扩大要素市场化配置范围、促进要素自

① 参见习近平总书记关于《中共中央关于全面深化改革若干重大问题的决定》的说明。

主有序流动、加快要素价格市场化改革等作出了重要部署。这是中央关于要素市场化配置的第一份文件，对于新时期全面深化要素市场化配置改革具有纲领性作用。

党的十八大以来有关要素市场化配置改革的政策演进表明，在明确市场对资源配置起决定性作用后把要素市场化配置改革作为改革重点，实际上是要指出在现实中还有相当部分要素不是由市场决定的，需要推动这一部分要素实现市场配置。譬如，对于劳动力要素而言，仍然面临排斥性福利制度安排的阻碍，户籍制度的调整涉及医疗教育、社会保障等福利格局中各方利益博弈，成为要素市场化流动的抑制因素。对于土地要素市场来说，虽然近年来在城乡土地市场建设、农用地“三权分置”、农村“三块地”改革等方面取得了一些进展，但总体上看，城乡统一的建设用地远未形成，产业用地市场化配置效率也较为低下，存量建设用地缺乏市场化盘活机制，农用地流转的平台和机制尚不完善。至于资本、技术和要素市场等，也大多存在要素价格扭曲、要素资源错配、要素市场运行不畅等共性问题。显然，在当前的新发展阶段，我国不仅更加突出了要素市场化配置改革的重要性与紧迫性，而且还持续地将要素市场化改革与产权制度、政府作用范围界定、高标准市场体系等联系起来，体现了制度创新的特点。

第三节　要素市场化配置改革促进内需增长的机制与效应

从改革开放以来要素市场化配置改革的历史回顾中可以看到，要素市场化配置改革的实质是产权制度改革，如家庭承包责任制、乡镇企业兴起、国有企业改革、知识产权保护等，无一不体现了建立和完善现代产权制度对劳动力、土地、资本、技术、数据等要素资源市场化配置的强大作用。实际上，有效的产权制度是社会主义市场经济体制的基础性制度，是保障市场秩序、市场主体活力和市场预期的前提。也就是说，产权明晰是市场交易的先决条件，因为只有产权界定清楚，人们才会根据对市场交易收益和风险做出选择，市场价格机制才能发挥自发调节的作用。正如青木昌彦所说，“交易作为一种自发秩序，很可能首先出现于拥有习俗性产权的人群当中。虽然旨在限制不诚实和欺诈行为的法律有助于促进效益的顺利进行和拓展，但若没有产权和交易规范的同步演化，它本身不可能创造或替代市场的。”

一、要素产权激励的经济分析

完善产权制度的目标是要实现产权的有效激励，这是市场需求增长的最强大的动力来源。这当中又涉及产权界定、产权流转和产权保护等方面的问题。从产权界定看，产权是一种排他性的财产权利，包括物权、债权、股权、知识产权等，具体有两层含义：一层是强调财产归属的所有权，因而从这个意义上讲，产权界定就是对这种财产权的明晰界定。明晰的财产权使激励机制和约束机制形成对称性均衡，相容于统一的制度框架内，这是要素实现市场化配置的逻辑起点。譬如，20世纪90年代末，“苏南模式”由于自身产权模糊而逐渐式微①，这主要源于乡镇企业多元化的产权结构中私人产权与集体产权糅杂而陷入所有权缺位的困境，逐渐抑制了乡镇企业组织的积极性和创造性。进入21世纪，“苏南模式”的演进主要以产权界定明晰为主，在兼顾所有集体组织成员利益公平前提下，通过清产核资、股权界定、股份量化等“二次改制”，创造性地发展出了包括资产租赁型、企业股份型、农业开发型、联合发展型四种典型形式在内的“新苏南模式”，从而在新阶段推进产业结构高度化过程中发挥了重要作用。

从产权流转看，当要素产权界定明晰之后，它就有了进一步流转和交易的基础，而且只要在竞争市场中进行，那么要素产权价值就能得到准确估价。正如米塞斯所认为，“借助市场价格的帮助是进行合理的价值计算的唯一途径”，而“市场价格是人们以能够获得满足的方式进行财产贸易的结果，如果没有私有财产，那就不存在反映个人评估意见的市场价格；如果没有市场价格，也就不存在合理的经济计算”（沃恩，2008）。这意味着，要素产权流转可以导致有效的要素市场价格体系。以国有资产不能流动的产权制度为例。当国有资产进入企业之后，由于预算软约束、政策性负担等原因导致企业经营绩效较差，但这些国有资产是不能流动的，也就意味着无论企业如何亏损也不能流出，最后这些国有资产只能被毁掉。相反，如果能够建立有效的资本退出机制，那么这些企业就能在承担产权责任的情况下实现市场机制主导下的破产重组，从而大大提高国有资产的经济效率。

从产权保护看，其对于产权界定和产权流转起到了制度保障的作用，是

① “苏南模式”指的是20世纪80年代初苏南地区以乡镇企业“异军突起”为鲜明特色的一种以集体经济为主的所有制实现形式和地区经济发展模式。

实现产权有效激励的重要环节。在中国经济转轨的现实语境下，产权保护突出地体现在以下几个方面：一是侵犯公有财产和非公有财产的问题仍比较严重，如产权交易和改制时对公有资产存在低估，民营企业财产遭到侵犯的现象也时有发生；二是知识产权保护制度仍很不完善，极大地制约了知识技术创新以及创新成果向现实生产力进行转化的积极性；三是自然生态资源产权制度仍是缺失的，导致了国土空间利用中的“公地悲剧”。在过去以技术模仿和追赶为特征的粗放型增长中，产权保护不力的影响似乎没有那么明显，但是当前要转向依靠自主创新驱动的集约型增长，就必须要有严格的产权保护制度作为基本保障，否则就会陷入增长停滞和中等收入的陷阱。特别是在要素市场中，产权保护的重要性更加不言而喻。比如，当资本要素的产权保护不力时，民间和企业投资就会出现不足，于是政府必然加大投资，从而导致资本要素市场化配置效率下降，最终也不利于内需结构优化。

那么，有效的产权制度究竟是如何使要素市场化配置促进扩大内需的呢？概括而言，这可以从要素市场化配置本身的两种基本方式切入进行分析。因为要素市场化配置不仅包括了某种要素按照价格机制在不同部门间自由有序流动，而且也包括劳动力、土地、资本、技术和数据等不同要素某一部门中重新组合。在要素流向市场化决定和要素组合市场化决定的共同作用下，国内投资、消费等需求将实现存量释放效应和增量扩张效应。

二、产权激励下的要素流向市场化决定与内需存量释放效应

通常而言，市场经济发展的微观过程不是完全竞争的均衡状态，而是充斥着垄断竞争的非均衡状态，因此就会出现有的部门生产效率高而有的部门生产效率低。这其实是市场竞争机制自发调节的结果，因为各经济部门的产业和产品也存在生命周期，经历初创期、成长期、成熟期和衰退期，而且不同部门之间基本是不同步的。这样，当要素产权界定明晰、流转畅通、保护严格的前提条件得到满足时，各种要素受到产权激励而从生产效率较高的部门向生产效率较低的部门进行自由有序地流动，因为生产效率较高部门的投入回报率也往往比较高。然而，如果要素产权界定明晰、流转畅通、保护严格的前提条件无法得到满足，那么也就没有要素产权激励，这就会导致要素刚性问题，即要素不能按照市场价格机制自由有序地流动，最终将造成内需不振。譬如，由于国有企业改革不到位，因而整个国民经济中存在相当比重的要素产权不直接为居民所有，这部分要素基本是行政化配置的，不仅导致

要素回报率较低，而且其回报也不会直接提升居民收入和消费需求。因此，当产权激励下的要素流向由市场化机制所决定时，一些原先受到抑制的市场需求也将得到充分释放。

这一理论机制可以用图 13 -4 中封闭经济下的两要素两部门模型进行简单刻画。在图 13 -4 中，X 和 Y 表示两个经济部门各自生产的产品，且每个部门使用资本和劳动两种要素。其中，直线 AB 是满足资本存量约束条件下的产量组合，直线 CD 则是满足劳动存量约束条件下的产量组合。在这两条直线的交叉点 E 上，生产要素获得了充分利用，因而四边形 OBEC 的面积代表了国内总需求。随着产业生命周期的演进，假设 X 部门开始发生衰退，那么 X 部门在 B 点的产量将向左移动到 B′点，在 D 点的产量也将向左移动到 D′点。经济中的生产可能性曲线就转变为 AB′和 CD′，在两者的交叉点 E′上，经济达到新的均衡，此时国内总需求可由四边形 OB′E′C 表示，但却明显低于衰退之前。此时，尽管实际的要素相对价格将会发生变动，但如果要素产权激励不足，那么就会发生持久的要素刚性，导致国内许多经济部门原本的需求存量也会进一步紧缩。但如果要素产权激励强烈，那么就会依据实际要素相对价格变化，促进 X 部门中过剩的要素资源加速流向 Y 部门，使得生产可能性曲线进一步转变为 A′B′和 C′D′，同时经济均衡也将从 E′点向外扩张至 E″，此时整个经济“消失”的内需存量就被释放了出来，这可以用四边形 OB′E″C′来表示。由此可见，基于产权激励的要素流向市场化决定将会产生内需存量释放效应。

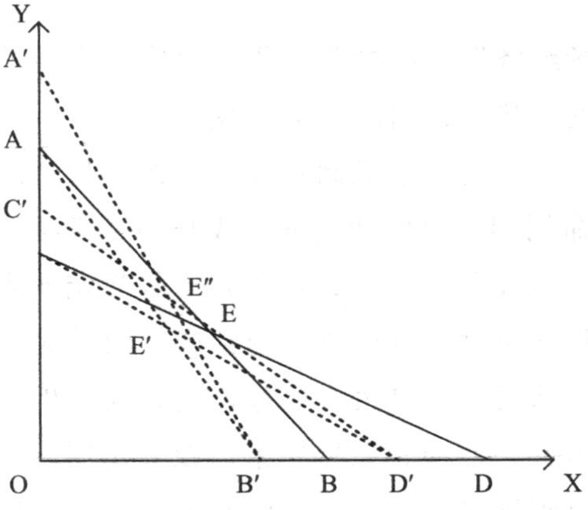

图 13 -4　封闭经济下的两要素两部门模型

我们也可以用土地要素市场化配置改革的例子来对此作进一步说明。众所周知，2020 年我国实施了新修订的《中华人民共和国土地管理法》，标志着新一轮的土地管理制度改革开启，其核心是允许农村集体经营性建设用地直接入市和探索增减挂钩指标、耕地占补平衡指标等跨省域交易。根据黄奇帆初步的简单估算，未来30年内每年审批土地大约400万亩，其中1/6建设用地指标通过跨省域交易，按照云南省与上海市跨省域指标交易每亩50万元计算，每年将产生3000多亿元的财富；审批土地中约40%为占用耕地，各省市耕地开垦费和市场化交易标准为：旱地由几万元到20多万元不等、水田由几万元到60多万元不等，假设统一按每亩20万元测算，那么该项指标每年也将产生3000多亿元财富；集体经营性建设用地入市，今后可能下降到审批土地的五成左右，目前33个国家试点区域对不同用途的经营性用地的入市价格由每亩20万元到200万元不等，假设均按每亩50万元计算，那么保守估计每年可创造1万亿元财富。仅此三项，未来30年由土地市场化所带来的财富将超过50万亿元，而且在乘数效应的作用下，其所释放的内需将远超这一数值。

三、产权激励下的要素组合市场化决定与内需增量扩张效应

要素市场化不仅表明要素流向由市场决定，而且也意味着要素可以在市场作用下实现新的组合，进而通过新供给创造出新需求，实现内需增量扩张。在熊彼特看来，这种“新组合”就是所谓的“创新”，它意味着企业家把生产指向新方向、把各项生产要素和资源引向新用途，当它最终通过小步骤的不断调整从旧组合中产生的时候，经济发展也就自然实现了。在这一过程中，产权制度发挥了关键的作用，它将人们经济活动的努力与财产权利紧密联系在一起，也将经济活动的风险和财产收益联系在一起，从而形成稳定持久的激励。因此，要素产权界定明晰、流转畅通、保护严格对于要素组合的市场化决定来说，也是十分重要的先决条件。当这些条件都具备时，要素新组合下的创新就会成为内需增长的动力源泉。实际上，中国当前的庞大内需潜力要真正转化为现实优势，最重要的是要通过增加居民收入来扩大消费，但只有劳动生产率上升幅度适当大于平均工资上升幅度，居民收入才会增加，社会财富“总盘子”才会增长。因此，要促进内需增量扩张，最根本的还是要通过技术创新来提升劳动生产率。随着近年来人口数量红利的持续下降，知识技术密集型的人力资本红利开始突显出越来越重要的影响，因而劳动生产率也就越来越依赖于知识创造、机器换人等，这些都要求要素能在市场作用下创造性地产生新的组合。

我们以农业部门为例来说明基于产权激励的要素组合市场化决定是如何产生内需增量扩张效应的。美国、日本、欧盟等发达经济体的农业发展经验表明，过去几十年中的农业增加值和就业比重双双下降，但农业劳动生产率和农业回报率却是快速提高的，这主要得益于农业部门中生产要素的重组与升级。譬如，美国农业的发展已经不再仅仅依赖要素投入数量的增加，而是更注重投入要素的组合效率，包括农民人力资本、农业技术研发、农场管理水平等，这也使得美国农业的商品化程度极高，有力地促进了农业劳动生产率和农业回报率增加。日本的农业工业化过程中，随着要素相对价格的变动，导致劳动力、土地等传统要素投入比重下降而化肥、农机、服务、技术、管理等现代要素投入比重上升，这些投入农业部门的各类要素组合实现了提档升级。不仅如此，日本的农业工业化过程同时也是农业产业链复杂度和农户收入水平提升的过程，它使得农业从业者跃升到了中高收入群体，农户与非农户之间的收入差距正在不断缩小，两者的相对收入从第二次世界大战后初期的70%左右上升到了20世纪80年代以后的110%左右。

从国内来看，目前也有一些地方对农业部门要素市场化组合升级的实践取得了较好的效果。比如，贵州湄潭的经验是以土地制度的持续变革推动农业产业革命，其要素组合与变迁特征包括实现茶园规模化经营、提高劳动投入与组织化程度、提高土地单产与劳动效率的资本投入，形成了以茶企为主力带动农业产业化发展的新格局；山东寿光的要素组合与变迁特征是实现土地更高的使用效率、促进劳动力的节约和集约使用、实现更有效益的资本投入，其具体做法是根据农业发展方式和要素组合变化需求不断进行制度变革，通过新型主体带动与社会化服务体系来提高组织化程度；上海松江以家庭农场取代普通农户，使其成为生产主力，实行与家庭农场经营相适应的土地集中规模化，不断提高资本投入，形成了以“三权分置”和村社型家庭农场变革推动农业要素组合升级的模式；四川崇州的要素组合与变迁特征则是以农地权利安排重构为前提，开展农民自愿将土地经营权折股加入土地股份合作社、由合作社分配土地并聘请职业经理人负责土地经营的制度尝试，并且围绕节本增效进行技术研发与推广、应用。这些地方实践均走出了一条以农业要素市场化组合升级发展农业工业化的路子，大幅提高农业生产率、农业回报率和农民收入，这对于进一步缩小城乡收入差距和促进内需增量扩张来说具有十分重大的意义。

第四节　推动要素市场化配置改革以扩大内需的政策建议

根据上述研究，我们所得出的一个基本判断是，我国内需长期不振的根本原因在于要素市场化配置改革严重滞后。通过对改革开放以来要素市场化配置改革历程的简要梳理，不难看到：转轨经济中政府的有形之手主导了要素资源配置，导致要素市场的扭曲格局日益严重，进而造成国民收入分配格局失衡，最终大大地抑制了内需特别是居民消费需求的增长。这当中的一个关键机制是要素产权激励的缺失。也就是说，只有当要素产权界定明晰、流转畅通、保护严格的前提条件得到满足时，劳动力、土地、资本、技术和数据等不同要素才会按照市场价格机制在不同部门间自由有序流动，或者在某一部门中重新进行组合升级，从而对国内投资、消费等需求产生了存量释放效应和增量扩张效应。为此，本研究提出的主要政策建议就是：加快建立全国统一的要素产权竞争市场。

所谓全国统一的要素产权竞争市场，是指生产要素所有者可以在全国范围内通过自由竞争和交易要素产权并要素产权所带来收益的国内统一市场。有种观点认为，产权市场与要素市场的概念是可以分别界定的，即前者属于非标准资本市场组成部分，且以国有产权交易为主，后者属于金融、资本、资源等要素组成的生产要素市场，则包括国有产权交易和非国有产权交易，等等。然而，这种观点十分值得商榷，因为所有的要素都有产权，要素与产权无论在属性还是内涵上都具有很强的重叠性，两者其实可以整合为统一的要素产权市场。如果硬要使它们独立开来，反而会造成概念界定不清，导致了在理论认识和实践工作中存在着业务方向不清晰、体制机制僵化等问题。这都会进一步造成要素市场中的产权激励不足，不利于进一步深化要素市场化配置改革和扩大内需。譬如，目前国内的产权交易所总数量大约300家，大体上形成了省级/副省级、地市级和县级的三种层级，它们的定位虽然是非标准资本市场，但是要素交易品种却仍然十分地单一，而且不同地区间的产权交易机构基本上是相互分割的。因此，当前亟需对要素产权市场本身的功能进行扩展，并且要以竞争政策为统领来有效整合国内的要素产权市场，加快构建全国统一的要素产权竞争市场。

从现实来看，加快建设全国统一的要素产权竞争市场，需要从要素产权保护、要素产权流转、要素产权结构优化、相关法律配套、部署地方试点、成立专门机构等方面着手，深入推进要素市场化配置改革以切实有效地扩大内需。

一、严格保护要素产权

保护要素产权是建立要素产权竞争市场的重要环节，要求在明晰要素产权关系的基础上以公平竞争为核心，全面依法进行保护。从目前看，大量公有资产产权主体不明显，而且国有资产多头代理的现象也比较普遍，严重影响要素产权的全面依法保护。例如，许多经营性的国有资产归国资委管理，但国资委本身又是多层委托代理，其中的代理能力和代理积极性都要大打折扣；还有诸如农村土地等集体资产，其产权关系不明晰的问题仍然不同程度地影响着农村产权制度改革，制约了劳动、土地、技术等要素产权交易市场的发展。除了这些公有制经济，非公有制经济同样也面临着加强要素产权保护的紧迫需求。在现实中，一些地方与部门受利益驱使，侵犯民营企业的财产权利（包括财产所有权、土地使用权和知识产权等）的现象时有发生。比如，民营投资兼并收购国有企业时，无法以一个平等市场主体身份开展正常的产权交易，有的国有企业本来已经破产几乎失去全部价值，但由于民营企业要去收购就立刻变成了“黄金”，最后导致不少民营企业投资并购国有企业后被债务等纠纷压垮。实际上，严格保护要素产权，还意味着要从广义上理解要素产权保护，不仅保护人们所熟悉的物权、债权、股权等，而且保护跨经济、社会、文化、环境资源诸领域的各种产权，包括知识、数据、人力资本以及自然资源资产等，从而使要素产权竞争市场更加完整和完善。具体就是承认和界定人力资本、技术资本、知识资本和数据资本等的产权，让其与物资资本一样可以分享对剩余的索取权，真正实现劳动力创造价值的同时，也可以按要素贡献参与剩余的分配，进而刺激先进生产要素参与财富创造的积极性，切实有效地实现扩大内需。

二、保障要素产权流转

保障要素产权流转是建立要素产权竞争市场的重要内容，不仅可以实现要素质量优化，而且还能促进要素配置效率的提高。正如著名经济学家罗纳德·科斯早就指出的，如果产权最初的配置是不合理的，那么市场交易就会发生，最终使产权以一种有效的方式进行配置，并且社会福利将趋于最大化。这其实就暗含着保障要素产权流转的重要前提。因此，通过要素市场化配置改革来实现扩大内需，必须要保障能够体现产权激励的产权流转。在当前阶段，这主要涉及以下几个方面：一是要在要素流向和要素组合的决定中充分体现效率标准，而不能以所有制性质、规模大小、地区或行业差异等为标准。比如，当国有企业和民营企业之间发生兼并重组时，针对谁是兼并重组的主体这一问题，就由效率来决定。这不仅使要素资源向高效率企业集中，而且也会激发整个行业的活力。二是要努力打破市场运行中的分割和封锁现象，尽快促进要素产权能够在互联互通、全国统一的市场中自由有序地流转。这种市场分割和封锁，既有地区之间的，也有行业之间的，但根源主要在于行政手段的不当干预。例如，有些地方政府出于增加本地税收和GDP的动机，经常要求国有企业只能在本地投资，限制其向外地扩张；又如，各级政府、各部门为发展数字经济而建立数据中心，但彼此之间并不开放，从而形成了诸多的“数据孤岛”“数据烟囱”。三是要确立竞争政策的基础性地位，以市场竞争机制来保障产权激励下的要素自由有序流转。马克思指出，交易双方“是作为自由的、法律上平等的人缔结契约的。契约是他们的意志借以得到共同的法律表现的最后后果。”[①] 而所谓的竞争政策，就是要发挥市场机制的决定性作用来保障这种契约经济得以实现。因此，当前亟需扩大竞争政策的适用面、覆盖面，营造保障要素产权流转的市场化、法治化、国际化营商环境。

三、完善要素产权结构

产权结构一般定义为在特定考察范围内的产权构成因素及其相互关系和产权主体的构成状况，它是正式制度表现最为强烈的一面，其中最显性的表现在于经济发展的规制方面，进而表现为产权制度的安排，因此，产权结构优化是经济发展的核心。实际上，产权内部包括了所有权、经营权、收益权，这种结构属性意味着它们是可以分离的，这其实也是社会分工和生产力水平提高的必然结果。从目前来看，完善要素产权结构最重要的就是要进一步优化产权内部权益相分离的结构。譬如，对于企业层面的内部产权结构来说，出资者产权和法人财产权的分离是普遍存在的，其构成了现代公司制度中的“委托—代理”关系，但同时也不可避免地会产生道德风险、逆向选择、内部

---

① 参见《资本论（第1卷）》。

人控制等问题，这就需要在进一步完善法人财产权的同时，通过一些不同的方式来解决代理问题，如内部制约（Internal Discipline）、劳动市场制约（Labor Market Discipline）、产品市场制约（Product Market Discipline）、资本市场制约等（Capital Market Discipline）①。又如，在以土地“三权分置”为核心的农地改革中，形成了土地所有权归集体，土地承包权归农户，土地经营权可流转的产权结构，这为转型期农地权利体系重构和农业现代化奠定了重要基础。在新发展阶段，完善要素产权结构要求进一步明确：集体所有权是农民集体的所有权，土地承包权是赋予集体成员的财产权，土地经营权是各类农业经营主体依法享有的耕作权。总之，如果每个产权主体都能其产权结构最优，那么全社会就会实现最优的产权结构，从而促进要素产权竞争市场加速形成。

四、实施法律配套措施

建立要素产权竞争市场，必然离不开相关法律的制定和完善。过去长期以来我国要素市场中的产权主体不明晰现象，本身就是因为法律不完善，这又进一步导致产权保护不力和流转交易受阻；而且，要素市场中常见的地方、行业分割或封锁，管理部门不明确等，其实也是由于缺乏科学合理的法律体系所导致，其中要么是各立各的法律法规，要么是都不管不问造成无法可依。从我国针对企业的许多立法看，它们主要按照所有制形式的不同对企业进行分类并制定相关法律法规，如《中华人民共和国全民所有制工业企业法》《中华人民共和国城镇集体所有制企业条例》《中华人民共和国私营企业暂行条例》等。其中对于民营企业财产权益的保护只散见于各部门法中仅有的几个条款，如《中华人民共和国民法通则》第七十五条只对公民的财产所有权作了如下规定“公民的合法财产受法律保护，禁止任何组织或者个人侵占、哄抢、破坏或者非法查封、扣押、冻结、没收”，《中华人民共和国个人独资企业法》第五条规定“国家依法保护个人独资企业的财产和其他合法权益”。这就容易在客观上导致不同所有制企业的法律地位差异，不利于国内市场主体

---

① 内部制约，即通过设计某种补偿执行计划；劳动市场制约，即基于这样一种认识，管理者在工作中的管理活动是由市场评价的，而且，市场评价对管理者所拥有的人力资本具有直接的影响；产品市场制约，即从企业产品市场上所存在的充分竞争的意义上来讲，存在某种相应的压力降低价格并减少懒散；资本市场制约，即有效激励机制的建立，可以通过找到一种合适的股权和债务组合来减少代理费用，而且除此之外，接管威胁可以作为防止不适当管理行为的最后武器。参见弗鲁伯顿和芮切特（2006）。

形成公平竞争基础上的产业链协同发展，更加不利于建立全国统一的要素产权竞争市场。因此，建议进一步统一和健全现行法律体系中涉及要素产权的相关法律法规，适当地摒弃按照所有制分类的立法惯例，对各种产权主体的要素所有权和使用权实行同等保护，进而保障要素产权的市场竞争交易。

五、做好相应试点工作

在我国40多年的改革开放进程中，“试点”对于推动改革发挥了重要作用，这主要是因为对制度创新或政策创新的实施效果短时间看不准，需要因地制宜地在小范围内进行实际试验，既能观察实效，又有进退余地，从而不断完善改革方案。“试点”毫无疑问是极具中国国家治理特色的一种制度安排。正如习近平总书记在福建沙县农村产权交易中心考察调研时指出的，“我们推进改革要坚持顶层设计和基层探索相统一，对重大改革要坚持试点先行，取得经验后再推广。‘摸着石头过河’的改革方法论没有过时，也不会过时。要积极稳妥、步步为营，把握住方向，不能走偏了。”因此，建立全国统一的要素产权竞争市场，也可以选择在小范围内进行试点。譬如长三角一体化发展示范区、粤港澳大湾区、京津冀协同发展示范区等，这些区域内自古地域联通、文化相通、习性相同，具有经济发展水平高、人民生活水平高、对外开放程度高、深化改革意识强等基础和优势，完全有条件有能力率先探索制度创新、及时总结经验，推进区域内统一的要素产权竞争市场建设。最后在此基础上，各区域之间相互开放共享，那就完全有可能形成全国统一的要素产权竞争市场。显然，这种分区域、分阶段推进改革的思路，显然是最小化改革成本、最大化改革收益的重要办法。

六、成立专门管理机构

由于产权市场通常是非标准化的，因而针对产权市场的有效管理是一个巨大挑战。目前对于产权市场的主管部门并不明确，这也导致了市场监管缺位或越位的现象时有发生。例如，国资委、财政部、自然资源部、市场监管总局等，或多或少都对产权市场拥有管理职能，但实际上，这些管理部门往往也是参与产权市场交易的主体，并不适合管理产权市场，它们不能既当运动员又当裁判员。因此，建议由国家发改委牵头成立专门的管理机构，明确和整合分散在各个部门的要素产权市场管理职能，并聘请相关领域专家和业界资深人士，以新发展理念为指引对要素产权竞争市场进行统一管理。在实际操作方面，要注重和强调运用负面清单管理模式，不仅要尽快建立要素产权交易相关的负面清单，而且也要随着要素市场化配置改革的推进，持续地对清单类型及内容等进行简化，避免多样化清单间的潜在冲突以及相关条款过于冗长、模糊等。在这一过程中，也要协调好政府管理机构与要素产权行业协会之间的关系，发挥行业协会的桥梁和纽带作用，比如可以让行业协会广泛参与负面清单制定等，从而避免形成管理冲突造成的无谓损失。

（作者：凌永辉，南京大学长江产业经济研究院助理研究员）

第十四章　打通双循环中供给侧的堵点：战略思路和关键举措[①]

经济结构重大失衡是阻碍双循环新发展格局形成的严重堵点，与过去长期坚持“两头在外”的出口导向型发展模式有直接的因果关系。打通形成双循环新格局的堵点，基本思路在于坚持以供给侧结构性改革为主线，实施在主场进行的经济全球化。在本质上要求产业链与创新链的双向融合，即发挥产业链集群的载体作用、创新链延伸的提质作用、资本市场的服务作用、人力资源的依托作用，推动产业经济、科技创新、现代金融、人力资源之间的有机协调。在中国语境下，将超大规模市场优势与新型举国体制的制度优势有机结合，推动需求导向和问题导向下的创新驱动型发展，可作为打通双循环中供给侧堵点的关键突破口。

目前，中国是全世界唯一拥有联合国产业分类中所列全部工业门类41个工业大类、207个工业中类和666个工业小类的国家。这对于加快形成以国内大循环为主体、国内国际双循环相互促进的新发展格局而言，无疑提供了良好的产业基础。但问题在于，国内产业链体系中许多关键性的核心技术存在“卡脖子”问题，例如，一些重要元器件、零部件、原材料等，基本被发达国家企业所垄断，成为影响产业链现代化的供给瓶颈，同时也是推动双循环新发展格局形成过程中最主要的供给侧堵点。正如习近平总书记在科学家座谈会上的讲话中指出：“推动国内大循环，必须坚持供给侧结构性改革这一主线，提高供给体系质量和水平，以新供给创造新需求，科技创新是关键。畅通国内国际双循环，也需要科技实力，保障产业链供应链安全稳定。”

党的十九届五中全会进一步提出“十四五”时期经济社会发展指导思想和必须遵循的原则，要“以深化供给侧结构性改革为主线，以改革创新为根

---

① 首发于《新疆师范大学学报（哲学社会科学版）》2021年5期。

本动力……加快构建以国内大循环为主体、国内国际双循环相互促进的新发展格局”。换言之，“十四五”时期，我国仍然要坚持供给侧结构性改革的主线，但是这个主线的工作重点有所转移。2016 年，供给侧结构性改革的重点为传统产业去产能；2017 年，供给侧结构性改革去杠杆的重心逐渐转移至金融领域；2018 年下半年开始，供给侧结构性改革的重心逐渐转移至补短板，尤其是基础设施领域。“十四五”时期供给侧结构性改革的核心思路，将转换为“要畅通国内大循环，促进国内国际双循环，全面促进消费，拓展投资空间”。因此，预计未来 5 年，国内有关政策会围绕这一核心思路展开，双循环将成为“十四五”时期实现高质量发展的关键词，是“十四五”时期我国经济社会发展的一项基本指导思想和应遵循的原则。

因此，着力打通存在于供给侧的一系列堵点，必须在未来的新发展阶段得到强调和重视。如何才能打通这些堵点？我们可以从其形成的原因中找到关键性线索，进而提出相应的解决思路和举措。

第一节　经济循环中供给侧堵点形成与打通的基本思路

众所周知，自改革开放以来，出口是促进中国经济增长和转型的重要驱动力。特别是自 2001 年中国加入世界贸易组织（WTO）到 2008 年爆发国际金融危机之前的这段时间，中国的出口依存度持续上升，并在 2006 年达到 36.61% 的峰值。相比于处在相同发展阶段的发达国家，出口对中国经济循环的贡献不仅仅体现在外贸依存度的统计数字上，它在调节国内要素结构失衡、增加就业、提高劳动者收入、缓解资源环境压力等方面所产生的影响是不可替代的。例如，国内的装备制造水平偏低，而大量的出口产品需要满足发达国家严格的品质、环保等标准，就产生了大量的先进机器设备进口，即所谓的“为出口而进口”。这种出口导向型经济发展模式，实际具有深刻的内在逻辑，是符合中国当时国情的理性选择。在过去的转轨经济中，国内市场无论是在供给端还是需求端都存在过多的硬性约束，而在经济全球化过程中，利用国际市场会减轻这些约束，使中国经济可以充分释放低端要素禀赋充裕的比较优势红利，从而实现产业和经济发展。换言之，中国过去通过实施客场经济全球化战略建立了相对完整的产业供给体系。

然而，在这种客场全球化过程中，中国经济循环在供给侧也相应地产生了一系列堵点，不仅表明以出口导向为特征的客场经济全球化本身是不可持续的，而且成为制约供给体系质量和水平提高的主要障碍。首先，在发达国家主导和控制的全球价值链的低端环节进行国际代工，虽然短期内可以使国内本土企业避免研发的高成本、高风险，且从中获得稳定的利润流，但从长远看，本土企业的创新动力和能力会受到极大削弱，即便能在长期的加工贸易模式中取得一定程度的工艺升级和产品升级，但几乎无法实现全球价值链的功能升级和链条升级。其次，本土企业按照静态的廉价要素比较优势原则定位于低技术的生产制造商，就不可避免地要面对同样具有要素禀赋优势的发展中国家发起的全球价值链低端环节竞争，在这类竞争中，无论是中国还是其他的代工经济体都会在价格竞争中使原本就已微薄的利润变得更加微不足道，最大的受益者只能是发达国家等国际买家。更严峻的事实是，随着近年来中国人口红利逐渐消失、商务成本不断上升，不得不面对全球价值链制造环节大量的中低端分流，因而原有的比较优势正在加速耗散。最后，长期利用别国市场而忽视对本国市场的培育和开发，本国市场很难成长为世界市场，本土企业也无法研究和开发出处于技术发展前沿的自主创新成果，特别是一些知识密集型、容易被“卡脖子”的关键技术。这必然会影响中国产业供给体系的安全性、可控性、效率性。例如，近年某些发达国家对中国科技企业的“芯片断供”，表明中国在产业基础高级化和产业链现代化方面存在明显不足。

实际上，这些供给侧堵点源于过去在出口导向型的客场经济全球化过程中长期累积的重大结构性失衡。从产品市场看，中国已经从改革开放之初的短缺经济转变为过剩经济，尤其是经济新常态以来，不少行业（例如，钢铁、煤炭、水泥、平板玻璃、光伏、风电设备、船舶制造等）都出现了严重的产能过剩问题。在这种背景下，由于生产成本存在刚性而销售量又在收缩，必然导致企业平均利润率下降，从而出现实体经济不振的现象。从服务市场看，由于受传统计划经济的影响，诸多服务部门处于国民经济次要地位，附属于物质生产部门，造成中国服务业发展较为滞后，服务市场专业化程度和供给质量较低。特别是本土的生产性服务业与国际代工生产体系存在分离现象，制造业的繁荣带来的是大量服务贸易进口，反而挤压了本土服务企业的生存空间。从要素市场看，劳动力、土地、资本等市场均存在严重扭曲，地区间行政壁垒、市场主体信用不足等问题较为普遍。不仅会增加国内企业的交易成本，使社会福利遭受无谓损失，而且会阻碍知识、技术等创新要素的自由流动，不利于提高供给质量和水平。正是由于这些结构性失衡，中国过去的经济发展表现出一些看似矛盾的特征：一是中国是资源最匮缺的国家之一，但同时又在全球价值链低端成为世界物质资源消耗的大国；二是中国是吸收外国直接投资最多的发展中国家，但同时却作为发展中国家在为发达国家进行大量直接和间接融资；三是中国作为“世界底层的操作工”，在全球劳动力市场中抢占了发达国家产业结构调整中腾出来的低端就业岗位，但是在高端劳动力市场，却为发达国家创造了大量的对外需求岗位；四是中国制造业是对西方技术最强烈的需求者之一，但却对本国的自主创新产生挤出效应，使中国制造业长期缺少“心脏”和“脑袋”。问题的根源在于结构性失衡，那么，要打通这些供给侧堵点，基本思路在于坚持以供给侧结构性改革为主线，主动将过去的客场经济全球化调整为在主场进行的经济全球化。权威人士指出，供给侧结构性改革是“从提高供给质量出发，用改革的办法推进结构调整，矫正要素配置扭曲，扩大有效供给，提高供给结构对需求变化的适应性和灵活性，提高全要素生产率，更好满足广大人民群众的需要，促进经济社会持续健康发展”。显然，过去的客场经济全球化战略已经不适合供给侧结构性改革的发展内容，必须加快转换到主场，大力推动质量、效率和发展动力的三大变革，建设实体经济、科技创新、现代金融、人力资源四位协同的现代产业体系。可以说，在主场发展新一轮的经济全球化是中国面对世界百年未有之大变局必须作出的重大战略性转变，将对“十四五”时期及中国未来中长期的经济发展产生一系列重要影响：其一，它将促进要素市场化改革，特别是通过政府职能改革，使过去在非均衡发展格局下相互分割的“行政区经济”按照公平原则相互开放，加速形成统一、开放、竞争、有序的全国大市场；其二，实施主场经济全球化主要利用的是国内市场，这意味着新发展模式和机制要充分发挥国内市场大循环的规模优势，有利于实现自主可控的产业发展；其三，它将大力推进若干世界级先进制造业集群的培育和发展，并以此为平台吸收全球创新要素，促进国内本土企业迈向全球价值链中高端，培育若干世界级先进制造业集群。

第二节　在主场经济全球化中促进产业链与创新链双向融合

当前，中国在科技创新实力方面与发达国家的整体差距，小于产业制造能力方面的整体差距。究其原因，主要是我国过去在全球价值链中充当“打工者”的发展模式。在这种模式下，一是科研指向与产业经济的发展目标相脱节，使其各自进入非良性的自我循环，这是造成科研成果产业化程度低的主要原因。二是科技市场中介和科技服务业不发达，两者之间无法实现信息沟通和交流，容易出现信息不对称下的失灵现象。三是资本市场没能发挥激励和支撑科技创新的功能，金融发展脱离实体经济，反而产生经济运行中的“资产荒”问题。四是科研成果转化的相关制度还不够完善，例如，对知识产权保护不力、对科学家从事成果转化工作缺少制度支持等。显然，上述问题都是双循环供给侧堵点的一些具体表现，只有打通这些堵点，中国经济才能真正实现创新驱动下的高质量发展。因此，在主场进行的经济全球化就是要促进产业链与创新链的双向融合。正如习近平总书记指出：“要围绕产业链部署创新链、围绕创新链布局产业链，强化企业技术创新主体地位，完善成果转化和激励机制，提升自主创新能力。”总体看，在主场经济全球化中促进产业链与创新链双向融合，要从产业链集群、创新链延伸、资本市场、人力资源四个方面进行重点布局，推动产业经济、科技创新、现代金融、人力资源之间的有机协调，实现国内国际双循环的高度畅通。

一、发挥产业链集群的载体作用

自 2008 年国际金融危机爆发以来，以产品内分工为特征的经济全球化扩张陆续受阻，全球产业链逐渐显示出两个演变趋势：一是以垂直分离为主的纵向全球分工趋于缩短，甚至一些企业为了实现供应链自主可控的目标而回归纵向一体化；二是横向分工下的区域化集聚现象开始显现，例如，美国汽车企业的零部件制造从东亚地区回归到美墨加协定（USMCA）形成的自贸区。产业链横向分工下的产业空间集聚进一步演化，可能会导致越来越多的跨国公司把纵向非一体化的产品内分工融入若干专业化的产业集群当中，形成产业链集群的发展态势。中国企业尤其是沿海地区企业过去主要以“双重嵌入”模式参与经济全球化，形成了地方性“块状”格局，这与产业链横向分工下的产业链集群具有相似性，虽然均强调集聚经济功能，但在发展水平和组织形态方面，前者距离后者的要求还存在一定差距。换言之，中国企业需要利用主场优势转向发展产业链集群特别是世界级的先进制造业集群，并以此为载体大力培育自主创新能力，使更多的本土企业成为产业链上的“链主”或“隐形冠军”。例如，上海临港新片区的集成电路综合性产业基地“东方芯港”，目前已经聚集亿元以上规模的企业 40 余家，涉及总投资超

1500 亿元，覆盖芯片制造、设备制造、关键材料、芯片设计等环节，是支持集成电路全产业链创新发展的重要载体。

二、发挥创新链延伸的提质作用

创新链不仅仅是从基础技术研究到新产品开发的线性过程，而且其组织边界比较开放，具有随市场变化而进行动态整合、延伸的典型特征。链环—回路模型（Chain - linked Model）表明，尽管从发明设计到开发生产再到销售，是企业或产业活动的中心链条，但该链条上的各个节点都需要科学和创新的相互渗透。这是因为一些看似不同的创新之间往往具有较为普遍的关联性，一种创新的成功容易引发另一种创新的出现，例如，在化工产业中的塑料、橡胶、人造纤维等创新之间就存在这种群集现象；又如，ICT 通用性技术本身的产业增加值有限，但它对产业发展的间接促进作用巨大，主要通过使知识生产和扩散以更加便捷的创新渗透方式实现。中国当前以 5G 技术、大数据、工业互联网等为代表的“新基建”，显然有助于促进创新链延伸到各个生产部门，提高总体生产效率。即使传统的劳动密集型产业部门，也可以通过创新链延伸加快企业转型升级，大幅提高产品质量和市场绩效。特别是在主场经济全球化中，中国超大规模的市场优势将得到进一步体现。换言之，大国国内市场的规模经济和范围经济会促进企业积极寻求处在技术临近区的联合生产和产品多样性，从而有利于增加本土企业的国际竞争力，实现本土企业向产业链高端的攀升。

三、发挥资本市场的服务作用

当前，国内经济运行中存在的一个主要问题是金融发展脱离实体经济，导致大量资金流向房地产领域，积累经济泡沫，而实体经济部门尤其是中小企业却面临资金短缺、经营困难等难题。其主要原因在于，国内企业融资方式主要依靠以借贷关系为特征的货币市场融资，而非主要依靠以权益关系为特征的资本市场融资。这与中国资本市场的层次、品种、机构等仍不完善，且总量规模不足直接相关。在此背景下，资本市场服务实体经济创新发展的“催化剂”功能必然严重受限。因此，打通双循环中的供给侧堵点，必须大力发展资本市场，振兴多层次资本交易。这样不仅可以使国内实体经济企业扩大融资渠道、降低融资成本、支持企业增加创新投入，而且能引导和优化企业投资行为，推动企业之间的兼并重组，促进社会资源的市场化最优配置，实现高质量发展。并且，多层次的资本市场还能够有效防范和化解金融风险，对于大规模、高水平的产业创新而言具有重要意义，例如，战略性新兴产业基本都存在高风险，如果仅靠银行间接融资，很容易发生金融风险，而且不利于战略性新兴产业的成长。美国在20世纪90年代的“新经济”繁荣就是充分发挥资本市场服务作用的典型例子。在此期间，以苹果、微软、斯科、雅虎、亚马逊、谷歌等为代表的科技公司，均通过纳斯达克市场获得企业开创初期和发展关键期的资金，从而引领全球的技术和产业创新。

四、发挥人力资源的依托作用

习近平总书记指出：“人力资源是构建新发展格局的重要依托。”凸显了人力资源在打通供给侧堵点的过程中将发挥不可替代的作用。目前，中国的人力资源总量丰富，大约有9亿劳动适龄人口，其中1.7亿左右的劳动适龄人口受过高等教育或拥有各类专业技能，这显然是中国作为人口大国的规模优势，也是建设现代产业体系的中坚力量。但需要指出的是，我国人力资源与产业经济之间存在严重错配，表现为优秀的年轻人才不愿去实体经济领域就业，因而劳动力市场的一面是大学毕业生就业难，另一面是大量实体经济企业招工难。这种错配是导致当前人力资源活力不足、人才创新潜力未充分释放的重要原因。因此，在“十四五”时期的新发展阶段，必须提高制造业尤其是基础产业中技术工人的收入及福利待遇，例如，鼓励其持有企业的股份，实施首席技师制度等，大力弘扬工匠精神以促进生产工艺和流程的不断改良；同时，要注重强调创新驱动型发展的战略要求，加强创新成果的知识产权保护，培育和发挥企业家精神，实现更多颠覆性、革命性的技术和产业创新。此外，利用我国超大规模市场优势吸引全球高级人才，使其与产业转型升级形成联动，充分发挥人力资源对双循环新发展格局的依托作用。

第三节　建设新型国家创新体系是打通堵点的关键突破口

2019年8月，中央财经委员会第五次会议提出，“要充分发挥集中力量办大事的制度优势和超大规模的市场优势，打好产业基础高级化、产业链现代化的攻坚战”。这表明集中力量办大事的新型举国体制，其制度优势和政治优势在中国经济发展新形势下具有重要意义。有些人认为集中力量办大事就是要搞“新计划经济”，这种看法是对新型举国体制的一种偏见和误解。在产业发展领域，新型举国体制的本质含义是要发挥市场在资源配置中的决定性作用，并在此基础上更好地发挥政府作用，是有效市场和有为政府作用协同的具体体现。例如，针对一些国内发展缓慢、外国又开始断供的基础产业或关键技术，发挥国家动员科技力量和资源的制度优势，促使企业、科研单位、大专院校等协同参与，集中进行研发攻关和突破，是一种快速高效的路径选择。当然，集中攻关的具体过程，应强调市场化手段的运用才能达到有效、正面的激励效果。鉴于此，笔者认为在当前阶段打通双循环形成过程中供给侧堵点的关键突破口，就是在新型举国体制下建设新型国家创新体系。

一般来说，创新是两个阶段的螺旋演进过程：第一阶段是“把钱变成知识”，强调原创性和独特性的科学研究活动；第二阶段是“把知识变成钱”，强调科研成果的市场转化和应用，然后再转到第一阶段，开始新一轮的创新循环。发达国家的经验表明，这样的创新循环过程并不会自动实现，必须进行系统性推进。例如，在 20 世纪初，德国化工产业就已经充分认识到经常化、系统化和职业化的研发活动对于新产品研制和化学新工艺的开发具有举足轻重的影响，科技创新的这种系统属性在第二次世界大战后受到空前重视，不仅大量专门从事研发的实验室从最初的化工、电力行业迅速扩展到整个制造业，而且几乎所有的工业国家都通过资助和直接进行研发大幅提高了科技创新能力。最典型的例子之一，是电子通信技术和计算机系统的应用遵循了“基础学科理论研究→国家实验室的大规模研发活动→军事和民用领域的商业应用→基础理论的突破与创新”的循环链式反应。可见，创新的成功不仅依赖于有效的研究活动本身，而且还取决于这些活动与广泛市场因素间的相互影响，并突出国家作为协调机制的中心角色。实际上，这种国家创新体系对于后发国家实现经济赶超更加重要，日本的电子工业在 20 世纪下半叶赶超美国的事实就深刻地说明了这一点。

自 20 世纪 90 年代起，国家创新体系的概念被引入中国，其组成部分包括研究机构，国有企业，民营、合资和城市集体企业，大学，国防研究院所和乡镇企业，其在推动创新上取得了很大成就。国家统计局数据显示，2019 年我国研究与试验发展（R&D）经费达 22143.6 亿元人民币，比上年增长 12.5%，投入总量稳居世界第二位；R&D 人员全时当量达 480.1 万人/年，比上年增长 9.6%，保持全球第一。但应该指出，尽管我国形成了初步的国家创新体系，但在这种国家创新体系下，各主体之间的协调存在很多困难，市场机制还不能自发地推动企业进行科技创新，这就造成过去 20 余年的创新发展始终面临内生动力不足的问题。主要表现在三个层次上：一是在企业层次上，企业自身的研发意愿不足以影响生产、营销绩效；二是在产业层次上，企业与企业、供应商、客户之间的良性竞争与合作关系比较缺乏；三是在政府层次上，行政直接干预较为普遍，尚未形成促进创新的良好科研生态。不可否认，中国作为发展中大国，科技队伍蕴藏巨大的创新潜能。但关键在于如何把这些潜能释放出来，这就需要深化科技体制改革，加快建设新型国家创新体系，以此作为打通双循环中供给侧堵点的突破口。

一、新型国家创新体系可以突出新战略资源观

近年来，随着国内生产要素价格优势逐渐消失，中国参与新一轮国际产业竞争的最大优势将是超大规模市场，这是中国未来可以充分有效利用的重要战略资源之一。其根据有三点：其一，超大规模市场可以从需求和供给两端刺激企业的科技创新活动，使企业更容易达到有效规模，同时也可以增加产品和技术的多样性，有利于促进基础产业的创新发展；其二，超大规模市场提供了与本土文化相近和地理临近的优势，这是本土企业形成自主技术和自有品牌、在与外国企业抢占国内市场份额的竞争中脱颖而出的重要支撑；其三，超大规模市场可以用来建立各种吸引国外创新要素的平台，同时也可以主动向西方发达国家开展逆向外包，充分利用全球高级生产要素为中国的科技创新发展服务。因此，建设新型国家创新体系，就是要突出新战略资源观，特别是坚持以市场为基础的需求导向和问题导向，将超大规模市场优势与新型举国体制的制度优势有机结合，从而加快形成双循环新发展格局。

二、新型国家创新体系可以完善创新主体间的竞争协作关系

创新主体之间的高水平互动和知识要素流动，是国家创新体系理论研究的重点。创新主体总体可以分为公共部门和私人部门，正是这两类部门与创新相关的活动及其互动，发明、引进、改进及传播了新技术。其中，公共部门包括政府或国有性质的企业、公共研发机构，私人部门主要指非国有企业。建设新型国家创新体系，就是要通过市场化的激励机制（如竞争政策），把创新的各类主体高效聚合起来，运用更加多元的方法集中力量办大事。例如，

经过40余年的改革开放，我国国有企业与民营企业形成了一种高度互补的产业链分工格局：规模较大的国有企业多位于产业链上游，在重工业或基础产业领域发挥作用；民营企业则较多地聚集在产业链中下游，提供终端产品特别是最终消费品。在此基础上，大型国有企业应在具有连续性积累特征的创新领域发挥更大作用，在飞机制造、航空、造船、核电等现代巨型工业领域，民营企业很难超越国有企业；民营企业的真正优势是其具有灵活性，因而民营企业更加适合发挥企业家精神，在具有颠覆性特征的创新领域实现飞跃式突破。显然，这种创新主体间的竞争协作，具有鲜明的中国特色，体现了市场优势与制度优势的紧密结合，应在“十四五”时期的新发展阶段得到进一步强调和推进。

三、新型国家创新体系可以强化产业部门间的互促融合趋势

从理论角度讲，产业融合尤其是制造业与生产性服务业的互促融合，是经济发展规律的必然结果。一方面，生产性服务业作为中间投入方参与制造业的生产活动，促进了制造业的发展和经济增长，是制造业生产效率提高的前提和基础；另一方面，生产性服务业的产出主要是投入到制造业部门的生产活动中，因而生产性服务业的不断发展不仅是制造业功能外部化的表现，同时也依赖于制造业对其市场的需求。然而，在过去市场和资源“两头在外”的客场经济全球化发展模式下，高端装备制造、高级生产者服务基本都是从国外进口，本土企业集中在全球价值链低端环节进行国际代工。受此影响，国内制造业和服务业的互促融合水平较低，不利于中国实现从资源型增长向创新驱动型发展的转型升级。因此，运用主场经济全球化的思维建设新型国家创新体系，将大大促进本土产业间的互促融合，激发科技创新的内生动能。

四、新型国家创新体系坚持开放式创新

在一个封闭的经济环境中，创新很难获得成功且实现可持续性。例如，20世纪下半叶的苏联，由于经济体制较为封闭，其企业的研发、生产过程与技术引进的联系十分微弱，导致苏联的经济循环缺乏效率；反观同时期的日本企业，他们对企业研发、生产与技术引进的紧密结合极为看重，并且也重视技术创新与整个经济社会的联系，最终成功赶超欧美工业化大国。因此，中国建设新型国家创新体系，并不反对和排斥开放式创新，其不仅包括对外

开放下的国际创新合作，也包括国家创新体系同区域与部门创新体系之间的创新协同。就国际创新合作而言，这是国内本土企业参与全球创新链、赶超技术前沿的一条重要途径。当创新体系发生“次优锁定”（Sub - optimal Lock - in）现象，即无法对突破式创新作出反应时，通过这种国际创新合作联结互补性资源和能力，就有可能产生发现和利用新技术的机会。就创新体系协同而言，主要是强调对内开放，其紧迫性和重要性不亚于对外开放。这是实现区域或部门创新体系间的协调发展、培育创新链集群的重要前提，也是打通双循环中供给侧堵点，激发生产、分配、流通、消费各环节创新活力的内在要求。

第四节　结论与政策建议

党的十九届五中全会深入分析了我国发展环境面临的深刻复杂变化，认为当前和今后一个时期，我国发展仍然处于重要战略机遇期，但机遇和挑战都有新的发展变化。显然，形成强大国内市场和构建经济新发展格局，是新时代中国经济发展的重要战略机遇；但供给侧存在的一系列不容忽视的堵点，也是对加快形成双循环新发展格局的重大挑战。本章从理论角度探讨了双循环中如何打通供给侧堵点这一现实问题，主要研究结论如下：第一，供给侧堵点源于过去以出口导向为特征的客场经济全球化中长期累积的重大结构性失衡，因而打通这些供给侧堵点的基本思路在于坚持以供给侧结构性改革为主线，主动将过去的客场经济全球化调整为在主场进行的经济全球化；第二，在主场进行的经济全球化本质上要求产业链与创新链的双向融合，需要发挥产业链集群的载体作用、创新链延伸的提质作用、资本市场的服务作用、人力资源的依托作用，推动产业经济、科技创新、现代金融、人力资源之间的有机协调；第三，中国是发展中大国，建设新型国家创新体系有利于将超大规模市场优势与新型举国体制的制度优势有机结合，推动需求导向和问题导向下的创新驱动型发展，这是打通供给侧堵点的关键举措。

本章的政策含义，即通过深化供给侧结构性改革，运用主场经济全球化战略思维加快建设新型国家创新体系，推进产业链与创新链的双向融合，从而打通双循环中的供给侧堵点。针对建设新型国家创新体系，具体建议有以下五点：

一是要长期坚持和重点加强基础研究。实际上，很多关键领域的“卡脖子”问题，根本原因是基础理论研究薄弱，难以出现突破式创新。提升基础研究水平，需提倡好奇和兴趣驱动，破除评价体系上的急功近利倾向，同时也需建立政府资金为主、社会多渠道参与的投入机制。例如，在国家层面规划和实施产业基础再造和产业链现代化工程；鼓励建立各种共性技术平台，解决跨行业、跨领域的关键共性技术供给不足等问题。

二是要不断优化创新人才培育的制度生态。提升科技创新能力的根本在于创新人才的培育。当前我国尚需加强培育具有国际化视野的创新人才的生态氛围，否则即便拥有大批科学家、院士，世界级规模的科研人员和工程师队伍，也很难诞生世界原创技术，一些关键核心技术还要受制于人。因此，中国当前亟须按照科学规律，培养一批掌握科技创新前沿的高级人才。

三是要注重发挥市场的决定性作用。一方面要把实施扩大内需战略同深化供给侧结构性改革有机结合，壮大国内市场优势；另一方面需要进一步完善科技创新的新型举国体制，巧用制度优势。除国防建设等领域外，与经济社会民生相关的绝大多数科技创新，都要确立竞争政策的基础性地位，坚持市场需求导向，促进创新要素的市场化配置。

四是要加强知识产权保护，激发市场主体的创新活力。发达国家的经验表明，完善的知识产权保护体系能够鼓励更多的有效专利，这些专利是发达国家大型跨国公司占据全球市场主导地位最重要的资本。目前，国内知识产权保护作为支持创新的一项制度，还有待进一步健全和完善，这对于我国企业在国内市场进行公平竞争、参与国际市场竞争尤为重要。

五是要积极开展更大范围、更宽领域、更深层次的全球创新合作。国际科技合作是大趋势，特别是面对全球化逆流的不利因素，需要以更加开放的思维融入全球创新网络。在当前形势下，既要沿着“一带一路”倡议创造新的投资机会、新的合作领域以及新的商业模式，推进“一带一路”沿线国家在网络信息技术、医疗健康设施等方面加强国际合作，又要积极在国内打造全球科技开放合作的国际化组织和平台，吸引各国优秀科学家针对疫情防控、气候变化等共性问题展开研究合作，进而在开发合作中增强自身的科技创新能力。

（作者：刘志彪，南京大学长江产业经济研究院理事长、院长、教育部首批长江学者特聘教授

凌永辉，系南京大学长江产业经济研究院助理研究员）

第五篇

构建国际大循环的重要着力点

第十五章 我国内外贸一体化路径研究

对内外贸一体化已有很多探讨，但如何实现内外贸一体化，面临的体制机制障碍及其突破路径等方面仍需要深入研究。本报告在厘清内外贸一体化内涵和新发展格局对内外贸一体化新要求的基础上，提出了内外贸一体化是保障经济可持续发展的“稳定器”和“压舱石”；是推动经济高质量发展的“发动机”和“能量源”；是创造良好发展环境的“搬山工”和“开路机”的论断。但现阶段我国内外贸一体化面临着经济体制延续的内外贸管理分割、经济运行机制的内外贸市场分割和理念思路禁锢的内外贸地位差异等三重约束。因此，推动内外贸一体化可能的方向主要集中在，市场基础层面，内部需求扩容升级倒逼内外贸一体化体制重建；内外贸治理层面，经济治理体系现代化弥合内外贸一体化机制分割；市场环境层面，国际国内市场多维统一助推内外贸实质性一体化。最后，本章提出了突破体制机制障碍的路径选择。

近年来，面对复杂的国际国内经济社会发展环境，以习近平同志为核心的党中央统揽全局、把握大势，全面统筹国内国际两个大局，于2020年5月14日提出“要深化供给侧结构性改革，充分发挥我国超大规模市场优势和内需潜力，构建国内国际双循环相互促进的新发展格局”，为我国新一轮发展锚定了新航向，也对强大国内市场和加快内外贸一体化赋予了新的内涵和重要意义。《中华人民共和国国民经济和社会发展第十四个五年规划和2035年远景目标纲要》（以下简称“十四五”规划纲要）在部署促进国内国际双循环时明确提出，“完善内外贸一体化调控体系”，促进内外贸各项制度衔接，对“十四五”期间乃至未来相当长一段时期内推动我国内外贸一体化指明了基本方略。然而，无论是在理论上还是实践中，我国内外贸一体化的路径并不明晰，在许多方面仍然缺乏系统的讨论，亟须针对性地深入分析。因此，站在开启全面建设社会主义现代化国家新征程的历史起点，聚焦我国内外贸一体化路径展开专项研究意义重大。

第一节 深刻理解内外贸一体化的时代内涵

内外贸一体化的表述，无论是在学理上还是在实务界都应该属于富有中国特色的舶来与嫁接之概念。内外贸一般指以国家为界划分的国内贸易（内贸）和对外贸易（外贸），可以说兼具马克思主义政治经济学和西方开放经济学的理论血统，又在一定程度上反映和延续了新中国成立之后国务院行政机构设置的功能区分。而一体化的概念最初则来源于国际经济学，意指两个及以上的经济主体相互协调、相互关联，逐渐形成类似于一个经济主体展开相关活动的过程，关键在于降低或者消除不同主体之间的边界壁垒和各种要素的流动障碍，实现市场机制下的资源配置最优，其后被诸多领域用来表述归属多种不同主体的行为活动逐步实现协调一致的现象。因此，内外贸一体化的应有之意在于协调国内贸易和对外贸易，达成内外互济、双向循环的共存共荣状态。既涉及内外贸主体准入门槛和参与资格的一体化，也包括内外贸客体认证标准和交易范围的一体化，还牵扯到内外贸发展环境的一体化。“十四五”规划着重提及“要完善内外贸一体化调控体系，促进内外贸法律法规、监管体制、经营资质、质量标准、检验检疫、认证认可等相衔接，推进同线同标同质”，新发展阶段对内外贸一体化赋予了更深刻的时代内涵和战略要求。

1. 内外贸一体化是保障经济可持续发展的“稳定器”和“压舱石”。世界各国经济发展的历史表明，很多发展中国家依靠外部市场通过国际贸易实现了经济反超，但中国作为拥有960万平方公里、超14亿人的大国，仅仅依靠外部市场显然具有相当程度的不稳定性和不可持续性。尽管我国在改革开放以来依靠自然资源、低成本劳动力等优势参与全球价值链分工实现了经济的高速增长，但这种看似“赚快钱”“赚容易钱”的出口导向模式也带来了资源诅咒、污染天堂、低端锁定、外需依赖等问题，同时国际市场不可避免地出现波动或者出现较明显的外部冲击，高度依赖外部市场的经济显然不可持续。国内市场相对而言更加稳定可控，致力于统一国内市场和国际市场的内外贸一体化能够有效减轻进出口剧烈变化对经济增长的冲击，避免国内经济大起大落。我国有效应对亚洲金融危机、国际金融危机和新冠肺炎疫情等严重冲击的经验表明，内外贸一体化作为“稳定器”和“压舱石”的作用愈加凸显，将成为我国经济稳定可持续发展的重要保障。面对世界百年未有之大变局，我国经济发展的新阶段突出地表现为国内产业、要素、市场面临原有路径的突破，从参与国际分工向构建国内价值链转向，从依赖外需外贸向充分发掘国内超大规模市场转变，内外贸一体化是由外转内、内外循环的重要支撑。

2. 内外贸一体化是推动经济高质量发展的“发动机”和“能量源”。党的十九大报告做出明确判断，我国经济已由高速增长阶段转向高质量发展阶段，根据发展经济理论的表述，经济高质量发展就是以高效率高效益生产方式为全社会持续而公平地提供高质量产品和服务的经济发展，不仅需要高质量的国际贸易和外部市场的强力拉动，也需要超大规模内部需求尤其是国内市场扩张的推动。随着我国经济发展水平不断提升，居民收入总体上已经达到或接近中等发达国家水平，特别是沿海发达地区居民，具备强大的购买力，国内居民需求呈现突出的高端化、智能化、服务化、个性化、绿色化和健康化趋势，层次等级不断提高。内部市场转型升级倒逼产业供给由原来的规模扩张向效率品质提升转变，最终实现质量变革、效率变革、动力变革。强大国内市场不但对于国内生产工艺升级和品牌的形成具有至关重要的作用，而且对于国家创新体系的形成和发展也十分关键。随着国内消费结构的转型升级，结合新兴产业带来的发展机遇，内外贸一体化对供给侧结构性改革的持续推进和创新驱动发展战略的深入实施具有引领性的作用。与此同时，高质量发展意味着从要素资源基础条件，到科学技术生产手段，再到生产关系均达到了由量变到质变的关键节点，需要系统性的配套改革，内外贸一体化不仅仅是以往强调的统一国内大市场，更重要的是通过内外贸一体化倒逼生产供给满足国内高质量需求，形成供需体系的精准匹配和国内价值链的系统升级。

3. 内外贸一体化是创造良好发展环境的“搬山工”和“开路机”。正如习近平总书记所强调的，中国新发展格局不是封闭的国内循环，而是更加开放的国内国际双循环，内外贸一体化也不仅仅是解决国内经济发展问题，而是瞄准更广阔宽松的发展环境。我国是世界少数拥有规模大、领域全、层次多国内市场的国家，并且在诸多发展领域已经达到了较为领先的水平，超大且快速扩张的国内市场对世界各国及其跨国经营企业均具有强大的吸引力。为了应对美国向中国发起“贸易战、科技战、经济战”的外部封锁，畅通国际循环，必须发挥国内大市场的优势，拉动供给、创造需求。随着我国继续推动商品和要素流动型开放，更加注重规则等制度型开放，内外贸一体化将进一步吸引国内外的商品、服务、资本进入国内大循环，增强与世界的联系。超大规模的国内市场和高水平对外开放相互协调、共赢融合，必将进一步提升我国在世界经贸体系的话语权，创造更加宽松广阔的发展环境。在未来相当长一段时间内，我国必将面临更加复杂的国际环境，尤其是以美国为首的西方发达国家集团会不断制造摩擦和障碍，妄图破坏中国和平发展的正常道路，因此我们必须要未雨绸缪，以内外贸一体化的实质性推进为抓手，增强内外网络化关联，构筑立体防护网。

第二节　我国畅通内外贸一体化渠道的体制机制障碍

新中国成立以来，我国内外贸体制随着经济形势变化和管理需要不断调整，在不同发展阶段经历了分与合的过程，围绕内外贸一体化进行了持续的探索。总体来看，我国内外贸管理先后经历了由偏向国内贸易的内外贸分割到倚重对外贸易的内外贸分割，再到国内贸易对外贸易协调循环的内外贸一体化的过程，在积累经验的同时也逐渐明晰了新发展形势下面临的体制机制障碍。

一、我国内外贸一体化的阶段性探索

新中国成立以来，我国内外贸管理的侧重和内外贸的统一分割，与各个时期经济发展的特征及背景紧密联系。根据内外贸管理思路和内外贸一体化观念形成的时间维度，我国内外一体化的演变大致可以分成三个阶段。

1. 计划经济时期国家统一管制、分割管理的内外贸体制。新中国成立以后，出于各种历史原因，国内贸易和对外贸易在国民经济中被赋予了不同的定位，进而导致了内外贸地位的差异和分割管理的局面。为了贯彻党在恢复时期的经济政策，国内贸易和商业在这一时期的主要任务是，大力发展国营商业和合作商业，建立全国统一的新型商业体系，要求公营商业和合作社商业不仅在组织上迅速发展壮大，并在组织形式和管理方法上走向正规化、统一化，在全国范围内形成集中的、统一的体系。与此同时，根据中共中央关于统制对外贸易的决策，“实行对外贸易的管制，并采用保护贸易政策。”据此确立了新中国在对外贸易方面的国家统制政策，逐步加强计划管理，把全国对外贸易活动置于国家集中领导之下，统一地进行对外经济活动。中央人民政府政务院设置了贸易部，统一指挥国内贸易和对外贸易，形成了内外贸由国家统一管理但分而治之的局面。1952 年后贸易部撤销，国家成立商业部和对外贸易部分别管理国内贸易和对外贸易，在整个在计划经济时期，无论

是内外贸企业主体还是职能部门界限分明、各司其职，实行的是相互分割的内外贸体制。

2. 改革开放以后由分割管理向内外贸一体化转变的探索。党的十一届三中全会开启了建设中国特色社会主义市场经济的大幕。伴随着我国经济体制改革的进一步深化，传统的内外贸分割管理不能够适应经济发展的需要，分割管理既影响了外向型经济和国际大循环的形成，也阻碍国内商业流通和要素市场的发展，由此催生了破除内外贸分割管理，推行内外贸一体化的政策需要。特别是随着社会主义市场经济体制逐渐完善，市场准入放宽、经济领域自由竞争等倒逼国内流通体制改革和外贸体制改革，企业厂商参与国内外贸易的限制进一步降低，内外贸多渠道经营的市场主体成为普遍现象，经济基础层面的内外贸一体化趋势业已形成，内外贸分割管理的弊端日益凸显。以 2003 年商务部的成立为标志，由内外贸分割向内外贸一体化转变的宏观管理体制渐显雏形。由于 20 世纪 80 年代末我国开启了侧重于“两头在外”参与国际大循环的发展模式，经济开放势头迅猛，对外贸易占比大幅提高，特别是加入 WTO 后，国家对外贸的关注在相当长的时期内超过了内贸，“内外贸一体化”尽管被屡次提出，但一直没有得到有效的落实。

3. 加入 WTO 后不同发展阶段内外贸一体化的政策实践。我国加入 WTO 后，党的十六届三中全会正式提出“按照市场经济和世贸组织规则的要求，加快内外贸一体化进程”，2003 年 3 月商务部成立，内外贸在行政管理机构上实现了统一，标志着我国长达年的内外贸分割体制结束，开启了真正意义上内外贸一体化的政策实践。内外贸一体化的相关文件和推动措施主要集中于三个阶段，一是 2004 年前后，商务部成立之后担负着推动内外贸一体化的重要任务，关键在于遵循市场经济的制度和竞争原则，促进国内外市场主体参与内外贸市场竞争的问题；二是 2007—2008 年前后，为了应对国际金融危机的影响，党的十七大报告提出坚持扩大国内需求的方针，外部市场走势不振、内部市场亟需调整，内外贸一体化被高频提及；三是 2020—2021 年，为了主动应对中美贸易摩擦尤其是新冠肺炎疫情冲击带来的外部环境变化，以“构建国内国际双循环相互促进的新发展格局”为切入，党的十九届五中全会和“十四五”规划全面强调构建国内大市场，强调完善内外贸一体化调控体系。

4. 现阶段我国内外贸管理机构设置的基本情况。改革开放以来，中国已进行了 8 次国务院政府机构改革，力图降低行政成本，提高行政效率。2018 年 3 月 13 日，国务院机构改革方案公布，根据该方案，改革后，除国务院办公厅外，国务院设置组成部门 26 个。在内外贸管理方面的职能机构主要分布在商务部、国家发改委、国家市场监督管理总局。商务部作为主要职能机构，内贸管理主要在市场建设司、流通发展司、消费促进司，外贸管理则分别由外贸司、服贸司、世贸司等11个司局承担，国家发改委的经贸司负责监测研判国内外市场及外贸形势并提出政策建议、承担重要商品总量平衡和宏观调控相关工作；拟订中央储备的规划和总量计划；拟订现代物流业发展战略、规划和政策，协调流通体制改革有关问题。国家市场监督管理总局则承担了市场综合监督管理、市场主体统一登记注册、组织和指导市场监管综合执法、反垄断统一执法、监督管理市场秩序、统一管理标准化、统一管理、监督和综合协调全国认证认可工作等一系列功能。由此可见，目前在国家层面内外贸管理的实际功能散落在三个部的二十多个司局级单位，那么按照逐级对应的原则延伸到省市县各级，内外贸的管理条线更加复杂。

二、我国内外贸一体化面临的体制机制障碍

要真正打破新中国成立以来延续内外贸分割的局面，在社会主义市场经济体制逐渐完善和成熟过程中实现内外贸一体化，不仅需要把握内外贸一体化的内涵及其对新发展格局构建的重要意义，而且还必须厘清我国内外贸一体化面临的深层次约束，尤其是厘清内贸一体化面临的体制机制障碍。内外贸一体化的过程可以理解为市场一体化的过程。根据已有研究，一体化实际上是将两个或者是两个以上的相互不同的、不协调的事情有机地融合在一个整体，形成一个协同效应、实现组织的一个目标，其中最关键的就是一体化的过程——不同的部分怎么结合成整体的方式。因此，内外贸一体化的过程就是内外贸各维度的边界消弭和障碍削减过程，是市场主体、客体、空间、时间等维度可以根据自身经营规律和需要自由地选择，也即是跨越国内市场和国际市场的界限实现统一。因此，根据内外贸一体化可能面临障碍的层次表现不同，可以分为经济体制延续的内外贸管理分割、经济运行机制的内外贸市场分割和理念思路禁锢的内外贸地位分割等三个方面。

1. 经济体制延续的内外贸管理分割阻碍内外贸一体化。我国作为一个经历过由计划经济体制到社会主义市场经济体制转型的国家，与完全实行市场经济的成熟型国家相比，客观上具有两种体制转换带来的分割痕迹，在内外贸管理上体现得更加明显。根据马克思主义唯物史观的基本原理，经济基础决定上层建筑，内外贸地位的变化是决定我国内外贸管理分割的重要原因。在新中国成立之初，延续计划经济管理的基本思想，特别是在百业待兴的艰

难条件下，国内市场稳定的重要性高于外部市场，同时考虑到当时国际政治环境，对外贸易的规模和范围相对局限并要统一按照国民经济计划严格进行，内贸外贸分割管理的体制就此形成，也对应性地体现在国家和地方管理机构部门设置上。随着改革开放后外贸地位的上升，尤其是融入世界分工体系和国际大循环过程中逐渐和成熟市场经济体制对接，内外贸分割管理逐渐凸显弊端，在加入 WTO 的过程中，成熟市场经济体制逐渐要求打破内外贸之间的诸多分割限制，以 2003 年成立商务部为标志，力图迈向内外贸一体化。但直到现在，内外贸的分割管理仍然未能破除，商务部分管内外贸的司局处室仍然是各管内外，不相交叉，地方的管理部门分割更明显。更为关键的是，对于内外贸管理，尤其是内贸管理，实际上不是由商务部门统一管理的，比如反垄断和反不正当竞争、价格管制、知识产权保护、打击假冒伪劣等是散落在各个部门，进一步加大了内外贸一体化管理的难度。在机构设置上，无论是商务部，还是国家发改委、国家市场监督管理总局等，均保留了内外贸管理的权限且存在相当程度的交叉，同样表现为相类似的内外贸分割管理的特征。一是传统体制上各管各的，内贸归内贸，外贸归外贸，条框清楚；二是机制上并没有所谓的内外贸一体化的部门和管理人员，尽管内外贸一体化提了很多次，但没有具体部门和人去落实，形式往往大于实际，传统体制的延续限制了内外贸一体化。

2. 经济运行机制的内外贸市场分割阻碍内外贸一体化。除了内外贸管理体制分割，我国还面临着内外贸市场分割的障碍。目前，我国内外贸领域存在着行政区划、经营类别、行业部门、国内国外等层次错落的市场分割。一是行政区划的地方利益格局形成了客观存在的市场分割，由于中央地方财权事权的基本安排，行政边界及其管辖范围形成了内外贸市场的分割界限，地方利益一定程度地体现在本地市场优先的基本原则，难以形成国内统一的大市场，内贸的畅通流转尚且受到限制，外贸所受的掣肘更多。再加上地方内外贸管理的分割程度更甚于中央，地方市场保护加上分割管理造成双重的一体化障碍；二是市场标准和价格信号的内外贸分割。就现有的市场标准和价格信号而言，对外贸易所享受的待遇要高于内贸，以出口退税为例，这项优惠仅限于外贸而不是内贸，在实际操作中还存在外贸企业高标准退税的现象，导致了内外贸市场标准具有差异的同时也间接传递了不一样的价格信号，从而使得外贸企业和内贸企业享受不同待遇。再比如近些年对外开放的特殊区域安排，无论是保税区、出口加工区、还是自贸试验区等，都是针对外贸的，与内贸无关，内外贸之间的市场标准和价格信号本身就存在体制安排上的巨大差异，诸如种种区别对待的体制构成了内外贸一体化的障碍。

3. 理念思路禁锢的内外贸地位差异阻碍内外贸一体化。从本质上来说，无论是内贸还是外贸都属于经济循环中的流通环节，仅有流通范围之分，没有高低等次之别，也就是内外贸本就是一体化的。但受限于西方经济理论的开放框架，实践中往往将对外贸易与国内贸易区分开来，成立条线式的部门分别来管理内贸和外贸，而且将外贸独立核算突出其对经济增长的贡献，而内贸则往往被视为国内的日常工作。特别是在全球一体化形势良好的时候，对外贸易的地位会被抬高于国内贸易之上，对外贸易的体制机制改革一般优先于国内贸易，有研究者指出，我国对外贸易壁垒比国内市场的壁垒更低。"国内贸易地位逊于对外贸易"的长期理念偏差，导致了内贸改革和外贸改革的不统一不同步。与此同时，对内外贸地位不同的错误性认知也导致了现有内外贸双重工作机制并存的情况，各部门按照内贸范围形成了多元化的利益主体和利益分割，进一步提高了内外贸一体化推进的体制门槛。改革开放以来，国务院经历了多达 8 轮的机构改革，商务部的内外贸管理部门仍然是平行式独立运作，在形式上保持着内外贸管理归属一个"部"，但实际管理上却分属不同的"门"。传统内外贸分别看待的观念禁锢了体制改革的思路，内外贸面临着不能被同等看待的思路性一体化障碍。

4. 内外贸管理机构设置的比例失衡、职责分散阻碍内外贸一体化。从我国对内外贸管理机构的设置及其反映的内外贸管理思路上，仍然表现为较突出的"重外贸轻内贸"延伸的分割体制。就目前我国商务部的机构设置而言，仅仅在商务部内设机构中就存在 14 个主要围绕对外贸易的司局，而内贸司局仅有 3 个，直属事业单位中涉及外贸的有 11 家，内贸相关的只有 1 家。机构设置比例反映了我国在市场经济体制成长过程中的内外贸分割的理念，也影响了省市层面偏重外贸而使得内贸分割势弱的整体局面。相比较而言，市场经济体制成熟的欧美主要国家在内外贸发展理念上更加一般化，既有专业处理对外经济合作与进出口贸易的管理机构，同时相对均衡地设置了国内经济贸易发展促进的部门。以美国商务部为例，负责国际贸易，促进和管理出口的主要机构为国际贸易署、工业和安全局，经济发展署、少数族裔商业发展局等则对应于国内经济贸易发展，国家电子通讯与信息管理署、国家标准与技术研究院、国家技术信息服务局和专利商标局则属于提供一般性标准和信息管理的部门。日本、英国、德国等商务部门采取了大致类似的职能设置，反映的基本思路为国际贸易和国内贸易均属于非常重要的经济领域，只是涉及的市场区域范围不同并没有高下和轻重之分（欧美等主要国家商务部门设置见表15－1）。

表15－1　主要国家商务部门设置对比

主要国家	商务部门		
	内贸相关	外贸相关	其他
美国（商务部）	经济发展署、少数族裔商业发展局	国际贸易署、工业和安全局	经济分析局、国家普查局、经济统计署、国家海洋与大气局、国家电子通讯与信息管理署、国家标准与技术研究院、国家技术信息服务局和专利商标局
日本（经济产业省）	经济业政策局、产业技术环境局、制造产业局商务信息政策局、经济产业研修所、小企业厅、经济产业局	通商政策局、贸易经济协作局、地域协力课①	大臣官房、资源能源厅、原子能安全保安院、专利局等
英国（商业、创新和技能部）	商务总司、公平市场总司、服务总司	国际贸易司、欧洲和世界贸易总司	创新总司、法律服务总司、战略室等
中国（商务部）	市场建设司、流通发展司消费促进司、电子商务司	外贸司、服贸司、安全与管制局、外资司、自贸区港司、合作司、贸易救济局、国际司、世贸司、亚洲司、西亚非洲司、欧亚司、欧洲司、美大司、台港澳司	办公厅、人事司、政研室、综合司、条法司、财务司等

资料来源：作者收集整理。

第三节　我国内外贸一体化的重点方向

“十四五”规划纲要中提及内外贸一体化的内容中，着重强调推动内外贸法律法规、监管体制、经营资质、质量标准、检验检疫、认证认可等七大方

① 日本商务部门的地域协力课类似于我国商务部的亚洲司、西亚非洲司、欧亚司、欧洲司、美大司，也进行了针对世界不同区域的课属划分。

面的“同线同标同质”，实际上将痛点指向了内外贸规则和制度的不平等。十九届五中全会之后，在《党的十九届五中全会〈建议〉学习辅导百问》中，专门围绕如何完善内外贸一体化调控体系进行了解答，提出了一系列方向性的指南。包括但不限于健全内外贸一体化的法律法规、理顺相关部门监管职责、打破地方市场保护和市场壁垒、完善政府保障内外贸一体化的公共服务、推进经营一体化和探索内外贸融合发展新模式，同时结合供给侧结构性改革给出了用一套标准、一套管理模式、一套评价工具监管产品和服务质量；扩大同线同标同质适用范围至一般消费品、工业品领域；建立产品质量标准细则，加快发展第三方质量检验检测和认证服务，从监管层面严把产品和服务质量关等表述。上述解答较为系统而全面地展示了当前阶段推动内外贸一体化可能的方向，但“十四五”期间乃至2035年亟需突破的重点主要集中于以下三个方面。

1. 市场基础层面，内部需求扩容升级倒逼内外贸一体化体制重建。一如前文所分析的，内外贸的实力起伏与地位涨落是导致一体化分割的经济基础。改革开放以来外部需求的旺盛和优势形成了“重外轻内”的固有体制，因此内外贸一体化首要的突破方向是顺应国内超大规模市场和海量内部需求扩张的窗口期，充分发挥天时地利人和的综合优势，以内部需求扩容升级反向倒逼内外贸一体化转型，并实现内外贸一体的体制重建。习近平总书记多次强调，推动形成以国内大循环为主体、国内国际双循环相互促进的新发展格局，目的是通过发挥内需潜力，使国内市场和国际市场更好联通，更好利用国际国内两个市场、两种资源。长期以来，中国积极参与国际分工体系和全球贸易格局本质上就是在使用国际国内两种资源和两个市场，但以往发展环境下是侧重于将国内当做“工厂”而不是“市场”，两种资源的利用没有转换为满足国民最终需求的福利，而是侧重于满足外部需求的分工体系导致了两方面的后果，内部需求和国民福利被变相地牺牲，资源的利用更多地流向国际外循环，对外汇符号的过度偏好本质上是拿更多国内的资源满足国外居民消费，在形成外汇财富错觉的同时，国内市场升级后的需求又相当程度地依赖海外市场，形成了“两头在外”“重外轻内”的恶性循环。因此，充分挖掘内需潜力变为内需动力，提升国内市场和国内贸易在国民经济体系中的重要性，改变以往满足外需的导向转向满足内需，实现主动性的“出口转内销”，同时要充分利用超大规模市场积极扩大进口。总的来说，内需扩容是充分利用国内国际资源的同时增强国内市场对全球的影响力，加快构建“以我为主”的市场体系；内需升级加快供给侧结构性改革和高质量进口，实现“主动创新”和“进口创新”双向融合。

2. 内外贸治理层面，经济治理体系现代化弥合内外贸一体化机制分割。从上层建筑考虑，在内贸与外贸的经济基础到达同一水平线之后，考验的是政府层面治理能力和治理体系的改变。党的十九届四中全会通过了“中共中央关于坚持和完善中国特色社会主义制度　推进国家治理体系和治理能力现代化若干重大问题的决定”，在论及坚持和完善社会主义基本经济制度时，着重强调“充分发挥市场在资源配置中的决定性作用，更好发挥政府作用”，也就是进一步理清中政府和市场的关系，促进经济治理体系现代化至关重要。对内外贸一体化而言，之所以存在所谓的“内外贸管理分割”，其重要的根源在于政府在分管内部贸易和对外贸易过程中始终认为是“管理”的角色，从如何分别管好国内贸易和对外贸易出发，而不是遵从贸易市场自身发展的规律做好引导和服务。国家层面的商务部各司局设置如此，地方各厅处科设置更是如此。管理式的治理思路决定了政府职能部门及其所在的地区、行业必然成为平行式的各司其职，而服务型的治理思路才能形成内外贸一体化的机制。改变以往政府过度介入的条线式内外贸分别管理模式，实现纵向型引导一体化服务模式，无论是对市场主体从事内贸业务还是外贸活动，统一在法规制度下按照市场经营活动对待，营造各种内外贸主体依法平等使用资源要素、公开公平公正参与竞争、同等受到法律保护的市场环境。也即是内外贸一体化是要求政府管理思路和治理能力服从服务于市场主体、市场活动的成长规律，企业厂商是否同时参与内外贸是市场问题，而政府是否允许市场主体参与内外贸是机制问题。促进内外贸一体化的国家治理体系和治理能力现代化，关键在于条块管理的旧机制破除和纵向服务的新机制构建。

3. 市场环境层面，国际国内市场多维统一助推内外贸实质性一体化。就内外贸一体化的根本动力而言，主要来源于企业主体经由竞争机制参与贸易活动的实际需要，是生产、流通、分配和消费环节逐渐由邻近区域向全国各地再向国际市场扩张的过程，自然形成了要素配置、分工合作、流通交易和产品消费跨域国界的融通结合。因此，尽管构建国内统一大市场多年来被频繁探讨以作为推动内外贸一体化的重要方向，总体上是正确的，但理解上还有待进一步廓清具体的重点。在以往的观点中，统一国内大市场要打破行政壁垒和地方利益分割，道理固然不错，但实际上更重要的是竞争中性原则的保证和实现，也是要构建无论国内市场还是国际市场都允许参与者享有同等竞争的统一性环境。企业主体和消费者通过市场进行交易活动，在进入、参与、退出全流程拥有享受同等条件的“国民待遇”，也是实现国内国外市场准入门槛、竞争环境、退出条件等的多维统一。“十四五”规划纲要中的表述“要完善内外贸一体化调控体系，促进内外贸法律法规、监管体制、经营资质、质量标准、检验检疫、认证认可等相衔接，推进同线同标同质”，就是提出了构建国内外多维统一大市场的重点指标。要及时走出以往只关注国内市场行政区域层面的显性壁垒而忽略背后的不平等根源的传统误区，要改变以往关注国际贸易壁垒而忽略国内外市场标准不统一的狭隘认知，把内外贸一体化的重点方向放在更宽广的视野下推动市场统一。只有推动国内外大市场在准入、参与和退出等全过程、多维度的统一，才能够推动实质性的内外贸一体化。

第四节　我国内外贸一体化的路径选择

党的十九届五中全会后，中央和地方层面围绕内外贸一体化出台了一系列实施意见和办法方案，代表性的包括《国务院办公厅关于推进对外贸易创新发展的实施意见》（国办发〔2020〕40号）、商务部等七部委印发《商品市场优化升级专项行动计划（2021—2025）》以及上海市出台《上海市人民政府关于我市促进综合保税区高质量发展的实施意见》等，在内外贸一体化战略路径和政策措施方面进行了有益的探索，提出了许多具有前瞻性的务实方案。然而，从直接涉及内外贸一体化的相关条款表述来看仍然带有我们前文所提到的缺憾，主要有两个方面的特点，一是内外贸一体化仍然是单独从外贸领域或者内贸领域提出，具有明显的部门属性而不是市场属性；二是政府出台的文件以企业主体的定位去考虑如何实现内外贸一体化，这些都是长期以来内外贸一体化面临的体制机制障碍制约的“后遗症”。因此需要从内外贸经济体制、内外贸运行机制和内外贸市场环境三个方面进行内外贸一体化的路径突破。

1. 内外贸经济体制的路径突破。要以市场机制畅通内外贸资源双向配置通道，厘清“主导”和“引导”的关系定位。一是扩大经济资源在内外贸市场中的通用性和融合度，以加快推动“同标同线同质”为突破，实行资源跨内外贸市场交易的负面清单制度，建立内外贸差异性标准名录，对名录以外的商品资源进行无差别一体化管理，实现无论是内贸还是外贸领域的资源均可以通过统一市场进行商品化交易；二是通过政府话语体系纠正内外贸分割有别的定位，逐渐消弭贸易市场主体、市场客体和市场管理的内外区分，比如对标外贸领域，同等推出内贸优惠安排，实施包括设立内贸特区、出台内贸优惠制度、推出内贸激励政策等系列措施，在提升内贸地位的过程中，逐步强化内外贸一体化的专项表达①，弱化仅仅针对外资外贸的优惠制度的言语表达，形成广义贸易为本质的内外贸一体化理念，另外还可以通过推行无国界中性政策实现跨域内贸和外贸的广义贸易自由竞争。三是以平衡性的财税政策消除内外贸成本收益的价格歧视，逐步降低出口退税、出口补贴、优惠保障等在内外贸领域的差别，试点外贸促进政策内贸化，内贸激励政策开放化，充分做好由国际大循环向"双循环"新格局的内外贸转换衔接，特别是平衡内外贸商品均依赖的中间投入品贸易的财税优惠额度，防止"出口转内销"过程外贸商品的低成本优势导致的不对等竞争，促进内外贸厂商企业在中间品市场的价格起点公平；四是加快内外贸系统的开放力度，逐步破除内外贸之间的边界壁垒，打通内外贸进出通道和经营领域，让市场主体、市场客体在内外贸领域能够自由选择。试点建设高质量出口转内销示范区，推动外贸领域较高标准的产品供给国内市场，在满足国内消费者升级型需求的同时，提升倒逼内贸领域产品同标同线同质推进速度。

2. 内外贸运行机制的路径突破。运行机制的路径突破在于对内外贸一体化的上层建筑，尤其是作为服务和引导角色的政府职能的转换和优化。一是加快政府职能定位的转变，以内外贸机构设置和组织构建为切口推动内外贸一体化功能集合。试点增设内外贸一体化办公室或者贸易局，打破内贸外贸分割的条线式职能结构，专注贸易市场的制度建设和环境建设开展引导服务，加快形成由中央到地方的贸易领域纵向一体化部门结构。在广东、浙江、江苏等发达省份试点设立内外贸一体化推进局，选择一般消费品和工业品等领域将市场准入、反垄断和反不正当竞争、价格管制、知识产权保护、打击假冒伪劣等多元合一，精准服务市场主体和客体的贸易需求，顺畅内外贸体系衔接。二是积极推动内外贸一体化服务改革，通过构建内外贸一体化公共信息平台、公共服务平台等为内外贸一体化的主体、客体和为消费者提供信号引导，促进治理思路由内外贸一体化管理到服务内外贸一体化转变。试点推动内外贸跨域经营的"不见面审批"改革，为工商企业的内外贸经营注册、申报与认证提供服务便利；依托大数据，建设内外贸一体化信息统计平台和服务热线系统，借鉴"12345"模式改善治理思路；三是加快出台对标内外贸

① 目前可查所有已出台的涉及内外贸一体化条款的文件中，没有一份是以"内外贸一体化"作为主标题的文件，仅在内容中以小标题的形式出现在某段文字中，明显不能引起足够的重视。

一体化的政策法规，提供制度保障。实施一般消费品和工业品领域的“国标革新工程”，统一内外贸市场产品的标准；启动外贸领域“隐形冠军”内贸品牌化工程，促进贴牌出口的高端产品供应国内市场。另外，应注重将内外贸一体化作为单独的领域开展制度建设，强化内外贸一体化理念和无差别制度意识，同时提高制度的科学性、合理性、适用度和执行力，力争打造内外贸一体化的制度支撑体系。

3. 内外贸市场环境的突破路径。从市场环境的建设角度，制约内外贸一体化的关键在于市场分割，涉及行政层面、领域层面和区域层面，其中领域层面和行政层面是突破的重点。一是依托现有对外经济的开放平台和开放区域设置，加快惠及内贸的载体建设。实施外贸优惠区域内贸化示范工程，试点在出口加工区、保税区、自贸试验区等范围内设立内外贸一体化特殊区域，将开放优惠的安排延伸至内贸领域，同时依托出口转内销、高质量进口等多种抓手促进内外贸协调融合；加快建设国家级内外贸一体化示范区，鼓励长三角、珠三角、京津冀等区域先行先试和制度创新，为形成国内统一大市场提供经验。二是强化地方政府对内外贸一体化的政策支持和规划支撑，加大对内外贸一体化试点的组织保障和激励保障。推动跨行政区划政府对内外贸一体化的协同支撑，以内外贸一体化纵向行政机构为主线，提高政策制定、规划实施和服务引导等多维支持的协调性、统一性。支持地方政府实施内外贸一体化的激励措施，通过土地划拨、财政税收等途径提供优惠引导，以长三角、珠三角、京津冀等为引领，推动形成区域统一大市场，进一步降低内贸领域的跨省区交易成本，实施包括统一报税、报检、审批、检验检疫区域互认等在内的一揽子方案。另外，尤其注重市场规则和标准统一性建设，加快国内标准与世界主要经济体相关标准对接，内贸主客体和外贸主客体标准对接，真正实现内外贸一体化的“同线同标同质”。三是注重发挥行业协会功能，在行业层面打通内外贸领域隔阂，以大宗商品、能源、标准化商品等为试点，建设若干内外贸一体化大市场，制定专项实施方案，探索行业领域内外贸一体化的市场开拓新模式，提升行业层面加快内外贸一体化的行动共识。

（作者：张文武，南京大学长江产业经济研究院特约研究员，南京财经大学国际经贸学院教授）

第十六章 长江经济带上的“一带一路”倡议支点建设研究

建设长江经济带上的“一带一路”倡议支点，是沿江11省市衔接两大国家战略，率先构建新发展格局的重大举措。建议国家与地方依托国家重要开放城市、物流枢纽、文化源地、制造业基地、综合改革试验平台等资源或载体，强化顶层设计，系统优化倡议支点功能组合和空间布局，在上中游各构建“一主多辅”功能组合，在全流域构建“一轴三极多点”空间格局，形成综合型与专门型相得益彰的“一带一路”倡议支点体系；同时加快弥补战略支点交通设施短板，打通多式联运堵点，畅通服务双循环的现代流通体系；在此基础上，依托战略支点不断深化产能合作和科技创新合作，共建“一带一路”产业链供应链合作体系；不断深化全球气候治理、新能源技术合作，共建绿色丝绸之路；不断扩大公共卫生、传染病防控、数字经济等领域的合作，共建健康丝绸之路；不断深化智库、企业家、宗教人士、妇女、青年等群体间的业务交流与合作，增进民心相通和战略互信。

党的十八大以来，国家高度重视区域战略协同、沿海内陆开放联动。长江经济带横跨东中西三大区域，在推动沿海沿江沿边和内陆全方位开放中，发挥着十分重要的作用。2018年4月26日，习近平总书记在深入推动长江经济带发展座谈会上强调，长江经济带是“一带一路”在国内的主要交汇地带，应该统筹沿海、沿江、沿边和内陆开放，实现同“一带一路”建设有机融合；2020年11月14日，又在全面推动长江经济带发展座谈会上要求，推动长江经济带发展和共建“一带一路”融合，加快长江经济带上的“一带一路”倡议支点建设，扩大投资和贸易，促进人文交流和民心相通。依托长江经济带雄厚的经济基础、产业技术优势，建设长江经济带上的“一带一路”倡议支点，对内可以引领长江经济带东中西协同发展，对外可以助力国家构建新发展格局、推进全球治理体系改革，是统筹国内国际两个大局的重要举措，理应作为沿江11省市“十四五”及今后时期全面推进长江经济带高质量发展的一项重大任务持续推进。

第一节 倡议支点的内涵与外延

所谓长江经济带上的“一带一路”倡议支点，是指依托长江经济带上的中欧班列始发地、港口、文化源地、制造业基地，以及自贸区、综合性改革试验平台，经由铁路、航运、航空等交通方式，与“一带一路”沿线国家互联互通，并在“一带一路”“五通”共建领域发挥重要作用的节点城市。从功能类型看，长江经济带上的“一带一路”倡议支点可以分为综合型、专门型两类。

综合型倡议支点主要包括成渝双核、武汉、上海，分别是上中下游三大区域的核心大都市，对“一带一路”倡议的政策沟通、设施联通、贸易畅通、资金融通、民心相通等五大领域都产生了重要影响，对共建“一带一路”发挥着重要组织、引领作用。

专门型倡议支点主要是指在互联互通、产能合作、文化交流等领域的具有一技之长的节点，发挥着重要的功能支撑作用。例如西南开放桥头堡昆明，江苏“一带一路”交汇点强支点连云港、南通，“一带一路”最佳结合点宁波舟山港，鄂州国际航空货运枢纽等交通枢纽型节点，中国义乌国际商贸城、苏州工业园区、杭州电商之都、贵阳国家级大数据综合试验区、株洲装备制造业基地、中欧班列源地，以及自由贸易区、综合保税区等产能合作型节点；南京、扬州、太仓、祁门、景德镇等丝路文化源地，以及黄山、庐山、青城山-都江堰等世界文化遗产等文化交流型节点。

第二节 倡议支点建设总体思路

一、指导思想

以习近平新时代中国特色社会主义思想为指导，深入贯彻落实习近平总书记关于推动共建“一带一路”高质量发展、长江经济带发展、长江三角洲区域一体化发展的重要论述和重要指示精神，准确把握新发展阶段的新优势、新挑战，统筹国内与国际、中央与地方、沿海沿江沿边内陆、政府与市场、发展与安全，以促进长江经济带发展和共建“一带一路”深度融合为主线，全面整合沿江11省市国家物流枢纽、制造业基地、文化资源、科教基地、综合改革试验区等平台和资源，共建共享长江经济带上的“一带一路”倡议支点，系统优化节点分工组合和空间分布，形成长江经济带上的“一带一路”倡议支点体系，全面提升战略支点的联通、示范、引领功能，为长江经济带发展和共建“一带一路”深度融合、高效协同，探索更优发展路径、更广合作空间、更强动力源泉。

二、基本原则

坚持改革开放、创新驱动。推进沿海沿江沿边内陆联动发展、协同开放，破除制约长江经济带与“一带一路”融合的体制机制障碍，强化有利于提高资源配置效率，有利于调动国内外、全流域积极性的重大改革开放举措，坚持产能合作中技术创新在战略支点建设中的核心地位，增强原始创新技术创新和制度创新策源功能，提升市场主体创新能力。

坚持系统推进、重点突破。坚持系统观念，统筹推进政策沟通、设施联通、贸易畅通、资金融通和民心相通，加快弥补战略支点互联互通短板，加快建设“一带一路”产业链供应链体系，加快提升在人文交流、全球治理、疫情防治等领域交流与合作。

坚持融合共建、协同发展。立足上中下游区域特色，发挥东中西各地区比较优势，提高核心大都市、重要节点城市，以及重要载体的资源优化配置能力，完善区域合作与利益调节机制，共建共享推进战略支点特色化、体系化发展。

坚持与时俱进、开拓进取。结合长江经济带在绿色发展、公共卫生、流域治理、农业创新、文化资源等领域的优势，结合全球气候治理、新冠肺炎疫情防控、粮食安全、人文交流等新形势、新任务，积极开拓与“一带一路”沿线国家在上述领域的深度合作，全方面提升服务国内国际两个大局的能力。

三、发展定位

国内国际双循环主阵地。依托长江经济带经济基础、产业技术优势，推动国际产能合作、联合技术攻关，加快构建“一带一路”产业链供应链体系。

全球可持续发展示范带。推广长江经济带绿色发展、流域治理经验，围绕碳排放、污染防治、新能源、生物多样性保护等领域，扩大清洁能源贸易与产业技术创新合作，推进全球气候治理合作。

亚欧互联互通主体纽带。加快补齐长江经济带内部交通短板，持续扩大“一带一路”沿线基础设施合作，推动轨道交通标准体系衔接，畅通与“一带一路”六大经济走廊的通道，全面提升亚欧大陆互联互通水平。

人类命运共同体示范带。推进“一带一路”沿线国家宗教信仰、文化艺术、法律制度等领域的交流与合作，加强东西方文明交流互鉴，共议构建人类命运共同体；持续深化公共卫生、疫情防治等领域的合作，协同提升人类应对突发疫病的能力。

四、建设目标

建成倡议支点。建设长江经济带上的“一带一路”倡议支点（见表16-1），就是要集成战略交汇地带的国家物流枢纽、制造业基地、文化资源、科教基地、综合改革试验区等载体优势，强化地区协同联动，加快建成具有强大辐射带动功能的战略支点。从目前的发展态势看，沿江地区多从地方视角布局共建“一带一路”，导致流域内重复建设、同质竞争现象普遍存在，亟须整合功能节点，提升枢纽能级。争取到2025年，长江经济带上的“一带一路”倡议支点初步形成，服务长江经济带和联通“一带一路”的作用进一步发挥。

强化功能体系。长江经济带上的“一带一路”倡议支点横跨东中西三大区域，在产业基础、文化特色、交通优势上存在着明显的地域性特征，因此战略支点建设必须坚持特色化发展原则，内陆与沿海各有侧重，综合型和专门型战略支点功能互补，最终形成综合型与专门型相得益彰的战略支点体系。从目前三大区域战略支点的载体分布、发展基础看，可以在上中下游各布局一个“一主多辅”战略支点体系，在全流域形成“一轴三极多点”格局。争取到2035年长江经济带上的“一带一路”倡议支点全面建成，成为推动长江经济带发展、提升我国对外开放水平、增强国际竞争合作新优势的重要载体。

表 16-1　　长江经济带上的"一带一路"倡议支点体系

综合型	载体与功能	专门型	载体与功能
下游综合型战略支点：上海	"五个中心"：国际经济、金融、贸易、航运和科技创新等，上海国际航运枢纽、上海自贸区、科教基地	杭州、宁波、义乌、苏州、南京、太仓、扬州、连云港、南通、徐州、合肥、黄山	杭州电商之都、自贸区，宁波舟山国际枢纽港，义乌国际商品城、重要中欧班列始发地；苏州丝绸之都、苏州工业园区外贸基地，南京区域性航运物流中心、海上丝绸之路遗址群、科教基地、自贸区，太仓郑和下西洋始发地、重要枢纽港，扬州中国海上丝绸之路申报世界遗产城市，连云港"一带一路"交汇点强支点，南通通州湾新出海口，徐州国际陆港、中欧班列始发地；合肥中欧班列始发地、制造业基地，黄山皖南国际文化旅游示范区与世界文化与自然双重遗产、世界地质公园、国家AAAAA级旅游景区、祁门红茶
中游综合型战略支点：武汉	武汉航运中心、武汉—鄂州国际航空枢纽、湖北自贸区、制造业与科教基地、中欧班列始发地	鄂州、宜昌；赣州、九江、景德镇；长沙、株洲、张家界	鄂州亚洲第一货运机场，宜昌三峡与葛洲坝水利枢纽总部；赣州国际陆港、跨境电商综试区和国家物流枢纽，九江庐山世界自然与文化双遗产、世界地质公园，景德镇中国瓷都；长沙国家杂交水稻农业名片、湘欧快线始发地，株洲装备制造业基地，张家界世界自然遗产、世界地质公园
上游综合型倡议支点：成都—重庆双核	西部内陆开放门户、科教基地、中欧班列源地、制造业高地、自贸区、首个中外人文交流教育实验区	昆明、贵阳、都江堰、广汉	昆明泛亚交通枢纽、中国西南开放门户，贵阳国家级大数据综合试验区核心区，青城山—都江堰世界文化遗产、国家5A景区，广汉三星堆遗址

第三节　倡议支点建设的基础条件分析

一、长江经济带是我国经济社会发展的重要支撑带

长江经济带产业基础雄厚。长江经济带覆盖沿江11省市，横跨我国东中

西三大板块，面积占全国面积的21%，人口规模占43%，经济总量占据全国“半壁江山”。2019年长江经济带经济总量占全国46.5%，工业增加值占全国46.9%，电子信息、装备制造等产业规模占全国比重均超过50%。

长江经济带三城市群科技能力强大。长三角城市群、长江中游城市群和成渝城市群，集聚着全国1/3的高等院校和科研机构，拥有全国一半左右的两院院士和科技人员，各类国家级创新平台超过500家。

长江经济带是我国参与国际经济循环的重要纽带。沿江11省市，拥有9个自贸试验区、24个综合保税区，其中长三角地区、成渝地区更是我国对外开放的门户地带，与“一带一路”沿线国家贸易体量全国领先，2019年进出口总额占全国比重为44.4%，其中长三角地区进出口总额占长江经济带80.7%。

长江经济带内部经济发展存在不平衡、不充分现象。从省份经济总量看，江苏省一枝独秀，约占总量的22%，浙江省、安徽省、四川省占比也超过10%，但是贵州占比不到4%。从三大区域看，长江下游长三角地区占比51.8，占有绝对优势，长江上游和中游分别占比24.1%；从进出口贸易看，下游长三角地区也占有绝对优势，约占长江经济带进出口总额77.3%。另外，从城镇居民人均可支配收入看，上海、浙江、江苏领先优势也十分明显，但其他省市甚至达不到全国平均水平（见表16－2至表16－4）。

表16－2　2019年长江经济带11个省市经济增长情况

地区	GDP		规上工业增加值	固定资产投资	社会消费品零售总额		进出口		城镇居民人均可支配收入	
	总量（亿元）		增速（%）	增速（%）	总量（亿元）	增速（%）	总量（亿美元）	增速（%）	总量（元）	增速（%）
上海市	38155.3	6.0	－0.3	5.1	13497.2	6.5	4938.0	－4.2	73615.0	8.2
江苏省	99631.5	6.1	6.2	5.1	35291.2	6.2	6294.7	－5.2	51056.0	8.2
浙江省	62352.3	6.8	6.6	10.1	27176.4	8.7	4471.4	3.4	60182.0	8.3
安徽省	37114.0	7.5	7.3	9.2	13377.7	10.6	687.3	9.4	37540.0	9.1
江西省	24757.5	8.0	8.5	9.2	8421.6	11.3	509.2	5.7	36546.0	8.1
湖北省	45828.3	7.5	7.8	6.9	20224.2	10.3	571.3	8.2	37601.0	9.1
湖南省	39752.1	7.6	8.3	10.1	17239.5	10.2	628.8	35.3	39842.0	8.6
重庆市	23605.8	6.3	6.2	5.7	8670.0	8.7	839.6	6.3	37939.0	8.7
四川省	46615.8	7.5	8.0	8.6	20144.3	10.4	980.5	9.0	36154.0	8.8
贵州省	16769.3	8.3	9.6	1.0	—	5.1	65.7	－7.7	34404.0	8.9

续表

地区	GDP		规上工业增加值	固定资产投资	社会消费品零售总额		进出口		城镇居民人均可支配收入	
	总量（亿元）		增速（%）	增速（%）	总量（亿元）	增速（%）	总量（亿美元）	增速（%）	总量（元）	增速（%）
云南省	23223.8	8.1	8.1	8.5	7539.2	10.4	336.9	17.3	36238.0	8.2
长江经济带	457805.7	7.2	6.9	7.2	—	8.9	20323.4	7.0	43737.9	8.6
全国	990865.0	6.1	5.7	5.4	411649.0	8.0	45753.0	-1.0	42359.0	7.9

表16-3　2019年长江经济带各省GDP占比情况

地区	GDP（亿元）	长江经济带占比（%）	全国占比（%）
上海市	38155.3	8.33	3.85
江苏省	99631.5	21.76	10.06
浙江省	62352.3	13.62	6.29
安徽省	37114	8.11	3.75
江西省	24757.5	5.41	2.50
湖北省	45828.3	10.01	4.63
湖南省	39752.1	8.68	4.01
重庆市	23605.8	5.16	2.38
四川省	46615.8	10.18	4.70
贵州省	16769.3	3.66	1.69
云南省	23223.8	5.07	2.34
长江经济带	457805.7	100	—
全国	990865	—	100

注：根据国家统计局和各省市统计局网站整理而得，其中，进出口数据由商务部网站获取；贵州省全社会商品零售额数据缺失。

表16-4　2019年长江经济带中上游GDP占比情况

地区	GDP（亿元）	长江经济带占比（%）	全国占比（%）
长江经济带上游	110214.7	24.1	11.1
长江经济带中游	110337.9	24.1	11.1
长江经济带下游	237253.1	51.8	23.9
长江经济带	457805.7	100	—
全国	990865	—	100

二、沿江11省市参与共建“一带一路”成就斐然

在沿江重要节点城市的引领带动下，长江经济带发展与共建“一带一路”融合发展态势已经呈现，共建成就主要表现在以下几个方面。

（一）与“一带一路”沿线国家贸易投资畅通

根据国家统计局2021年2月28日发布的《中华人民共和国2020年国民经济和社会发展统计公报》数据，2020年我国对“一带一路”沿线国家进出口总额93696亿元，其中沿江11省市与“一带一路”沿线国家实现进出口总额41140.7亿元，贸易体量全国领先，约占全国比重43.9%（见表16－5）。在产能合作方面，沿江11省市在国内外建成中新苏州工业园区、中新（重庆）战略性互联互通示范项目、泰中罗勇工业园、柬埔寨西哈努克港经济特区、印尼经贸合作区青山园区、埃塞俄比亚东方工业园等一批“一带一路”产能合作样板，示范带动作用突出。

表16－5　沿江11省市对“一带一路”沿线国家进出口情况

省份	进出口总额（亿元）	全国占比（%）
浙江	11577	12.36
江苏	10840	11.57
上海	7836	8.36
四川	2455	2.62
重庆	1752	1.87
云南	1681	1.79
湖南	1473	1.57
安徽	1313	1.40
湖北	1049	1.12
江西	1030	1.10
贵州	134.7	0.14
总计	41140.7	43.91

资料来源：2019年各省统计公布。

（二）与“一带一路”沿线国家互联互通走在全国前列

最早在长江经济带重要节点城市重庆率先开通的中欧国际铁路联运班列

（以下简称中欧班列），指中国开往“丝绸之路经济带”沿线国家（主要是欧洲）的快速货物班列，主要采用集装箱或者整车运输的“五定班列”（定点、定线、定车次、定时、定价），通过充分发挥国际铁路运输通道的运输距离和时间较海运短的优势，将较高附加值的产品以班列的形式运往欧洲等地，具有速度快、安全性高、运行时间短等特点。经过10年的发展，长江经济带开通的中欧班列已经遍布上中下游十多个城市，现已开行11余条线路，开行量、重箱率全国领先（见表16－6）。2020年，仅中欧班列成渝号就开行近5000列，占全国开行量40%。另外，成都、重庆、连云港还分别是引领打通西部陆海新通道、连霍新亚欧陆海联运通道的关键节点，国际联通性极高。沿江沿海港口枢纽同样发挥着“一带一路”倡议纽带作用，其中宁波舟山港正在打造“一带一路”最佳结合点，已与“一带一路”沿线近20个港口缔结友好港，每年开通5000个航班，实现“带路”港口全覆盖。

表16－6　长江经济带中欧班列开行情况

班列始发地	2019年	2020年
中欧班列（成渝）	中欧班列（重庆）开行超过1500班，中欧班列（成都）开行中欧班列约1600列，累计开行9100列	开行班列近5000列，成都开行2800余列，重庆开行中欧班列达到2177列，历年累计开行量达14000列，占我国中欧班列开行总量40%以上
中欧班列（义乌—金华）	2014年开行1列，2015年35列，2016年100列，2017年168列，2018年320列，2019年500列，累计开行达到1124列。开行线路增至11条，并在沿线设立分支机构、物流分拨中心9个，联通亚欧37个国家和地区	义乌开行974列，共发运80392标箱，同比增长90.2%。金华开行425列，共发运35142标箱，同比增长313%
中欧班列（合肥）	全年共开行368列，超过自2014年至2018年发运5年来的列数总和，开行17条线路，直达欧亚7个国家、20个节点城市	开行班列568列，同比增长54.4%
中欧班列（连云港）	—	连云港中哈物流基地到发中欧班列553列，45408标箱
中欧班列（长沙）	发行411列，发运量全国排名第5。已开通长沙至汉堡、布达佩斯、明斯克等10条线路，途经15个国家，物流服务覆盖30个国家	发运509列，同比增长38.6%，完成目标任务并超量发行

续表

班列始发地	2019 年	2020 年
中欧班列（武汉）	开行 332 列，去程 171 列，发送 16049.25 标箱，回程 161 列，发送 14202 标箱，总重箱率达到 98.90%；自 2014 年以来，共发运累计超过 1500 列	2020 年中欧班列（武汉）共开行 215 列，去程 101 列 10008TEU，回程 114 列 10184TEU，首次实现全年回程班列 100% 重箱
中欧班列（苏州）	开行中欧班列 231 列，其中去程 205 列，回程 26 列。自 2014 年开通中欧班列以来，苏州累计开行 747 列	开行班列 361 列，搭载 40 呎集装箱 14860 个，出口班列 293 列，发运 40 呎集装箱 12054 箱，进口班列 68 列，发运 40 呎集装箱 2806 箱
中欧班列（徐州）	中欧班列是徐州淮海国际陆港的核心载体，2016 年 9 月份以来，中欧班列基本实现常态化运行。2018 年中欧班列基本形成“4 + 1 + 1”模式固定时间、固定日期开行。2019 年 1—11 月开行 189 列，累计开行 291 列	开行数量 304 列，形成至二连浩特、满洲里、霍尔果斯、阿拉山口“四线同行”的班列通道，特别是“徐工专列”和木材进口班列，有力推动了徐州的产业国际化
中欧班列（赣州）	开行 370 列，其中欧洲方向 246 列，去程 148 列，回程 98 列。中欧班列（欧洲方向）发运集装箱 21904 个标箱	全年开行班列 238 列，铁海联运“三同”（货物进境与沿海同价到港、出境与沿海同价起运、通关与沿海同样效率）班列 1553 列，港口吞吐量（铁路口岸标箱）达 18.6 万标箱
中欧班列（南昌）	开行中欧班列 119 列，其中去程 115 列，回程 4 列，发运集装箱 10518 个标箱。2017 年至今，南昌（向塘）国际陆港形成铁海联运出口线路 4 条、国际直达班列 5 条的进出口多通道格局，已累计完成进出口重箱近 6 万个 TEU	—

资料来源：大陆桥物流联盟，及各地中欧班列统计，另外南京、海安等部分始发点没有列入。

（三）与“一带一路”沿线国家文化交流频繁

长江经济带历史文化名城荟萃，文化旅游资源和高校院所富集，会展博览业发达，每年吸引大量“一带一路”沿线国家的游客、研修人员、商务人员，已经成为享誉全球的文化交流带。目前，上海的中国进口博览会已经成功举行三届，成都中外人文交流教育试验区、武汉世界级历史人文集聚展示区等人文交流示范项目也取得阶段性成果，正在复制推广经验。

三、沿江省市参与共建“一带一路”亟待整合升级

沿江省市多从地方视角参与共建“一带一路”，不可避免地衍生出协同不足的弊端，主要表现在以下几个方面。

（一）具有国际聚合力的交通枢纽跨域跨行业发展仍然存在堵点

上海国际航运中心建设是长三角世界级港口群建成的重要标志，但在沪苏浙在组合港体系建设上仍然没有形成合力，集中体现在主枢纽港依靠外贸航线压制周边港口，拒绝集装箱向周边港口大量分流。另外，地方与铁路部门博弈加剧，也制约大规模、长距离海铁联运业务开展，导致物流不畅、代价高昂。这种局面不仅妨碍提升国际航运资源配置能力和话语权，而且不利于主枢纽港加快实现数字化、绿色化转型，不利于与新加坡大士港的竞争。

目前，上海港和宁波舟山港组成的“双枢纽港”格局是上海国际航运中心集装箱运输体系的重要空间特征，也是问题的根源。双枢纽港格局提升了上海港、宁波舟山港的国际排名，但也导致严重的集装箱压港、集疏运体系失衡、污染富集等问题。现阶段沪甬两港集装箱压港问题日趋严重，且短时期内无法缓解。上海港、宁波舟山港集装箱泊位吞吐量能力严重不足，表现为集装箱泊位利用率、集装箱装船翻箱率奇高。截至 2019 年，上海港（洋山、外高桥）集装箱设计通过能力 3200 万标箱，但该年度完成集装箱吞吐量 4330 多万 TEU，意味着全港集装箱泊位利用率高达 135%。未来随着外贸的持续增长，集装箱码头泊位利用率仍将继续提高。高泊位利用率的后果在学界已有公论。就上海港而言，高泊位利用率意味着集装箱产业链条缺乏弹性，一遇航线调整、极端天气、货主突击出货等特殊情况便容易出现问题。这是上海港在 2017 年 5 月、8 月先后出现两次严重的集装箱港口拥堵事件的根本原因。集装箱高泊位利用率、集装箱装船高翻箱率致使上海港集装箱运输成本和压港风险大幅上升，长远看不利于上海国际航运中心的发展。另据浙江港口数据，2019 年宁波舟山港目前集装箱设计吞吐量为 1490 万 TEU，实际吞吐量为 2700 多万 TEU，集装箱码头泊位利用率高达惊人的 182%，是推荐值的两倍。但由于宁波舟山港集装箱港分散在几个港区，集装箱堆场较大，泊位水深足够，尚没有发生严重的拥堵，但也不同程度地存在中转船压港问题。宁波舟山港正在加快实施梅山港、金塘大浦口二期工程，预计增加设计吞吐量 680 万 TEU，未来设计吞吐量将达到 2200 万 TEU。但是宁波舟山港集装箱

吞吐量仍保持较快增速，2013 年以来年均增长 8.8%，2020 年达到 2872 万 TEU。因此宁波舟山港新增产能将很快释放，短期内也无法解决集装箱码头高泊位利用率问题，也无法为上海港分流集装箱压力。

（二）中欧班列运行缺乏跨域协同

由表 16-5 可见，沿江省市中欧班列源地或品牌众多，多重始发直达，轻集拼集运，导致运营成本高昂，运营规模和物流便利化水平参差不齐。例如江苏省有南京、苏州、连云港、徐州、海安五个始发地，江西有赣州和南昌两个始发地，省内有效整合尚没有实现。现阶段，沿江地区只有成渝班列统一运营品牌，首创集拼集运模式、多式联运一单制、宽轨段集并等运输模式，但其他品牌大多各自为战，从中欧班列的运行线路看，完全可以实现品牌整合。2020 年 7 月 6 日，国家发展改革委下达中央预算内投资 2 亿元，支持成都、郑州、重庆、西安、乌鲁木齐 5 个中欧班列枢纽节点城市，建设中欧班列集结中心示范工程。中欧班列集结中心建设，将有利于这五大城市利用区位优势进行市场资源整合，完善市场竞争机制，促进中欧班列整体高质量发展，进一步突显其在对外开放战略和“一带一路”建设中的作用。从班列业务发展趋势看，长江经济带中下游中欧班列品牌整合势在必行，全流域中欧班列整合势在必行。

（三）境内外经贸合作区的保障服务、合作领域亟待拓展

境外合作园区多由政府牵头，由我方企业负责运营，受限于企业规模和海外投资经验，多不具备长远系统性规划能力，在平台运营和战略互信方面尚无法企及中新苏州工业园区；政府对企业“走出去”缺乏持续的跟踪服务，在应对东道国宏观政治经济、营商环境变动方面较为被动；产能输出以传统产业为主，亟须针对疫情肆虐下的东道国医疗、健康、通信缺口，以及全球气候治理、绿色发展短板，结合沿江产业优势和绿色发展经验，打造更高层次的合作示范项目。

第四节 倡议支点建设路径

长江经济带发展、“一带一路”倡议是党中央作出的重大决策，是关系国家发展全局的重大战略。为此，在新发展阶段，长江经济带沿江省市要根据

各自的区位优势、经济基础和产业优势，明确自身的定位，通过加快长江经济带上的“一带一路”倡议支点布局和建设，培育更多内陆开放高地，扩大对外贸易和投资规模，加大同“一带一路”国家人文交流，促进长江经济带与“一带一路”深度融合。

一、共建功能相得益彰的“一带一路”倡议支点体系

全面优化战略支点功能组合和空间布局。围绕国际航运中心、国际航空枢纽、中欧班列集结中心、自由贸易区建设，强化地区联动、跨域协同，共建上海、武汉、成渝综合型“一带一路”倡议支点，打造多元化发展的“全能冠军”；同时按照特色化发展原则，围绕诸如宁波舟山港、通州湾新出海口、中国义乌国际商贸城、苏州工业园区、全球最大的轨道交通装备产业基地株洲、鄂州航空货运枢纽、中欧班列源地等重大基础设施或商品集散地，自由贸易区、综合保税区、共建园区、科教基地等改革创新高地，以及黄山、张家界、青城山—都江堰等世界文化遗产，推进专门型“一带一路”倡议支点建设，打造具有一技之长的“单打冠军”，与综合型战略支点相得益彰，从而在上中游各构建“一主多辅”功能组合，在长江流域形成“一轴三极多点”空间格局。

加快补齐战略支点的交通设施短板。在上游地区，推动成都、重庆、昆明航空枢纽战略规划衔接，协同打造西部国际航空枢纽；依托自贸区优势，提升宜宾港、重庆港、水富港发展升级，及与铁路港互联互通水平，协同打造重庆航运中心。在中游地区，加快建设三峡枢纽第二通道，加快推进长江中游“645”航道整治工程，加快建设鄂州货运机场，提升岳阳港、武汉港、九江港多式联运水平和发展能级，协同打造武汉航运中心。在下游地区，加快主要港口铁路支线建设，打通水公铁多式联运能力建设，加快通州湾港口及集疏运体系建设，提升长三角北翼航运能级；加快南通新机场建设，形成上海—南通客货机场组合，推动上海国际航空枢纽提档升级。在上中下游联通方面，加快打通航道、陆路堵点，畅通西南陆海新通道、长江黄金水道、连霍新亚欧陆海联运通道；加快沿江高速铁路建设，畅通东西向海铁联运通道，依托高速铁路，建设“轨道上的机场”“轨道上的城市群”“轨道上的战略支点”。

二、共建服务“一带一路”倡议支点的现代流通体系

持续补齐战略支点设施联通短板。在上游地区，推动成都、重庆、昆明空港规划衔接、分工协作，聚力打造西部国际航空枢纽；依托自贸区优势，提升宜宾港、重庆港、水富港等发展能级。在中游地区，加快建设三峡枢纽第二通道，加快推进长江中游“645”航道整治工程，加快建设鄂州货运机场枢纽，提升武汉港、岳阳港、九江港等发展能级。在下游地区，加快补齐上海港、宁波舟山港集装箱集疏运短板，加快提升通州湾集装箱运输、LNG接泊能力，系统优化长三角港口群功能分工；加快南通新机场建设，形成上海—南通客货机场组合，提升上海国际性航空枢纽发展能级。支点联通方面，加快建设高快速铁路网、主要港口铁路支线、内陆铁路港，挖掘高快速铁路货运功能，建设“轨道上的战略支点”；持续优化黄金水道、西南陆海新通道、连霍新亚欧陆海联运通道和管道运输网络，打通水公铁多式联运堵点。

整合中欧班列贸易体系。全面推广成渝中欧班列业务整合和贸易便利化经验，重点围绕以满洲里/绥芬河、二连浩特、阿拉山口/霍尔果斯为出入境口岸而形成东线、中线、西线三条中欧班列大通道，创新长江经济带班列货物组织模式，共建共享班列号，强化长江经济带中欧班列货物集结、集拼集运，在中游、下游地区协同打造中欧班列集结中心，推动中游中欧班列在武汉集拼集运，推动下游中欧班列在合肥和徐州集拼集运，合理构建中欧班列运输的轴-辐网络组织模式，实现“成组集结，零散中转”，保障运输班列的高频率、常态化、低成本运营。

综合海运与铁路运输的比较优势，优化下游集装箱集疏运体系。中欧班列开设应以远离海洋港口的中西部地区为主，适当提升东部沿海地区尤其是航运业发达的长江三角洲地区班列发展门槛。同时，推动沪苏港口一体化进程，全面推广“沪太通”模式，扩大太仓港中转长江集装箱规模；助力提升上海港、宁波舟山港集装箱运输海铁联运、水水中转比重，全面提升上海港、宁波舟山港集装箱集疏运体系能级。加快建设通州湾长江经济带运输新出海口，分流上海港集装箱远洋贸易，逐步改变集装箱运输“双枢纽港”格局，形成以上海港为中心的“一体两翼”格局，全面提升下游集装箱运营效率，降低集装箱物流成本。

三、共建“一带一路”倡议支点产业链供应链合作体系

深化国内外产能合作。发挥长江经济带实体经济强大、产业基础较好、产业门类齐全优势，集体应对全球产业链价值链新变化，聚力共建国内外经贸合作区，推进与“一带一路”沿线国家产业链、创新链、供应链对接融合；引导纺织、皮革和鞋类等劳动密集型制造业，在长江经济带和“一带一路”沿线国家有序转移、转型升级；推进数字经济、5G 基础设施建设技术、人工智能应用等新技术、新业态，在“一带一路”沿线国家落地生根，提升服务贸易规模。

联合开展技术攻关。联合打造新型工业化产业示范基地，加大基础研究和关键共性技术投入力度，开展联合攻关，尽快打破发达国家技术依赖和技术垄断；联合培育以我为主的全球价值链的领军企业，提升产业链控制能力；扩大农产品贸易与投资规模，整合长沙国家杂交水稻研究中心、长江水产研究所等沿江农业科研力量，强化与“一带一路”国家的农业技术创新合作，协同保障粮食和种子安全。

四、共同打造“一带一路”合作新样板

构建多层次人文交流新载体。深度挖掘沿江城市茶文化、丝文化、瓷文化，不断丰富丝路文化内涵，联合申报世界文化遗产；依托上海进博会、世界文化遗产、丝路文化源地等载体，围绕全球治理、经贸合作、设施联通、宗教信仰、文化艺术、法律制度等领域，“请进来”与“走出去”相结合，与“一带一路”沿线国家智库、媒体、NGO 等组织，联合开展会展博览、旅游推介、学术交流；联合打造企业家、宗教人士、妇女、青年等群体交流平台，促进民心相通、文化相融，为“一带一路”倡议提供舆论支持。

共建健康丝绸之路。全面介绍武汉新冠肺炎疫情防治经验以及世卫组织在中国新冠肺炎疫情溯源工作，积极争取“一带一路”沿线国家的舆论支持，揭露西方国家借病毒溯源问题污名化中国的政治阴谋；针对发展中国家公共卫生问题突出、疫情防控能力薄弱现状，持续深化政府间、企业间在卫生防疫、疫苗研发与生产、人员培训等领域的全面合作，建立更多携手抗疫和应急合作平台；适时向中国驻外使馆派驻公共卫生人员，积极向沿线国家推广中国疫苗和中医药，推广成都铁路港中国南亚国家应急物资储备库模式，建

立更多合作抗疫绿色通道，为沿线国家传染病防控提供精准支持。

共建绿色丝绸之路。结合长江经济带绿色发展、流域治理经验，围绕碳交易、污染防治、野生动物保护等领域，强化政府、企业、智库交流与合作，探索绿色可持续发展路径。依托中亚天然气管道、中缅油气管道、中俄东线天然气管道、沿海地区港口 LNG 专用接卸泊位，扩大与“一带一路”沿线国家清洁能源贸易与投资规模，全面提升我国天然气储存、贸易、加工能力，同时依托江苏、上海等省市强大的光伏、风电装备制造业产业链，推进产能“走出去”，助力沿线国家发展壮大新能源产业。

五、协同构建“一带一路”倡议支点共建共享机制

产业园区共建方面，推动中新苏州工业园区“1＋1”两国共建模式向“一带一路”沿线国家延伸，形成“2＋N”多国共建模式，形成更高层次沟通协调机制；整合各省市主导的境外经贸合作区，形成“1＋N”多省共建模式，提升园区规模和运营品质，提升风险防控能力。

基础设施共建方面，推广长江－12.5 米深水航道省部共建经验，在事关流域发展的重大基础设施建设中，加快构建省部（央企、军队）、跨省共建机制，条块结合打通诸如中欧班列、海铁联运、航空枢纽建设与运行中的堵点，保障行业有序竞争、健康发展。

物流通道共建方面，推广成渝中欧班列一体化运行经验，督促省市间建立横向协同机制，扎实推进班列集拼集运；同时推广宁波舟山港海铁联运跨省运营模式，形成地方间、地方与国铁常态化联动机制。

（作者：陈为忠，南京大学长江产业经济研究院特约研究员、江苏长江经济带研究院研究员

成长春，南京大学长江产业经济研究院特约研究员、江苏长江经济带研究院院长）

第十七章 人民币汇率变动趋势、对经济金融的综合影响与深化汇率制度改革的建议

本章从历史回顾出发，首先讨论了我国 2020 年 5 月以来人民币升值的原因、进出口贸易的新特点及其对我国宏观经济金融的影响。之后，基于不同的历史数据，重点实证分析了不同行业进出口对汇率变动的弹性和传递机制、人民币升值给进出口企业利润带来的潜在影响及人民币升值对制造业和服务业就业的冲击。最后讨论了若干汇率政策选择需要面对的问题并提出了相应的政策建议。

第一节 近期人民币升值的原因和对外贸易表现

一、近十年历次人民币汇率大幅变动的回顾

2005 年 7 月 21 日，我国在汇率制度改革上迈出了历史性的关键一步，中国人民银行宣布人民币汇率实行以市场供求为基础、参考一篮子货币进行调节、有管理的浮动汇率制度。自此，人民币兑美元小幅升值，而中国对美国贸易顺差反而大幅增长。到了 2008 年，为了应对金融危机带来的冲击，我国人民币采取了暂时盯住美元措施，确保了人民币汇率的基本稳定。2010 年 6 月 19 日，央行再次宣布“进一步推进人民币汇率形成机制改革，增强人民币汇率弹性”。

回顾梳理最近 10 年人民币兑美元汇率变动和进出口贸易的关系，见图 17－1 和图 17－2，可分为以下阶段。

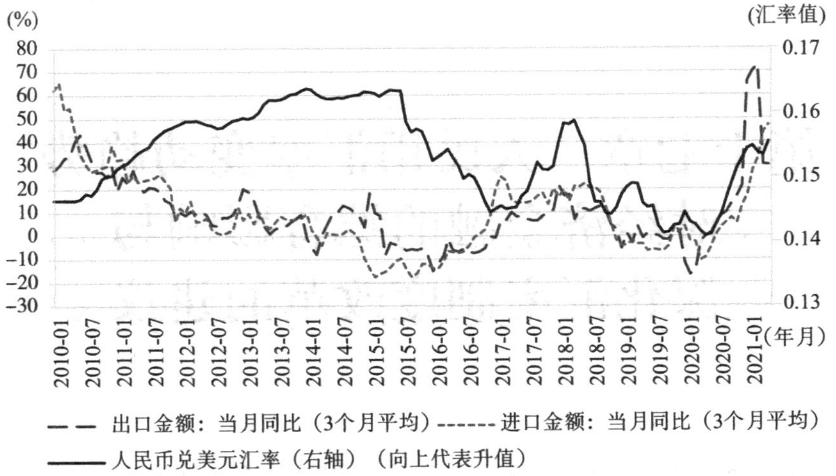

图 17－1 最近十年人民币兑美元汇率和进出口金额同比变化

资料来源：Wind。

（1）从 2010 年 1 月到 2015 年 7 月，人民币总体处于长期的升值阶段。美元兑人民币月平均汇率从 6.83 下降到 6.12，升值幅度达 10.4%。然而，在此期间，中国的进出口金额基本保持了强劲增长的态势，虽然月同比增幅有所下降，但贸易顺差额呈现稳步增长；（2）从 2015 年 8 月到 2017 年 1 月，“811 汇改”刺激了贬值预期，人民币进入贬值通道。与理论相悖的是，这段时期进口和出口金额均出现了同比下跌的情况，贸易顺差收窄；（3）从 2017 年 2 月到 2018 年 4 月，美元指数持续走弱，人民币汇率持续走强再次升值，我国的进出口表现却均出现好转，这段时间里出口月同比增速平均为 9.9%，而进口增速平均为 17.8%，贸易顺差小幅缩小；（4）从 2018 年 5 月到 2020 年 5 月，汇率先是贬值，后是升值贬值交替重复出现。2018 年初以来，中美贸易摩擦持续不断，人民币自汇改以来多次“破 7”，进出口金额保持正的同比增长，后变为负值，贸易顺差总体平稳。

总结来说，近十年来人民币汇率和我国的进出口表现，虽然在某些阶段表现出一定的同步性，但是相关性并非一成不变。在人民币升值阶段，进出口贸易金额保持高速增长，贸易顺差扩大的情况时有发生。而当人民币走弱时，未必会出现出口增加、进口减少的情形。这背后有多种可能的解释。一是这里仅比较了美元兑人民币汇率和进出口贸易，而没有考虑相对其他国家的汇率。事实上，中国对美国和对世界进出口贸易表现出相似的模式。二是我国在制造业保持了强大的优势，海外对中国的产品需求强劲，对汇率波动

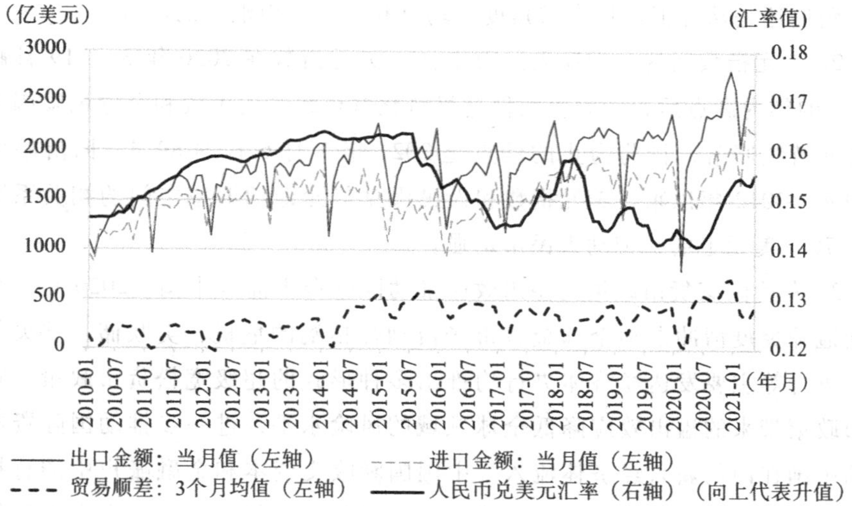

图 17－2 最近十年人民币兑美元汇率和进出口金额当月值变化

资料来源：Wind。

的容忍度高。三是在面临汇率变化时，在行业和企业层面有行之有效的应对措施，比如政策扶持、汇率风险管理、议价定价能力等。四是，我国进出口贸易总量主要是由宏观经济基本面、外部环境等因素所决定的，长期来看受汇率变动的影响不大。

二、2020 年 6 月份以来人民币升值的原因分析

人民币即期汇率，以美元兑人民币计算，在 2020 年 5 月底创下 7.16 的近期最高值后开始逐步回落，到 2021 年 5 月 31 日降至最低点 6.36。在此期间，人民币升值幅度超过了 10%。概括来说，人民币汇率在过去的一年中显著回升的原因如下。

1. 中国有效控制疫情，经济基本面率先企稳回升。在党中央的正确领导下，全国人民同心协力有效地控制了新冠肺炎疫情。以中国制造业采购经理人指数（PMI）为例，低点出现在 2020 年 2 月，之后即显著回升并维持高位运行。美国和欧元区制造业采购经理人指数（PMI）的低点出现在 4 月，日本的低点出现在 5 月，但这些经济体的疫情一波三折，直到当前都难言得到有效控制。这使得中国作为全球制造中心和世界工厂的角色得以进一步凸显，全年以人民币计价出口增速 4%，是全球唯一实现出口正增长的重要经济体。中国全年实现贸易顺差 3.7 万亿人民币，同比增长 27.6%。以上因素不论从

信心角度还是从外汇市场供求角度，均有利于人民币汇率的回升。

2. 美元指数回落，带动人民币走强。美元指数在 2020 年 3 月 19 日触及 102.7 的年内高点后，随着美联储超级量化宽松政策的生效和全球风险因素的平复而持续回落，目前为止的低点是 2021 年 1 月 6 日的 89.4，回落幅度达 12.9%。2012 年以来，美元指数和人民币兑美元即期汇率之间的相关系数高达 0.78。美元走弱，带动人民币走强。

3. 发达国家货币政策的溢出效应推动国际资本涌入中国。2020 年，为应对新冠肺炎疫情冲击和全球金融市场流动性枯竭的危机，美联储、欧央行和日本央行等主要发达经济体央行均推出多种形式的超级宽松货币政策。宽松货币政策带来的溢出效应降低全球领域的风险水平，进一步推动国际资本向包括中国在内的新兴经济体流入。中国国际收支资本和金融账户中的直接投资、证券投资项目都出现明显的净流入。以债券市场为例，根据中央国债登记结算有限责任公司和上海清算所的托管数据，2020 年中国债券市场共吸引国际资本流入 10670 亿元，同比大幅增长 133%。国际资本的涌入改变外汇供求状况，促进人民币汇率升值。

4. 预期的叠加，进一步推动升值。从 2014 年美元指数显著走强特别是 2015 年“811 汇改”以来，居民和企业对人民币汇率一直维持贬值预期。但在 2020 年下半年，人民币兑美元汇率升破 7.0、6.72 和 6.60 等心理价位后，人民币汇率的升值预期开始抬头，使得一些市场主体选择抛出持有的美元资产，这也增加了外汇市场供应，进一步推动人民币汇率升值。

三、本轮人民币升值阶段对外贸易的表现和特点

自 2020 年以来，我国仍然延续了过去由国内外供求关系主导的特点。与此同时，我国完善的产业链使得我国出口具有韧性，维持了较大的贸易顺差，这一优势在新冠肺炎疫情中得到彰显。进出口单纯受人民币升值贬值的影响不大，贸易差额以及进出口商品的结构更多受到海外需求以及结构的影响。

1. 2020 年以来我国商品进出口贸易增速领先世界。如图 17-3 所示，2021 年 1 季度中国出口两年平均增速 0.45%，高于美国（-4.2%），欧盟（0.23%）和日本（-0.61%）等主要进出口国家和地区。这得益于中国强有力的疫情防控措施，使得中国率先从疫情的冲击之下恢复；加之，拜登新政 1.89 万亿元的财政刺激，也增强了美国的需求。中国具有完整的制造业产业链，这有利于我国在海外生产未完全恢复的情况下扩大出口份额。在国内

产能利用率率先恢复以及外需旺盛的驱动下，中国出口以高于世界增速的水平增长。2021 年 1 季度中国进口的两年平均增速高达 11.3%（见图 17－4），同样高于美国（3.3%）、欧盟（2.7%）、日本（－0.92%）。这可能是由于生产所需的大宗商品、原材料等在工业生产需求旺盛的情况下进口额加速上行。近期飙升的原油等大宗商品价格以及芯片的严重短缺可以佐证这一推论。

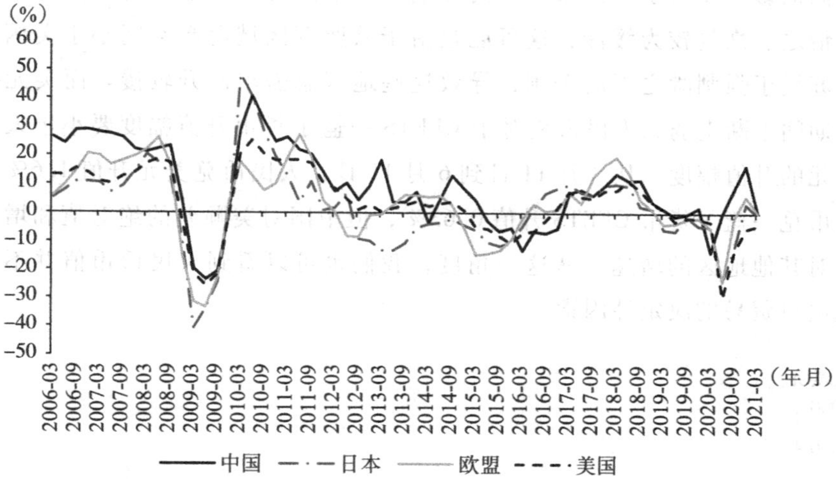

图 17－3　疫情以来中美日欧当期商品出口贸易当季同比

资料来源：Wind。

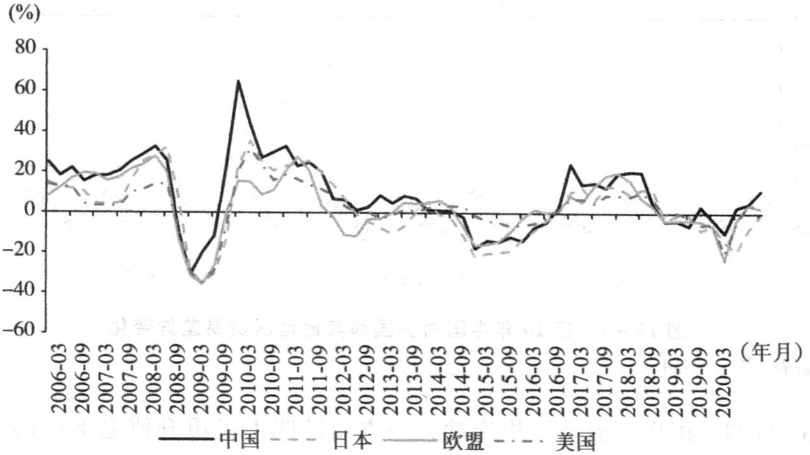

图 17－4　疫情以来中美日欧当期商品进口贸易当季同比

资料来源：Wind。

2. 对美顺差在我国贸易差额中的比重回升，同时对其他地区的顺差有望扩大（见图 17－5）。拜登政府执政之后，中美贸易摩擦有所缓解，中国对美贸易差额维持稳定并在新冠肺炎疫情之后有所上升。与此同时，在美国大规模财政刺激的情况下，美国总需求快速复苏，而因为新冠肺炎疫情反复，美国产能复苏滞后于需求，这进一步扩大了中国对美国贸易顺差。在近几个月，人民币维持了对美元的升值态势，我们可以看到人民币升值并没有逆转对美顺差的增长。中国对美贸易受到宏观经济周期、美国货币财政政策和对华政治风向的影响要大于人民币升值的影响。而中国对世界地区的顺差在新冠肺炎疫情之后恢复较为缓慢，这可能是由于欧盟等区域财政空间小于美国，经济复苏慢于强刺激之下的美国，导致这些地区总需求回升较慢。而美元指数在此期间不断走弱，人民币相对于 CFETS 一篮子货币升值幅度要小于人民币对美元的升值幅度。从 3 月 11 日到 6 月 11 日，人民币兑美元升值 1.6%，而人民币兑一篮子货币 CFETS 升值 0.63%，但中国对美顺差的绝对值和增速要快于对其他地区的增速。从这一角度，我们也可以看到人民币币值并不是中国进出口贸易的决定性因素。

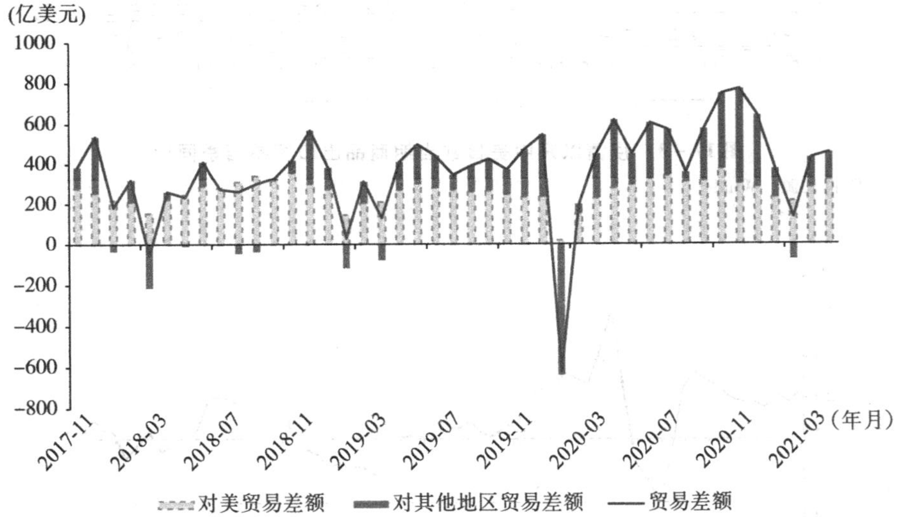

图 17－5　近 10 年中国对美国和其他地区贸易差异变化

资料来源：Wind。

3. 近期中国出口商品结构变动，一方面证明人民币升值之下中国出口产品质量提高；另一方面反映中国进出口更多受到供需等因素的影响。中国对外出口高新产品和机电等高附加值产品快速回升，5 月高新产品、机电产品和机电产品分别同比增长 15.73%、27.02% 和 25.06%，反映我国在世界产业链的地位在新冠肺炎疫情之后进一步向高附加值高技术含量的产品转化。结合人民币升值的大背景，高技术产品增速提高能够提升我国出口产品的质量。此外，玩具、家具等可选消费产品近几个月增速也非常可观，美国消费需求复苏是背后的主要原因。然而，服装鞋帽的出口增速波动率较大，并在近几个月负增长，这可能是由于海外疫情反复，导致出行需求复苏遇阻。总而言之，在人民币升值的背景下，出口产品的质量和技术含量进一步提高，而可选消费产品的动态增长反映海外需求的波动。这背后与我国有效防控新冠肺炎疫情、迅速成功推进复工复产，而国外疫情防控相对滞后密切相关。

4. 在人民币升值的背景下，大宗商品进口量价齐飞。从数据上看，2020年5月进口同比增速高达51.1%，远高于出口增速（27.9%）。从进口商品的结构来看，原油、铁矿和钢材等进口金额涨幅明显，分别达105.09%，105.32%和38%，这固然有国际大宗商品涨价的因素，但也与国内工业生产和补库存等导致的数量增加有关。与此同时，集成电路的进口额在5月同比增长24.95%，预示我国电子制造等中高端行业在需求复苏的背景下，有望进一步提升资本开支，扩大产能。

总而言之，人民币升值对出口总额的影响非常有限（见图17-6），其主要受到国外需求和经济周期的影响，从出口产品结构上来看，人民币升值将使得中国具有产业链、技术优势和议价能力较强的出口品比重进一步提升，提高中国出口的质量。人民币升值有利于进口，可以部分缓解大宗商品涨价带来的输入性通胀。

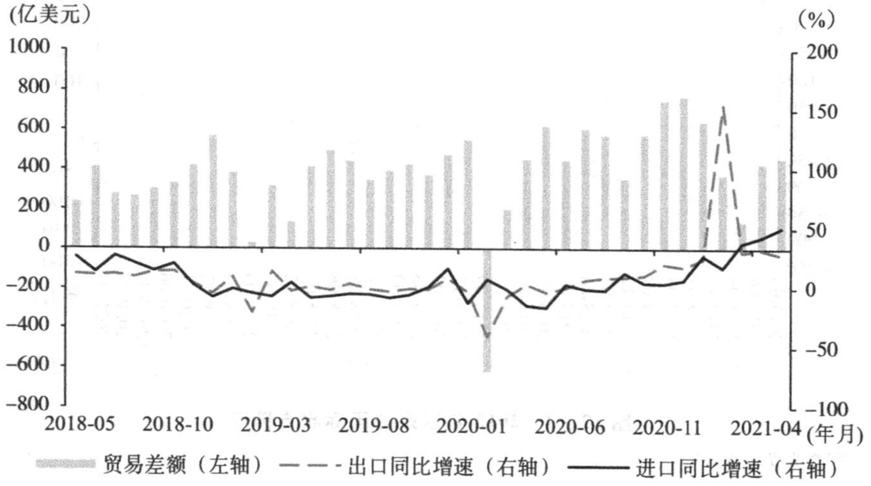

图17-6　人民币升值对出口总额的影响非常有限

资料来源：Wind。

第二节 人民币升值对宏观经济金融市场的影响

一、近期人民币升值对宏观经济的影响

（一）人民币汇率弹性大幅增强，国际收支趋于平衡

图 17－7 表明，在“811”汇改之后，人民币汇率弹性大幅度增强，我国国际收支趋于平衡，外汇净流入保持平稳。2020 年 1 季度，我国率先受到新冠肺炎疫情冲击，经济停滞之下，经常账户逆差增加，外汇净流出 250 亿美元。但此时人民币处于贬值状态，利好出口，在一定程度上缓解了 2020 年 1 季度经常账户逆差的情况。随后，海外普遍受到疫情影响，一方面生产停滞；另一方面利用财政货币刺激经济，而我国在科学防控下，有序复工。海外供需缺口和我国生产的恢复，使得我国经常账户差额连续多季度大幅度处于顺差状态。此时，人民币已经进入升值趋势，汇率边际变化在一定程度上缓解了外汇净流入的压力，国际收支保持平衡，避免外汇储备的大起大落，使得我国货币政策保持一定的独立性。

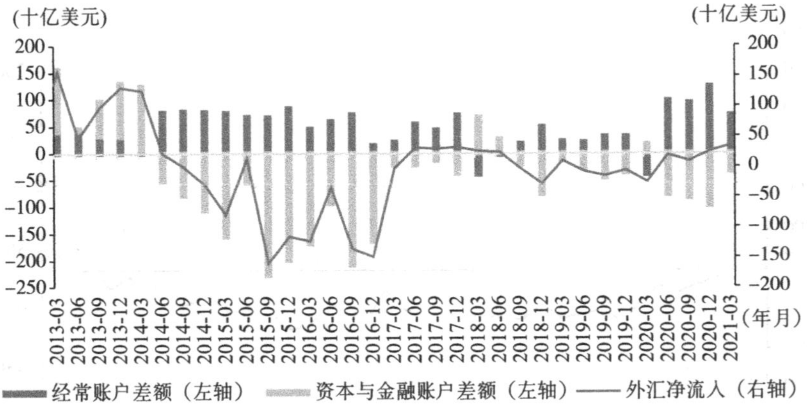

图 17－7 2013 年以来的国际收支情况

资料来源：Wind。

（二）货币政策独立性增强，经济增长迅速反弹企稳

通过比较中国与发达经济体 PMI，我们可以发现中国与美国等发达国家

的经济周期具有较强的同步性。同时，中国作为第二大经济体，经济走势与发达国家有时也存在背离。例如在 2020 年 1 季度中国受到新冠肺炎疫情冲击，PMI 大幅收缩，而发达经济体 PMI 收缩则发生在 2 季度；后中国内需疲软，2021 年 8 月 PMI 大幅下降，而发达国家 PMI 整体较强（见图 17－8）。因此，独立的货币政策对经济稳增长至关重要。

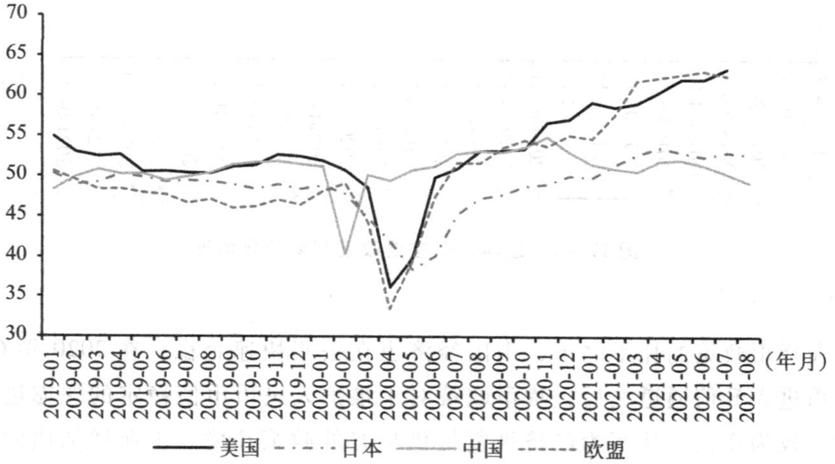

图 17－8　近期主要经济体经济发展状况：PMI 指数

资料来源：CEIC。

“811” 汇改，人民币弹性大幅度增强，货币政策对汇率稳定的顾虑下降，灵活性大大提高，从而帮助中国经济从疫情中快速恢复。央行也确实通过降息、降准等多种手段托举经济。7 天逆回购利率于 2020 年 2 月 3 日下调 10bp 至 2.4%，3 月 10 日再次下调至 2.2%。政策利率成功引导 DR007 下行，降低金融机构融资成本（见图 17－9）。2 月 20 日，中国人民银行授权全国银行间同业拆借中心公布贷款市场报价利率（LPR），1 年期 LPR 为 4.05%，5 年期以上 LPR 为 4.75%，较前期下降分别下降 10bp 和 5bp。除此之外，央行还通过再贷款、再贴现等手段进行了中长期流动性投放，1 月 23 日，中国人民银行开展了定向中期借贷便利（TMLF）操作，操作金额为 2405 亿元，利率为 3.15%。1 月 31 日，向主要全国性银行和湖北等 10 个重点省（市）的部分地方法人银行提供总计 3000 亿元低成本专项再贷款资金，支持抗疫保供。2 月 17 日，中国人民银行开展了中期借贷便利（MLF）操作，操作金额为 2000 亿元，利率为 3.15%，较上期下降 10BP。2 月 26 日，央行增加再贷款再贴现专用额度 5000 亿元，同时，下调支农、支小再贷款利率 25BP 至 2.5%，为企业有序复工复产提供低成本、普惠性的资金支持。

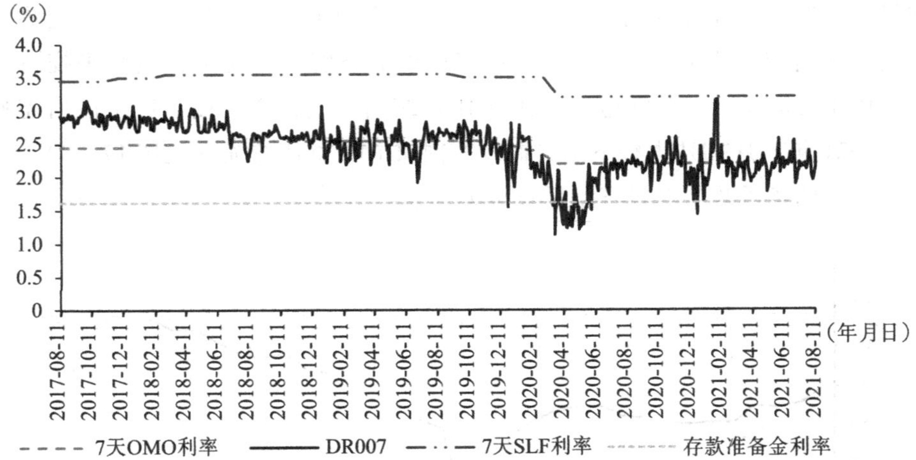

图 17－9 近期几个主要政策利率变化情况

资料来源：CEIC。

在货币政策的托举之下，中国经济也在去年快速企稳。在 2020 年 6 月，人民币进入升值通道之后，货币政策对于维护人民币币值稳定的顾虑进一步下降，较为宽松，从而为经济恢复提供良好的政策环境。工业增加值同比增速于 2020 年 4 月转正至 3.9%，见图 17－10；社会消费品零售总额增速也于 8 月回到正增长区间。较低的利率环境也有利于政府债和城投债的发行，财政资金可以通过基建投资等渠道托底经济。固定资产投资增速于 2020 年 4 月同比增长 0.4%，实现正增长。地产和基建投资贡献较大，见图 17－11。

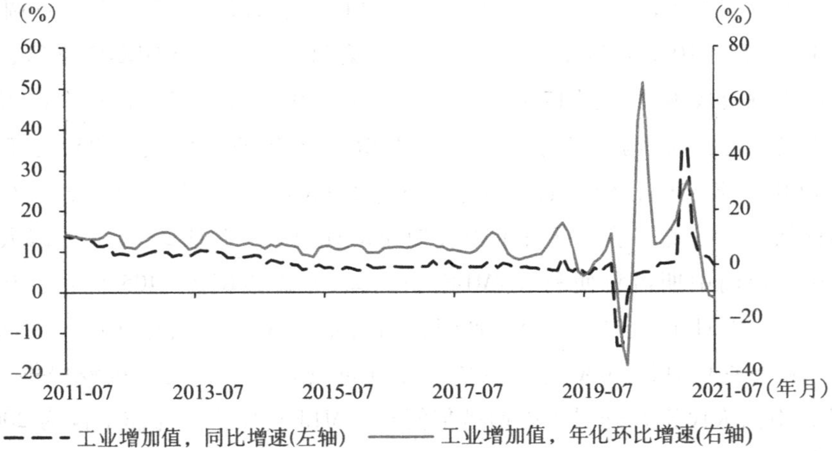

图 17－10 近十年工业增加值增速同比及环比

资料来源：CEIC。

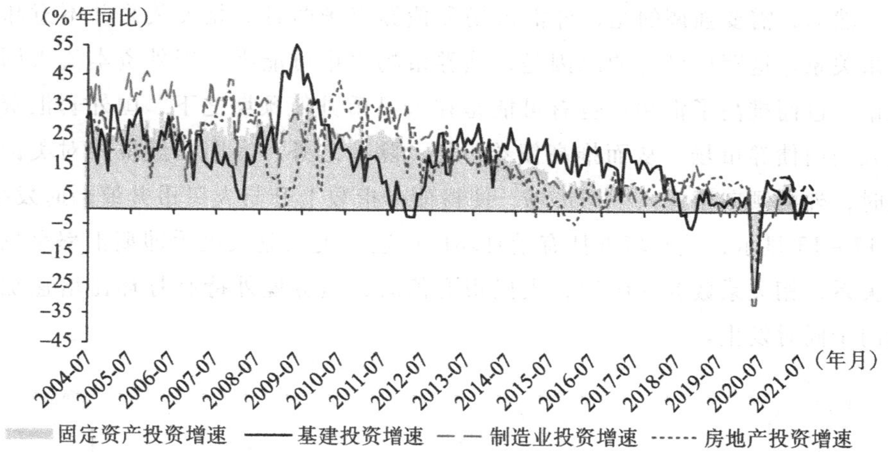

图 17-11　近年来固定资产、基建、制造业和房地产投资增速变化

资料来源：Wind。

二、近期人民币升值对金融市场的影响

（一）人民币升值和债券市场同步变化

2015 年“811”汇改以来，中证综合债指数月环比变化与美元兑人民币汇率具有反相关关系，相关系数为 -0.21，即人民币升值时，中证综合债指数加速上升，具体见图 17-12。

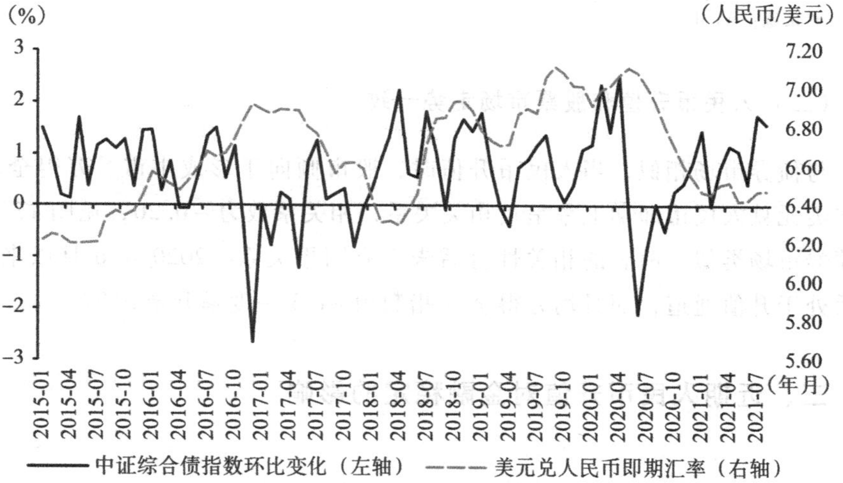

图 17-12　“811”汇改以来中证综合债指数环比变化

资料来源：Wind。

然而，需要强调的是，外汇市场和债券市场两者的相关关系并不意味着因果关系。这背后可能的原因是，债券市场牛市可能吸引国外资本流入国内债市，进而推高了汇率；也有可能是在人民币升值预期之下，国外套汇资本流入国内债券市场，从而推高债券价格；除此之外，当中国经济相对美国走强时，外资倾向于流入中国市场，使得债市指数上升与人民币升值同时发生。图 17－13 显示，债券境外持有量月环比增速与美元兑人民币即期汇率呈反相关关系，相关系数为－0.23，人民币升值时，债券境外持有月环比增速加快倾向于同时发生。

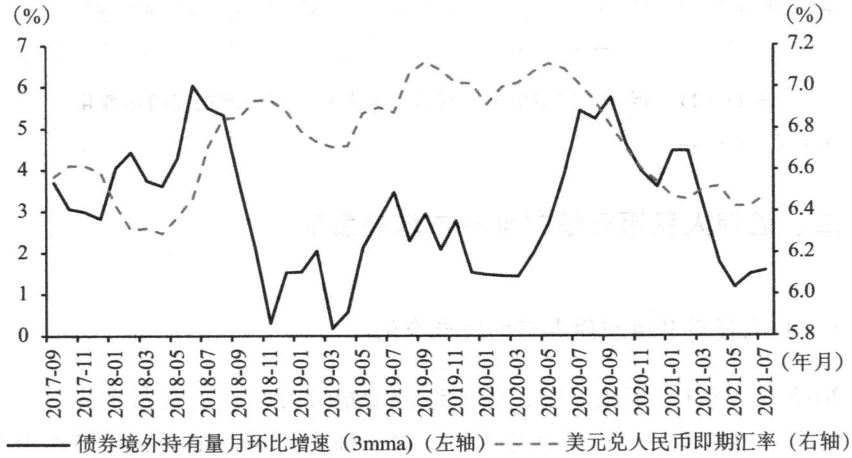

图 17－13 近年来人民币汇率与债券境外持有量增速变化

资料来源：Wind。

（二）人民币升值和股票市场走势一致

与债券市场相似，当人民币升值时，股市倾向于形成牛市。万得全 A 指数与美元兑人民币即期汇率呈负相关关系，相关系数为－0.26，见图 17－14。与债券市场类似，两者的相关性背后未必有因果关系。2020 年 6 月以来，人民币处于升值通道，而月均万得全 A 指数由 4463 一度攀升至 5697。

三、近期人民币升值对金融稳定的影响

（一）上游企业利润增速较快，中下游在正区间，企业杠杆率较低

2020 年第 1、2 季度，在新冠肺炎疫情的冲击之下，工业企业利润增速受

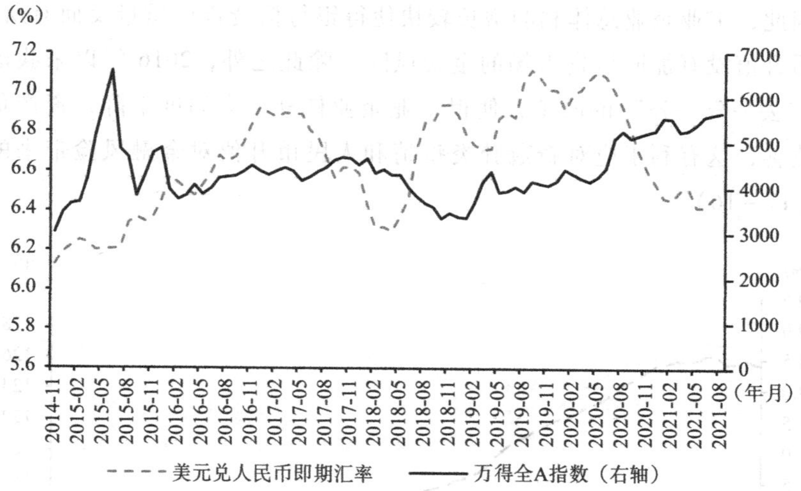

图 17－14　近年来人民币汇率与万得全 A 指数走势

资料来源：Wind。

到一定影响，但彼时人民币受到中美经济强弱比较的影响，处于贬值状态。美元兑人民币即期汇率由 2021 年 1 月 20 日的 6.86 上升至 6 月 1 日的 7.13，人民币贬值促进了出口。企业利润增速在 4 月之后企稳回升，因此弹性的汇率发挥了企业利润稳定器的作用。随后人民币进入升值通道，中下游企业利润增速在一定程度上被人民币升值侵蚀，但受到海外供需缺口的影响，利润增速维持在正区间。同时，人民币升值缓解了输入性通胀，上游企业利润维持较快增速，见图 17－15。

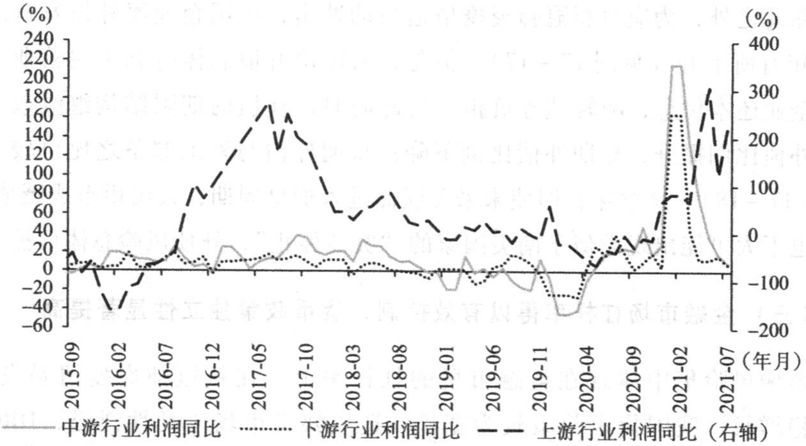

图 17－15　近年来上、中和下游行业利润变化情况

资料来源：CEIC。

因此，工业企业总体利润增长较快使得银行信贷资产质量反而有所提高，人民币升值没有加剧信贷市场的金融风险。除此之外，2016 年以来我国进行了“三去一降一补”的改革，使得工业企业杠杆率大幅度下降，资产负债表质量改善，这有利于应对新冠肺炎疫情和人民币升值对金融风险带来的挑战（见图 17－16）。

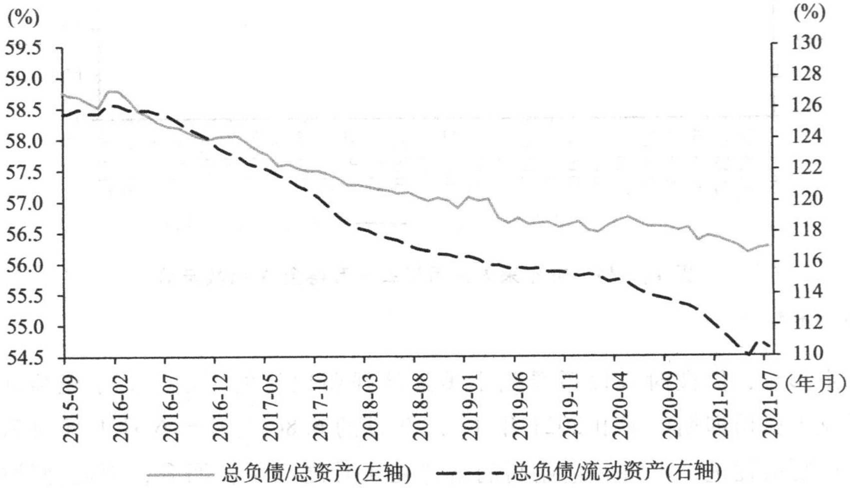

图 17－16　近年来工业企业资产负债情况

资料来源：CEIC。

（二）自疫情以来，企业外债虽有所增长，但期限结构有所改善

除此之外，为应对新冠肺炎疫情造成的冲击，中国企业海外债发行总额在 2020 年有所上升（见图 17－17）。但是，人民币升值总体有利于主营业务在国内的企业还本付息，减轻债务负担。与此同时，外债的期限结构继续改善，中长期外债比例提升，短期外债比例下降；短期外债与外汇储备之比也较为稳定（见图 17－18）。这意味着即使未来美联储进入加息周期，人民币形成贬值预期，中国也不太可能出现类似于南美国家的“突然停止”，外债风险总体可控。

（三）金融市场杠杆率得以有效控制，货币政策独立性显著提高

金融风险集中体现在金融市场的杠杆率上。在新冠肺炎疫情暴发初期，为了稳增长，我国货币政策较为宽松，造成狭义市场流动性泛滥，DR007 大幅度长期低于 OMO 利率。短端资金利率较低推升了债券市场杠杆率，银行间质押式回购额大幅度攀升（见图 17－19 和图 17－20）。

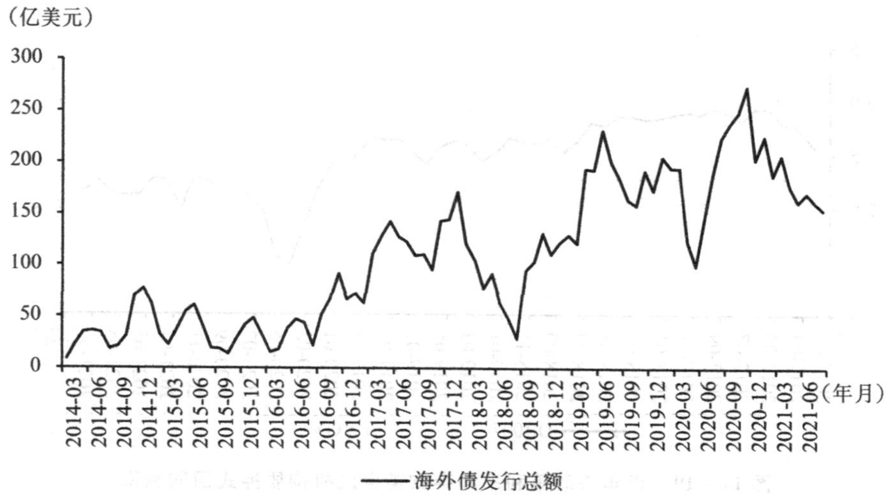

图 17－17　近年来国内企业海外债务发行总额

资料来源：Wind。

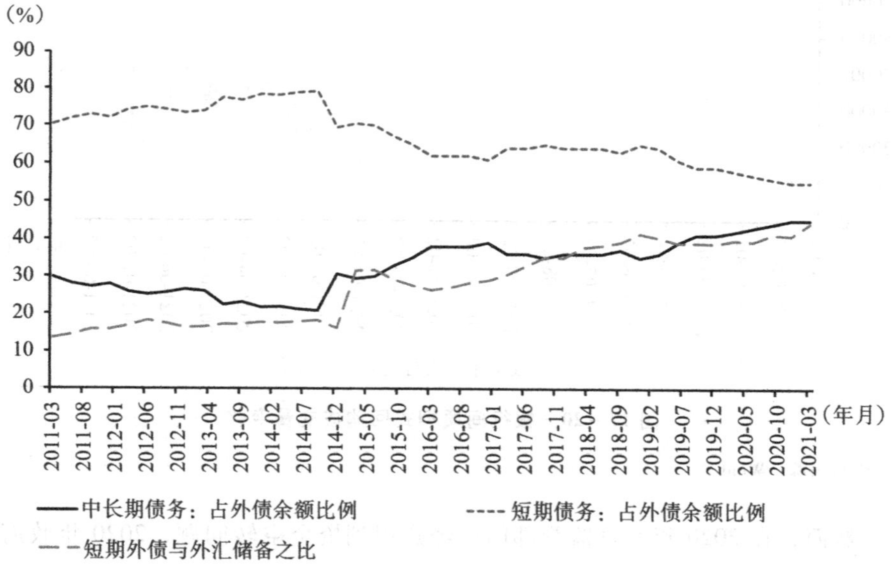

图 17－18　近年来外债期限结构及与在外汇的比例

资料来源：Wind。

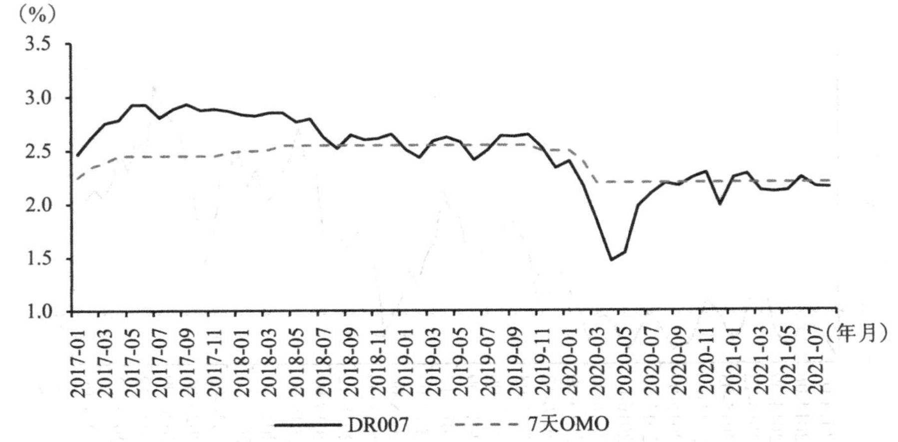

图 17－19　近年来政策利率和存款类金融机构质押式回购利率

资料来源：Wind。

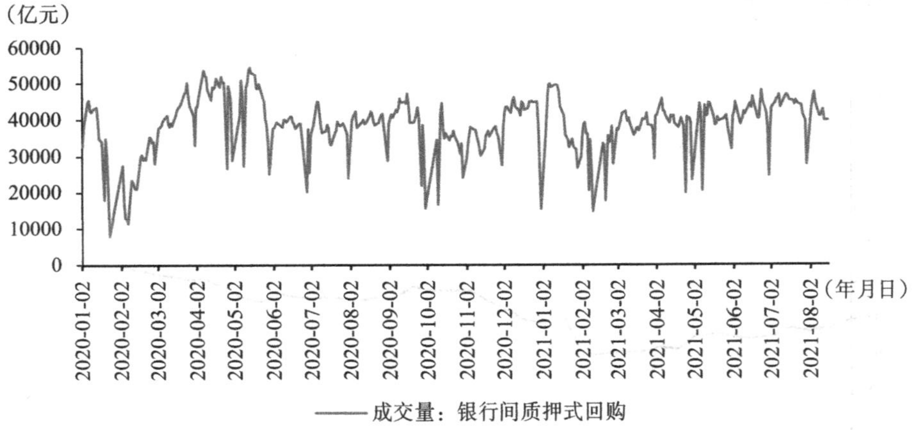

图 17－20　银行间质押式回购成交量变化

资料来源：Wind。

然而，在 2020 年 5 月监管部门已经意识到资金空转问题，2020 年政府工作报告提出加强监管，防止资金“空转”套利。人民银行副行长、国家外汇管理局局长潘功胜表示“金融机构要防范道德风险和金融风险，比如说资金的空转，现在利率比较低，要防止出现资金的套利等”。6 月 8 日央行未对 5000 亿元到期中期借贷便利（MLF）进行续作。银行间资金利率成本短期快速推高，债券市场杠杆率得到明显控制。

因而人民币升值带来的货币政策独立性提高，使得货币政策可以迅速宽松，可能带来一定金融风险。然而，本次金融市场风险是由于实体经济需求疲软、货币政策传导不畅、流动性淤积在金融系统所造成的，解决金融风险的关键还是在疏通货币政策传导效率，不在于控制人民币汇率。

第三节 人民币升值对不同行业进出口的冲击分析

一、汇率变动和进出口贸易之间的理论基础

名义汇率，指的是两种货币的兑换比率，或者说反映的是一国的货币相对于另一国货币的价值。那么，两国之间的汇率是什么因素决定的？经济学对此提供了很多的理论，如传统的购买力平价说、利率平价说、国际收支说、国际借贷说以及资产市场说等，各个理论之间，相互替代也相互补充。举例来说，从国际收支的角度来看，当一个国家长期处于国际收支顺差时，该国的货币通常会面临着升值压力，来促使其国际收支均衡。显然，货币的贬值或升值不止受货物进出口的影响，还与资本账户和金融账户密切联系，更与宏观基本面、外汇市场供需和货币当局政策等诸多因素相关。

反过来讲，名义汇率变动是否会影响一个国家的进出口表现呢？直观地看，名义汇率波动势必会导致进出口商品价格的改变，进而可能会影响进出口的金额和数量。一般来说，对于进口企业而言，人民币升值意味着国内的企业购买力变强，进口商品的成本下降，会有利于进口；对于出口企业而言，人民币升值则代表着国外的进口企业或消费者购买力下降，本国生产的商品价格相对上升，从而不利出口。当然，这个简单的判断是否正确还取决于其他因素。比如，当人民币升值时，如果我国的出口企业有较强的市场定价能力，或者海外对我国商品的需求强劲，那么出口企业就能够通过保持以人民币计价的价格稳定，汇率的变化会完全传递到买方价格。当然，出口企业也可以通过主动调整供给数量和出口价格，来应对人民币升值的负面冲击。类似地，在人民币升值时，我国进口企业能否从中获利，也受国外商品提供者的定价策略等所影响。另外值得一提的是，传统理论认为，由于国际贸易的交易周期比较长，名义汇率变动对贸易的影响有相当的时滞性。

不同行业或企业，会因市场集中度、在价值链中扮演的角色、议价定价能力、生产率的差异、汇率变动对其进出口的影响产生很大差别。因此，近期人民币升值是否会促进进口、抑制出口是个有待实证检验的问题。从不同

的行业和企业来看，可能存在明显的异质性，需要准确地评估人民币升值的影响，从而制定科学合理的应对政策。

二、人民币汇率变动对不同行业冲击的经验估计

理论上来讲，汇率变动会影响进出口商品的相对价格，进而会影响到一个国家进出口贸易的表现。但是，简单数据分析无法体现汇率变动和进出口的关系，下面我们基于历史数据，从具体细分行业来考察。

（一）汇率变动对不同行业进出口金额的冲击

在人民币汇率波动时，考虑到行业存在的异质性，应该会对不同行业产生不同程度的冲击。本章构建了一个实证分析模型，来测度不同行业进出口对汇率变动的敏感性程度，或者说弹性大小①。

基于海关 HS2 位编码行业（共计 22 类）分类，本章首先对不同行业的进出口金额的汇率弹性进行了估算。为了排除 2020 年初以来新冠肺炎疫情的干扰，本章使用了 2010—2019 年的月度数据进行经验分析，包括各行业以人民币计价的进出口金额，人民币兑美元汇率月度平均值，所用的数据源自 Wind，按照上述计量模型估计结果见表 17 - 1。首先，对于出口部门来说，实证结果表明人民币升值会抑制绝大部分行业的出口。就程度上而言，农副产品和中下游消费品行业在人民币升值时遭受的冲击较大，主要有植物产品、动植物油脂、木制品、鞋伞帽等。除此之外，矿产品、贱金属制品、机电、音像设备及其零附件和光学、医疗仪器等行业的出口压力较大。然而，像化工产品、车辆、航空器、船舶及运输设备、塑料和橡胶制品、石料水泥、陶瓷玻璃等行业受影响较小。

表 17 - 1　　人民币升值对不同行业进出口金额的冲击

HS 分类	出口金额	进口金额
活动物；动物产品	-0.078	-0.329
植物产品	-1.220***	+0.953*
动、植物油、脂、蜡；精制食用油脂	-1.528**	-1.280
食品；饮料、酒及醋；烟草及制品	-0.543	+0.859

① 参考本章附件 1。

续表

HS 分类	出口金额	进口金额
矿产品	-1.457**	-1.160**
化学工业及其相关工业的产品	+0.150	-0.673*
塑料及其制品；橡胶及其制品	-0.431	-0.615
革、毛皮及制品；箱包；肠线制品	-0.453	+0.102
木及制品；木炭；软木；编结品	-0.895	+1.073**
木浆等；废纸；纸、纸板及其制品	-0.637*	-1.155***
纺织原料及纺织制品	-0.588	+0.150
鞋帽伞等；已加工的羽毛及其制品；人造花；人发制品	-0.836	-0.598
石料、石膏、水泥、石棉、云母及类似材料的制品；陶瓷产品；玻璃及其制品	-0.329	-0.139
贱金属及其制品	-0.746*	+0.755
机电、音像设备及其零件、附件	-0.852***	+0.260
车辆、航空器、船舶及运输设备	-0.114	-0.837**
光学、医疗等仪器；钟表；乐器	-0.893***	-0.341

注：* 代表统计意义上的显著程度；表格中负值表示，当人民币升值，进（出）口金额会减少。

对于进口部门而言，表 17-1 的结果证实人民币升值会促进植物产品、食品饮料以及烟草、革毛皮制品、箱包、木及制品等的进口，略微奇怪的是人民币升值会显著抑制矿产品、木浆等纸制品和车辆航空器等仪器的进口。总体来看，从以人民币计价的进出口金额变动来看，人民币汇率波动对部分行业在统计学意义上没有显著的影响。一方面，这可能与进出口企业在应对人民币汇率波动时，采取了有效的管理措施来削弱汇率冲击的影响；另一方面，这可能从侧面说明企业的进出口金额不只是受汇率波动的影响，还可能与其他供需因素密切联系。

（二）汇率变动对不同行业进出口价格的冲击

如前所述，人民币升值不会必然导致各行业进口金额的增长、出口金额的减少，因为进出口商会通过价格调整或改变利润率来维持在国际市场上的份额。对于出口来说，当人民币升值时，出口企业可以通过降低以人民币计价的价格，以减少利润的方式维持销售量。当然，如果该行业的出口企业竞争力强，或国际市场需求强劲，出口厂商就能够通过提高外币价格的方式维持利润不变，汇率的变动直接传递给国外消费者。反之，对于进口来说，当人民币升值时，如果以人民币计价的价格下降，说明我国的进口企业在价格决定上处于相对优势的地位。

同样地，本章在此基于上节构建的实证模型，使用2010—2019年的月度数据进行估计，检验了人民币汇率变动对不同行业冲击的传递机制①。实证回归的结果见表17-2。本章发现，当人民币升值时，几乎所有的行业出口价格指数同比都会下降，即出口行业采取了降低以人民币计价商品价格的方式，维持了在国际贸易上的产品竞争力。当然，这也暗示着人民币升值可能削减了国内出口行业的利润。

表17-2　　人民币升值对不同行业进出口价格指数的冲击

HS分类	出口价格指数	进口价格指数
总指数	-0.411***	-1.034***
活动物；动物产品	-0.232	-0.470
植物产品	-0.906***	-2.000***
动、植物油、脂、蜡；精制食用油脂	-0.739**	-1.875***
食品；饮料、酒及醋；烟草及制品	-0.396***	-1.235***
矿产品	-1.261***	-2.264***
化学工业及其相关工业的产品	0.093	-0.767***
塑料及其制品；橡胶及其制品	-0.709***	-1.287***
革、毛皮及制品；箱包；肠线制品	-1.145**	-0.107
木及制品；木炭；软木；编结品	-0.270	-0.754***
木浆等；废纸；纸、纸板及其制品	-0.788**	-0.726**
纺织原料及纺织制品	-0.789***	-1.072***
鞋帽伞等；已加工的羽毛及其制品；人造花；人发制品	-0.735***	-0.737*
石料、石膏、水泥、石棉、云母及类似材料的制品；陶瓷产品；玻璃及其制品	-0.398	-0.330
贱金属及其制品	-1.992***	-0.980*
机电、音像设备及其零件、附件	-0.422*	-0.694***
车辆、航空器、船舶及运输设备	-0.207	-0.400
光学、医疗等仪器；钟表；乐器	-0.131	-0.448*

注：*代表统计意义上的显著程度；表格中负值，表示当人民币升值，价格指数会下降。

从出口价格总指数上来看，人民币兑美元汇率每升值1%，导致了国内商品出口价格（人民币计价）同比下降了0.411%。就不同行业冲击程度比较

① 参考本章附件1。

而言，矿产品、革毛皮制品、箱包、鞋帽伞，食品饮料及烟草制品，纺织原料及纺织制品等产品，在国际市场上的竞争力较弱，人民币升值导致了这些行业出口价格大幅地下降。然而，化工品、木制品、贱金属制品、车辆、航空器、船舶及其运输设备，光学医疗仪器等出口商品竞争力相对较强，因而降价幅度较小。

对于进口行业，当人民币升值时，基本所有的行业以人民币计价的商品价格也出现了非常显著的下降，有助于进口企业，尤其是植物产品、动植物油脂、食品行业、塑料橡胶制品、矿产品、纺织原料及制品等。相对而言，在化工产品，如石料石膏陶瓷玻璃等产品，车辆、航空器、船舶及运输设备，光学医疗仪器等行业，我国进口企业没能从人民币升值中较多地获益，进口价格下降幅度较小。

三、近期人民币升值对进出口金额和价格的影响

（一）本轮人民币升值与我国进出口金额的相关性不大

在新冠肺炎疫情的影响下，2020 年的 1 月到 5 月，我国的对外贸易受到了冲击，进口金额月同比平均下降了 7.41%，出口金额月同比平均下降了 10.18%，其中以 2 月份最为严重。在此阶段，人民币出现了小幅度的贬值。自 2020 年 6 月 1 日到 12 月 30 日，人民币开始走强，汇率从 7.13 升值到 6.53。随着全国的复工复产迅速恢复正常，我国的进出口迅速增长（见图 17－21）。为了评估在此期间人民币升值的影响，本章基于前文的经验估计，对我国进出口金额的变化进行了比较分析。

从行业进口金额变化来看，比照以往经验，大部分行业的进口金额增长符合预期。值得说明的是，我国的工业制造相关产品的进口增速较高，比如贱金属制品、机电车辆、航空器、船舶及运输设备以及光学、医疗等仪器等，部分消费品如木浆纸板制品、鞋帽伞等进口金额也同样增加，没有受到人民币升值的影响（见图 17－22）。这与我国新冠肺炎疫情得到有效控制后，工业生产和生活消费恢复有密切关联。

从行业出口金额变化来看，自人民币升值以来，塑料橡胶制品、木炭编结制品、纺织原料制品、石料水泥、陶瓷玻璃、车辆、航空器、船舶及其运输设备，机电音响设备及其零部件出口迅速反弹，海外市场的消费需求强劲。但是，矿产品、一些消费品如动植物相关产品、食品、鞋帽伞等出口下滑，

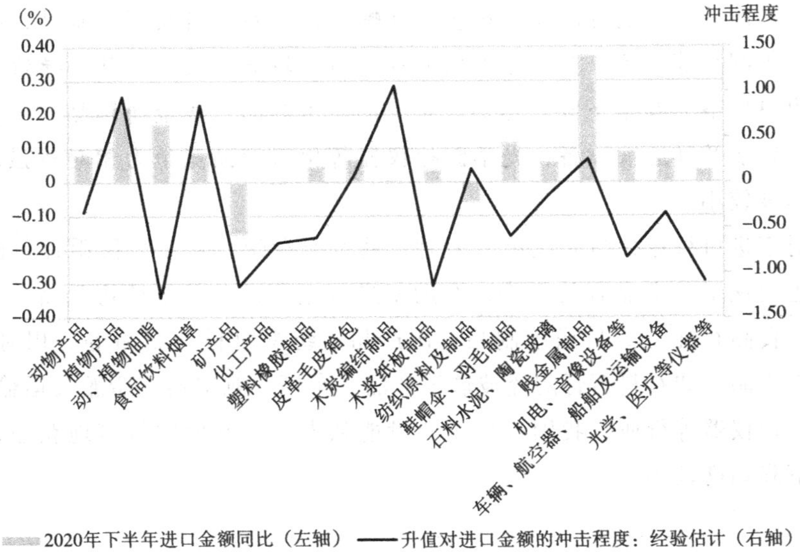

图 17－21　2020 年人民币升值对不同行业进口金额变化的经验比较

资料来源：Wind；数值为作者计算。

较为符合人民币升值冲击的经验。由此可见，在本轮人民币升值期间，不同进出口金额增速的变化，主要受国际市场的供需所决定。

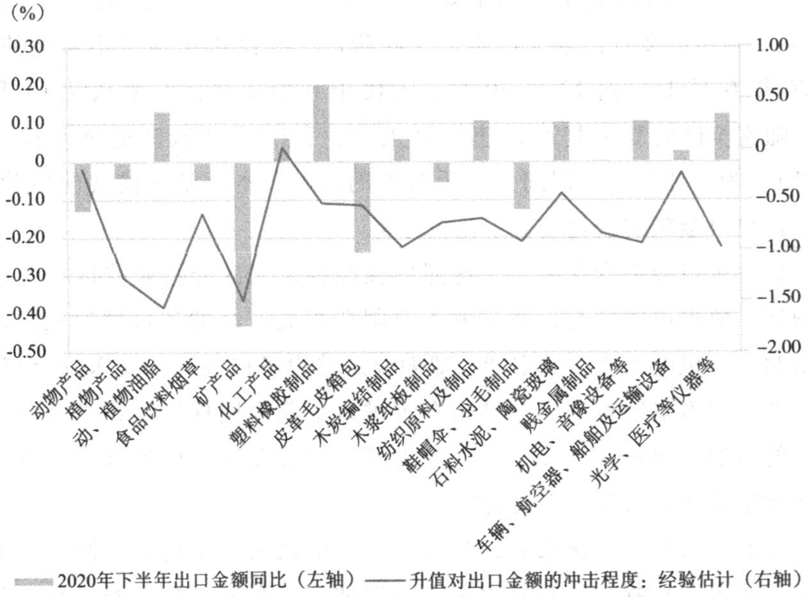

图 17－22　2020 年人民币升值对不同行业出口金额变化的经验比较

资料来源：Wind；数值为作者计算。

（二）本轮人民币升值导致出口价格下降较大，进口价格受益相对较少

按照前文的测算，人民币汇率的波动对进出口贸易产生的影响，主要是通过价格机制来调整的。当人民币升值时，以人民币计价的商品价格会下降，对进口行业利好，对出口行业有损害。

从进口价格指数来看，在本轮人民币升值期间，从6月到12月，进口价格总指数同比却上升了4%，使得我国进口总体上从人民币升值中获益较少。从细分来看，比如动植物产品、食品饮料、木材和机电音像设备等行业进口价格的确下降了，不过幅度远低于经验估计。更为直观的是，矿产品进口价格暴涨，塑料橡胶和皮革毛皮箱包，贱金属制品和车辆航空器船舶及运输设备行业进口价格也不跌反涨，这可能与国外受疫情影响商品生产供给有限有关（见图17-23）。由此可见，不同以往，人民币升值能让我国企业的进口价格下降而获益，受限于海外供给产能限制，甚至面临着更高的进口价格，进口部门受益大大减少。

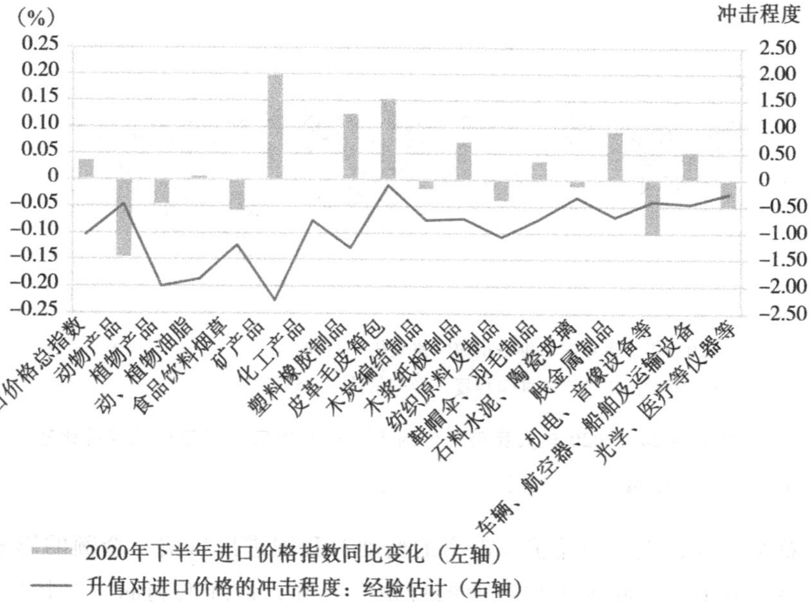

图17-23　2020年人民币升值对不同行业进口价格变化的经验比较

资料来源：Wind；数值为作者计算。

从出口来看，汇率变动和出口价格指数更为相关。自2020年6月到12月，人民币升值了7%，我国出口行业的价格总体呈现下降趋势下降了4%。

从分行业的情况来看，动植物油脂（-9%），食品饮料、烟草（-8%），皮革制品、箱包（-12%），伞鞋帽等（-10%），石料水泥等（-12%），木浆、纸制品（-12%）等这些偏下游行业的出口商品价格下跌最为严重，化工产品、纺织原料及纺织产品，塑料橡胶等，贱金属制品，机电、音像设备出口价格跌幅均小于7%，而矿产品的价格受益于大宗商品价格上涨甚至增加了4%，光学医疗仪器等行业出口也出现了上涨（见图17-24）。和以往相比，海外因新冠肺炎疫情的冲击，对化工产品、木浆，石料水泥陶瓷玻璃等需求下降，出口价格遭受的负面冲击较大，利润下滑比较严重。

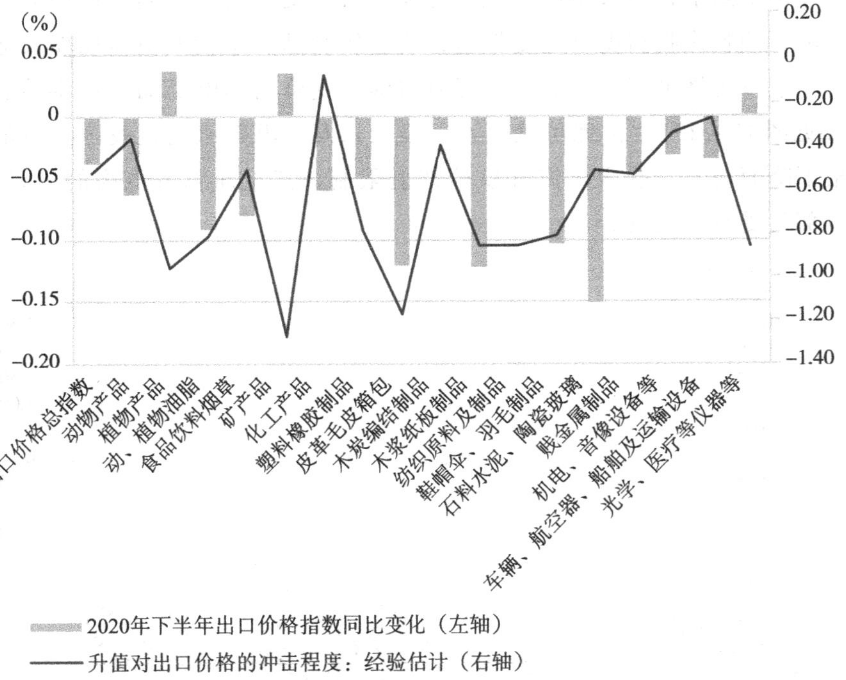

图17-24 2020年人民币升值对不同行业出口价格变化的经验比较

资料来源：Wind；数值为作者计算。

总结来说，人民币兑美元汇率的变动对我国进出口贸易金额的影响不大。当人民币升值时，我国出口行业的价格会下降，以降低利润来维持国际市场的份额，尤其体现在动植物、食品行业，生活消费品等行业。相对来说，化工产品、机器设备制造等价格调整幅度较小，在国际市场上竞争力较强，这在本轮人民币升值过程中有充分的体现。然而，对于进口行业来说，或许国外受疫情影响产能有限，以人民币计价的商品价格没有下降，甚至小幅上涨，使得我国的进口行业获益不多。

第四节　人民币升值对不同企业盈利和现金流的影响

一、人民币升值对进出口企业利润总体的影响

通过以上分析，我们可以发现汇率会对不同行业的进出口价格产生有差别的传递。当人民币汇率上升时，出口产品以美元计价的价格如果不加以调整会挑战出口商在国外的竞争力。因此，具有不同行业集中度、技术壁垒和议价能力的出口商对定价会有不同的策略：生产率高、具有一定垄断能力的出口企业可以将人民币升值的成本更多传递给海外进口商和消费者，而议价和竞争能力不强的企业只能降低价格维持竞争力，从而对影响到出口额和利润。

（一）出口价格指数与工业企业的整体利润正相关

由于一价定律的影响，出口价格指数与PPI具有正相关关系。而工业企业利润与PPI相关性较大，汇率通过出口价格指数会影响PPI，从而影响整体制造业企业的利润（见图17－25）。面对旺盛的需求，各行业企业的议价能力提高，工业品价格上涨可以给企业带来更多营业收入和利润。而当人民币升值，其对出口价格指数具有抑制作用，即出口企业为了维持其竞争力会压低出口价格。通过上述链条的传导，我们可以看到整个工业企业的利润会受到人民币升值一定程度的影响。

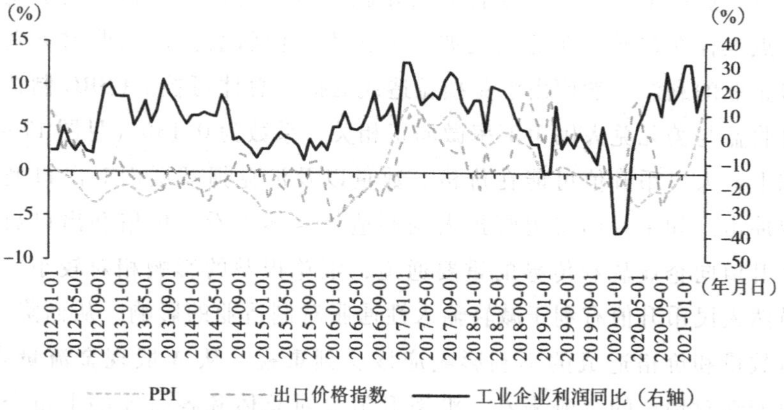

图17－25　2012年以来，PPI、出口价格指数和工业企业利润变化

资料来源：Wind。

（二）从PMI订单看，人民币升值可能会影响到出口需求

我们可以看到人民币有效名义汇率与PMI：新出口订单，两者自2005年以来的相关系数为-0.56。这不难理解，中国出口国外的产品面临当地企业和其他国外产品的竞争，当人民币升值，中国出口品更为昂贵时，海外需求对中国产品的价格将更为敏感，出口订单将受到压制（见图17-26）。

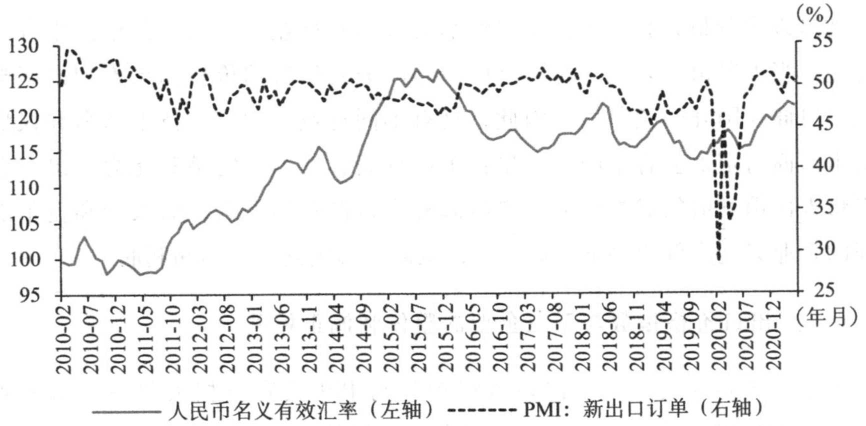

图17-26 2010年以来人民币有效汇率和PMI新出口订单变化

资料来源：Wind。

（三）人民币升值会影响出口企业的汇兑损益、现金流

除此之外，人民币升值也可影响出口企业的汇兑损益，从而影响净利润。出口会对企业产生外币货币或者应收账款，由于销售收入和处理汇兑收益在时间节点上存在差异，在此期间如果人民币升值将会推高企业财务费用，冲击出口企业的利润。然而由汇兑损益造成的损失总体可控。CSRC制造业整体的汇兑收益与美元兑人民币汇率微弱正相关，系数为0.136（见图17-27）。

综上，人民币升值可能在价格、数量以及汇兑损益层面对出口型企业造成一定冲击。如果我们将视野扩大到制造业整体来看，价格和出口数量或许是汇率升值向企业盈利传导的重要通道，汇兑损益的影响相对较小。除此之外，虽然人民币升值有利于减轻输入性通胀对制造业的影响，从而降低成本，但出口数量和价格造成的不利影响应该受到重视。从A股现金流量表来看，以汇率变动对现金的影响来看，汇率升值会对总体和各行业的上市企业造成现金流方面的压力（见图17-28）。

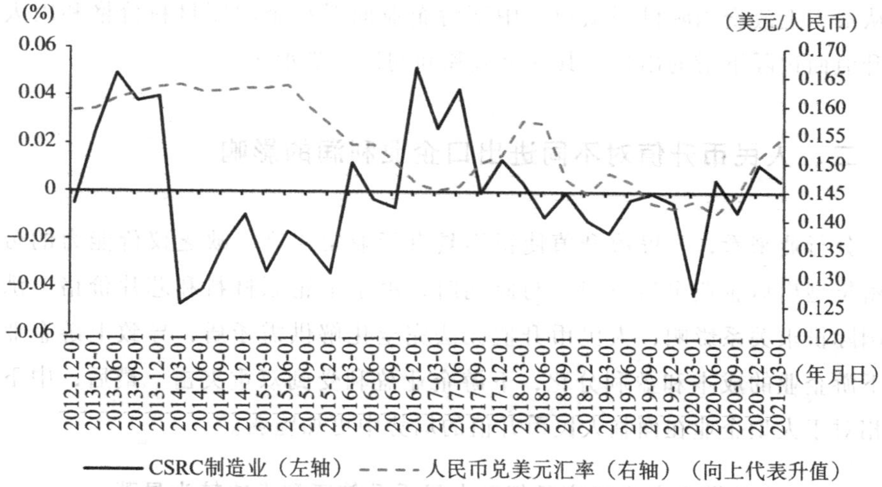

图 17－27 2012 年以来人民币汇率和企业汇兑损益

资料来源：Wind。

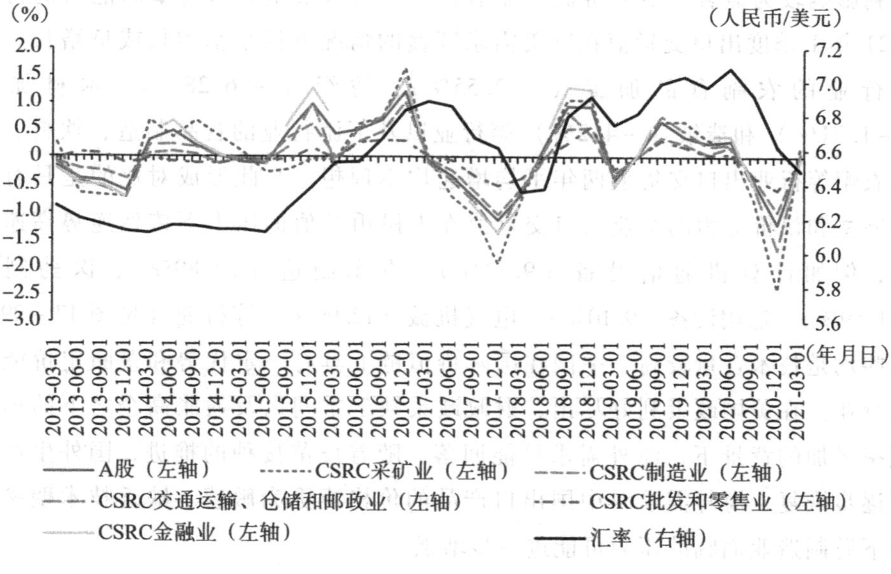

图 17－28 2013 年以来 A 股不同行业汇率变动对现金影响的变化

资料来源：Wind。

（四）人民币对进口价格会有传递，减轻输入性通胀压力

人民币升值对进口价格也会有传递，减轻输入性通胀的压力，使得企业成本下降，提高利润空间。然而本次大宗商品和 PPI 上涨更多是由于国内外供需缺口的影响，例如新冠肺炎疫情扰动、芯片短缺等因素。人民币升值无

法从根本上改变国际供需缺口。中下游企业面对高企的原材料价格和因人民币升值而边际下滑的出口，其现金流和利润进一步承压。

二、人民币升值对不同进出口企业利润的影响

分行业来看，人民币升值使得不具有行业集中度、缺乏议价能力的劳动力密集型出口企业出口下滑。与此同时，由于本轮原材料和芯片价格上涨受到国际供求关系影响，人民币升值无法完全化解供需矛盾，导致上游企业与中下游企业的成本和盈利分化，下游企业盈利受到双重夹击。最后，中下企业相对于大型企业在面临人民币升值的局势中更加脆弱。

（一）中下游企业出口交货值受人民币升值不利影响较为显著

中下游市场集中度低，缺乏垄断能力的行业，出口交货值受人民币升值不利影响较为显著。中下游低附加值、缺乏技术壁垒和市场垄断能力的行业2021年1季度出口交货值在欧美需求旺盛的情况下仅小幅增长或负增长。中游行业的农副食品加工（-2.55%）、纺织（-6.28%）、木材加工（-1.71%）和造纸（-4.2%）等行业以及下游行业的食品制造、饮料、服装衣帽等行业出口交货值两年平均增速均不理想。与此形成对比的是具有行业壁垒和议价能力的企业出口交货值在人民币升值的压力下依然逆势高速增长，例如计算机通信设备（9.11%）、汽车制造（10.89%）、医药制造（31.59%）、通用设备（9.10%）、电气机械（12.99%）等行业（见图17-29）。这些均是技术含量较高、中国在国际价值链上具有一定优势和垄断定价能力的行业。在美国政策利好尽出、财政政策缺乏空间以及通胀高企之下的加息概率增加的背景下，海外需求可能回落。随着疫苗接种的推进，国外生产有望逐步恢复，海外需求对中国出口产品的价格或更为敏感。缺乏技术壁垒的中下游制造业面临的压力可能进一步增强。

（二）人民币升值难以完全缓解中下游企业生产成本上升压力

原材料价格受到全球供需关系影响，人民币升值或难以完全缓解中下游企业生产成本上升压力，企业盈利进一步分化。本轮通胀上行的原因有大宗商品价格大幅上涨和芯片短缺等因素，人民币升值不能从根本改变国际定价的大宗商品价格上行趋势，也无异于解决芯片等的供需缺口。与此相反，人民币升值或许会进一步刺激进口需求，导致供需矛盾更为严重。原材料价格

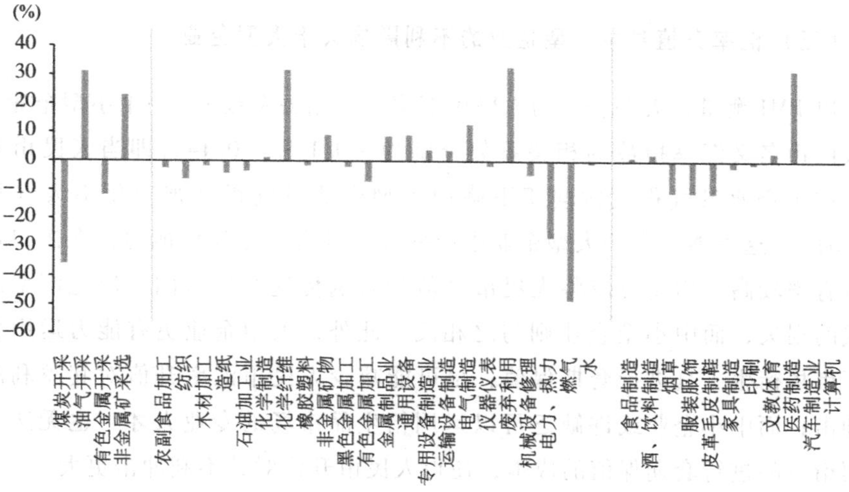

图 17－29　2021 年 1 季度不同行业出口交货值平均增速变化

资料来源：Wind。

上涨或许会在成本端进一步挤压中下游企业利润，导致利润进一步分化。

以 2021 年 1 季度每百元营业成本环比变动衡量，农副食品加工、纺织、木材加工和服装服饰、家具、印刷等行业以及通用和专业设备、电气机仪表仪器等行业均面临更严重的成本上升压力（见图 17－30）。成本上升对于出口需求受到人民币压制的农副食品加工、纺织、木材加工和服装服饰、家具、印刷等行业无异于雪上加霜。

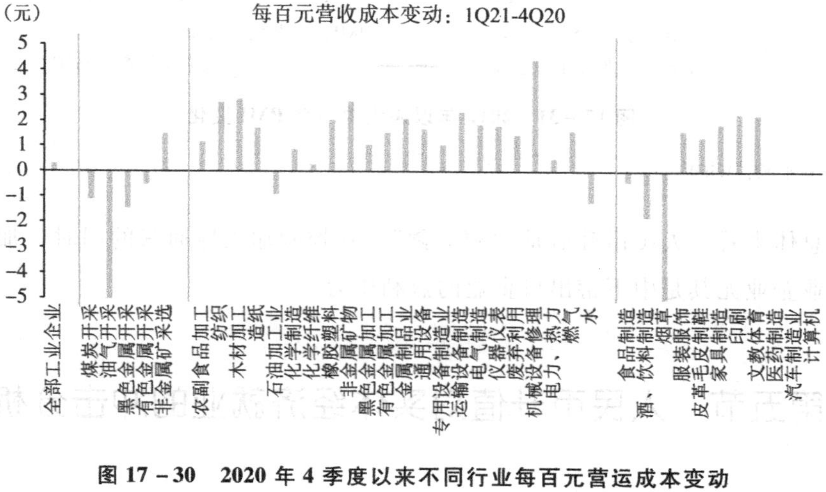

图 17－30　2020 年 4 季度以来不同行业每百元营运成本变动

资料来源：Wind。

（三）汇率升值对中小型企业的不利影响大于大型企业

以PMI衡量，大型企业与人民币汇率指数相关系数为0，中小型企业PMI与人民币名义汇率指数的相关系数分别为－0.1和－0.14，即当人民币升值时，中小企业景气程度倾向于下降而大型企业景气程度则变化不大（见图17－31）。这可能是由于大型企业生产率高，具有一定议价能力，在出口市场的占有率较高，因而可以将人民币升值的影响传递给进口国，避免汇率波动造成的损失，而中小型企业则与之相反。此外，大型企业更有能力运用各种外汇市场衍生工具进行套期保值，尽可能减少人民币汇率升值对其盈利的不利冲击；而中小企业或许缺乏可以运用衍生品市场的专业人才，也无法承担运用衍生品进行套期保值的成本，使得人民币升值对其不利冲击更大。

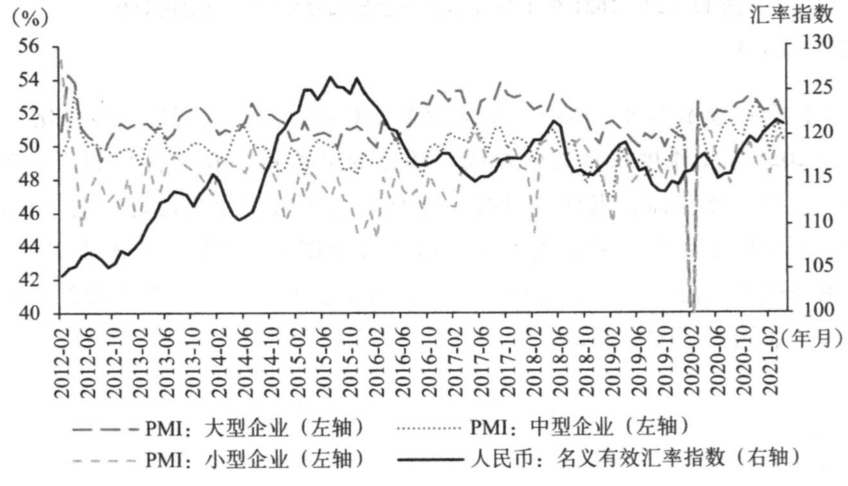

图17－31　2012年以来大中小型PMI变化

资料来源：Wind。

总体来看，人民币升值是“双刃剑”，在控制输入性通胀的同时，加大了制造业企业尤其是中下游出口企业的盈利压力。

第五节　人民币升值对实体经济就业的冲击分析

就业是宏观政策的重要关注点，从理论上来讲，汇率变动会多方面地影响企业的劳动力需求。由于缺乏及时的微观层面数据，就实证分析而言，我们以 1998 年到 2007 年的工业企业数据考察人民币汇率变动对就业情况的冲击。最后，我们结合近期的就业结构变化情况和趋势，进行了讨论，从而为政策制定者提供必要的参考和借鉴。

一、人民币升值对工业就业的影响

（一）汇率变动和工业企业的整体就业

在本章的分析中，我们关注的汇率变动是实际有效汇率（REER 指数）的变动。就业作为一个非名义变量，更多受实际有效汇率的影响。实际有效汇率不仅考虑了一国主要贸易伙伴国货币的变动，还剔除了通货膨胀因素，能够更加真实地反映出人民币真实价值的变化。REER 指数上升，代表人民币实际升值。在 1998—2007 年期间，人民币有效实际汇率经历了贬值（1998—1999 年）—升值（1999—2001 年）—快速贬值（2001—2005 年）—升值（2005—2007 年）的走势，在 2005 年达到最低，如图 17 - 32 所示。

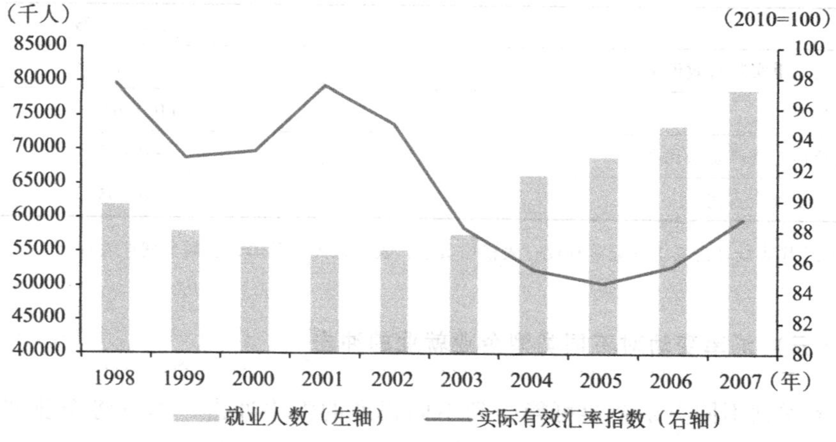

图 17 - 32 1998—2007 年人民币有效汇率和制造业就业

资料来源：国家统计局。

在 1998—2007 年期间，人民币整体贬值了 8.83%。同时期制造业就业人数整体上涨 27.11%，期间先经历了下降（1998—2001 年），之后稳步上升。人民币 REER 和制造业就业人数的相关系数为 - 0.66，总体为负相关关系，意味着人民币贬值时，制造业就业增加。

（二）汇率变动对工业企业就业的冲击

本章构造了一个面板数据的实证分析模型，来检验人民币 REER 波动对工业企业劳动力的冲击①。

鉴于数据的可获得性和准确性，本章使用的是 1998—2007 年的中国工业企业数据，报告了所有规模以上的工业企业的基本情况、财务状况、生产销售情况等重要信息。按照上述的计量理论模型，对工业企业就业人数的汇率弹性进行了估算，结果见表 17－3。实证结果表明人民币 REER 对工业企业就业人数的冲击为负向冲击，也就是说人民币升值会降低企业就业人数。相较于人民币汇率预期贬值时，在预期升值时，制造业员工更有可能面临失业。然而，回归系数的值在度量上偏小。以制造业整体为例，1998—2007 年，人民币 REER 贬值了 8.83%，按模型的估计，制造业就业人数应上升 0.27%，这只占实际上升 27.11% 的 1%。对此，将在下一节中对不同企业类型进行研究。

表 17－3　　人民币升值对工业企业就业人数的冲击

	企业就业人数
上期人民币实际有效汇率	－0.031***
企业规模	+0.156***
企业负债对资产总额比率	－0.002
企业固定资产占比	－0.005

注：* 代表统计意义上的显著程度；表格中负值，表示人民币升值，会减少就业人数。

（三）汇率变动对不同类型企业就业的冲击

考虑到不同类型企业可能受到不同程度的汇率冲击，本章将企业划分为国有和非国有企业，出口和非出口企业，基于上节构造的实证模型，使用 1998—2007 年的工业企业年度数据进行估计，检验人民币汇率变动对不同类型企业就业的冲击。这里，国有和非国有企业是根据企业注册类型进行划分。如果企业在样本观测期间的出口额均为 0，则被划分为非出口企业，如果企业某一年或几年的出口额为正值，则被划分为出口企业。实证回归的结果见表 17－4。

① 参考本章附件 2。

表 17－4 人民币升值对工业企业就业人数的冲击

上期人民币实际有效汇率	企业就业人数
国有企业	+0.843***
非国有企业	－0.179***
出口企业	－0.413***
非出口企业	+0.217***

注：*代表统计意义上的显著程度；表格中负值，表示人民币升值，会减少就业人数。

对于国有企业和非国有企业，实证结果发现人民币汇率变动对制造业就业人数的冲击方向相反。人民币升值会提高国有企业就业人数，同时降低非国有企业就业人数。人民币升值1%，会提高国有企业下一年就业人数0.84%，而降低非国有企业下一年就业人数0.18%。结果表明，在人民币升值时，相较于国有企业，非国有企业员工更有可能失业。对于出口企业和非出口企业，实证结果表明人民币升值会降低出口企业的就业人数，同时提高非出口企业的就业人数。人民币相对价值的上升，意味着出口商品国际竞争力的下降，最终降低出口企业对劳动力的需求。人民币升值1%，提高非出口企业下一年就业人数0.22%，而降低资本密集型企业下一年就业人数0.41%。

（四）汇率变动对工业企业工资的冲击

为了进一步分析汇率变动对制造业劳动力市场的冲击，本章将研究汇率变动对企业工资的冲击①。本章使用1998—2007年的工业企业的年度数据，对工业企业工资的汇率弹性进行了估算，结果见表17－5。对于全部工业企业来说，人民币REER对企业工资的冲击为负向冲击，说明人民币预期升值，会导致工资的下降。人民币升值1%，工业企业的下一期工资将减少3.19%。对于不同类型的企业，人民币REER对企业工资的负效应差异性不明显。

表 17－5 人民币升值对工业企业工资的冲击

上期人民币实际有效汇率	名义工资
全部工业企业	－3.187***
国有企业	－3.420***
非国有企业	－3.146***

① 参考本章附件2。

续表

上期人民币实际有效汇率	名义工资
出口企业	-3.092***
非出口企业	-3.241***

注：*代表统计意义上的显著程度；表格中负值，表示人民币升值，会减少工业企业工资。

从以上历史数据看，人民币升值对工业部门整体就业影响不大，但行业之间差异很大，尤其对非国有企业和出口企业影响比较明显，需要适当的政策救济。

二、本轮人民币升值对服务业就业的影响

由上所知，人民币升值总体上对工业部门就业的作用不大。本章进一步讨论人民币升值对其他部门就业可能造成的影响。随着产业结构的调整，第三产业即服务业，在我国经济中规模越来越大，发挥着举足轻重的作用。截至2020年末，服务业就业人口达到了35806万人，占总就业人口的47.7%，远远超过了第一、二产业，具体见图17－33。

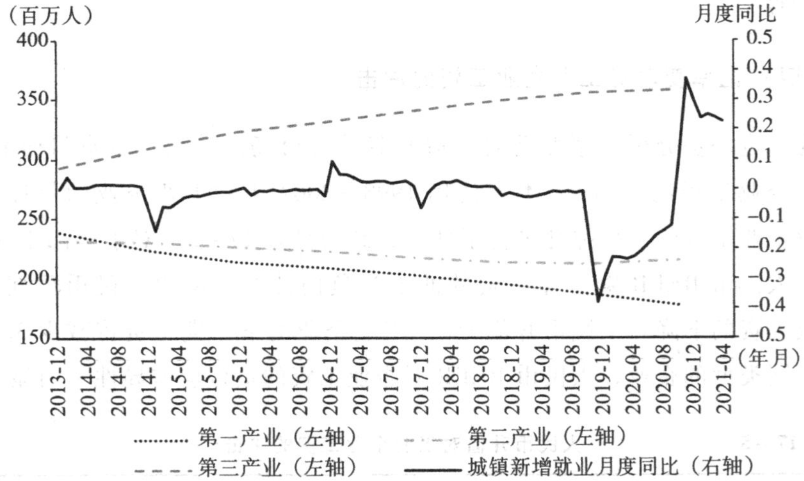

图17－33　近年来不同产业的就业人口和城镇新增人口变化

资料来源：国家统计局。

从理论上来讲，人民币汇率波动会直接地影响进出口贸易企业，而这些企业主要在制造业部门，使得服务业对人民币升值相对“免疫”。从城镇新增人口变化趋势上来看，2020年初新冠肺炎疫情给就业环境带来了极大的冲击，

但在党中央的坚强领导下，经过科学的防控，经济迅速恢复并企稳，城镇新增就业人口同比也大幅攀升。

另外，从不同产业就业人数变动上来看，相比于2019年，2020年第一产业就业人口减少了5.02%，而第二产业非但没有像以往减少，反而增加了0.15%。服务业就业增速为0.69%。不难理解，制造业的就业增长得益于我国强劲的经济恢复，海外对工业产品的需求旺盛，而服务业在科学的疫情防控下，也得以实现就业增长。这些证据均表明，2020年6月以来的人民币升值给整体就业带来的冲击微乎其微。

最后，从服务业具体分类来看，直观来说，无论是进口服务贸易金额，还是出口服务贸易金额，与人民币汇率变动没有明显的关系，见图17－34。确切地说，进出口服务贸易的走势以及在这些行业的就业情况，主要是受限于疫情的因素，而非人民币升值。不过，自2021年以来，进出口服务贸易都有大幅度地改善，尤其是出口服务贸易表现得更为强劲。综上所述，人民币升值对我国经济的就业冲击微乎其微。

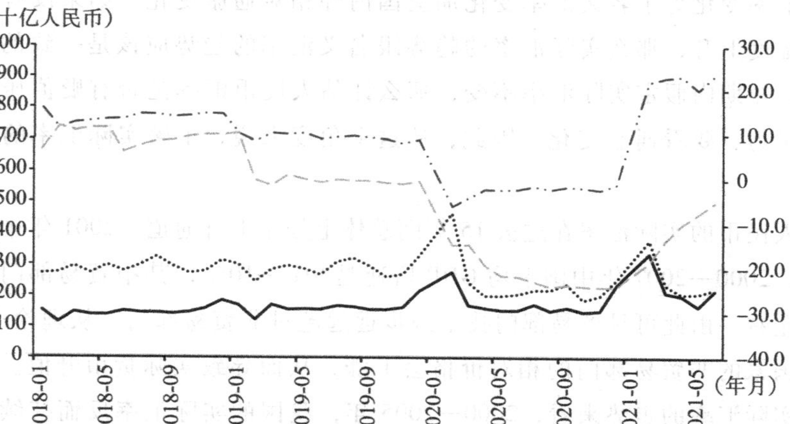

图17－34　近年来进出口服务贸易情况

资料来源：CEIC。

第六节　关于汇率政策选择的若干问题

前述章节聚焦于研究和分析人民币升值如何影响进出口行业及制造业就

业，这是短期政策制定者比较关心和需要考虑的，但是汇率政策的选择远远超越了这个层面。我们认为在探讨和制定汇率政策的时候，必须厘清以下几个问题。

第一个问题是如何评估人民币名义汇率。从长期来说，名义汇率是应该由购买力平价决定。不过这个长期真的要很长，研究经济史的专家发现，在1820—2001 年整个 180 年内，美元和英镑的走势才基本上保持一个相对购买力平价，而在很多 20—30 年的小周期，时常出现走势背离。对于政策制定者来说，更多关注的可能只是 1—2 年，甚至几个月的汇率走势。故而用购买力平价来看均衡汇率，并不合适。均衡价格看不到摸不到的，也没有办法用模型或者实证算出来。尤其汇率作为一种资产价格，短期走势也就是一个随机漫步，不可预测。如果一定说要找一个指标看是否名义汇率是否有贬值压力，那么我们认为应该看通胀。其实影响实体经济的汇率主要是实际汇率，实际汇率是由国家之间的相对生产率和一些结构性因素决定的。在短期内，这些因素或者技术的趋势不会因为一个事件或者政策很快变化，有一定的惯性。实际汇率变化等于名义汇率变化加上国内外相对通胀变化，如果没有看到通胀大幅度上升，那么实际汇率的趋势跟名义汇率的趋势应该是一致的。换而言之，短期内假定实际汇率不变，那么评估人民币汇率是否有贬值压力或者升值压力，要看通胀变化。因此，从这个角度来说，了解实际汇率的趋势很重要。

人民币的实际汇率在过去 15 年间总体上处于上升通道。2001 年中国加入WTO，2000—2007 年中国平均 GDP 增速是 9%—10%，其中贸易部门增速是30% 左右。由此可见贸易部门技术进步远远超过非贸易部门。从理论上来看，这个国家的非贸易部门的相对价格会上涨，从而导致实际货币升值。但是从中国实际汇率的走势来看，2000—2005 年，我国的实际汇率反而持续贬值了5 年，在 2005 年后才开始进入一个稳定的升值通道。也就是说，人民币升值周期的启动被推迟了 5 年。人民币汇率先贬后升的主要原因是什么呢？其中一个很重要的因素在于出口部门的全要素生产率比进口部门高。也就是说，在贸易部门内部，出口与进口之间还存在一个明显的生产率差异。这个生产率差异是怎样影响人民币汇率的呢？首先，众所周知中国的出口以劳动力密集型为主，该生产率差异降低了资本回报率，间接影响汇率升值；其次，从2000 年开始中国的城市化进程加快，大量的非技术工人，也就是农民工，迁入城市，增大了制造业与服务业的劳动力供给，短期劳动力市场的供大于求压低了工资，弱化工资的跨部门传导效果，或者说，弱化了中国贸易开放所带来的“巴拉萨—萨缪尔森”效应。这两个因素导致了实际汇率没有随着贸易开放快速升值，反而先贬值了5年。

在2005年之后，这些抑制实际汇率升值因素在慢慢消失。进出口行业之间全要素生产率上的差别在2006年以后很难在企业层面数据上看到了。劳动力市场也发生了明显的变化，非技术工人的工资上升明显，也就是说导致汇率贬值的力量在逐渐减弱，而决定汇率升值的力量（整个贸易行业的全要素生产率）开始起作用了。

第二个问题是如何看汇率与经常项目的关系。很多媒体文章甚至官方报道经常把汇率是否贬值与经常项目联系在一起，其实它们之间相关性并不是很大。经常项目，尤其是中国的经常项目，不应该是衡量人民币贬值升值的一个关键指标。尤其是实际汇率与经常项目更不相关了。从中国过去15年的历史数据来看，实际汇率除了前面5年，后面都在升值，同时伴随着经常项目顺差。中国同时出现实际汇率升值和经常项目顺差，是因为贸易部门的全要素生产率提升得特别快。但是，1997年亚洲金融危机之前导致东南亚国家的实际汇率升值的原因是完全不一样。东南亚很多国家在90年代初开放了国内资本市场，原来国内利率比较高，而国际市场便宜的资金自然就流入了这些国家，呈现出经常项目逆差。在这个过程中，国内出现投资热潮，推升了国内非贸易产品的相对价格，因此，我们也看到了实际汇率的升值。比较这两个历史阶段，中国的情况完全是由于全要素生产率（技术）的提高决定，而东南亚完全是受金融市场的开放影响。因此，实际汇率和经常项目的关系更多取决于经济受到什么样的外部冲击或者驱动力。

如前所述，在宏观层面，汇率的变化和企业的总体进出口没有明显的相关性，微观层面有，但由于产业结构和金融约束等差异，企业的对汇率的反应差别很大，人民币的汇率相对其他亚洲国家货币升值不一定会阻碍中国的出口。2008年金融危机之后，韩元对人民币贬值了40%，但在这种情况下我国出口到美国的产品占美国总进口的市场份额都没有发生明显的变化，这是因为，中国和不少竞争对手同处于一个产业链，比如中国的出口商品使用了不少韩国的中间产品，韩元的贬值虽然直接提高了韩国在美国市场的竞争力，但也降低了中国出口商品的成本。事实上，汇率的波动对企业的影响非常明显，尤其是对存在金融信贷约束的企业。主要原因是有了信贷约束，企业出口对汇率的反应不对称：汇率升值，投资减少和降低出口；但是当汇率贬值的时候，企业想扩张但因信贷约束无法获得足够的外部融资，企业无法享受到汇率贬值带来的好处。因此，在存在信贷约束的经济体中，汇率波动太大，不利于企业出口。外部融资依赖性越高的行业，受汇率波动的负面影响就越大。从这个意义上讲，要保持适度的汇率稳定性显得更重要。

第三个问题是如何看待中国的经常项目顺差？什么决定了经常项目的顺差？中国的经常项目顺差，是国际收支不平衡文献中的一个重要议题，也是中美冲突的导火线。简单来说，以美国为主的工业国家通常有着巨大的经常项目赤字，日本及其他亚洲新兴市场经济体通常有经常项目的盈余。这个不平衡有两个维度。第一，它的方向不对；第二，它的规模比较大。钱都是从中国这样的发展中国家流向了美国这样的经济发达国家，所以这个流向不对。这种收支不平衡从 20 世纪 90 年代中后期亚洲金融危机之前开始慢慢扩大，到 2005 年达到了顶峰。当时美国经常项目余额大概是 7000 亿美元，占 GDP 的 6%。这只是一年内的新增流量，如果继续保持这样的资本流动趋势，如果未来某一时刻资本会发生逆流，会对美国与世界产生巨大的冲击。幸运的是，2008 年全球金融危机之后这种持续性的国际收支不平衡现象有所缓和，虽然穷国借钱给富国的总体格局依旧。

我们从过去 15 年甚至更长的时间看跨境资本流动，会发现每个阶段其实都不一样。2000 年左右美国的泡沫危机之前，国际资本都是流入美国买股票，造成了美国的股市“泡沫”。2001 年纳斯达克泡沫爆掉以后，国际资本流入美国不再是买股票，都是在买美国政府债券，而且市场主要的参与者也从之前的基金等金融机构变成了一些新兴国家的中央银行。也正是从那时起，中国开始出现资本净外流，这个过程一直延续到 2014 年初，IMF 发表了当年的世界经济展望，说国际资本有可能从新兴国家回流向美国等工业国家，因为美国在 2008 年全球金融危机之后经历了五六年的恢复，经济出现很大好转。但是，这个过程是一个避险动作还是新周期开始？现在也很难说。在这三个不同的阶段，主导的力量是不一样的。2000 年前资本流入美国，因为主要是美国互联网等新技术的出现，资本都是投向高风险高回报类型标的，这是因为美国生产率进步的缘故。2000 年以后，跨国资本流动是对流动性安全资产的追求造成的，所以增持的都是美国国债。2014 年以后会怎么样？目前没有很明显的定论，但是世界变得越来越不确定，投资者对安全资产的渴望越来越强烈。值得注意的是，2014 年中国的资本格局发生了转变。之前中国是双顺差，在经常项目下，我们是出口大于进口，我们开始持有外国资产，在金融项目下面，也是大量 FDI 流入，这些因素共同导致了外储的快速积累。从 2015 年开始，811 汇改前后，外储下降了大概 1 万亿美元，目前已经稳定在 3 万亿美元附近，经常项目顺差也有大幅度的下跌，甚至有些阶段出现了逆差。

究竟是什么因素决定了中国的经常项目顺差？了解这个问题对短期的汇率政策分析并研究中长期的国际资本流动很有帮助。汇率显然不是一个主要原因，因为过去汇率一直升值也没有改变经常项目顺差。主要流行的观点有三个，第一个观点认为中国储蓄率（尤其是居民部门的储蓄率）比较高，资本流出；第二个观点是经常项目顺差或者外储积累是国内金融扭曲或金融发展带来的结果；第三个观点则认为是2001年后中国加入WTO贸易政策变化的直接后果。关于这些观点和理论，我们不做具体的展开，但目前学术界和政策层面都有一定的共识，那就是中国的经常项目是有结构性的原因，还有可能继续保持顺差，但这种顺差可能没有之前那么明显。

第四个问题是货币政策的有效性。现在中国的货币政策面临最大的约束是实体经济的结构性扭曲（新二元结构），具体表现为国有部门和私有部门共存。大量的资金都通过银行信贷体系流入了国有部门，私有部门得不到足够的信贷资源。与此同时，当前经济体制下价格传递渠道非常扭曲。很长一段时间，CPI非常低，PPI则是一直通缩，最近在供给侧结构性改革后，PPI上来了，但是CPI还没有，没有传到最终的消费端。这些问题严重影响了货币政策的传递，因为货币政策就是通过价格来传递，价格机制非常关键。如果价格传导机制不畅通甚至扭曲的话，货币政策基本上没什么用了。另外，我国的杠杆率比较高，没有办法去选择非常紧缩的政策。单看M2/GDP比例，在2015年底就已经达到200%以上，而这一指标在美国大概是90%。实证研究表明，按照我们的经济规模，发展阶段和其他因素，M2/GDP的比率大概达到130%就够了，我们接近于多发了一半的钱。在这种情形下，流动性根本无法趋紧，货币供给与实体经济越来越不相关，在2008金融危机之前两者还有一定的相关性，但是现在相关性很低。我们做过一个简单的货币传导实验，在2010年之前当货币供给扩张时，CPI也会上来，PPI也会上来，传导都很通畅。但是在接下来的2011年到2015年期间，当货币供给扩张时，PPI没反应，CPI有反应，但是明显比原来小很多。用利率冲击，结果也类似。这明显说明我们的经济出现了结构性问题，传导不通畅，在这种情况下货币刺激其实没什么用。因此，汇率贬值作为货币刺激的一部分，也很难有效地提升经济，反而给市场投资者和国内居民带来了很大的焦虑和担忧。经过了30年的财富积累，我国的中产阶级规模已经很可观，有很强烈的金融资产配置需求。因而，我们选择汇率政策的时候，不能仅仅着眼于从实体经济，也需要多从市场信心，资产配置的角度看汇率。

第五个问题是短期的汇率政策选择。我们认为汇率应该适度稳定。汇率是一个前瞻性指标，基本反映了中国基本面的预期，所以稳定汇率，有利于稳定生产者与投资者对基本面的预期，有利于中国经济的转型和发展。汇率不能在一定时间内有太大的波幅，比如一周内从6.7跌到6.8这都没关系，但是不能跌到7.3或者上涨到6.3。汇率政策要给市场一个底线干预的预期，允许波动，但是波幅过大时，还是要干预。举一个例子，汇率像我们乘坐飞机的飞行高度，应对飞行条件，调整高度是有必要的，但是不能直线拉升和下跌，这会引起安全问题，所以说汇率调整一定需要一个缓慢渐进的过程。有观点认为，汇率只是一个价格，没有必要保，但是忽视这个价格的重要性，是要出事的。维持汇率稳定，我们不应该针对一篮子的货币，而是应该针对美元，只有这样才能带来一个清楚的信号，对一篮子很难释放一个清晰的信号，其实盯住一篮子本质上还是盯住美元的问题。

中国的货币政策要从独立的货币政策和固定的汇率制度转到独立的货币政策和资本市场完全流动是一个长期努力的方向。在这个转型过程中，我们选择一定程度的资本管制，这是必须的。最近有观点认为，由于全球的金融周期的出现，资本流动、信贷扩张、杠杆率加大、资产价格上升已经同步了，如果不进行资本管制，就不可能有独立的货币政策（也就是我们传统的“三元悖论”变成了“两难选择”）。举个形象的例子，如果社会上有疫情，你的身体抵抗力又不够强，那么唯一保持健康的方法就是不出门，自我隔离。如果要出门，前提条件就是要有一个健康的身体。不管汇率政策如何选择，中心国家主要是美国，总会通过一些信贷的流动和杠杆率传导到世界。我们该如何面对金融的全球化和保持货币政策的独立性？首先，当下我们还是要有一些资本管制，采取一些宏观的审慎政策。其次，我们要主动地切断这种“传染”，跟中心国家要有一些货币政策合作作为缓冲；最后，积极改善国内金融体系。以前我们讨论金融改革顺序的时候，就有学者认为商业银行体系和金融体系的改革是最重要的。因此，我们不需要过分抵触资本管制，同时也不要过度依赖资本管制，更重要的是应该想办法使自己的金融体系健康起来，能抵抗全球金融化的周期可能带来的负面效应。在这个过程中，汇率浮动依旧是一个改革的方向，但政府需要适时干预，保持汇率市场适度稳定。

第七节　结论和政策建议

人民币升值对中国经济的影响是多方面的，但整体上，我们认为是正面效应远大于负面效应。

1. 整体而言，人民币适当地升值有利于经济增长。传统的观点认为本币升值会抑制经济的增长。这种看法在传统的出口主导型小经济体很流行，普遍认为货币贬值，有利于提高出口竞争力，拉动总需求，从而改善经济增长。但这一轮的货币升值过程中，升值对出口的抑制作用非常小。由于国内疫情控制及时，生产较快步入正轨。与此相反，国外多个地区则面临疫情挑战，正常生产尚未完全恢复，供应链遭受严重冲击。这些国家对中国商品的进口具有较强的刚性和不可替换性。换而言之，中国出口短期内不会受汇率的替代效应影响。即使各国经济产能在半年内如期恢复，带来了一定竞争，但全球总需求的改善和中国在产业链的优势，也会抵消人民币升值的负面效应。当然，人民币升值也必然对部分行业产生负面影响，尤其是那种市场竞争能力弱、产品单一、对价格极端敏感的行业。对此，我们倾向于通过适当的财政扶助以救济和补偿。与此同时，我国出口导向为主的贸易模式正在逐渐让位于进出口并重、国内大循环为主的发展模式，人民币的升值减少进口成本，不仅有利于居民增加消费推动经济，也有利于整个产业链降低成本提高效率。整体而言，人民币适当地升值有利于经济增长。

2. 人民币升值的第二个正面意义是有助于抵消正在不断上升的通胀压力。目前看来通胀的出现不可避免。一是由于疫情和气候原因，全球的粮食和相关农产品的短缺成为可预见事实。联合国粮农组织日前发布的《2020年粮食及农业状况》的报告也对全球粮食安全表示了很大的担忧。二是各国应对新冠肺炎疫情的财政补助和货币刺激都是史无前例，直接推动各国资产价格的上涨，不断创新高。另外，美国拜登新政府基建计划的预期，也有可能进一步推动各类大宗资源产品和基础产品价格的上涨。我们判断，国内PPI和CPI的同步上涨是大概率的。在这样的背景下，人民币的升值在一定程度上可以降低进口型通胀，从而缓解整个通胀水平。

3. 人民币升值为货币政策和金融市场提供了缓冲和防御。全球流动性的泛滥和超低利率的出现，使得外资涌入中国这个价值洼地不可避免。没有人民币的升值，中国的货币政策就会被外部政策所牵制，偏离支持实体经济和稳定金融的目标，从而影响经济的长期稳定发展；没有人民币的升值，低廉的外资就可以肆无忌惮地收割中国的优质资产，从而影响我国产业链的整体布局和稳定。因此，从维护货币政策的独立性和保护优质资产的角度看，人民币升值都是需要呵护和鼓励的。从汇率政策本身来说，此次人民币升值也有利于市场形成对人民币的新预期，打破2014年以来的长期贬值预期。

4. 从更深层次的角度来说，人民币升值和资本流入，可以为中国的改革和转型创造稳定环境和正面的社会预期。目前中国经济增长模式，正在从需求拉动经济转向通过供给侧结构性改革实现资源配置优化驱动经济；战略上也提出了，要充分发挥我国超大规模市场优势和内需潜力，构建国内国际双循环相互促进的新发展格局。增长模式和战略的改变是不太可能在一个资本外流、货币贬值的场景内实现。汇率升值作为一个前瞻性的信号，有利于凝聚对中国经济发展的信心和增加对改革的忍耐力。因此，当前稳步上升的汇率，给我们提供了千金难买的改革和发展良机。

有鉴于上述的分析和判断，我们提出了若干政策建议应对人民币升值。

1. 考虑到人民币升值的正面意义，建议对人民币升值保持审慎乐观的态度，提高对人民币汇率波动的承受力。短期来说，对于人民币兑美元汇率的关键点位 6.0，不要有心理障碍。我们要在打破"天花板"（汇率破 7.0）的基础上，再进一步顺势打破"地板"（汇率破 6.0），让人民币汇率成为真正的浮动汇率。建议相关政策部门在汇率破 6 之前，保持缄默，让市场决定短期汇率走势。

2. 货币政策要保持连续稳定，对可能出现的商品通胀要保持适度忍耐力。与此同时，加强对国际资本流入的监测，加强对债务性短期资本流入的逆周期宏观审慎管理，积极引导国际资本进入一些周期较长的新基建项目及我国产业链的短板行业，实现互赢。

3. 要在体制机制、营商环境和降低关税上下功夫，在疫情防控、气候变化、区域协作等方面积极提供公共产品，推动后疫情时代的全球经济复苏。通过降低非价格因素和全球总需求的改善来缓解人民币升值压力。对部分受人民币升值影响较大的行业，要以信贷手段和财政补助，对企业进行及时补偿和救助。政策的着眼点，短期以稳定就业为主，长期以鼓励产业转型、商业模式和产品创新、提高市场竞争力为主。

4. 美元仍可能回落，要做好人民币进一步升值的中长期准备。国内政策应淡化对美元人民币双边汇率的关注而更为重视实际有效汇率。要充分吸取日本广场协议之后的教训，防范资产价格泡沫，对资产价格和杠杆率的上升保持高度警惕和严格管理的态度。日本"广场协议"之后出现"泡沫经济"的根源不在于日元过快升值，而在于过度宽松的货币政策、过快的资产价格和杠杆率上升。中国当前切勿错误认识日本的真正教训，只盯住人民币汇率而忽视严控资产价格和杠杆率。

本章附件：

1. 汇率变动对不同行业进出口的影响估计模型和数据

本章构建了一个实证分析模型，来测度不同行业进出口对汇率变动的敏感性程度，或者说弹性大小，具体的模型如下：

$$\ln(Export_{i,t}) = \alpha_i + \beta_i lnExchRate_{t-1} + \gamma month_t + \delta year_t + \varepsilon_{i,t} \quad (17-1)$$

$$\ln(Import_{i,t}) = \alpha_i + \beta_i lnExchRate_{t-1} + \gamma month_t + \delta year_t + \varepsilon_{i,t} \quad (17-2)$$

在这里，被解释变量 $\ln(EXport_{i,t})$ 或 $\ln(Import_{i,t})$，表示该行业 i 以人民币计价的出口或进口金额的对数，核心解释变量是上一期人民币兑美元汇率的月度平均值 $ExchRate_{t-1}$，该值变大，表示人民币升值。同时，本章控制了月度 $month_t$ 和年份 $year_t$ 的固定效应。本研究重点关注是估计系数 β 值，其反映各行业出口或者进口金额对汇率变动的弹性。给定人民币升值的情形，即 $ExchRate_{t-1}$ 数值变大，如果 β 值为正时，说明该行业的进出口金额会增加，意味着人民币升值会使得进出口贸易情况的变好。反之，如果 β 值为负时，说明人民币升值导致进出口贸易恶化。

本章在此基于上节构建的实证模型，使用 2010—2019 年的月度数据进行估计，检验了人民币汇率变动对不同行业冲击的传递机制，这里被解释变量，$P\_Export_{i,t}$ 是各个 HS2 分类行业每个月出口价格（单位价值）指数同比，以上年同期为 100。$P\_Import_{i,t}$ 是进口价格指数同比，所用的数据来自 Wind，核心解释变量和控制固定效应设定保持不变，计量模型如下：

$$P\_Export_{i,t} = \alpha_i + \beta_i lnExchRate_{t-1} + \gamma month_t + \delta year_t + \varepsilon_{i,t} \quad (17-3)$$

$$P\_Import_{i,t} = \alpha_i + \beta_i lnExchRate_{t-1} + \gamma month_t + \delta year_t + \varepsilon_{i,t} \quad (17-4)$$

2. 汇率变动对工业企业就业和工资的影响估计模型和数据

本章构造了一个面板数据的实证分析模型，来检验人民币 REER 波动对工业企业劳动力的冲击，具体模型如下：

$$\ln L_{i,j,t} = \alpha_i + \beta \ln REER_{t-1} + \gamma X_{i,j,t} + \mu_j + \varepsilon_{i,j,t} \quad (17-5)$$

在这里，被解释变量 $L_{i,j,t}$ 是企业的年平均就业人数，核心解释变量是上一期的人民币实际有效汇率指数 $REER_{t-1}$，该值变大，表示人民币相对升值。控制变量 $X_{i,j,t}$ 为一些可能影响企业就业的变量，如企业规模（以销售额衡量），企业负债对资产总额比率，企业固定资产占比。除此之外，模型中还控制了企业和行业的固定效应。本章重点关注的是 β 的估计值，其反映企业就业人数对实际有效汇率变动的弹性。当 β 的估计值为负时，说明人民 REER 变动对就业有着负向冲击，也就是说，给定人民币贬值的预期，工业企业的就业人数会增加，意味着制造业就业情况得到改善。

为了进一步分析汇率变动对制造业劳动力市场的冲击，本章研究了汇率变动对企业工资的冲击。计量模型如下：

$$\ln w_{i,j,t} = \alpha_i + \beta \ln REER_{t-1} + \gamma X_{i,j,t} + \mu_j + \varepsilon_{i,j,t} \quad (17-6)$$

这里被解释变量 $w_{i,j,t}$ 是企业人均年均名义工资，核心解释变量、控制变量和固定效应不变。

（作者：施康，南京大学长江产业经济研究院特聘研究员、香港中文大学经济系副教授

徐隽翊，南京大学长江产业经济研究院特约研究员、香港科技大学商学院副教授

谢亚轩，南京大学长江产业经济研究院特约研究员、招商证券首席宏观分析师

胡昊、潘治东，均为香港中文大学经济系博士生）

第十八章　宏观审慎管理与微观审慎监管政策协同研究

从理论上讲，理性预期与有效市场假定的局限性要求有相应的协调机制安排作为自由市场的补充。世界金融发展史也证明，随着金融创新加快，微观审慎监管体系暴露出“对系统性风险监管缺失”和“对顺周期无能为力”两大盲点；当危机来临，“合成谬误”和“羊群效应”加剧市场风险“共振”，必须在微观审慎与宏观审慎之间建立有效的协调机制，来维护金融体系的总体稳定。梳理差异化的金融监管改革实践发现，各国微观审慎监管在多轮修订之后，打上了深深的宏观审慎烙印，微观审慎与宏观审慎逐步收敛协同。我国较早就开始了宏观审慎政策的实践与探索，在差别准备金动态管理、宏观审慎评估、跨境资本流动、房地产金融管理以及影子银行治理等方面，持续完善审慎监管的新治理架构。但在我国金融监管政策实施过程中，仍然存在政策协调法律基础薄弱、权责界限不清晰、分业监管信息割裂、多重监管目标冲突等问题。立足新发展阶段，分散化、单打独斗式的风险监管体制机制已不能适应我国金融风险发展的新变化，必须在借鉴国际监管改革实践经验的基础上，按照国家治理体系和治理能力现代化的总体要求，从完善法律授权、组织架构、信息共享、监管支柱、问责机制等方面，继续深化金融监管协同体制机制改革，提升审慎监管效能。

习近平总书记在第五次全国金融工作会议上提出，“加强金融监管必须集中统一、协调配合，不能各唱各的调”，同时强调“协调机制不能搞成清谈馆，必须干实事，能够解决问题”。实践表明，宏观审慎、微观审慎存在政策间的相互作用，这种作用可能是相互促进的，但如果缺乏有效协调也可能是相互排斥，出现“政策抵消”或“政策超调”。2018 年 3 月，《深化党和国家机构改革方案》明确指出，建立“一委一行两会”的新监管体系，健全宏微观审慎协调发展的政策框架、优化宏观审慎和微观审慎监管体制。2008 年金融危机以来，构建一个宏微观审慎有机结合的框架，不仅是当前国际社会治理金融危机和进行监管改革立法的一个共识，更是引领未来整个国际金融监管法制转型的主旋律。

第一节 我国微观审慎监管与宏观审慎管理体系构建背景

一、微观审慎监管体系的建立和完善

微观审慎监管指通过控制一些指标的变化来监控和预测单个机构的风险，包括对资本充足率、不良贷款率、流动性比例等指标的监管。传统微观审慎监管理论认为，只要保证单个金融机构的安全，整个金融体就不会存在太大风险，这构成了微观审慎监管的基本逻辑。系统的微观审慎监管方法最早源于 1997 年巴塞尔委员会（BCBS）发布的《有效银行监管的核心原则》（以下简称“核心原则”），主要关注单个金融机构的健康程度，通过资本充足率、拨备覆盖率、不良贷款率等指标的分析，评估单个金融机构存在或者可能存在的，由于自身经营不善、管理失误等原因引发的金融风险，以确保各个金融机构的稳健运行。后来，BCBS 又分别于 2006 年、2012 年先后组织对核心原则进行了修订。目前，核心原则不仅是各国监管机构评估监管质量、改进监管实践所依赖的标准，而且被 IMF 和世界银行运用到金融部门评估规划（FSAP）中，成为指导各国微观审慎监管的纲领性文件和通用准则。2013 年，巴塞尔协议Ⅲ最新规定发布，提出了对流动性监管的专门要求，并设定了逆周期资本缓冲和系统重要性附加资本等宏观审慎要求，还对全球系统重要性银行提出了更高的杠杆率监管要求。2017 年 12 月，各国央行和金融监管机构达成一致，巴塞尔协议Ⅲ最终方案发布，并从 2022 年 1 月 1 日起逐步实施。

我国的金融监管实践从诞生伊始就包含了微观审慎监管。1995 年，我国颁布了《中华人民共和国中国人民银行法》，赋予了中国人民银行对金融业实施监督管理的职责，其中第三十条规定，中国人民银行依法对金融机构及其业务实施监督管理，维护金融业的合法、稳健运行。在人民银行负责金融监管时期，我国金融监管在市场准入和现场检查方面得到明显加强，初步建立了一套相对成熟和覆盖广泛的关于市场准入和高管任职资格的法律法规体系，并在监管过程中培养了一支具有较高专业素养的现场检查队伍。

2003 年，中国银行业监督管理委员会（以下简称“银监会”）成立。我国颁布了《中华人民共和国银行业监督管理法》，这部法律将银行业的微观审慎监管职责正式授予新成立的银监会，明确银监会负责对全国银行业金融机构及其业务活动实施监督管理。

银监会成立以来，我国金融微观审慎监管体系得到进一步强化和完善，主要包括以下几个方面内容。

一是建立并逐渐完善一整套微观审慎监管规则。资本充足性是微观审慎监管的核心工具（见表 18 - 1）。2004 年，银监会发布我国第一版《商业银行资本充足率管理办法》，并提出了“准确分类、提足拨备、做实利润、提高资本充足率”的监管路线图，督促银行业金融机构提高资本充足率，大大提升了单体金融机构的抗风险力。同时，陆续发布了关于拨备、流动性、大额风险集中度、公司治理、内控、压力测试、市场风险和操作风险等一系列的审慎监管规章，对银行业金融机构的公司治理、内部控制和风险管理提出了系列要求，培育金融机构的审慎经营理念，督促其不断提高风险识别、计量、管理和控制水平，夯实防范单体机构风险的第一道防线。

表 18 - 1　　微观审慎监管主要工具

<table>
<tr><td colspan="6">资本充足性指标</td></tr>
<tr><td>核心一级资本净额</td><td>资本净额</td><td>全部加权风险资产</td><td>核心一级资本充足率</td><td>资本充足率</td><td>杠杆率</td></tr>
<tr><td colspan="6">信用风险指标</td></tr>
<tr><td>不良资产/贷款率</td><td>逾期 90 天以上贷款与不良贷款比例</td><td>拨备覆盖率</td><td>贷款拨备率</td><td>非同业单一客户贷款集中度</td><td>非同业单一客户风险暴露集中度</td></tr>
<tr><td colspan="6">流动性指标</td></tr>
<tr><td>流动性比例</td><td>核心负债比例</td><td>流动性缺口率</td><td>调整后存贷款比例</td><td>月日均存贷款比例</td><td>流动性覆盖率</td></tr>
<tr><td colspan="6">市场风险指标</td></tr>
<tr><td colspan="2">累计外汇敞口头寸比例</td><td colspan="2">持有债券估值损益</td><td colspan="2">利率风险敏感度</td></tr>
</table>

资料来源：课题组整理。

二是建立了银行业非现场监管体系。仅仅依靠现场监管，无法持续动态地获取银行业金融机构风险状况的信息，持续监管能力受到较大制约。为此，银监会在成立当年的 11 月 4 日启动非现场监管信息系统建设，称为“1104”工程。经过 4 年的艰苦努力，于 2007 年正式上线运行，使监管人员能够在第一时间掌握单体金融机构的风险状况，持续监管能力得到大幅提升。

三是以监管评级体系为抓手，建立了准入、现场和非现场持续与联动监管机制。我国银行监管很早就已经引入了骆驼评级体系，对银行业金融机构的资本、资产质量、流动性、盈利和管理水平等因素进行综合评价。但长期以来，该监管评级的科学性和权威性一直存有较大缺陷，既不能准确反映金融机构的风险状况和管理、抵御风险能力，也没有成为指导监管资源配置的重要依据。为此，银监会从2008年开始启动了监管评级体系的修订完善工作，经过反复严密论证后，于2014年年中发布了新的《商业银行监管评级内部指引》，其要素共7项，分别为资本充足、资产质量、管理质量、盈利状况、流动性、市场风险、信息科技风险，使评级结果更为充分、科学地反映非现场和现场监管信息，并用于指导市场准入和监管资源配置，使市场准入、现场和非现场三种监管手段成为防范单体风险的持续过程和统一整体。

二、宏观审慎管理体系在我国的探索和实践

宏观审慎管理并不是一个新的概念，早在20世纪70年代末，库克委员会一份未发表的会议纪要以及英格兰银行的文件就提到了“宏观审慎”一词，强调金融监管需要系统性的宏观视野。1986年，BIS开始在公开文件中引用“宏观审慎”一词，旨在支持“整个金融体系级支付机制的安全性和稳健性”。之后“宏观审慎”一词便销声匿迹，偶尔出现在一些国际组织的报告中。直到2000年初，时任BIS总经理的Crockett在一次演讲中定义了“宏观审慎”的概念，他提出将金融稳定划分为微观审慎和宏观审慎两个层面，微观审慎以保障单个金融机构稳健为目标，而宏观审慎是以维护整个金融体系为目标。2008年国际金融危机爆发后，国际社会对危机成因进行了深入的讨论和反思，在此基础上形成了对宏观审慎管理政策的重新认识，强化宏观审慎管理成为全球金融调控制度改革的核心内容。2009年，BIS对“宏观审慎”进行了定义，宏观审慎政策的主要目标集中于解决两个外部性以抑制系统性风险，一个是解决金融系统的顺周期性，另一个是解决金融机构之间的互相影响和普遍存在的风险敞口。2011年，FSB、IMF和BIS在联合提交给G20的一份总结报告中，首次概括性地对宏观审慎政策的内涵进行了整合，认为宏观审慎政策应至少包括三方面内容，即目标是防范系统性金融风险，实施范围包括整个金融体系，主要运用审慎性政策工具，也可运用非审慎性工具，但工具的使用应以系统性风险防范为目标。2016年8月，IMF、FSB和BIS联

合发布《有效宏观审慎政策要素：国际经验与教训》报告，正式明确了宏观审慎政策的内涵，即旨在减缓由金融体系顺周期性波动和跨机构、跨市场的风险传播对宏观经济和金融稳定造成的冲击，目的是防范系统性风险，维护货币和金融体系的整体稳定。

中国较早开始了宏观审慎政策方面的实践，窗口指导以及房地产信贷政策都带有宏观审慎政策的雏形，而数量和价格相结合的货币政策框架也更容易让各方面理解和接受宏观审慎理念。2008 年国际金融危机爆发后，人民银行根据中央和国务院的有关部署并结合 G20、FSB 对国际金融危机教训的总结，在宏观审慎政策框架建设方面进行了全面深入的探索。2019 年 2 月，人民银行“三定方案”发布，新设立宏观审慎管理局，负责牵头建立宏观审慎政策框架和基本制度，以及系统重要性金融机构评估、识别和处置机制。

一是从 2009 年年中开始研究强化宏观审慎管理的政策措施，并于 2011 年正式引入差别准备金动态调整机制。该机制实施了五年，与利率、公开市场操作、存款准备金率等货币政策工具相配合，有力地促进了货币信贷平稳增长，提升了金融机构的稳健性。

二是随着经济形势和金融业的发展变化，人民银行不断完善政策框架，自 2016 年起将差别准备金动态调整机制升级为宏观审慎评估体系（MPA），从资本和杠杆、资产负债、流动性、定价行为、资产质量、跨境融资风险、信贷政策执行情况七大方面 14 类指标对金融机构的行为进行多维度的引导，这也是目前人民银行实施宏观审慎管理的核心内容（见表 18－2）。2017 年以来，将表外理财、绿色金融和同业存单等更多金融活动纳入宏观审慎管理框架。

表 18－2　MPA 指标体系

七大方面	14 个指标
资本和杠杆情况	资本充足率、杠杆率、总损失吸收能力
资产负债情况	广义信贷、委托贷款、同业负债
流动性	流动性覆盖率、净稳定资金比例、遵守准备金制度情况
定价行为	利率定价
资产质量	不良贷款率、拨备覆盖率
外债风险	外债风险加权余额
信贷政策执行	信贷执行情况、央行资金运用情况

资料来源：央行网站。

三是加强跨境资本流动宏观审慎管理。2015 年以来，强化了针对跨境资本流动的宏观审慎管理。推出了针对远期结售汇的风险准备金、提高投机性人民币购售手续费、对境外人民币境内存放征收准备金等措施，2016 年扩大了本外币全口径境外融资（外债）宏观审慎管理试点。逐步健全“宏观审慎＋微观监管”两位一体管理框架，坚持服务实体经济与防范跨境资本流动风险并重，防范短期投机性资本大进大出。

四是健全住房金融宏观审慎政策框架。2019 年以来，在宏观审慎政策框架下，按照市场化、法治化、规则化导向，人民银行会同相关部门加快建立房地产金融宏观审慎管理制度，逐步完善房地产长效机制。一是银行端，重点围绕房地产贷款集中度、居民债务收入比、房地产贷款风险权重等深入推动。如 2020 年 12 月 31 日，中国人民银行、中国银行保险监督管理委员会（以下简称银保监会）发布《关于建立银行业金融机构房地产贷款集中度管理制度的通知》，对集中度超标机构设置 4 年整改过渡期。二是企业端，人民银行牵头出台了重点房企资金监测和融资管理规则“三道红线”，根据触线情况不同，房地产企业分为红橙黄绿四档，以有息负债规模作为融资管理的操作目标。三是监管端，人民银行联合银保监会、住建部门加强房地产金融审慎管理政策合力建设，加大对经营用途贷款违规流入房地产问题的监督检查，及时共享并联合排查违规线索；将企业和个人违规挪用经营用途贷款的相关行政处罚信息及时纳入征信系统。联合开展经营用途贷款违规流入房地产问题专项排查，两者实现良好监管协同。

第二节　宏观审慎管理与微观审慎监管政策协同的理论基础

宏观审慎管理与微观审慎监管之间既有区别，也有联系。前者旨在减缓由金融体系顺周期波动和跨机构、跨市场的风险传播对宏观经济和金融稳定造成的冲击，防范系统性金融风险，后者则主要是维护微观个体机构的稳健运行。但两者在目标、对象、工具、信息、传导等方面又存在紧密的联系，既有所区别，又不可分割。

一、宏观审慎管理与微观审慎监管的关系

1. 宏观审慎管理与微观审慎监管的区别。一是管理重心不同。宏观审慎

管理的重心是金融体系内生的顺周期问题和整个金融市场的风险传染，而微观审慎监管关注的是单个金融机构的稳健。二是管理目标不同。宏观审慎管理以防范系统性风险为主要目标，着力于平滑金融体系的顺周期波动和跨机构、跨市场风险传染，微观审慎监管的目标是监督单个机构经营是否稳健、是否合规和透明，降低单个金融机构破产的可能性，最终目标是保护存款人和投资者的利益。三是风险性质不同。宏观审慎管理认为当金融机构采取集体行动时会影响到资产价格和经济活动，从而产生影响金融体系稳定的整体风险，金融机构的风险具有内生性。而微观审慎监管则认为单个金融机构的规模较小，不足以影响市场价格，风险是外生的。四是管理视角不同。宏观审慎管理的监管措施是自上而下的。而微观审慎监管的监管方法是自下而上的。五是所运用的政策工具设计不同。宏观审慎管理主要考虑针对系统性金融风险，运用能够应对顺周期和跨机构、跨市场风险传播的政策工具，如逆周期调节手段、提高对系统重要性机构的额外风险要求等，而微观审慎监管在整个经济周期中对所有机构实施统一和静态的资本要求等监管标准。

2. 宏观审慎管理与微观审慎监管的联系。一是两者目标都是为了防范风险。微观审慎监管的目标在于所有的金融机构个体的稳健经营，重在保护存款人及投资者的利益，而宏观审慎监管则重在对整个金融体系的系统性风险防范及系统重要性金融机构的稳定性，意在促进宏观经济平稳发展，但两者的根本目标都在金融风险防控。二是两者作用对象主要都是金融机构。微观审慎监管的主要对象是金融机构。宏观审慎管理重在应对金融系统中的系统性风险，维护整个金融系统的稳定，因此宏观审慎管理的对象主要也是金融机构。三是两者风险控制手段相互融合。从风险监管工具的融合性来说，微观审慎监管工具可以作为宏观审慎监管的微观基础，宏观审慎监管工具需要微观审慎监管工具的辅助和配合，甚至部分宏观审慎监管工具本身就来源于微观审慎监管工具，如对系统重要性金融机构的监管，使用逆周期的资本调节和拨备调节，对流动性和金融机构杠杆率指标的限制等。四是两者传导过程相辅相成。宏观审慎政策的有效传导依赖于有效的微观审慎监管，而微观主体的稳健也依赖于宏观环境的稳定。微观审慎监管是自下而上的监管机制，而宏观审慎监管则是自上而下的监管机制，两种机制的协调运作可以进行相互补充。宏微观的协调运作使得金融监管能够从多个层面获取金融危机的触发点，既关注金融系统整体的稳健运行，又加强了金融机构个体的风险防范。

二、宏观审慎管理与微观审慎监管政策协同的理论依据

20世纪50年代以来，关于加强政策配合以实现开放经济条件下内部均衡与外部均衡政策目标的理论得到很大进展。关于政策配合的“丁伯根法则”与政策指派的“有效市场分类原则”等理论的出现发展了开放经济的政策调控理论，也对经济学中的经济政策研究起了很大的推动作用。随着对宏观审慎管理与微观审慎监管研究的不断深入，在加强两者政策协调的过程中，应重视对丁伯根法则和有效市场分类原则协调理论的研究和应用，使协调政策更具坚实的理论基础。

1. 丁伯根法则与有效市场分类原则。针对一国面临多个经济目标，这些经济目标本身并不一致，并且一国有多种政策工具可供选择，各种政策工具实施的效果也可能相互冲突。针对这种情况，丁伯根做了大量细致的分析，提出了将政策目标与政策工具相联系的正式模型。基本含义是：一国所需的有效政策工具数目至少要和所想达到的独立的经济目标数目一样多，要达到一个经济目标至少需要一种有效的政策工具。由此推论，要达到N个独立的经济目标，至少需要N种独立的有效政策工具。丁伯根法则对目标实现过程的论述有两个特点：一是假定各种政策工具可以供决策当局集中控制，从而通过各种工具的紧密配合实现政策目标；二是没有明确指出每种工具有无必要在调控中侧重于某一目标的实现。这两个特点与实际情况不尽相符，影响了应用效果。蒙代尔于20世纪60年代提出了关于政策指派的“有效市场分类原则”，对此理论论述进行了弥补。蒙代尔论述表明：在许多情况下，不同的政策工具实际上掌握在不同的决策者手中，如果决策者并不能紧密协调这些政策而是独立进行决策的话，就不能达到最佳的政策目标。结论是：如果每一个工具被合理地指派给一个政策目标，并且在该目标偏离最佳水平时按规则进行调控，那么在分散决策的情况下仍有可能得到最佳调控目标。对一个工具如何指派给相应政策目标，蒙代尔认为应该遵循“有效市场分类原则”。这一原则的含义是：每一目标应指派给对这一目标有相对最大的影响力、因而在影响政策目标上有相对优势的工具。如果在指派问题上出现错误，则经济会产生不稳定性而距均衡点越来越远。该理论与丁伯根法则一起确定了开放经济下政策调控的基本思想，针对内外均衡目标，确定不同政策工具的指派对象，并且尽可能地进行协调以同时实现内外均衡。

2. 丁伯根法则与有效市场分类原则能够用于宏观与微观审慎监管政策协调。无论是以审慎监管指标为主要政策工具的微观审慎监管，还是以逆周期调节为主要政策工具的宏观审慎监管，其调控对象都是金融市场主体。一个良好运行的金融市场体系应该个体运行稳健，各项稳健指标处于正常域值。同时，整个金融体系处于良好的状态，蕴含于体系内的系统性风险处于可控状态，各项代表系统稳健的指标同样处于正常域值。该体系能够以多种方式促进资源和风险在时间和空间上有效率地分配，并能促进经济体各项跨期经济功能的发挥。作为金融市场主体的金融机构，应该按照监管者的监管要求，去调整自己的经营行为，即使在部分时间偏离监管指标要求，在监管者的强力管制下，最终都能够回到监管者要求的指标值。这就说明，作为金融市场的金融机构与整个金融体系，都有一个均衡的政策目标，这个政策目标就是两者处于均衡的状态，主要风险指标处于正常范围。传统理论认为，金融机构的安全稳健与金融体系的稳健是统一的，后者在前者基础上能够自我实现。金融监管政策的重点是金融机构个体的稳健性。国际金融危机爆发后，随着研究的深入，许多学者认为，金融机构的个体稳健并不能保证金融体系的稳健，对建立一个以防范系统性金融风险为主要任务，以维护金融体系稳定为目标的宏观审慎管理取得了广泛共识。宏观审慎管理的政策目标与传统微观审慎监管的政策目标、政策工具、实现途径均不相同。另一方面，以维护金融体系稳定为目标的宏观审慎管理的过度监管可能带来金融体系效率的缺失，宏观审慎管理政策需要与微观审慎监管政策协同，在实现两者政策目标过程中，保持金融体系效率与稳定的均衡。

国际金融危机证明了丁伯根法则与有效市场分类原则在建立宏观审慎管理政策框架并与微观审慎监管政策协同方面的现实指导意义。宏观审慎管理政策与微观审慎监管政策应由不同的监管部门分别组织实施，并针对不同的宏观审慎管理与微观审慎政策目标赋予独立的政策工具。在实施的过程中，两者应加强相互协调，以使各自的政策目标不偏离最佳水平。如果在工具指派问题上出现错误，或者两者不能有效协调，则金融体系会产生不稳定性，并离均衡点越来越远。

第三节　我国宏观审慎管理与微观审慎监管政策协同的实践和挑战

一、宏微观审慎监管政策协同的具体实践

1. 成立金融稳定发展顶层协调机构。2017 年 7 月召开的第五次全国金融工作会议，决定设立国务院金融稳定发展委员会，金融稳定发展委员会的一项重要职责就是负责统筹金融监管协调工作。在金融稳定发展委员会推动下，金融监管协调工作取得突出成效。一是 2018 年 4 月 27 日，人民银行等四部门联合印发了《关于规范金融机构资产管理业务的指导意见》，在统一资产管理产品标准规则方面取得了关键突破。二是国务院办公厅印发《关于全面推进金融业综合统计工作的意见》，推动形成“双核心、三支柱、两条线、全方位”的金融业综合统计思路。三是人民银行会同银保监会、证监会印发《关于加强非金融企业投资金融机构监管的指导意见》，对加强金融控股公司风险管理发挥重要作用。四是 2018 年 11 月 27 日，人民银行、银保监会和证监会联合印发《关于完善系统重要性金融机构监管的指导意见》，着力完善我国系统重要性金融机构监管框架，建立 SIFIs 识别、监管和处置机制。

2. 稳步推进系统重要性金融机构协同监管。2018 年 11 月，“一行两会”发布《关于完善系统重要性金融机构监管的指导意见》。2020 年 12 月 3 日，央行、银保监会联合发布《系统重要性银行评估办法》，为后续发布系统重要性银行名单、实施附加监管要求奠定基础。系统重要性银行最终名单经国务院金融稳定发展委员会确定后，由人民银行和银保监会联合发布。金融委每三年对上述评估流程和方法进行审议并进行必要调整与完善。

3. 不断完善逆周期资本缓冲机制建设。建立逆周期资本缓冲机制，是健全宏观审慎政策框架、丰富宏观审慎政策工具箱的重要举措。中国人民银行、银保监会发布《关于建立逆周期资本缓冲机制的通知》，自 2020 年 9 月 30 日起实施。根据巴塞尔协议Ⅲ，逆周期资本缓冲要求在 0—2.5% 的范围内，其具体大小由广义信贷/GDP 的缺口决定，如果缺口值高于 10，将实施 2.5% 的要求。我国广义信贷/GDP 的缺口长期处于较高水平，如实施逆周期资本缓冲监管政策，很可能触及 2.5% 的上限。《关于建立逆周期资本缓冲机制的通

知》从我国实际出发，参考国际惯例及巴塞尔银行监管委员会的有关要求，明确了我国逆周期资本缓冲的计提方式、覆盖范围及评估机制。同时，根据当前系统性金融风险评估状况和疫情防控需要，明确逆周期资本缓冲比率初始设定为0，不增加银行业金融机构的资本管理要求。

4. 加强对金融控股公司的审慎管理。近年来，我国一些大型金融机构开展跨业投资，形成了金融集团或金融控股公司，少部分企业隔离机制缺失，风险不断累积。2020年9月13日，国务院发布了《关于实施金融控股公司准入管理的决定》，授权人民银行对金融控股公司开展市场准入管理并组织实施监管。人民银行会同相关部门制定形成《金融控股公司监督管理试行办法》（中国人民银行令〔2020〕第4号），由人民银行对金融控股公司实施监管，金融管理部门依法按照金融监管职责分工对金融控股公司所控股的金融机构实施监管。人民银行会同相关部门建立金融控股公司监管跨部门联合机制，加强监管合作和信息共享。

5. 统一资管业务的审慎监管规则和标准。2018年4月27日，经国务院同意，《关于规范金融机构资产管理业务的指导意见》（以下简称《意见》）正式发布。对资管产品进行分类，对同类产品适用统一的监管规则，是《意见》的基础。针对分业监管下标准差异催生套利空间的弊端，加强监管协调，强化宏观审慎管理，按照“实质重于形式”原则实施功能监管，是规范资管业务的必要举措。《意见》明确，中国人民银行负责对资管业务实施宏观审慎管理，按照产品类型而非机构类型统一标准规制，同类产品适用同一监管标准，减少监管真空，消除套利空间。金融监督管理部门在资管业务的市场准入和日常监管中，要强化功能监管。中国人民银行牵头建立资管产品统一报告制度和信息系统，对产品的发售、投资、兑付等各个环节进行实时、全面、动态监测，为穿透监管奠定坚实基础；会同相关部门建立资管业务整改工作联络协调机制，加强政策统筹协调，为整改工作创造良好的政策环境。

6. 应对特殊事件冲击的政策协同。新冠肺炎疫情以来，人民银行通过降准、再贷款、创新直达实体经济的货币政策工具等方式，出台了规模可观的宏观对冲措施。一是实施定向降准，3次累计下降约1个百分点，降准释放流动性1.75万亿元。二是增加再贷款、再贴现额度1.8万亿元，下调再贷款、再贴现利率，重点支持中小银行加大对中小微企业信贷投放。三是出台“两项直达工具”，推动银行积极办理企业贷款延期还本付息和普惠小微企业信用贷款。监管政策协同方面，及时出台一系列纾困措施，全力以赴推动经济恢复正常循环，提早谋划应对风险反弹回潮。一是设立对市场主体让利1.5万亿元目标。二是阶段性提高监管的容忍度。如提高不良贷款容忍度，对因新冠肺炎疫情影响的债务延期不计入不良、不影响信用记录；进一步落实尽职免责要求，鼓励银行加大自主核销力度；阶段性下调中小银行拨备覆盖率、拨贷比监管标准，进一步增强中小银行放贷能力。三是引导银行提高信贷投放精准性。更加注重引导银行机构加大补短板、锻长板，不搞“大水漫灌”，确保新增融资重点流向制造业、中小微企业。在金融的快速有力支撑下，中国迅速控制住了疫情，并推动了经济复苏。

二、我国微观审慎政策协同中面临的挑战

宏观审慎管理与微观审慎监管最主要的区别，不在于为实现不同目标所使用的工具差异，而在于不同的目标本身以及影响经济运行的机制，同时在政策实施中，当局最大的挑战是如何在宏观审慎与微观审慎之间取得平衡，并使两者有机结合。

挑战一：法制建设滞后引致协调效力不够。与国际实践中先立法再完善机制不同，我国虽然初步建立了金融稳定的总体架构，但目前尚没有一部法律规范对维护金融稳定的主体、目标、职责、权限、机制设计等做出系统且明确的界定和安排，对金融风险防范和应对的表述也散落于不同的规章制度之中。例证一：虽然《中华人民共和国中国人民银行法（征求意见稿）》明确了人民银行的宏观审慎管理职能和重点监管范围，但与之配套的监管规则缺失，货币政策、宏观审慎、微观审慎以及行为监管之间的职能边界并不清晰，金融监管相关法律修订工作缺乏统筹、衔接，且一些本应纳入审慎监管范畴的社会金融活动，尚存在法律制度空白。例证二：金融信访、举报、投诉等理论上应属行为监管范畴，相比审慎监管方式具有明显的区别，但当前金融监管法律体系中缺少行为监管的独立地位，实践中尽管我国已在“一行两会”内设立了相应的金融消费者保护部门，但这种机构监管的方法造成了金融消费者权益保护规则不一致、监管空白和重复、监管力量分散等弊端。具体事务处理中缺乏权威性的统筹协调，消费者群访闹访，不但耗费微观审慎监管部门大量精力，还增加了社会维稳成本。原油宝、泛亚、钱宝等重大涉众风险事件就是很好的例证。

挑战二：理念、目标、手段不同引致监管冲突。宏观审慎、微观审慎、行为监管三者之间存在理念、目标、工具等差异，尤其是大国金融实践中必须进行职能分离，否则必然会产生监管冲突。例证一：2020 年初，受疫情影

响各地信贷增速不高，人民银行信贷逆周期调节需要地方法人机构加大信贷投放总量（含票据贴现）；但金融监管部门加强票据业务监管①，以引导银行机构加大实体贷款投放，地方法人银行因减少票据贴现量，无法在市场低迷的情况下实现信贷总量的逆周期调节任务。例证二：在高风险机构风险化解处置、房地产金融审慎管理等过程中，尽管人民银行在信贷规模控制、宏观审慎评估与银保监会在调节资产结构、支持实体经济等方面的政策目标是一致的，但各派出机构在具体政策落地执行中往往存在理解偏差，工作要求、方式很难达成一致，导致金融机构在落实政策过程中难求平衡。

挑战三：分业监管体制下容易产生监管空白。分业监管模式下，微观审慎与宏观审慎相对分离，从而产生信息壁垒，由于尚未建立统一的交易数据库，割裂了市场信息和风险信号，影响系统性风险识别、监测和防范。实践中，宏微观审慎管理部门“铁路警察各管一段”，协调议事机制由于缺乏责任部门，对各监管主体约束力不足，缺少有效的争端解决以及外部监督机制等问题，监管缺乏权力制衡，在运作中难以真正解决金融监管与发展中的实际问题，这也是最近几年 P2P、影子银行等部分金融乱象滋生的重要原因。在应对新冠肺炎疫情的政策实施过程中，货币政策“开闸放水”、降低资金成本，由于金融管理部门之间信息沟通不畅，政策动态评估机制缺失、结构性调节失效，微观审慎监管工具无力、反应滞后，出现了普惠性资金违规流入房市、股市套利的现象，影响了金融政策直达实体经济的效果。根据广东银保监局组织辖内银行机构个人经营性贷款自查的数据，发现涉嫌违规流入房地产市场的问题贷款金额 2.77 亿元，涉及 920 户。

挑战四：金融统计分散成为政策协同重要障碍。我国金融业统计职能分散化和信息统计碎片化并存，金融统计与金融业交叉和混业经营之间存在缺口，致使统计标准不统一、对象缺失、内容重复，成为政策当局监管割裂和政策不协调的重要原因之一。现实当中，不但存在重复收数造成资源浪费的问题，更重要的是统计口径不一带来政策执行困惑。例如，普惠小微口径不一致，银保监数据来源于 1104 报表，其中全口径小微监测包括：小型企业法人 + 微型企业法人 + 个体工商户 + 小微企业主合计；“两增两控”考核：授信 1000 万以下的小型企业法人 + 微型企业法人 + 个体工商户 + 小微企业主合计。人民银行统计口径较多，其中国标口径包括：授信 500 万以下的小型企业法

① “各农商行票贷比（银行承兑汇票/各项贷款余额）不得超过 30%（含）、贴贷比（买断式转贴现余额/各项贷款余额）不得超过 10%（含）”。

人+微型企业法人+个体工商户+小微企业主合计；普惠口径小微包括：授信1000万以下的小型企业法人+微型企业法人+个体工商户+小微企业主合计；普惠1000万以下小微企业包括：授信1000万以下的小型企业法人+微型企业法人合计，并且两部门需报送的数据来源口径不一致：人民银行“大集中3302小微”不含转贴，银保监“全口径小微（s6301）”“普惠型小微（s7101）”均包含转贴。统计标准不一造成金融机构在落实监管政策过程中左右为难，甚至产生不公平竞争。

挑战五：“多龙治水”带来监管竞次和监管重叠并存。在现有的分业监管模式下，受部门利益的驱使，往往会因“父爱主义”出现监管竞次，从而诱发被监管对象进行“监管套利”，致使监管目标落空。以债券市场为例，长期以来存在“五龙治水”，发改委主管企业债的审批发行，财政部负责国债和地方债的审批发行，人民银行主管银行间债券市场，证监会负责公司债审批发行，银监会负责审批和监管金融债，由于监管体系不同，不同的债券品种、不同市场所要求的准入标准、资金用途要求、信息披露、评级机构选择、主承销商资质要求均有不同，行政执法也缺乏行动协同，债券市场分割降低了债券市场有效性及价格发现机制的有效作用，也给发行主体跨市场套利留下了空间，在近年来的债券违约风险化解处置过程中，各市场“各扫自家门前雪”暴露了此种模式的又一弊端。由于宏观审慎管理职能边界不清，人民银行各级分支机构将宏观政策执行监管逐步扩展为微观行为监管，一定程度上与金融监管部门的微观审慎监管职责重合，甚至产生冲突。例如，金融机构新设机构向人民银行基层分支机构申请开设账户时，人民银行将其开立账户审核、反洗钱、外汇、征信、大额支付、票据等事项扩大为类行政许可事项，数量和要求均超过金融管理部门，还对新设机构实施开业验收检查等“越位”监管。多头重复监管增加成本、降低效率，产生监管资源浪费，对于处理难度大且不会短时见成效的工作出现监管真空。

第四节　金融监管协调机制改革的国际实践及启示

一、差异化的监管改革实践

1. 美国。大萧条后，1933年美国通过了《格拉斯－斯蒂格尔法》，由此确定了分业经营、分业监管的金融监管体制。20 世纪 90 年代，克林顿政府通过了《金融服务现代化法案》，形成了以美联储为主、各功能监管机构为辅的“伞形”监管架构，此时的监管协调多为松散的论坛性质，不具有强制执行力，且效率较低。2008 年金融危机暴露出美国“双层多头”监管模式的漏洞弊端。2010 年 7 月，美国政府出台《多德—弗兰克华尔街改革和消费者保护法》，启动新的监管架构改革，着手解决系统性风险监管缺位问题，改革重点集中于加强监管部门协调。“新架构”在监管协调方面的重要变化是，设立金融稳定监督委员会（FSOC），通过《金融稳定监督委员会组织规则》确定了一系列工作运行机制，旨在加强监管协调；在财政部下成立金融研究办公室（OFR），负责收集和分析相关风险数据，促进信息共享。FSOC 实际上为美国宏观审慎政策的实施和协调主体，被赋予了加强金融监管协调，推动信息共享和收集，有权建议对规模较大、关联性强的机构实施更为严格的审慎监管标准等职能和权力。FSOC 管理架构十分注重监管机构的跨部门顶层协调、金融监管资源的统筹利用和监管的专业性研究，这能够降低监管机构分散的协调成本，有利于实现监管决策与执行的政令统一，有助于提高监管的效率和质量，并具有典型的矩阵式管理模式特征。为了进一步加强监管协调，2012 年 5 月，美联储、FDIC、CFPB、OCC 以及 NCUA 五大金融监管机构共同签署了监管备忘录，在监管当局之间建立了协调与合作的制度安排，旨在减少监管冲突，避免监管重复，提高监管协同效应。例如针对债券市场，以证监会（SEC）集中监管为核心，具有发行注册、市场监管、证券及投资机构监管的职责，对证券市场具有最高监管权，其余监管部门，如财政部、美联储、联邦存款保险公司、货币监管局协同开展机构监管。在特朗普政府时期，美国发布了一系列金融监管改革及重构的行政令，使得美国的金融监管从严格、审慎的管控转向传统的、相对宽松的“放任监管”，对现有金融稳定监管委员会的权力、组织结构及监管权限进行调整，废除金融稳定监管委员会将非银行金融机构、金融市场公用事业界定为系统重要性金融机构的权力等。加强了司法机关对联邦金融监管部门权限及执法活动的监督，对现有的谢弗林司法尊重原则[①]做出了重大修改。某种程度上，特朗普政府时期的改革打破了既有的多德—弗兰克金融监管框架，限制了政府核心金融监管部门的诸多职权、职能，为此可能会产生许多“灰色”监管地带与监管“真空”，出现“碎片

① 作为美国行政法框架中的一项重要内容，谢弗林司法尊重原则的核心精髓是美国法院应尊重政府机构的法定权限及其对所执行的立法条文进行的法律解释权，而这一原则在金融监管领域的适用则表现为法院应尊重金融监管机构对其法定权限的合法解释。

化”管理的情况，使得金融机构的某些商业活动无法得到及时的监控，从而诱发新的金融风险。此外，在“监管解绑”的情况下，某些金融机构可能会“重操旧业”，创设出新的高风险金融产品，给金融体系带来重大隐患。

2. 英国。危机前，英格兰银行、财政部和金融服务局（FSA）共同组成了英国金融监管“三方监管”体制，三方通过签订《谅解备忘录》建立了监管协调机制。但2008年危机爆发以后，北岩银行挤兑事件暴露了“三方监管”体制存在着严重缺陷。从危机后的2009年7月至2016年5月，历经近7年的时间，英国政府在《2000年金融服务与市场法》的基础上接连出台了《2010年金融服务法》《2012年金融服务法》和《2016年金融服务法》三部金融监管修正法案，完成了从统一监管向双峰监管的转变。“双峰监管”实现了宏微观审慎监管的有机结合，将行为监管从微观审慎监管中分离，机构设置强调“分权制衡”。如为提防英格兰银行因审慎监管权力集中而出现类似FSA般的监管武断与监管松懈，《2016年金融服务法》增加了对英格兰银行监督与问责方面的规定，包括允许国家审计办公室随时对英格兰银行资金使用效率及影响进行审查；英格兰银行每半年向财政部汇报审慎监管和金融稳定方面进展；要求英格兰银行在危机救援中涉及公共资金使用时，必须事先向财政部提供决策所需信息和接受财政部的指导。又如，虑及PRA与FCA可能潜存的监管目标冲突，《2012年金融服务法》要求两者必须签署一份监管备忘录，以此建立履职协调机制，使两者在各自开展监管工作时能得以掌握到彼此提供的信息并密切合作，又进一步规定当PRA认为FCA的强制执行可能会使受监管对象无序倒闭或引发金融业的系统性风险时，则可对FCA行使否决权。在制衡FCA权力的行使上，《2016年金融服务法》又赋予财政部随时有权通过书面形式对FCA的监管行为提出修正建议以维护消费者权益。在《2016年金融服务法案》颁布后不到一年，新首相特蕾莎梅一上台就迫不及待地推动英国于2017年3月16日启动了脱欧程序，而欧盟27国也已于2018年11月25日一致通过了英国脱欧协议草案，2020年1月30日，欧盟正式批准了英国脱欧。随着英国正式脱欧，英国金融法案势必又会做相应的调整和修改，而其后续如何调整和修改势必又会对未来英国包括全球金融监管走向产生深远影响。在学界看来，当前的“双峰监管”只不过是英国在总结金融危机教训后对监管体制做出的又一次探索与尝试，或者说只是一个新监管起点的开始而已，断言其为危机后主要国家的改革方向似乎为时过早。

3. 欧盟。按照欧洲经济一体化协定，欧洲央行更多着眼于货币政策方面的工作，对金融业的具体监管则主要由各成员国金融监管部门自行负责。

2000年启动的《莱姆法鲁西框架》是欧盟监管协调的主要依据，据此建立的欧盟监管协调委员会是监管协调的执行当局。2009年以来，欧盟开启了金融监管改革，2009年6月，通过了《欧盟金融监管体系改革》方案，2010年9月，成立欧洲系统性风险委员会（ESRB），建立泛欧层面的系统性风险评估体系。2011年1月又决定成立三个监管当局，其中欧洲银行业管理局负责银行监管，欧洲证券和市场管理局负责资本市场监管，欧洲保险和职业养老金监督管理局负责保险监管，为加强监管协调，又成立了三家机构的联合委员会（ESAs（JC）），并与欧盟各成员国国家主管机构共同构成了欧洲金融监管体系。为推动欧洲银行业监管协调合作，2012年5月，欧盟主席巴罗佐（Barroso）提出了建立欧洲“银行业联盟”的提议，包括三大支柱，分别为单一监管机制（SSM）、单一处置清算机制（SRM）和欧洲共同存款保险机制（EDIS），2014年4月，欧洲议会通过了建立银行业联盟的三项法案，监管协调机制迈出关键一步。

4. 德国。2002年5月，德国建立了独立于中央银行的统一金融监管机构——德国联邦金融监管局（BaFin），形成了德意志联邦银行负责制定实施货币政策、维护金融和货币系统稳定，BaFin负责金融监管的“双头”监管框架。BaFin不设下属监管机构①，由德国央行分支机构负责承担对金融机构的常规监管事务。为加强监管协调，在德国金融监管框架下，德国央行与监管机构建立了制度化的协调机制，如与BaFin建立信息共享机制，金融机构每月向德国央行分支机构报送各类统计报表，央行收集监管信息并作出必要的分析后，将结果一并向BaFin提供，BaFin依据这些信息作出监管决策。此外，BaFin建立了“金融市场监管论坛”，与德国央行共同运营，定期联席交流，加强监管协调。2012年10月，德国通过了《德国金融稳定法案》，在“双头”监管架构基础上，成立金融稳定委员会（FSC），强化宏观审慎与微观审慎协调。

5. 澳大利亚。“双峰”理论最早起源于英国，1997年首次在澳大利亚实践。通过设立两个独立的金融监管机构来实现监管目标，一个专门负责微观审慎监管，称为“偿付峰”，另一个负责经营行为监管，称为“行为峰”。为加强监管协调，澳大利亚政府建立了“金融监管委员会”（CFR），由澳大利亚储备银行（RBA）牵头，成员包括RBA、APRA（审慎监管局）、ASIC（证

① 德国《银行法》规定，为避免重复劳动，节约监管成本，提高监管效率，监管局在各地不得设立任何形式的下属机构，地区的日常金融监管事务，由中央银行的分支机构代为承担。

券和投资委员会）和财政部。CFR 是成员之间合作和协作的高级别论坛，通过各成员机构分享金融部门状况和分析信息，加强监管协作，从而促进监管的及时性和有效性。工作机制上，CFR 建立了季度会议和临时会议机制，并由 RBA 提供秘书支持。为提高决策的有效性和专业性，CFR 建立了多个工作组，包括金融市场基础设施指导委员会、危机管理工作组和其他工作组等。

二、经验启示

危机以来各国金融监管差异化的实践表明，金融监管由微观审慎与宏观审慎两部分组成，离开其中任何一方都难以确保金融稳定目标的实现，必须通过建立有效的协调机制来弥补政策当局之间信息不对称和有限理性的不足。

启示一：健全的法律制度是提升监管协调效力的保障。从各国实践看，每一次大的金融监管改革，都是通过修订旧法或重建立新法明确界定改革目标，合理分配部门职责，实现不同政策主体的权责相当。

启示二：强有力的委员会模式对于监管协调至关重要。鉴于危机前论坛性质的协调机制在应对重大金融风险时的软弱无力，危机后越来越多的国家组建了更高层面的金融稳定监督委员会，专司宏微观审慎监管部门之间的政策协调，并且配套了相关的规章制度，形成了完善的工作机制，加强信息共享和政策协调，如法国、德国、美国等都是此种模式的典型代表。

启示三：完善的工作机制是协调架构有效运行的基础。从各国实践看，基本的工作机制包括：一是常态化的会议机制；二是定期的协商决策机制，以英国为例，“双峰”之间签订了多份合作备忘录，很好地保证了监管当局之间的政策协同；三是开放的咨询机制，如德国、荷兰、英国、美国等在治理架构下设立了多个工作小组，为政策当局决策提供建议和参考；四是有效的问责和激励机制，旨在提高政策的执行力和有效性。

启示四：强化系统性风险识别和工具创新是改革的制胜法宝。有效识别系统性风险来源是金融监管改革的重要方向，如美国金融研究办公室（OFR）构建了金融稳定监测模型，为系统性风险分析提供了良好的工具。英国 FPC 探索由杠杆率要求、风险加权资本要求以及压力测试三者共同构成的银行业资本监管框架。

启示五：相互制衡、动态评估是协调机制的核心要素。无论是美国 FSOC 下的各专业委员会，还是英格兰银行下的三大委员会，以及法国、波兰等国家的宏观审慎治理架构，都通过交叉任职、人员交流、投票权等形式，对监管协作、制衡机制加以明确。同时，为保证宏观审慎政策治理架构的有效性和弹性，注重对金融监管治理架构运转情况持续评估，实现动态中的优化调整。

第五节　我国宏微观审慎监管政策协同的路径

新常态下，金融风险的交叉性和复杂化对金融监管提出了更高标准，要求监管目标由个体性风险向系统性风险转变，监管视角由微观审慎向宏观审慎转变，分散化、单打独斗式的风险处置机制已不能适应我国金融风险发展的变化，要求建立更加有效的监管协调机制和风险处置机制。审慎监管不仅要关注风险，也要在制度和指标设计上为金融创新、服务实体经济留下足够的空间，在金融创新中动态地调整和完善监管结构和指标。

一、加快健全金融协同监管的法律体系

职权法定本是依法行政的应有之义。借鉴国际经验，当务之急，我国的金融监管法理应对此作出回应，尽早对该委员会的成员组成、法定职责、协调职权及表决方式等以法律形式明确，以确保金稳委当前的运作符合职权法定的基本法治要求，增强其金融监管协调的权威性与有效性。第一次层次，制定或修改法律法规。推进《中国人民银行法》修订，明确宏观审慎管理与货币政策、微观审慎监管的权责边界。适时发布《宏观审慎政策指引》，完善我国宏观审慎政策的总体设计和治理机制。确立全面监管的原则，推动立法扩大宏观审慎监管范畴，将私募基金、对冲基金、信用评级机构、资产证券化机构、场外金融衍生品等更多金融活动纳入监管。统筹推动《商业银行法》《银行业监督管理法》《保险法》等重要法规修订，使之与宏观审慎管理法律有效衔接。第二层次，制定和修改金融部门规章。及时、全面梳理、修改或废止与“一委一行两会”金融监管架构和主要金融法律不符或滞后的规章。借鉴发达市场的经验，出台统一的债券发行管理的上位法，明确证监会为核心监管机构，从法律层面明确市场各参与方的权利义务。由国务院金融稳定委员会总牵头，制定债券市场整体协同发展改革方案，取消多头审批、简化审批环节，统一相关市场规则。

二、尽快完善高效、有力的协调组织架构

从各国监管实践看，绝大多数国家或地区都通过设立一个权威的“总协调人”来发挥金融监管的顶层协调功能。我国应在建立健全相关法律制度的基础上，加快完善金融委领导下的监管协调组织架构，明确金融稳定目标下各方权力和责任，并在实践中不断改进优化。一是在人民银行内部设立专职机构，专门负责管理、协调和指导金融委组成部门、各专业委员会和专门工作组等落实金融委议定的各项政策决策，通过定期例会、监督检查等方式协调政策执行，同时负责对中央金融管理部门和地方政府履行金融风险防范职责实施问责等。按照全国“一盘棋”的思路，完善金融委及其办公室在地方履行职能的制度安排。二是参照美国 FSOC 的做法，考虑在金融委下设若干专业委员会（由各成员单位分管领导组成），如数据治理委员会、金融基础设施委员会、监管和处置委员会、技术咨询委员会等，具体推进各项工作、决策顺利执行，确保监管专业性。三是在金融委办公室下设若干专门工作组（由各成员单位选派业务骨干组成），如风险识别工作组、政策执行工作组、危机救助工作组、政策协调工作组等，作为金融委各专业委员会实体化运作专班，具体负责抓任务落实。

三、努力减少系统性风险监管的信息缺口

2008 年金融危机后，各国一致认为，统计信息缺失是未能及时识别和防范危机的一个重要原因。2009 年 10 月，IMF 和 FSB 联合向 G20 提交了《金融危机与信息缺口》报告，认为现行微观金融统计体系存在着统计分散、标准不一的缺陷，无法满足宏观审慎政策对数据信息整合的要求。当前，我国金融业混业经营快速发展，金融风险积聚、扩散和传染路径复杂化，这些都对传统的金融统计体系框架提出了严峻挑战，亟须通过统筹金融统计加以应对。第一，制定金融业综合统计制度，构建数据集成和共享平台，加快建设国家金融基础数据库，建设覆盖全面、标准统一、信息共享的金融业综合统计体系，实现对跨市场金融资产和实际投资者的穿透识别，提高金融监管政策的科学性和有效性。第二，探索大数据技术运用，建设更为全面的数据源和信息库。将各类金融机构、金融产品、金融活动、金融市场纳入监测视野，把“一行两会一局”（人民银行、银保监会、证监会和地方金融监管局）全

部监管信息纳入共享范围，及时、准确掌握金融业风险全貌。依托科技赋能，把金融的信息化能力和云数据平台作为最重要的金融基础设施来建设，从传统的静态监管提升到智能化的动态监管。

四、健全宏观审慎、微观审慎和行为监管三支柱

完整的金融监管框架应该覆盖宏观审慎、微观审慎和行为监管三个方面，监管“木桶”发挥作用的最优水平取决于最短的那根“木板”。银保监会主席郭树清在《完善现代金融监管体系》中指出，金融监管作为整体，应当始终具备宏观审慎视野，以微观审慎为基础，以行为监管为支撑，实现三者既独立又协同的有机统一。从英国新设独立的 FCA 以全面保护金融消费者权益的举措可见，金融监管的目标既要着眼于防范系统性风险以维护金融稳定，而且也需要维护金融消费者的合法权益。针对我国行为监管的短板问题，践行为民监管理念，可考虑对我国“一行两会”中的金融消费者保护职能加以整合，完善法律制度框架，在此基础上联合消费者保护协会成立专门的行为监管协调委员会，从根本上提升我国金融消费者的保护层次。待时机成熟时，借鉴英国“双峰”监管模式，推动审慎监管与行为监管的适度分离，真正健全宏观审慎、微观审慎和行为监管三支柱。

五、建立宏微观政策协同的内外部约束机制

公共选择理论认为监管者由于其“经济人”属性，为了追求个人利益从而导致监管“寻租”和监管腐败。因此，要防范监管失灵必须使监管权得到约束和限制，把权力关进制度的笼子。一是设置内部制衡机制。借鉴美国金融治理架构中分权制衡机制的做法，加快修订相关法律制度，明确划分各类监管机构的权力界限；加强“一行两会”横向、央地监管部门纵向部门之间人员交流和交叉任职。借鉴德国金融监管治理结构模式，创建外部监督机制，允许金融稳定委员会对“一行两会”监管权力进行约束和限制，“一行两会”每半年向金融委汇报审慎监管和金融稳定方面进展。二是强化监管外部约束。学习英国强化外部监管问责的做法，包括推行监管信息公开与监管规则公开咨询制度，提高监管透明度；允许国家审计、监察部门定期对金融监管效率及影响进行审查；设置金融机构对监管措施的复议和司法救济程序，以追究监管机构的消极不作为、相互推诿或监管不当所应承担的法律责任。在危机

救援或风险处置中涉及公共资金使用时，必须事先向财政部提供决策所需信息和接受财政部的指导。

（作者：范从来，南京大学长江产业经济研究院金融发展研究方向首席专家、长江学者特聘教授

林键，南京大学长江产业经济研究院特约研究员

程一江，南京大学长江产业经济研究院特约研究员）

第六篇

构建“双循环”新发展格局的启航路径

第十九章　把长江经济带建成双循环主动脉

2020 年 11 月 14 日，全面推动长江经济带发展座谈会在南京召开。习近平总书记明确提出，使长江经济带成为“畅通国内国际双循环主动脉”。这是对长江经济带发展的新定位，赋予了其在应对国际国内形势变化、畅通国民经济循环中发挥重要历史作用新使命，明确了我国构建新发展格局的启航地区，为长江经济带各省市特别是重庆、湖北和江苏三地贯彻新发展理念推动高质量发展提供巨大推动力量。推进长江经济带建设成为中国经济双循环主动脉是一个系统工程，离不开协同、创新、开放三大关键词。

第一节　长江经济带应该在构建新发展格局中发挥重要作用

长江经济带连接南北，横跨我国东中西三大板块，覆盖 11 个省市，面积占全国的 21.4%，集聚的人口和创造的地区生产总值占全国 40% 以上，进出口总额约占全国 44%，社会消费品零售总额约占全国的 43%，研发经费支出约占全国的 44%，货运量位居全球内河第一，是我国创新驱动的重要策源地和我国经济中心所在、活力所在。该区域地少人多，经济二元结构和区域不平衡发展特征突出，在经济技术发展水平上，按上、中、下游形成三级阶梯，呈现我国东中西部相似发展特征，产业结构与全国相似度高。当前我国发展的国内国际环境继续发生深刻复杂变化，依托长江黄金水道全面推动长江经济带发展，使其对全国的辐射带动示范作用进一步显现，有利于拓展市场空间、优化和稳定产业链供应链，推动区域均衡发展，对构建以国内大循环为主体、国内国际双循环相互促进的新发展格局意义重大。

第二节 推动长江经济带协同发展畅通国内大循环

长江经济带区域发展的比较优势各不相同，下游的长江三角洲地区濒临黄海与东海，地处江海交汇之地，是中国经济发展最活跃、开放程度最高、创新能力最强的区域之一；中游的长江中游经济区承东启西、连南接北，是全方位深化改革开放和推进新型城镇化的重点区域；上游的成渝经济区是中国四大地区中唯一一个地处西部内陆的地区，是我国西部地区发展水平最高、发展潜力较大的城镇化区域。其中，长江经济带下游地区有技术、资金、管理、市场信息等优势，而上游和中游地区有劳力资源和自然资源优势。使长江经济带成为畅通国内大循环大动脉，就是要坚持全国一盘棋思想，在全国发展大局中明确自我发展定位，以产业链为整体，结合重大生产力布局规划，搭建区域间产业转移促进服务平台，引导长江经济带地区间产业合作和有序转移。比如引导下游地区资金、技术、劳动密集型产业向中上游地区有序转移，推进安徽皖江城市带、江西赣南、湖北荆州、湖南湘南、重庆沿江、四川广安等国家级承接产业转移示范区建设。

第三节 推动长江经济带创新能力取得突破性进展

推动长江经济带成为双循环主动脉，核心是要基本实现由要素驱动向创新驱动转变，推动该区域成为引领我国经济转型升级、支撑全国统筹发展的重要引擎。包括四个层次：第一，完善区域创新体系。就是加强上中下游合作，统筹协调各区域的技术创新主体，建立共同参与、利益共享、风险共担的产学研用协同创新机制。第二，推动产业技术创新平台建设。就是加强统筹规划、共建共享，推动面向长远、技术先进的科技创新中心和综合性国家实验室建设，提升原始创新能力和水平，增强关键环节、关键领域、关键产品的保障能力。第三，加快科技创新成果转移转化。就是探索建立长江经济带技术交易网络平台、技术转移中心和知识产权交易中心，深化科技成果使用、处置和收益权改革，推动建立统一要素市场，打破地区封锁和行业垄断，推动劳动力、资本、技术等要素跨区域流动和优化配置。第四，激发社会创新创业活力。就是强化企业创新主体地位，形成若干世界级产业集群和具有国际先进水平的产业基地，打造自主可控、安全高效并为全国服务的产业链供应链。

第四节　推动长江经济带内陆腹地成为对外开放新前沿

推动长江经济带成为双循环主动脉，要进一步提升该区域对外开放地位。包括四个方面：第一，推动长江经济带全域深入参与国际循环。这要求优化开放布局，加快培育更多内陆开放高地，提升沿边开放水平。第二，推动长江经济带发展和共建“一带一路”的融合。这意味着，要加快长江经济带上的“一带一路”倡议支点建设，积极拓展“一带一路”贸易市场，推动自由贸易区建设。第三，加快推进规则标准等制度型开放，推动长江经济带进口贸易发展。这是因为，只有和国际通行的高规格经贸规则相接轨，才能够在参与国际循环中增加全球对中国的接受度；也只有参与国际规则制定，才有利于输出中国话语权，维护全球自由贸易秩序。而大力发展进口贸易，不仅可以减少贸易摩擦，有助于推进全球多边贸易发展，也能满足国内消费升级需要，从而使国内循环和国际循环相互促进、相得益彰，促进各国互利共赢、共同繁荣发展。

（作者：张月友，南京大学长江产业经济研究院副研究员）

第二十章　交通运输服务支撑国家重大区域战略研究

现阶段我国在交通促进区域经济增长和发展方面作用还未充分发挥，立体网络交通还没形成，四大城市群的连通性还较弱，最后一公里问题与智慧交通、绿色低碳交通建设任重道远。中国交通体系需要形成京津冀、长三角、粤港澳大湾区和成渝双城经济圈为主体，以成都西安为中心的“两鳌”作为优化“四边形”格局。形成以“四极六轴”打造“四边形”立体化交通簇，重塑中国经济地理。通过强化连通，做强四级，通过交通基础设施建设来强化重点城市群之间的连通性，促进不同地区之间的资源流动共享、产业分工、要素禀赋互补；通过促进交通与其他产业融合发展，进一步通过促进交通敏感型产业发展，优化临空、临港、临高铁产业的发展与布局；促进智慧、低碳、绿色、韧性交通的高质量发展。根据城市空间、人口分布、产业布局，以四大城市群经济圈为主体，规划建立重点综合交通枢纽提能升级工程、枢纽联通加密工程、海铁联运工程、公铁水联运工程、通江达海工程、国际国内物流基地建设工程等实体工程；布局公铁水联运的海上交通枢纽，充分利用铁路集疏运能力和回程运力，有针对性地开发有效货源，提高海铁联运回程箱量占比，解决海铁联运“中间一公里”的问题，提高海铁联运的中转效率。并紧跟全球经济与环境变化趋势，开辟海运新航线。

第一节　党的十八大以来国家重大区域发展战略

党的十八大以来，以习近平同志为核心的党中央统筹推进“五位一体”总体布局，协调推进“四个全面”战略布局，实施区域战略、促进区域协调发展和国家高质量发展。中央陆续提出了京津冀协同发展、长江经济带发展、粤港澳大湾区建设、长江三角洲区域一体化发展等区域重大战略，这些战略着眼于构建区域、流域协同联动体系，立足于各地区的优势互补、促进区域间生产要素合理流动和高效集聚，制定了各重点区域发展或建设的基本目标、重大原则与推进思路，各具特色又浑然一体，重点有别但相互支撑，成为新时代构建高质量发展的区域经济布局的行动指南和坚实保障。

京津冀协同发展是党的十八大以来的第一个区域战略，三地的功能定位是科学推动京津冀协同发展的重要前提和基本遵循，《京津冀协同发展规划纲要》[①] 中明确指出要以功能区定位为基础，牢牢把握北京非首都功能疏解"牛鼻子"，打破区域间要素流动壁垒，实现要素和资源的跨区流动与配置，加快推动错位发展与融合发展。京津冀协同发展战略实施七年来成效显著，实现了《京津冀协同发展规划纲要》中2020年预定目标，京张高铁、京沈高铁建成通车，"轨道上的京津冀"加快构建；北京大兴国际机场建成投运并运行良好，京津冀机场群和港口群协同联动建设深入推进；环境联防联控联治力度加大，2020年京津冀地区PM2.5平均浓度为44微克/立方米，比2014年下降51%。

长江经济带横跨东中西三大区域，覆盖11个省市，采用"一轴、两翼、三极、多点"的发展格局，是我国经济增长的源泉和活力。长江经济带的建设致力于成为区域协调发展、内外贯通的经济纽带和贸易长廊，以城市群的整体经济提升改善部分城市经济发展形式单一、发展能力偏低、发展速度迟缓的现状。在长江经济带地区，自西向东依次分布着成渝城市群、长江中游城市群和长江三角洲城市群，根据《成渝城市群发展规划》《长江中游城市群发展规划》[②] 和《长江三角洲城市群发展规划》，三大城市群的规划范围共涉及长江经济带9个省市73个地级及以上城市。2019年，中共中央、国务院印发了《长江三角洲区域一体化发展规划纲要》[③]，提出以中心区辐射带动长三角地区高质量发展，中心区范围包括长三角城市群26市及浙江省温州市，共27市。2020年受新冠肺炎疫情的影响，长三角城市群经济发展韧性凸显，产业结构优势带动各城市GDP均保持正增长，在全国23个经济规模超万亿城市中，长三角城市群占据8个，远超其他城市群（见图20－1）。

---

① 《京津冀协同发展规划纲要》，http：//www.bjchp.gov.cn/cpqzf/315734/tzgg27/1277896/.

② 《长江经济带发展规划纲要》，http：//www.gov.cn/xinwen/2016－02/16/content_5041408.htm.

③ 《长江三角洲区域一体化发展规划纲要》，http：//www.ahlx.gov.cn/OpennessContent/show/1958182.html.

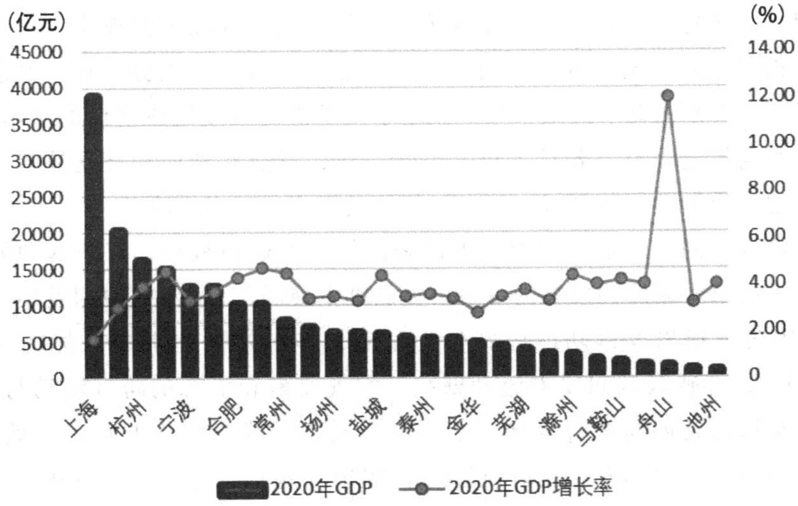

图 20－1 长三角城市群各城市 2020 年 GDP 总量及增长率

资料来源：各城市统计局。

2019 年 2 月发布的《粤港澳大湾区发展规划纲要》[①] 标志着粤港澳大湾区的建设正式开始，粤港澳大湾区包括了香港特区、澳门特区和广东省珠三角的 9 个城市。干线铁路、城际铁路、城市轨道交通、有轨电车的“四网融合”助力打造粤港澳大湾区的“1 小时生活圈”，基础设施“硬联通”和机制“软联通”给粤港澳大湾区人员、货物、资金、信息等要素带来了便捷、高效流动的轨道。2020 年，大湾区经济总量达 11.5 万亿元，比 2017 年增加 1.4 万亿元；进入世界 500 强企业达 21 家，比 2017 年增加 4 家。其中，港口集装箱吞吐量和机场旅客吞吐量是支撑粤港澳大湾区经济快速发展的重要来源之一，区域内的港口群、机场群、轨道交通网为人流、物流的高效互融互通以及产业聚集发展提供了条件。

2020 年中国京津冀、长江经济带、粤港澳大湾区等城市群聚集了全国 42% 的人口，实现 GDP 达 54.7 万亿元，占全国 GDP 总额的 54%，是我国经济发展的主引擎，区域集聚和规模效应显著。分城市群来看，长三角和粤港澳大湾区经济表现最为强势，长三角胜在规模，粤港澳赢在地均、人均（见表 20－1）。

从人口方面来看，长三角城市群人口总数量最多，常住人口规模超 1.7 亿人，长江中游、成渝和京津冀城市群紧随其后，常住人口数量超 1 亿人。

① 《粤港澳大湾区发展规划纲要》，http：//www.gd.gov.cn/gdywdt/gdyw/content/post_2530491.html.

表 20－1　　主要城市群经济、人口规模

城市群	城市（个）	2020 年 GDP（万亿）	2020 年 GDP 平均增速	2020 常住人口（亿人）	人均 GDP（万元）
长三角	27	21.2	4.00%	1.75	12.1
京津冀	13	8.6	2.20%	1.07	8
长江中游	28	9.2	0.10%	1.23	7.4
成渝	15	6.8	4.00%	1.03	6.6
粤港澳	9	8.9	1.40%	0.78	11.4
全国		101.6	2.30%	14.12	7.2
五大城市群占比		54%	—	42%	—

资料来源：统计局，CREIS 中指数据。

2010—2020 年，粤港澳和长三角城市群常住人口增量领先全国，分别达 2190 万人和 1800 万人左右，人口聚集能力突出（见图 20－2）。

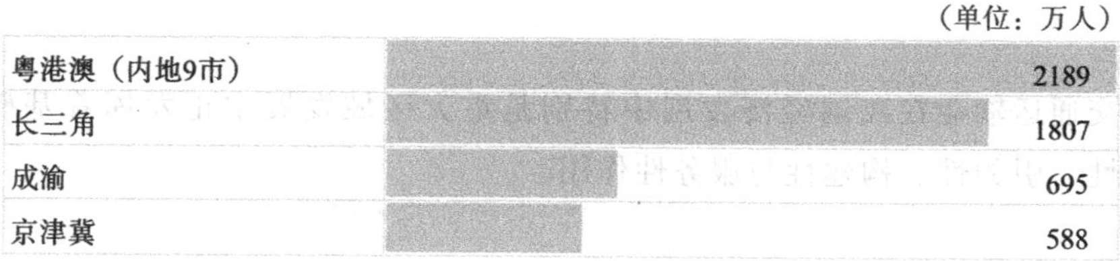

图 20－2　主要城市群近 10 年人口增量

资料来源：第七次人口普查公报。

2018 年 11 月国务院印发的《关于建立更加有效的区域协调发展新机制的意见》① 进一步要求“以‘一带一路’建设、京津冀协同发展、长江经济带发展、粤港澳大湾区建设等重大战略为引领，促进区域间相互融通补充”。新时代下“一带一路”与京津冀、长江经济带、粤港澳三大国家区域发展战略相对接，“一带一路”建设在提升京津冀、粤港澳对外开放水平的同时，又依托新的国际经济走廊为长江经济带东西双向开放提供新出口，促进国内外双循环发展。而区域重大战略对接效应的发挥离不开重要交通运输通道的建设，以《交通强国建设纲要》② 为指导依托国内重大区域战略城市群建设国际海港枢纽、航空枢纽和邮政快递核心枢纽，打造综合一体化交通枢纽体系，在

① 《关于建立更加有效的区域协调发展新机制的意见》，http：//www.gov.cn/zhengce/2018－11/29/content_5344537.htm.

② 《交通强国建设纲要》：https：//xxgk.mot.gov.cn/2020/jigou/zcyjs/202006/t20200623_3307512.html.

空间上实现国家重大区域重大战略的有效对接，构建内外联动、多点支撑的战略实施空间格局。

“一带一路”提供了一个巨型区域经济合作平台，覆盖了欧亚大陆，延伸到了非洲和大洋洲。同时，“一带一路”所秉持的合作理念、合作空间、合作领域、合作方式上所展现的开放性、包容性，使其成为一个新型国际区域合作平台。“一带一路”以“五通”建设为核心促进区域经济一体化和沿线国家经济高质量发展，截至2019年，中老泰公路、中越公路等国内段大部分已建成高速公路，中欧班列累计开行近4万列，通达欧洲22个国家160多个城市；与多个国家签订了双边政府间航空运输协定。此外，“一带一路”提供了双向开放的平台，京津冀、长三角地区、粤港澳大湾区等优先开放地区也将成为辐射“一带一路”对外开放的增长中心和创新中心。

第二节 交通运输业的现状及其对区域战略的作用

交通运输业在我国经济发展中特别是重大区域发展中正发挥着基础性、战略性、引领性、构建性与服务性作用。

一、快速发展的中国交通运输业

“打铁还需自身硬”，快速发展、做强做大才能担当重任，中国的交通运输业做大做强正实现历史性的跨越。

（一）“八纵八横”的高铁网络效应

从1909年詹天佑设计的京张铁路，到2009年我国第一条350公里时速千公里级高速铁路—武广高铁运营通车，再到2019年我国第一条采用北斗卫星导航系统的智能高铁开通，我国高铁经历了百年历史，“中国高铁”开始享誉世界。但在新中国成立后的近60年间，中国铁路长期在低速中徘徊，中国对高速铁路的研究，实际始于1990年的《铁路“八五”科技发展设想——先行计划》的颁布出台，提出要重点组织“高速铁路成套技术”重大科技攻关项目论证，并于1991年经国家批准列入国家“八五”重点科技攻关计划，中国高铁启动了科研攻关计划，修建京沪高铁过程中的“磁浮派”和“轮轨派”之争奠定了中国高铁技术理论。从《中长期铁路网规划（2008年调整）》确定了中国高铁发展以“四纵四横”为代表的快速客运网络到2016年国家发展改革委、交通运输部、中国铁路总公司联合发布的《中长期铁路网规划》①中新时期的“八纵八横”高速铁路网，中国高铁历经技术储备期—技术引进期—自主创新期（孙红林，2017），中国铁路已经掌握了高速动车组列车成套技术，形成了自主技术标准与设计，实现了从“中国制造”向“中国创造”的飞跃。

目前中国高铁运营里程位居世界第一，数据显示2020年底，我国高铁营业里程达到3.8万公里（见图20-3）。同时，2020—2022年，连徐高铁、盐通高铁、沪通铁路、福厦高铁、杭温高铁、广湛高铁等线路将陆续开通，“八纵八横”高铁网越织越密，区域发展将越来越协调。同时高铁服务供给促进城市群空间组织结构朝多中心化方向发展，加速技术要素流动，促进产业资源在城市间的重新配置，进而提升城市群全要素生产率。

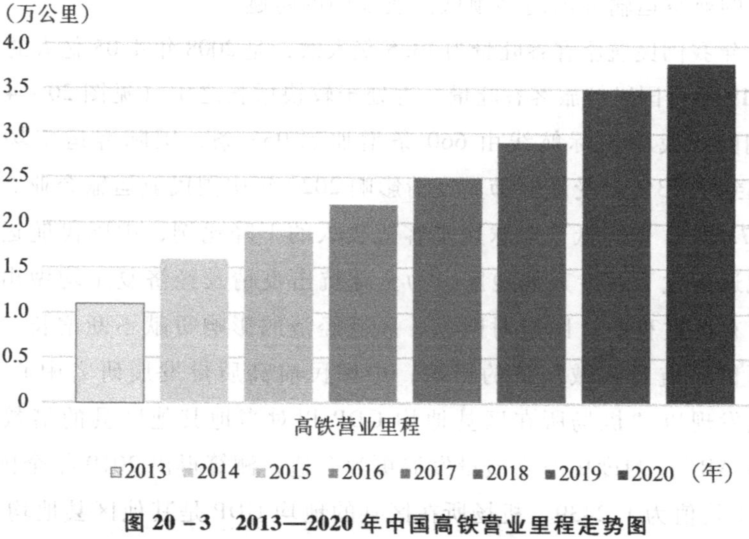

图20-3 2013—2020年中国高铁营业里程走势图

资料来源：中国铁路统计公报。

中国高铁服务已基本覆盖了东、中部地区，将全国主要城市群连成一个整体，有关高铁服务供给对城市群经济发展的影响也受到学者的关注。对于中国区域经济而言，高速铁路发挥着“时空压缩效应”和“网络效应”两方面的影响，随着高铁服务供给程度的提高，中国城市间的整体可达性得到了提升。具体来说，高铁服务一方面能够节省出行时间，产生时空压缩效应，

① 《中长期铁路规划》http://www.nra.gov.cn/jgzf/ghfz/201312/t20131219_3840.shtml.

促进区域间的经济活动；另一方面，高铁网络的扩展产生了网络效应，有助于增强综合交通运输能力，进而提高整体网络效率。也有学者认为新增高铁提高了交通可达性，给沿线地区居民的就业和生活带来了便利。

此外，城市间的知识溢出离不开交通网络的支持和连接，高铁服务促进了要素流动，增强了信息交流的便利性，因而能够为城市吸引到更多的技术创新资源。

（二）民航的快速发展催生临空经济的繁荣

航空运输产业是全球国际化联通的主要力量，改变着全球社会经济政治文化生态格局，对于中国民航的国家战略产业定位，习近平总书记做出重要批示："民航业是重要的战略产业"，随着中国特色社会主义进入新时代，2018 年民航局出台的《新时代民航强国建设行动纲要》，提出到 2035 年要实现从单一的航空运输强国向多领域民航强国的跨越。

2019 年我国民航旅客吞吐量为 13.5 亿人次，是 2008 年 4.05 亿人的 3.3 倍，2009—2019 年全国民航旅客吞吐量一直处于较快增长之中（见图 20－4）；"十三五"期间，我国国际航线由 660 条增加到 953 条，国际客运市场份额由 46% 增加到了 53%。受新冠肺炎疫情影响 2020 年中国民航运输企业客运投入下降了 17.5%，但远低于全球航空客运投入的下降比例，中国民航运输客运市场表现远远优于世界其他地区，为全球抗击疫情及经济复工均做出了巨大的贡献。在此过程中，民航对国家、区域经济的影响贡献不断增长，为全面综合地评价民航对区域经济的影响，中国民航高质量发展研究中心（ADI）团队探索发现以"机场所在区县地均 GDP 相对当地其他区县的倍数"指标（"ADI－AR"）测度民航高质量发展更为合适，测算得出 2019 年全国 ADI－AR 指标平均值为 1.2439，机场所在区县的地均 GDP 是其他区县地均 GDP 的 2.7853 倍（见表 20－2）。在其他条件不变的前提下，民航发展越早、当地经济开放程度越高，国内外人流、物流越频繁，机场周边航空偏好型产业集聚程度越高，则 ADI－AR 指标数值越高，民航业对于经济发展的促进作用越大。

表 20－2　　主要城市群经济、人口规模

地区管理局	机场所在区县 GDP 强度（亿元/平方公里）	非机场所在区县 GDP 强度（亿元/平方公里）	ADI－AR
新疆局	0.8196	0.0289	28.3599
华东局	5.0755	1.2056	4.2099

续表

地区管理局	机场所在区县 GDP 强度（亿元/平方公里）	非机场所在区县 GDP 强度（亿元/平方公里）	ADI - AR
东北局	0.4072	0.1268	3.2114
西南局	0.3746	0.1353	2.7687
西北局	0.1039	0.0643	1.6159
中南局	1.1261	0.7934	1.4193
华北局	0.8007	0.7717	1.0376
全国	1.2439	0.4466	2.7853

资料来源：《民航对区域经济的影响贡献评价指标探讨——以“机场所在区县地均 GDP 相对当地其他区县的倍数”为例》。

在新冠肺炎疫情背景和新的“双循环”发展格局下，我国民航要打造以畅通国内航空大循环为主，形成大众化、国际化相互促进的国内国际“双循环”的航空市场格局（邵凤茹，2020）。此外，建设世界级机场群是加快我国民航强国建设的关键举措，形成以大型国际枢纽机场为核心，区域枢纽为带动，辐射周边中小机场的格局，对相关资源进行整合，重塑区域航空运输市场结构，围绕机场设立临空经济区，针对地均 GDP 较高的航空偏好型产业招商引资，提升各地及全国的 ADI - AR 指标值，这将对我国城市群建设以及区域经济一体化发展起到积极的助推作用。

图 20 - 4　2009—2019 年全国民航旅客吞吐量情况图

资料来源：民航行业发展统计公报。

（三）城市轨道交通的快速发展促进了城市化快速发展

2019 年 9 月，中共中央、国务院印发了《交通强国建设纲要》提出交通发展目标是“都市区 1 小时通勤、城市群 2 小时通达、全国主要城市 3 小时覆盖”。要达到这个目标，以城市轨道公共交通作为主导的交通模式是城市公共交通发展的必然趋势。习近平总书记指出，“发展轨道交通是解决大城市病的有效途径，也是建设绿色城市、智能城市的有效途径”。

城市轨道交通具有公共物品属性和超强的空间联接性，在都市圈和城市群成为区域经济发展的主要核心增长极背景下，城市轨道交通不仅贯通大城市内部空间也联接周边城市；通过城市轨道交通建设引导城市空间发展方向，可减少中心城区拥堵和实现紧凑式的城市空间发展（见图 20 –5）。由于国内城市普遍存在拥堵的问题，在都市圈内部应该选择轨道公共交通作为主导交通方式。大城市人均道路面积小，城市道路供给远小于私人汽车的交通需求，城市轨道公共交通在缓解大城市拥堵方面具有优势。

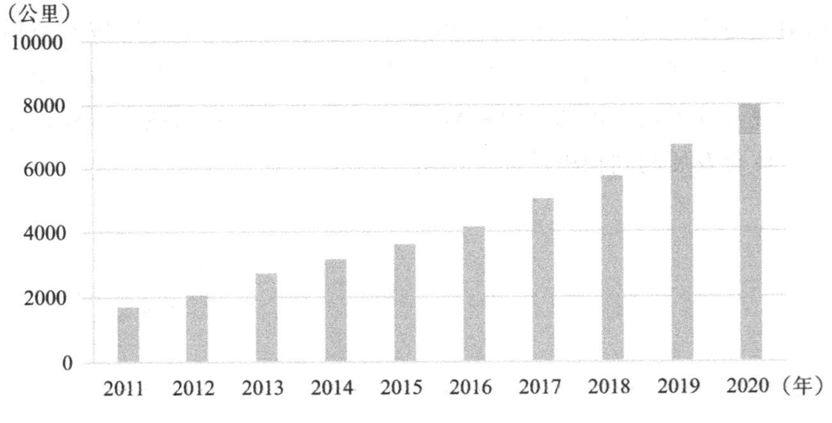

图 20 –5　2011—2020 年城市轨道交通运营线路长度

资料来源：中国城市轨道交通协会。

从城市空间发展的角度研究城市化进程是当前区域经济学研究采用的主要视角。由于城市的规模是权衡城市的集聚经济和拥堵成本以后的结果，因而可以通过增加城市的轨道交通建设来联通城市周边的郊区，可间接增加城市土地供给，减少资源的空间错配，从而增加城市规模和产出水平，实现城市经济发展。

二、交通塑造着四大城市群与改变着"一带一路"的联通性

（一）塑造了中国城市四边形

法国地理学家戈特曼在提到都市圈形成所需具备的五大条件时指出，都市圈的形成"要有方便的交通走廊把这些核心城市连接起来，使各个都市区之间没有间隔"，可见交通体系对于都市圈的形成和发展具有至关重要的作用。以交通运输为纽带，长三角城市群、京津冀城市群、粤港澳大湾区和成渝地区双城经济圈四大核心城市群作为《国家综合立体交通网规划纲要》中的"4极"，与"6轴、7廊、8通道"相结合，构建国家综合立体交通网主骨架，塑造了中国的城市四边形，具有重要的战略地位。

在四大城市群中，长三角城市群拥有更广阔的公路、铁路布局，轨道交通建设遥遥领先，港口、机场吞吐总量是京津冀地区的1.8倍、珠三角地区的1.5倍。此外，长三角城市群经济腹地广阔，拥有现代化江海港口群和机场群，高速公路网比较健全，公铁交通干线密度全国领先，立体综合交通网络基本形成。作为多层次轨道交通深度融合发展示范引领区，长三角城市群有效支撑了交通运输基础设施互联互通和区域一体化发展。面向北、西、西南三个方向，长三角地区以国家"八纵八横"高铁通道中的沿海、京沪、京港（台）三个纵向通道，以及陆桥、沿江、沪昆三个横向通道为主骨架，加密客流旺盛、发展急需、财力支撑地区的路网，补强繁忙干线路段，对内紧密串联重要都市圈和节点城市，对外快速通达重点城市群和省会城市。

京津冀城市群交通一体化是推动"一核两翼"国家重大战略空间协作现代化的重要环节和重要抓手，交通一体化将京津冀三地紧密串联，也促进了人才互通、资源循环和经济腾飞。《京津冀协同发展规划纲要》提出打造"以首都为核心的京津冀世界级城市群"的发展目标，北京城市副中心和河北雄安新区承接来自北京中心城区的功能疏解，既可起到优化北京城市空间结构，又有助于重塑河北省空间结构，促进北京作为京津冀首位城市的溢出强度和河北省接受溢出的能力。空间协同需要强化三地交通联系水平、降低交易成本，从而最大化地实现客流、物流、资金流、信息流等要素的无障碍流动，实现区域高度一体化。

而粤港澳大湾区是中国最主要的贸易口岸城市之一，也是中国南部的政治、经济、文化中心，聚集着大量外来人口，发达的交通网络基础设施建设

有力地支撑了我国交通运输事业的可持续发展。作为连接我国内陆与港澳地区的桥梁，粤港澳大湾区的交通网络建设有利于提升珠三角地区整体经济实力，对内陆经济发展起到辐射作用；同时湾区也是海上丝绸之路的重点区域，交通运输一体化建设有利于推动建立与国际接轨的开放经济体制区，进一步提升粤港澳大湾区在国家经济发展和对外开放中的支撑引领作用。

成渝地区双城经济圈作为世界上为数不多的“双核型椭圆经济圈”，位于“一带一路”、长江经济带和西部陆海新通道的交汇点，是西部地区高质量发展的重要增长极和内陆开放战略高地，也是打通“西部陆海新通道”建设的重要战略支撑。2021 年《成渝地区双城经济圈综合交通运输发展规划》正式印发，提出具备精细的内部微循环和外部大循环的综合交通网布局规划方案。具体而言，内部推进干线铁路、城际铁路和城市轨道交通“无缝衔接、多网融合”，实现一小时通勤圈；外部则强化成渝地区作为国家立体交通网中心部关键极点的重要地位，大力发展与另外三级综合运输大通道建设，通过强化高品质道路网、铁路网、机场群、国际铁路港、航运中心、航道网和管道网的建设，实现成渝地区与国内、国际重要经济区高效互联互通，强化对“一带一路”、西部大开发、陆海新通道等国际战略的支撑作用。

（二）促进了城市群的增长

随着四大城市群第三产业的高速发展，以“八横八纵”为骨干的高速铁路干线有效沟通了各大城市群间的交流，而在城市群内部，完善的城际铁路网络将必不可少，战略价值将大幅上升。在交通网络大格局形成后，将以高速城际铁路、世界级机场等形式进一步细化，提升铁路、航空枢纽地区的网络节点价值，经济带效应将逐步显现，对区域经济高质量发展具有强大的带动与辐射作用。

与东京湾区、旧金山湾区与纽约湾区等国际湾区对比，粤港澳大湾区内经济发展水平毫不逊色。粤港澳湾区占地面积与人口均显著大于其他国际湾区，腹地经济发展潜力较强。2018 年 GDP 已达 1.36 万亿美元，规模总量仅次于东京湾区，而人均 GDP 水平仍有提升空间，具体情况如表 20 - 3 所示。用最能代表地区货流、人流等交通发达水平的集装箱吞吐量与机场吞吐量可以看出，粤港澳地区货运水平无论是总量还是人均，均已超越其他湾区，而客运水平总量也位居第一，地区经济要素较国际湾区并不逊色，具备发展成为国际一流湾区的基础。

表 20－3　粤港澳大湾区与国际湾区经济发展指标

指标	粤港澳大湾区	东京湾区	旧金山湾区	纽约湾区
占地面积（万平方公里）	5.6	3.68	1.79	2.15
人口（万人）	6671	4347	715	2340
GDP（万亿美元）	1.36	1.8	0.8	1.4
港口集装箱吞吐量（万 TEU）	6520	766	227	465
机场旅客吞吐量（亿人次）	1.75	1.12	0.71	1.3

资料来源：长城证券研究所。

建设粤港澳大湾区主要依托香港特区、澳门特区以及珠三角 9 市便捷的区位优势、强大的经济实力和扎实的技术水平，充分发挥粤港澳综合优势，深化内地与港澳合作，进一步提升粤港澳大湾区在国家经济发展和对外开放中的支撑引领作用，并辐射带动泛珠三角区域经济发展。从表 20－4 可以看出，湾区内城市贸易需求旺盛，建设国际化港口群将有力推动地区的贸易发展。

表 20－4　粤港澳地区城市经济发展与贸易需求

城市	面积（平方千米）	人口（万人）	GDP（亿元）	商品贸易总额（亿元）	出口货值（亿元）	进口货值（亿元）
香港特区	1107	745.1	28390（港元）	82329（港元）	38759（港元）	43570（港元）
澳门特区	33	66.7	4401（澳元）	871.3（澳元）	112.8（澳元）	758.5（澳元）
广州	7343	1499.8	9714.4	9714.4	5792.2	3922.2
深圳	1997	1252.8	28011.5	28011.5	16533.6	11477.9
珠海	1736	176.5	2990.1	2990.1	1883	1107.1

资料来源：长城证券研究所。

（三）促进了城市群的一体化进程

随着我国城市群交通运输的发展，城市群内部各城市间联系不断加强，人口流动不断增加。四大城市群铁路发展现状如表 20－5 所示，可见各城市群内部铁路网密集程度较高，人均乘车次数为 2.8 次，极大地便捷了人们的生活。总体来看，通过构建便捷高效的航空和城际交通网，完善城市群快速公路网络，加强城市交界地区道路和轨道顺畅连通，配合枢纽体系的协同规划与建设，实现不同交通方式的资源互用、信息共享、分工协作及互利共赢，统筹城际网络、运力与运输组织，提升运输服务效率，不断推进我国城市群内部交通运输的一体化发展，从而提高了旅客出行及物流运输的可靠性、便利性和便捷性，有效降低了出行时耗与运输成本，使城市群内各城市参与区域发展的机会更加平等，发挥各自优势，真正促进城市群内部各城市的协同发展。

表 20－5　　四大城市群铁路发展现状

指标	长三角城市群	京津冀城市群	粤港澳大湾区	成渝地区双城经济圈
铁路客运份额	16%	21%	23%	13.8%
铁路里程（千米）	10171	9928	2179	6136
铁路网密度（千米/10^4平方千米）	320	686	386	332
人均铁路规模（千米/万人）	0.44	0.84	0.31	0.64
城际铁路规模（千米）	2100	1701	1377	1232
城际铁路网密度（千米/10^4平方千米）	99.1	76.3	245	66.6
人均城际铁路规模（千米/万人）	0.14	0.14	0.2	0.13
人均铁路乘车次数	2.8	2.6	3.6	2.2

资料来源：《2019 年中国统计年鉴》。

在航空旅客运输方面，2019 年，京津冀机场群完成旅客吞吐量 14665.6 万人次，较上年增长 1.1%。长三角机场群完成旅客吞吐量 26557.2 万人次，较上年增长 7.0%。粤港澳大湾区机场群完成旅客吞吐量 14202.5 万人次，较上年增长 7.4%。成渝机场群完成旅客吞吐量 11040.1 万人次，较上年增长 8.2%（见图 20－6）。可见，长三角地区旅客吞吐量居首位，长三角地区、珠三角地区和成渝地区增长迅速，京津冀机场群增速较慢。航空运输进一步提高了城市间人口流动的便捷程度和效率，促进各城市群一体化进程。

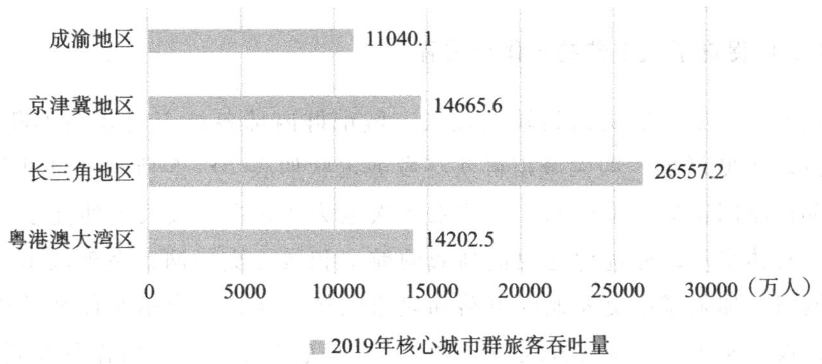

图 20－6　2019 年核心城市群机场旅客吞吐量

资料来源：航空局。

在此基础上，进一步分析各城市群旅客吞吐量结构可以发现，2020 年长三角机场群旅客吞吐量达 1.61 亿人次，居国内机场群榜首，如图 20－7 所示。其中，上海虹桥、上海浦东、杭州萧山、南京禄口、宁波栎社和合肥新桥六大机场贡献了 86.97%。从机场群的旅客运输规模来看，2020 年长三角机场群凭借其运输机场规模，完成旅客吞吐量 1.61 亿人次，占比达到 18.8%，居于榜首，高于粤港澳大湾区机场群珠三角 9 市（0.91 亿人次）、成渝机场群（0.84 亿人次）和京津冀机场群（0.74 亿人次），对国内航空运输市场贡献巨大。其中，上海虹桥国际机场、上海浦东国际机场、杭州萧山国际机场、南京禄口国际机场、宁波栎社国际机场、合肥新桥国际机场六大机场的旅客运输规模占长三角地区的 86.97%，其他 12 个机场占比仅为 13.03%。

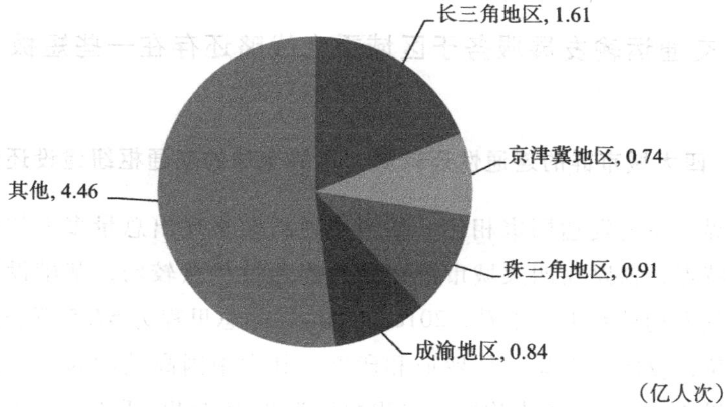

图 20－7　2020 年各机场群旅客吞吐量结构

资料来源：京津冀民航协同发展研究中心。

货邮吞吐量方面，长三角地区遥遥领先，珠三角地区和成渝地区增速相当，京津冀地区不增反减。2019 年四大城市群机场货邮吞吐量如图 20－8 所示。2019 年，京津冀机场群完成货邮吞吐量 226.0 万吨，较上年减少 6.1%。长三角机场群完成货邮吞吐量 569.3 万吨，与去年同期持平。粤港澳大湾区机场群珠三角 9 市完成货邮吞吐量 326.4 万吨，较上年增长 3.2%。成渝机场群完成货邮吞吐量 110.7 万吨，较上年增长 3.9%。

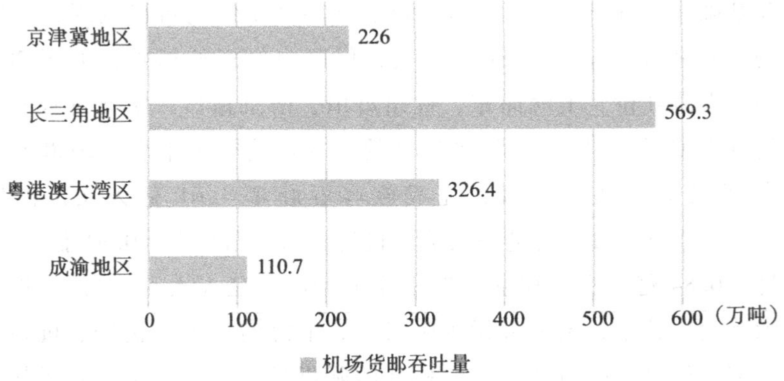

图 20－8　2019 年核心城市群机场货邮吞吐量

资料来源：航空局。

三、交通运输发展服务于区域重大战略还存在一些短板

（一）四大城市群的连通性还较弱，运筹全球的交通枢纽建设还在陆上

与世界上主要发达国家相比，我国交通运输呈现出总量多人均少，承载水平高的特点，铁路在四大城市群之间的连通性仍然较弱，基础设施建设尚不完善。从人均铁路里程来看，2018 年中国铁路总里程为 67.5 万公里，位于世界第 4 位，仅次于美国、俄罗斯和印度。其中中国高铁约为 3 万公里，总里程占世界 2/3。但中国人均铁路里程数仅为 0.05 公里/千人，为世界平均水平（0.15 公里/千人）的 1/3，远远低于俄罗斯（0.59 公里/千人）和美国(0.46 公里/千人)。从铁路里程密度来看，我国的单位土地面积铁路里程密度较欧洲国家、日本等仍有较大差距，与国土面积基本相当的美国相比也有一定的差距（见图 20－9）。这表明我国铁路运输网络布局有待完善，铁路建设方面仍有较大的提升空间。

从目前我国产业体系结构来看，中西部和东北地区主要提供资源要素，东部地区更多是工业产品输出，跨区域、大宗物资的流通循环是我国循环体系的显著特征。但是，我国铁路分布呈现明显的东密西疏特点，铁路营业里程密度最高的 5 个省份分别为天津、北京、上海、辽宁和山东，全部位于我国东部地区，而青海、西藏等内陆地区的铁路里程密度明显低于沿海地区(见图 20－10)。分铁路类型看，我国高铁营业里程在铁路营业里程中的比重逐年升高。但分地区看，我国高铁建设具有明显的区域不平衡性，全国 212

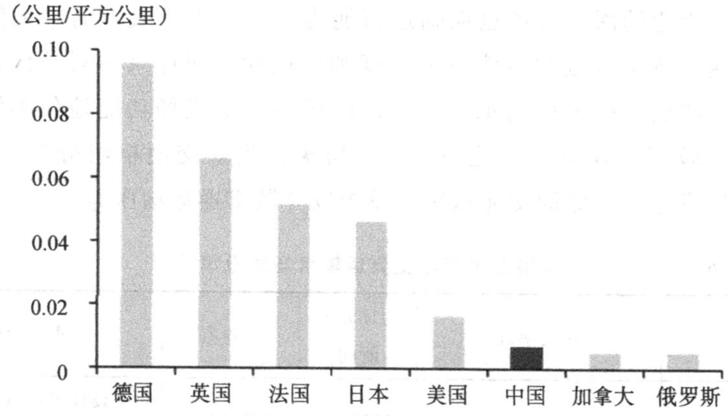

图 20－9　各国铁路里程密度

资料来源：世界银行、Wind、华泰证券研究所。

个开通高铁的城市大部分位于东部地区，如江苏省 13 个地级市都开通了高铁。大部分省份的高铁覆盖率低，城市群之间的连通性仍然不够。我国铁路基础设施分布的不平衡性不利于东西部地区之间的经济和社会文化联结互通，制约了我国经济的协调发展。

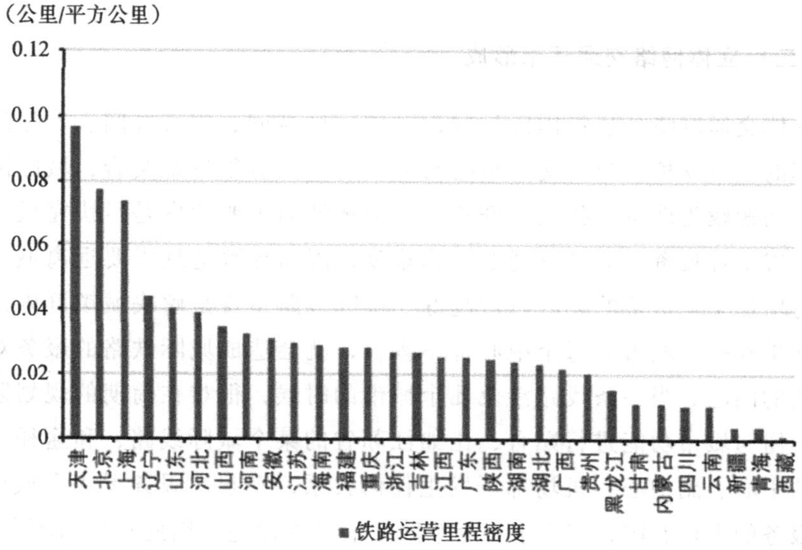

图 20－10　各省铁路运营里程密度

资料来源：Wind、东北证券。

随着世界级机场群的建立，运筹全球的交通枢纽建设进程需要进一步提速。以粤港澳大湾区为例（见表 20－6），佛山机场承接广州机场溢出需求的能力较弱，周边的深圳机场也面临运行能力饱和，大量航空需求无法得到满足，也间接影响了区域间经济发展速度和协调性。而在京津冀地区，首都国际机场和天津滨海国际机场承压过大，区域间其他机场功能地位不清晰、交通运输能力较弱、辐射带动能力不够。可见，当前交通枢纽分布过于集中，需要加快推进运筹全球的交通枢纽建设予以分散交通运输压力。

表 20－6　粤港澳大湾区主要运输机场建设情况

机场	建设项目	预计完工时间	总投资	重要指标
香港特区国际机场	三跑道、新航站楼	2022 年	1415 亿港元	新增设计容量 3000 万人次/年，新增停机位 57 个
广州白云机场	三期扩建工程（第四、第五跑道和 T3 航站楼）	2022 年	500 亿人民币	机场设计容量超过 1 亿人次/年
深圳宝安机场	卫星厅	2021 年	69 亿人民币	新增设计容量 2200 万人次/年，新增廊桥机位 56 个
珠三角枢纽机场	新建机场	未开工	当前处于项目选址阶段	

资料来源：公开资料整理。

（二）立体网络交通还未形成

立体交通网络是连接国际运输以及国内区域间、城市群间、省际间和城市内部的重要支撑。当前交通枢纽与城市功能没有很好地契合，城际网络建设阶段问题较为严重。我国的铁路、机场选址的主要考虑是尽快完成建设任务，节省工程投资，减少拆迁的工作难度，因而导致选址需要远离城市功能区，与增加工程造价的地区越远越好。城际线路主要是解决城镇群内部联系的，如果和每个城市的每个中心都不耦合，就会造成城际铁路的服务对象模糊不清的问题。当一条线路涉及几个城市的时候，很难在前期的规划阶段让交通枢纽与城市功能进行贴合，比如江苏省的某个城际线路，和途径中每个城市的中心、副中心、机场都不发生任何关系，看起来服务了 4 个城市，实际上服务的人口有限，产生了一个鸡肋型的基础设施。因此在城市不断扩大、多中心城市格局形成的时候，交通枢纽就必须分散并和新城、老城的不同功能中心发生关系，枢纽要与城市的功能中心耦合。这样就形成交通枢纽的选址与城市功能的结合缺乏考虑，交通枢纽只是孤立的点和线，立体的网络交通还没有形成等问题。

此外，我国虽然已经提出构建由国铁、城际铁路、市域铁路和城市轨道交通组成的多制式轨道交通体系，但总体上仍然存在制式单一、地铁独大的问题。2019 年末，我国已开通的城市轨道交通包括地铁、轻轨、单轨、现代有轨电车、磁悬浮交通、APM 六种，各制式城市轨道交通和市域铁路的里程比例如图 20 - 11 所示。其中，地铁运营线路占比 77.07%，市域铁路占比仅 10.63%。市域铁路的短缺导致城市中心区和城市外围之间缺乏高效的连接手段，给轨道交通“四网融合”带来困难。在去中心化的城市群发展新阶段，这样的制式结构显然是不合理的。随着我国城市群发展模式发生转变，都市圈范围不断扩大，多个城市群相继成型，新的发展模式要求轨道交通建设不能仅局限于中心城市内部，应该加大市域铁路和城际铁路的建设力度，兼顾城市群轨道交通网络和国家铁路网络的衔接，构建多层次、一体化立体交通网络。

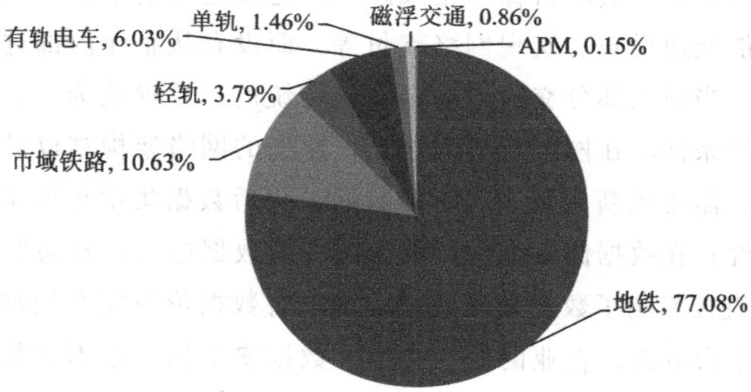

图 20 - 11 我国城市群轨道交通制式结构

资料来源：公开资料整理。

相比于城市轨道和铁路运输，航空的通达性不高，交通网络的价值一直没有充分体现，航线网络辐射区域还比较有限，国内通用机场、支线机场、国内干线机场以及国际机场间互联互通的航空网络还没有建立。当前，通用短途运输和航空运输相对孤立，没有实现优势互补和紧密结合。通用短途运输作为支线网络的延伸，既是运输航空的补充，也是支线航空向更下一层级的延伸，两者的服务目标、运行条件以及运营模式一脉相承。通用航空与支线航空的结合能够充分实现优势互补：对于通用航空而言，衔接到民航网络可以把旅客通过支线航空送到运输网络里，降低通用航空高额运营成本的同时能够分享运输网络带来的收益；对于支线航空而言，与通用航空的结合将为支线航空发展带来新机遇。“运航 + 通航”相结合的模式，是推动未来构建立体交通网络的重要抓手。

“江船不出海、海船不进江”曾严重制约大宗物资江海联运的效率，阻碍我国水运交通的发展。由于河港和海港面临的水文及气象条件千差万别，内河运输中的货船难以适应海上复杂多变的环境，而重量及规模庞大海上大型运输船受到内河航运的水深限制，又很难实现江海联运。现阶段物流中心港口建设不突出，缺乏畅通的高等级航道，与通江达海战略不相适应。中心港口建设的滞后，急需建成与区域经济发展水平和通江达海战略相适应的港口物流体系。对水运交通而言，破除通联壁垒，有效解决江海联运瓶颈、改变物流转运流程、降低运输综合成本，建设“通江达海”式河海良港成为提升区域要素流动和推动水路交通发展的重要抓手。

与此同时，立体交通网络数字化进程缓慢，云端技术在交通运输方面的应用不够。交通运输大部分企业缺乏数字化转型经验，对数字化转型的认识不深刻，缺乏清晰的战略目标与实践路径，更多还是集中在引入先进信息系统、购买智能交通设备、实现网络支付等，而没有从企业内部进行商业模式的全面变革。当前大部分交通运输企业以传统的运营模式为主，尚未形成健全的数据基础条件。在网络架构问题上，原先的网络架构难以满足海量数据处理的需求，需要重新规划，同时在数据云化后数据集中程度不高，难以保障数据安全性；在数据储存方面，缺乏统一的数据标准，容易形成“数据孤岛”问题，直接影响了数据处理效率，难以将数据价值完全挖掘出来；在数据处理和云平台方面，企业的数字能力和数据安全体系跟不上数据应用分析的要求，授权体系也不完善，对上云后的风险防范能力较差。现阶段交通运输行业企业缺乏有效的数字化转型路径，尚未在内部建立起数字化业务体系，更加难以参与整个立体交通网络数字生态体系的建设，难以发挥交通运输产业协同作用。

（三）智慧交通、绿色低碳交通建设任重道远

随着互联网信息技术与交通运输领域的融合发展，交通运输的发展历经初步信息化阶段（如有了摄像头、信号灯等数据采集系统）和城市内部交通数据的共享阶段（如将摄像头、信号灯等数据共享后进行综合运用）；目前交通运输的发展已经进入了新一轮的更替阶段，即联通当地政府与移动出行平台之间的大数据，并且利用全球领先的高科技算法，将双方交通领域的大数据，转化为能够直接方便用户出行的互联网应用，从而打造智慧交通出行。以《交通强国建设纲要》为引领，在新基建欣欣向荣的发展背景下，阿里、百度、腾讯、华为等科技巨头也加入其中，自动驾驶、车路协同、智能汽车

等解决方案层出不穷，智慧交通取得了一定的突破和进展，通过技术手段打破区域间的信息不对称，开发出了共享单车、网约车、分时租赁、充电桩等资源共享系统，优化了交通资源配置。

然而，现阶段我国交通智慧化还存在一些的棘手问题，各种出行方式之间信息交互仍然滞后，没有实现及时有效的信息共享；数据采集端存在相当一部分的盲区。交通运输业的智慧化包括数据的采集、数字化运营、智能化改造，现阶段大多数城市的智慧交通还停留在数据的采集阶段，隔离于网约车的传统出租车还没有实现完全的线上化，根据人民网引用数据，截至2020年底，出租车行业整体日单量保持在5500万左右，在出行服务市场占比超过60%，但线上化比例不足10%，这造成了相当庞大的数据采集缺口。此外，当下的交通体系对私家车数据采集近乎空白，2020年末全国私人汽车保有量2.439亿辆，是体量远超出租车的数据盲区。数据采集端的不足阻碍着全领域多层次（场景层、感知层、数据层、应用层等）的采集体系建设。

大气污染、交通拥堵一直是交通发展领域的难题，2019年中国交通运输领域碳排放总量11亿吨左右，占全国碳排放总量10%左右，其中公路占比74%；此外，受现有统计技术的影响，我国交通领域还存在大量的未纳入统计的燃料消耗。现阶段交通运输量需求仍处于不断增加的阶段，交通碳排放总量存在持续增加的趋势，在碳达峰、碳中和的目标要求下，作为碳排放占比较大的交通运输业亟需改革。

通过优化城市空间布局和规模结构，利用空间规划做强数字交通产业链、形成数字交通产业高地，建设高效城市道路和物流网络，运用人工智能、信息通信、区块链和大数据等先进技术建设绿色低碳交通方式任重道远。

（四）交通服务和“最后一公里”建设有待完善

随着“互联网+”通信技术和产品的不断更迭，新的客运载体不断出现，服务不再受时间和空间的限制，若城市轨道交通与乘客的沟通窗口仍停留在实体客服中心，势必无法有效地提供交通服务，各种交通方式衔接不畅、信息资源共享程度不高的存在使交通运输服务仍存在很大的提升空间。

虽然经过长期发展，我国综合交通运输实现了由“瓶颈制约”到“总体缓解”再到“基本适应”的历史性转变。但是，居民的城市交通出行体验与发达国家存在较大的差距，主要原因是我国各种运输方式的衔接协同有待加强。我国机场与市中心、高铁站与市中心、机场与高铁站的距离均较远，出现了旅客换乘时间长、城市内部交通时间甚至超过城市间交通时间等现象，高铁、飞机等交通工具产生的时空压缩效应与城市交通“最后一公里”的堵塞产生了极大矛盾。以机场为例，我国机场距离市中心的距离平均为23公里，有一半以上的机场都在这一均值以上，其中兰州中川机场距离市中心的直线距离高达55公里；目前在机场轨道交通配置方面，主要是采用地铁、高铁两种方式，平均轨道交通车内时间为36分钟，城市交通的“最后一公里”问题亟待解决。

国内机场中轨道交通主要有三大类型。第一类是通过城区地铁线路直接联系机场枢纽与城市中心，包含白云、宝安、虹桥等机场。这些城市机场距离市中心较远，但采用普通站站停地铁线路联系，出行时耗偏长、吸引力较低这些问题。第二类是通过放射状地铁半径线与贯穿城区的地铁线路换乘，实现机场与城市中心的联系，如首都、浦东、双流机场等。放射状机场线普遍由于线路未深入城市中心、换乘不方便等原因，客流相对较低，日均客流均低于10万人次，客流强度低于0.4万人次/千米。第三类是通过城际铁路联系机场与城区铁路车站，包含美兰、凤凰等机场。此类型城市铁路车站距离市中心较远，对机场客流集散不利。实际上“最后一公里”问题是各种交通方式相互独立发展、协同不够造成的，未来综合交通枢纽建设应将重点放在一体化上。

第三节　加快建设四边形+立体交通体系，重塑中国经济地理

一、探索构建以“四边形”为主体，“两螯”为支撑的立体交通布局

（一）依托区域发展战略，以“四极六轴”打造“四边形”立体化交通簇

“十四五”时期，依托空间治理格局优化以及以城市群作为区域发展支撑的大背景下，依据国家区域发展战略和国土空间开发保护格局，并结合未来交通运输发展和空间分布特点，在考虑交通运输需求量级的条件下，本章探索提出形成京津冀、长三角、粤港澳大湾区和成渝地区双城经济圈四个地区作为极，使之成为“四边形”主体交通框架建设中的四大顶点，每个顶点的

定位均为国际级的交通枢纽。同时，为强化四大顶点之间的互联互通，加快建设综合性、高容量、立体化及快速化为特点六大主轴，在拓展四极的空间辐射和经济影响力的基础上，形成“边”与“对角线”齐备的四边形交通网主骨架。通过国际枢纽级别的四大顶点并结合六大主轴进而形成的“四边形”总体布局，将有效实现沟通南北、纵贯东西的发展意图，未来加速区域间各类生产要素无障碍自由流动的立体化交通簇已初现雏形。

长期以来，东部地区是我国经济最为发达、交通网基础设施建设最为完备的地区，也是我国目前唯一形成经济增长极的地区。粤港澳大湾区、长三角城市群和京津冀城市群，这三大城市群代表着我国经济发展和一体化的最高水平，在区域经济协调发展承担着区域分工、协调以及引领区域内城市的经济发展，是东部地区重要的区域经济增长极。为有效带动全国经济的发展，现在长三角及粤港澳大湾区正在逐步由区域经济增长极向全国经济增长极转变。由于长期形成的“三增长极模式”均集中于东部地区，进一步导致区域发展不均衡及区域矛盾凸显对立的情况出现，为实现区域协同发展战略，打破区际发展的不平衡、不充分的现状，在西部地区引入与前三极并立的第四大增长极显得尤为关键。

成渝地区是中国西部人口最密集的地区，拥有雄厚的产业基础、强大的科研实力，也是跨国公司在中国西部非常重要的落脚地。此外，因为区位优势显著，成渝地区也成为渝新欧、陆海新通道及长江经济带等多个经济战略的交叉地带。自重庆升格为直辖市来，川渝两地的经济总量与经济影响力逐步增强，但由于川渝两地在行政级别上已属平级，彼此互不隶属，导致成都和重庆两城均侧重于独立发展，而忽视了彼此协同。而西部地区要引入与前三极并列的第四大增长极，并建立第四大国际级交通枢纽，以避免东西失衡局面的进一步加剧，就必须要集合成渝双城的经济优势与川渝地区自古以来便一以贯之的血脉和区域联系，强化双城联动，集中优势对前三极形成追赶态势，以避免“三强一弱”的情况出现。由此，中央对成渝双城经济圈投入了极大关注，充分证明了其在西部崛起中的重要地位。未来，成渝双城经济圈将进一步强化其与京津冀、长三角、大湾区等经济圈的协同互动，共同拼成中国经济版图与中国立体交通网建设蓝图中的“东南西北”四大极点。

可以看到，在引入成渝双城经济圈作为第四极之后，中国经济版图与交通版图的“东西南北”四大极点形成了高度统一。对比之前的“三极”格局，现在经济方面的“四级格局”与交通建设“四边形”主体骨架的深度融合，其优势非常明显：一是有效促进了区域之间的协调、均衡发展，有效避免经济及交通建设格局的失衡；二是“四极格局”与“四边形”主体骨架之间互为依托、互相促进的格局已经形成。“四极格局”为“四边形”的四大顶点建设国际级交通枢纽提供了必要的经济基础和财力支撑，而四大顶点国际级交通枢纽的建设又进一步巩固了“四极格局”的稳固程度；三是通过四大顶点配合六大主轴形成的“四边形”交通主体第一次实现了四极之间的互联互通，尤其对于成渝第四极来讲可以借助交通通达度和便利度的提升，强化与其他三极之间的沟通交流，更好地实现四极之间的协同发展格局。

（二）依托“一带一路”倡议，以“两螯”为延伸优化“四边形”主体格局建设

本章提出的“两螯”指：一是以成都为中心，形成“成都—昌都—拉萨—日喀则—伊犁”通道以实现川藏疆之间的深度互联互通，进一步强化西南地区与“一带一路”的沟通融合；二是以西安为中心，形成“西安—兰州—乌鲁木齐—伊犁”通道以推进陕甘疆之间的经济联系和要素流动，发挥好以陕西为产业支撑、河西走廊为通道以及新疆为路上港口联通中西亚的枢纽地位，以实现西北地区融入“一带一路”发展战略的目的。两条通道最终在伊犁交汇，能够更大程度发挥出伊犁作为新疆“口岸之首”及面向中西亚的陆上枢纽地位。自古以来，伊犁地区便为陆上丝绸之路的重要节点，同时也承担了中国西部与中亚乃至欧洲最大的人口与货物流量。作为第二条亚欧大陆桥的锁钥之窗，也作为新疆甚至西北地区对外贸易与交流的重要前沿基地，两条通道交汇后的伊犁，其作为西北地区重要的国际级交通枢纽的地位将进一步稳固，同时能够实现深度激活大西南及大西北经济活力的目的。

可以看到，通过依托“一带一路”倡议形成的“两螯”作为优化“四边形”主体格局建设的重要一环，其目的有二：一是有效弥补“四边形”交通体系对西北内陆辐射性不足的缺失。由于西北地区远离东部经济重心，地缘与区位优势不突出，难以与四大增长极之间形成更为有效与直接的经济、要素联系。而“四边形”的六大主轴中仅有“京津冀—成渝”主轴经过西安，对广大西北地区的辐射带动作用显著不足。因此，“西安—兰州—乌鲁木齐—伊犁”通道不仅是对中国立体交通建设主体布局的重要补充，同时也能够进一步发挥西北地区沟通中西亚、进行边境贸易与文化交流的枢纽地位，刺激外向经济的发展；二是通过“成都—昌都—拉萨—日喀则—伊犁”通道以强化西南西北之间融合力度的构想。长期以来，大西南地区和大西北地区由于地形因素，沟通不便，现有的新藏公路运力有限，且必须经由“喀喇—昆仑”走廊这一高风险地区，因而其无法承载未来西南西北两地更为密切和集约化的客运与物流需求。因此有必要通过该通道的建设以减弱新藏公路的运力负担，为西南西北两地沟通打通脉络，以更好地实现两地优势互补，共同融入“一带一路”倡议的构想。具体来看：

首先，以成都为中心，形成“成都—昌都—拉萨—日喀则—伊犁”通道以实现“沟通两大区、面向中西亚”的战略目标。一是尽快启动成都—昌都段铁路建设前期规划工作，以破解西藏昌都地区和川西康区交通瓶颈的未来出路，与川藏铁路的功能互补，破解各自路线所经区域的交通瓶颈、发展瓶颈。由于目前川藏铁路与成格铁路的规划设计均不经过昌都，而昌都地区属于西藏的人口聚居区之一，因此需要将其尽快提上议事日程。成昌铁路在成都市—马尔康一段，可与成格铁路共线，马尔康至昌都段须要另行规划设计（见图 20－12）；二是可在成昌铁路规划设计之后，适时启动日喀则至伊犁段铁路的前期勘探工作。目前由疆入藏除可经由新藏公路之外，则只能绕行青海经由青藏铁路进入西藏，这仍旧大大增加了新藏两地的时空距离。不过，现在新藏公路目前已在新修二线，公路运输还没有达到饱和程度，而且沿途地质情况复杂都是冰达坂，常年冻土以及终年积雪的雪山，所以新藏铁路的规划优先度应列于成昌铁路之后，但课题组认为，随着今后新藏两地沟通交往的日益密切以及居民对铁路出现安全的偏好，同时为联通大西南及大西北两区物流关联考虑，适时进行新藏铁路的先期勘探，其意义也非常重大；三是将伊犁建设成为面向中西亚，连接大新藏的国际性交通枢纽城市和物流中心。积极谋划以“两霍两伊一体化”发展战略、天山北坡经济带重要增长极和绿色生态特色经济带为重点的州直三大发展板块，以完善网络、补齐短板、缩小差距为主攻方向，切实发挥公路交通先行的作用，积极构建内联外通、四通八达的立体交通网络。此外，未来可进一步构建伊宁市—霍尔果斯市作为新亚欧大陆桥和中国—中亚—西亚通道的桥头堡，可重点构建国际物流前沿组织服务基地，强化霍尔果斯口岸通关能力，发挥经济开发区优势，加快中哈霍尔果斯国际边境合作中心建设，大力发展国际商贸展销和口岸物流业务，发挥伊宁作为口岸后方腹地产业支撑和服务保障作用，创新物流金融等服务模式，打造向西开发开放的国际物流组织服务中心。

其次，以西安为中心，形成“西安—兰州—乌鲁木齐—伊犁”通道以实现“整合大西北，融入丝路带”的战略目标。一是着重将西安建设成为西北地区经济发展的桥头堡以及交通运输的国际级枢纽。以西安咸阳国际机场为核心构建西北第一大航空枢纽，紧密推进的西安咸阳国际机场三期扩建工程，

图 20－12　成昌铁路示意图

以西安北客站和西安国际港务区为依托，加快将西安打造成为以服务丝绸之路经济带为重点，具有更大辐射范围和集聚能力的，集高铁、公路及航空三位一体的联通欧亚、承东启西、连接南北的重要国际性综合交通枢纽；二是加快兰州和乌鲁木齐作为通道次中心建设。作为甘肃和新疆的省会城市，兰州和乌鲁木齐在各省内部的核心带动作用不可忽视。一方面，要继续强化兰州作为丝路经济带上重要的交通枢纽及中转站的作用，充分依托河西走廊在丝路经济带的重要区位优势，在更大程度上发挥好连接陕新，整合西北的角色。另一方面，在新疆地区要发挥好乌鲁木齐和伊犁的“双核”驱动作用，在交通基础设施建设方面要尽可能兼顾两地，以乌鲁木齐作为经济和产业中心为伊犁提供强大物资支撑的同时，最大程度利用伊犁联通中西亚的核心区位优势，整合盘活西北地区外向型经济发展。

总体来看，“四边形”为主体骨架的格局是以四大增长极为顶点，六大主轴作为边线形成的融交通建设与区域增长为一体的大战略；而“两鳌”则是以更好地服务“一带一路”战略为目的，借助两大通道建设以实现弥补“四边形”建设辐射力度不足问题以及整合大西南及大西北共同服务丝路经济带的区域发展意图。因此，“四边形”＋“两鳌”的立体交通网建设格局能够将交通基础设施建设与国家中长期区域发展战略进行深度融合的可行构想，其不仅可以统领当前的五大区域发展战略，更可以实现“东西兼顾、南北均衡”的发展意图。

二、强化连通，做强四级

当前，京津冀协同发展、长江三角洲区域一体化以及粤港澳大湾区建设是重大国家发展战略，随着近年来成渝地区双城经济圈建设的提出，我国逐渐在西部形成高质量发展的重要增长极，围绕着统筹和协调区域发展的思路进行顶层设计是实现高质量发展的重要举措之一。目前我国城市群之间的经济规模和发展水平还存在差距，中西部地区相对落后，发展潜力巨大，因此需要加强各个区域之间的互联互通，推动协调发展，通过交通基础设施建设来强化重点城市群之间的连通性，促进不同地区之间的资源流动共享、产业分工、要素禀赋互补，推进区域板块之间的融合互动，进一步做强做大四个经济增长极。

（一）加快重点区域世界级机场群建设，提升四大区域主要城市之间的航空联系和航空运输服务水平

截至2020年底，我国境内运输机场共有241个，全行业运输机场共有跑道265条，停机位6621个，航站楼面积1799.8万平方米①。作为带动经济发展的重点区域，京津冀、长三角、粤港澳和成渝四大城市群的机场建设数量和水平也直接影响全国航空业的发展。从2016年到2020年，京津冀地区新增了北京大兴国际机场，目前共有机场9个，每万平方公里拥有0.41个机场。长三角地区共有机场23个，重点机场有上海浦东机场、上海虹桥机场、南京禄口机场、杭州萧山机场和合肥新桥机场等，每万平方公里拥有1.09个机场；粤港澳大湾区共有机场10个，包括广州白云机场、深圳宝安机场、香港特区国际机场等，密度为每平方公里1.79个机场。长三角和粤港澳地区在近几年机场建设方面主要着眼于改扩建航站楼、建设卫星厅等工程，没有新建机场项目，而成渝城市群随着双城经济圈的提出和发展，同时逐渐加快了机场建设的脚步，新建机场包括2018年的泸州云龙机场、2019年的宜宾五粮液机场和重庆巫山机场以及2021年的成都天府国际机场，使得成渝地区的机场密度呈现逐渐上升的趋势，从2016年到2020年，成渝城市群的机场密度

① 资料来源：《2020年民航行业发展统计公报》。

由0.4上升到0.6，如图20－13所示。相比于粤港澳大湾区和长三角地区，京津冀地区的机场密度小、数量少、发展相对滞后。张蕾和孙伟（2020）通过研究对比长三角城市群机场密度和美国东北走廊城市群（简称NEC地区）机场密度，发现NEC地区机场密度为每万平方公里2个，高于我国长三角地区机场密度，而世界其他机场群的密度也远高于我国主要城市群的机场密度，如日本太平洋沿岸是5.7，英国中南部为2。因此，加快世界级机场群的建设是促进四大区域发展的重要引擎。

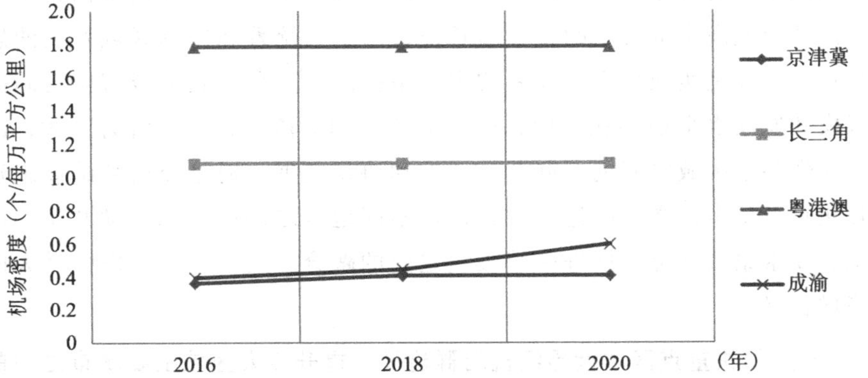

图20－13　2016—2018年四大区域机场密度变化

以京津冀地区为例，北京的“双枢纽”机场运营模式进一步明确了区域机场的功能和定位，发挥各自比较优势，北京大兴国际机场辐射京、津、雄三地，与北京首都国际机场、天津滨海国际机场协调发展、适度竞争。构建京津冀地区世界级机场群，需要加快大兴国际机场卫星厅及配套工程建设，完善集疏运体系，改扩建天津滨海国际机场和石家庄正定机场，可以在现有机场的跑滑系统基础上对机场跑道进行扩建，增加连通境内和境外的航线、航点，完善现有几大机场的航站楼服务功能、降低旅客飞行和货物运输的时间成本，逐渐培育石家庄正定机场成为区域航空枢纽，增强对周边的集聚和辐射能力。同时，新建邢台、沧州等支线机场，推进唐山、张家口、邯郸等机场的改扩建，优化京津冀地区民航机场功能和布局，深化京津冀区域民航协同发展。正是由于京津冀地区除北京、天津、石家庄以外，其他区域机场等级低、规模小，区域内机场功能定位不明晰，导致北京首都机场航班量常年居高不下，而其他机场航班量不足、运营困难（李亚飞等，2017）。因此需要加快河北省内其他机场的新建和改扩建，分散首都国际机场和天津滨海国际机场的运营压力，同时增加河北省内其他城市支线机场连通长三角、成渝和粤港澳大湾区主要城市的航班数量，连通京津冀和其他重点区域。

长三角地区的上海浦东和虹桥两大机场的航空基础设施供给能力处于亚洲领先地位，与南京禄口机场、杭州萧山机场形成相互配合协调的布局。表20－7是2020年四大区域民航机场的主要生产指标，能够看出长三角地区的旅客吞吐量和货物吞吐量均处于领先地位，京津冀和成渝地区的民航机场相比之下稍显逊色（见图20－14、图20－15），因此需要加快机场建设和航空互联，提升旅客运输和货邮周转水平。通过四大区域内部新机场的建设和现存机场的改扩建，实现区域覆盖、通达便利，促进世界级机场群的形成、做强四极，并通过各区域主要城市之间点对点直达航线的设计和现有航线的优化来强化四大区域的互联互通，增加民航的战略产业地位。

表20－7　2020年四大区域民航机场主要生产指标

四大区域	旅客吞吐量（万人）	旅客吞吐量占比（%）	货邮吞吐量（万吨）	货邮吞吐量占比（%）
京津冀地区	7435.9	8.68	156.1	9.71
长三角地区	16116.2	18.8	580.9	36.14
粤港澳地区	9148.1	10.67	320.5	19.94
成渝地区	8383.0	9.80	105.3	6.55

资料来源：caac.gov.cn。

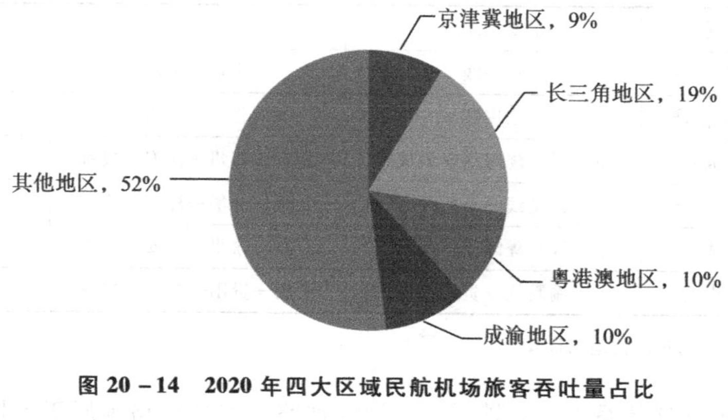

图20－14　2020年四大区域民航机场旅客吞吐量占比

（二）进一步优化铁路交通线路，发挥高铁推动区域经济发展的作用，加强四大区域的互联互通

目前，京津冀地区到长三角地区的高铁有京沪高铁，全程1318公里，时速350公里，途经北京市、天津市、河北省、山东省、安徽省、江苏省和上

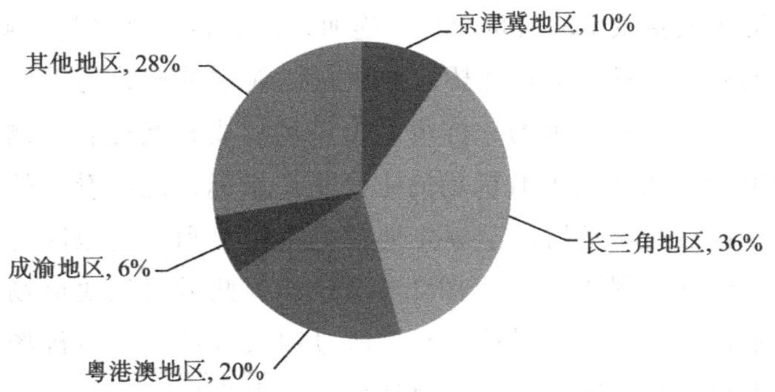

图 20－15　2020 年四大区域民航机场货邮吞吐量占比

海市，所经区域占全国人口的 1/4，是我国东部重要的高速铁路线路，促进沿线地区人员流动与经济发展。而京广高铁则是京津冀直通粤港澳大湾区的重要干线，是世界上运营里程最长的高速铁路，京沪高铁和京广高铁分别连接了我国三大区域——京津冀地区和长三角地区以及京津冀地区和粤港澳大湾区。但是，由京津冀到达成渝地区需要沿京广线由北京至郑州，再从郑州经西安至成都，同样，长三角到粤港澳大湾区目前也需要经沪昆线先到达株洲，再沿京广线到达广州，如表 20－8 所示。可以看出，京津冀、长三角、粤港澳和成渝四大城市群之间的连通也需要经过几次转折，运营里程长、时间久。

表 20－8　我国四大区域连通主要铁路及里程

区域连通	主要铁路线	走向	里程（公里）
京津冀—长三角	京沪线	北京—上海	1318
京津冀—粤港澳	京广线	北京—广州	2298
京津冀—成渝	京广线—陇海线—西成线	北京—郑州—西安—成都	约 1900
长三角—粤港澳	沪昆线—京广线	上海—金华—株洲—广州	1673
长三角—成渝	京沪线—陇海线—西成线	上海—徐州—西安—成都	2214
成渝—粤港澳	渝黔线—贵广线	重庆—贵阳—桂林—广东	约 1300

资料来源：通过高德地图计算。

在轨道交通体系中，高铁干线、城际铁路、市郊铁路等属于不同的层次，高铁主要服务于 300 公里以上的距离，而我国四大区域之间的距离远超 300 公里，因此需要通过高铁建设来加强客货运输能力。

首先，京津冀至成渝地区可以建立开通北京—石家庄—太原—西安—成都的高铁线路，缩短原本的里程，建立一条东北—西南向的直线铁路。其次，京津冀至粤港澳地区可以建立北京—阜阳—九江—南昌—赣州—深圳铁路线，与原本的京九线并列而行，带动沿线的安徽省、江西省经济发展。长三角至粤港澳地区直接建立沿福建的高速铁路线，包括上海—宁波—温州—福州—深圳的东南沿海铁路和杭州—南平—广州的内部铁路，两条线都能够直接沟通长三角主要城市和粤港澳大湾区主要城市，同时做到相互补充，分散客流和货物运输压力，缩短运营里程和时间长三角地区与成渝地区的联通可规划上海经宣城、铜陵、九江至武汉，再由武汉至重庆、成都的沿江高铁线路，直接由东向西连接长三角和成渝，同时沟通长江中游城市。

成渝地区作为西部最重要的经济增长极，需要加快以成都为中心的通道建设，畅通进出成渝的战略通道。具体措施有拓展川黔粤桂走廊，加快建设成都—自贡—宜宾的高铁建设，形成南向至粤港澳大湾区和北部湾地区的大通道，同时规划成都—达州—万州高铁，建设广元经达州至万州的新通道，加快成渝扩容、遂渝扩容等高速公路建设，进而向东延伸，推进长江干线航道治理，形成东至长三角的大通道。向北畅通川陕蒙走廊，规划建设重庆—西安高铁，连通川渝地区至关中平原，同时加速推进京津冀、长三角地区进出四川高速铁路建设，实现成都、重庆、上海等国家中心城市建设以及成渝、长三角、京津冀城市群之间的高速联通。除此之外，以粤港澳大湾区为核心强化多向连通的综合运输大通道是华南地区交通建设的重要支点。全面推进沿海高铁建设，加快深圳至赣州、广州至湛江、广州至珠海（澳门特区）、瑞金至梅州、柳州至广州高铁建设，打造以粤港澳大湾区为核心，东部联系海峡西岸、长三角地区，西部通达桂滇黔和成渝地区，北达湘赣鄂，连通京津冀的综合运输通道。

平潭岛地处于中国东南沿海，位于福建省福州市平潭县境内，是平潭县主岛，距福州市区 128 公里，东面与台湾新竹港相距仅 68 海里，是大陆距台湾最近处，是福建最大的岛屿，探索从在福建福清和平潭岛之间兴建大桥，再由平潭岛挖海底隧道至台湾新竹，同时探索建立从福建莆田到台湾中部，从厦门经金门、澎湖列岛到达台湾嘉义等线路。进一步延伸铁路连通大陆与台湾地区。

四大区域的沟通互联以及建立大陆与台湾地区的连通是立体交通体系建设的重要内容，通过航空、铁路和水路三大方式可以实现运输方式的有效衔接、交通网络的全面覆盖以及运输服务便捷、经济和高效。在促进四大区域以及大陆与台湾地区的有效连通中，加强不同经济圈的联动融合，实现交通基础设施协同化和一体化，让更多城市相互交流沟通，实现共建、共商、共享，有助于早日实现“全国 123 出行交通圈”和“全球 123 快货物流圈”的目标。

三、做强内心，依托武汉“九省通衢”区位优势，打造中国货运枢纽

在“十四五”时期，长江中游城市群未能成为四大增长极之一，但不能否认的是，武汉由于其“九省通衢”的地缘优势，位于“四边形”主体中两大主轴通道的交汇处，未来其“纵贯南北，沟通东西”的地理位置优势将进一步凸显，其将更好地发挥联通四大增长极的不可替代优势。有鉴于此，课题组认为，应当依托武汉特殊的地理位置和区位优势，将其打造成为中国的货运枢纽，以此为带动并有效扭转当前“中部塌陷”的发展窘境。

一是打造武汉—鄂州空港型国家物流枢纽，推动临空经济高质量发展，统筹空港周边发展要素，推动武汉天河国际机场和鄂州民用机场的协同发展，构建全球领先、统筹协调、运行高效的航空客货枢纽体系，助力武汉城市圈经济转型发展，对实现区域经济高质量发展，提升武汉城市圈发展能级，承担中部地区崛起战略使命，推动临空产业发展，促进区域经济高质量发展具有重大的战略示范意义（见图 20 - 16）。

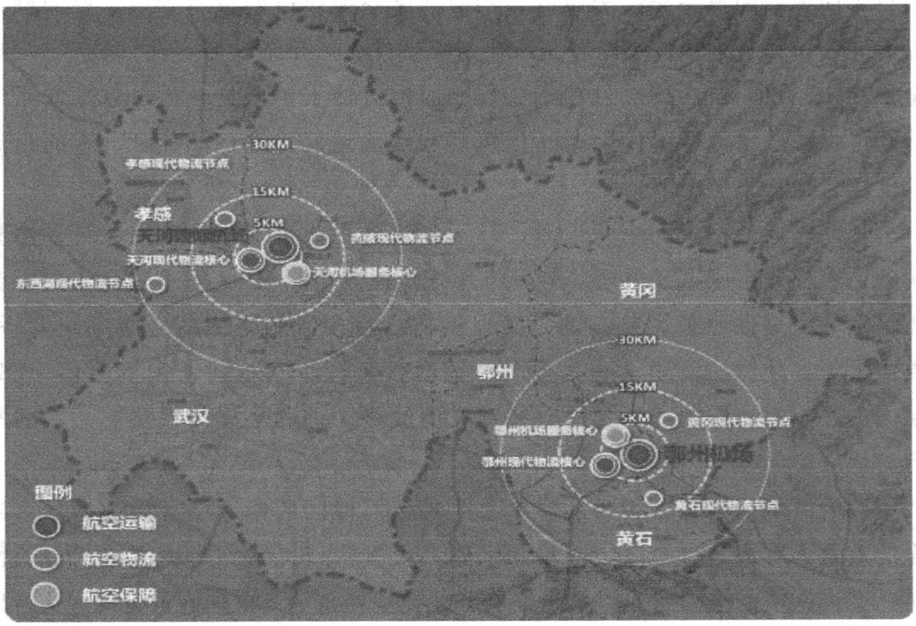

图 20 - 16　武汉—鄂州空港型国家物流枢纽示意图

二是建成武汉长江航运中心，统筹铁、水、公、空等运输通道，强化多

式联运。毫不动摇地推进日本货物在武汉实施集装箱国际中转联运，对接中欧班列（武汉）、中亚班列，形成东北亚—武汉—西亚、欧洲的国际物流、贸易新通道。以武汉为桥头堡，加快国际物流及分拨基地建设，推动国际经贸合作。

三是利用黄黄高铁、郑万高铁，实现武汉与上海、重庆的350公里高铁的对接。“十四五”末期，力争十堰到西安的高铁通车。届时，武汉到西安以及整个西北的高铁走廊也将完成。高铁的沿线站点，也可以成为招商引资的“福地”，成为沿海产业转移的“飞地”。下一步，武汉要加快推进武青高铁、武厦高铁和武深高铁的前期准备工作，力争这3条高铁线路早日建成通车，使武汉真正成为一个连通全国4大直辖市和15个副省级城市的全国性高铁枢纽城市。

四是利用鄂州花湖机场试运营的机会，构建武汉一东一西“准双机场”临空格局。发挥好花湖机场的物流属性，以有效带动国内电商、跨境电商产业的发展，同时可以考虑发展精细（定制）制造业、维修业、检测业、医疗保险业、高铁物流业、飞机改装与拆解业，在花湖机场周边形成电商制造业，通过航空港区位优势，实现产业集聚，最终达到优化产业结构，构建产业集群的战略目标。

四、打造立体交通网和轨道上的城市群

国家综合立体交通网主骨架是我国区域间、城市群间、省际间以及连通国际运输的主动脉，是支撑国土空间开发保护的主轴线。我国现阶段较为成熟的城市群有京津冀、长三角、粤港澳、成渝、长江中游、中原城市群等，城市群作为经济社会发展的重要载体和新型城镇化的主体形态，其要素流动和资源配置对于开放和协同发展有重大意义。通过结合未来交通运输发展和空间分布特点，将京津冀、长三角、粤港澳大湾区和成渝地区双城经济圈4个地区作为极。拓展4极辐射空间和交通资源配置能力，打造我国综合立体交通协同发展和国内国际交通衔接转换的关键平台，充分发挥促进全国区域发展南北互动、东西交融的重要作用。我国现综合立体交通网主骨架实体线网里程29万公里左右（见图20-17）。

随着我国经济总量的快速发展和经济质量的不断提升，目前京津冀协同发展、长江经济带发展、长江三角洲区域一体化、粤港澳大湾区建设以及黄河流域生态保护和高质量发展成为重大国家战略，围绕统筹和协调区域发展

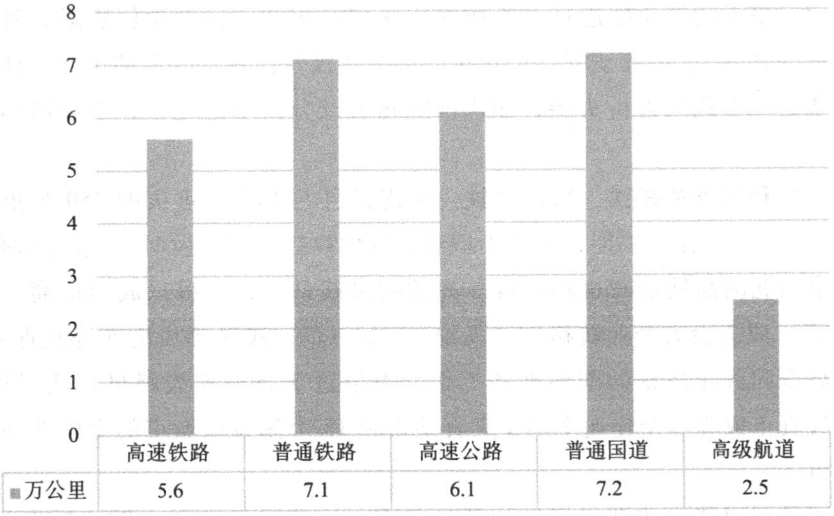

图 20－17　国家综合立体交通网主骨架实体线网里程

资料来源：公开资料。

的思路进行顶层设计是当前实现高质量发展的重要举措之一。加速推进京津冀、长三角、粤港澳，成渝四大区域向世界级城市群建设，打造世界级城市群需要世界级交通枢纽体系发挥作用，包括建设世界级航空、铁路、港口等在内的复合枢纽体系，通过交通基础设施的建设提升城市群的竞争力。

加强京津冀、长三角、粤港澳大湾区、成渝地区双城经济圈 4 极之间联系，建设综合性、多通道、立体化、大容量、快速化的交通主轴。加快构建 7 条走廊，强化京津冀、长三角、粤港澳大湾区、成渝地区双城经济圈 4 极的辐射作用，加强极与组群和组团之间联系，建设京哈、京藏、大陆桥、西部陆海、沪昆、成渝昆、广昆等多方式、多通道、便捷化的交通走廊，优化完善多中心、网络化的主骨架结构。加快构建 8 条通道。强化主轴与走廊之间的衔接协调，建设绥满、京延、沿边、福银、二湛、川藏、湘桂、厦蓉等交通通道，促进内外连通、通边达海，扩大中西部和东北地区交通网络覆盖。①

（一）建设多层级一体化国家综合交通枢纽

建设 30 个左右国际性综合交通枢纽城市以及 90 个左右全国性综合交通枢纽城市。形成面向世界的京津冀、长三角、粤港澳大湾区、成渝地区双城经济圈 4 大国际性综合交通枢纽集群。

---

① 资料参考《国家综合立体交通网规划纲要》。

近几年，我国公路工地资产投资额持续增长，如图 20－18 所示。加快推进京津冀地区交通一体化，建设世界一流交通体系，高标准、高质量建设雄安新区综合交通运输体系。建设辐射全球的航运枢纽，打造交通高质量发展先行区，提升整体竞争力和影响力。推进粤港澳大湾区全面实现高水平互联互通，打造西江黄金水道，巩固提升港口群、机场群的国际竞争力和辐射带动力，建成具有全球影响力的交通枢纽集群。成渝地区双城经济圈以提升对外连通水平为导向，强化门户枢纽功能，构建一体化综合交通运输体系。建设东西畅通、南北辐射、有效覆盖、立体互联的长江经济带现代化综合立体交通走廊。支持海南自由贸易港建设，推动西部陆海新通道国际航运枢纽和航空枢纽建设，加快构建现代综合交通运输体系。统筹黄河流域生态环境保护与交通运输高质量发展，优化交通基础设施空间布局。

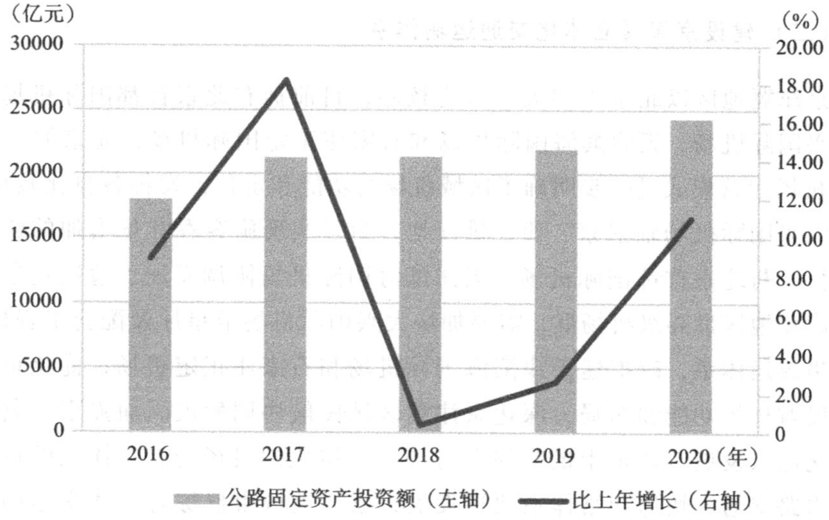

图 20－18　2016—2020 年公路工地资产投资额及增长速度

资料来源：交通运输行业发展统计公报。

全国公路里程持续上升（见图 20－19），完善的国家综合立体交通网，构建以铁路为主干，以公路为基础，水运、民航比较优势充分发挥的国家综合立体交通网。完善面向全球的运输网络。重点打造新亚欧大陆桥等 7 条陆路国际运输通道，完善跨北冰洋的冰上丝绸之路等 4 条海上国际运输通道。依托国际航空枢纽，构建四通八达、覆盖全球的空中客货运输网络。①

① 习近平："推动形成优势互补高质量发展的区域经济布局"，《求是》2019 年第 24 期。

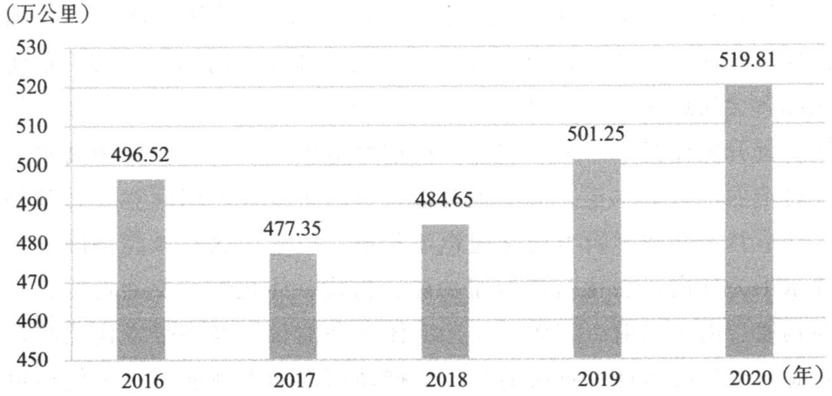

图 20－19　全国公路总里程数

资料来源：交通运输行业发展统计公报。

（二）建设京津冀立体化交通运输体系

京津冀地区以北京市和天津市为核心，目前拥有北京首都国际机场、北京大兴国际机场、天津滨海国际机场和石家庄正定国际机场，北京的“双枢纽”机场运营模式进一步明确了区域机场的功能和定位，发挥各自比较优势，北京大兴国际机场辐射京、津、雄三地，为了实现旅客吞吐量增加的建设投运目标，与北京首都国际机场、天津滨海国际机场协调发展、适度竞争。构建京津冀地区世界级机场群，需要加快大兴国际机场卫星厅及配套工程建设，完善集疏运体系，改扩建天津滨海国际机场和石家庄正定机场，优化京津冀地区民航机场功能和布局，深化京津冀区域民航协同发展。加强京津冀交通一体化深入发展，轨道上的京津冀骨架、一体化的机场群、一体化的道路交通和水路交通、快递网络体系快速发展，京津冀城市群综合立体交通网络初步形成。京津冀应吸收世界先进城市群的交通发展成功经验，融合不同交通特点，在京津冀率先塑造国际综合立体交通网络，建成全国示范性城市群。

建立“轨道上的京津冀”应凸显雄安新区的新交通枢纽地位。至 2020 年底，京津冀范围共建成开通 5 条高铁、3 条城际铁路，在建 2 条（见表 20－9）。其中京沪高铁、京津城际和京滨城际连通北京和天津，京广高铁、京沈高铁、京张高铁、京雄城际和京唐城际均以北京市为核心连通其与河北省内其他城市。随着我国经济社会进入转型期，明确京津冀走协同发展之路，化解北京枢纽功能过于集聚的问题，2017 年在河北雄安设立国家级新区。雄安新区地处京津冀中部核心区，距离北京、天津约 100 公里，石家庄 150 公里，紧邻保定，其承载着纾解北京非首都功能的重要作用，从地理位置来看，北京—天津—雄安构成京津冀区域的核心“金三角”，如何在现有铁路的基础上以该“金三角”的三个顶点为出发点，进而辐射整个京津冀区域是建立“轨道上的京津冀”的重要支撑。目前，北京到雄安有京广高铁、京雄城际和机场轨道专线，天津到雄安有津保铁路和津雄城际，三地相互连通。但是由雄安新区为起点的高速铁路建设仍然欠缺，在河北省内，可以规划以雄安为中心的“米字型”轨道交通建设，向南经衡水、济南连通山东省，向东南经沧州、潍坊、连云港连通江苏省，向西直达太原，这样可以形成与北京、天津相互配合的高铁线路网络，以雄安为新中心辐射南北、沟通东西。除此之外，推进京津冀地区交通一体化，形成京津与周边市县“半小时通勤圈”和京津唐“一小时交通圈”，需要考虑通州—燕郊、大兴—固安、房山—涿州等跨区域轨道交通项目，加强京津冀中心城市外围地区之间的联系。

表 20-9　　京津冀交通发展阶段

阶段	线路名称	通车时间	主要功能
第一阶段	京津城际	2008 年	北京天津的双城点对点服务，以城际功能为主
第二阶段	京沪高铁	2011 年	建立北京、天津与长三角之间的联系
	京广高铁	2012 年	建立北京珠三角地区之间联系，以高铁功能为主
	津秦高铁	2013 年	天津与东北方向建立联系通道，实现长距离运输
	津保铁路	2015 年	实现天津与京广高铁沿线互联互通
	京沈高铁	2020 年	建立北京与东北方向联系通道，以长距离运输为主
第三阶段	京张高铁	2019 年	北京与张家口城际联通，兼顾内蒙古自治区方向高铁功能
	京雄城际	2020 年	北京与雄安新区建立城际联系
	京滨城际	2020 年	北京与天津滨海建立城际联系，是京津第二条城际线路
	京唐城际	2022 年	北京与唐山建立城际联系

加速推进京津冀三地间的公共交通“同城化”。推动京津冀一卡通的完善，将三地公交、轨道交通等资源实现共享，完善优化京津冀区域联网地铁、公交、轨道交通售票一体化系统，整合了三地资源，实现跨省（市）购票、线上退票、快捷乘车等功能，进一步方便乘客出行。同时，三地要打造“国家干线铁路、城际铁路、市郊铁路、城市地铁”四层轨道交通网络，积极着手规划轻轨。打造北京到天津市内各区地铁网，实现城市的互通互联，以及跨城公交化。大兴国际机场位于北京大兴与廊坊交界，加快推进从天津西站到廊坊和北京大兴国际机场的交通连接。形成北京新机场与天津西站半小时通勤圈，三地的市民完全可以实现清晨在天津的渤海湾边看最美丽的晨曦，

中午就可以漫步在王府井大街品尝烤鸭，晚上到燕赵大地去欣赏最璀璨的星空。[①]

（三）强化长三角立体化交通网

长三角地区是我国经济发展和对外开放的重点区域，目前上海浦东、虹桥两大机场的航空基础设施供给能力处于亚洲领先地位，与南京禄口机场、杭州萧山机场形成相互配合协调的布局。建成以南通新机场为“上海第三机场”的长三角北部的国家区域性综合交通枢纽，形成长三角地区实现国际交往和区域协同的新门户。同时提升合肥航空枢纽的发展水平，新增安徽省内亳州、蚌埠、滁州、宿州等机场，推进阜阳、黄山、安庆等机场改扩建。浙江省和江苏省同时加快部分城市机场的续建、扩建、迁建等，提升省内机场旅客吞吐能力。珠三角地区除了提升广州国际航空枢纽竞争力，还要加快深圳、珠海、惠州航空枢纽建设，提前布局其他干线机场，提升广东省机场服务能力，整合全省机场资源。

建设“轨道上的长三角”，需要以上海为中心强化南北方向轨道建设。长三角区域内部轨道发展水平较高，尤其东西方向铁路线密集，而南北方向相对薄弱，应当以上海虹桥、浦东为主要节点，形成多层次、通勤式、快速化的轨道交通网络，启动市郊铁路建设，带动重点地区、郊区和近沪地区发展，建成机场联络线，构建南北方向上沪苏、沪浙对外铁路通道格局，提升沿线城镇与长三角城市互联互通水平。全面推进市域铁路建设。可以依托既有京沪高铁，规划上海经苏州无锡至常州的城际铁路，与上海地铁嘉闵线衔接；依托既有沪昆铁路、沪杭高铁和在建的上海经苏州至湖州铁路，规划建设上海至杭州城际铁路，远期布局苏州至杭州等城际铁路。以上海、南京、杭州、合肥、宁波为中心，有序推进城市群和都市圈铁路建设，打造 1 小时城际交通圈，促进苏锡常、沪宁杭等都市圈一体化发展，更好应对节假日客流变化，缓解其他交通方式的压力。

全面推进城市轨建成一批多种轨道交通一体衔接、高效换乘的综合交通枢纽，全面实现多种轨道交通方式贯通运营，加快推进新建枢纽全面实现同台或立体换乘，不同轨道交通系统换乘时间不超过 5 分钟，轨道交通站场与大型机场、公路客运站实现同站布局或快速直达，城市内重要枢纽间实现半小时通达。

---

① 资料参考《对话京津冀》节目采访信息。

建成高质量现代化轨道上的长三角，实现干线铁路、城际铁路、市域（郊）铁路、城市轨道交通设施布局一张网、枢纽衔接零换乘、运营服务品质优，形成长三角轨道交通网络化、一体化、智能化、绿色化发展的样板区，轨道交通全面引领推动区域一体化发展。[①]

（四）成渝地区交通立体化建设

成渝地区双城经济圈作为‘第四极’，是国家交通发展中重要的一部分。打造1小时交通圈、通勤圈，实现重庆、成都“双核”之间以及“双核”与成渝地区双城经济圈区域中心城市、主要节点实现城市1小时通达。开通重庆、成都“双核”地铁服务，推进重庆、成都都市圈内1小时公交化地铁通勤客运服务。

构建城际之间多方式、多路径通道群，推动高速铁路、城际铁路建设，织密高快速公路网，实施普通国省干线扩容提质。此外，提升交通枢纽的辐射带动力和运输服务质量，包括建设立体换乘的综合客运枢纽和多式联运综合货运枢纽，推动跨运输方式和跨城的客运一体化发展。

航空方面，作为“双核”之一的成都，应提升国际航运服务水平，强化成都机场与全球枢纽城市直通互联水平，打造面向全球的航空门户枢纽、洲际航空中转枢纽和航空货物转运中心，全面提升国际枢纽竞争力。[②]

（五）建立交建布局载体，升级交通提能工程

1. 发展国际物流基地建设工程。联系中国四大城市群，全面完善国家疏运体系建设，发展国际物流基地建设工程。统筹港区产业布局，逐步实现港产城一体化发展，围绕建设陆港型、生产服务型和商贸服务型国家物流枢纽，将“走出去”与“引进来”相结合，着力开展现代物流业专题招商，加快引进国内外知名龙头物流企业、品牌物流企业，加快引进临空现代物流服务业重点项目。引进高水平知名大型物流运营企业参与物流园区建设和运营，不断引领要素和产业集聚，提升园区服务水平。完善拓展物流园区保税物流、多式联运、区域分拨、冷链物流、跨境结算、电子商务等服务功能，为供应链金融服务提供保障，增强辐射带动能力。

2. 全面建立海铁联运工程、公铁水联运工程。全面发挥铁路对外联通作

---

① 资料参考《长江三角洲地区交通运输更高质量一体化发展规划》。

② 资料参考《关于重庆市开展内陆国际物流枢纽高质量发展等交通强国建设试点工作的意见》。

用，探究形成放射型公铁联运通道，利用海铁联运工程、公铁水联运工程，联通中西部及中亚、欧洲地区，建立国内与国际的联运通道。打通与欧美间远洋多式联运通道，依托新丝路全国网点资源，探究南向联通东盟通道。在中国与东盟国家之间建立起一条新的经贸合作物流通道。发挥航空对外联通作用，依托空港联动周边机场形成陆空联运通道。进一步发挥管道对外联通作用，形成气油输送通道成以天然气和液化石油气为主的管网运输体系。

3. 打破通联壁垒，建设“通江达海”式河海良港。当前，我们正处在世界经济格局大变动、经济发展大转型的关键时期，现代水运物流业已成为转型发展中耀眼的亮点之一。加大投入和建设力度，强化科学管理，切实提升内河水运的质量效益，建成畅通、高效、平安、绿色的现代化内河水运体系。通过加快“通江达海”式运输货船的研发，依托产学研平台，加速设计出一批吨位适中、适应性强的河海两运式货船成为实现河海联运港口的重要载体。针对内河港口吨位低、水面小、吃水浅的特点，要对内河港口实行大规模重新设计，疏浚河道、强化挖沙作业的力度，提高停泊面积和吃水吨位。同时考虑在海港内寻找水文条件良好、风浪较小且离岸较近的区域专门建立供河船停靠的特殊保护区域，以便于实现河海两运。

通过畅扬现代化水运物流之优，在积极推进新型工业化、新型城镇化、现代农业和信息化建设的同时，大力推进通江达海物流业的建设与发展，把通江达海物流作为转型发展的创新战略和新型产业来抓，作为转型发展战略的新支点，推进新一轮的对外开放，在更大范围和更宽广的领域发展区域经济的转型合作，大胆探索适合经济转型发展的新方法新模式，在转型发展中快速崛起。制定通江达海工程为通江达海物流发展的制定战略举措，制定与江湖联运通江达海相适应的港口、航道、船泊建设等协调发展的战略规划，努力提升江湖水运的质量效益，尽快形成“畅通、高效、平安、绿色”的现代化江湖水运体系。

4. 建立高效统一的水运工作协调机构，港口物流中心。通江达海战略的实施，涉及水运资源的综合协调和港口、航道、船泊、物流、交通、信息、科技、金融等多方面关系，是一项系统工程，要进一步深化管理体制改革，整合优势资源，理顺各方关系，建立职能明确、精简高效、运转协调的水运管理体系。探究建设港口物流中心。增强我国内河水运和沿海港口泊位和吞吐能力。进一步增强专用港口和深水港口建设。

5. 建立综合交通枢纽建提能工程、枢纽联通加密工程。根据城市空间、人口分布、产业布局，以四大城市群经济圈为主体，规划建设大型综合交通枢纽提能工程，利用综合交通枢纽提能工程为综合交通枢纽提能，形成枢纽性资源和枢纽区域所具有的区位优势，使之成为促进城市经济圈一体化的区域性。长期以来，民航、铁路、公路、地铁、水路等均自成体系，随着交通运输部大部制改革基本完成，一体化综合交通运输体系正在实现突破。通过发展枢纽联通加密工程，在保证各种交通方式合理的系统独立性的同时，强化安全性，促进各种运输方式在云南正全面发力破除交通滞后这一最大的瓶颈。

通过综合交通枢纽提能工程全面推进综合交通枢纽建设，力争把一批综合客运枢纽项目列入国家综合交通枢纽重大建设示范工程项目盘子；统筹客货运枢纽与产业园区、物流园区的空间布局，围绕运输服务需求，布局一批地区性综合交通枢纽。

五、以畅通国内交通大循环为抓手，内外结合加密城市群交通网

（一）压缩城市通勤空间，全力打造“1 小时经济区”

交通运输是兴国之器、强国之基、筑国之本，未来应继续依托梯度发展战略，在继续做大做强交通运输支持城市群发展的前提下，充分激发城市群内部大城市的辐射带动作用，在交通一小时可通达的范围内，形成具有明显聚集效应、具备竞争优势的地区，并将该地区作为城市群内部最具活力、交通通达度最高、经济社会诸要素间联系最为紧密的核心层，与城市群的其他区域形成明显的梯度发展、错位补充的新格局。当前，随着京津冀一体化、长三角一体化以及大湾区碎片化整合的快速推进，在发达城市群内部依托主要城市和交通基础设施构建“1 小时经济区”的时机已经成熟。因此，通过高速公路或者“高铁 + 地铁”或者“高铁 + 城际铁路”等方式进行通联，压缩都市区经济交流空间具有重大的现实意义。

对于粤港澳大湾区来讲，多年来，受制于伶仃洋天堑相隔，香港特区与珠三角西翼交通难题一直无解，正因为此，珠江口西岸城市的经济发展略逊于东岸城市。广珠城轨、广珠铁路双轨通车，已让广珠澳纳入 1 小时生活圈。随着港珠澳大桥的建成和广深港高铁香港特区段通车，广州以及珠江口西岸城市与香港特区空间距离进一步拉近，大湾区城市群基本实现“1 小时经济圈”目标。但目前，由于深圳缺位，导致港珠澳大桥的优势得不到充分发挥，也令珠江西岸城市群与深圳失之交臂，再加之深中通道尚在建设，从深圳到

珠江西岸的中山、珠海等地需要北上绕行南沙大桥或虎门大桥，严重阻碍了大湾区内部的经济社会交流。展望未来，应继续研究深圳经港珠澳大桥至珠海、澳门特区通道，更好发挥港珠澳大桥作用。港珠澳大桥如能实现“双Y布局”（在港珠澳大桥现有基础上，考虑向东扩展以边连接香港特区和深圳，西边连接珠海和澳门特区），届时深圳与珠江西岸的交通将更加便捷。除了研究港珠澳大桥修到深圳，还应继续推进“以铁路功能为主的伶仃洋通道”以及“深圳至中山城际铁路”的规划设计工作，全力打通深珠通道，并有效弥补“深中通道”只能走汽车而不能走火车的缺憾。

对于长三角地区来讲，在干线铁路方面，规划建设上海至杭州铁路、南京至淮安铁路、南京至宣城铁路、杭州至丽水铁路义乌至缙云段、合肥至池州铁路、宁波至舟山铁路、衢州至丽水铁路、扬州经镇江南京至马鞍山铁路（镇江至马鞍山段）、巢湖至马鞍山铁路、义乌至金华铁路、盐城经泰州无锡常州宜兴至湖州铁路等城际铁路，积极审慎开展磁浮高铁项目规划研究。在城际铁路方面，规划建设上海至杭州铁路、南京至淮安铁路、南京至宣城铁路、杭州至丽水铁路义乌至缙云段、合肥至池州铁路、宁波至舟山铁路、衢州至丽水铁路、扬州经镇江南京至马鞍山铁路（镇江至马鞍山段）、巢湖至马鞍山铁路、义乌至金华铁路、盐城经泰州无锡常州宜兴至湖州铁路等城际铁路，积极审慎开展磁浮高铁项目规划研究。在构建都市圈通勤交通网方面，加快构建上海大都市圈以及南京、杭州、合肥、苏锡常、宁波都市圈1小时通勤网，完善昆山、嘉善等临沪地区一体化轨道交通系统。强化杭州的交通枢纽地位，继续织密长三角地区交通网，加快沪杭城际铁路、沪乍杭铁路的研究论证，实现上海及长三角主要城市1小时互达、都市区主要城镇1小时互达。

对于京津冀地区来讲，由于京津冀地区的经济社会发展水平整体逊于大湾区及长三角，因此更要以交通基础设施建设为先导，全力优化交通干线布局，畅通城市群内部循环。一是要继续强化首都北京与雄安新区的互联互通力度。具体来看，加快京雄商高铁、雄忻高铁和京沪二通道津潍高铁的建设进度，配合雄安新区建设规划，将雄安新区尽快融入首都“1小时经济区”内。二是继续以城际铁路为抓手，紧密河北省诸城之间的经济联系。具体来看，加快石雄城际铁路、张家口旅游线路和津承城际铁路的研究设计及施工进度。形成京、津、雄三核驱动、三核间彼此交通“1小时”的高连通度经济区。

（二）立足城市群一盘棋思维，做好大交通布局规划

当前，我国交通运输发展的内部条件和外部环境正发生深刻复杂变化，要遵循都市区大交通布局一盘棋思想，通过都市区甚至城市群（如长三角、珠三角、京津冀、成渝等）交通布局一体化，具体做法就是“1+4+N”的规划体系，即“1”个国家交通强国规划布局的统领下，编制“4”个城市群交通布局规划（规划布局可以展望到中远期的2035—2050年），然后在城市群规划引导下编制各自的都市区交通布局规划，同时确保各层级规划的充分论证和衔接。

首先，“十四五”时期，我国城市群之间以及城市群内部发展不平衡、不充分的问题仍然突出，主要表现为基础设施网络化水平不高、关键技术装备创新能力不足、综合运输效率不高等。加快建设交通强国要对标世界先进水平，努力破解发展难题，持续深化交通运输供给侧结构性改革。要实现由交通大国向交通强国的转变，就必须深入贯彻落实《国家交通强国规划》，具体来讲，就是要做到优规划、调结构、补短板、抓综合、重枢纽，构建现代综合立体交通基础设施网。优规划，就是在科学预测未来客货运输需求的基础上，聚焦需求、精准发力，不搞大水漫灌，因地制宜优化基础设施空间布局；调结构，就是主要交通干线要构建以轨道交通为骨架的运输体系，提高铁路、水运分担率；补短板，就是加强西部地区、乡村交通基础设施建设，解决城市交通拥堵难题；抓综合，就是构建铁、公、水、航互联互通、优势互补、有机融合的运输网络；重枢纽，就是推动各种运输方式相互融合，实现“零距离换乘”“无缝衔接”。

其次，在《国家交通强国规划》领导下，率先启动大湾区、长三角、京津冀以及成渝双城四个城市群的中远期交通布局规划。具体来看，一是体系要更加健全。包含集群、城市、港站三个元素。集群是指以特大或超大城市为核心，打造具有中国特色、中国智慧和中国自信的国际综合交通枢纽集群，以长三角地区、粤港澳大湾区、京津冀和成渝双城为四张亮丽名片，积极面向世界参与国际竞争。集群由多个城市组成，城市之间相互协作联动，形成组合拳。每个城市又各有一批港站，比如成都着力构建以两个国际机场、一个国际铁路港为龙头的枢纽体系。二是定位要更加精准。各城市在体系中扮演什么角色、分别承担什么职能，都给出了明确的标定。比如，粤港澳大湾区在“9+2”城市群分工协作进行“顶层设计”，不仅要建成充满活力的世界级城市群、国际科技创新中心、“一带一路”建设的重要支撑、内地与港澳

深度合作示范区，还要打造成宜居宜业宜游的优质生活圈，成为交通促进区域高质量发展的典范。三是规划要更加长远。中长期远景规划不能只着眼于一城一地的得失，要统筹全局、通盘考量，立足区域协同治理一盘棋的系统思维，突破行政属地管理和地方保护主义的局限。四大城市群要在《国家交通强国规划》指导下设计，而各城市的交通规划又必须依托城市群的交通长远发展战略制订，必须在严格层级和统一指挥的基础上，发挥好各地区的主观能动性。

再次，除国家重大区域发展战略之外，要以南京都市区、杭州都市区、武汉都市区、宁镇扬和长株潭都市区等为基础，做好一些重点次区域战略的交通布局。例如，南京都市圈为我国第一个规划的跨省都市圈，安徽东部城市受益于与南京同城化发展。南京则应加快构筑都市圈轨道交通体系，促进干线、城际、市域（郊）、城市轨道交通“四铁融合”，实现南京都市圈城市全部通行高铁或城际铁路；构建以南京为中心的“米”字形高铁网络，实现都市圈内主要城市半小时高铁通达。南京规划的9条S系列城际轨道向四面八方发散，加强与周边所有城市的联系，并将延伸至马鞍山、和县、滁州、扬州、句容、天长等周边地区。加快形成宁镇扬、宁滁3011交通圈，即30分钟快速通勤圈，1小时休闲旅游生活圈、1小时生产要素物流圈。此外，南京都市圈的优势之一是多数城市都有沿江港口，将加快宁镇扬组合港、芜马组合港、宣州综合码头、定埠港建设，形成联动协作的都市圈现代化港口群。

又例如在杭州都市区中，杭嘉湖绍四市产业协同程度高，嘉兴的海宁、桐乡，湖州的德清、安吉，绍兴的柯桥、诸暨等县市均与杭州产业密切融合。目前，杭嘉湖绍四市已实现“半小时高铁圈”和“1小时交通圈”，高铁将助力衢州、黄山融入都市圈。未来可加快杭临黄（杭州—临安—黄山）高铁的设计以及串联杭州东站、萧山机场、杭州西站的杭州机场轨道快线的建设进度，以杭州都市区交通网络发展为重大契机，弥补杭州在长三角地区交通网络建设中的短板，加快将杭州打造成为国际性的交通枢纽。

（三）积极应用先进科技，借助“新基建”助力“新交通”

所谓的新交通是以公路、铁路、航道、航空等形成的立体交通网为基础，以物联网感知、5G互联网为联结，秉持可持续发展、绿色发展的理念，以云计算、大数据、人工智能为技术手段，建设的新型交通服务体系，为人的出行和货物运输提供安全、便捷、高效、绿色经济和弹性的服务。新交通是我国建设交通强国的出发点和基础。在新交通与新基建的关系方面，新基建是新交通的基础设施建设。5G 基站建设、特高压、城际高速铁路和城市轨道交通、新能源汽车充电桩、大数据中心、人工智能、工业互联网七个新基建的领域都与新交通密切相关，新基建的建设可以为新交通打下良好的基础。新基建的七个领域都是为我国下一个阶段的发展打基础的工作。新交通是新基建的主要应用领域，可以直接为社会经济发展提供服务和动力。展望未来，欲借助“新基建”助力“新交通”，课题组建议在以下几个方面着手发力：

一是要建立行业级的交通“数据体系”。现阶段，交通行业数据化还是停留在数据的采集、交换、共享的简单模式中，“新基建”将进一步推进交通“业务数字化”的步伐，实现人、车、路、环境不同对象在不同时间、不同空间的数据化。数据不只是单独的信息表达，它是对现实的客观记录，记录会变成可理解、有意义的信息，信息通过模型成为可研判的知识，知识再基于交通行业的场景形成可应用的智慧方案。只有建立“数据、信息、知识、智慧”的完整链条，才能构建面向交通行业的整体数据脉络。

二是紧抓 5G + 引领无人驾驶新浪潮。无人驾驶的关键性问题之一就是安全问题，保障行车安全的前提就是需要更低延迟的通信来提升规划决策时的高效性与准确性。5G 在传输信息时具有稳定性高、速度快、支持高频传输等特点，相比于 4G 传输，5G 可以提高数倍的操控速度进行实时反应。除此之外，5G 技术下的移动边缘计算使得决策反应更具高效性。因此，5G 信息传输下，无人驾驶汽车以更高的反应速度、更准确的反应能力进行规划决策。在硬件成本上，要力促无人驾驶车辆传感器成本下降；商业上，积极推动无人驾驶行业走向落地运营。

三是积极探索磁悬浮作为重要交通出行方式的可行性。轮轨铁路作为当前世界轨道交通技术体系的主流方式，运营速度受空气阻力、轮轨黏着、蛇行失稳及弓网关系等问题制约，同时能耗和机械摩擦磨损随速度的提高不断增大，目前最高经济与技术速度在 400 公里/小时左右。而如果想要再进一步提高轨道交通的运行速度，普通轮轨列车已经不再适用，而磁悬浮列车则可以解决轮轨铁路存在的轮轨黏着、摩擦、振动和高速受流等问题，具有更高的提速潜力，近年来逐渐成为地面交通领域的研究热点。目前我国已经成为唯一具有 3 条磁浮线路投入商业运营的国家，其中最高速为 120 公里/小时的中低速磁浮线路两条。低速磁悬浮技术在国内已经较为成熟，已经开始运用于一些旅游专线和城市内通勤线路当中，其中在建的线路包括广东清远磁浮旅游专线和凤凰磁浮旅游专线。而高速磁浮线路目前由于建设成本和技术问题尚处于可行性研究阶段。因此，我国可以借鉴日本的有效经验，不断完善我国的磁悬浮技术，加强对研究的重视。总体上看，未来高速磁悬浮铁路将向技术实用化、低成本方向发展。

六、海陆并进优化交通布局

（一）布局公铁水联运的海上交通枢纽

要依托上海洋山港、宁波—舟山港、江苏连云港、福州港、广（州）—深（圳）港、青岛港等，布局公铁水联运的海上交通枢纽。一是要充分利用铁路集疏运能力和回程运力，有针对性地开发有效货源，提高海铁联运回程箱量占比；二是要注重海铁联运的衔接性和铁路换装通道能力建设，抓紧对于铁路集装箱码头场站的改造，尤其是集装箱装卸作业区的配套改造，解决海铁联运“中间一公里”的问题，提高海铁联运的中转效率。三是港口方可尝试通过海铁联运信息共享平台建设，实现陆港信息数据的互联互通，打造更加透明的供需匹配机制，减少运输市场的货源和班列服务的不确定性。四是尽快布局多式联运的相关基础设施。随着多式联运线路的不断发展，港口物流的陆向服务范围也逐渐从港口所属的境内腹地向境外腹地扩展，跨境多式联运逐渐成为全球物流网络的重要组成部分，也为港口物流提供了新的多式联运运输模式。当前，以贸易通道为发展基础的物流通道建设已成为跨境多式联运通道建设的主要模式之一。此外，“内贸外运”成为跨境多式联运的新特色，也是内贸运输新路线。“内贸外运”主要是指国内不同地区之间的货物流通，借助国外港口进行海上运输，以扩大运力、降低成本。

（二）紧跟全球气候变化趋势，开辟海运新航线

所谓北极航道，指穿越北冰洋，连接大西洋和太平洋的海上航道，分为西伯利亚沿岸的“东北航道”和加拿大沿岸的“西北航道”以及穿越沿岸国家200海里专属经济区之外的公海、连接太平洋和大西洋的“中央航道”。北极航道虽然路途较短，但长期以来，并不为人们所重视。主要原因就是天气寒冷，长年被海冰影响，难以具备商业航运价值。近几十年来，随着全球工业化进程的加速，被人们广为诟病的全球气候变暖，却给了北极航道机会。海冰消融使得北冰洋的航行期变得更长。目前，北半球的7月中旬到10月中旬，船只都可以通过北极航线航行。对于中国国际海运市场来说，北极航道的开发更有着直接的好处。其一，若船只从中国宁波以北的港口出发至欧洲

地区，经北极航道会比传统经巴拿马运河和苏伊士运河平均节约20%和40%的航程，10天左右的时间。由于时间缩短，燃料成本也将大幅降低。有数据显示，以上海港为例，和经由传统航线到达欧洲、北美等港口相比，走北极航线的燃油费用成本能够降低超过15%。其二，减少过路费。目前，每艘大型货船经过巴拿马运河和苏伊士运河，单次通行费用高达40万—50万美元。而北极航道并非人工运河，通行成本自然有所降低。因此，在马六甲海峡和苏伊士运河等战略要冲存在地缘风险的情况下，未来可考虑将拓展北极航线的规划纳入交通运输顶层设计中。

（三）破解能源困局，构建陆上战略新通道

目前，经过霍尔木兹海峡、马六甲海峡等全球敏感地区运送至中国的石油，已分别占我国进口石油总量的80%以上。国内石油需求对海上通道的严重依赖，已给我国能源安全带来极大风险。因此，交通基础设施服务区域经济发展的重要一环便是有效开辟陆上通道，破解“马六甲”困局。相对于海运来讲，构建陆上能源战略新通道特别是修建陆上油气管道，投资量巨大、成本高企，但这绝不是单纯的商业行为，而是建立稳定、多元、安全、经济的全球国建能源供给体系的重要组成部分。具体来讲，一是继续推进中哈原油管道、中缅原油管道、中俄原油管道、中俄原油管道二线等4条进口原油管道的改扩建力度。在维持原有运输管道日常维护的前提下，继续规划设计二期工程，以扩大运输量为目的，以保证安全运输为支撑，继续发挥陆上能源通道的战略作用。二是以新疆为桥头堡，构建中国陆上能源大通道。从区位选择视角来看，新疆地处欧亚大陆中心，是连接东亚、东北亚和中西亚之间的重要通道，因此新疆可成为构建国家陆上能源大通道的首选地区。（1）应根据2003年6月《中哈联合声明》中“哈方支持中方参加哈里海大陆架油田的勘探和开发”的承诺，加快在哈境内合作建设中哈输油管道二期工程即肯基亚克—阿塔苏段的建设步伐，研究扩大哈里海岸边阿特劳—肯基亚克段输送能力的可行性，并结合资源的落实程度，使输油管道的年输送能力逐步由1000万—2000万吨扩充到预期的5000万吨。合作建设中哈天然气管道，推动第二条中哈输油管道建设。（2）应抓紧建设乌鲁木齐—兰州原油、成品油管道，适时建设第二条“西气东输”管道。同时，尽快启动哈密—兰州750千伏双回超高压输电线路、哈密—武汉800千伏特高压直流输电线路建设，实现“西电东送”，提高新疆煤炭等资源产品的附加值和转化能力。（3）抓紧建设精—伊—霍铁路，早日促成与哈萨克斯坦铁路在霍尔果斯接轨，

抓紧北疆铁路复线及精—阿段宽轨建设。目前，哈萨克斯坦现有的宽轨铁路已经远远无法满足新疆以西畅通物流的需求。据了解，计划建设的哈萨克斯坦大陆桥已经破土动工，总长3070公里，计划投资35亿美元，2010年建成。建成后将极大地提高哈国铁路的过货能力，真正发挥连接中国、哈萨克斯坦、东南亚、和欧洲各国的作用，形成统一的大市场，中国就可以取得到达欧洲市场的便捷通道和通向里海的出海口。不仅如此，新疆应进一步争取国家支持，加快西陇海兰新铁路电气化改造步伐，切实提高出疆大通道的通达能力。着力筹划并分段建设哈密—临河铁路和高速公路，适时开辟第二条出疆大通道。同时还应尽快建成南疆铁路吐—库段二线并完成电气化改造；做好喀什—和田铁路、库尔勒—若羌—格尔木铁路的前期工作，争取尽早建设第三条出疆大通道。（4）积极创造条件，适时建设中—吉—乌铁路以及中—土天然气管道。合作改扩建中巴喀喇昆仑公路，相机建设巴基斯坦的瓜达尔港—新疆油气运输管道或伊朗—巴基斯坦—新疆南部原油、天然气管道，在印度洋直接对接产油国，打开联通波斯湾油气富集区的陆上能源通道，使我国的能源资源供应处于更加安全的态势。

第四节　促进交通与其他产业融合发展，发挥交通的引领作用

一、促进交通与其他产业以及交通与公共服务的一体化

全面推进京津冀、长三角、粤港澳大湾区和成渝四大区域交通与工业和建筑业融合发展。充分发挥交通促进工业、建筑业发展的基础性作用，加快实现交通干线与工业区衔接，使交通与第二产业实现互动互赢。加强交通运输与现代工业和建筑业等跨行业合作，发展交通运输平台经济、枢纽经济、通道经济、低空经济。支持交通与工业和建筑业延伸服务链条，强化交通运输与现代工业和建筑业的相互支撑。推动交通运输与生产制造、流通环节资源整合，鼓励物流组织模式与业态创新。

在成渝地区双城经济圈发展高端生产性服务业，主要经济指标如图20-20所示，成渝地区刚好在胡焕庸线略微偏东的位置，成渝地区对于带动中西部地区发展能够发挥很大的作用，特别是在乡村振兴等方面。高端的生产性

服务业，需要在成渝地区双城经济圈这个优势空间中孵化，再进一步辐射到中西部其他地区，从而带动中西部地区发展。

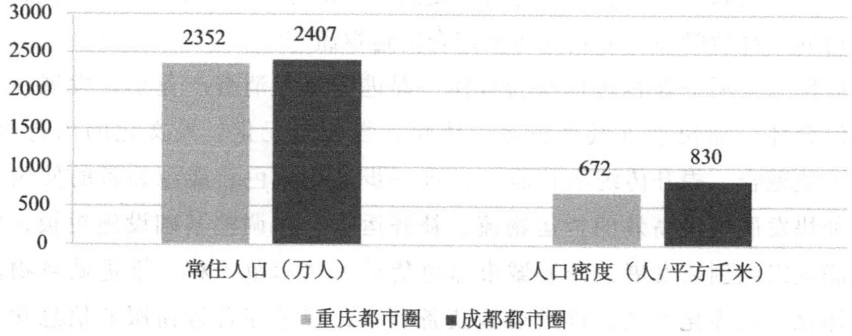

图 20－20　2019 年成渝经济圈主要经济指标

资料来源：Wind。

增加长三角的运输机场到 10 座，积极推动域内机场间的合作，发挥出“1＋1＞2”的效果。推动机场建设与区域生产性产业相融合，把机场建设成为区域经济社会发展的枢纽、拉动区域经济和生产性产业共同发展的增长极。建立长三角区域层面的机场一体化机制，打破行政区域藩篱，按照空间地理、社会人文、经济集群等自然机理，构建其机场辐射圈、服务圈，最大化利用机场运载能力。

推动站城融合、站商融合、站学融合、站医融合，将铁路单纯通勤转化为产业融合、功能复合、站城一体、生活枢纽、文化地标、艺术典范的新兴应用场景，形成轨交建设与地区发展相互促进的良性循环。①

依托优势互补，促进机场与自贸区产业融合。大力促进机场航空物流与自贸区保税功能的融合。完善国际航空货运枢纽的航空运输能力，以及强化物流运作，包括集散、仓储、运输、通关、信息跟踪等一系列功能。促进航空物流与加工贸易和转口贸易的融合。建立高效的航空物流系统，包括信息流的动态交换、资金流的增值服务等，将航空物流与自贸试验区内贸易企业的供需方进行有效链接，形成供应链伙伴关系。推动航空物流与电子商务的融合。将跨境电子商务与航空运输相结合，全面改善国内货航以普货为主的货源结构，提高运输效率，使得跨境电子商务更具市场竞争力。

加快形成以粤港澳大湾区世界级港口群为核心，以东西两翼港口群为支撑的协同发展格局，提升港口群国际竞争力达到世界一流水准。全面建成广

① 参考资料：《长江三角洲区域一体化发展规划纲要》。

州全球性航空枢纽，深圳国际航空枢纽，珠海区域航空枢纽，推进机场相互协调能力，形成世界级机场群，提升粤港澳大湾区航空枢纽功能和综合竞争力。加快建成布局合理、一体衔接、便捷换乘的综合客运枢纽，善信息互联、运作协同、高效管理的多式联运型综合货运枢纽。[①]

鼓励以大型综合客运枢纽为载体，促进商贸等消费产业集聚发展，打造城市综合体。加快推进城乡客运一体化，强化多元化、人文化的出行服务，加强产业融合，提升传统出行服务，进一步推广绿色新能源装备的使用等工作。加快发展现代高效的货运物流，补齐运输结构调整基础设施短板，推进多式联运组织创新发展，开展城市绿色货运配送示范工程，推进城乡物流服务一体化、均等化发展，推进运输装备升级，推进综合运输服务信息化，推进国际贸易物流便利化。

成渝地区可通过地下通道、空中连廊、地面交通慢行廊道保证地上地下空间实现立体通达与多种出行方式零距离换乘。成渝在完善“双核”辐射综合交通网络方面，分类打造绿色高效城市综合交通体系，优化城乡融合交通网络。建设多层次物流枢纽，合力强化国际物流服务网络，提升多式联运和城乡货运物流服务水平。将生态优先、绿色发展理念贯穿综合交通运输体系建设全过程，增强综合交通运输发展韧性，使交通系统在面临灾害和冲击面前能快速恢复功能。

建成以重庆、成都国家物流枢纽为核心，建设多层次物流枢纽，合力强化国际物流服务网络，提升多式联运和城乡货运物流服务水平。

二、促进交通敏感型产业发展，优化临空、临港、临高铁产业的发展与布局

通过结合未来交通运输发展和空间分布特点，将京津冀、长三角、粤港澳大湾区和成渝地区双城经济圈 4 个地区作为极。拓展 4 极辐射空间和交通资源配置能力，打造我国综合立体交通与临空、临港产业协同发展，充分发挥促进全国区域发展南北互动、东西交融的重要作用。

将自由贸易区与港口物对接融合，全面推进临港区域打造世界级前沿产业集群，发展集成电路、人工智能、生物医药、民用航空等先进制造业。以港口为依托建立大型自由贸易区，为港口货运通过自由贸易区进出国境提供

① 参考资料来源：《粤港澳大湾区发展规划纲要》。

便利，为转口贸易和货物中转创造条件。加强自由贸易区的物流服务，增强港口对国际贸易货主和大型物流公司的吸引力，通过增加港口的国际货流量，吸引更多的物流和出口加工企业进入区内，形成区港这种相互创造需求的关系使其经济利益一体化。全面建设港口的口岸作业区与物流服务一体化，使物流在更大空间和更多领域内得到充分发展。全面推进港产业与现代物流业对接，提高临港产业的聚集效应，从而引导上下游产业环节有机联接。在自由贸易区规划为运输、仓储、加工、配送及信息企业提供充足的服务场所，将分散的产业通过自由贸易区聚集形成规模化、链条化的高集中度产业。①

全面增强码头容量及泊位建设，更新码头设施，加大配套能力，全面提升码头在港口体系中的地位。建立长三角最大产业运输一体化码头，不断拓展汽车整车和零部件装卸、汽车展示、交易、仓储分拨、物流增值等全方位的服务，逐步打造成为长江流域主要汽车制造企业滚装运输的中转枢纽。形成物流先导，产业支撑的关系，全面发挥自由贸易区的物流拓展和产业拉动作用，实现区、港、产业、物流的共赢，推动临港经济快速发展。②

从机场航线网络、运营效率、业务结构等方面全面提升机场功能，围绕港口、机场布局经济活动，以有效降低贸易和商务成本，提高生产效率和开拓市场。可在四大区域空港的交通服务结合下推动枢纽功能的转型和升级，催生新的临空区域经济增长点。打破边界，搭建海空交通枢纽与区域空间融合发展平台，以海港、空港为中心，以土地利用为调控手段，合理布局各类基础设施和各种经济实体，进而形成一个功能完善、协同发展的经济增长极。在空间上，把交通枢纽与临空新片区紧密结合起来，打破行政隶属边界。

客运上（如图 20－21 所示），四大区域机场应加强航空联盟内的合作和联合经营，促进航空运力的提升，在欧洲航线上开辟新的中途经停点，加强与“一带一路”沿线国家和城市的联系，在北美航线上进一步延伸，增加远程国际航线。

在货运方面，提高铁路带货的比率，提高铁动车的装载率，全面提升货运吞吐量，最终形成货运枢纽。大力发展客货多式联运，打造综合一体化平台。通过打造综合一体化国际货运枢纽，全面扩展高铁业务范围，拓展服务产业链，增强发展潜力。通过科学规划、建设，实现不同运输方式之间的互通，建立铁路、公路的联通渠道和运作机制，构建智能化的物流运输体系。

---

① 参考资料：《天津市城市总体规划（2017—2035 年）编制工作方案》。

② 参考资料：《中国（上海）自由贸易试验区临港新片区总体方案》。

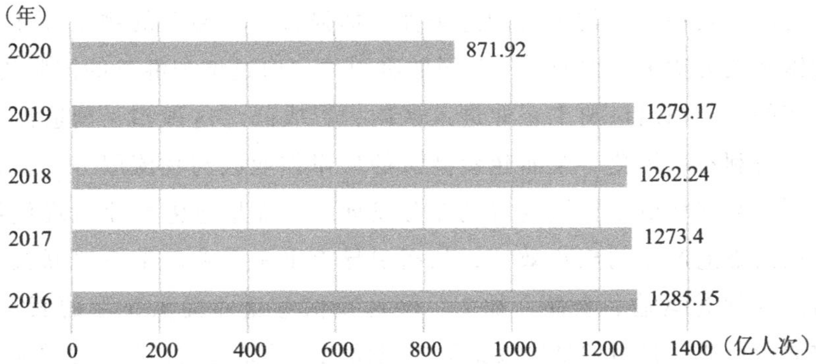

图 20－21　2016—2020 年全国城市客运量

资料来源：2020 年交通运输行业发展统计公报。

轨道交通建设具有减少“碳源”的巨大潜力，如图 20－22 所示，全面赋能基础设施升级，通过运输组织优化和治理能力提升降低碳排放。据统计，交通运输行业碳排放占全国终端碳排放 15% 左右，是第三大温室气体排放部门，仅次于能源供应和工业生产部门。为此，要坚持生态优先、绿色低碳的发展理念。

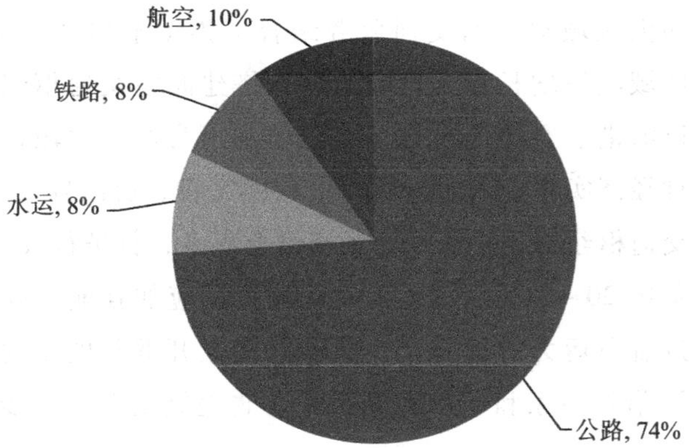

图 20－22　2019 年交通运输碳排放结构

资料来源：第十三届全国人大常委会第二十九次会议报告内容。

三、促进城市群产业转移与高质量发展

随着京津冀三地跨区域产业活动和创新联系的不断活跃，北京外溢效应明显，全面推进天津和河北积极承接北京部分产业的疏解转移，加快三地间的产业分工。

全面构建的京津冀城际铁路，将北京周边的各个城市使用的城际铁路连接起来，加快推进北京周边地区承接北京疏解的产业，带动人口疏解，实现产业升级。全面构建京津冀城际铁路，充分既有的高速铁路，普速铁路富余能力开行城际列车，规划新建城际铁路来构建京津保核心区、京津石中心城区与周边城镇的大容量、高效便捷、换乘顺畅的轨道交通网络。

现有的京津城际铁路，解决了在京上班周围城市居住的问题，但费用较高。同时北京市很多产业受到限制发展，可将工商业污染产业设施，利用交通便利性迁移到周边地区，在疏解北京人口的同时起到了产业转移、疏解通行压力的作用。

国家公路投资持续增长如图 20－23，在城际铁路发展同时，增加城际客运车次，增创区位交通优势，全面建设综合交通运输体系，有序疏解北京非首都功能。坚持控制增量与疏解存量双管齐下。聚焦三地协同发展，推进交通一体化、加强生态环境保护、推动产业升级转移三大重点领域，力争率先取得突破。同时，还要更加重视发挥好辐射带动作用，推动首都的科技、产业、文化及公共服务资源延伸到周边地区。围绕解决城市发展短板，加强北京环境整治，完善服务配套，提升城市品位，让广大人民群众切实感受到疏解与提升带来的好处。①

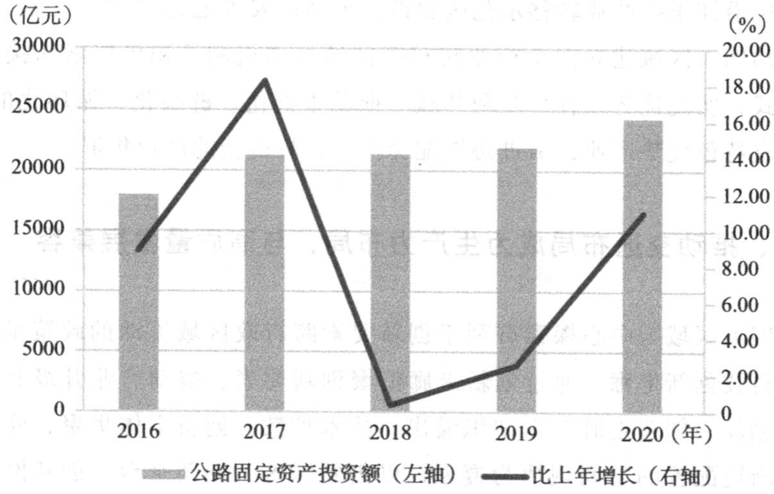

图 20－23　2016—2020 年公路固定资产投资额及增长速度

资料来源：2020 年交通运输行业发展统计公报。

① 参考资料：《京津冀产业转移指南》。

积极探索实施经济社会发展，加快行政副中心规划建设，对于各区县在京津冀协同发展中的角色和定位，以及在疏解非首都功能中的任务和责任。

当前，四大区域交通运输展现出巨大空间和光明前景。通过“一带一路”建设，加强粤港澳长三角的交通的联系，形成依托港澳、连接东南亚和南亚、面向世界的区域开放新格局。

立足成渝城市群产业发展基础，发挥各市资源禀赋优势，明确各市产业承接重点，提升承接产业转移的针对性和有效性，促进城市群承接产业布局调整和协同发展。支持周边地区企业到重庆、成都设立行政总部、研发中心、营销中心、物流中心。综合运用产业、环境、土地等政策调控手段，根据各地区主体功能定位，加强对产业转移的引导和调控，推动产业结构转型升级，强化产业转移项目环境影响评价和节能评估审查，防止高耗能、高污染和落后产能转入。①

依托长江黄金水道和渝新欧、蓉新欧国际大通道，支持交通区域条件好的产业集聚区承接产业转移，积极建设承接产业转移示范区，建设沿海加工贸易转移的重点承接地，将园区发展与产业转移相衔接，优化空间布局。创新工业园区管理模式，建立以“一站式服务”为核心的政府公共服务平台。加大工业园区基础设施建设，完善产业配套服务体系，优化投资环境。继续推进重庆沿江承接产业转移示范区建设，推动广安等地建设。②

推动四大区域建立健全产业转移跨区域合作机制，积极探索承接产业转移新模式，实现优势互补、互利共赢。推动集群化、链条化、循环化的模式，依托现有特色优势产业，引进协作配套产业，打造新的产业集群。

四、推动交通布局成为生产力布局，与高质量发展兼容

以四大区域为中心探索有利于创新要素跨行政区域流动的政策举措，全面发展科技创新走廊。通过创新走廊汇聚创新要素、推动产业升级和推进区域协同创新。创新走廊是以知识溢出、技术扩散、创新主体集聚、要素流动以及创新链配置的空间规律为遵循，以创新园区、创新平台、创新网络为载体，以互联便捷的交通线为依托，以创新生态环境为核心，以共建共享的区域创新体系为基础，沿高速公路向沿线区域延展创新走廊，逐渐形成长达200

① 参考：《关于对成渝地区承接东部产业转移给予政策支持的提案》和《成渝城市群发展规划》。

② 参考：《长江经济带产业转移指导意见》。

公里范围内的狭长创新带，并形成各创新环节相互衔接的条带状或环形状分布的科技创新带。进一步探究创新带之间联动模式，结合综合交通枢纽建设构建更加开放的发展格局。

探究全面推进建设怡人的城市环境、良好的创新生态、宽容的创新文化和完善的配套设施为创新走廊发展提供基础条件。进一步打造资金共同投入、技术共同转化、利益共同分享的协同创新共同体。依托交通大通道，汇聚沿线各节点城市的创新资源，构建产业联动、空间联结、功能贯穿的创新经济带。探索实现创新资源与产业要素之间的跨地区精准匹配和对接，实现以创新走廊协同创新中心为载体，科技合作项目异地孵化和成果互享。

粤港澳大湾区产业体系完善，制造业基础雄厚，高端服务业发展水平较高。依托现有各临空经济区的主体优势进行产业分工，加速推进临空产业集聚、协同发展，构建大湾区临空产业体系。助力临空经济高质量发展；打造集会展、商贸、购物、文娱为一体的会展经济圈，创新发展航空物流，打造世界一流国际空港型物流枢纽。

全面推进临空经济，建设集航空、高铁、城市轨道、水运、公路等多种交通方式于一体的综合空港枢纽，推进机场与地面交通的立体化、无缝对接，优化高速公路、铁路、城市轨道交通网络布局，加快推进基础设施互联互通。规划建设机场高铁站，构建多层次空铁联运体系。提升四大城市群机场国际枢纽竞争力，持续扩大国内国际航空网络。优化四大城市群机场设施布局，完善基础设施网络，形成连接全国、联通世界的高效、便捷航空客货运输的通达性和投送力。构建四大机场群新网络以及创新临空经济新模式，最终形成世界级机场群建设方案。

第五节　促进智慧、低碳、绿色、韧性交通发展，更高质量服务于区域重大战略

一、全面推进“数字公交”，提高绿色交通服务品质

尽管在新冠肺炎疫情的蔓延下，面对疫情和轨道交通、多种新型交通模式的快速发展的冲击，国内大城市地面公交客流量受到了一定冲击，但公交依然是城市内交通最重要的部分，图 20 – 24 展示了四大城市群主要城市公交

运营状况，相较于近年来快速发展起来的地铁，公交覆盖范围广，运营线路多，提升交通服务品质尤其要从公交服务着手。因此，城市公交体系应从传统“粗放式”的城市交通供给模式转型向数字化、精细化和人性化的出行模式。

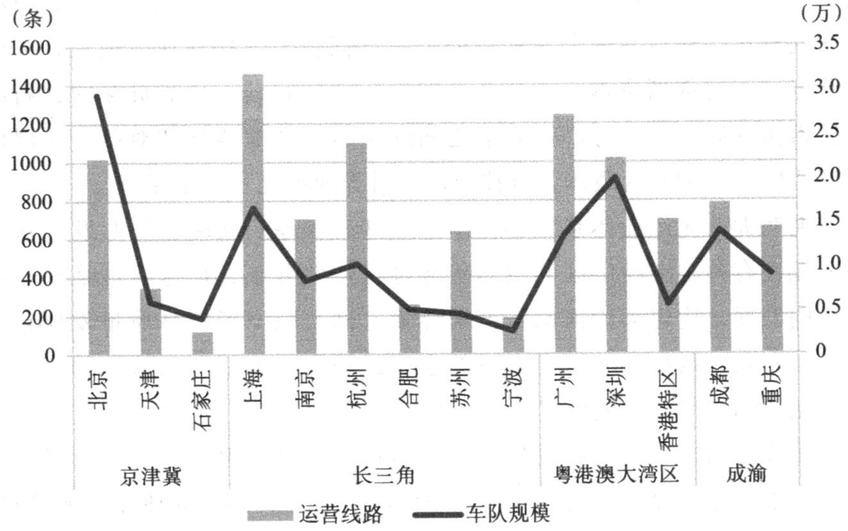

图 20－24　四大城市群主要城市公交运营状况

资料来源：中国城市客运发展报告。

自2019年交通运输部发布《数字交通发展规划纲要》以来，我国许多城市开始推广智能公交站牌，其中京津冀地区、长三角地区、粤港澳大湾区及成渝地区的主要城市主城区均已于2019年开始试点使用，但仍未覆盖全部地区，因此要进一步推进“数字公交”，扩大智能公交站牌覆盖范围，提高公共交通服务品质。

通过智能公交站牌，可实现公交线路信息显示、最近车辆距本站站数、车辆进站提醒、车厢拥挤度显示、沿途道路拥挤度显示等功能。此外，电子站牌还可以为人们提供多种多样的功能性服务，如显示天气预报、观看视频节目等。电子站牌还实时视频监控功能，既方便指挥中心合理调度车辆，又能记录违法犯罪行为，为公安机关提供有效的证据。

数字化的推广使得原本仅用来显示公交线路的公交站牌功能更加多样化。杭州市的智能公交站牌，除了显示公交到站信息，还可以进行地铁信息查询、公交换乘查询、火车航班查询等服务；此外，上海市的智能公交站牌使用黑白电子墨水屏，运用先进的太阳能充电及双电池供电技术，相比起传统的

LED 屏，更加节能、环保、低能耗。数字交通的服务为人们的生活提供了更多的便利，全面推进“数字公交”，提高交通服务品质，为市民打造更美好、便利的出行环境。

二、地铁系统数字化，优化智慧交通服务品质

近年来中国大陆地区大规模的地铁建设成就世界有目共睹，中国地铁无人驾驶信号系统技术世界领先、地铁运营客流量世界领先、运营线路长度世界领先、建设速度更是世界领先，截至 2020 年底，我国已有 44 座城市开通轨道交通，如图 20－25 所示，在我国四大城市群中，京津冀地区仅北京、天津、石家庄三座城市开通地铁；长三角地区开通地铁城市数最多，粤港澳大湾区次之，成渝地区成都和重庆均已开通地铁。

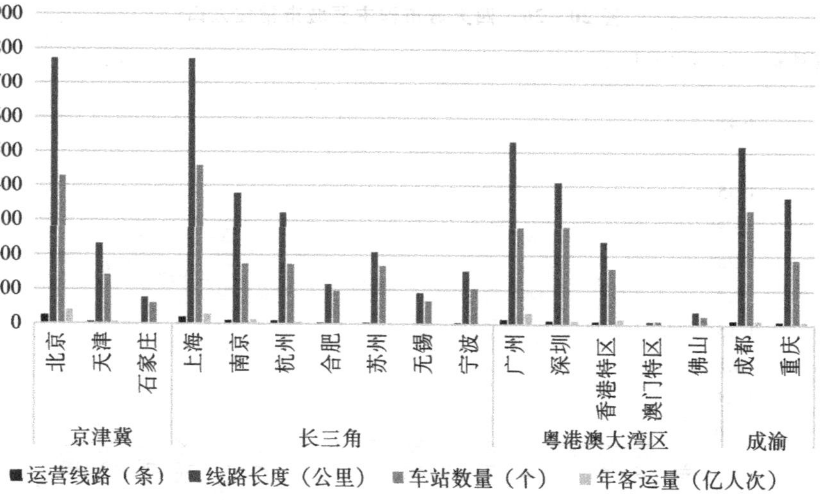

图 20－25　四大城市群主要城市地铁运营状况

资料来源：各市地铁官网。

四大城市群主要城市常住人口如图 20－26 所示，本章利用城市的地铁运营里数及城市常住人口数，粗略算出地铁服务人口比，该比例可大致反映城市的地铁是否更好地服务了城市居民。结果如图 20－27 所示，北京、上海、南京、杭州、香港特区的服务水平相对较高，均突破 0.3，其余城市大多分布在 0.1 到 0.3 之间，石家庄和佛山的服务水平最低，地铁服务品质仍需提高。

此外，我们计算了四大城市群主要城市地铁线路负荷强度（通过每天每公里地铁线路要承担的人流量来体现）。从图 20－28 可以看出，北京、广州、

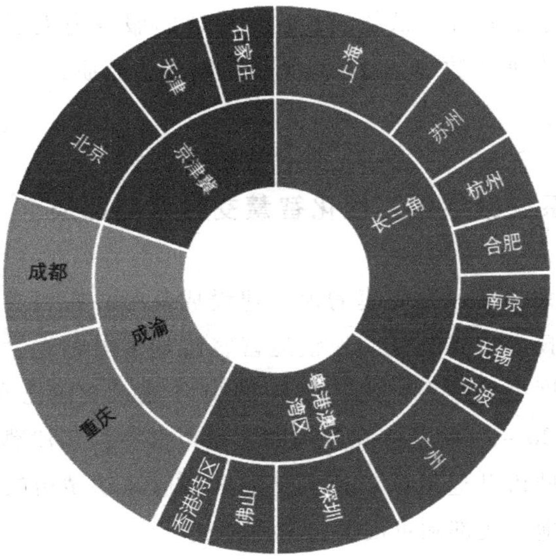

图 20－26　四大城市群主要城市常住人口

资料来源：国家统计局。

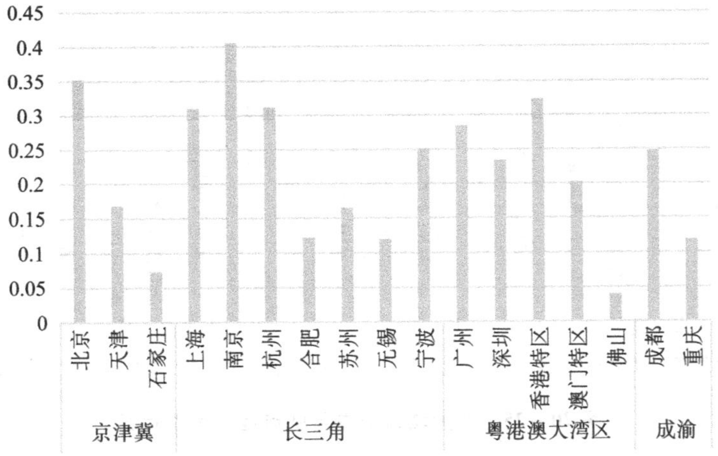

图 20－27　四大城市群主要城市地铁服务人口比

资料来源：根据各市地铁官网发布数据整理计算。

香港特区、上海地区的地铁线路负荷强度较高，均超过 1 万乘次/公里・日。二线城市/省会城市的地铁线路负荷强度大多位于 0.5—1 万乘次/公里・日之间。地铁负荷强度高的城市，更应该增加地铁线路，优化轨道交通网，提高城市内公交—地铁联通服务，使人们能够体验到更好的交通服务。

尽管当前我国在地铁建设上取得了很大的成就，但从服务上来说，我国

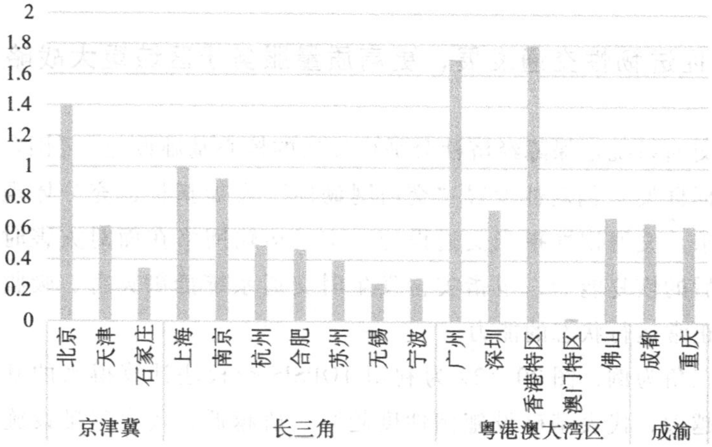

图 20－28　四大城市群主要城市地铁线路负荷强度

资料来源：根据各市地铁官网发布数据整理计算。

地铁建设和运营管理整体数字化成熟度低，地铁服务人口比例较低，地铁线路负荷强度高，基于以上问题，利用数字化技术改善地铁系统现状、引领未来已刻不容缓。

首先，对于平台化运营管理，可采取更先进的模式，如统一的 COCC（中央运营控制中心），不仅可以降低运营成本，还能提高各线路协同。随着信号技术的发展，一个具有五六条线以上地铁线路规划的城市应该建设两个 COCC（一主一副互为备份），并通过统一平台进行集中调度，不但可以大大降低单线路 OCC（运营控制中心）的建设投入，而且还能有效应对突发事件应急管理的需求。

其次，可以利用先进的计算机通信网络平台对各条线路主要运营信息进行采集，监控各线运营情况，打造一个覆盖全线的应急指挥系统，这样在遇到严重突发事件或影响临线线路的突发事件发生时，就能够及时进行协调指挥，应急处置，增加交通韧性。

最后，为提高服务品质，地铁内部设施可进行改进，由于地铁已经成为人们出行的主要方式之一，在北京、上海之类的国际化大都市里，乘坐地铁前往目的地往往需要一小时甚至更久的时间，而地铁内的设施相对较为贫乏。南京地铁曾将车厢改造成主题车厢，受到群众的一致好评，通过对地铁内部进行装饰，或是增加电子屏幕播放实时新闻或其他视频，不仅可以借此通过招商获得广告支持，也可以为人们枯燥的出行增添一抹亮色，提高公民幸福度，交通也就更好地服务了人民。

三、促进韧性交通发展，更高质量服务于区域重大战略

道路交通系统是保障经济社会平稳发展的核心基础设施。《国家综合立体交通网指标框架》创新性设置“交通网韧性”发展指标，充分体现了交通强国建设要求。交通韧性指当交通设施、交通运输网络在面对灾害时的应对能力以及灾后的恢复能力，也指灾害发生时交通系统抵御灾害、吸收损失并及时恢复至正常运行状态的能力。

以长三角为例，图 20－29 为利用 TOPSIS 熵权法计算得来的基础设施韧性度，值越大，代表基础设施韧性度越高；值越低，代表基础设施韧性度越低。由图可知，上海市一直处于高韧性度状态，尽管上海市人均道路面积并不高，但其城市天然气供气总量以及排水管道长度、国际互联网用户数大大提高了其基础设施韧性度；南京、苏州、无锡、杭州、宁波、合肥基础设施韧性度处于中等，不过一直在上升，总体上，长三角城市群基础设施韧性度处于较低水平，应进一步完善交通设施，加强网络基础设施的构建。

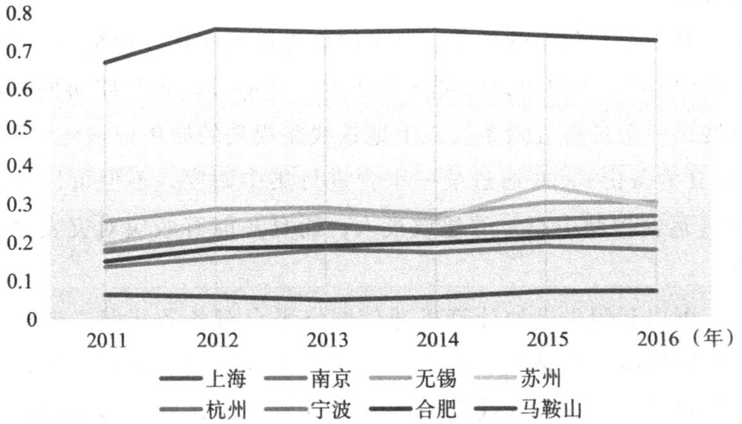

图 20－29　长三角城市群 2011—2016 年基础设施韧性度

资料来源：余硕，段芳．长三角城市群基础设施韧性度评价——基于 TOPSIS 熵权法［J］．中国房地产，2020（27）：31－35。

地震、台风、暴雨等扰动事件频发，给道路交通系统的正常运行造成强烈冲击。例如，2008 年四川省汶川地震影响了 21 条道路的正常运行，其中，5 条国道和 11 条省道遭受严重破坏。2021 年 7 月 17 日以来，河南省遭遇极端强降雨，至 20 日下午，郑州机场取消和延误的航班超过 200 架次，郑州地铁全线网车站暂停运营服务，郑州境内两条国道发生塌方，另有两条国道、四

条省道因路面积水中断。

全球约27%的公路和铁路资产至少面临着一种自然灾害，约7.5%的资产经受着百年一遇的洪水风险；公路和铁路网络最易受地表洪水的影响，其次是热带气旋、河流洪水和地震。根据《中国自然灾害风险地图集》中“中国综合自然灾害相对风险等级图”显示，全国风险等级呈现出“东部高于中部、中部高于西部”的格局。其中，长三角及长江下游沿江地区、淮河流域、华北平原及京津唐地区、两湖地区、汾渭盆地、四川盆地、下辽河地区成为全国7个综合自然灾害高风险地区。

为了抵抗自然灾害的风险，城市必须从长期粗放式发展转向精细化发展，在未来城市发展规划及区域发展战略中，必须要提高交通运输系统的韧性。一般来说，韧性交通主要体现在四个方面：一是抵抗力，即抵抗地震、泥石流、水灾等自然灾害的能力。二是可靠性，即在日常及突发情况下保持通行的能力。三是冗余性，即拥有多条替代路径或富余的通行能力。四是恢复力，即对于自然灾害等突发事故的快速恢复能力。因此，提高交通韧性发展主要从以下几个方面入手：

首先，交通韧性的核心是保障人民的生命安全，提高交通系统韧性的首要目标是将交通事故及伤亡率控制在很低的水平。针对安全方面，前期对灾害的预报及评估极为重要，因此，交通主管部门应系统评估温度、风、降雨等气候因素的变化及影响，识别区域内易受自然灾损的基础设施，并确保建立稳定可靠及时的天气以及水灾等自然灾害的多来源实时预报渠道。

其次，提高交通韧性，要丰富交通系统多样性，增强道路系统间的连通性，完善道路交通设施。在此次新冠肺炎疫情蔓延全球的情况下，人们的生活方式发生了巨大改变，远程生活方式的比重逐渐增加，如远程办公、上课，外卖，快递等，人类的许多活动由实体空间转向虚拟空间，出行方式也随之改变，无人化、信息化、精细化的交通方式迅速发展，因此，未来应发掘出更多的交通运输方式，提高交通运输网络在遭遇破坏后的运营弹性。

此外，为了更好地履行智慧、绿色、低碳发展的目标，提高城市交通韧性，我国可大力建设自行车出行体系，在地铁站、公交车站、交通枢纽、大型商圈等场所附近完善自行车停车设施，提高建设标准，根据实际客流水平，结合目前盛行的共享单车，增加自行车投放，并设置足量自行车停车设施。在提升骑行空间连续性的基础上，还要通过完善设施与管理的双重手段，保障自行车路权。在监管方面，要强化督察考核，建立绿色交通监督与评价机制，对绿色交通系统的建设与服务水平进行评价。通过倡导绿色出行的自行车体系，减轻城市交通负担，增强城市交通韧性发展，如在遭遇自然灾害交通设施毁损后，自行车相对而言恢复得更快。

最后，在最初城市交通道路设计时，就有必要考虑其抵御和应对突发事件的能力。持续提升基础设施管理水平。围绕实施区域发展总体战略和落实“一带一路”建设、京津冀协同发展、长江经济带发展等重大战略，推进国家重点城市群、重要经济带和灾害高风险区域的防灾减灾救灾能力建设。提高交通基础设施对于自然灾害的抵抗能力，建立韧性导向交通发展机制。考虑到交通基础设施运营机构缺乏建设韧性交通的动力，交通主管部门应做好韧性交通建设的顶层设计。推动交通基础设施规划与国土空间规划相一致，降低人们对自然灾害的暴露程度，通过交通引导促进低风险空间发展。

四、解决“最后一公里”，完善国家立体交通网

“最后一公里”指从轨道交通或公交站点到家的一段路程，理想的步行距离应为一公里左右，但由于当前城市存在公共交通覆盖站点不完全，接驳交通保障不足等问题，导致最后的步行距离过长，给人们的生活造成不便，因此，“最后一公里”问题，既是构建完善的交通体系必须解决的问题，也是让交通运输更好地服务于区域发展必须解决的问题。

（一）打造精细化出行体系，解决主城区“最后一公里”问题

最能体现人们出行时间品质的就是通勤时间，如图 20－30、图 20－31 所示，中国超、特大城市如北京、上海、广州、深圳等，通勤时间超过 60 分钟的比重均超过 10%，而通勤时间 45 分钟内的比重大多低于 75%，通勤时间过长也为人们的生活带来不便，因此，应尽快完善城市内部交通网络，交通精细化以减少通勤时间，提高交通服务品质。

通过车站周边轨道覆盖通勤比重，可粗略衡量最后一公里的情况，在我国 38 个开通轨道交通的城市，车站 800 米轨道覆盖通勤比重为 15%。其中，如图 20－32 所示，轨道交通与职住空间契合度最好的城市仍然是广州，车站 800 米轨道覆盖通勤达到 30%，北京、上海、深圳、成都、重庆等超、特大城市车站 800 米轨道覆盖通勤比重也超过 20%，其余城市比重略低，仍需完善。

我国大多数城市，机场、高铁站都建立在距离市中心十公里以上的地方，如表 20－10 所示，国内主要的十大高铁站，除北京南站外均位于城郊，距离

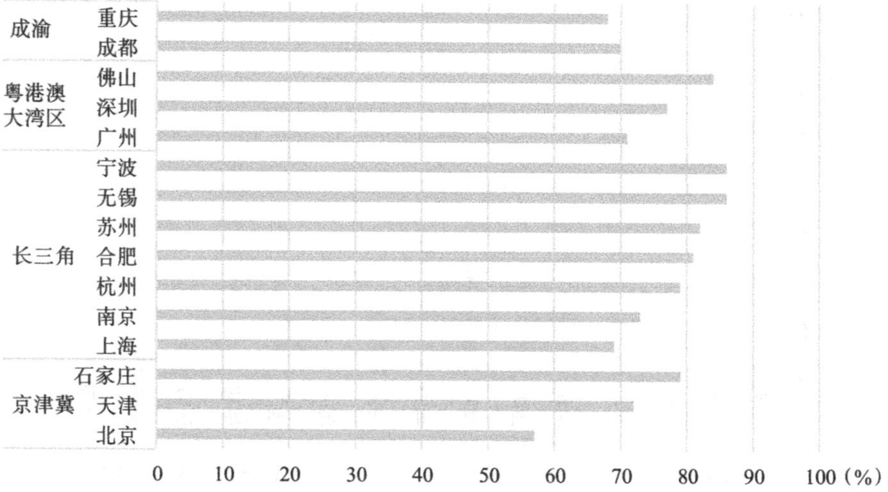

图 20－30　2020 年四大城市群主要城市 45 分钟内通勤比重

资料来源：2020 年全国主要城市通勤时耗监测报告。

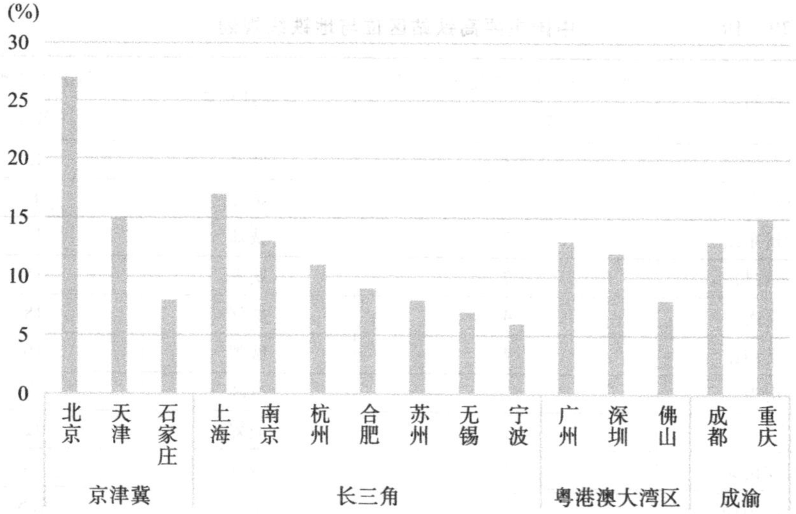

图 20－31　2020 年四大城市群主要城市 60 分钟以上通勤比重

资料来源：2020 年全国主要城市通勤时耗监测报告。

市中心距离大部分都有 10—18 公里。而机场的建设往往更加偏僻，如表 20－11 所示，四大区域主要城市的国际机场距市区距离大部分都超过 20 公里，有的甚至达到 40 公里以上，出发去机场就要花费一两个小时的时间，甚至比国内一些航班的飞行时间还要长。

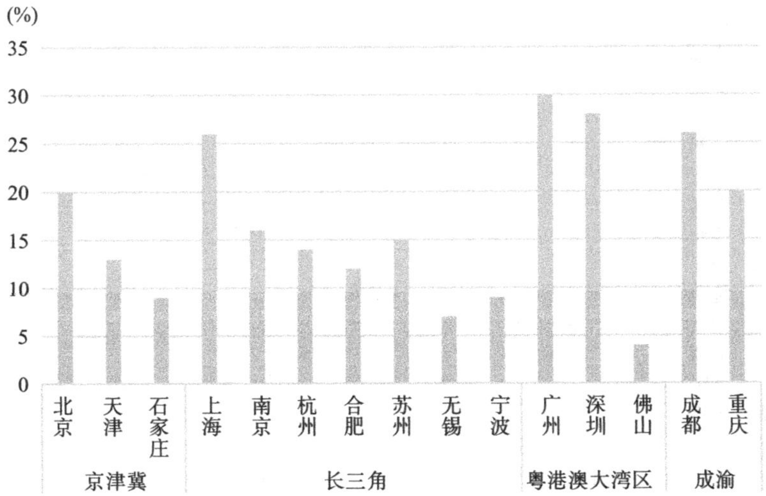

图 20－32　2020 年四大城市群主要城市轨道覆盖 800 米通勤比重

资料来源：2020 年全国主要城市通勤时耗监测报告。

表 20－10　中国主要高铁站区位与地铁线规划

高铁站名	地铁、城铁（含规划、在建）数量（个）	高铁站位置	距市中心距离（公里）
西安北站	3	城郊	13
郑州东站	2	城郊	8
杭州东站	2	城郊	13
上海虹桥站	2	城郊	15
广州南站	4	城郊	18
南京南站	4	城郊	10
北京南站	2	市区	5
武汉站	2	城郊	12
天津南站	1	城郊	18
长沙南站	3	城郊	9.5

资料来源：由高德地图手工整理。

表 20－11　四大城市群主要城市机场距市区距离

城市群	城市	机场名称	距市区距离（公里）
京津冀	北京	首都国际机场	22
		大兴国际机场	55
	天津	滨海国际机场	20
	石家庄	正定国际机场	35

续表

城市群	城市	机场名称	距市区距离（公里）
长三角	南京	禄口国际机场	36
	上海	浦东国际机场	45
		虹桥国际机场	14
	杭州	萧山国际机场	35
	宁波	栎社国际机场	15
	合肥	新桥国际机场	39
粤港澳大湾区	广州	白云国际机场	33
	深圳	宝安国际机场	37
成渝	成都	双流国际机场	18
		天府国际机场	63
	重庆	两江国际机场	32

资料来源：由高德地图手工整理。

然而，由于高铁站、机场的建设要考虑成本、地势及对城市建设发展规划的影响，位于城郊似乎是无法避免的，因此为了便利人们的生活，城市内轨道交通的发展是必不可少的。对于大城市而言，尽管公交、地铁线路发达，但是通往火车站、高铁站、机场的线路往往过于拥挤，乘坐不便，因此对现有的交通轨道网进行优化，建立数字化系统管理尤为紧要。

为更好地解决“最后一公里”问题，应该在高铁站附近开通更多的城市轨道交通服务，设置更多的公交站点，连接更多的地铁线路等。如广州南站和南京南站附近有 4 条地铁线路，为人们的出行提供了更多的选择，也可以解决线路拥挤的问题，而天津南站仅一条地铁线路通过，对使用地铁出行的人而言没有选择，因此地铁并没有很好地服务到人们的生活。此外，还可以通过新技术的应用和推广，提高对地铁、市域铁路、城际铁路和高铁的安全保障，实现不同交通工具的无缝换乘，助力打通高铁城际的最后一公里。

建立数字化管理系统。在城区内，利用大数据等工具，可将城市人口、就业数量分布和公交线网（包括发车间隔、平均时速、营业时间等数据）叠加在同一张电子地图当中。由此，可以快速测算出某地居民乘坐公共交通最经常使用的线路及人流量较为密集的地区。此外，根据乘坐公共交通在 15 分钟、30 分钟、60 分钟内可以到达的目的地的面积范围，规划单位可以更有针对性地优化调整公交线路走向，根据线网的实时客流量，调整不同线路的发车密度，使处于客流量密集线路的乘客也可以很快乘上公共交通。同时，促进地面公交与轨道交通协同合作，构建“地铁、公交一体化”的出行体系，从而使城市公共交通系统服务范围更广，提升交通服务品质。

（二）解决农村“最后一公里”问题，增加农村地区公共交通多样化

由于城市主城区内往往已经有了完善的轨道交通体系，公交、地铁、有轨电车站点覆盖比较完全，相比之下，农村地区的“最后一公里”问题比较突出。在我国农村地区，由于地形等种种因素，农村公路到家的“最后一公里”实际上有着更遥远的距离。在农村，只有城乡公交一种交通方式，而城乡公交也不是每个村子都有，只有从县城通往乡镇所在的村才有公交车。农村公路是我国公路网的重要组成部分，是交通强国建设的重要内容，对实施乡村振兴战略具有重要的先行引领和服务支撑作用。如何解决该问题，使农村人口也能享受到便利的交通服务，不仅是国家重大区域发展战略中不可忽视的一部分，也是交通运输服务提高人们生活品质的重要体现。

《中国交通的可持续发展》白皮书显示，党的十八大以来，新改建农村公路208.6万公里，其中贫困地区达到110万公里，农村公路总里程达到420.1万公里，其中县道里程58.03万公里，乡道里程119.82万公里，村道里程242.20万公里。图20－33展示了四大城市群中主要省份的农村公路情况，包括县道里程、乡道里程和村道里程。

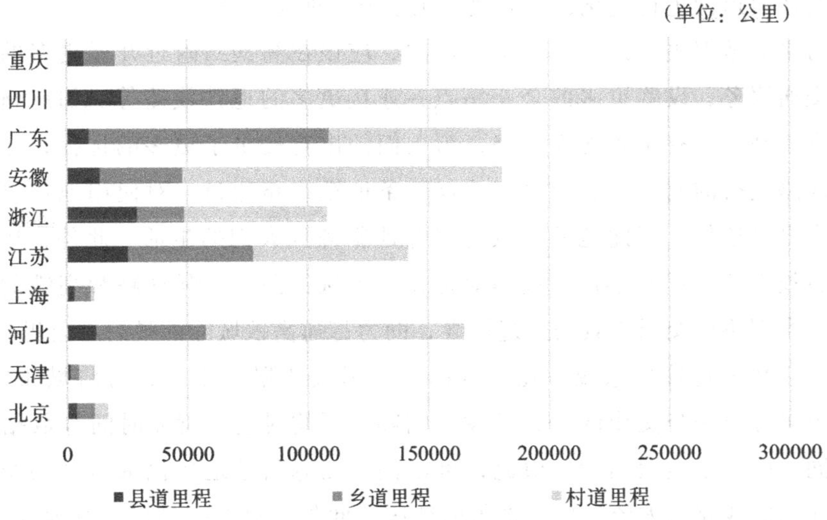

图20－33　四大城市群主要省份农村公路情况

资料来源：经济社会发展统计数据库。

村村通公交车计划提上日程以来，贫困地区新增了5.1万个建制村通硬

化路，实现了具备条件的乡镇和建制村全部通硬化路。在河南信阳市潢川县，票价1元的空调小巴士，已经通到了全县272个行政村；在山东青岛市即墨区，现已实现建制村通公交率达99%，贫困村和经济薄弱村村通公交率达到100%。农村地区“外通内联、通村畅乡、客车到村、安全便捷”的交通基础设施网络和服务体系基本形成。

全国有420万公里农村公路，其中多数线路不长、等级不高，但正是这一条条不起眼的小路，串点为线、连线成网，让农村“出门硬化路、抬脚上客车”逐渐变成现实。因此解决农村“最后一公里”问题，就要建设更加完善的公路网，同时在农村地区试点普及公交体系，让农村人口也可以出门就能坐上车。

1. 应用数字化技术，全面摸清农村路网状况。在信息化、数字化的现代，我国部分地区引入卫星遥感技术开展农村公路核查，在交通运输部通信信息中心支持下，该技术可形成覆盖范围广，分辨率高的高分遥感影像数据，同时配合工作人员对农村的采集工作，最终可获得农村路网、电子地图数据等。这一技术可广泛应用于各个城市以摸清农村路网的具体情况，对进一步建设、完善、发展农村路网而言是极大的进步。

2. 全面推进道路升级，构建城乡运输一体化。从干线公路到通村路再到入户路，不断健全、优化农村路网结构，提档升级农村公路，完善优化农村路网，实现更多的砂土路改造，全面畅通硬化路。健全管理网络，推进农村公路“路长制”，建立健全“横向到边、纵向到底”的农村公路管理网络。积极探索和推行农村客运片区经营模式，不断提升运营服务能力，同时加强城乡交通之间的连接，努力构建城乡运输一体化，完善国家立体交通网。

3. 农村道路全面延伸，解决农村居民生产最后一公里问题。在村村通、组组通完成的基础上，大力实施脱贫攻坚农田路补短板项目，加快农田道路的硬化进程，进一步补齐农村居民入农田的交通短板，打通农村居民生产“最后一公里”，全面改善交通条件，让村民去农田不再“翻山越岭”。切实增强农村群众的获得感、幸福感，为乡村振兴和设施农业发展以及未来农场经济发展奠定基础。

4. 全面布局统筹兼顾农村山区居民，为共同富裕插上翅膀。以乡村全面振兴为抓手，加快推进农村山区农村道路改造，统筹兼顾偏远农村道路交通。健全偏僻山区村道、乡道，持续改善偏僻农村人居环境，推动偏远农村基础设施提档升级，形成内联外通的综合交通网络体系，努力全面实现“乡村美、产业兴、交通畅”的目标。解决好偏远农村群众出行“最后一公里”问题，大力开展农村公路路域环境整治，进一步提升路容路貌，让偏远农村公路成为“致富路”“幸福路”。

第六节 服务“一带一路”，建设面向全球的运输网络

我国政府提出的“一带一路”国家发展政策，是今后一个时期国家经济转型和社会发展的长期战略，已得到国际社会普遍认可，特别是“一带一路”沿线国家的积极响应。“一带一路”涵盖东亚、中亚、南亚、西亚、东南亚以及中东欧、东非、北非等国家和地区，其拥有着庞大的经济总量和人口数量，然而除新加坡等少数国家外，大多数发展中国家社会经济发展程度较低，需要大规模的基础设施建设，为了实现“一带一路”的货畅其流，大运量、高速度的铁路交通，无疑是最现实、经济和最可靠的选择。构建“一带一路”的交通运输体系是“一带一路”倡议实施的先决条件和重要基础，是沿线各国设施联通、贸易畅通、民心相通必不可少的纽带和桥梁，更是必须重点突破的优先战略任务。改革开放40多年来，中国经济在政府主导、基础设施建设等方面带动整个社会快速发展，轨道交通建设作为“世界公共产品”的城市基础设施重要组成部分，在“一带一路”各个沿线国家也必将得到迅速的推广和发展，这也为中国轨道交通产业提供了无限商机和新的挑战。据最新数据显示，2020年我国对“一带一路”沿线国家进出口总额93696亿元，比上年增长1.0%；对“一带一路”沿线国家非金融类直接投资额178亿美元，增长18.3%。中欧班列和西部陆海新通道班列实现齐头并进，2020年中欧班列开行12406列，比上年增长50%，首次突破“万列”大关；西部陆海新通道铁海联运班列开行4596列，增长104.9%；由此可知我国共建“一带一路”倡议正不断地深入落实。

“一带一路”的顺利进行，必须通过建设完备的基础设施结构，从根本上优化运输体系格局，促进交通运输与区域发展相融合，提高我国与合作各方的交流效果，大力推动交通运输企业“走出去”，带动相关产业转型升级。“一带一路”中部国家现代化快速交通运输发展滞后，交通运输业贸易地区发展不平衡。除以中国为代表的少数发展中大国外，“一带一路”沿线的交通运输业发展格局是以发达国家为主导，其他发展中国家基本处于外围地位。欧洲是主要的交通运输业出口地区，也是交通运输业贸易的顺差来源地，亚洲

是交通运输业的主要逆差地区。鉴于此，我国应率先加强同中亚国家间的道路连接，强化“一带一路”点轴建设。具体而言，我国应率先加强中国同中亚国家间的道路连接，形成联通南亚、东南亚、东北亚的交通运输网，加快推进云南面向南亚东南亚的辐射中心建设；其次，发展铁路国际班列，促进欧洲货运列车的物流发展，将中国的环太平洋经济圈和西欧经济圈相连接，实现交通、物流的高效性，带动中国中西部地区的经济水平进一步提高；同时应强化“海上丝绸之路”点轴建设，打造联通东亚—东南亚—南亚—西亚—中东—南欧的跨洲际海上运输网络。

一、加快提升云南交通网络服务国家“一带一路”建设的能力和水平

东南亚凭借在地缘政治和地缘经济上的重要地位，其所构成的陆海通道对亚太地区乃至国际社会都具有重要意义。东南亚国家作为中国重要的经济合作伙伴，是中国重要的国际贸易和对外直接投资区域。云南具有独特的区位和通道优势，成为“一带一路”倡议中我国通往东南亚、南亚的重要门户。从地理位置来看，云南地处中国与东南亚、南亚三大区域的结合部，与缅甸、越南、老挝三国接壤，与泰国和柬埔寨通过澜沧江—湄公河相连，并与马来西亚、新加坡、印度、孟加拉国等国邻近，是我国毗邻周边国家最多的省份之一；从区位看，云南北上连接丝绸之路经济带，南下连接海上丝绸之路，是中国唯一可以同时从陆上沟通东南亚、南亚的省，并通过中东连接欧洲、非洲。独特的区位优势，为云南在“一带一路”建设中实现经济的跨越式发展奠定了坚实的基础。

近年来，云南的公路、铁路、航空和水运网络日趋完善，初步形成通往东南亚、南亚国家的三条便捷国际大通道，综合立体交通骨架网络初步形成、区域交流合作机制不断加强、开放合作平台体系日臻完善，为主动服务和融入国家发展战略打下基础、创造条件。“十三五”以来，云南与周边国家和省份互联互通的大通道建设取得了积极成效，为云南建设面向南亚东南亚的辐射中心提供了强有力的支撑。“十三五”期间云南省综合交通建设完成投资1.15万亿元，公路水路固定资产投资2018年至2020年连续3年位居全国第一，在交通基础设施建设取得重大突破。从公路方面来看，以昆明为中心的“七出省五出境”高速公路主通道基本成型，中越、中老、中缅国际通道高速公路云南境内段除临沧至清水河在建外，全部建成通车。从铁路方面来看，

云南铁路网实现结构扩充、提质升级，全省路网密度由 74.4 公里/万平方公里增长至 107 公里/万平方公里，营业里程由 2970 多公里增长至 4233 多公里，高铁从无到有达到 1105 公里；中老泰铁路通道目前昆明—玉溪段扩能改造工程已完成；中越铁路通道昆明—河口铁路已建成并实现全线准轨电气化；中缅铁路北通道，昆明—楚雄—大理铁路目前已开行动车，大理—瑞丽铁路正加快推进等，“八出省五出境”骨架网络基本成型，完善的路网结构为铁路货运发展奠定了坚实基础。从民航方面来看，云南“两网络一枢纽”航空网逐步形成，客货航线总数达 666 条，至南亚东南亚通航城市达 43 个、居全国第一，基本实现南亚东南亚国家首都和重点旅游城市全覆盖。新建成民用运输机场 2 个、总数达 15 个、居全国第 3 位，旅客吞吐量百万级机场 7 个、成为全国百万级机场最多的省份之一；通用机场从无到有、建成 7 个。从水运方面来看，云南省“两出省三出境”水路通道稳步推进，航道里程增加 855 公里、达 5108 公里，其中四级及以上航道里程增加到 1573 公里，右江百色水利枢纽通航设施项目取得重大突破，重点建成了金沙江高等级航道，水富、大理、富宁等内河港口和景洪、思茅、关累等对外开放港口，澜沧江—湄公河国际航运发展势头良好，实现了集装箱运输零突破。

尽管云南省综合交通基础设施逐步发展完善，与东南亚、南亚国家在互联互通建设方面取得了许多成绩，有力地推进了彼此的经贸合作与人员往来，为促进经济共同发展作出了重要贡献，但总体上看，综合交通设施的服务能力和水平、运输服务效率及管理水平等，与经济社会发展需求相比仍有较大差距。首先，虽然云南多年来一直在努力推进国际大通道建设，但进展缓慢。综合交通网络化程度偏低，与周边国家及地区交通基础设施和物流体系的对接与沟通不足，中老、中泰等重点通道尚未完全建成，面向南亚东南亚航空网络体系不完善，通航点和航线频度有待进一步增加。水利设施建设滞后，水资源短缺局面仍未改观。其次，综合运输协调发展体制尚未形成。公路、铁路、水运、民航等各种运输方式主要考虑自身行业发展，缺乏从整体角度指导全省综合运输体系长远发展的顶层设计，难以实现交通资源优化配置。最后，综合交通结构空间布局不尽合理。虽然近年来云南交通基础设施的规模和密度得到明显提高，但高等级、专业化、大能力的交通基础设施仍然不足，基础设施结构性矛盾突出，布局不合理。区域内公路等级整体偏低，截至 2019 年底全省高速和一级的高等级公路仅占 2.8%，远低于全国 5.3% 的平均水平；全省三、四级低等级公路占比 80.6%，严重制约了公路网整体效能的发挥。铁路、河水运等大运量的运输方式发展缓慢；且各种运输方式之间缺乏有效衔接，综合客运枢纽、货运枢纽以及枢纽集疏运体系建设滞后。截至2020年底云南省全省铁路运营里程4233公里，仅占全国营运总里程的2.9%，是全国拥有铁路最少的省份之一，铁路密度始终落后于全国平均铁路密度，且差距逐步扩大。全省航道等级整体偏低，很多路段处于断航，通道扩展受阻，两侧的产业布局少，且船只通航过程中翻坝多，效率低，水运成本较高，整体优势得不到发挥。

基于以上存在的问题，提出如下建议。首先，加快建设西部陆海新通道，打造辐射东南亚、南亚的立体交通网络。以中老泰通道为重点，加快中国—中南半岛基础设施互联互通建设合作，以中缅陆路通道及陆水联运通道为重点，加快形成我国连通印度洋最为便捷的出海通道，加快与越南、老挝、缅甸等周边国家在通道沿线重要交通枢纽、港口等陆海联运节点的建设合作，形成多种国际联运方式并行发展的畅通全省、连接国内、通达南亚东南亚、面向环印度洋周边经济圈的陆海国际通道，深度融入“一带一路”建设，贯通沿边高速、大滇西旅游环线，巩固和拓展国内、国际航线，推动航空与铁路、高速公路、轨道等交通运输方式实现立体互联、有机衔接，提高出省出境通道的立体互联水平。其次，构筑多层级一体化综合交通枢纽体系。以公路、铁路、航空枢纽打造为重点，建设区域交通枢纽，优化综合交通枢纽布局，提高旅客换乘和货物接驳换装效率，促进枢纽与城市空间深度融合，形成一批分工明确、功能清晰、相互协同、有机统一的全国性、区域性综合交通枢纽。重点完善昆明国际性综合交通枢纽，以昆明长水机场综合交通枢纽和昆明南站高铁枢纽为双中心，铁路昆明站、东西南北的公路枢纽站、地铁枢纽站、城市公交枢纽为辅，整合多节点交通枢纽，完善功能，实现多点枢纽便捷连接和一体化运营管理的昆明国际性综合交通枢纽。最后，推动多种运输方式无缝衔接。推动铁路、公路、航空、水运等多种交通运输方式高度融合、有机衔接，实现“零距离换乘”“零距离换装”。优化货物运输结构，增强货运铁路、货运航空运输能力，大幅降低我省货物运输物流成本。加快产业聚集区和大型工矿企业、物流园区、集疏港铁路专用线建设，推进大宗货物运输“公转铁、公转水”。推进与南亚东南亚以及环印度洋地区国家全货机航空货运航线建设。深入实施多式联运示范工程，推进有条件的地区率先实现多种运输方式有机衔接。

二、完善线路区位布局，构建以中欧班列为支撑的国际多式联运网络

中欧班列由中国铁路总公司组织运行，经过各个方面不断发展，2011 年开通的中欧班列不仅带动了中国的中西部地区经济发展，而且促进了中欧班列沿线国家的经济增长（见图 20－34）。随着“一带一路”倡议的深入推进，需要加强中国与欧洲以及沿线国家之间的经贸往来，因而需要通过高效而低廉的渠道完成经济和文化等方面的交流。中欧班列以方便、快捷、高效、成本低廉的物流运输优势构成了“一带一路”倡议的重要载体，也是“一带一路”沿线各个国家互相交流的纽带和桥梁。在中欧班列开通之前，欧洲缺少通往中国的直达货运列车。货物运输几经辗转，不仅耗时长，而且运费高，这在很大程度上制约了欧中经贸往来。中欧班列开通以来，欧中贸易往来进入快车道，双边贸易量迅速攀升，给中欧之间的经贸合作带来巨大的助推，为沿线国家和地区带来新的经济增长点，也为市场经济发展提供巨大的活力。同时，为中国西部地区的对外开放提供了新的突破，之前东南沿海的开放，是通过海运连接起来的，而对于身处内陆地区的中国西部而言，中欧班列为对外开放实现了巨大的突破，对于发展西部经济有着重要的战略意义。目前，中欧班列已经成为国际物流中陆路运输的骨干方式，为服务中国对外经贸发展，贯通中欧陆路贸易通道，实现中欧间的道路联通、物流畅通，推进“一带一路”建设提供了运力保障。2020—2021 年，新冠肺炎疫情严重冲击国际航运市场，中欧班列以相对合理运费和时效的优势，在全球新冠肺炎疫情的影响下仍然实现了逆势增长，中欧班列通过发挥国际铁路联运独特优势，大力承接海运、空运转移货物，为稳定国际产业供应链、助力国际抗疫合作发挥了重要作用。根据目前实际统计数据情况来看，2021 年 1—6 月中欧班列共开行 7323 列，同比增长 43%；运送货物 70.1 万标箱，同比增长 52%；实现专用运行线 73 条，可通达 23 个国家的 168 个城市，开行量屡创新高，辐射范围持续拓展，枢纽集聚效果日趋显著。

尽管中欧班列取得了引人瞩目的成绩，但也面临着不少阻碍发展的问题。首先，沿途铁路运输基础设施的不统一降低了运输效率。中欧班列经过沿途的国家和目的地欧洲一些国家的铁路轨距标准不一致，中国和西欧的铁路采用标准轨道（1435 毫米），而俄罗斯、蒙古国采用宽轨（1520 毫米），铁路轨

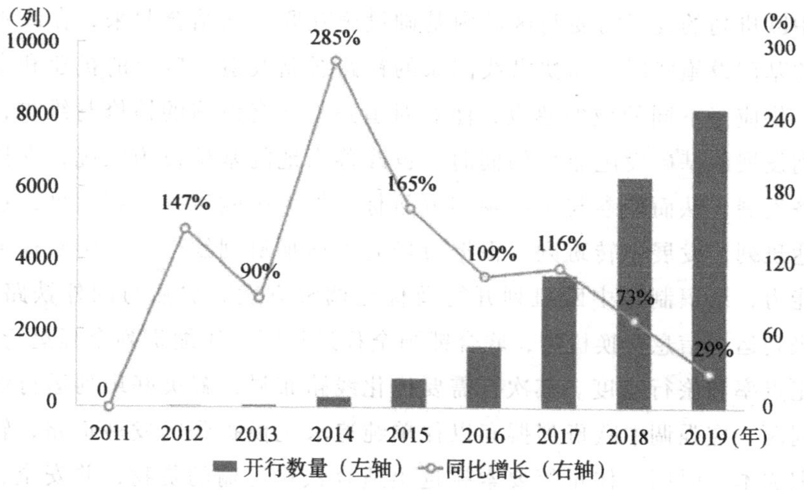

图 20－34　2011—2019 年中欧班列开行数量

资料来源：中国国家铁路集团。

距不一致，导致“中欧班列”至少换装两次，在口岸经常停限装、压货，占用大量时间，运营成本远高于铁海联运、江海联运，并且部分铁路口岸吊运换装和物流仓储能力不足，这导致了车站拥堵，降低了中欧班列的运输速度。其次，长期单向运输不经济。虽然很多路线的中欧班列已实现常态稳定运行，但是总体情况是回程班列比去程班列少得多，而且沿线国家几乎没有通过班列运输的货物，即班列途中站装卸集装箱的情况很少，基本都是“点到点”的直达运输。中欧班列国内货源规模较小且分散，未能形成吸纳大量回程货物的能力，仅能单向组织货运，国际返程货源极少，主要原因是铁路部门与境内外物流企业合作较少，没有将沿线国家的货源组织起来。另外，中欧班列运行线存在着严重的重复建设问题。随着国内中欧班列始发城市的增多，很多班列运行线已经出现比较严重的重叠现象，重复建设的问题愈发严重，导致的结果是各地不惜一切代价争夺货源，其中就包括压价竞争，这样势必会让各班列运行线处于亏损状态，受益的自然是欧洲国家。对政府补贴依赖性强不利于班列的长期发展，为了维持班列的正常运营，地方政府都以一个标准集装箱为单位进行额度不等的补贴政策，所以各地的运费竞争直接转换为地方政府的补贴竞争。各种补贴都需要地方财政的大量输出，毫无疑问，这对于政府财政是一笔不菲的支出负担，甚至造成出现争抢货物、承运舍近求远等乱象。

为推动中欧班列的长期可持续发展，促进班列管理和运营方面的优化升级，提出以下解决方案：首先，改善出境口岸的基础设施设备，优化运输组织。中欧班列的发展需要与区域内基础设施互联互通结合起来，在改善沿线国家的基础设施状况，加快沿线国家的铁路线路改造、口岸的扩建和完善以及硬件供应等不同领域的建设，注意对道路、配套设施的检修与维护，在克服班列发展的基础设施瓶颈的同时，也改善当地的基础设施状况，支持当地的经济发展，从而使参与国实现多赢目标。加大中欧班列组织力度，稳定既有直达班列，发展中转班列。根据市场需求增加班列线，结合中欧通道实际运输能力，组织制订中欧班列开行及优化调整方案。加强与国外铁路协作，建立班列运行信息交换机制，联合铺画全程运行图，压缩班列全程运行时间，提高正点率和旅行速度。其次，需要优化线路布局，解决好班列运行线重复建设问题。应强调中欧班列摒弃以往单纯追求规模扩张的发展道路，转向主要根据成本、时间、体量等要素挑选出适合铁路运输的货物，并安全、高效地完成运输。在中欧班列覆盖国内绝大多数省份的情况下，依据线路开行质量优化其结构和布局是中欧班列发展的当务之急。可通过线路撤销、合并等方式优化国内中欧班列线路结构。若某地区经济依赖对沿线国家的商品进出口，意味着该地区具有中欧班列潜在细分市场的基础；若某地区属于国内交通枢纽，意味着该地区可以依赖来自其他地区的货物达到规模效应。因此开通中欧班列的国内地方省市至少应满足货源充足和交通便利两项条件，不满足上述两项条件的地区，即主要依靠低价吸揽货源的国内部分班列线路，就属于需要被优化、合并的对象。对于存在恶性竞争的部分相邻线路，可考虑进行合并。最后，可采用多元化通道布局来提高班列的运行效率。针对目前中欧班列主要经波兰进入欧盟市场而导致波兰口岸线路拥堵和运价较高的问题，可以考虑多元化通道布局来提升班列运营质量，主要是开通和发展波罗的海沿岸国家的铁海联运，以及过境斯洛伐克、匈牙利、罗马尼亚等国家的中南部通道，从而形成北、中、南三线布局，降低对波兰线路的过度依赖。根据当地交通运输体系状况建设和发展境外集结中心也是中欧班列优化线路布局的重要内容。此外，国际国内线路的布局还应考虑跨国多式联运，以利用和发挥海运、公路、铁路运输的各自优势，形成有利于经济要素流动的国际运输通道。

三、依托“一带一路”与国际贸易，海陆并进优化交通布局

随着我国经济持续快速发展，同时我国国土空间也发生了巨大变化，出现了耕地减少过快、资源环境问题凸显、空间结构不合理、空间利用效率低

等问题。由此，国家“十一五”规划纲要中首次提出，推进形成主体功能区，按照区域的主体功能来调整完善分类政策和绩效评价，规范空间开发程序，形成合理的空间开发结构。当前，我国国土空间按开发方式分为优化开发区域、重点开发区域、限制开发区域和禁止开发区域。因此，交通基础设施建设不能仅考虑社会经济因素，还要与主体功能区的定位相互结合，以避免触碰监管“红线”。具体来看：

一是针对优先开发区域，定位的矛盾在于优化开发区从性质和功能上属于“饱和区”。此类地区在交通基础设施建设时，更应走内涵式、集约化的路子，着力运用新基建技术，减少对生态环境的破坏，尽可能避免侵占耕地、湿地等敏感区域。优化开发区域的综合交通能力已经达到一定水平，多种运输方式共同支撑着该区域的运输需求。大都市圈地区综合交通结构优化的方向应倾向于提高综合交通系统效用，促进各种运输方式良性竞争，减少恶性竞争，在鼓励运输方式之间有效竞争的同时谋求发展，把综合交通系统可持续发展放到第一位。

二是针对重点开发区域，此类地区的资源环境承载能力相对较强、经济和人口集聚条件较好，符合重点开发区域的基本条件。但从生态环境来看，属生态环境极度脆弱区，大规模的交通基础设施建设以及能源重化工业发展已经对生态环境造成了很大的影响，作为重点开发区进一步发展必然面对环境承载能力不足的矛盾，这就要求在充分估量环境承载能力的条件下有节制地进行交通基础设施建设，尤其要提高科技含量、发展配套产业、强化环境修复。(1) 第一，以加强高速公路、铁路、航线、航道、管道以及枢纽等基础设施建设为基点，承接优化开发区域的产业转移、限制开发区域和禁止开发区域的人口转移，加快重点开发区域的工业化、城镇化建设。(2) 基础设施建设战略方针的制定应具有一定的超前性，应符合主体功能区建设要求，要能促进重点开发区域的科学性、可持续性发展，还要注重与周边地区的衔接，能吸纳其他区域转移来的企业、人口，更要注重本区域经济发展的远景规划。

三是针对限制开发地区，实行保护优先、适度开发的方针，加强生态环境整治，根据资源环境承载能力，因地制宜地发展交通基础设施，既要提高当地人民交通出行的便利度，又不能以牺牲生态环境为代价。限制开发区域的资源环境较弱、大规模集聚经济和人口条件不够好的特点决定了该地区当前的综合交通结构优化应考虑产业的转移和超载人口的转移。而在产业和人口大规模转移后，综合交通需求较稳定时期，应考虑合理配置运输方式，实现整体经济效应最大化。

四是针对禁止开发区，要依据法律法规和相关规划实行有效保护，禁止不符合区域功能定位的开发建设活动。禁止开发区域可以根据区域情况进行旅游业的开发，综合交通基础设施的投资应有所倾斜，结构优化应主要由政府来宏观调控，发挥综合交通的公共物品属性，在不对生态环境造成破坏的同时，能够和周边区域进行有效地衔接，满足区域的经济社会运输需求，尽量选择环保、低能耗、高效率的运输方式。

四、打造跨洲海上丝绸之路建设

2013 年 10 月，习近平主席访问印度尼西亚时提出了建设“21 世纪海上丝绸之路”的新构想，21 世纪海上丝绸之路倡议是适应中国内外环境变化而构建的一种新型区域合作机制，是新时期中国政治经济外交的重要平台，对我国未来发展具有重要的意义。一方面，近年来，我国已经成为全球第一贸易大国，与全球 150 多个国家存在贸易往来，而贸易运输 90% 由海上通道承担；另一方面，我国的原油、铁矿石、煤炭等能源进口的 90% 以上也是通过海运来实现的，对能源的高度依赖决定了我国“海上丝绸之路战略”的重要作用。

21 世纪海上丝绸之路倡议是以海洋为载体，其基础是重要节点港口的投资建设，依托港口以及配套基础设施的建设带动产能合作，经济结构优化，实现区域生产要素再分配，形成多边合作机制，提高贸易和投资的自由化、便利化。最终目标是打造政治互信、经济融合、文化包容的利益、命运、责任共同体。

交通运输基础设施建设对 21 世纪海上丝绸之路的重要作用不言而喻。首先，交通运输基础设施建设是实现海上丝绸之路沿线国家互联互通的中坚力量。国际上对我国提出的“海上丝绸之路”的倡议既有积极支持的，也有消极顾虑的，而海上丝绸之路倡议需要沿线国家共同合作参与，如果国际上参与积极性不高，我国倡议的建设就会陷入被动。因此，如何使得海上丝绸之路沿线国家相信参与合作是利大于弊的、是实现共同繁荣的，对提高共建积极性和倡议的推进具有重要意义。交通运输基础设施投资建设则是实现互联互通的重要途径，“高铁外交”就是一个成功的经验可以推广，改善沿线国家基础设施条件，带动区域经济的发展，让沿线国家切身体验到参与海上丝绸之路倡议合作建设的利好，让中国“标签”遍及沿线各国。

其次，21 世纪海上丝绸之路是港口、航线与航运交通网络“点线面”相结合的全面建设过程。海上丝绸之路的基础是海上交通沿线的港口投资建设，但不仅限于港口，港口仅仅是重要的节点，还包括联通港口之间的航线的开通，及其腹地（面）经济合作，是“点线面”的完美结合。为此，应依托沿线国家重要港口基础设施的建设，完成点建设；另外，扩展港口与港口之间的航线，实现海上丝绸之路港口的全部联通；在港口与航线建设过程中，推动当地的工业化进程，带动沿线经济发展，同时逐步扩大腹地范围，实现区域与区域直接的经贸合作。

最后，交通运输基础设施联通是21世纪海上丝绸之路合作重点中的优先领域，是其他合作形式的基础。在设施联通中，交通运输基础设施联通能够服务于能源基础设施和通信基础设施，抓住交通基础设施的关键通道、关键节点和重点工程，优先打通缺失路段，畅通瓶颈路段，提高陆路、海路的通达水平为其他合作形式奠定基础具有重要意义。通过交通运输基础设施合作建设，提高海上丝绸之路沿线国家基础设施水平，拉动国家经济发展，助推我国的外交，有利于树立我国负责任的大国形象，在“21世纪海上丝绸之路”倡议实施中发挥着不可或缺的作用。要实现“21世纪海上丝绸之路”的内涵，必须依托基础设施的互联互通，交通运输业建设是经济贸易发展的基础，而21世纪海上丝绸之路主要是海上运输，所以航运网络的构建是其基础和核心，具有先导性作用。

然而，目前海上丝绸之路交通运输仍存在不少问题。首先，海上丝绸之路沿线国家交通基础设施发展不平衡不充分。海上丝绸之路两端的中国、欧洲海上交通基础设施较为完善，海上运输业发达，但是两端之间的大部分国家海上运输落后，港口基础设施较差，导致中国至欧洲的海上运输不通畅，与东南亚、南亚、中东、非洲等地区的海上往来受限，制约了中国与海上丝绸之路沿线国家的互联互通。海上丝绸之路沿线国家港口基础设施的质量如表20－12所示。

表20－12 海上丝绸之路沿线部分国家交通基础设施质量

国家	港口基础设施	国家	港口基础设施
埃及	4.33	孟加拉国	3.56
肯尼亚	4.15	斯里兰卡	4.28
坦桑尼亚	3.38	巴基斯坦	4.08
莫桑比克	3.60	伊朗	3.90
也门	2.60	卡塔尔	5.60

续表

国家	港口基础设施	国家	港口基础设施
东帝汶	2.20	科威特	3.98
新加坡	6.66	沙特阿拉伯	4.84
菲律宾	3.22	阿拉伯联合酋长国	6.47
柬埔寨	3.71	阿曼	4.86
马来西亚	5.57	泰国	4.49
印度尼西亚	3.81	文莱	4.70
越南	3.91	—	—

注：港口基础设施质量为1时表示交通基础设施极度欠发达，为7时表示十分发达。

资料来源：世界银行数据库。

21世纪海上丝绸之路倡议的提出将会使得各国更加注重海上运输的发展，加大港口基础设施建设，提升海上丝绸之路通达水平。海上交通运输的畅通，才能将其作为贸易联通、设施联通和民心相通的桥梁，才能真正实现海上丝绸之路的互联互通，促进沿线各国共同发展。

其次，海上丝绸之路沿线各国国际物流管理能力低，基础设施设备质量差。目前，我国至欧洲的海上运输时间较长，这虽然是由距离所决定，但是仍可以通过技术、管理以及基础设施质量等来缩短运输时间，降低国际物流成本，在短期能海运技术不会有较大的突破，现阶段只能依靠管理以及基础设施质量来实现这一目标。根据世界银行的数据显示，海上丝绸之路沿线各国国际物流管理能力低，基础设施设备质量差，相关数据如表20－13所示。由表可知，大部分国家的物流绩效指数较低，亟待采取措施降低海上丝绸之路沿线各国的国际物流成本。为此，（1）可以大大提高港口码头等开放水平，不断简化口岸通关手续；（2）不断降低口岸服务和物流操作等相关费用，从而实现降低物流服务费用；（3）沿线各国需加强建立全程运输的统一协调机制，增强国际贸易的通关和多式联运的便利性，逐步形成兼容规范的运输规则，实现国际运输便利化，这一系列措施将从软件和硬件两方面来减少海上丝绸之路沿线各国间的运输时间。

表20－13　　海上丝绸之路沿线各国物流绩效指数

国家	清关效率	运输基础设施质量	物流服务能力	货物及时到达频率
埃及	2.85	2.86	2.99	2.99
厄立特里亚	1.90	1.68	2.23	2.79

续表

国家	清关效率	运输基础设施质量	物流服务能力	货物及时到达频率
吉布提	2.20	2.00	2.21	2.79
肯尼亚	1.96	2.40	2.65	3.58
莫桑比克	2.26	2.15	2.10	2.74
苏丹	1.87	1.90	2.18	2.33
索马里	2.00	1.50	1.75	1.88
坦桑尼亚	2.19	2.32	2.18	2.89
也门	1.63	1.87	2.21	2.78
孟加拉国	2.09	2.11	2.64	3.18
斯里兰卡	2.56	2.23	2.91	3.12
巴基斯坦	2.84	2.67	2.79	2.79
伊朗	2.19	2.42	2.66	2.66
伊拉克	1.98	2.18	2.15	2.85
印度	2.72	2.88	3.03	3.53
卡塔尔	3.21	3.44	3.55	3.87
科威特	2.70	3.16	2.96	3.39
沙特阿拉伯	2.86	3.34	3.11	3.55
阿拉伯联合酋长国	3.42	3.70	3.50	3.92
阿曼	2.63	2.88	2.84	3.29
泰国	3.21	3.40	3.29	3.96
缅甸	1.97	2.14	2.07	3.83
东帝汶	1.63	1.67	1.60	2.25
新加坡	4.01	4.28	3.97	4.25
菲律宾	3.00	2.60	2.93	3.07
柬埔寨	2.67	2.58	2.67	2.75
马来西亚	3.37	3.56	3.47	3.92
印度尼西亚	2.87	2.92	3.21	3.53
越南	2.81	3.11	3.09	3.49

注：1表示很低，5表示很高。

资料来源：世界银行数据库。

交通运输是海上丝绸之路建设的基础性和先导性产业，构建布局合理、通达性强、资源互补的国际综合交通运输体系具有非常重要的战略意义。因此，对于交通运输业促进海上丝绸之路建设提出如下对策建议：

首先，科学规划海上运输业建设层次，合理谋划交通运输业投资合作。

规划应当充分利用已有基础，分层建设循序渐进。要依托现有基础，充分利用现有设施资源，避免大量新建和新增投资，尤其是通道建设、港口和口岸建设。分层指分析各国家、地区的不同特点，确定出重要节点、重要建设任务，先投资建设重要节点、重要项目。在交通运输投资合作过程中，根据项目的地理位置等自身特点以及所在国家环境、国家间关系确定项目投资合作的重要性，依照重要性依次做出投资合作决定，利用本章设计的模型与算法确定各国或地区的投资比例，制定科学合理的投资方案，择合适的投资合适模式，提高投资效益，避免投资浪费与投资不足。合作投资方案需要站在全局考虑，构建低风险性、高稳定性的交通运输网络，扩大我国境外运输网络辐射范围，促进生产要素的全球流动，完善产业结构，提高贸易往来水平，实现全局共同发展。

其次，积极投资建设“海上丝绸之路”沿线国家交通运输基础设施。交通运输基础设施建设是各国经济发展的基础，各国对于这方面的投资都是非常欢迎的，并且基础设施投资的回报是稳健的，能产生很多溢出效益，因此我国应依据选择重要节点，重要港口，充分利用丝路基金、亚洲基础设施投资银行、金砖国家新开发银行、上合组织开发银行等金融支柱，投资参与沿线国家的基础设。交通运输业是“海上丝绸之路”战略倡议建设的优先发展领域，主要是港口及其集疏运系统等配套设施、航线等建设。一是我国重工企业积极投资承建海上丝绸之路沿线国家的港口、公路、铁路、机场等基础设施，在此过程中可以借鉴“高铁外交”成功经验；二是国家积极投资，增强与沿线国家的政治沟通，建立国际运输大通道，促进区域交通的一体化，提高国际运输的便利化。“海上丝绸之路”沿线国家大多是发展中国家，其交通基础设施大部分比较薄弱，存在比较大的资金缺口，因此交通运输业走出去具备良好的条件，我国应出台相应的优惠政策鼓励交通企业走出去。在此基础上，推动港口建设企业“走出去”，布局关键节点，提高沿线港口基础设施水平。强化与21世纪海上丝绸之路沿线国家合作，推进海外港口建设经营。建设世界一流港口和世界级港口群、机场群，推进长三角共建辐射全球的航运枢纽。服务区域全面经济伙伴关系协定实施，增强交通运输保障能力。实施自由便利开放的运输政策，加快海南自由贸易港建设。

最后，参与“海上丝绸之路”沿线国家交通运输基础设施运营。投资建设“海上丝绸之路”沿线国家交通运输基础设施建设，取得部分运营权，为我国的贸易运输提供便利，同时关键节点的运营权也能保障我国能源安全，因此，我们需要创新合作机制，积极参与“海上丝绸之路”沿线国家交通运输基础设施的运营。创新交通运输合作机制对于我国参与海上丝绸之路沿线国家交通运输业建设具有重要意义，其关系着整个合作的达成与否以及进程。一方面，建立交通运输体制，形成区域性、国际性的合作组织，明确组织各项职能以及组织内各个岗位的权责的合理配置；另一方面，制定交通运输制度即交通运输法律法规以及规章制度，其中包含统一关税、技术标准等的制定，实现区域交通一体化，提高国际物流效率。

（作者：踪家峰，南京大学长江产业经济研究院研究员）

第二十一章　新时期县域经济提升发展路径研究

县域兴则市域兴，市域兴则省域兴。县域经济发展的状态、质效、结构等，在相当程度上就是省域经济的晴雨表与风向标。对于江苏来说，新时期县域经济的主要特征表现为：县域经济构成江苏经济的半壁江山；县域经济规模稳中有进；县域经济进位竞争激烈；形成以制造业为压舱石的县域经济底色；第三产业成为县域经济新亮点；县域经济对市域经济贡献度差异较大。县域经面临的主要挑战有：县域经济的发展后劲进入瓶颈阶段；县域经济创新驱动的要素分配失衡；县域经济对外开放的马太效应显著；苏中苏北县域经济发展滞后呈现多重叠加效应。新时期县域经济提升发展路径有：一是深化省管县体制机制改革，调动县域高质量发展的主体能动性；二是贯彻新发展理念，谱写县域经济实体为本的新篇章；三是创新区域协调机制，带动苏中苏北县域经济高质量发展；四是坚持双向开放，激活县域高质量发展“两个市场”。

第一节　江苏县域经济的主要特征

县域经济指以县城为中心，以乡镇为纽带，以农村为基础，县（市）辖行政区域为单元的区域经济。县域经济的竞争力是综合省力的标志，县强则民富省强，县弱则民贫省弱。[①] 改革开放以来，县域经济的快速发展是江苏经济的显著特色与独特优势。截至 2020 年底，全省 40 个县（市）经济总量全部超过 300 亿元，其中，500 亿—1000 亿元之间的有 17 个，超过 1000 亿元的

① 吴正林：“江苏县域经济：发展趋势与现实选择”，《唯实》2010 年第 11 期。

达到16个。作为县域经济的领头羊，百强县是县域经济高质量发展的排头兵、区域协同发展的加速器。赛迪顾问发布的《2021中国县域经济百强研究》显示，江苏共有25个县（市）跻身全国百强，前十强中占有5个，并包揽了排行榜前3位。其中，昆山以4276.76亿元继续位列百强榜首位，这一数字甚至超过了同年宁夏的3920.55亿元、青海的3005.92亿元和西藏的1902.74亿元。党的十九届五中全会后，习近平总书记在视察江苏时明确提出：江苏要着力“改革创新、推动高质量发展上争当表率，在服务全国构建新发展格局上争做示范，在率先实现社会主义现代化上走在前列”。省域现代化走在前列，逻辑地要求作为江苏省经济发展最重要单元的县域经济发展走在前列。经过多年的厚积薄发，江苏省县域经济既有高原优势，又有高峰优势，目前看，其主要特征如下。

一是县域经济构成江苏经济的半壁江山。“十三五”期间，县域经济总量一直维持在全省经济总量的42%左右。考虑到南京已经全部设区，县域经济不再对其经济总量有影响，故，剔除南京因素后，县域经济约占全省GDP总量的（不含南京）49%。在此，考虑到海门市于2020年撤市设区，为保持统计口径统一，在计算历年县域经济总量时，已经把海门剔除。如果把海门市放进去，那么，从全省看，县域经济总量基本相当于全省（不含南京）GDP总量的一半（见表21-1）。

表21-1　“十三五”期间江苏县域GDP总量变化情况

年份	县域GDP总量（亿元）	全省GDP总量（含南京，亿元）	全省GDP总量（不含南京，亿元）	占比（含南京,%）	占比（不含南京,%）
2016	32594.74	76086.17	65583.15	42.44	49.7
2017	36479.17	85900.94	74185.84	42.47	49.17
2018	39039.7	92595.40	79775	42.16	48.93
2019	40477.73	99631.52	85601.37	40.63	47.28
2020	42303.84	102718.98	87901.03	41.18	48.13

二是县域经济规模稳中有进。“十三五”期间，全省县域经济总量从2016年的32594.74亿元增长到2020年的42303.84亿元，增长了29.78%。经济总量超过千亿的县（市）由2016年的7个增加到2020年的16家，在短短的5年时间内，如皋市、启东市、海安市、如东县、丹阳市、泰兴市、溧阳市、沭阳县、靖江市、邳州市等县（市）相继迈入千亿俱乐部，进一步夯实了江苏县域经济的优势。其中，昆山市和张家港市成功再上千亿台阶，分

别达到4276.76亿元和4113.75亿元。即使排在末位的金湖县，经济总量也由241.88亿元上升到337.03亿元。

三是县域经济进位竞争激烈。“十三五”期间，在纳入统计40个县（市）中，共有13个县（市）GDP位次未发生变化，分别是经济总量位居前六的昆山市、江阴市、张家港市、常熟市、宜兴市和太仓市，以及排在第13位的溧阳市、第25位的睢宁县、第31的泗阳县、第32的泗洪县、第36位的盱眙县、第38位的灌云县和第40位的金湖县。

从2016年到2020年间，退位比较大的县（市）有：丹阳市退出全省县域经济排行榜前10，从第7位降低到第11位；邳州市从第11位下降到第16位；靖江市从第12位下降到第15位；新沂市从第20位下降到第23位；丰县从第30位下降到第35位。其中，退位最大的是扬中市，从第24位下降到第34位。

进位比较大的县（市）有：海安县跻身县域经济排行榜前10，从第14位提高到第9位；如东县跻身前10，从第16位提高到10位；沭阳县从第18位提高到第14位；高邮市从第22位提高到第19位；涟水县从第35位提高到第29位；阜宁县从第28位（见表21－2）。

表21－2　“十三五”期间江苏县域GDP变化情况　（单位：亿元）

县（市）	2016年	县（市）	2020年	县（市）	2016年	县（市）	2020年
昆山市	3160.29	昆山市	4276.76	仪征市	557.05	沛县	805.01
江阴市	3083.26	江阴市	4113.75	高邮市	537.5	宝应县	763.04
张家港市	2317.24	张家港市	2686.6	宝应县	506.3	新沂市	692.22
常熟市	2112.39	常熟市	2365.43	扬中市	504.73	句容市	675.47
宜兴市	1377.74	宜兴市	1832.21	睢宁县	497.38	睢宁县	619.34
太仓市	1155.13	太仓市	1386.09	句容市	493.2	建湖县	593.88
丹阳市	1136.04	如皋市	1305.22	建湖县	466.13	射阳县	592.36
如皋市	904.27	启东市	1223.1	射阳县	441.65	阜宁县	574.22
启东市	881.85	海安市	1221.63	东海县	433.43	涟水县	554.05
泰兴市	832.91	如东县	1155.11	丰县	405.19	东海县	553.81
邳州市	804.14	丹阳市	1145.36	泗阳县	402.75	泗阳县	528.53
靖江市	801.75	泰兴市	1127.47	泗洪县	401.14	泗洪县	525.41
溧阳市	801.26	溧阳市	1086.36	阜宁县	394.4	滨海县	503.86
海安县	755.29	沭阳县	1011.2	滨海县	391.61	扬中市	489.59
兴化市	748.85	靖江市	1004.8	涟水县	387.09	丰县	486.53

续表

县（市）	2016 年	县（市）	2020 年	县（市）	2016 年	县（市）	2020 年
如东县	746.69	邳州市	1001.26	盱眙县	356.7	盱眙县	435.32
东台市	727.01	兴化市	900.92	灌云县	328.66	响水县	405.74
沭阳县	697.31	东台市	893.35	灌南县	306.8	灌南县	396.94
沛县	665.03	高邮市	838.18	响水县	270.64	灌云县	381.64
新沂市	562.06	仪征市	815.05	金湖县	241.88	金湖县	337.03

在过去的5年里，江苏县域经济风起云涌，竞争日趋激烈。从设区市层面看，县域经济的最大赢家是南通，在短短的五年时间里，所有县（市）全部跻身全省县域经济10强；另一个赢家为盐城，除了东台市略有下降外，其他5个县市排名都是稳中有升；宿迁的沭阳一枝独秀。最大的输家是泰州，所有县（市）排名全部下降，没有一个上升。徐州、连云港表现不理想，大多县（市）以退位为主（见表21－3）。

表21－3　“十三五”期间县域经济进位情况

位次	2016 年	2020	位次	2016 年	2020 年
1	昆山市	昆山市	21	仪征市	沛县
2	江阴市	江阴市	22	高邮市	宝应县
3	张家港市	张家港市	23	宝应县	新沂市
4	常熟市	常熟市	24	扬中市	句容市
5	宜兴市	宜兴市	25	睢宁县	睢宁县
6	太仓市	太仓市	26	句容市	建湖县
7	丹阳市	如皋市	27	建湖县	射阳县
8	如皋市	启东市	28	射阳县	阜宁县
9	启东市	海安市	29	东海县	涟水县
10	泰兴市	如东县	30	丰县	东海县
11	邳州市	丹阳市	31	泗阳县	泗阳县
12	靖江市	泰兴市	32	泗洪县	泗洪县
13	溧阳市	溧阳市	33	阜宁县	滨海县
14	海安县	沭阳县	34	滨海县	扬中市
15	兴化市	靖江市	35	涟水县	丰县
16	如东县	邳州市	36	盱眙县	盱眙县
17	东台市	兴化市	37	灌云县	响水县
18	沭阳县	东台市	38	灌南县	灌南县
19	沛县	高邮市	39	响水县	灌云县
20	新沂市	仪征市	40	金湖县	金湖县

四是形成以制造业为压舱石的县域经济底色。“十三五”期间，制造业继续发挥中流砥柱作用，成为县域经济行稳致远的压舱石。2016 年全省县域第二产业增加值为 15714.67 亿元，约占县域经济总量的 48.21%；2020 年全省县域第二产业增加值为 19734.66 亿元，约占县域经济总量的 46.651%。虽然第二产业过千亿元的依然还是昆山市、江阴市、张家港市和常熟市，但第二产业增加值位于 500 亿—1000 亿元之间的县市大幅增加，从 2016 年的 3 家增加到 2020 年的 11 家，构成了江苏县域经济继续前行的强大梯队。截至 2020 年，全省所有县域第二产业增加值都超过了 100 亿元，其中，排名末尾的灌云县，第二产业增加值也达到了 132.05 亿元（见表 21 - 4）。

表 21 - 4　2016—2020 年全省分县（市）第二产业变化情况　（单位：亿元）

县（市）	2016 年	县（市）	2020 年	县（市）	2016 年	县（市）	2020 年
昆山市	1708.82	昆山市	2149.19	扬中市	261.44	沛县	329.65
江阴市	1680.99	江阴市	2094.11	高邮市	237.86	东台市	316.56
张家港市	1214.7	张家港市	1359.01	新沂市	232.17	句容市	283.44
常熟市	1082.43	常熟市	1146.07	句容市	231.9	新沂市	264.91
宜兴市	709.51	宜兴市	934.74	宝应县	226.31	扬中市	252.15
太仓市	583.87	太仓市	666.53	睢宁县	207.65	建湖县	247.06
丹阳市	567.57	海安市	642.42	泗阳县	199.21	睢宁县	239.57
如皋市	434.36	如皋市	623.3	建湖县	197.59	阜宁县	235.2
启东市	422.85	启东市	589.75	东海县	186.57	涟水县	228.54
溧阳市	392.29	丹阳市	587.59	丰县	171.6	泗阳县	221.51
靖江市	391.95	泰兴市	564.97	阜宁县	169.15	东海县	219.36
泰兴市	388.52	如东县	561.06	泗洪县	168.93	射阳县	207.6
海安县	354.15	溧阳市	539.98	滨海县	156.72	滨海县	194.08
邳州市	347.27	靖江市	537.77	射阳县	155.78	泗洪县	192.02
如东县	340.57	仪征市	429.58	涟水县	147.51	响水县	182.3
沭阳县	317.95	高邮市	410.73	灌南县	144.78	灌南县	176.01
沛县	305.05	沭阳县	410.57	灌云县	143.12	丰县	174.7
仪征市	294.27	邳州市	396.38	盱眙县	140.3	盱眙县	155.65
东台市	292.03	宝应县	357.27	响水县	126.77	金湖县	133.65
兴化市	289.85	兴化市	347.63	金湖县	90.31	灌云县	132.05

五是第三产业成为县域经济新亮点。“十三五”期间，第三产业在全省县域经济中的分量不断提升。2016 年全省县域第三产业增加值为 14560.22 亿

元，约占县域经济总量的44.67%；2020年为19685.23亿元，约占县域经济总量的46.53%，成为期间推动全省县域经济稳健发展的新动力源。截至2020年，第三产业增加值超过千亿的县（市）也达到了4家，同样是昆山市、江阴市、张家港市和常熟市。相对来说，500亿—1000亿元之间的县（市）数量不如第二产业，共有7家，分别为宜兴市、太仓市、如皋市、启东市、海安市、丹阳市和如东县。但是，第三产业的短板却要好于第二产业表现，2020年第三产业增加值规模最低的灌南县，也有154.17亿元，明显超过第二产业最低值的132.05亿元。

六是县域经济对市域经济贡献度差异较大。虽然从总体上看，强县域经济是江苏经济的一个显著特色，但是具体到各个设区市看，情况并不完全一致。截至2020年底，县域经济对市域经济贡献最大的市为宿迁市，贡献度为63.3%，紧随其后的分别为盐城市的59.86%、泰州市的57.09%、镇江市的54.75%。作为强县域经济大市的苏州市和无锡市，其县域经济贡献度反而并不靠前，分别为53.12%和48.07%。相对来说，连云港市、扬州市、淮安市和常州市对县域经济的依赖程度要小得多，分别为40.66%、39.95%、32.95%和13.92%（见表21-5）。

表21-5　2020年县域经济对市域经济贡献度

城市	县域GDP总量（亿元）	市域GDP总量（亿元）	县域GDP对市域GDP贡献度（%）
宿迁市	2065.14	3262.37	63.3
盐城市	3563.41	5953.38	59.86
泰州市	3033.19	5312.77	57.09
镇江市	2310.42	4220.09	54.75
苏州市	10714.88	20170.45	53.12
徐州市	3604.36	7319.77	49.24
南通	4905.06	10036.31	48.87
无锡市	5945.96	12370.48	48.07
连云港市	1332.39	3277.07	40.66
扬州市	2416.27	6048.33	39.95
淮安市	1326.4	4025.37	32.95
常州市	1086.36	7805.32	13.92

第二节　江苏县域经济的主要问题

总体看，江苏省县域经济基础雄厚，体系完备，在国内具有较强的竞争力，但随着国内外经济社会形势的变化，也正在面临前所未有的新挑战。

一是县域经济的发展后劲进入瓶颈阶段。“十三五”期间，全省县域经济总量由2015年的30431.72亿元增长到2020年的42303.84亿元，5年累计增幅为39.01%；同期，全省GDP总量由2015年的71255.93亿元增长到2020年的102718.98亿元，5年累计增幅为44.15%。县域经济增幅跑输省域经济增幅5.14个百分点。分年度看，“十三五”期间，县域经济增速也由2017年的11.9%增速下降到2020年的4.5%（见图21－1）。这意味着，作为长期以来驱动省域经济高速度增长引擎之一的县域经济陷入某种增长困境，不仅不能为全省经济增速作出新贡献，反而在相当程度上拖累全省经济增速。

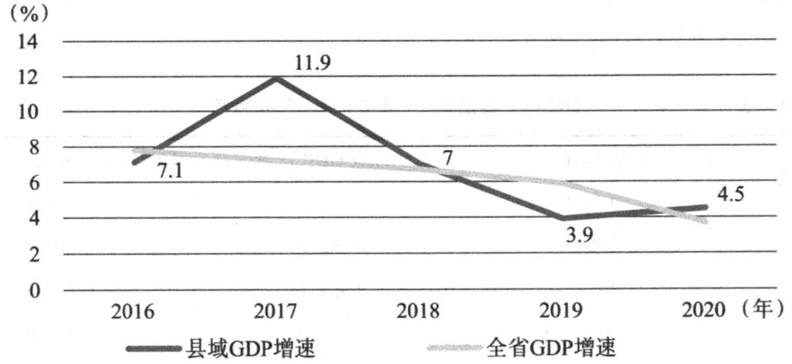

图21－1　2016—2020年县域经济与省域经济变化比较

二是县域经济创新驱动的要素分配失衡。2020年，全省专利申请量为751654件，其中县域主体专利申请受理量为234571件，约占总量的31.21%；全省专利申请授权量为499167件，其中县域主体申请数量为162775件，约占总量的32.61%。进一步的研究发现，专利申请受理量最高的是太仓市，为43800件，而最低的灌南县仅有567件，前者相当于后者的77倍。此外，受全省范围高铁开通影响，县域经济出现了一定程度上的虹吸效应，自身的资源与人才进一步被高铁中心城市吸走，这进一步恶化了县域经济创新驱动的要素状况。

三是县域经济对外开放的马太效应显著。以县域为单元，把对外贸易依存度分为50%以上的强外向驱动、20%—50%的中外向驱动和20%以下的弱外向驱动。分析显示，县域经济强外向驱动的只有4个县（市），分别为昆山市的140.4%、张家港市的86.4%、太仓市的66.6%和常熟市的56.1%。与全省县域经济排名相比，太仓取代江阴跻身前4。中外向驱动的个县（市）也不多，同样只有4个，按照从高到低的顺序，分别为如东县的34.2%、江阴市的32.3%、泰兴市的26.6%、靖江市的22.8%。结合前面的分析，可以看出，在全省县域经济两强中，昆山和江阴代表了两种不同模式：前者主要是外资外贸驱动型发展，而江阴则更多地是依赖于面向国内市场的本土民营企业。在全省40个县（市）中，弱外向驱动的高达32个，其对外贸易依存度不20%。具体情况分别为：如皋市的19.1%、丹阳市的18.8%、启东市的17.6%、宜兴市的17.4%、新沂市的15.8%、响水县的15.1%、海安市的14.4%、丰县的14.4%、邳州市的12.9%、沛县的11.9%、仪征市的11.7%、睢宁县的10.7%、金湖县的9.9%、东台市的9.7%、泗阳县的8.9%、射阳县的8.7%、沭阳县的8.4%、溧阳市的7.9%、滨海县的7.4%、宝应县的6.9%、东海县的6.8%、扬中市的6.5%、句容市的6.2%、阜宁县的6.2%、兴化市的5.7%、建湖县的5.7%、泗洪县的5.1%、高邮市的4.4%、灌云县的3.6%、涟水县的3.3%、灌南县的3.1%、盱眙县的2.9%。在此，一个值得关注的问题是，县域经济的对外开放，呈现出鲜明的先发优势、路径依赖特征。那些对外贸易依存度排名靠前的，也是改革开放之初就积极打造外向型经济的县（市）。

四是苏中、苏北县域经济发展滞后呈现多重叠加效应。对于江苏来说，发展的区域不平衡是一个长期存在的问题，这也反映在县域经济上。

从GDP增加值上看，2020年苏南10个县市经济总量为20057.62亿元，约占全省县域经济总量的47.41%；苏中10个县市为10354.52亿元，约占全省县域经济总量的24.47%；而苏北20个县市合计为11891.7亿元，约占全省县域经济总量的28.11%。

从三次产业增加值上看，苏北优势主要集中在第一产业上。苏南第二产业占比超过了一半，苏中第二产业规模也超过了苏北。苏南的第三产业依然接近一半，但不同的是，苏中的第三产业落后于苏北。工业增加值的情况与第二产业类似，但苏南的优势更大，占比达到了53.68%（见表21-6）。

从规模以上工业企业的分布看，2020年苏南拥有的规模以上企业总数达到了11242个，而苏中、苏北分布为6432个和5714个。从规模以上工业企业的资产看，苏南合计拥有资产34337.4935亿元，约占全省县域经济资产的

表 21－6　　2020 年各区域县域经济发展情况　　（单位：亿元）

区域	GDP 总量	第一产业	第二产业	第三产业	工业
苏南	20057.62	392.83	10012.81	9652	9026.23
苏中	10354.52	753.18	5064.48	4536.86	4064.88
苏北	11891.7	1738.01	4657.37	5496.37	3723.34
合计	42303.84	2884.02	19734.66	19685.23	16814.45

64.99%，接近 2/3，而苏中和苏北分布为 10983.0949 亿元和 7515.491 亿元。这表明，苏南地区的规模以上工业企业，不仅数量多，而且单个企业的规模也要大于苏中和苏北地区。利润总额显示，苏南规模以上企业创造了 2034.4306 亿元的利润，约占全省县域经济利润总额的 66.64%，约等于 2/3，而苏中和苏北的利润情况分别为 644.8705 亿元和 372.9712 亿元。在此，进一步反映出苏南规模以上工业企业拥有更好的效应。与之相比，苏北规模以上工业企业的质量差距较大（见表 21－7）。

表 21－7　　2020 年各区域规模以上工业企业情况

区域	企业个数（个）	资产合计（亿元）	利润总额（亿元）
苏南	11242	34337.4935	2034.4306
苏中	6432	10983.0949	644.8705
苏北	5714	7515.491	372.9712
合计	23388	52836.0794	3052.2723

从社会消费品零售总额看，苏南、苏中和苏北与各自的人口体量比例较为接近。这也是苏北在主要指标上最接近于苏南的一个。与之相反，进出口总额几乎是区域差异最大的指标。2020 年各区域规模以上工业企业数据显示，苏南地区进出口总额达到了 12594.28 亿元，约占全省县域经济总量的 81.49%。苏中和苏北分别为 1800.26 亿元和 15455.16 亿元。在实际利用外资上，苏南也处于遥遥领先地位，达到了 46.64 亿美元，接近全省县域外资利用总额的一半（见表 21－8）。

表 21－8　　2020 年各区域规模以上工业企业情况

区域	社会消费品零售总额（亿元）	进出口总额（亿元）	出口（亿元）	进口（亿元）	实际使用外资（亿美元）
苏南	5636.27	12594.28	7684.73	4909.55	46.64
苏中	2792.18	1800.26	1177.05	623.2	25.97

续表

区域	社会消费品零售总额（亿元）	进出口总额（亿元）	出口（亿元）	进口（亿元）	实际使用外资（亿美元）
苏北	4463.02	1060.62	935.04	125.57	21.93
合计	12891.47	15455.16	9796.83	5658.33	94.54

第三节　新时期县域经济提升发展路径

在经济进入高质量发展新阶段的大背景下，更好地发挥江苏县域经济强的特点与优势，是进一步提升区域经济整体竞争力的需要，也是实现“两争一前列”殷殷嘱托的需要。为此，必须立足于紧扣高质量发展、构建新发展格局的时代最强音，系统谋划、大胆创新，优化县域经济提升路径，推动江苏县域经济再出发。

一、深化省管县体制机制改革，调动县域高质量发展的主体能动性

习近平总书记在建党百年的“七一讲话”中明确指出，要尊重人民群众的首创精神。江苏县域经济的辉煌成就，从根本上说，就是尊重人民群众首创精神结出的累累硕果。站在新的起点上，推动县域经济高质量发展的当头炮就是要继续深化省管县体制机制改革，让县域主体拥有更大更多的自主权限，探索适之于县域高质量发展的道路，才能营造出千舟竞发、百舸争流的县域经济发展第二波高潮。

一是要深化管理体制改革。坚持减少政府层级，提升政府效能，推动政府转型，实现地方善治善政为目标。在不突破机构限额的前提下，可对机构适当调整，实行综合设置，探索大部门体制。机构调整需按程序审批，上级有关部门不得条条干预。充分发挥乡镇在促进经济发展、强化公共服务、加强社会管理、推进基层民主等方面的基层单元作用，转变乡镇政府职能转变，推进乡镇一级政府强镇扩权。结合行政管理体制改革，根据不同类别事业单位的特点，实施分类改革和管理，推动公益服务提供主体多元化和提供方式多样化。制定政府向社会组织转移职能、购买服务、项目招标等制度，拓展社会组织参与社会管理、提供公共服务的范围和方式，充分发挥社会组织在

社会管理和公共服务中的作用。

二是要更大力度下放管理权限。按照“放、管、服”的要求，进一步加大简政放权力度。通过法律法规和规章制度等形式，将一些涉及经济社会发展的关键性资源要素和权力利益分配的管理权限配置给县。比如，法律法规规定的由设区市行使诸如工商登记管理的专有权力，可通过适当形式下放。一些清理取消和下放的审批许可事项，确保不折不扣地落实，杜绝以备案、规范等名义搞变相审批和权力上收。切实下放或减少部门的内部管理权限，如在项目申报、审核、审批与资源分配等方面，赋予县与设区市相同的权限。构建互利共赢的新型市县关系，重点加强土地利用和城乡规划、产业布局、基础设施建设、公共服务等方面的统筹协调，加快信息化建设，实现重大公共基础设施共建共享，优势互补，共同发展。原则上，除国家法律、法规有明确规定的以外，原设区市审批或管理的经济社会管理事项，均由省管县自行审批、管理；须经设区市审核、报省审批的，均由省管县直接报省审批。对国务院及国家有关部门规定须经设区市审核、审批的事项，采取委托等方式予以下放。

三是要完善县市政府绩效考核体系。充分发挥绩效考核的指挥棒作用，理顺考核层次，明确试点县政府目标管理和综合考核办法，由省政府统一组织实施。由于不同县市发展基础和改革进程不同，采用横向比较考核方式有失公允，代之以纵向比较考核方式更能反映出干部政绩的实际效果。同时，积极推进考核评价理念、主体、内容、方法技术等方面的改革创新，从单纯GDP指标向注重以人为本、改善民生转变，从追求短期、显性的政绩向注重长期、可持续的实绩转变。

二、贯彻新发展理念，谱写县域经济实体为本的新篇章

实体经济是国民经济发展的根基和命脉，也是江苏县域经济高质量发展的主战场。实施新发展理念，基础在县域，活力在县域，难点也在县域。高质量发展的本质就是在增长方式向坚持创新、协调、绿色、开放、共享的新发展理念，主动适应县域经济由高速度发展向高质量发展转变的阶段特征，努力推动县域经济从中低端迈向中高端、由粗放型转向集约型。

一是要推动县域层面的新一代信息技术与实体经济的融合发展。抢抓数字经济重大机遇，加快推进实体经济从传统工业生产为主导向以计算机、软件和通讯信息技术等新经济产业为核心的转型步伐。推进中小制造业企业数

字化转型，提升产品品质，催生高端品牌，打造个性化定制、服务型制造的新模式，提高有效供给和供给体系质量，化解制造业结构性矛盾。注重传统产业与新兴产业的复合发展，深化以互联网、数字经济等为代表的新一代信息技术与制造业的融合发展，促进制造业发展模式变革，加快推进制造业产业结构高级化。

二是要打造县域层面的生产性服务与生产制造的双向协同体系。推动生产性服务业向专业化和价值链高端延伸，积极发展工业设计、科技服务、现代物流、信息技术服务、技能环保服务、供应链管理等现代服务业，带动制造业流程再造、模式创新、质态提升。根据信息时代产业、业态之间交叉融合、无边界的发展趋势，大力发展优质、高效的传统实体经济，提高产业链完整度。注重打造核心零部件生产环节，增强产业链两端的高级环节，尤其是研发和营销环节，推动制造业由单一生产型向生产服务型转变。遵循产业结构演进规律，加快实体服务业健康有序发展，尤其要放大科技要素在服务业的支撑，推动生产性服务业向专业化、网络化和价值链高端延伸，生活性服务业向精细化和高品质转变。

三是要捕捉县域层面的供给侧与需求侧阶段性变革的双重机遇。要把握“新基建”的风口，抢占5G基建、新能源、物联网、人工智能、超算中心、高端装备制造等战略性新兴项目的技术高地；补齐在公共卫生管理、医药诊疗服务、交通运输冷链物流等方面的发展短板，先行考虑对未来互联网关键性技术突破提供支撑。同时，要抢抓“新消费”红利，充分利用好国内超大规模市场优势。充分挖掘无人配送、在线消费、健康保健等新兴产业的强大成长潜力，加快新兴消费业态成长；要支持传统零售企业和实体商业提升网络营销、社交营销、社区营销的能力，探索发展无接触消费模式的方式和标准；要在新消费的扩容上下功夫，积极推进生活服务业数字化，激发社会健康消费新潜力。

三、创新区域协调机制，带动苏中苏北县域经济高质量发展

江苏的县域经济高峰在苏南，而洼地则在苏中苏北，特别是苏北。如何推动苏北县域经济的高质量发展，不仅事关江苏省县域经济发展全局，也事关区域协调下的共同富裕目标的实现。经过多年的努力，江苏省也在区域的南北联动发展上积累了不少行之有效的方式方法。

一是要发挥产业转移的带动作用。产业是县域经济高质量发的关键，也

是区域协调发展的主要抓手。苏中、苏北要创新体制机制，更加主动、精准、高效对接苏南“腾笼换鸟”、转型升级所带来的产业转移机会。苏中和苏北县（市）应在科学审慎的基础上，结合县域经济发展的资源禀赋优势，搭建政府间产业转移平台，推动苏南地区相对先进的生产要素向苏中苏北转移，特别是应重点引进在本地具有较好配套基础、可能形成产业集群的产业。同时，把区位、资源等优势转化为综合经济优势，抢先发展高加工度产业和先进制造业。

二是要发挥共建园区的带动作用。南北合作是推进区域协调发展、缩小苏南与苏北经济差距的重要举措。一方面，要“发挥市场资源配置的决定性作用”。要进一步健全和完善基于市场机制主导下的成本分担和利益共享机制。其中，南北共建园区的资金、土地、厂房等要素投入由合作双方立足自身优势根据平等互利原则商定，园区运营后产生的税收收入本级留存部分，由南北合作双方商定在一定时间内用于园区滚动开发外，剩余部分应根据双方约定进行分配。另一方面，要“更好地发挥政府作用”。对于园区在正式投入运营后完成的GDP、外商投资额、商品进出口额以及产生的销售收入、形成的固定资产等经济指标，应在不改变现行统计方法的前提下，根据双方平等协商后的约定分别纳入南北双方各自考核指标计算范围。加强园区在管理体制、运营机制和治理模式等方面的政策创新，充分发挥机构编制资源的激励作用，研究推动符合条件的南北共建园区积极开展行政区划优化调整，实现园区和行政的功能协调、一体化发展。

三是要发挥人才交流的带动作用。产业和人才已如车之两轮、鸟之双翼，是提高县域经济综合实力和竞争力的核心要素。相对来说，县域对优秀人才的吸引力相对不足，人才问题也是困扰县域经济发展的核心问题。但也应该看到，随着全省范围高铁网络的全面铺成，人才在省域范围内的流动变得前所未有地方便、高效，而且成本低廉。为此，县域主体，特别是苏中苏北的县域主体，应该积极利用高铁优势，主动作为，把虹吸效应转变为溢出效应，实施包括柔性引才在内的人才引入机制，以为县域经济发展提供人才支持。要实施更加积极、开放、有效的人才政策，坚持产才融合，以产聚才，以才兴产，集聚一批面向县域经济发展需要的科技领军人才、创新团队、高水平工程师、高技能人才和专业实干型人才。

四、坚持双向开放，激活县域高质量发展“两个市场”

经济全球化是社会生产力发展的客观要求和科技进步的必然结果。推进高水平开放，建设具有全球影响力的产业科技创新中心和具有国际竞争力的先进制造业基地，最终形成具有世界聚合力的双向开放枢纽，是江苏的重要目标，也是县域经济高质量发展的重要途径。

一是要坚持高水平对外开放。当前，对外贸易依存度过低，是影响江苏省县域经济高质量发展的关键因素之一。大多数县域对外贸易依存度低于20%，这意味着无法有效利用国外的广阔市场、先进经验。特别是，大量沿海县市出现了“沿海低开放”的格局。为此，必须更大力度推进县域经济的高水平对外开放。要积极探索构建更高水平开放型经济新体制，更大力度促进国内外市场规则和标准的深度融合，提高对资金、信息、技术、人才等要素配置的全球影响力，打造走向国际循环的重要通道和有力支点。紧抓机遇，健全外商投资准入前国民待遇加负面清单管理制度，推动规则、规制、管理、标准等制度型开放，为具有世界聚合力的双向开放枢纽提供制度保障。积极融入跨国公司主导的创新链，在与跨国公司的合作竞争中增强创新能力。在省内复制推广自贸试验区改革试点经验，支持有条件的国家级开发区、综合保税区等建设自贸试验区联动创新发展区。

二是要坚持高水平对内开放。江苏产业体系健全，产业配套能力强，也涌现了一批具有自身特点的县域经济，充当着相关产业循环的发起点和联结点。为此，推动县域经济高质量发展，还离不开高水平的对内开放，才能为县域经济更好地参与国内大循环提供必要条件。在此，要充分结合江苏作为多重国家战略交汇点的优势，依托城市群、经济带，推动县域经济在大循环中“引进来，走出去”，形成以国内大循环为主体、国内国际双循环相互促进的新发展格局。加强城乡流通资源优化配置与模式创新，统筹硬件和软件建设，打通直达城乡末端配送节点。大力培育县域链主型领军企业，力争在县域范围内涌现出更多的技术引领型、市场主导型链主企业，具有一定范围内的生态主导力和竞争力。大力支持中小微企业走专精特新发展道路，在细分市场上形成专业化、精细化、特色化的领先优势，使之成为产业链关键节点重要配套专家。

（作者：何雨，南京大学长江产业经济研究院特任副研究员）

第二十二章　全球供应链变化趋势与中国供应链安全建设

此次新冠肺炎疫情再次把全球供应链风险充分暴露出来，不仅各地的防疫措施限制了要素跨境流动，使部分供应链出现停摆和减产，而且全球物流也由于航线阻断、运力不足等原因受到扰乱，全球供应链在组织上出现相当程度的混乱。此次疫情过后，逆全球化的趋势会更加明显，全球供应链重构也会加速。在供应链的布局上，企业将不得不在效率与弹性之间进行权衡。主要表现为以下三个新的发展趋势：供应链从“全球化”加速转向“区域化”；更加自给自足的短链化供应；扩展全球供应链的广度。在全球供应链重组过程中，我国供应链过程面临诸多困难或结构性矛盾，主要表现为：技术瓶颈；成本控制空间有限；供应链组合存在短板；供应链专业人才短缺；国际地位被动；区域化合作伙伴关系管理难度大等。在全球供应链重组过程中，中国依然是多元化选项中的重要选择之一。为此，我们应该锻长板、强优势。提升超大市场规模优势，巩固全产业链发展优势，用好巨量外汇储备的优势等。与此同时，补短板，蓄后势。构建自主可控的产业链条，构建新型供应链体系，构建多层次人才培养体系，优化市场化、法治化、国际化营商环境。

继2011年日本3·11大地震造成全球半导体产业供应链断裂，此次新冠肺炎疫情再次把全球供应链风险充分暴露出来，不仅各地的防疫措施限制了要素跨境流动，使部分供应链出现停摆和减产，而且全球物流也由于航线阻断、运力不足等原因受到扰乱，全球供应链在组织上出现相当程度的混乱。我们认为，此次疫情过后，逆全球化的趋势会更加明显，全球供应链重构也会加速。那么，新冠肺炎疫情对全球供应链产生怎样的影响？危机后全球供应链会呈现什么样的变化？我国在供应链重构过程中存在哪些困难？应如何应对？

第一节 供应链与供应链风险

一、供应链概念的发展

传统供应链概念局限于企业内部操作层面上，注重企业自身资源的利用，认为供应链是生产企业中一个的内部过程，从企业外部采购的原材料和零部件，通过生产转换和销售等活动，传递到零售商和用户的一个过程。随着供应链概念的发展，一些学者把供应链概念与采购、供应管理联系，用来表示与供应商之间的关系，这种观念得到了研究合作关系、准时生产（JIT）关系、精细供应、供应商行为评估和用户满意度等问题的学者们的重视。但是，这种关系也仅局限在企业与供应商之间，供应链中的各企业独立运作，缺乏与外部供应链其他企业之间的联系，往往会造成企业间的目标冲突。

此后，供应链概念注意了与其他企业之间和供应链外部环境的联系，认为它是一个“通过链中不同企业制造、组装、分销、零售等过程，将原材料转换成产品，再到最终用户转换过程”，这是更大范围、更为系统的概念。例如，美国史蒂文斯（Stevens）认为：“通过增值过程和分销渠道，控制从供应商的供应商到用户的流就是供应链，它开始于供应源头，结束于消费终点。”伊文斯（Evens）认为“供应链管理是通过前馈信息流、反馈物流及信息流，将供应商、制造商、分销商、零售商、直到最终用户连成一个整体的模式”。这些定义都体现了供应链的完整性，考虑了供应链中所有成员操作的一致性。现今，供应链更加注重与核心企业网链关系，如核心企业与供应商、供应商的供应商乃至一切上游企业的关系，与用户以及与用户相关的一切下游企业。此时对供应链认识形成了一个网链概念。哈里森（Harrison）将供应链定义为：“供应链是执行采购原材料、将它们转换为中间产品和成品，并且将成品销售到用户的功能网链。”这些概念都同时强调供应链中战略伙伴关系问题。菲利浦（Phillip）和温德尔（Wendell）认为供应链中战略伙伴关系是很重要的，通过建立战略伙伴关系，可以与重要的供应商和用户更有效地开展工作。

《中华人民共和国国家标准：物流术语（GB/T 18354－2006）》对供应链定义为：“供应链是生产及流通过程中，涉及将产品或服务提供给最终用户活动的上游和下游企业所形成的网链结构。”供应链是围绕核心企业，通过对信息流、物流、资金流控制，从采购原材料开始，制成中间产品以及最终产品，最后由销售网络把产品送到消费者手中，将供应商、制造商、分销商、零售商直到最终用户连成一个整体的功能网链结构模式。[①]

二、供应链风险的界定及分类

由于供应链上的各环节是环环相扣的、彼此依赖、相互影响的，所以任何一个环节出现问题，都可能波及其他环节，影响整个供应链的正常运作。可以说，供应链风险是与生俱来的。从供应链风险的起因来划分，供应链风险可以分为外部风险和内部风险。外部风险，指由供应链外界的不确定性因素导致的风险，这些风险一般无法控制和预测，且容易导致严重的供应链危机、突发事件，也可以称之为环境风险，具体包括：①自然风险——地震、火灾、洪水、战争等各种不可抗力的自然灾害原因，给供应链及其成员企业带来的风险；②社会风险——社会冲突、恐怖事件和社会动荡给货物和商品的流通造成的很大的危害，增加了许多供应链企业的风险，导致了一些供应链环节的中断；③经济风险——包括经济波动风险、贸易风险、产业转型风险等；④政策风险——当国家政策或者法律法规发生变化时，可能对供应链各成员企业的多项业务活动产生的负面影响，有时还会对供应链管理产生的负面影响，比如企业的资金筹集、生产投资及其他经营管理活动等；⑤社会信用风险——主要包括由于社会信用机制的缺失，导致社会信息流通不畅，企业恶意违约的成本不高而带来的供应链风险；⑥市场风险——主要包括由顾客核心需求识别不足和市场不稳定导致的风险。内部风险是供应链组织单体内部及成员间产生的并在衔接、互动过程中发生负面影响和损失等的风险。具体涉及以下主要风险内容。①技术风险：成员企业内部和成员企业之间在业务、信息运作过程中由基础设施、设备、装备等故障导致的供应链运作、管理失效等风险；②信息风险：由于信息的不确定以及信息在供应链数据采集、存储、传输和处理过程中的扭曲失真引起供应链生产失效、管理失效、成本剧增等后果及可能性；③物流风险：供应链中所有物流活动所能产生的风险；④道德风险：供应链成员企业“偷懒”、违背承诺、虚报信息，甚至以次充好、以假充真等败德行为的出现，造成严重的供应链突发事件的发生，使供应链运行困难甚至解体。

---

① 董千里：《供应链管理》，东北财经大学出版社2009年版。

第二节　新冠肺炎疫情对全球供应链的冲击

2020年伊始，世界大流行的新冠肺炎疫情来势汹汹，对全球供应链产生了巨大冲击。本章试图采用假设抽取方法，对新冠肺炎疫情冲击全球供应链的程度进行模拟分析。

一、假设抽样方法

假设抽取方法（Hypothetical Extraction Method，HEM）最早由 Paelinck 等（1965）① 和 Strassert（1968）② 提出，其基本原理是将一个产业部门从经济系统中抽走，通过对比抽取前后经济系统的变化来评估该部门的重要性和对整个经济系统的影响。HEM 方法被广泛应用于污染物排放、水和土地等资源使用的关联效应等分析。在贸易领域，HEM 通常被用于投入产出文献中，以识别产业关联中的重要部门。

二、基于假设抽取方法评估新冠肺炎疫情对世界经济的影响

假定全球共有 M 个国家（地区）、N 个行业。从使用角度看，一国（地区）总产出可被分解为本国（地区）使用的中间品或最终品以及被国外使用的中间品或最终品等四部分。一国（地区）总产出可表示为：

$$X^s = A^{ss}X^s + Y^{ss} + \sum_{r \neq s}^{M} (A^{sr}X^r + Y^{sr}) \qquad (22-1)$$

其中，X^s 为 $N \times 1$ 的总产出矩阵，表示一国（地区）各行业的产出。A^{sr} 为 $N \times N$ 的直接投入产出矩阵，其第 i 行第 j 列表示从 s 国（地区）i 行业进口的中间品占 r 国（地区）j 行业总产出的份额，称之为直接投入产出系数。Y^{sr} 为 $N \times 1$ 的最终需求矩阵，表示 s 国（地区）各行业向 r 国（地区）出口的最终品。

---

① PAELINCK J, et al. Analyse quantitative de certaines phénomènes du développment régional polarize: essai de simulation statique d' itérarires de propogation' [C] //Problémes de conversion éconmique: analyses théoretiques et études appliquées. Paris: M. - Th. Génin, 1965: 341 - 387.

② STRASSERT G. Zur bestimmung strategischer sektoren mit hilfe von input output modellen [J]. Journal of Economics and Statistics (Jahrbuecher fuer Nationaloekonomie und Statistik). 1968, 182 (3): 211 - 215.

国家（地区）间投入产出模型可以表示为：$X = AX + Y$，即：

$$\begin{bmatrix} X^1 \\ X^2 \\ \vdots \\ X^M \end{bmatrix} = \begin{bmatrix} A^{11} & A^{12} & \cdots & A^{1M} \\ A^{21} & A^{22} & \cdots & A^{2M} \\ \vdots & \vdots & \ddots & \vdots \\ A^{M1} & A^{M2} & \cdots & A^{MM} \end{bmatrix} \begin{bmatrix} X^1 \\ X^2 \\ \vdots \\ X^M \end{bmatrix} + \begin{bmatrix} \sum_r^M Y^{1r} \\ \sum_r^M Y^{2r} \\ \vdots \\ \sum_r^M Y^{Mr} \end{bmatrix} \quad (22-2)$$

$$\begin{bmatrix} X^1 \\ X^2 \\ \vdots \\ X^M \end{bmatrix} = \left\{ I - \begin{bmatrix} A^{11} & A^{12} & \cdots & A^{1M} \\ A^{21} & A^{22} & \cdots & A^{2M} \\ \vdots & \vdots & \ddots & \vdots \\ A^{M1} & A^{M2} & \cdots & A^{MM} \end{bmatrix} \right\}^{-1} \begin{bmatrix} \sum_r^M Y^{1r} \\ \sum_r^M Y^{2r} \\ \vdots \\ \sum_r^M Y^{Mr} \end{bmatrix} \quad (22-3)$$

一国（地区）GDP 可以表示为：$GDP = V(I - A)^{-1}Y$，即：

$$\begin{bmatrix} GDP^1 \\ GDP^2 \\ \vdots \\ GDP^M \end{bmatrix} = \begin{bmatrix} v^1 & 0 & \cdots & 0 \\ 0 & v^2 & \cdots & 0 \\ \vdots & \vdots & \ddots & \vdots \\ 0 & 0 & \cdots & v^M \end{bmatrix} \left\{ I - \begin{bmatrix} A^{11} & A^{12} & \cdots & A^{1M} \\ A^{21} & A^{22} & \cdots & A^{2M} \\ \vdots & \vdots & \ddots & \vdots \\ A^{M1} & A^{M2} & \cdots & A^{MM} \end{bmatrix} \right\}^{-1} \begin{bmatrix} \sum_r^M Y^{1r} \\ \sum_r^M Y^{2r} \\ \vdots \\ \sum_r^M Y^{Mr} \end{bmatrix}$$

（22 -4）

上式中，v^M 为 $1 \times N$ 的增加值系数矩阵。

假设国家（地区）1 和国家（地区）2 两国因为新冠肺炎疫情双边贸易减少一定比例，则 A^{12}、A^{21}、Y^{12}、Y^{21} 均会受到影响，新的直接投入产出系数矩阵和最终需求矩阵则变为 A^* 和 Y^*，可以得到抽取新冠肺炎疫情前后各国（地区）的 GDP 损失：

$$GDP = V(I - A)^{-1}Y - V(I - A^*)^{-1}Y^* \quad (22-5)$$

为了解新冠肺炎疫情冲击的经济效应以及对不同部门经济影响的异质性，我们假定新冠肺炎疫情发生国对外总出口或某个行业出口中断或者减少一定比例。抽取或削减贸易流造成的 GDP 损失，可以理解为全球价值链背景下，某经济体遭受新冠肺炎疫情冲击停工停产通过国内和国际投入产出关联对本国及世界其他经济体可能造成的影响。

三、测算结果

“中国制造”已经深深嵌入全球产业链分工，在世界产业链和供应链上、中、下游中都发挥着重要作用。首先，我们假定新冠肺炎疫情伊始，中国各行业中间品和最终品供给下降 50% 。从表 22 - 1 不难看出，疫情下中国出口下降 50% 对日德的损失大于美英，这与中国制造业与日德制造业之间深度嵌入的基本事实一致。从超过 0.1 个百分点来看，中国化工行业对各经济体出口下降 50% 导致 GDP 受损最大的经济体为日本、德国，分别下降 0.128 个和 0.117 个百分点；中国金属制品业对各经济体出口下降 50% 导致 GDP 受损最大的经济体为日本、德国、英国，分别下降 0.180 个、0.177 个和 0.132 个百分点；中国机械设备制造业对各经济体出口下降 50% 导致 GDP 受损最大的经济体为德国、日本，分别下降 0.151 个和 0.150 个百分点；中国交通运输设备制造业对各经济体出口下降 50% 导致 GDP 受损最大的经济体为德国、日本，分别下降 0.246 个、0.198 个和 0.133 个百分点；中国建筑业对各经济体出口下降 50% 导致 GDP 受损最大的经济体为日本、德国、英国，分别下降 0.275 个、0.257 个和 0.133 个百分点；中国其他商业服务对各经济体出口下降 50% 导致 GDP 受损最大的经济体为日本、德国，分别下降 0.109 个和 0.105 个百分点。从上述结果显示，中国在化工、金属制品业、机械设备制造业、交通运输设备制造业、建筑业和其他商业服务等行业具有较好的参与度和竞争力。

表 22 - 1　中国各行业出口下降 50% 对各经济体 GDP 的影响　（单位:%）

行业分类	美国	日本	德国	英国
农林牧渔业	0.017	0.034	0.035	0.017
采矿业	0.017	0.057	0.065	0.033
食品业	0.030	0.040	0.049	0.023
纺织业	0.015	0.047	0.037	0.017
皮革制造业	0.006	0.011	0.011	0.005
木材制品业	0.006	0.013	0.015	0.007
造纸业	0.009	0.023	0.023	0.010
石油燃料加工业	0.019	0.048	0.056	0.042
化工行业	0.041	0.128	0.117	0.056
橡胶塑料制品业	0.014	0.055	0.045	0.020
非金属矿物制造业	0.018	0.062	0.064	0.032
金属制品业	0.047	0.180	0.177	0.132
机械设备制造业	0.030	0.150	0.151	0.064
电子电气设备制造业	0.076	0.467	0.296	0.133
交通运输设备制造业	0.034	0.198	0.246	0.077

续表

行业分类	美国	日本	德国	英国
其他制造业及废弃材料加工业	0.003	0.011	0.010	0.005
电煤气水生产和供应业	0.017	0.064	0.063	0.033
建筑业	0.070	0.275	0.257	0.145
批发业	0.015	0.037	0.061	0.022
零售业	0.003	0.008	0.013	0.005
住宿和餐饮业	0.008	0.012	0.015	0.007
内陆运输	0.007	0.025	0.031	0.013
水路运输	0.002	0.006	0.009	0.004
航空运输	0.006	0.007	0.009	0.006
其他支持性运输活动	0.004	0.008	0.009	0.005
邮政和电信业	0.004	0.019	0.017	0.007
金融业	0.007	0.016	0.024	0.012
房地产业	0.002	0.005	0.007	0.003
其他商业服务	0.030	0.109	0.105	0.045
公共管理国防	0.015	0.032	0.037	0.022
教育	0.010	0.020	0.021	0.013
卫生和社会工作	0.012	0.035	0.038	0.017
其他社区社会及个人服务	0.010	0.035	0.036	0.016
总体	0.603	2.236	2.149	1.050

注：根据亚洲开发银行编制的2018年世界投入产出表计算得到。

接下来，新冠肺炎疫情向美、欧、日等地区扩散，为了防控疫情，这些国家加大了人员居家隔离等举措的力度，制造业停工停产、商业服务业闭门歇业、需求减弱、正常的经济生活秩序被打乱，通过需求下降和中间品、原材料供给中断，对我国经济全面恢复形成了较大的“回波”冲击。假定美、欧、日各行业对世界各国出口下降50%，表22－2的测算结果表明，中国对三大经济体的依赖度从高到低依次为美、欧、日，将分别导致中国GDP下降0.948个、0.687个、0.456个百分点。从中间品供应链中断对我国影响较大的行业看，美国是交通运输设备制造业，欧盟是电子电气设备制造业、交通运输设备制造业、建筑业、机械设备制造业等，日本是电子电气设备制造业、交通运输设备制造业、运输设备等。

表 22-2　美欧日各行业出口下降 50% 对中国 GDP 的影响　（单位：%）

行业分类	美国	欧盟	日本
化工行业	0.046	0.028	0.028
金属制品业	0.037	0.033	0.042
机械设备制造业	0.041	0.045	0.031
电子电气设备制造业	0.045	0.067	0.062
交通运输设备制造业	0.118	0.061	0.053
建筑业	0.075	0.057	0.049
总体	0.948	0.687	0.456

注：根据亚洲开发银行编制的 2018 年世界投入产出表计算得到。

第三节　危机后全球供应链可能的新趋势

2020 年年底“安联研究”发布了一份针对新冠肺炎疫情下全球价值链的研究报告。研究团队在 2020 年 10 月中旬至 11 月初对美国、法国、英国、德国和意大利 5 个国家的 6 大行业（信息技术与电信、机械与设备、化工、能源与公用事业、汽车、农业与食品）1181 家企业的高级管理人员进行了调研。几乎所有接受调研的企业（94%）都报告说新冠肺炎疫情导致其价值链在一定程度上被扰乱。40% 的企业表示已经对供应链进行了或多或少的调整。但全球价值链完全消失的可能性微乎其微，只有不到 15% 的公司考虑价值链回迁。不过，大约有 30% 的企业考虑迁往与本企业位于同一关税联盟或自由贸易协定区的地区。

近年来，发达国家日益重视防范民生及高技术产业和基础设施领域的风险，以国家战略与政策倡导“脱链中国”和逆全球化，呼吁完善风险管理机制，提高国际供应链弹性（见表 22-3）。

从上述调查报告所揭示的企业的规划和决策，以及发达国家的战略与政策倡导，不难看出，在供应链的布局上，企业将不得不在效率与弹性之间进行权衡。主要表现为以下三个新的发展趋势。

一、供应链从“全球化”加速转向“区域化”

近些年，发达国家试图通过主导一些超大规模的区域贸易协定来强化在

表 22-3　发达国家再工业化、技术管制和供应链发展战略与措施

国家	内容	实施措施
美国	制定制造业回流政策	1.《重振美国制造业框架》《先进制造业伙伴计划》（奥巴马政府） 2.《减税与就业法》（特朗普政府） 3. 对我国出口商品加征更高关税（自 2018 年开始） 4. 加强针对海外高技术产业及企业的限制性、歧视性措施 5. 签署一项被称为“买美国货”的行政令（拜登政府）
	实行全球供应链安全风险评估和预警	1.《全球供应链安全国家战略》（2012） 2.《保护战略矿产品安全和可靠供应的联邦战略》（2017） 3. 美国国会参议院外委会审议通过《2021 年战略竞争法案》（2021）
英国	推动制造业领域的供应链创新	1.《制造业未来：英国面临的机遇与调战》，“柔性制造”计划（2013） 2.《加强英国制造业供应链政府和产业行动计划》，提升制造业供应链国际竞争力是国家战略（2017） 3.《英国工业战略》，构建全球供应链优势（2017）
	向中小企业推行最佳供应链	“融资换贷款”项目、“企业融资担保”项目、供应链绩效改进方案
德国	可持续性导向和先进技术应用导向	1.《保障德国制造业的未来：德国工业 4.0 战略实施建议》，“领先的供应商战略”和“领先的市场战略”（2013） 2.《德国国家区块链战略》（2019）
日本	基于区域经济合作的高效安全供应链战略	1.《日本振兴战略》，构建具有全球竞争优势的制造业与服务业供应链（2013） 2.《全面与进步跨太平洋伙伴关系协定》（CPTPP），促进贸易和投资，构建亚太供应链（2018）
	通过回归和转移实现供应链安全性与可持续性	1.《国家安全保障战略》，应对全球竞争与跨供应链风险（2013） 2. “未来投资呼吁”，高附加值产业回归，低附加值产业向东盟国家转移（2020.3） 3. 抗疫救助计划——“改革供应链”项目，专项资助企业撤中返日，实现制造基地多元化（2020.4）
	完善物流供应链体系	《综合物流施政推进计划》（2017—2020 年）

全球供应链中的竞争优势，如全面与进步跨太平洋伙伴关系协定（CPTPP）、欧日经济伙伴关系协定（EPA）、美墨加三国协定（USMCA）、美日贸易协定等。这些具有一定排他性、高标准的区域贸易协定对全球供应链的布局产生重大影响。如美墨加三国协定中更加严格的原产地规则会割裂全球供应链市

场配置资源的联系，不仅导致跨国企业的贸易转移，还会带来投资转移。某些区外企业将不得不把原本设在区外的工厂和生产线转移到区内，使用区内的原材料、劳动力等进行生产制造，形成封闭性区域供应链。此外，零关税、零壁垒、零补贴的“三零”贸易规则将强化美、欧、日等发达经济体供应链主导国的话语权。发达国家依靠高端制造业和专利技术垄断继续保持主导地位，而发展中国家将被禁锢在劳动力密集型和资源密集型产业，在全球供应链中承担原料供应地和产品销售地的角色。

二、更加自给自足的短链化供应

2008年国际金融危机以来，发达国家开始反思“制造业空心化”问题，开始实施再工业化战略，以巩固其技术和产业领先优势，高端制造出现向发达国家“逆转移”态势。中美战略竞争博弈的长期化迫使供应链合作“瘦身”，部分美国跨国企业技术密集型的高附加值生产环节回归本土，那些把美国市场作为出口对象的“第三国”“第四国”制造企业选择将生产基地从中国撤出，以规避美国加征关税带来的交易成本上升以及供应链秩序波动所导致的不确定性，加快了供应链缩短的步伐。新冠肺炎疫情带来的制造业零部件产业供应链断链风险，迫使发达国家基于生活必需品和抗疫物资的供应安全考虑，加快完善国内或区域内的产业链，甚至可能试图构建“去中国化”的全球供应链。

三、扩展全球供应链的广度

多元化可以分散风险，减少对单个经济体或少数国外供应商的依赖。当前，生产链条长、供应商数目多、生产过程紧密、对外部冲击敏感的全球供应链特征，促使跨国公司为达到准时生产（JIT）要求、降低社会成本，对供应商进行备份，立足于采购与生产的分散以应对供应链集中经营风险。集聚化可以通过产业链集群降低运输成本，缩短物流时间，提高物流调度效率，最大限度地避免各种自然灾害、疫情灾难的冲击。产业集聚主要体现在国家战略性新兴制造业或国家支柱产业等重点产业。各经济体为保证经济安全，提高这些产业的抗风险能力，倾向于建设从研发、设计到物流、金融等产业配套的全产业链集群。

第四节　中国供应链发展的困难

国际产业回流或是转移他国，对我国制造业产业链和全球供应链带来一定影响。当然，我国供应链也迎来重构的机会。外资控制下的我国产业链被动融入全球化，如今外资产业转移和撤离，链条中的空缺将由我国企业填补，本土化的产业链主动融入全球化，一旦成功，将带来产业链升级和发展方式的转变。为适应变革，需要认清重建供应链过程面对的困难或结构性矛盾。

一、技术瓶颈

从供给角度来看，我国大陆是世界上第一大供应链中枢和亚洲的绝对产业链中心，从需求角度来看，我国大陆进口总额不断增加，逐渐呈现中心性。但是，我国产业链的中心化主要表现为较低技术、较低附加值行业的集中性。我国产业体系中短板、弱项还很多，不少行业存在产业链、供应链不健全、不完善的情况，尤其是制造业中一些核心技术和关键技术、生产流程中的一些关键环节和关键零部件，存在明显的瓶颈制约，对芯片及半导体材料、发动机、精密仪器、高端医疗及数控机床和轴承设备、发动机等关键核心技术的研发能力有限，长期依靠国际市场，在全球竞争格局中起点较低。

二、成本控制空间有限

技术应用、规模经济和获取低成本要素是跨国公司控制成本的关键，我国外向型企业依靠低成本优势参与国际竞争的优势在消失，以原有方式降低生产成本的空间有限，如果不能破除低成本发展的路径依赖，就有被国际市场边缘化的风险。

三、供应链组合存在短板

从结构来看，当前全球供应链的主导者为发达经济体的跨国巨头（链主型企业），而我国具有相应特质的核心企业为数不多。此外，从现代服务体系来看，当前全球先进供应链联盟的科技研发、金融、物流采购与供应服务等服务业体系发达，以服务链的协同运作对供应链环节进行无缝衔接，提高了交易效率，降低了总成本，而我国目前现代服务体系处于硬基建升级和软服务体系配套补缺阶段，产业生态系统对供应链组合的服务能力有待提升。

四、供应链专业人才短缺

供应链管理涉及多门学科和专业知识，要求供应链管理人才要有供应链战略思维，熟悉供应链各领域的知识和运作，具备实践经验和管理、执行能力。我国供应链建设还处于起步阶段，企业供应链管理理念相对落后，相关理论研究比较匮乏，尤其是我国产业多数处于供应链低端，供应链人才教育培养体系还未形成，供应链管理人才的培养方式以企业短期培训为主，供应链人才基础相对薄弱，基础保障不力，导致供应链高端人才紧缺。

五、国际地位被动

在既定技术水平下，大宗商品采购供应能力决定国际化产品的产能、成本和品质，是国际竞争的起点。一方面，我国对铁矿石、原油等战略性大宗商品的国际采购依赖其他资源型国家，其中不乏欧美国家的战略伙伴国，在资源密集型的重化能源产业链中比较被动；另一方面，在粮食、肉类、奶类、果蔬及冷链食品等产业链中难以取得重要地位，在农业产业链国际化进程中相对滞后。

六、区域化合作伙伴关系管理难度大

在逆全球化趋势下，我国的国际经济区域化合作关系将向“一带一路”框架靠拢，除了与东盟区域经贸发展较为稳定外，其他区域的合作伙伴受国际政治关系、宗教文化、企业能力、市场规模、原物料供应的影响较为复杂，给伙伴关系的识别和建立带来诸多不确定性。

第五节　中国战略应对：加快供应链安全建设

加快供应链安全建设，不仅是应对供应链危机的关键之举，更是着眼长

远、赢得发展主动权的重要战略。在要素成本上涨、贸易保护主义抬头、中美战略竞争长期化和供应链安全性考量上，中国将面临“撤资中国”“去中国化”“脱钩”等巨大压力。对此，我国不能不防、不能不早做准备，应适时做出战略调整，提前做好政策应对，深入研究如何完善、健全我国自己的制造业以及与制造业密切相关的生产性服务业产业链和供应链体系，确保国家经济安全和产业安全。

一、锻长板、强优势

在全球供应链重组过程中，中国依然是多元化选项中的重要选择之一。中国作为新技术发展的策源地，具有良好的基础设施、丰富的人力资源、完整的工业体系、强大的产业配套能力、庞大的市场容量以及巨额的外汇储备，这些条件和优势短期内不会发生根本性变化。

1. 提升超大市场规模优势。中国需要深化供给侧结构性改革，将超大规模的国内市场和强劲的内需转为新的比较优势。尤其是，构建市场规模巨大的产业链集群，可以增强经济体在全球产业生态中的话语权，用市场规模来有效避免关键技术被“卡脖子”所可能带来的经营风险。积极探索户籍、土地、科技、能源等领域改革，释放劳动力、土地、人才、能源、金融等要素市场活力，降低各类要素价格，减轻企业综合成本压力。加大对内开放的力度和深度，大力推进省内全域一体化和区域经济一体化，加强生产要素的流动性和对民营企业的开放性，优化区域内按现代产业链的要求进行的分工协作，并加强交通基础设施、旅游观光和医疗民生等领域的一体化对接，以一体化打破地区行政壁垒，塑造超大规模市场。

2. 巩固全产业链发展优势。我国的产业发展特别是制造业发展，需要用好拥有全门类工业发展的优势，坚持以中国的发展需要为主，充分发挥好我国空间地域广、劳动力资源仍然丰富、区域间发展不平衡和产业布局的差异性，以及产业结构梯次转移的空间潜力。中央和地方政府应通过制定区域空间布局规划和更加有力有效的财税、金融、技术支持政策，引导、支持市场主体根据各地不同的资源禀赋和要素资源条件，因地制宜，发挥比较优势，优化生产力布局，完善国内产业链和供应链布局建设。鼓励、支持企业优先使用国产设备和国产零部件，推动我国全产业链和供应链协调、有序、健康发展，逐步形成区域之间、产业之间、企业之间产业互补、生产互补、供应互补的内在经济联系和生产分工。

3. 用好巨量外汇储备的优势。要研究用好我国外汇储备相对充裕、发达国家面临严重的新冠肺炎疫情冲击和经济衰退风险加大的时机，支持国内有条件、有实力的制造业企业积极投资海外市场，加强与国外一些先进制造业企业和研发机构的投资合作，并购一些技术基础好、工程技术力量和研发能力强的濒临困境的企业和研发机构，带动提升我国产业开发实力和科研能力。加强对企业的合规指导，支持企业优化市场布局，通过 RCEP、中欧投资协定，积极促进与东盟、日韩、南太平洋、欧洲等地区的合作，开拓共建“一带一路”国家、非洲各国等新兴市场。

二、补短板、蓄后势

1. 构建自主可控的产业链条。摸清新一代信息技术、生物医药、人工智能、电子制造、5G 等重点产业企业清单，针对国外疫情等导致的进口原材料可能断供风险，梳理帮扶清单，协调上级部门加强与境外沟通，研究制定供应链替代方案，以应对国外断供等风险。另外，加紧研究制定全面提升我国现代化制造业水平的中长期发展规划，针对高端产业的产业链、供应链短板和薄弱环节，借鉴当年攻克“两弹一星”成功经验，组织力量协同攻关，加强重要制造业领域、重点生产环节和关键材料、关键零部件、关键生产工艺的技术研发与产业化，提升我国制造业的整体实力和先进制造业整体技术水平，避免在全球分工体系中被“边缘化”。

2. 构建新型供应链体系。以人工智能、大数据为代表的新兴技术正在改变工业生产方式，降低生产过程对中低技能劳动资源的依赖程度，扩大了企业的选址空间，进而改变全球供应链的组织架构。创新发展数字替代经济和数字创造经济，鼓励制造业龙头企业牵头搭建工业互联网平台，重点推进人工智能、大数据、区块链、车联网、数字创意等数字产业发展壮大，赋能数字经济全价值链。培育壮大数字产业，完善信息通信、软件服务等数字产业链，加快培育数字化新业态，统筹布局一批具有国际竞争力的数字产业集群，构建自主可控的人工智能与数字经济产业链。

3. 构建多层次人才培养体系。加大专业人才培养力度，积极培训基层供应链人才，支持有关的高等院校、职业学校等开设供应链管理相关专业和课程，支持高等院校、培训机构和企业举办研修培训，培育供应链业务实习基地，加快培养多层次供应链管理人才。积极引进供应链专业人才，出台吸引国内外优秀供应链人才的优惠政策，为外国供应链人才提供工作生活便利。

支持企业完善供应链组织架构，建立有效的供应链岗位内部轮岗机制和科学合理的职业上升通道，保障行业高端人才供应。多层次运用“互联网+”战略，培训“网络+供应链”复合型人才。

4. 优化市场化、法治化、国际化营商环境。抓住目前国际资本市场动荡，金融资本和产业资本需要寻求安全稳定投资市场和发展空间的机会，贯彻《中华人民共和国外商投资法》，实施准入前国民待遇加负面清单管理制度，落实国家放宽制造业、服务业等领域外资准入限制政策，吸引更多的海外高端制造业和关键零部件生产链落地中国，把我国打造成为先进制造业和关键产业链、供应链、研发链外商投资高地。推动我国供应链安全保障的规则、规制和标准与国际高标准规则相衔接，同时保持好“中国特色”，持续完善市场体系，确保公平竞争环境，提高政府服务水平，切实加强包括知识产权在内的产权保护等。采用现代信息技术手段，积极引入社会力量，打造由政府、企业、第三方机构、媒体、消费者等构成的促进供应链协同发展体系。

（作者：孔令池　南京大学长江产业经济研究院助理研究员）

第二十三章　中国特色产业基础再造模式研究

产业基础再造就是要重构与现代产业体系相匹配和相适应的产业基础，提升产业基础能力以增强产业链供应链韧性，从而实现产业链现代化和产业高质量发展。符合产业链现代化标准的产业基础体系，至少应具备产业类型的基础性、产业内容的系统性、产业技术的先进性、产业地位的战略性和产业竞争力的稳定性等特征。产业基础能力提升主要源于产业关键核心技术和共性技术创新能力的提升，产业基础再造需要产业链与创新链的匹配与融合。西方发达国家在产业技术创新的目标导向、重点内容、关键环节、实现方式、经费来源和治理机制上都形成了自己独特的模式，典型的如美国的先进制造业创新研究所模式、日本的产学官合作事业模式和德国的弗劳恩霍夫模式。其成功经验主要体现为完善创新导向的产业规划和法律法规及政策保障、重视对中小企业创新发展的支持、积极推进科技成果转移转化以及加强促进产学研合作体制机制建设等方面。借鉴以上经验，结合我国国情，探索性地提出了“链主企业带动＋市场需求激励＋数字经济赋能＋有为政府协调”四位一体的中国特色产业基础再造模式，进而提出了加强项目规划引导实施、打造全球产业链集群、优化要素供给机制、释放内需市场潜力、搭建创新平台载体、完善法律法规和政策保障等方面的举措建议。

第一节 产业基础再造：理论内涵与现实背景

一、产业基础再造的内涵界定和主要特征

（一）概念内涵

产业基础，顾名思义，指为第一、二、三产业的形成与发展提供支撑作用、反映各类产业发展需求的基本要素，是一个国家产业发展的根基。关于产业基础的具体内涵，目前主要有两种观点。

一种是“工业基础论”。这类观点主要立足于第二产业特别是工业在国民经济中的基础性地位来界定的，认为产业基础即为工业基础，主要包括核心基础零部件（元器件）、先进基础工艺、关键基础材料和产业技术基础四个部分（传统“工业四基”）。“工业四基”之间依靠核心关键技术和共性技术紧密相连组成工业基础能力。《中国制造 2025》中明确提出以“工业四基”为代表的工业基础能力弱，是制约我国制造业创新发展和质量提升的症结所在。随着工业化和信息化的不断演进和融合，“工业四基”的范畴和边界也不断拓展，主要是新增了工业基础软件，即“工业五基”。

具体而言，核心基础零部件（元器件），包括机械基础零部件、电子元器件、仪器仪表元器件、领域及行业基础零部件，还包括数量众多、面向具体行业和领域的通用基础件，是组成工业制成品（整机）的具有特定功能和不可分拆的物理单元。先进基础工艺，指工业产品过程中量大面广、通用性强的关键共性制造技术及其技术附着的制造装备，包括铸造工艺、热处理工艺、增材制造、制造过程检测控制工艺及其相关的数控机床、机器人等制造装备等。基础材料，指先进工业制成品自身及其生产过程中所使用的支撑和关键材料，包括金属材料、非金属材料、先进结构材料、电子信息材料、新能源材料、化工材料、建筑材料、纤维材料等，是所有工业制成品的母体。工业基础软件，指工业领域的应用软件，按照业务维度可分为研发设计类软件、生产控制类软件、管理运营类软件、服务保障类软件、新型工业软件等。产业技术基础则包括试验实验设施、质量检测认证、计量标准核检传递、节能环保安全技术保障，以及各类标准和基础检测检验平台和技术信息服务平台

等基础设施和服务。

另一种是“产业支撑论”。不同于“工业基础论”强调从工业产业链内部环节的地位角度来界定的思路，“产业支撑论”更加侧重于从产业形成与发展的外部条件和环境角度来界定的，涵盖了科技创新基础能力、产业竞争基础能力、可持续发展基础能力、产业基础设施和公共服务、产业生态环境，涵盖了基础产品、基础技术、创新体系、基础文化、基础教育和人才、基本政策等较为宽泛的范畴。可以看出，“工业基础论”中的产业技术基础就比较符合“产业支撑论”的产业基础内涵。如果说“工业基础论”注重产业基础的内容，是产业基础能力的核心要素和主要载体，那么“产业支撑论”则强调产业基础的功能，是产业基础能力和产业竞争力的重要来源和必要条件。

综合上述两种论点，产业基础可以被界定为国民经济中各类产业（主要是工业制造业）的基础性产业链环节（可称为核心层）以及提供基础性支撑的一系列要素和环境（可称为外围层）的集合（如表23－1所示）。由于其基础性地位和功能，因而是构建自主可控现代产业体系和塑造可持续国家竞争优势的基础条件和力量源泉。据此概念，产业基础再造就是要通过创新引领、系统设计、统筹谋划、重点突破和协同推进产业基础发展，重构与新时代现代产业体系相匹配和相适应的产业基础，补齐产业链供应链短板，提升产业基础能力以增强产业链供应链韧性，从而实现产业链现代化和产业高质量发展。

表23－1　产业基础的基本内涵及其主要内容

属性	范畴	具体内容
核心层	核心基础零部件（元器件）	机械基础零部件、电子元器件、仪器仪表元器件、领域及行业基础零部件，面向具体行业和领域的通用基础件
	先进基础工艺和制造装备	工业产品过程中量大面广、通用性强的关键共性制造技术及其技术附着的制造装备，如铸造工艺、热处理工艺、增材制造、制造过程检测控制工艺及其相关的数控机床、机器人等制造装备等
	关键基础材料	先进工业制成品自身及其生产过程中所使用的支撑和关键材料，包括金属材料、非金属材料、先进结构材料、电子信息材料、新能源材料、化工材料、建筑材料、纤维材料等
	工业基础软件	研发设计类软件、生产控制类软件、管理运营类软件、服务保障类软件、新型工业软件等工业应用中的基础软件

续表

属性	范畴	具体内容
外围层	基础生产要素	劳动力、人才、资金、技术、数据、企业家才能等生产要素
	产业基础设施（硬件设施）	支撑产业发展的能源资源、交通运输、邮电通信、生态环境等各类基础设施
	产业公共服务（软件设施）	国家创新平台、国家工程技术中心、综合性国家科学中心、国家重点实验室、制造业创新中心，以及包括各类标准和基础检测检验平台、技术信息服务平台在内的科技创新服务平台、科技创业孵化平台和研发创新合作平台
	制度环境	支撑产业发展的财政、税收、金融、土地、能源、贸易、投资、研发创新、知识产权保护、技术交易等政策体系和法律法规

资料来源：课题组整理。

（二）主要特征

从上述产业基础的概念内涵和产业基础再造的目标要求来看，一个符合产业链现代化标准的产业基础体系至少应具有以下五个方面的特征。

一是产业类型的基础性。产业基础一般处于产业链的上游或中间环节，而不直接与市场终端的消费者发生经济技术关联，如基础零部件、基础材料、基础工艺、基础技术、基础要素和基础动力等。当然，随着时代背景更迭、技术条件变迁和产业分工的细化，产业基础的内容会动态调整，其在产业链中的功能和地位也会产生变化。比如，在农业经济、工业经济或服务经济主导的时代，各类生产要素的重要性是不同的，人力资本、知识资本在经济和产业发展中重要性依次提升。而在信息经济时代，数据作为一种重要的生产要素被纳入，成为产业基础的重要组成部分，进而决定了经济增长和产业发展的质量。

二是产业内容的系统性。从表 23 - 1 可见，产业基础既包括“工业四基”“工业五基”的内容，也囊括相关的产业基础设施、产业公共服务以及支撑产业发展的外部制度环境。这些产业基础的具体内容相互支撑、缺一不可，共同构成了有机的、完整的产业基础体系。任何一个环节出现薄弱和短板，就会遭遇“卡脖子”困境，从而将会制约整个产业基础体系的稳定和产业竞争力的提升。因此，提升产业基础能力是一项系统性工程，必须要系统设计、统筹谋划和协同推进。

三是产业技术的先进性。产业基础能力离不开先进技术的支撑，而先进的产业技术源于突破性的技术创新，因而较强的产业技术创新能力是产业基础再造的内在要求，是衡量产业基础发展质量水平的重要标志。只有掌握前沿的高端技术，构建先进的产业技术体系，才能有效促进产业核心技术、关键技术和共性技术研发，并且推动相关要素资源的优化整合和系统运行，从而从整体上促进产业技术创新，为实现产业链现代化打下坚实的技术基础。良好的产业技术创新能力，往往表现为拥有一批活跃的创新主体、较高的创新投入产出效率和科研成果转化率以及有利于技术创新的制度环境等。

四是产业地位的战略性。战略性意味着在全球产业分工中具有关键性、决定性地位，是产业链发展的“命门”所在，掌握了这些产业链环节，就意味着具备了核心技术自主权、产业链控制权、价值链收益支配权。相反，一个国家若在这些关键环节缺失，需要依赖其他国家供给，那么一旦因世界经济形势变化和政治格局动荡、国际贸易摩擦或因战乱、瘟疫暴发等外部风险而面临“断供”，将对整个国民经济带来不可估量的冲击。当前，以核心零部件（元器件）、先进制造装备、关键材料、国际标准等为代表的产业基础，已成为大国角逐和国际市场竞争的制高点，从而也成为未来全球产业链和价值链分工的决定性因素。

五是产业竞争力的稳定性。当前，维持产业国际竞争力、促进产业稳定发展的重点已不是产业链的完整性，也不是分工地位高低和收益大小问题，而是产业链的关键性、安全性或风险性问题，确保产业链安全和经济安全；同时强调产业链供应链运行的高效率，即安全高效的产业链供应链。一个稳固的产业基础体系，意味着产业链供应链分工格局比较稳定和固化，进入壁垒高，产品市场和技术诀窍通常由少数几家先发企业掌控，后进企业很难挤入，因而往往具有完全垄断或寡头垄断的市场结构。在这种产业基础体系内，除了有掌握关键核心技术或市场势力的跨国公司和国际大买家这样的“链主企业”之外，还有很多在产业链细分利基领域具有绝对竞争优势的“隐形冠军”。

二、中国产业基础发展的现状、问题及成因

（一）发展现状

改革开放以来，通过积极引进外资和加工贸易参与国际产品内分工，我国在大多数工业制造业细分领域都实现了从0到1的突破，各产业从起初的

完全依赖进口，发展到很多产品可以在国内由国有企业、中外合资和外商独资企业提供。有些行业的技术水平已达到了20世纪90年代的先进水平，有的产品甚至可以与世界先进水平平起平坐，已经形成了一个比较完整的现代制造业体系。然而，由于长期以来“重显轻潜”“重主机轻部件”“重规模轻质量”“重组装轻自主”的传统发展思维，使得主机、整机的快速发展未能带动零部件、材料、工艺的匹配发展，也未能形成自主可控、安全高效的制造业产业体系。中国工程院“2020中国制造强国发展指数”显示，我国基础产业增加值占全球基础产业增加值比重从2013年的11.82%降至2019年的6.11%。具体而言，目前仍然普遍存在“缺芯”“少核”“弱基”现象，“工业五基”的技术水平、产品性能、稳定性、可靠性和使用寿命等方面整体上与世界领先水平存在较大差距，国内产品不敢用、不愿用，总体自给率只有30%—40%，关键零部件、高端制造装备、关键基础材料、工业基础软件和操作系统都严重依赖从美日欧进口。共性技术和核心技术缺失，“卡脖子”问题日益突出，从而面临供应链中断的巨大风险。而包括试验验证、计量检测、信息服务等在内的服务体系不健全等问题也严重制约着我国产业基础高级化和产业链现代化发展。

在核心基础零部件（元器件）方面，自主可控水平低，对外依赖严重。比如，在高端基础芯片领域，国内商用化研发尚处在起步阶段，工业领域的高端存储器主控芯片集中在美国的Marvell和Microchip，消费领域的低端主控芯片则集中在台湾慧荣科技（SMI）和群联电子（Phison）。在机器人领域，我国70%以上的减速器市场份额由哈默纳科、纳博特斯克等外资品牌占据，智能机器人配套的视觉、力觉、激光、声呐等传感器也主要依赖进口。在工程机械领域，大型盾构机刀盘主轴承合金元素、杂质含量控制、锻件滚子热处理技术，齿轮箱超大直径密封结构设计、制造及表面处理技术等尚未取得突破。

在先进基础工艺和制造装备方面，目前我国在部分重大基础装备领域的产品性能、使用寿命、质量可靠性等相比世界先进水平还有较大差距，部分领域甚至存在技术和供给空白。在高档数控机床、高精尖轴承、机器人、大型金属高效增材制造装备、集成电路及专用设备、飞机和航空发动机、高性能医疗器械等领域与先进国家差距巨大。比如，85%的高端数控机床国内市场被日本的发那科、牧野和马扎克，德国的DMG和哈默，美国的哈斯等跨国企业控制，95%的数控系统依赖西门子等跨国企业。关键集成电路装备的国内企业技术差距明显，在国际上几乎没有竞争优势。国产机器人在快速响应性、功率密度、稳定性、工作精度、发热噪音等指标上差距较大，在过载等较为复杂工况环境下性能下降明显。国内RV减速器产品的平均寿命（不到6000小时）与纳博特斯克等国外先进企业（10000小时以上）差距显著。由于装备产业其重要的战略性地位，从而成为“卡脖子”现象最为严峻的领域。

在关键基础材料方面，一些重大装备制造、重大工程建设、战略性新兴产业及国防军工等领域普遍存在“无材可用、有材不好用”的困境。目前我国的关键基础材料32%仍为空白，52%依赖进口。比如，在钢铁行业中，航空航天、先进轨道交通、海洋工程及高技术船舶、电力装备、汽车、能源石化、高档机床、信息技术等8个用钢领域，高端轴承钢、高性能模具钢、超高强度不锈钢、航空发动机及燃气轮机用高温合金等“卡脖子”问题突出，大型商用航空发动机及零部件材料大量引进。在电子信息产业中，平板显示产业超过70%的相关材料依靠进口，薄膜晶体管液晶显示器（TFTLCD）的高端液晶材料离不开德国、日本企业的垄断性供应。在石化行业中，合成树脂、合成橡胶、合成纤维等领域的高端专用材料、部分关键单体以及高规格电子化学品进口依存度偏高。在有色金属领域中，航空用铝合金板带和型材、航空用钛合金型材、航空紧固件用钛合金丝材、高纯难熔金属单晶材料、数控硬质合金和金属陶瓷刀具等存在明显短板，精深加工能力尤其不足。

在工业基础软件方面，除了Windows、Android、iOS等电脑和手机的常用操作系统之外，大量的工业辅助设计、工艺仿真与流程控制、模拟测试等工业软件市场也都被国外企业垄断。比如，被称为“芯片之母”的设计软件EDA工具，主要由美国的Synopsys、Cadence和西门子的Mentor Graphics三大巨头垄断，而在中国市场，这三家EDA软件公司更是占据了95%的市场份额。又如，在功能化增材制造工艺仿真与过程控制软件方面，由于国外软件起步早，算法、功能齐全，对制造过程中传热、传质、流动等现象分析方法成熟，可提供完整的解决方案，整体发展水平较高，因而处于垄断地位。相比之下，国产自主研发供增材制造使用的软件较少，主要使用CAE软件用于协同同步工程。在研发设计类软件方面，法国达索系统在研发设计类软件市场、德国西门子在生产控制类软件市场占据领先地位，国内仅仅航天神软、金航数码、宝信软件等少数企业在细分市场占据一些市场份额。

在产业技术基础方面，硬件基础设施和软件公共服务体系还不完善，试验验证、计量检测、信息服务等配套能力还比较薄弱。长期以来我国以学习模仿为主的产业发展模式，导致在产品质量和标准方面的战略性认识不足。在标准方面，标准体系不合理、交叉重复的现象仍然存在，实质性参与国际标准化活动的能力和水平不高。在认证认可方面，由我国率先提出、国际通行的认证认可标准和认证认可制度不多，国际认证制度建设和引领能力严重不足。在检验检测方面，我国现有高性能检测系统和仪器绝大多数都是进口品牌，检验检测机构较为分散，基础研究和技术储备薄弱，如氢品质、氢泄露等国产高精度检验检测设备欠缺，同时缺乏一些关键领域的计量基准、测量方法和技术。比如，在国内增材制造产业中，产品通常以仿造和模化设计为主，没有从系统性角度开展正向设计、可靠分析及系统验证。国外是基于理论基础的工艺控制，而我国则更多依赖于经验和反复的试验验证，导致在生物增材制造、非金属及复合材料制造、微纳增材制造等方面标准缺失。

（二）关键问题

从产业基础的内涵特征和现实矛盾可以发现，产业基础能力的提升在很大程度上来源于产业技术（特别是关键核心技术和共性技术）创新能力的提升，具体而言就是，产业发展所必需的基础零部件及核心元器件、基础软件、基础材料、基础工艺和产业技术基础等方面技术研发能力的提升。从要素协同角度来看，产业技术创新能力的提升需要产业链、技术链、资金链、人才链之间的有机融合和配合。因而可以说，产业基础再造需要产业链与创新链的匹配与融合。我国作为制造业大国，经过多年的发展已经形成了较为完备的产业链，但是相对而言，创新链发展水平仍显不足，并未能有效匹配产业链需求和支撑产业高质量发展，创新链与产业链协同融合发展水平不高，从而制约了产业基础能力的提升。至少体现为以下四个方面的矛盾和问题。

第一，虽然从研发经费投入、研发人员投入和研发机构设置来看，我国在创新资源投入方面规模不小，但是若考虑到创新产出、创新效率、创新模式以及创新支出结构，我国工业企业并未体现出强大的创新能力。根据《中国科技统计年鉴》数据测算，从创新产出来看，2019 年全国规模以上工业企业新产品销售收入占营业收入比重仅为 19.9%；从创新效率来看，全国规模以上工业企业新产品销售收入与新产品开发经费支出之比仅为 12.5；从企业研发经费支出结构来看，全国规模以上工业企业试验发展支出占 97.1%，而基础研究和应用研究仅占不到 3%；全国研发经费内部支出中试验发展支出占 82.7%，基础研究和应用研究分别仅占 6% 和 11.3%。可见，企业创新主要集中于创新链中端的中试环节，而创新链两头的基础研究、创新成果的产业化和市场化环节缺失，创新链还不够完善。

第二，虽然近年来我国持续组织实施前沿引领技术基础研究专项、前瞻性产业技术创新专项和重大科技成果转化专项，高新技术产业产值及占比逐年增长，但是科技成果转化率还不够高。我国的科技成果转化率不到30%，而发达国家是60%—70%。2019年全国高新技术产业新产品销售收入占营业收入比重仅为37.2%，高新技术产业新产品销售收入与新产品开发经费支出之比仅为10.94。我国发明专利申请量和授权量虽已居世界前列，然而许多成果并没有与市场对接，而是沉睡在实验室中。以产业链基础较好的制造业大省江苏为例，基于江苏省第四次全国经济普查数据的测算发现，制造业对生产性服务业的拉动作用较强，而生产性服务业对制造业的支撑功能表现较弱，从而也在一定程度上反映了创新链对产业链的推动作用还有待加强。

第三，虽然规模以上工业企业R&D经费外部支出呈现逐年增长趋势，但是从相对规模来看，其仅占全国R&D经费内部支出的6.4%；其中，对境内研究机构支出占2.25%，对境内高等学校支出占0.43%。可见，工业企业R&D经费外部支出偏少，产学研合作规模较小，范围较窄，企业开展研发活动主要还是依靠自身力量，与研究机构、高校以及其他企业之间的技术联系不够紧密，产学研合作力度明显不大，产学研之间的关系比较松散，协同创新显著不足。

第四，生产性服务业特别是知识密集型服务业（KIBS）作为企业创新的"桥梁"和"催化剂"，缺乏对本土制造业高质量发展的有效支撑。无论从生产性服务业与制造业之间的总体关联、结构关联还是空间关联来看，"制造—服务"融合程度还不太理想。我们基于全国省份数据的实证研究发现，我国生产性服务业促进制造业转型升级的作用效率总体上尚不够高，生产性服务业对制造业转型升级的促进作用主要表现为经济效益提升方面，但是在创新能力提升和结构高度提升上的作用却还有很大的改进空间。而且，在生产性服务业较为发达的东部地区，生产性服务业在促进制造业经济效益提升和创新能力提升方面的作用要劣于中西部地区；特别地，长三角和珠三角地区的生产性服务业在促进制造业创新能力提升方面的作用显著低于全国平均水平以及其他地区。而且，我们基于江苏第四次全国经济普查数据的测算还发现，就生产性服务业细分行业与制造业的协调度（用DEA效率值衡量，效率值越高，协调度越高，取值为1时为完全协调）而言，从高到低依次为批发零售业（0.850）、交通运输业（0.793）、商务服务业（0.709）、科技服务业（0.701）、金融业（0.551）以及信息服务业（0.496）。可见，批发零售、交通运输等传统生产性服务业与制造业的协调发展程度较高，而现代金融、科技服务、信息服务等现代生产性服务业与制造业的协调发展程度较低。从生产性服务业与制造业空间协同水平来看，2012 年之前，金融业与制造业协同集聚水平最高，商务服务业和科技服务业与制造业的协同集聚则处于较低水平；2013 年以来，信息服务业、商务服务业与制造业协同集聚发展迅速，但科技服务业与制造业协同集聚一直处于最低水平。科技服务业与制造业的协调发展与协同集聚水平较低，也反映了创新链与产业链之间较低的融合水平。从企业角度来看，我国本地制造企业向产品服务环节延展普遍不足，且已有服务往往局限于基于产品延伸的设备安装、操作、维修等方面，缺乏比肩国际先进水平的整体解决方案、资产租赁等生产性服务。

（三）主要成因

对于造成以上创新链与产业链不匹配矛盾、进而阻滞产业基础能力提升的成因，我们分析如下。

第一，低端嵌入全球价值链的外向型产业发展模式，导致形成了对模仿创新的路径依赖，进而制约了企业自主创新能力。企业创新能力是企业竞争力的重要来源，其受到企业核心能力、要素供给条件、市场需求条件、相关产业状况、外部政策环境等多方面因素的影响。从开放视角来看，企业创新能力还与其嵌入全球价值链分工的模式和路径密切相关。改革开放以来，我国主要是通过采用以引进外资和加工贸易为主的外向型产业链发展模式，嵌入全球价值链低端，基于跨国公司技术溢出效应和“出口中学习效应”而进行模仿创新和集成创新。首先，长期为跨国公司的代工生产方式，会形成“进口资本品和关键零部件中间品→获得出口机会和低成本的出口优势→自主创新能力缺失→进一步依赖进口资本品和关键零部件中间品来获得出口机会”的路径依赖式“加工贸易困境”，从而导致本土代工企业丧失自主创新能力和动力。其次，本土企业长期从事国际代工所积累的生产制造能力，不仅限制了设计研发能力与品牌运营能力的培育与发展，而且在内耗式价格战下薄利的代工经营也无法积累起自主创新所需要的大量资金，从而导致其缺乏足够的核心技术开发能力和品牌营销能力。最后，在普遍存在创新激励制度尤其是知识产权保护制度缺失的国内环境下，创新成果无法得到充分保障直接影响甚至可能抑制了企业家的创新积极性，最终形成了对技术引进、复制、模仿创新的路径依赖。这种“跟随式”创新，虽然可以有效促进本土产业和企业实现产品升级和工艺流程升级，但是在涉及自主研发、自主设计、自主品牌等价值链的功能升级以及向高技术产业跃迁的链条升级时就无法提供足够和有效的支撑。

第二，科教资源与产业资源的制度分离和空间分离，导致科技创新与产业创新之间的脱节，进而阻滞了科技成果向生产力转化。推动创新链与产业链的匹配融合，本质上要求科研与产业“两张皮”的有效衔接，关键在于解决科技创新与产业创新之间的“转化”和“协同”这两个问题，即科技成果的转化和产学研协同创新。影响科技成果转化的因素包括科研机构与企业合作主动性不足、科技成果评价体系不健全、科研人员创新激励机制不足、科技成果转化链条不完整等，这些主要表现为科技人员和企业在制度不完善条件下的“理性”选择，属于制度因素。而从空间经济学视角来看，创新资源的空间布局也在一定程度上会影响科技与产业之间协同效应。以江苏为例，科教资源集中于南京这样高校和科研院所云集的城市，而在产业资源丰富的苏南其他城市以及一些工业基础良好的苏中、苏北城市中则相对稀缺，空间距离的阻隔导致科教资源与产业资源无法形成有效的协同创新效应。而近几年长三角地区致力于建设的 G60 科创走廊，也仅仅将苏州纳入。不仅忽略了南京这样的科技创新资源丰富的城市，而且还忽略了江苏其他地区特别是具有良好产业基础的苏南其他城市，从而导致科技创新与产业创新之间无法产生良好的协同作用，在一定程度上制约了科技创新成果向现实生产力的转化。

第三，以生产协作为主的传统产业集群，导致产业整合内外部创新资源能力不足，进而限制了各方主体的协同创新活动。产业集群作为工业化过程中的普遍经济现象，是要素集聚的重要载体平台，是一个国家或区域产业竞争力培育的主要源泉。改革开放以来，我国特别是东部地区以各类开发区和园区为载体，培育形成了以装备制造、工程机械、纺织服装等为代表的传统产业集群和以智能制造、生物医药、航天航空等为代表的高新技术产业集群，形成了龙头企业与上下游企业联动发展的生产协作关系，从而具备了较为齐全的产业体系和较为完整的产业链。然而，从价值链视角来看，大多数产业集群以中低端价值链环节、低附加值生产活动为主，产业创新能力不足。我们通过对江苏省内新能源汽车、航空制造、智能终端、环保科技等高端制造业调研发现，很多高端产业集群（产业园）内的所谓“高端产业”或“先进产业”大多数仍处于全球价值链的中低端，企业主要进行劳动密集型的组装改装和生产加工，产品国内技术含量低。集群内企业自主技术装备落后，一些关键核心技术受制于人，关键零配件和重要基础材料等生产能力不足，大型成套设备、高档数控机床基本上需要从德国、瑞典、日本、韩国等国家进口。而且，集群内企业创新主体作用不突出，创新创业平台建设投入不足，创新收益分配体制机制不够完善，导致创新资源配置能力和效率不高。以科技孵化器为例，不同地区企业平均获得风险投资额差异较为悬殊。比如，江苏作为区域创新能力突出的省份，虽然在孵化器数量、孵化器内企业数量、在孵企业数量及其从业人员数量方面都处于全国领先地位，但是从企业平均获得风险投资额来看，江苏与北京、上海差距较大，仅为北京的1/3，也不及陕西、广东等地。这说明，作为产业基础重要内容之一的产业公共服务平台等软件设施并未充分发挥出其对产业创新的积极作用。

第四，“两头在外”的国际代工模式，导致产业链上下游的有机联系产生割裂，进而制约了制造业与生产性服务业的有机融合。进入“十三五”以来，我国生产性服务业增加值占第三产业的比重达到50%以上，但是离先进国家70%左右的水平还有一定差距。从生产性服务业行业结构来看，目前仍然以批发零售业、交通运输业等传统低端行业主导，而诸如信息服务业和科技服务业等技术、知识密集型的高端生产性服务业虽然稳中有升，但发展仍然相对滞后，从而未能对体量庞大的本地制造业提供足够的服务要素支撑。基于开放经济视角的观点认为，我国生产性服务业发展滞后在很大程度上与全球化和国际代工模式下的制造业需求不足相关。这是因为，一方面，“两头在外”的加工贸易和国际代工模式下制造业产业链条较短，对价值链两端的生产性服务需求主要依赖进口和国际外包，这种“外向化”倾向抑制了制造业对本土生产性服务业的有效需求；另一方面，国际代工模式中的加工制造业只需要低端服务投入，从而对高端生产性服务的需求也极为有限。结果导致制造业无法对本土高端生产性服务业产生显著的拉动作用，同时本土高端生产性服务业发展的滞后也根本无法满足本土制造业的需求，从而无法形成先进制造业与生产性服务业协同互动、融合发展的良性循环局面。

第二节 发达国家产业基础发展的模式及特征

从世界工业发达国家的发展历程来看，产业基础能力的提升不仅需要长期持续高强度的资源要素投入，也需要具备较强的产业链韧性和抗风险能力。这仅仅依靠市场、企业和政府政策的任何单方面力量均难以取得突破，需要官产学研的密切合作，以及市场与政府的有机结合。产业基础发展的核心是技术创新，产业基础能力的提升离不开工业制造业的技术创新特别是关键核心技术的研发、突破和掌控。作为世界工业强国的美国、日本、德国等西方发达国家，在产业技术创新的目标导向、重点内容、关键环节、实现方式、经费来源和治理机制上都形成了自己独特的模式，从而使得其在不同产业基础领域占据了显著的优势地位。比如，美国在机械零部件、电子元器件和软件等基础产业实力雄厚，是众多领域新技术新产品的发源地。而制造业主导的日本、德国则在一些关键零部件、关键基础材料等中间产品方面占有较大的国际市场份额，从而造就了众多的“隐形冠军”企业。按照这些国家推动产业技术创新的不同特征，可以将其产业基础发展模式总结为美国的先进制造业创新研究所模式、日本的产学官合作事业模式以及德国的弗劳恩霍夫模式。

一、美国的先进制造创新研究所模式

（一）美国模式的由来

美国作为世界第一科技强国，其国家科技创新政策突出强调先进科学技术的霸主地位及其科技垄断，强调“先人一步”战略。因此，美国在产业技术创新方面，长期以来主要实施的是一种“管道模式”。这种模式的基本特征是“技术供应”或“技术推动”模式，即政府对基础研究的支持推动了技术的供应，然后逐步纳入创新的“管道”，强调创新管道或创新链的前端研发而不是生产阶段。后来“管道模式”逐步演化成“延伸管道模式”，即以美国国防部为代表的联邦政府机构推动创新阶段的延伸，不仅支持前端研发，而且还支持创新后续的每个环节，从先进原型开发到论证、中试再到生产应用和市场初期推广。20 世纪 90 年代美国引领的大规模技术变革和产业革命，正是通过数十年的国防创新体系培育起来的。

2011 年美国白宫发布的报告《确保美国先进制造业的领先地位》（Ensuring American Leadership in Advanced Manufacturing）中强调了先进制造业的重要地位，重视通过信息、自动化、算法、软件、传感器和网络，使用尖端材料以及新科技等来生产传统的或新的产品，呼吁联邦政府积极投资这些制造业以使美国重获全球制造业领先地位。报告还提议，行业、大学和政府建立伙伴关系，比如政府和行业联合进行投资，以开发新技术，如纳米制造、柔性电子、电子、信息技术驱动的生产和新材料，促进美国制造业转型。同期宣布的美国先进制造业伙伴项目（Advanced Manufacturing Partnership，AMP）也旨在构建强大的公私伙伴关系，以形成一个持续的创新政策将制造业（产业界）与大学和政府联系起来，强调了官产学研合作的重要性。

2012 年的 AMP1.0 报告《赢得先进制造业的国内竞争优势》聚焦的先进制造业更加侧重于技术层面的定义：制造业的生产流程和供应链的创新，快速响应客户需求的能力，以及更加知识密集、更加依赖信息技术、建模和仿真技术等。该报告呼吁由中小企业组建的“制造创新研究所”（MII）与大企业密切联系，依靠综合型高校的应用科学和工程研究团队，研发成本则由联邦政府和州政府及参与企业共同承担。为了加速 MII 的推广，报告又提出成立国家制造业创新网络（NNMI），以填补政府支持基础研究与产业化之间的裂隙。2014 年 AMP2.0 报告《加快发展美国先进制造业》确定了优先发展的制造技术领域，包括制造业先进传感、控制和平台，可视化、信息化和数字化改造，以及新材料生产。随后政府成立了相应的研究机构，不只是资助那些提供研发支持和开发制造业技术的制造创新研究所，还资助了包括卓越制造中心（Manufacturing Centers of Excellence）以及支持研究所研发的技术测试平台等其他实体。

2014 年 12 月参众两院通过的《振兴美国制造业和创新法案》则提出在美国全国范围内批准成立 15 家地区性制造创新研究所，分别关注一个与先进制造业相关的独特技术、材料与工艺，并共同构成一个“国家制造业创新网络”。可以发现，AMP1.0 的主要贡献在于，通过支持先进制造业创新研究所将制造业创新转化为政府政策；AMP2.0 又将创新政策具体化，提出围绕先进制造技术和工艺流程的公私协作的技术战略，基于该战略连接政府研究机构和新成立的创新研究所，建议分享学习和最佳实践、培训员工的研究所网络。先进制造创新研究所的核心目标是填补美国制造业创新体系的空白，即通过产业界、高校和政府之间的合作，推动先进制造业发展。自 2012 年由国防部成立第一家制造研究所“国家增材制造研究所”以来，到目前为止，美国共建立了 16 家先进制造业创新研究所，不断推动了美国先进制造业和产业基础的发展。德勤公司 2017 年发布的评估报告显示，先进制造研究所在美国国内整体经济发展中发挥了至关重要的作用。由先进制造业创新研究所组成的国家制造业创新网络，已然成为美国维持制造业在全球竞争中领先地位的重要举措。

（二）美国模式的主要特征

总结美国先进制造业创新研究所模式的特征，可以发现其在产业技术创新的目标导向、重点内容、关键环节、实现方式、经费来源和治理机制的独特之处。

第一，在技术创新的目标导向上，是由宏观层面的国家战略驱动的。在美国模式中，都是由特定的联邦政府部门成立制造研究所。由于美国一直都将发展先进制造技术视为满足国防需求、保障武器装备更新换代的重要战略，因此，在16家美国先进制造业创新研究所中，多数是由国防部资助成立的，包括国家增材制造创新研究所（NAMII）、美国数字化制造与设计创新研究所（DMDII）、美国轻型材料创新研究所（LIFT）、美国集成光子制造创新研究所（AIM Photonics）、美国柔性混合电子制造创新研究所（Next Flex）、美国先进功能性纤维创新研究所（AFFOA）、美国先进可再生生物组织创新研究所（BloFabUSA）、美国先进机器人制造创新研究所（ARM）、美国生物工业制造和设计生态系统（BloMADE）9家，国防部向这9家制造创新机构投入创始资金6.5亿—8.8亿美元不等。其他的研究所则由能源部、商务部等联邦政府部门资助成立。其中，能源部资助成立的有美国电力创新研究所（Power America）、美国先进复合材料制造创新研究所（IACMI）、美国清洁能源智能制造创新研究所（CESMII）、美国过程强化利用快速推进研究所（RAPID）、美国节能减排创新研究所（REMADE）和美国网络安全智能制造创新研究所（CyManll）；由商务部成立的是国家生物制药制造创新研究所（NIIMBL）。2021年6月8日，美国国会参议院又通过了一项《2021美国创新与竞争法案》（American Innovation and R&D Competitiveness Act of 2021），旨在对美国科学研究与技术创新领域投资逾2000亿美元。其中，美国政府将在未来数年内补贴半导体产业520亿美元，以维持美国本土的芯片制造产能，保护供应链安全。同时，美国政府将拨款逾1000亿美元改造美国国家科学基金会，设立新的技术和创新部门，重点支持半导体、人工智能、高性能计算、先进制造等领域，以保持美国产业在全球的技术领先地位。

第二，在技术创新的重点内容上，主要是聚焦一些战略性新兴技术和前沿技术，作为现有技术的补充和替代。新兴技术领域是美国基础研究一直关注的焦点，获得美国国家科学基金会资助的产业/大学合作研究中心（I/UCRC）主攻的技术方向与新兴产业领域具有紧密相关性。2001年以来，在美国国家科学基金会启动的73家中心中，其中20个属于信息技术领域占27.40%，12个属于前沿交叉领域占16.44%，11个新材料领域占15.07%，11个属于生物与医疗领域占15.07%，5个属于新能源领域占6.85%，4个属于智能交通领域占5.48%，3个属于节能环保领域占4.11%。从图23－1中可以看出，设立I/UCRC的技术领域适应了新一代信息技术广泛渗透性和技术交叉融合性的趋势。比如，成立于1986年的伯克利传感器和执行器中心

（BSAC）致力于利用集成电路、生物和聚合物技术的进步，2014 年美国国家科学基金会设立的云计算和自主计算研究中心（CAC）等。

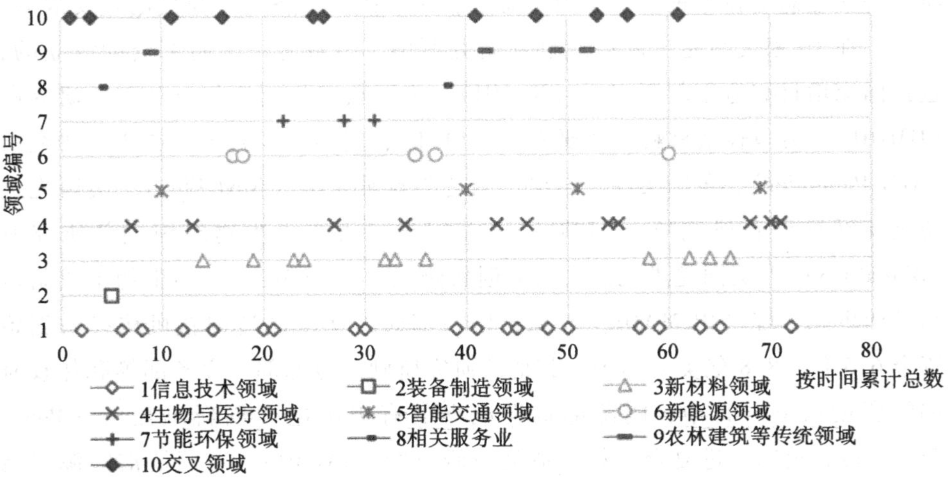

图 23－1　2001 年以来按技术应用领域划分的 I/UCRC 中心

资料来源：冉美丽《美国 I/UCRC 计划推动产学研深度融合的经验与启示》，《全球科技经济瞭望》2019 年第 5 期。

第三，在技术创新的关键环节上，主要强调技术开发，而不太注重技术实施（产品生产应用）。自 20 世纪 80 年代以来，美国政府就将科技基础研究作为国家科技创新政策的重中之重，科技基础研究经费在政府民用研究经费中的比例不断扩大，到 2019 年底达到 70%。美国推出的半导体制造技术联盟，也是致力于创新的开发阶段，而不是生产本身。由于先进制造业研究所工作一直与政府的使命挂钩的，其研究领域都是由联邦政府研发部门所选择的，而不是独自为制造业所需的制造创新和突破服务，因而不一定满足特定制造业的产品需求。比如，国防部的核心使命是国家安全，能源部的核心使命则是能源技术。当然，政府部门为实现自身使命所需要的新技术，与整个制造业需求之间也存在一定的重叠。迄今为止，大多数研究所看起来就像是小型的美国国家科学基金会，侧重于技术开发，而没有太多地围绕技术实施开展工作。

第四，在技术创新的实现方式上，以国防工业发展、军民融合来推动科技创新。国防工业是美国战略威慑力的重要组成部分，是美国保持和实施军事霸权的重要支撑。美国十分重视国防工业基础和能力，将其放到事关国家安全的战略高度，并采取了一系列有效举措，以保护和加强美国国防工业，维持美国军事在全球的领先地位。因此，美国大力主张以军带民，通过军方力量扶持产业发展，并强化民企和军方间的互动，依托两者间的融合发展来实现科技创新。为了保证美国国防工业基础能够满足其国防建设需要，美国国防部专门设有制造业和工业基础政策办公室（MIBP），确保国防部能够依靠强大、安全、弹性、创新的国防工业能力来满足国防和军队建设的需求。2015年，为了进一步指导并加强国防工业基础，美国国防部在MIBP组建了工业基础委员会（IBC）。2017年，为全面评估美国制造业和工业基础能力，时任总统特朗普发布13806号行政令，决定成立工业基础联合工作组，并将其作为IBC的主要依托机构，负责召集国防部和联邦政府有关部门，在国防工业基础风险和问题上进行分享、协调和合作，制定降低风险和解决问题的政策。通过这些顶层机构和跨部门的联合工作机制，有效地保证了美国工业基础政策的一致性，保障了美国国防工业基础的安全稳固。可以说，尽管代表美国创新精神的“硅谷模式”诞生于企业家精神，但真正拉动硅谷起飞的却是美国政府与军方。

以现代信息技术的基石——半导体产业为例，是现代产业体系和产业基础的重要内容，也是我国被“卡脖子”最为严重的产业基础领域。在半导体工业发展的早期，美国军方就以比较隐蔽的形式实行了产业政策，孕育了美国半导体工业成为国际技术与产业的领导者。1955—1958年，美国政府的军事和太空采购超过整个美国半导体工业产出的三分之一，1960年的峰值更是接近全部产出的一半。直到20世纪60年代中后期随着现代计算机工业的兴起，政府采购对半导体的需求拉动作用才逐渐减弱。军事技术的需求特点深刻影响了美国企业的技术创新路线，而不同于民用需求，美国军方在选用新技术时更看重性能而非成本。不过随着国际竞争的日渐加剧，美国逐渐减少在军工科技方面的研发支出，积极推行军转民技术投资，注重军民融合和军民一体化积极发展军民两用技术，鼓励国防部将科技情报、技术诀窍等信息传播给民间企业，努力实现国防与民用科技的资源共享。典型的例子是集成电路，在其发明之后的四年时间内，市场完全只有国防部和美国国家航空航天局，直到在军事和航天用集成电路的技术完善之后，才逐渐向民用市场开放。

第五，在技术创新的经费来源上，主要是由联邦政府及其部门主导资助，如国防部、能源部、商务部等。第二次世界大战之后特别是冷战后，美国政府一直保持较高的科学技术投入，国家科技创新政策更加有力有效，并采取了以联邦政府为中心的多元化科技投资形式，每年的科技研发经费占到政府年度预算的9%左右。尽管如此，但用于早期技术开发资金非常有限，风险投资倾向于具有潜在高增长的企业，只有在技术研发已完成即将进行生产时候才会出手。而且，2014 年的《美国重振制造法案》设定了对各类制造创新研究所 5 年的联邦政府资助期限，这对于大多数先进制造业的产业技术而言，时间过短而不足以完成技术开发项目及其大规模实施工作。

第六，在技术创新的治理机制上，主要采用的是“自上而下”的政府部门研发监督模式。由于美国的这些先进制造业创新研究所往往是由政府职能部门组建的，因此从创立之初起政府就通过合作协议扮演了研究主管的角色。尽管产业界及各个州和地区政府会提供大量的配套资金，甚至经常超出联邦政府的拨款，但是联邦政府职能部门倾向于采用其研究项目监管规则来管理配套资金和政府拨款。这种治理机制可能无法推动研究所在非研究性工作所需的合作，也无法有效帮助研究所实现自立和长期生存。事实上，与地区经济挂钩、关注地方经济效益，并借此取得地方政府的支持，将成为影响研究所生存和长期发展的关键因素。

二、日本的产学官合作事业模式

（一）日本模式的由来

产学研合作作为各国创新政策中的重要议题，是提升产业基础能力和产业链现代化的重要途径。以日本为代表的发达国家，充分发挥了政府在经济增长和产业发展中的作用，通过实施一系列产业政策，促成了本国产业竞争力的迅速提升。融合了产业政策的产学研合作，因而延伸为官产学研合作，在日本则通常被称作“产学官合作”，其中“产”指产业界，“学”指大学和公共研究机构，“官”则指政府。

在日本，通过产学官合作将大学的研究成果应用于社会，即从大学及研究机构的研究开始到实用化的具体过程大致可以分为如下几个阶段，即合作研究→权利化→专利转让或大学办风险企业→实用化、事业化。除了共同研究中心、大学知识财产本部和技术转移组织（TLO，Technology Licensing Organization）这三个涉及产学合作的组织之外，产学合作还需要具有专门知识和实务经验的人才在共同研究的策划、契约、涉外等方面进行统筹协调。为此，日本章部科学省还于 2001 年开始配备“产学官合作协调员”（Coordinator）。协调员的活动主要集中在公共资金的获得、大型公共研究的总括、契约书的起草、共同研究的管理等方面。协调员的作用主要包括三个方面：一是对大学学术源和企业需要的把握、发掘和协调以及推动研究成果的技术转移、提出事业化的建议等；二是对大学内外产学官合作体制构建的支援，提出产学官合作项目的策划和建议，对教职员工产学合作意识酿成的宣传等；三是对区域合作体系的构建支援，利用全国性网络对应产业界的广泛的需求以及通过学术源泉创造、鉴别来促进学术成果与产业化的联系等。

从产学官合作协调员的角色功能来看，“官”的作用就是对共同研究、大学研究成果管理、技术研发、技术转移等产学合作过程及成果进行政策支援。在日本，开展了产学合作创新事业、产学官合作高度化促进事业、大学知识财产本部建设事业、技术转移支援中心事业、独创性成果推进事业、特定尖端大型研究设施建设和公用事业、尖端研究设施共用事业、尖端测量分析技术和机器开发事业等一系列的“事业化”政策，故而不妨将这种特色的产学研合作技术创新模式称之为“产学官合作事业模式”。

（二）日本模式的主要特征

第一，在技术创新的目标导向上，属于中观层面的产业竞争驱动的发展模式。日本的崛起得益于其产业政策的实施。从 20 世纪 60 年代开始，日本政府就设立专门的产业结构调查部门“产业结构调查会”（后称“产业结构审议会”），根据不同时期的经济发展需求，加强产业政策研究和产业政策立法。大约每 10 年提出一个“产业结构设想”，明确产业发展的目标，选择每一时期的主导产业群和支柱产业群，有力地促进了产业的更新换代和转型升级。进入 21 世纪之后，为了重振日本产业竞争力，日本政府在 2001 年颁布了《IT 基本法》，提出“IT 立国战略”，陆续发布“e－Japan 战略”“u－Japan 战略”“i－Japan 战略”等，以信息通讯产业作为产业结构调整的“火车头”。而为了应对国际金融危机，政府在产业政策方面提出了以增加长期需求为目标的原则，高度重视发展生命科学、信息通信、环境技术、纳米和新材料技术等新兴产业，并给予政策和资金重点扶持，使经济保持高质量的稳定增长。2010 年，日本的“产业结构远景”提出了包括基础设施相关产业的海外拓展、环境、能源产业、文化产业、医疗护理、健康产业、幼儿产业、尖端产业在内的八大战略性产业。2013 年《日本再兴战略》将“产业再兴计划”列为第一行动计划，并选择健康医疗、清洁能源等领域积极培育战略性新兴产业，以维持和提升本国产业的国际竞争力。

第二，在技术创新的重点内容上，创新政策的目标是基础商业技术，而非国防应用技术。与美国和苏联促进国防创新的政策不同，日本通产省（MI-

TI，后更名为经济产业省/METI）的目标是基础技术，特别加大了对一些产业至关重要的技术的投入，例如钢铁和半导体。随着政策的成熟，通产省支持包括机器人和人工智能在内的竞争前期技术，为创新制造“跳板效应”。

第三，在技术创新的重点环节上，政府对研发的支持更加侧重于产业而不是大学研究。对产业的支持通常会产生渐进式技术进步而不是颠覆性技术创新。日本中央和地方政府通过科技创新战略引导，通过国家重大专项、重点专项、部门重点科技计划支持，推动产学研用协同创新，引导隐形冠军企业和利基企业投资关键零部件和中间产品，打通基础研究、应用研究、产品开发、应用考核、标准创新等创新链各个环节，全面提升各类产业及企业的国际竞争力，逐步建立了日本成熟的以产业为导向、以企业为主体科技创新投入体系。

第四，在技术创新的实现方式上，通过建立日本科学技术振兴机构等实体集聚创新资源推动技术创新及成果转移转化。日本科学技术振兴机构（Japan Science and Technology Agency，JST），隶属于日本章部科学省，最初是成立于1957年8月的日本科学技术情报中心，2003年变更为独立行政法人科学技术振兴机构，是日本执行国家科技基本计划的机构之一。JST的设立背景，是日本将技术立国战略修改为技术创新立国战略，宗旨是通过科技情报交流和其他科学技术基础建设振兴科学技术。JST通过有效地聚集政府、大学、企业等资源，在基础研究、技术开发、成果转化等方面实现无缝衔接，有力地引领和带动了日本经济发展，是目前亚洲最具活力的科技成果转移转化机构之一。作为推动日本科技创新的核心机构之一，日本科学技术振兴机构非常注重对中小企业的扶持，力求创造颠覆性的技术革新。该机构特别关注成长型的科研人员，主要通过项目的形式资助科研人员，采取“自上而下”的方式，支持满足国家战略需求的重大课题研究，重点聚焦于制订面向科技创新的研发战略、推进科技创新、构建和夯实科技创新的基础。此外，该机构还有专门的总结失败教训的数据库，专门收集日本和国际上相关事故和失败案例，组建形成失败数据库并免费向日本国内的科学技术研究工作人员提供查询服务。

第五，在技术创新的经费来源上，以政府拨款为主，政府和企业联合出资进行研发投入。在研究开发期间内，超过规定的企业负担额上限的部分由政府进行研究开发费的支援。比如，日本政府于1976年联合日立、NEC、富士通、三菱、东芝等启动了“超大规模集成电路”（Very Large Scale Integration，VLSI）计划，筹集资金737亿日元，其中通产省补助291亿日元，几乎相当于通产省的一半支出。VLSI 计划完成于 1980 年，不仅直接促进了日本集成电路产业的发展，其溢出效应更是提升了日本产业整体竞争力。又如，日本科学技术振兴机构（JST）以政府拨款为主，2015 年经费总收入为 1189.4 亿日元，其中政府拨款 1133.7 亿日元，所占比重为 95.3%。又如，日本政府曾投资 75.25 亿日元用于开发和利用国家基础技术强化产品制造，投资 150.52 亿日元建立创新性的高性能计算基础设施（HPCI）项目，并投入 1000 亿日元扩大机器人开发投资。此外，日本还实施了以补贴形式援助中小企业进行研究和成果转化的中小企业创新制度（SBIR），每年制定补贴及委托费目标额度，按创新阶段对中小企业择优提供资金支持。

第六，在技术创新的治理机制上，日本不断完善“自上而下”、高度集中的管理体制，形成了产学官“三位一体”的研发合作体系。在产学官合作事业模式中，企业提供研究经费，通过知识产权协议保护企业利益；大学具有知识优势，是研发活动的主导者；政府则引导企业和高等学府之间构建良好的合作关系，将企业的项目需求提供给科研所或大学，再将研发成品及时转移至企业，从而实现先进技术与优质资源的全面整合，既满足学校在设备试行方面的需求，也使企业能依托技术优势来谋取竞争优势。从日本实施 VLSI 计划的经验来看，日本技术创新的历程中政府的作用不可或缺，政府在研发投入、聚集人才以及协调利益等方面都有独到的优势。

三、德国的弗劳恩霍夫模式

（一）德国模式的由来

德国雄厚的产业基础和强大制造业竞争力在很大程度上得益于弗劳恩霍夫体系。弗劳恩霍夫应用研究促进协会（The Fraunhofer Gesellschaft，FhG）于 1949 年在慕尼黑成立，是德国著名的应用技术机构，也是全欧洲最大的产业共性技术研发机构。协会下设 75 家研究所及其他独立研究机构，并在欧洲、美洲、亚洲及中东地区设有研究中心和代表处，拥有约 29000 名优秀的科研人员和工程师，用户遍布工业部门、服务部门和公共机构。协会以市场需求为导向，研究工作面向人们所需求的健康、安全、通信、能源和环境领域，为企业提供技术开发、优化、推广等服务。2020 年协会研究额达到 28 亿欧元，其中合同研究占 24 亿欧元。弗劳恩霍夫模式就是指弗劳恩霍夫应用研究促进协会在政府的资助下，以企业形式运作、官产学研结合、具有公益性地进行应用科学研究的一种独特运营方式。这种模式是沟通基础研究、应用研究、开发研究的高效平台，已成为联结政界、产业界、教育界和科技界的重要纽带。

（二）德国模式的主要特征

德国弗劳恩霍夫模式与美国模式和日本模式各有相似之处：美国先进制造业创新研究所模式是在参考德国模式下成立的；而德国、日本（包括中国）都是制造业主导的创新体系，即基于制造业经验的专业知识带来的生产技术创新、工艺流程创新和产品创新。这类创新主要支持生产阶段的后端，通常由行业主导，但拥有政府强大的产业支持。当然，脱胎于德国强大的工业生态系统的弗劳恩霍夫模式，在产业技术创新的目标导向、重点内容、关键环节、实现方式、经费来源和治理机制上也有其独特之处。

第一，在技术创新的目标导向上，是微观层面的企业应用驱动且主要是为中小企业提供服务的。弗劳恩霍夫主要是支持应用驱动研究的科研组织，旗下的每个研究所在产业界、大学和政府的合力支持下，开展应用研究。协会的市场化服务主要对象是中小企业，根据企业的技术开发、产品升级或经营管理需求，提供量身定制的科研服务，协助企业提升技术创新能力，从而有效弥补中小企业研发能力不足的先天缺陷，有力促进区域内产业创新能力提升。在企业化运行模式下，协会不仅配备专业团队提供产品技术研发、生产流程规划、市场信息咨询等服务，而且会邀请企业全程参与技术开发、测试和实验过程中，确保实验室成果可以直接用于实际生产。这种定制技术开发与转移模式最大程度实现了供需匹配，极大地提高了成果落地转化的成功率。

第二，在技术创新的重点内容上，注重开发具有前瞻性的产业共性技术。弗劳恩霍夫协会作为德国现有四大科研机构之一，其定位于从事支撑产业发展的共性技术研发，从而有别于从事基础研究的马普学会、从事大科学研究的赫尔姆霍茨联合研究中心以及从事小型应用基础研究的莱布尼茨协会。协会充分整合德国大学的基础研究成果，并及时洞悉产业界的真实需求，专注于具有市场前景的应用研究和技术转化，并与其他创新主体建立起良好的分工协作关系。

第三，在技术创新的关键环节上，强调技术导向型的全产业链发展。不同于美国先进制造业创新研究所模式专注创新链前端的特征，弗劳恩霍夫协会不仅开发具有前瞻性的产业共性技术，而且还强调科技成果转化，向企业提供技术转移，从而属于知识生产型技术中介。协会围绕国家发展战略及技术需求，建立了从基础研究、技术研发、工程化研究、产业孵化到技术推广完成的科技成果转移转化链条。协会根据德国的中小企业具有较强创新基础的特点，对企业主要采用“嵌入式”的研发服务项目。这种嵌入式的研发服务项目，主要是针对企业创新的不同环节，提供较为丰富的不同方式的相关服务。

第四，在技术创新的实现方式上，通过产学研技术联盟开展技术攻关和技术转移。技术联盟指协会将相关高校、研究院所等机构整合在一起，实现信息交流和共享，共同协助企业解决技术难题，是德国产学研合作的典型。比如，鼓励高校与科研院所、产业园区结对，联合培养技术经纪（经理）人、共同建设技术转移转化专家智库；推动中小企业与科研机构建立战略合作关系，共同开发技术、共享基础设施、共建大型实验室等。这种模式可以通过有效整合聚集区域内的创新要素，在提供技术服务时能充分调动现有资源，持续为企业提供全面、系统、高效的解决方案。

第五，在技术创新的经费来源上，多元化的资金投入结构使得协会可以维持长期稳定运转。弗劳恩霍夫协会的经费来源主要有两条渠道：一是来自企业（横向）项目和政府委托研究（纵向）项目的收入，约占70%；二是德国联邦和各州政府提供的科技事业基金，约占30%。由于前者为协会经费最主要来源，这就决定了协会必须像企业一样积极开拓市场，获取更多委托项目，“合同科研”成为最主要、最具成效的合作方式。在经费的内部分配上，协会将政府下拨的少部分事业基金无条件地分配给各研究所，用于保证前瞻性、基础性研究；而其余大部分经费则根据研究所上年的合同科研收入按比例分配。这种分配制度有效推动了各研究所之间的良性竞争。各研发主体在从市场上争取更多经费时，不断整合创新资源、提高创新能力，自身活力被有效激发。政府的基金资助虽然是长期的资金，但不是指令性的。每个研究机构可以根据战略性研究的需要自主支配，开展未来导向的研究。如为承担长期的应用研究，可以利用政府资金购买大型设备，这样既保证了技术创新不冒太大的风险，又扩大了资产。与企业的合作科研形式，一方面可以了解企业早期技术需求信息，另一方面可以更好地保证研究成果转移给企业和市场。

第六，在技术创新的治理机制上，表现为“自下而上”的自治与“联邦式”共治相结合的研发自主模式。弗劳恩霍夫协会的各研究所采用“联邦式”进行管理，以“伞形”组织形式开展工作。弗劳恩霍夫的中心机构在全国层面为研究所网络提供治理结构，研究所网络可以在一定程度上等同于美国的国家制造业创新研究网络。中心机构向应用研究提供支持，并创建了弗劳恩霍夫的全国网络、标识和品牌。这样可以确保有明确的战略来支持国家层面的优先工作，同时也承认各个中心（研究所）拥有自治权，既保证了稳定性和全国统一性，又在地方层面具有一定的灵活性。每家研究所拥有高度自治权，可以确定自己的研究重点并追逐商业机会，也可以相互竞争来赢得商业或公共领域的资金。协会拥有一个有资格会员组成的管理机构，设有当选会员组成的参议院和会员大会，其中包括各个研究所的代表。这些组织负责总体治理和选举中心机构的负责人。管理机构是主席和四名成员组成的执行委员会，其中包括 2 名科学家/工程师、1 名商界领袖和 1 名高级公务员代表。执行委员会负责制订研究方略，监督每家研究所及中心机构的工作小组和技术支持小组。在弗劳恩霍夫体系中，学术型工程师和科学家可以直接参与进行与生产相关的技术和工艺开发工作，这样可以确保高校的研究人员与产业界之间通过研究所保持持久联系，并要求针对制造系统和制造技术进行专门的持续学习（见表 23 – 2）。

表 23 – 2　美日德产业基础发展模式比较：产业技术创新的视角

国家	美国	日本	德国
发展模式	先进制造业创新研究所模式	产学官合作事业模式	弗劳恩霍夫模式
目标导向	宏观层面的国家战略驱动，如满足国防需求、保障武器装备更新换代、资源节约和能源替代	中观层面的产业竞争驱动，有明确的产业发展目标，维持和提升本国产业的国际竞争力	微观层面的企业应用驱动，主要为中小企业提供技术和管理服务
重点内容	战略性新兴技术和前沿技术，如信息技术、新材料、生物医疗、新能源、智能交通、节能环保、前沿交叉领域	基础商业技术，而非国防应用技术，如钢铁、半导体、人工智能和机器人	注重开发具有前瞻性的产业共性技术，并专注于具有市场前景的应用研究和技术转化
关键环节	强调技术开发，不太注重技术实施（产品生产应用）	侧重于产业（而不是大学研究）、关键零部件和中间产品	强调技术导向型的全产业链发展，是知识生产型技术中介
实现方式	国防工业发展，军民融合，军民一体化	成立日本科学技术振兴机构（JST）集聚创新资源推动技术创新及成果转移转化	通过产学研技术联盟开展技术攻关和技术转移

续表

国家	美国	日本	德国
经费来源	联邦政府及其部门主导资助，如国防部、能源部、商务部，设立5年的联邦政府资助期限	以政府拨款为主，如日本科学技术振兴机构（JST）、高性能计算基础设施（HPCI）项目；政府和企业联合出资，如通产省和企业联合实施的超大规模集成电路（VLSI）计划	多元化的资金投入结构：来自企业（横向）项目和政府委托研究（纵向）项目的收入（70%），德国联邦和各州政府提供的科技事业基金（30%），政府提供长期资金但不是指令性的
治理机制	“自上而下”的政府部门研发监督模式	“自上而下”、高度集中的产学官“三位一体”研发合作模式	“自下而上”的自治与“联邦式”共治相结合的研发自主模式

资料来源：课题组整理。

第三节　发达国家产业基础发展的成功经验及启示

上述美国的先进制造业创新研究所模式、日本的产学官合作事业模式以及德国的弗劳恩霍夫模式，是发达国家基于自身国情所形成的各具特色的产业基础发展模式，在推动本国产业技术创新上都体现了积极作用。当然，也可以进一步从中总结出这些发达国家在推动企业自主创新、科技成果转化、产学研合作、创新服务平台建设等方面的经验，从而可为我国化解创新链与产业链不匹配矛盾、促进创新链与产业链协同融合进而推动产业基础再造提供有益的启示。

一、完善创新导向的产业规划、法律法规及政策保障

（一）制订适宜和明确的科技创新项目和产业规划

美日德等发达国家都在不同时期根据国内外发展状况推出和实施了适宜的创新项目和规划来促进产业发展。20世纪80年代，美国为了应对日本等新兴工业化国家制造业创新带来的挑战，开始实施一系列联邦政府项目和规划。典型的如商务部于1988年实施的先进技术项目（Advanced Tchnology Program,

ATP），资助那些处在早期阶段、高风险但却对国家产业竞争力具有巨大潜在影响的技术研发活动，建立了政府与私人企业间独特的合作开发创新体系，推动和促使企业对高风险的高新技术进行研究和开发。该计划研发和创新了一大批关键技术和工艺、软件，在生物、电子、机械等领域得到了广泛应用。同样是1988年批准的制造业扩展伙伴关系（Manucfaturing Extension Partnership，MEP）项目旨在将最新的制造技术和流程介绍给全国各地的小型制造商，并就制造业发展的最新成果提供建议，以促进生产率的提高。克林顿时期，美国政府出台《技术促进美国经济增长：建设经济实力的新方向》政策报告，旨在振兴美国制造业。在此框架下，美国先后发布《未来工业材料计划》《国家纳米技术计划》等一系列重大科技创新计划，由此美国新材料技术不断取得新突破，在空间材料、超导材料、生物材料、能源材料等领域全球领先。先进制造业伙伴项目（AMP）则为不仅为美国先进制造业发展提供了实践依据，而且还指明了目标方向和思路策略。此外，“曼哈顿计划”“阿波罗计划”“星球大战计划”等也都促进了半导体、空天、材料、电子信息等产业的发展。进入21世纪，日本推出了《Focus 21技术研发计划》，提出生命科学、信息通信、环境、纳米技术与材料四个领域为重点的研发产业化计划，研究项目包括，下一代半导体芯片应用技术、高可靠软件系统基础技术、下一代平面显示技术、下一代全球定位系统和采用数字技术的微机械系统（MEMS）等一系列基础工艺和技术，为未来产业发展提供基础支撑。2016年，日本内阁会议通过第五期（2016—2020年度）科学技术基本计划提出了“超智能社会5.0”，其与美国的AMP、德国的“工业4.0”和“中国制造2025”一样，都是为了应对第四次工业革命的机遇和挑战，希望在通过智能化技术在解决相关经济和社会需求的过程中强化产业竞争力。

（二）完善促进产业基础发展的法律法规

为了持续夯实产业基础能力，发达国家通过制定法律法规形成制度性保障机制，并通过政策给予具体支持。比如，美国20世纪90年代通过了《高性能计算法案》，支持电子核心基础产业发展，为美国在高性能计算领域保持领先地位奠定制度基石。美国为应对金融危机于2009年颁布的《美国制造业促进法案》为再工业化提供支持，帮助包括工业基础产业在内的制造业降低成本，恢复产业竞争力。《联邦采购法》扶持了IBM、德州仪器等一批信息产业龙头公司。2014年通过的《振兴美国制造业和创新法案》则直接批准成立了先进制造业创新研究所，并构建“国家制造业创新网络”。日本1956年的

《机械工业振兴临时措施法》，扶持了通用基础零部件、工作母机、测试设备的发展，推动了日本机械工业的高速增长。1957 年的《电子工业振兴临时措施法》（简称“电振法”）则通过立法减少电子产业公司的征税，投入大量资金、人力用于研发新技术以扶持电子产业，为电子工业企业提供贷款、税赋、出口、引进等方面的优惠待遇。1971 年通产省制定《特定电子工业及特定机械工业振兴临时措施法》，进一步秉承了“电振法”的宗旨，强化了发展以半导体为代表的电子产业的力度，成功地帮助日本企业通过加强自身研发、生产能力，有效地抵御了欧美半导体厂商的冲击。1978 年通产省制定《特定机械情报产业振兴临时措施法》，进一步稳固了日本半导体产业的地位。

（三）适时实施贸易限制保护政策

长期以来，发达国家都曾通过提高关税等政策限制进口来保护本国工业基础产业获得竞争优势。当其工业基础能力得到提升后，又通过各种政策限制本国技术外泄，以保持竞争优势。美国通过《出口管理条例》对关键零部件技术出口进行限制，其中特别明确了对华高技术产品出口管制政策，涉及的产品除军品以外，多为工业关键零部件、材料、工艺和软件，主要都是工业的基础领域。贸易制裁也是美国政府打击日本半导体产业的主要方式。1985 年，美国半导体产业协会（SIA）与多家美国企业分别向美国贸易代表办公室申诉，要求对日本半导体产业展开 301 调查，指责日本限制市场进入以及对美倾销。于是美国商务部立即以关税威胁，迫使日本厂商缩减产量、提高价格。最终两国政府于 1986 年 9 月美日两国就价格与产量控制等达成半导体贸易协定（STA），日本通过允许美国设定芯片的价格下限来换取美国中止对日本厂商的司法行动。美国商务部针对每个日企设定外国市场价值（FM-Vs），在保障美企高价格的同时允许低成本的日企挤压高成本的日企，协定还要求日本开放 20% 的国内市场份额。事实上，20 世纪五六十年代，日本就运用出口信贷、出口退税、出口保险等政策措施，为日本半导体产业和集成电路产业发展提供了政策支持。

二、重视对中小企业创新发展的支持

（一）积极构建中小企业创新网络

美国在 20 世纪 80 年代推出的小企业创新研究项目（SBIR），由 11 个最大的联邦研发机构对其进行管理，为小型创业公司提供富有竞争力的研发资金补贴，确保高科技创新型小企业成为联邦政府研发工作的一部分。在先进技术计划（ATP）计划的支持下，由一些中小公司联合开发的整套监测和控制汽车车身制造技术，在克莱斯勒、通用汽车公司下设的很多工厂得到应用，到2000年，许多新技术都获得了充分使用，并促使美国汽车制造业每年的生产成本下降6500万美元到1.6亿美元。日本则建立了覆盖全国的多层面的中小企业支持网络，成立了国家和都道府县级中小企业支持中心。其中，国家支持中心主要提供资金支持、技术开发支持、经营、财务、法律咨询支持；都道府县支持中心则主要提供信息、咨询、业务投诉、诊断建议、派遣专家等支持；而企业身边的网点主要负责为中小企业提供建议、咨询、研讨会、推广普及信息等帮助。另外，还制定了《有关融合不同领域中小企业者组织并促进开发新领域的临时措施法》《有关促进中小企业创造性事业活动的临时措施法》等法律法规为中小企业发展提供良好的社会环境。德国的中小企业创新网络包括贸易协会、开发新技术的共享型研究机构、技术中心、支持性工程中心、培养高素质员工的强大培训系统以及为规模化生产提供资金的本地金融机构。其中，遍布德国的技术中心是由区域内众多的中小企业以股份制形式组建的技术服务中介组织，依托本地区的产业及科技、教育优势为技术创新提供全方位的服务。此外，弗劳恩霍夫协会通过接收客户委托，针对企业创新的不同环节，即从创意阶段到样品的设计与开发、中试生产、批量生产及进入市场各个阶段，为中小企业提供不同内容的研发服务。协会下属的研究所则通过来自高校和技术研究所的工程专家，在大小企业之间建立了联系，小企业也能参与学徒制系统，培养了大批高级技工。

（二）积极支持培育隐形冠军企业

拥有一大批隐形冠军企业是德国和日本制造业强大的重要源泉。德国政府历来在各种层面上尽职尽责地扶持中小隐形冠军企业发展。具体举措包括制定各类法规以创造有利于发展的竞争环境、成立专门管理机构以增强竞争优势、制定技术服务政府和加强技术人才培训、积极提供财税金融支持和融资担保以解决自有资本不足问题、建立信息情报中心以提供信息服务、充分发挥各类商会协会的作用以提供全面的社会化服务等。德国联邦教研部负责的“中小企业创新项目”计划，对信息通信技术、纳米技术、光学技术、生产技术、资源效率和能效技术及公共安全领域的科技创造予以资助。德国联邦经济技术部推出的“中小企业创新核心”计划，一方面对企业自身产品开发或生产工艺创新进行资助，另一方面对企业之间或企业与研究机构之间的合作，加速技术知识的商业转化提供资助。这些项目中，政府资助的部分最多可达技术创新过程所需资金的50%。假如创新成功，便可从利润中分期归还，一旦创新失败，则无需企业承担债务。日本政府也制订了一系列法律法规和政策配套支持隐形冠军企业成长。《2020 年度中小企业政策》中涉及"战略性基础制造技术提升支持计划""中小企业技术革新制度""中小企业生产性革命推进事业""支持中小企业 IT 化的政府金融投资机构的投融资制度""全球隐形冠军企业贷款制度""中小企业技术基盘强化支援税制""中小企业海外业务人才培养支持计划""减少中小企业专利费""中小企业海外知识产权被侵权支援事业"等政策制度，为中小企业和隐形冠军企业提供创新补贴、资金补助、税收减免、贷款支援、人才培训、知识产权保护、指导建议等服务。而且，有许多政策在执行项目评审过程中都有针对隐形冠军企业"符合国家战略和政策"的加分项。此外，日本政府还对隐形冠军企业尖端技术产品实施日本工业标准快速通道，并支持其向 ISO 或 IEC 等国际标准组织提出新标准提案。

（三）积极支持初创企业和创业风险投资发展

在美国，始于信息技术革命、风险投资追逐的初创企业成为创新型经济发展的关键力量。这些企业主要集中于研究机构所在地，或者有政府相关激励政策的地方，如旧金山、波士顿和奥斯汀等。由于初创企业代表了下一代技术从而决定整个国家创新体系的实力。因此，美国主要通过所谓"创新园圃"模式，即根植于现有的创新集群，充分利用大小企业及其能力的综合优势和制度优势来发展初创企业。需要强调的是，美国国防部的军事采购也提供了很多创业机会，因为其较少歧视初创企业，从而巩固了初创企业生态。在军事采购的带动下，1960—1965 年"硅谷"迎来第一波创业热潮，不但促进了技术进步，而且鼓励了新企业进入半导体产业，成为美国半导体产业快速发展的关键因素。而作为亚洲风险投资的先驱者，日本则分别在 20 世纪 70 年代初、80 年代初、90 年代末迎来了三次风险投资发展的高峰，并于 1999 年和 2000 年先后建立了面向日本新兴企业和高科技企业 Mother 市场和纳斯达克日本市场，此后风险企业纷纷把信息通讯生物工程等高新技术产业作为投资的重点。德国虽然并没有实力雄厚的创业公司和风险投资公司，但由德国联邦经济技术部、德国复兴信贷银行及知名企业设立的高科技创业基金，总规模达到了 2.885 亿欧元，可以为处于种子期的年轻科技型中小企业提供风险投资。

三、积极推进科技成果转移转化

（一）实施强有力的相关政策支持

20 世纪 80 年代以来，美国、日本、韩国等国家纷纷出台相关政策和法律法规，并成立专门的促进技术转移和科技创新成果的产业化，如美国的《拜杜法案》（Bayh Dole Act）、日本的《促进大学等的技术研究成果向民间事业者转让》，韩国的《知识产权强国实现战略》等。其中，1980 年通过的《拜杜法案》将联邦政府资助的研究成果所有权返还给研究出这些成果的大学，支持大学把这些技术成果商业化，同时也激励了大学研究人员的创业。

（二）享有多元化的资金投入扶持

提升产业基础能力和产业链现代化水平仅靠政府或单个企业投入是难以满足的，许多发达国家都采用财政、金融等多种工具对关键产业进行资金支持。如前所述，政府拨款是美、日、德产业技术创新经费和资金的主要来源。同时，政府还通过税收调整和优惠的方式支持科研机构的技术成果转移。以德国弗劳恩霍夫协会为例，其资金来源包括政府投资、公共部门研究合同资金、企业合同研究资金、自有资金等。其中，来自欧盟、联邦政府和州政府的无偿投资没有任何附加条件，保证了科学研究和共性技术研发的公益性，降低了科技创新的成本。政府提供的公共部门研究合同自己使得协会能够从事高风险的先进技术的基础研究；协会与产业界签订的工业研究合同项目，能使得创新得到现实的激励，并可以促进技术创新转化为现实生产力；而协会自有资金则在一定程度上维护了研究的自主性。弗劳恩霍夫协会正是因为多元化的资金投入结构使得其可以维持长期稳定运转，从而也可以更稳定地为支持本国科技成果创新及转移转化提供服务。20 世纪五六十年代的日本则运用出口信贷、出口退税、出口保险等政策措施，为日本半导体产业发展提供了巨大的资金支持。

（三）采取多样化的技术转移方式

德国弗劳恩霍夫协会和日本科学技术振兴机构技术转移的最大特点是合同科研，同时针对客户技术创新过程中的不同环节的不同需要，提供各个环节、全过程的解决方案，并形成了各自多元化的技术转移方式。弗劳恩霍夫协会提供了包括合同科研、衍生公司、人员交流、许可证、企业战略合作、创新集群项目等六种技术转移途径。日本科学技术振兴机构则主要通过“委托开发”和“开发斡旋”两种形式，来实现技术从拥有者到使用者之间的转移。同时，机构还向企业提供一定的资金支持，用于创意理论的模型化，推动新技术的商业化和产业化。

（四）构建灵活的人事管理机制

从德国和日本经验来看，其之所以能够成为世界科技成果转移转化的典范，与弗劳恩霍夫模式和产学官合作事业模式中灵活的人事管理机制密不可分。他们对研究人员实行的是固定岗与流动岗相结合的管理方式，对研究人员实行合同雇用制管理，鼓励科研人员流动，允许科研人员兼职。弗劳恩霍夫协会还鼓励职工离开单位开办自己的公司，遇到困难的可以在两年内返回单位。日本科学技术振兴机构的人员定额事先没有规定，在待遇上更多的是依据个人的业绩。同时，两家研究机构的各所所长都是在世界范围内招聘，一般都由大学教授担任。他们都雇佣博士研究生参与研究，博士毕业后有机会留在研究机构工作。这样的用人机制，很容易激发高水平科研人员特别是青年科研人员创新创业的积极性。

（五）设立全创新链的研发机构

在德国弗劳恩霍夫协会和日本科学技术振兴机构中，建立了从基础研究、技术研发、工程化研究、产业孵化到技术推广完成的科技成果转移转化链条。在这一链条中，政府、大学、企业既各司其职，又紧密衔接。两家科研机构都发挥了自身的技术和信息优势，为企业提供从样机制造、产品测试、可行性研究、新技术研发与推广、专利保护等服务。德国弗劳恩霍夫研究院的各分所均设在全国各地的大学中，各研究所的所长都是由大学的教授担任；日本科学技术振兴机构的网络遍及全国大学，大学可以免费使用他们的网络资源，机构还无偿地为科研人员代理申请专利工作，为科研成果的持有者联系有意合作的企业并鼓励高校的科研成果自主经营。

四、加强促进产学研合作体制机制建设

（一）设立专门机构促进产学研用相结合

美国是最早实行产学研合作的国家之一，其产学研合作成功的创新模式

主要是产业/大学合作研究中心（I/UCRC）。由美国国家科学基金会（NSF）资助的I/UCRC属于基于合作机制链接基础研究与技术创新的联邦资助项目，主要围绕科学、工程、技术领域前沿研究和行业主导的竞争前基础研究，重点关注推动对美国创新和经济发展至关重要的产业及其利益攸关的关键技术，构建了产业界、学术界和政府之间多成员、持续的伙伴关系，在一定程度上保证了美国在电子、材料、生物信息等新兴领域的核心竞争力，被誉为美国创新体系中推动产学研合作在制度和实践上的典范。比如，美国将相当一部分光电子相关研发中心设在大学，政府每年给这些研发中心2.7亿美元以上的资金，资助光电子技术的研究与开发。1990年，美国成立了光电子技术中心，由美国光电子领域的企业以及国内大学共同组成，旨在加强大学与企业界合作的光电子研究的大型“康采恩”，研究人员主要是哥伦比亚大学、康奈尔大学的师生，除进行跨学科的研究外，还参与施乐、惠普、摩托罗拉光电子相关企业的实际研发工作。

（二）实施专项事业推动产学研一体化

作为日本产学官合作事业模式的重要特征，日本在产学研合作方面采取的支持策略是为产学合作研究开发及其成果的管理、宣传、推广及转化设立各种细分的“事业”，从而推进产学研一体化。日本产学研体系则是由共同研究中心、大学知识财产本部、技术转移组织和产学官合作协调员组成。其中，共同研究中心是在大学设立的以推进产学共同研究为目的的中枢设施，其除了提供研究场所和条件外，还进行技术研修、技术咨询、研究信息提供等各种活动，且具有通过开发先进技术对区域经济发展的促进功能。大学知识财产本部是以对大学知识财产的创造、管理、利用为目的，从2003年开始在全国各大学设置的、产学合作的窗口机构。技术转移组织（TLO，Technology Licensing Organization）是将大学的研究成果专利化并向企业转移的、在产学之间起着中介作用的组织。TLO的业务内容主要包括：研究成果的发掘、评价和选择，研究发明的专利申请、权利化以及专利权的保护，研究成果技术信息的提供，专利权向企业的实施许诺（转让）以及实施收入的还原等。而产学官合作协调员是由文部科学省在大学配备的，其作用就是为产学合作提供公共研究资金、研究成果管理以及其他政策支撑。

（三）构建激励相容的产学研合作机制

以有效的大学、企业和政府间的良性持续互动实现产学官合作，关键在于合作机制的创新。因此，必须构建满足企业参与约束条件和激励相容约束条件的合作机制，分担研发成本，攻克行业会员共同关心的产业基础性问题，共享科研成果。以美国 I/UCRC 为例，企业缴纳会费加入 I/UCRC，获得访问披露项目成果的有限权限，能及时把握基础前沿的研究动向、分享大学的研究成果，为企业实现技术和流程改进、减少无效研发投入提供可能。会员会费充分发挥企业研究资金的杠杆效应，能激发企业参与项目的积极性。据 I/UCRC 会员信息数据显示，I/UCRC 会员单位构成中超过 3/4 来自产业界，大企业、小企业、联邦政府机构和州政府机构分别占到 60%、20%、10% 和 4%。而其中的产业咨询委员会（IAB）的嵌入式决策机制确保精准对接产业共性技术需求，由产业会员主导的产业咨询委员会筛选研究项目，增加企业研究开发的话语权和合作的积极性。同时企业在创新链前端更早地参与引领性、前沿探索性的基础研究，可以保证政府支持的财政经费真正投入到产业发展需要的应用基础研究中。此外，I/UCRC 还通过构建产学研合作过程管理与评价机制来提高产学研合作的效益及稳定性。其构建了一套完善的评价体系，用于跟踪合作项目的进行过程，及时发现并解决合作中出现的问题，以期通过评价来促进过程管理的规范化和各方目标需求的实现，保证大学、科研机构与产业界形成创新合力，助推新技术向产业界的传播与扩散有效地促进产业界、学术界和政府之间的合作。评价指标主要集中在研究的质量和影响、大学对合作的满意程度及产业界参与者的满意程度等三个方面。年度评价报告主要考察 I/UCRC 的直接客户的经济价值以及科技成果商业化对社会的经济效益，而不是以论文、专利数量为主的量化指标，从而促成产学之间的利益一致性。在日本的产学官合作体系中，成立知识财产管理部门，就是构建了一个对产学双方都有益处的研究开发机制，使得企业能够不间断地对知识创新进行投资；而技术转移部门作为产学之间的中介组织，则构建了一种可以在促成科研成果转化的同时将其中部分收益及时返还给研究者的机制，从而有效促进了创新收益的实现和分配，保证了产学合作的稳定性和可持续性。

第四节　构建中国特色产业基础再造模式的思路与举措

国家“十四五”规划和 2035 年远景目标纲要对我国实施产业基础再造工程的思路是：一是依托行业龙头企业，加大重要产品和关键核心技术攻关力度，加快工程化产业化突破。二是实施重大技术装备攻关工程，完善激励和风险补偿机制，推动首台（套）装备、首批次材料、首版次软件示范应用。三是健全产业基础支撑体系，在重点领域布局一批国家制造业创新中心，完善国家质量基础设施，建设生产应用示范平台和标准计量、认证认可、检验检测、试验验证等产业技术基础公共服务平台，完善技术、工艺等工业基础数据库。基于以上思路，借鉴美日德发达国家产业基础发展经验，结合新形势下技术变迁和全球产业分工趋势，我们探索性、启发性地提出加快构建中国特色产业基础再造模式的基本思路及对策建议。

一、四位一体：构建中国特色产业基础再造模式的基本思路

（一）链主企业带动：龙头企业主导下的产业链协同创新

“链主”指在产业链上位于技术中枢和市场中枢的企业，在产业链上具有支配地位和主导作用。“链主”的市场地位和技术能力稳固，就可以带动上下游企业共同成长，起到纲举目张的作用。因此，培育和壮大本土链主企业，无疑是国家产业安全政策追求主要目标。其关键在于发现、培育和保护现有或具有“链主”潜质的龙头枢纽企业，围绕“链主”企业拉长、延伸、扩展和巩固产业链，营造良性发展的产业生态环境。比如，通过加强知识产权保护和推进产学研协同创新，促使企业主动进行研发创新投入，积极主导开展基础性和前沿性的技术研发、制定技术标准及品牌建设，培育成为拥有核心技术、自主知识产权和自主品牌的创新型企业。同时，鼓励同一条产业链上的企业兼并重组或业务整合，打造纵向一体化大型企业或纵向非一体化的发包企业。

需要指出的是，在创新生态系统时代，孤立地支持单一类别的创新主体建设，难以形成优势互补、要素互动的开放协同创新机制。由产业链上不同企业、科研机构、高等院校、中间组织以及政府和个人等多种创新主体共同构成创新网络，以链主组织带动创新链与产业链上各个主体的协同创新，才能有效整合、创造、传递和获取知识，从而推动产业链、技术链和创新链的协同演进，促成产业创新一体化发展。因此，既要重视龙头企业、核心企业的引进和培育，也要重视相关配套企业的创新激励和引导，特别地，应重视科技型隐形冠军企业的培育。结合我国实际，可发扬产业链配套完备的产业优势以及在某些细分产品领域、产业链环节和商业模式方面的创新优势，厚

植一些新兴领域的技术先进优势来培育壮大本土链主企业和全球价值链中的隐形冠军企业。在关键产业领域，鼓励龙头企业联合产业供应链上的重点企业，组建产学研合作联盟，实现隐性知识和技术等无形资源的传递、交换、组织、配置、积累等，进而推动在关键核心技术和“卡脖子”技术上联合攻关、重点突破。以重点基础产品和工艺的关键技术、产品设计、专用材料、先进工艺、公共试验平台、批量生产、示范推广的“一条龙”应用为抓手，促进终端设备和集成系统与其基础技术协同发展，建立产业链分工协作新模式。同时，发展供应链金融，支持龙头企业带动上下游中小企业提供个性、精准、全方位、嵌入式的特色金融服务，不断强化产业链协作，增强全产业链竞争力。

（二）市场需求激励：超大规模市场优势下的需求侧拉动创新

根据技术创新的“需求拉动假说”，市场需求是决定创新活动速率和方向的主要因素，需求导向、需求规模与盈利能力的变化是促进微观企业研发投入和创新活动的最有效内在激励机制，即“需求引致创新”机制。这种“需求引致的创新”机制发挥的条件主要有二：一是市场机制运行的有效性，即市场主体可以按照市场规律进行自由竞争，商品和要素可以充分自由流动；二是市场需求规模的有效性，即对本地高质量产品特别是新产品的需求规模，关键在于有较大规模中高端市场的支撑。这种“需求引致创新”机制，反映了市场在创新要素资源配置中起着决定性作用，也正是发挥超大规模市场优势的内在机理所在。

不同于供给侧创新政策的出发点是推动创新知识的产出和供给以及促进知识溢出，需求侧创新政策的出发点则在于降低创新通往市场的障碍。如果说资金支持政策和人力资源培育政策等供给侧创新政策容易造成创新要素资源的错配、分散和短期化，那么政府采购、新产品消费税减免等需求侧拉动的创新政策，则依托市场特别是内需市场，可以减少市场的不确定性，并及时反馈用户需求，从而促进创新者与消费者之间的信息交流，有利于持续激励创新和加速创新扩散。在我国实践中，LED 照明产业正是依托国内市场拉动，技术由中下游向上游突破延伸，攻克了 MOCVD 等关键装备技术。

因此，提升产业基础能力，要坚持市场导向，利用市场的供求和竞争规律，通过加快研发成果的产业化来引导和激励企业创新活动。我国可以充分发挥超大规模国内市场优势，推动创新政策、创新资源、创业人才向企业集聚，从而为企业创新提供内生的动力机制、盈利机制和再投入保障机制，做大做强创新型产业。关键着力点在于通过制度创新扩大有效需求规模，一方面应实施消除国内市场分割的制度创新和改革，促成国内市场一体化发展；另一方面，应实施收入分配和社会保障的制度创新和改革，培育中高端消费市场。

（三）数字经济赋能：智能制造态势下的数据驱动创新

在数字经济时代，产业数字化、数字产业化成为产业发展的重要特征。因此，产业基础能力提升需要数字经济赋能，数字赋能产业也逐渐成长为一门新兴产业，其核心内涵就是利用互联网、物联网、5G、大数据、工业互联网、人工智能等先进数字技术，与装备制造业深度融合，解决工业企业的新旧动能转换中的痛点，实现产业数字化、数据产业化的总体目标。数字赋能产业的任务主要包括：一是形成核心工业芯片、高端智能化传感器、低功耗数据存储设施等核心关键软硬件自主研发供给能力；二是形成面向重点行业领域的大型工业互联网平台、数据中心、场景化的企业数据中台整体性研发、建设与应用能力；三是形成工业操作系统、工业设计与控制软件、数据库软件、数据库架构和大型企业数据 SOA 等设计开发能力；四是健全面向数据赋能共性技术、关键技术、系统试验、多方数据协同、数据通信传输和应用服务等标准化体系；五是研发具有自主知识产权的数据分析语言、工业人工智能算法和知识自动化软件等工业大数据应用核心基础技术等。可见，数字赋能产业已成为产业基础的重要组成部分。

数字赋能产业基础能力就是以数据为核心，以节能、提质、增效为目标，实现数据在企业业务流程全周期交互释放价值的能力，其本质就在于数据驱动创新。显然，数字赋能产业发展离不开新一代信息技术的支持，智能制造相关产业的技术基础则决定了工业企业数字赋能发展的节奏和成败。立足我国数字经济发展基础和优势，着眼新一代信息技术与装备制造业深度融合发展需求，开展核心关键技术攻关。以国家战略及政策为支撑，以核心工业领域整体数字化建设为带动，突破一批核心数字技术、系统、部件和数字基础设施瓶颈和难题，提高数字赋能产业基础能力，通过联合攻关、产业合作、并购重组等方式，加快攻克核心电子元器件、高端芯片、高端传感器、基础数据库软件与操作系统、核心工业软件等关键技术短板，围绕企业实际应用场景，加速突破先进传感、大数据分析等数字化共性技术及 5G、人工智能、区块链、数字孪生等前沿技术，打造形成国际先进、安全可控的数字化技术体系。推进智能化、数字化技术在企业研发设计、生产制造、物流仓储、经营管理、售后服务等关键环节的深度应用。此外，加强物联网与智能制造的融合创新。运用物联网、云计算等技术对机器设备和生产流程等进行自动化、网络化和智能化改造，形成“自动化生产线+工业机器人+专用网络”的微型物联网示范企业。加速物联网技术在仪器仪表、高低压电器、传感器、通信网络设备等制造业中的应用，提高关键装备制造产品的附加值和竞争力。

（四）有为政府协调：链长制下的产业政策服务创新

实施产业再造工程，离不开创新要素的集聚。创新要素集聚的重点不在于工厂、项目或企业的“扎堆”，而在于人才、知识、技术、品牌和标准等创新要素的“扎根”。这需要更好地发挥有为政府的积极作用，以“有为政府”来支撑“有效市场”，以政府“强而有道”来保障市场“强而有效”。在当前中国语境下，有为政府的作用主要体现在地方政府充当“链长”的角色功能方面。

“链长制”是由我国地方政府在“双循环”新发展格局下为应对环境重大不确定所发明的、具有中国体制特色的地方产业管理制度的突破性创新。链长制的本质是要求地方政府不去主动干预企业的人财物、产供销以及技术研发和创新等微观经济活动，而是在新发展格局下，为了更好地发挥行政机制强化产业链的协调作用和产业政策的创新服务功能。因此，链长制首先要求地方政府职能的转型，即从直接干预转向服务引导，从主导科技创新要素资源配置向注重市场监管、平台建设、政策普惠转变，改革政府治理体系，提高政府治理效能。从政府服务创新角度来看，主要表现为：在治理理念上，摒弃以优惠政策来“招商引资”的“洼地”思维，而主张以优质环境来“招才引智”的“高地”思维。在治理目标上，致力于打造一批设施先进、创新能力强、海内外知名的本土企业研发中心、品牌研发机构和标准化技术组织。在治理主体上，地方政府形成合力，以培育世界级先进制造业集群和城市群为共同目标，在中央政府的协调下统一制定和实施区域创新政策。在治理方式上，注重营造良好产业生态，搭建共性技术平台、产学研合作平台、技术市场推介平台、投融资平台、品牌推广平台、信息共享平台、标准化检测服务平台等创新服务平台。在治理手段上，从财政、金融、税收优惠、人才吸引、技术交易、科研奖励、标准制定、知识产权保护等方面入手，制定和落实一系列鼓励具有“链主”潜质的龙头枢纽企业发展壮大的扶持政策，并通过推进法律、条例等立法行政手段，创造更为宽松的营商环境。

然后要求产业政策的转型，即从以产业扶持和培育为主的选择性产业政策，转向以维护竞争和促进创新为主的功能性产业政策。在产业政策内容上，不同于选择性产业政策强调产业规模，侧重于产业的数量培育、规模扩张与空间布局，功能性政策则强调产业创新，聚焦于科技成果的研发、转化与应用。在产业政策目标上，不同于选择性产业政策主要是为了扶持主导产业或者保护幼稚产业，功能性政策旨在通过科技政策、研发政策、基础设施政策、人力资源政策和金融政策等，充分调动科技创新主体和创新要素的创新积极性，获得科技创新成果和绩效，实现产业技术变革和区域创新能力提升。在产业政策对象上，从过去偏重产业链的生产环节和创新链中端的中试环节，转向专注于产业链的创新环节和创新链两端的基础研究、创新成果产业化和市场化环节。在产业政策治理上，从过去“重政策制定和执行、轻政策评估”的单一治理机制，转向“协商—制定—实施—评估—反馈”的全流程治理机制。在产业政策协调上，地方政府之间从过去基于 GDP 锦标赛和地区小循环的各自为政和恶性竞争，转向基于产业链分工和国内大循环的统筹协调和合作互补。

二、加快构建中国特色产业基础再造模式的举措建议

（一）加强项目规划引导和实施

产业发展，规划先行。《中国制造 2025》和“十四五”规划和 2035 年远景目标纲要等国家战略规划虽然都提出了推进产业基础高级化和产业基础再造工程的目标和思路，但仍然需要在区域和行业层面细化，并画出具体的技术路线图。首先，应从价值链视角，以协同创新发展政策引导激励“高技术”研发，以商标品牌发展政策引导支持“名品牌”推广，以智能制造与装备升级标准化发展政策引导推动“强标准”制定。其次，应根据不同行业的发展趋势、特征以及不同区域的产业基础，制定一系列重大科技创新计划，并出台针对性的重大项目扶持一批重点行业、遴选一批重点企业。引导龙头企业积极承担和参与国家工业强基项目、国家重大科技专项等，在承接重大项目中全面提升自主创新水平。最后，项目规划不能由行政部门单独做出，建议建立审议会制度，由产业界、学术界、金融界、新闻界、智库或研究机构、民间团体、行业商会共同参与制定。此外，应对各个项目规划进行分解和动态调整，加强对项目规划执行情况的跟踪监测和评估，建立相应奖惩制度，推动规划的有效落实。同时根据科技进步和产业发展的新趋势、新动向来修

订和完善规划，充分发挥规划对产业创新发展的引导作用。

（二）协力打造全球产业链集群

产业链集群作为在一定地域内的全球化产业分工模式，是数字时代垂直整合型生产关系的重要体现，是促进产业链协同创新的重要载体，是外部冲击下提升产业链供应链竞争力和抗风险能力的必然产物。打造具有国际竞争力的全球产业链集群，必须坚持系统化、高端化和全球化思维，关键是要从全球价值链视角，围绕产业链的主体培育、技术能力、市场势力、组织形态和空间布局，着力加强产业链集群的打造和提升。一是在主体培育上，加强产业链招商，在招商引资时不能孤立地引进某一产业，而应以“产业公地”视角来评估预期价值和投资建设，将与该产业相关的劳动者、竞争者、供应商、消费者、合作型的研发项目以及科研机构都考虑在内。二是在技术能力上，围绕新一代信息技术、集成电路、智能制造、生物医药等先导产业的关键技术领域，加大对那些能够支撑一系列潜在商业产品的共性技术能力（如新材料、纳米技术、生物制造）以及相关机器装备制造业的投资和资助，补强工业基础技术和关键机器装备生产能力。三是在市场势力上，围绕重点产业链优化竞争政策，维护市场公平竞争，完善优胜劣汰机制和落后产能退出机制，鼓励同一条产业链上的企业兼并重组或业务整合，以有效市场加强链主企业和隐形冠军企业培育。四是在组织形态上，不是“另起炉灶”“铺摊子”建设新的产业集群，而是要兼顾传统产业和战略性新兴产业，吸引制造业研发总部集聚，建设“总部基地＋制造基地”的产业生态集群，实现从以加工制造业为主的代工经济向以生产性服务业为主体的总部经济升级，推动以生产协作系统为内涵的传统产业集群向以创新协同系统为内涵的创新集群转型升级。五是在空间布局上，突破行政地域空间的限制，从全产业链视野进行资源整合和统筹协调。根据不同地区的资源禀赋优势和产业基础，推动国家实验室、国家重点实验室、国家工程研究中心等重大科技基础设施和重点先进制造业产业集群的布局优化调整，向具有一定承载能力的东北、中西部等地区倾斜。同时，推动各地产业集群加强在关键核心技术攻关、研发团队培育组建、创新创业平台建设等方面的互动交流和合作共享，实现互利共赢、联动发展。

（三）优化创新要素供给机制

创新要素是提升产业基础能力的基础条件。首先是要给予多元化的资金投入。政府除了在技术创新和新兴产业发展初期给予巨大的财政资金投入的同时，还应在税收、金融、出口信贷、出口保险等方面给予充沛的资金支持。具体而言，除了原有的相关专项资金，还应以税收减免或抵免方式，鼓励企业和社会资金投入基础研究和应用研究，形成支持研究开发和技术创新的多元投入机制，支持科研机构的技术成果转移。同时，加大金融资本的支持力度，采取多种融资方式，在贷款期限和利率等方面给予技术创新和自主品牌建设以倾斜和优惠。其次，要充实高素质人才队伍。产业基础能力领域的技术进步需要长期的人员、技术、管理等积累。要着力增强高等教育、职业教育的应用性，推进 STEAM（科学、技术、工程、人文艺术与数学）融合教育，强化创新思维培养。借鉴德国职业教育“双元制”理念，突出校外实训教育比重，注重基本技能、从业能力和综合职业能力的培养，完善工程师培养和发展体系，造就一大批“大国工匠”。规范企业用工制度，同时加大对高学历、掌握前沿技术的科研人员和科技型企业家等高层次人才、高级技工等“工匠型”人才以及具有丰富企业管理经验的“管家型”人才的引进与培育。不仅要通过具有国际竞争力的人才引进制度把创新人才“引进来”，而且更要通过提供优质的教育、医疗、居住等生活服务把创新人才“留得住”。此外，对于那些具有重大战略意义的前瞻性产业，以及积极开展技术改造、自主创新和自创品牌的中小企业，在项目招标、土地利用、用水、用电、税收等方面都给予一定的优惠。

（四）充分释放内需市场潜力

激发内需市场潜力，关键在于扩大有利于引导和激励企业自主创新的有效需求规模。一是通过提高居民的收入水平、拓宽居民消费渠道和优化居民消费环境等途径来培育中高端本土消费市场，为自主创新和自主品牌发展提供必要的需求规模。二是应在《中华人民共和国政府采购法》指导下，在不同行业实施政府优先采购本土自主品牌、自主品牌产品消费税减免等措施来支持本土产业及企业。通过政府购买服务、设定技术标准等需求侧创新政策的应用，为核心元器件、零部件、关键基础材料、先进基础工艺、基础软件、尖端设计企业提供现实应用需求和迭代优化环境。在符合 WTO 规则背景下，破除地方保护主义，实施统一的市场准入制度和标准，加强区域间市场服务功能的完善与合作，以统一大市场来落实和优化首台套、首批次创新采购政策。三是支持和鼓励企业提升产品质量、优化品牌定位、完善产品服务，并通过积极的广告宣传塑造起民族文化认同感和培植国内民众对本土品牌产品的自信心，为本土企业自主创新营造良好的社会环境。

（五）积极搭建创新平台载体

借鉴美国先进制造业创新研究所和德国弗劳恩霍夫协会的经验，聚焦战略性、引领性、重大基础共性需求，建成一批高水平制造业创新中心，鼓励地方建设机制灵活、面向市场的新型研发机构。同时，加快构建支撑产业基础发展的基础性平台和基础设施。以市场需求为导向，采用开放式创新模式，依托“互联网+”和大数据，根据各地区域资源禀赋，因地制宜构建完善“三个平台体系”。一是构建完善科技创新服务平台体系。包括由创新链上游的国家实验室等、中游的国家工程实验室等以及下游的企业国家重点实验室和企业技术中心等组成的科技基础条件平台，以及为科研机构和企业提供科技检索、数据标准、品牌标识、检测检验、设备共享、技术交易等专业科技服务的公共技术服务平台。二是构建完善科技创业孵化平台体系。以培养高新技术企业和企业家为宗旨，以降低企业的创业风险和创业成本目的，以科技企业孵化器、加速器、众创空间为主要内容，紧密结合新技术、新产业、新业态的创业需求，建设一批商业模式创新、运行机制灵活、资源集聚度高的新型孵化器和创业服务平台。三是构建完善研发创新合作平台体系。深入实施产业链“链长制”，不断完善创新收益分配体制，按照所承担风险比例的不同决定其利益，逐步形成资源共享、风险分担、协同发展的产学研创新联盟。

（六）完善法律法规和政策保障

推动产业基础再造，亟需优化制度供给，通过制定法律法规和相关政策形成制度性保障机制。一是完善技术创新和自主品牌建设的法律法规，加强对知识产权保护、专利商标认定、标准化和质量监督管理、企业并购等立法，为确定产学合作研究产生的知识产权的归属权、使用权的划分以及企业竞争提供法律依据。二是探索实施专项事业推动产学研一体化。在已有重大科技攻关项目计划的基础上，与时俱进探索实施面向关键技术领域、关键产业及科技成果转化的专项事业，为这些技术和产业领域提供资金、人才等可靠的要素保障。三是加快建立完善新型技术攻关突破机制、产业政策长效支持机制、产业链上下游和跨领域协作机制、质量提升保障机制、军民融合协作机制、国企产业基础再造支持机制和国内国际协同创新机制，为产业基础能力提升营造良好环境。四是在多边主义框架下，针对特定领域、特定行业、特定产品适当采用关税、进口限制等贸易保护政策，同时对本国产品品牌给予优先采购和补贴，来保护和促进我国工业基础产业发展。此外，加快转变以往“市场换技术”策略为“市场引技术”策略，加快国内统一大市场建设，并通过营造国际一流营商环境来吸引和集聚全球创新资源，创造产业基础能力提升的内生条件。

（作者：杜宇玮，南京大学长江产业经济研究院特约研究员、江苏省社会科学院江苏区域现代化研究院副院长）